Knut Henkel

Rechnungslegung von Treasury-Instrumenten nach IAS/IFRS und HGB

Knut Henkel

Rechnungslegung von Treasury-Instrumenten nach IAS/IFRS und HGB

Ein Umsetzungsleitfaden
mit Fallstudien und Tipps

hrsg. von Roland Eller, Markus Heinrich,
René Perrot und Markus Reif

Bibliografische Information der Deutschen Nationalbibliothek
Die Deutsche Nationalbibliothek verzeichnet diese Publikation in der
Deutschen Nationalbibliografie; detaillierte bibliografische Daten sind im Internet über
<http://dnb.d-nb.de> abrufbar.

1. Auflage 2010

Alle Rechte vorbehalten
© Gabler Verlag | Springer Fachmedien Wiesbaden GmbH 2010

Lektorat: Guido Notthoff

Gabler Verlag ist eine Marke von Springer Fachmedien.
Springer Fachmedien ist Teil der Fachverlagsgruppe Springer Science+Business Media.
www.gabler.de

Das Werk einschließlich aller seiner Teile ist urheberrechtlich geschützt. Jede Verwertung außerhalb der engen Grenzen des Urheberrechtsgesetzes ist ohne Zustimmung des Verlags unzulässig und strafbar. Das gilt insbesondere für Vervielfältigungen, Übersetzungen, Mikroverfilmungen und die Einspeicherung und Verarbeitung in elektronischen Systemen.

Die Wiedergabe von Gebrauchsnamen, Handelsnamen, Warenbezeichnungen usw. in diesem Werk berechtigt auch ohne besondere Kennzeichnung nicht zu der Annahme, dass solche Namen im Sinne der Warenzeichen- und Markenschutz-Gesetzgebung als frei zu betrachten wären und daher von jedermann benutzt werden dürften.

Umschlaggestaltung: KünkelLopka Medienentwicklung, Heidelberg
Gedruckt auf säurefreiem und chlorfrei gebleichtem Papier
Printed in Germany

ISBN 978-3-8349-1612-9

Für meine Familie
– Folke mit Freia, Malte und Maike –

sowie meine Eltern
– Heidi und Bernd –

Geleitwort

In der Finanzkrise wurde deutlich, wie stark die Komplexität der Finanzinstrumente in der jüngeren Vergangenheit angestiegen ist. Dies spiegelt sich auch in der Bilanzierung und Bewertung von Finanzinstrumenten wider. Neben der Kritik an den unterschiedlichen Bewertungsmaßstäben zwischen HGB und IFRS, wurden zahlreiche Änderungen und Klarstellungen seitens der internationalen Standardsetter veröffentlicht, um der komplexen Bilanzierung und Bewertung von Finanzinstrumenten gerecht zu werden. Darüber hinaus wird seit längerem von Anwendern und zahlreichen Organisationen (u. a. EU-Kommission, G20) eine Komplexitätsreduktion der Bilanzierung und Bewertung von Finanzinstrumenten gefordert. Aufgrund dieser Forderung wird derzeit seitens des International Accounting Standard Board (IASB) das gesamte Hauptregelwerk zur Bilanzierung und Bewertung von Finanzinstrumenten (IAS 39) überarbeitet.

Während die IFRS bisher hauptsächlich für kapitalmarktorientierte Unternehmen von Interesse waren, sind diese durch die Veröffentlichung der IFRS für den Mittelstand (IFRS for SME) auch in den Fokus der mittelständischen Unternehmen gerückt. Auf nationaler Ebene erhielten die Prinzipien der internationalen Rechnungslegung durch das Bilanzrechtsmodernisierungsgesetz (BilMoG) ebenfalls Einzug in das HGB. Auch für den Bereich der öffentlichen Verwaltung werden mit den International Public Sector Accounting Standards (IPSAS) spezielle Rechnungslegungsstandards, die auf den IFRS basieren, zur Verfügung gestellt. Allerdings gilt zunächst für Kommunen in Nordrhein-Westfalen ab dem Jahr 2009 die Aufstellung des Einzelabschlusses nach dem neuen kommunalen Finanzmanagement (NKF) und somit ein Abschluss nach den Grundprinzipien des HGB. Das neue kommunale Finanzmanagement wird künftig auch von anderen Bundesländern angewendet werden.

Da es sich bei den Standards der internationalen Rechnungslegung um keine branchenspezifischen Standards handelt, sind diese sowohl für Kreditinstitute als auch für Nicht-Kreditinstitute von gleicher Relevanz. Dies gilt auch für die Vorschriften zur Bilanzierung und Bewertung von Finanzinstrumenten.

Das Buch vermittelt einen Einstieg in die komplexe Materie der Finanzinstrumente unter anderem anhand von zahlreichen Fallstudien und dient so als Umsetzungsleitfaden für die Bilanzierung und Bewertung von Finanzinstrumenten nach IFRS und HGB.

In diesem Sinne wünsche ich Ihnen viel Erfolg beim Arbeiten mit diesem Buch.

Bonn, im Oktober 2009

Marc Heß
CFO Deutsche Postbank AG

Vorwort der Herausgeber

Seit fast einem Jahrzehnt wird über die Bilanzierungsregelungen nach IFRS diskutiert. In dieser Zeit wurde auch viel darüber geschrieben, welche Änderungen sich hieraus für das HGB ergeben sollten. Mittlerweile haben sich die IFRS zum Standard entwickelt und die HGB sind durch das BilMoG modernisiert worden. Gerade für kleinere Banken und Sparkassen, aber auch für mittelständische Unternehmen, Kommunen und Stadtwerke ergibt sich daraus eine Vielzahl von neuen Fragestellungen, die nach einer kompetenten und umfassenden Antwort suchen. Speziell bei den Produkten des Treasury sind in Abhängigkeit vom Einsatzzweck der Produkte eine Anzahl von Umsetzungsfragen zu klären.

Herr Henkel hat mit dem vorliegenden Buch die Brücke geschlagen zwischen dem HGB und IFRS, aber auch zwischen der Rechnungslegung von Kreditinstituten und Unternehmen. Die verschiedenen Sichtweisen werden dabei unter verschiedenen Blickwinkeln betrachtet und anhand von Fallstudien vertieft. Dies gibt dem Leser die Möglichkeit, das Buch einerseits als Lernlektüre einzusetzen und gleichzeitig ein Nachschlagewerk zur Verfügung zu haben, um bei konkreten Fragestellungen des Rechnungslegungsalltags zielgerichtet Lösungsvorschläge zu erhalten.

Die Herausgeber danken Herrn Henkel für die detaillierte Darstellung dieses an der täglichen Praxis orientierten Buches und wünschen dem Leser viel Erfolg bei der Anwendung der gewonnenen Erkenntnisse. Ihre Anregungen und Kritik nehmen wir dankbar entgegen unter info@rolandeller.de.

Roland Eller   Markus Heinrich   René Perrot   Markus Reif

Vorwort des Autors

Zunächst einmal möchte ich insbesondere einem der Herausgeber, Herrn Roland Eller, dafür danken, dass er mir die Möglichkeit gegeben hat, das vorliegende Buch zu veröffentlichen. Wenn man ein Fachbuch über die Rechnungslegung von Finanzinstrumenten schreibt, sollte man als Autor über eine entsprechende Expertise in der Rechnungslegung als auch in Finanzinstrumenten verfügen. Das ich als „Rechnungsleger" auch die notwendigen Detailkenntnisse von Finanzinstrumenten besitze, habe ich zum größten Teil Herrn Eller zu verdanken. Durch seine anschauliche und praxisbezogene Art der Darstellung dieser komplexen Thematik in seinen Seminaren, von denen ich einige am Anfang meiner beruflichen Laufbahn besuchen konnte, hat er es verstanden, auch mich von dem Bereich der Finanzinstrumente zu begeistern. Das vorliegende Buch versucht an dieser Philosophie anzuknüpfen und die komplexe Welt der Rechnungslegung von Finanzinstrumenten ebenfalls so anschaulich und praxisbezogen wie möglich darzustellen.

Ein solches Werk wie das vorliegende Buch ist nicht ohne fremde Unterstützung zu realisieren, erst recht nicht, wenn man es nebenberuflich schreibt. Daher möchte ich mich an dieser Stelle für die tatkräftige fachliche Unterstützung recht herzlich bedanken bei: Fr. Dr. S. Adam, Hr. P.-G. Ebel, Hr. C. Frohmann, Fr. N. Gilz, Fr. M. Grau, Hr. F. Grimm und Hr. F. Roßmann.

Dank gilt aber vor allem meiner Familie (Folke mit Freia, Malte und Maike) sowie meinen Eltern (Heidi und Bernd), die mir den zeitlichen Freiraum sowie die moralische Unterstützung für das Schreiben dieses Buches gegeben haben.

Das Buch basiert zum einen auf dem – verpflichtend nach EU-Recht anzuwendenden – Rechtsstand **September 2009**. Zum Fertigstellungszeitpunkt des vorliegenden Buches ist bereits bekannt bzw. abzusehen, dass sich die für das Geschäftsjahr 2009 geltenden – und im vorliegenden Buch beschriebenen – Rechnungslegungsvorschriften mit Blick auf die Zukunft (verpflichtend zum Teil bereits ab Geschäftsjahr 2010) ändern werden (BilMoG, IFRS für KMU, Überarbeitung IAS 39). Diese zukünftigen Änderungen sind – mit Stand Januar 2010 – bereits Gegenstand des vorliegenden Buches.

Zum anderen basiert das Buch zum Teil auf der Dissertation „Eine unternehmenstypenspezifische Synopse der Rechnungslegungsunterschiede von Finanzinstrumenten nach IFRS und HGB – unter besonderer Berücksichtigung der Rechnungslegungsänderungen der Jahre 2008 und 2009 (Finanzkrise, BilMoG, IFRS für KMU)", die im April 2010 an der Juristischen und Wirtschaftswissenschaftlichen Fakultät der Martin-Luther-Universität Halle-Wittenberg eingereicht wird. In diesem Zusammenhang gilt Dank Herrn Prof. Dr. Dr. h.c. R. M. Ebeling sowie meinem Arbeitgeber „Deutsche Postbank AG", der mich bei meinem Promotionsvorhaben aktiv unterstützt hat. Namentlich seien hier insbesondere die Herren K. Klug und B. Lantzius-Beninga erwähnt.

Abschließend möchte ich noch alle Leserinnen und Leser motivieren, mir formlos Ihre Meinung, Kritik, Verbesserungsvorschläge, Fragen zum vorliegenden Buch zukommen zu lassen: knut.henkel@knuthenkel.de.

Bonn, im Februar 2010

Knut Henkel
http://www.knuthenkel.de

Inhaltsübersicht

Geleitwort		7
Vorwort der Herausgeber		9
Vorwort des Autors		11
Abbildungsverzeichnis		27
Abkürzungsverzeichnis		33
I.	Einleitung	39
	1. Zielsetzung	39
	2. Zielgruppe	40
	3. Nutzungsmöglichkeiten	40
	4. Aufbau, Abgrenzung und Notation	41
	5. Die jüngsten Neuerungen in der Rechnungslegung	43
II.	Grundlagen	46
	1. Unternehmenstypen	47
	2. Rechnungslegung	54
	3. Finanzinstrumente (Treasury-Produkte)	74
III.	IAS/IFRS	100
	1. Grundlagen	100
	2. Ansatz	108
	3. Ausweis in der Bilanz	125
	4. Bewertung auf Einzelebene	139
	5. Bewertungseinheiten (Hedge Accounting)	180
	6. Ausweis in der GuV (EK)	202
	7. Anhangsangaben (Notes)	207
	8. Neuerungen durch die Finanzkrise (kurzfristige)	229
	9. Neuerungen durch IFRS für KMU	234
IV.	HGB	247
	1. Grundlagen	247
	2. Ansatz	249
	3. Ausweis in der Bilanz	252
	4. Bewertung auf Einzelebene	254
	5. Bewertungseinheiten (BWE)	261
	6. Ausweis in der GuV	269
	7. Anhangsangaben/Lagebericht	271
	8. Neuerungen durch die Finanzkrise (kurzfristige)	272
	9. Neuerungen durch BilMoG	274

V.	Zusammenfassung und Ausblick		302
	1. Zusammenfassung		302
	2. Ausblick		303
VI.	IFRS-Übungen, Lösungen und Anlagen		317
	1. IFRS-Übungsaufgaben		317
	2. IFRS-Lösungen		331
	3. Anlagen		368

Glossar	381
Literaturverzeichnis	420
Rechtsvorschriftenverzeichnis (RV)	433
Internet-Links	439
Stichwortverzeichnis	443
Der Autor	455
Die Herausgeber	457

Inhaltsverzeichnis

Geleitwort	7
Vorwort der Herausgeber	9
Vorwort des Autors	11
Abbildungsverzeichnis	27
Abkürzungsverzeichnis	33
I. Einleitung	39
1. Zielsetzung	39
2. Zielgruppe	40
3. Nutzungsmöglichkeiten	40
4. Aufbau, Abgrenzung und Notation	41
4.1 Aufbau	41
4.2 Abgrenzung	42
4.3 Notation	42
5. Die jüngsten Neuerungen in der Rechnungslegung	43
5.1 BilMoG	44
5.2 IFRS für den Mittelstand (IFRS für KMU)	44
5.3 Finanzkrise	44
II. Grundlagen	46
1. Unternehmenstypen	47
1.1 Einordnung	47
1.2 Unternehmen mit öffentlicher Rechenschaftspflicht	47
1.2.1 Einordnung	47
1.2.2 Kreditinstitute	48
1.2.2.1 Grundlagen	48
1.2.2.2 Abgrenzung zu Nicht-Kreditinstituten	48
1.2.3 Kapitalmarktorientierte Unternehmen	48
1.3 Unternehmen ohne öffentliche Rechenschaftspflicht	49
1.3.1 Abgrenzung	49
1.3.2 Große mittelständische Unternehmen	50
1.3.3 Kommune	51
1.3.3.1 Abgrenzung	51
1.3.3.2 Kommunale Verwaltung	52
1.3.3.3 Kommunale Eigenbetriebe (z. B. Stadtwerke)	52
1.3.4 Mittlere mittelständische Unternehmen	53
1.3.5 Kleine mittelständische Unternehmen	53
1.4 Unternehmen ohne Rechenschaftspflicht (Mikro-Unternehmen)	53
2. Rechnungslegung	54
2.1 Welche Rechnungslegung ist relevant?	54
2.1.1 Ausgangslage	54
2.1.2 Einzelabschluss	54
2.1.3 Konzernabschluss	54

	2.1.4	Unterschiedliche Abschlusserstellungstechniken	56
	2.1.5	Rechnungslegungspflichten pro Unternehmenstyp	57
2.2	**Internationale Rechnungslegung**		58
	2.2.1	Grundlagen	58
	2.2.2	Vollumfängliche IFRS (Full-IFRS)	59
		2.2.2.1 Grundlagen	59
		2.2.2.2 Relevante Standards	61
	2.2.3	IFRS für den Mittelstand (KMU-IFRS)	62
	2.2.4	IFRS für die öffentliche Verwaltung (IPSAS)	64
2.3	**Deutsche Rechnungslegung**		65
	2.3.1	Handelsgesetzbuch (HGB)	65
		2.3.1.1 Mikro-Unternehmen	65
		2.3.1.2 Alle anderen Unternehmen	65
		2.3.1.3 Kapitalgesellschaften	65
		2.3.1.4 Kreditinstitute	66
	2.3.2	Rechungslegung in Kommunen	67
		2.3.2.1 Kommunale Verwaltung: Neues kommunales Finanzmanagement/Rechnungswesen (NKF/NKR)	67
		2.3.2.2 Kommunale Eigenbetriebe – Eigenbetriebsverordnung (EigVO NRW)	68
		2.3.2.3 Zusammenfassung	69
2.4	**Buchungskonventionen**		69
2.5	**Prozessorientierte Vorgehensweise „AABBAA"**		71
3.	**Finanzinstrumente (Treasury-Produkte)**		**74**
3.1	**Originäre Finanzinstrumente bei Nicht-Kreditinstituten**		74
	3.1.1	Finanzinstrumente der Unternehmensfinanzierung	75
		3.1.1.1 Finanzierung durch Eigenkapital	76
		3.1.1.2 Finanzierung durch Fremdkapital	77
		3.1.1.3 Finanzierung durch Mezzanine-Kapital	79
		3.1.1.3.1 Eigenkapitalähnliches Mezzanine-Kapital (Equity Mezzanine)	80
		3.1.1.3.2 Fremdkapitalähnliche Mezzanine-Kapital (Debt Mezzanine)	82
		3.1.1.4 Finanzierung durch zusammengesetzte Finanzinstrumente	82
		3.1.1.4.1 Wandel- und Optionsanleihen (Compound Instrument)	82
		3.1.1.4.2 Strukturierte Finanzinstrumente	83
		3.1.1.5 Weitere Finanzierungen	84
	3.1.2	Finanzinstrumente des finanziellen Risikomanagements	85
	3.1.3	Finanzinstrumente in weiteren Funktionsbereichen der Treasury	85
		3.1.3.1 Cash Management (Liquiditätsmanagement)	85
		3.1.3.2 Asset Management	86
		3.1.3.3 Bankenmanagement	86
	3.1.4	Öffentliche Verwaltung	86
3.2	**Originäre Finanzinstrumente in Kreditinstituten**		87
	3.2.1	Commercial Banking	88

		3.2.1.1	Kundengeschäft	88
		3.2.1.2	Treasury-Aktivitäten (Bankbuch)	89
			3.2.1.2.1 Aktiv-Passiv-Steuerung	89
			3.2.1.2.2 Eigengeschäft	90
	3.2.2	Investmentbanking		90
		3.2.2.1	Eigenhandel inkl. Arbitrage (Handelsbuch)	90
		3.2.2.2	Beratung	91
3.3	Derivative Finanzinstrumente (Derivate)			91
	3.3.1	Derivate nach Einsatzzwecken		91
		3.3.1.1	Absicherung (Hedging)	91
		3.3.1.2	Spekulation bzw. Handel (inklusive Arbitrage)	91
	3.3.2	Derivate nach Produktarten		92
		3.3.2.1	Swaps	
		3.3.2.2	Forwards	93
		3.3.2.3	Future	94
		3.3.2.4	Optionen	94
			3.3.2.4.1 Plain-vanilla	94
			3.3.2.4.2 Optionsstrategien	96
			3.3.2.4.3 Exotische Optionen	96
		3.3.2.5	Strukturierte Derivate	97
	3.3.3	Derivate nach Risikoarten		97
		3.3.3.1	Marktpreisrisiken	97
		3.3.3.2	Adressenausfallrisiko	98
	3.3.4	Derivate-Matrix		98

III. IAS/IFRS — 100

1. **Grundlagen** — 100
   - 1.1 **Anwendungsbereich** — 100
     - 1.1.1 Grundsatz — 100
     - 1.1.2 Ausnahmen vom Anwendungsbereich — 101
       - 1.1.2.1 Einordnung — 101
       - 1.1.2.2 Lex specialis — 101
       - 1.1.2.3 Abgrenzungsprobleme — 102
         - 1.1.2.3.1 Kreditzusagen — 102
         - 1.1.2.3.2 Finanzgarantien — 103
         - 1.1.2.3.3 Warentermingeschäfte — 104
     - 1.1.3 Mittelstandsrelevanter Anwendungsbereich — 105
   - 1.2 **Definitionen** — 106
2. **Ansatz** — 108
   - 2.1 **Derivate und Unter-Strich-Positionen bei Kreditinstituten** — 108
     - 2.1.1 Derivate — 108
     - 2.1.2 Unter-Strich-Positionen bei Kreditinstituten — 108
   - 2.2 **Interne Geschäfte** — 108
   - 2.3 **Bilanzierungstag** — 110
     - 2.3.1 Kassageschäfte (unbedingte Forderungen und Verbindlichkeiten) — 111
     - 2.3.2 Feste Verpflichtungen — 111
     - 2.3.3 Derivate — 111
     - 2.3.4 Geplante zukünftige Geschäftvorfälle — 111
   - 2.4 **Zugang/Abgang** — 112

2.5	Strukturierte Finanzinstrumente		115
	2.5.1 Compound Instruments (Emittentensicht)		116
	2.5.2 Embedded Derivatives (Investoren- und Emittentensicht)		117
		2.5.2.1 Grundsachverhalt	117
		2.5.2.2 Cash versus synthetische Strukturen	120
		2.5.2.3 Fair-Value-Option und Embedded Derivatives	121
2.6	Beteiligungen		121
	2.6.1 Bilanzierung		121
	2.6.2 Spezialsachverhalt Konsolidierung von SPV (SIC 12)		124
2.7	Latente Steuern		124

3. **Ausweis in der Bilanz** — 125
 3.1 Mindestumfang — 126
 3.2 Eigen- versus Fremdkapital — 128
  3.2.1 Passiva — 128
  3.2.2 Aktiva — 129
 3.3 Bilanz Nicht-Kreditinstitute — 130
  3.3.1 Aktiva — 132
  3.3.2 Passiva — 134
 3.4 Bilanz Kreditinstitute — 135
  3.4.1 Aktiva — 136
  3.4.2 Passiva — 136
 3.5 Sondersachverhalte — 138
  3.5.1 Konzernabschluss von Unternehmen unterschiedlicher Branchen — 138
  3.5.2 Kontenplan — 138

4. **Bewertung auf Einzelebene** — 139
 4.1 Zugangsbewertung — 141
  4.1.1 Grundsatz — 141
  4.1.2 Sondersachverhalte — 141
   4.1.2.1 Finanzgarantie — 141
    4.1.2.1.1 Nettoausweis bei Zugang — 142
    4.1.2.1.2 Bruttoausweis bei Zugang — 143
   4.1.2.2 Stückzinsen — 143
   4.1.2.3 Strukturierte Finanzinstrumente — 143
    4.1.2.3.1 Compound Instruments — 143
    4.1.2.3.2 Embedded Derivatives — 143
   4.1.2.4 Erwerb über Optionen — 144
 4.2 Bewertungskategorien — 144
  4.2.1 Kategorisierung Aktiva — 145
   4.2.1.1 Kategorie „erfolgswirksam zum beizulegenden Zeitwert bewertet" (FVTPL) — 145
    4.2.1.1.1 Kategorie „zu Handelszwecken" (TRD) — 145
    4.2.1.1.2 Kategorie „freiwillig zum beizulegenden Zeitwert bewertet" (FVBD/Fair Value Option) — 146
   4.2.1.2 Kategorie „bis zur Endfälligkeit gehaltene Finanzinvestitionen" (HTM) — 148
    4.2.1.2.1 Kategorisierung — 148
    4.2.1.2.2 Tainting — 148

		4.2.1.3	Kategorie „Kredite und Forderungen" (LAR)	149
		4.2.1.4	Kategorie „zur Veräußerung verfügbar" (AFS)	150
	4.2.2	Kategorisierung Passiva		150
		4.2.2.1	Kategorie „sonstige Verbindlichkeiten" (L)	150
		4.2.2.2	Kategorie „gegebene Finanzgarantie" (FG/LC)	150
	4.2.3	Checkliste IAS 39-Kategorien		150
	4.2.4	Umklassifizierungen		152
4.3	**Bewertungsmethoden**			**153**
	4.3.1	Überblick		153
	4.3.2	Marktpreisrisiken (ohne FW)		154
		4.3.2.1	Fortgeführte Anschaffungskosten (amortised cost, AC)	154
		4.3.2.2	Full Fair Value (FFV)	157
		4.3.2.3	Bewertung Finanzgarantie (FG) und Kreditzusage (LC)	160
	4.3.3	Adressenausfallrisiken (Impairment)		161
		4.3.3.1	Theoretische Grundlagen	161
			4.3.3.1.1 Definition Impairment	161
			4.3.3.1.2 Impairment-Abschreibung	163
			4.3.3.1.3 Reverse-Impairment (Zuschreibung)	166
			4.3.3.1.4 Behandlung des Zinsertrages nach Erfassung einer Wertminderung (Unwinding)	167
		4.3.3.2	Impairment-Bereiche in der Praxis	168
			4.3.3.2.1 Einordnung	168
			4.3.3.2.2 Kredit-Impairment (A)	169
			4.3.3.2.3 Impairment von Fremdkapitalpapieren im Bereich Financial Markets (B)	169
			4.3.3.2.4 Impairment von notierten Eigenkapitalpapieren (C)	170
			4.3.3.2.5 Impairment von nicht notierten Eigenkapitalpapieren (Beteiligungen)	170
	4.3.4	Fremdwährungsrisiken (FW)		171
		4.3.4.1	Bilanzierung von Geschäftsvorfällen in Fremdwährungen (Transaktionsexposure)	171
		4.3.4.2	Umrechnung der Abschlüsse ausländischer Geschäftsbetriebe (Translationsexposure)	172
4.4	**Fair Value**			**173**
	4.4.1	Ermittlung		173
		4.4.1.1	Fair-Value-Hierarchie	173
		4.4.1.2	Aktiver Markt	175
		4.4.1.3	Barwert, Dirty Price, Clean Price, Fair Value	176
		4.4.1.4	Bewertungsverfahren	178
	4.4.2	Besonderheiten		179
		4.4.2.1	„Day one profit or loss"	179
		4.4.2.2	Konzerneinheitliche Bewertungskurse	180
5.	**Bewertungseinheiten (Hedge Accounting)**			**180**
5.1	**Ausgangslage**			**180**
5.2	**Sicherbare Risiken**			**183**
5.3	**Hedge-Arten**			**184**
	5.3.1	Bilanzierung		184

	5.3.1.1	Grundsatz	184
	5.3.1.2	Durchbuchungsmethode	185
	5.3.1.3	Vereinfachtes Verfahren	186
5.3.2	Fair Value Hedge-Accounting		186
	5.3.2.1	Allgemeines	186
	5.3.2.2	Fair Value Hedge (FVH)	186
	5.3.2.3	Fair-Value-Portfolio-Hedge auf Zinsänderungsrisiken (FVPH)	188
5.3.3	Cashflow Hedge-Accounting		192
	5.3.3.1	Allgemeines	192
	5.3.3.2	Cashflow Hedge (CFH)	192
	5.3.3.3	Absicherung einer Nettoinvestition in einen ausländischen Geschäftsbetrieb	193

5.4 Grundgeschäfte (Hedged Item) 194
  5.4.1 Vermögenswerte und Verbindlichkeiten 194
  5.4.2 „Feste Verpflichtungen" 195
  5.4.3 „Geplante zukünftige Geschäftvorfälle" 196

5.5 Sicherungsinstrumente 197

5.6 Anforderungen an das Hedge Accounting 197
  5.6.1 Überblick 197
  5.6.2 Dokumentation 198
  5.6.3 Effektivität 199
    5.6.3.1 Generelle Vorgehensweise 199
    5.6.3.2 Prospektiver Effektivitätstest 199
    5.6.3.3 Retrospektiver Effektivitätstest 200
      5.6.3.3.1 Methoden 200
      5.6.3.3.2 Vereinfachtes Verfahren 200
  5.6.4 Folgen 201
  5.6.5 Bei Erfüllung der Anforderungen 201
  5.6.6 Bei Nicht-Erfüllung der Anforderungen 201

5.7 Sondersachverhalte 201
  5.7.1 Fair Value Option als Alternative zum Hedge Accounting 201
  5.7.2 Weitere Sondersachverhalte 202

6. Ausweis in der GuV (EK) 202
  6.1 Einordnung und GuV-Komponenten 202
  6.2 Minimalanforderungen 203
  6.3 Praxisbeispiel GuV Nicht-Kreditinstitute 204
  6.4 Praxisbeispiel GuV Kreditinstitute 206

7. Anhangsangaben (Notes) 207
  7.1 Allgemeine Angaben 209
  7.2 Angaben zu Bilanz, GuV 209
    7.2.1 Einordnung 209
    7.2.2 Klassen von Finanzinstrumenten 210
    7.2.3 Bilanz 211
      7.2.3.1 Buchwerte der Finanzinstrumente nach IAS 39 Kategorien 211

		7.2.3.2	Erfolgswirksam zum Fair Value bewertete Finanzinstrumente (FVbD/Fair Value-Option)	214
		7.2.3.3	Umklassifizierungen	215
		7.2.3.4	Ausbuchung	215
		7.2.3.5	Sicherheiten	216
		7.2.3.6	Zusammengesetzte Finanzinstrumente	216
		7.2.3.7	Wertberichtigung im Kreditgeschäft	216
		7.2.3.8	Angaben zum Zahlungsverzug und zu Vertragsverletzungen	216
	7.2.4	Gewinn- und Verlustrechnung		216
		7.2.4.1	Nettogewinne/-verluste	216
		7.2.4.2	Sonstige Ergebnisse	217
	7.2.5	Weitere Angaben		218
		7.2.5.1	Bilanzierung von Sicherungsgeschäften	218
		7.2.5.2	Fair Value	219
		7.2.5.3	Latente Steuern	221
7.3	Angaben zu Risiken aus Finanzinstrumenten			225
	7.3.1	Platzierung der Informationen		225
	7.3.2	Angaben zum Kapitalmanagement		226
	7.3.3	Qualitative Anforderungen		226
	7.3.4	Quantitative Anforderungen		227
7.4	Zwischenberichterstattung			228
8.	**Neuerungen durch die Finanzkrise (kurzfristige)**			229
8.1	Überblick			229
8.2	Umklassifizierungen			230
8.3	Fair Value Hierarchie/Aktiver Markt			232
8.4	Anhangsangaben			233
	8.4.1	Bilanz		233
	8.4.2	Weitere Angaben		233
8.5	Finanzkrise und IPSAS			233
9.	**Neuerungen durch IFRS für KMU**			234
9.1	Überblick			234
9.2	Basis-Finanzinstrumente			235
	9.2.1	Anwendungsbereich		235
	9.2.2	Ansatz		235
		9.2.2.1	Zugang/Abgang	235
		9.2.2.2	Strukturierte Finanzinstrumente	235
		9.2.2.3	Beteiligungen/SIC 12	236
		9.2.2.4	Latente Steuern	236
	9.2.3	Ausweis in der Bilanz		236
		9.2.3.1	Bilanz Nicht-Kreditinstitute	236
		9.2.3.2	Passiva: Eigen- versus Fremdkapital	237
	9.2.4	Bewertung auf Einzelebene		238
		9.2.4.1	Zugangsbewertung	238
		9.2.4.2	Bewertungskategorien	238
		9.2.4.3	Bewertungsmethoden	239
		9.2.4.4	Fair Value	239

			9.2.5	Bewertungseinheiten (Hedge Accounting)	239
			9.2.6	Ausweis in der GuV (EK)	239
			9.2.7	Anhang	241
	9.3	Weitere Finanzinstrumente			242
		9.3.1	Anwendungsbereich		242
		9.3.2	Ansatz		242
		9.3.3	Ausweis in der Bilanz		242
		9.3.4	Bewertung auf Einzelebene		242
			9.3.4.1	Grundsatz	242
			9.3.4.2	Bewertungskategorien	242
			9.3.4.3	Bewertungsmethoden	243
		9.3.5	Bewertungseinheiten (Hedge Accounting)		243
			9.3.5.1	Ausgangslage	243
			9.3.5.2	Sicherbare Risiken	243
			9.3.5.3	Hedge-Arten	244
				9.3.5.3.1 Bilanzierung	244
				9.3.5.3.2 Fair Value Hedge-Accounting	244
				9.3.5.3.3 Cashflow Hedge-Accounting	244
			9.3.5.4	Grundgeschäfte (Hedged Item)	245
			9.3.5.5	Sicherungsinstrumente	245
			9.3.5.6	Anforderungen an das Hedge Accounting	246
				9.3.5.6.1 Dokumentation	246
				9.3.5.6.2 Effektivität	246
		9.3.6	Anhang		246

IV. HGB — 247

1. **Grundlagen** — 247
   - 1.1 **Anwendungsbereich** — 247
   - 1.2 **Definitionen** — 247
     - 1.2.1 Grundprinzipien — 247
     - 1.2.2 Aktiva — 248
     - 1.2.3 Passiva — 249
2. **Ansatz** — 249
   - 2.1 **Derivate und Unter-Strich-Positionen bei Kreditinstituten** — 249
     - 2.1.1 Derivate — 249
     - 2.1.2 Unter-Strich-Positionen — 250
   - 2.2 **Interne Geschäfte** — 250
   - 2.3 **Bilanzierungstag** — 250
   - 2.4 **Zugang/Abgang** — 250
   - 2.5 **Strukturierte Finanzinstrumente** — 251
   - 2.6 **Latente Steuer** — 251
3. **Ausweis in der Bilanz** — 252
   - 3.1 **Eigen- versus Fremdkapital** — 252
   - 3.2 **Bilanz Nicht-Kreditinstitute** — 252
   - 3.3 **Bilanz Kreditinstitute** — 252
4. **Bewertung auf Einzelebene** — 254
   - 4.1 **Zugangsbewertung** — 254
     - 4.1.1 Grundsatz — 254

	4.1.2	Spezialvorschrift Kreditinstitute	254
	4.1.3	Erwerb über Optionen	254
4.2		Bewertungskategorien	255
	4.2.1	Kategorisierung	255
	4.2.2	Umklassifizierungen	256
4.3		Bewertungsmethoden	257
	4.3.1	Marktpreisrisiken (ohne FW)	257
	4.3.2	Adressenausfallrisiken	258
	4.3.3	Fremdwährungsrisiken (FW)	258
		4.3.3.1 Bilanzierung von Geschäftsvorfällen in Fremdwährungen (Transaktionsexposure)	258
		4.3.3.2 Umrechnung der Abschlüsse ausländischer Geschäftsbetriebe (Translationsexposure)	259
4.4		Beizulegender Zeitwert	260

5. Bewertungseinheiten (BWE) — 261

5.1	Überblick		261
5.2	Sicherbare Risiken		262
5.3	BWE-Arten		262
	5.3.1	Bilanzierung	262
		5.3.1.1 Grundsatz	262
		5.3.1.2 Kompensatorische Bewertung	263
		5.3.1.3 Festbewertung	264
	5.3.2	Absicherung des beizulegenden Zeitwerts	264
		5.3.2.1 Überblick	264
		5.3.2.2 Mikro-BWE	265
		5.3.2.3 Portfolio-BWE	265
		5.3.2.4 Makro-BWE	265
	5.3.3	Absicherung von Zahlungsströmen	266
5.4	Grundgeschäfte		266
5.5	Sicherungsinstrumente		266
5.6	Anforderungen an Bewertungseinheiten		267
	5.6.1	Überblick	267
	5.6.2	Dokumentation	267
	5.6.3	Effektivität	269
	5.6.4	Folgen	269
		5.6.4.1 Bei Erfüllung der Anforderungen	269
		5.6.4.2 Bei Nicht-Erfüllung der Anforderungen	269

6. Ausweis in der GuV — 269

6.1	Nicht-Kreditinstitute	269
6.2	Kreditinstitute	270

7. Anhangsangaben/Lagebericht — 271

7.1	Angaben zu Bilanz	271
7.2	Weitere Angaben	271
7.3	Risikoangaben	272

8. Neuerungen durch die Finanzkrise (kurzfristige) — 272

8.1	Umklassifizierung	273
8.2	Fair Value Hierarchie	273

9.	Neuerungen durch BilMoG		274
9.1	Grundlagen		274
	9.1.1 Überblick		274
	9.1.2 Anwendungsbereich		275
	9.1.3 Definitionen		275
9.2	Ansatz		276
	9.2.1 Derivate		276
	9.2.2 Zugang/Abgang		276
	9.2.3 Latente Steuern		277
9.3	Ausweis in der Bilanz		278
9.4	Bewertung auf Einzelebene		279
	9.4.1 Zugangsbewertung		279
	9.4.2 Bewertungskategorien		279
	9.4.2.1 Kategorisierung		280
	9.4.2.2 Umklassifizierungen		280
	9.4.3 Bewertungsmethoden		280
	9.4.3.1 Marktpreisrisiken (ohne FW)		280
	9.4.3.2 Adressenrisiken (Wertberichtigung)		281
	9.4.3.3 Fremdwährungsrisiken (FW)		282
	9.4.3.3.1 Bilanzierung von Geschäftsvorfällen in Fremdwährungen (Transaktionsexposure)		282
	9.4.3.3.2 Umrechnung der Abschlüsse ausländischer Geschäftsbetriebe (Translationsexposure)		282
	9.4.4 Beizulegender Zeitwert		283
9.5	Bewertungseinheiten (BWE)		285
	9.5.1 Sicherbare Risiken		285
	9.5.2 BWE-Arten		286
	9.5.2.1 Bilanzierung		286
	9.5.2.1.1 Grundsatz		286
	9.5.2.1.2 Festbewertung		287
	9.5.2.1.3 Kompensatorische Bewertung		287
	9.5.2.1.4 (Imparitätische) Durchbuchungsmethode		287
	9.5.2.1.5 Vergleich der Methoden		287
	9.5.2.1.6 HGB-Kompatibilität		288
	9.5.2.2 Absicherung des beizulegenden Zeitwertes		289
	9.5.2.3 Absicherung von Zahlungsströmen		291
	9.5.3 Grundgeschäfte		291
	9.5.3.1 Vermögensgegenstände und Schulden		291
	9.5.3.1.1 Kompensatorische Bewertung		291
	9.5.3.1.2 (Imparitätische) Durchbuchungsmethode		292
	9.5.3.2 Schwebende Geschäfte		292
	9.5.3.2.1 Kompensatorische Bewertung		292
	9.5.3.2.2 Durchbuchungsmethode		292
	9.5.3.3 Mit hoher Wahrscheinlichkeit erwartete Transaktionen		292
	9.5.3.3.1 Grundlagen		292
	9.5.3.3.2 Kompensatorische Bewertung		293
	9.5.3.3.3 (Imparitätische) Durchbuchungsmethode		293
	9.5.4 Sicherungsinstrumente		293

		9.5.4.1	Überblick	293
		9.5.4.2	Kompensatorische Bewertung	294
		9.5.4.3	(Imparitätische) Durchbuchungsmethode	294
		9.5.4.4	KI: Steuerung des allgemeinen Zinsrisikos (Bankbuch-Derivate)	294
	9.5.5	Anforderungen an Bewertungseinheiten		295
		9.5.5.1	Überblick	295
		9.5.5.2	Dokumentation	295
		9.5.5.3	Effektivität	295
		9.5.5.4	Folgen	296
			9.5.5.4.1 Bei Erfüllung der Anforderungen	296
			9.5.5.4.2 Bei Nicht-Erfüllung der Anforderungen	296
9.6	**Ausweis in der GuV**			296
9.7	**Anhang/Lagebericht**			297
	9.7.1	Angaben zu Bilanz		297
	9.7.2	Angaben zu GuV		298
	9.7.3	Weitere Angaben		298
		9.7.3.1	Fair Value	298
		9.7.3.2	Sicherungsgeschäfte	298
		9.7.3.3	Latente Steuern	299
	9.7.4	Risikoangaben		300
9.8	**Zusammenfassung**			300

V. Zusammenfassung und Ausblick — 302

1. **Zusammenfassung** — 302
2. **Ausblick** — 303
   - 2.1 **Vorgehensweise** — 303
   - 2.2 **Hintergründe** — 304
   - 2.3 **Ansatz** — 306
     - 2.3.1 Zugang/Abgang — 306
     - 2.3.2 Zusammengesetze Finanzinstrumente — 307
   - 2.4 **Ausweis in der Bilanz** — 307
   - 2.5 **Bewertung auf Einzelebene** — 308
     - 2.5.1 Bewertungskategorien — 308
       - 2.5.1.1 Kategorisierung — 308
       - 2.5.1.2 Umklassifizierungen — 310
     - 2.5.2 Bewertungsmethoden — 310
     - 2.5.3 Fair Value-Ermittlung — 311
       - 2.5.3.1 Leitlinien zur Bewertung zum beizulegenden Zeitwert — 311
       - 2.5.3.2 Kreditrisiko bei der Bewertung von finanziellen Verbindlichkeiten — 312
   - 2.6 **Bewertungseinheiten** — 313
   - 2.7 **Ausweis in der GuV** — 314
   - 2.8 **Anhangsangaben** — 315
     - 2.8.1 Überblick — 315
     - 2.8.2 Angaben zu Bilanz — 315
     - 2.8.3 Weitere Angaben — 316

VI. IFRS-Übungen, Lösungen und Anlagen — 317

1. **IFRS-Übungsaufgaben** — 317
   - 1.1 Übung zu Finanzgarantie — 317
   - 1.2 Übung zu Ausbuchungsvorschriften — 317
   - 1.3 Übung zu Ausbuchungsvorschriften und SPV — 317
   - 1.4 Übung zu strukturierten Finanzinstrumenten — 318
   - 1.5 Übung zur bilanziellen Würdigung eines ABS-Geschäftes — 318
   - 1.6 Übung zu latenten Steuern — 319
   - 1.7 Übung zu Finanzgarantien: Brutto- versus Nettoausweis — 320
   - 1.8 Übung zu Zins-Swap — 320
   - 1.9 Übung zu Währungs-Swap — 322
   - 1.10 Übung zu Forward Rate Agreement (FRA) — 323
   - 1.11 Übung zu Zins-Future — 324
   - 1.12 Übung zu Aktien-Option — 325
   - 1.13 Übung zur IAS 39-Kategorisierung — 326
   - 1.14 Übung zu IAS 39-Kategorien und Folgebewertung — 326
   - 1.15 Übung zu AFS und Bewertung — 326
   - 1.16 Übung zum unterjährigen Aktien-Impairment — 327
   - 1.17 Übung zu Fremdwährungsgeschäften — 327
   - 1.18 Übung zu Fair Value Hedge-Accounting (FVH) — 328
   - 1.19 Übung zu Fair Value Portfolio-Hedge auf Zinsänderungsrisiken (FVPH) — 329
   - 1.20 Übung zu Fair Value Hedge einer „festen Verpflichtung" (firm commitment) — 330

2. **IFRS-Lösungen** — 331
   - 2.1 Lösung zu Finanzgarantie — 331
   - 2.2 Lösung zu Ausbuchungsvorschriften — 332
   - 2.3 Lösung zu Ausbuchungsvorschriften und SPV — 334
   - 2.4 Lösung zu strukturierte Finanzinstrumente — 335
   - 2.5 Lösung zur bilanziellen Würdigung eines ABS-Geschäftes — 335
   - 2.6 Lösung zu latenten Steuern — 338
   - 2.7 Lösung zu Finanzgarantien: Brutto- versus Nettoausweis — 340
   - 2.8 Lösung zu Zins-Swap — 344
   - 2.9 Lösung zu Währungs-Swap — 346
   - 2.10 Lösung zu Forward Rate Agreement (FRA) — 349
   - 2.11 Lösung zu Zins-Future — 350
   - 2.12 Lösung zu Aktien-Option — 351
   - 2.13 Lösung zur IAS 39-Kategorisierung — 352
   - 2.14 Lösung zu IAS 39-Kategorien und Folgebewertung — 354
   - 2.15 Lösung zu AFS und Bewertung — 354
   - 2.16 Lösung zu unterjährigen Aktien-Impairment — 355
   - 2.17 Lösung zu Fremdwährungsgeschäften — 356
   - 2.18 Lösung zu Fair Value Hedge-Accounting (FVH) — 357
   - 2.19 Lösung zu Fair Value Portfolio-Hedge auf Zinsänderungsrisiken (FVPH) — 360
   - 2.20 Lösung zu Fair Value Hedge einer „festen Verpflichtung" (firm commitment) — 366

3. **Anlagen** ... 368
    3.1   Anlage 1: Muster eines Überblicks zu Rechnungslegungsvorschriften ... 368
    3.2   Anlage 2: Musterbankbilanz und -GuV nach FinRep ... 370
    3.3   Anlage 3: Zuordnung von IFRS-Themen/-Übungsaufgaben zu den Treasury-Funktionsbereichen ... 375
    3.4   Anlage 4: Muster-Zahlenbeispiel ... 378
    3.5   Anlage 5: Muster einer Dokumentation zur Fair Value Option (FVO) ... 380

Glossar ... 381

Literaturverzeichnis ... 420

Rechtsvorschriftenverzeichnis (RV) ... 433

Internet-Links ... 439

Stichwortverzeichnis ... 443

Der Autor ... 455

Die Herausgeber ... 457

Abbildungsverzeichnis

Abb. 1:	Finanzkrise 2008: Lehren und Konsequenzen für die Rechnungslegung	45
Abb. 2:	„Rechnungslegungswürfel"	46
Abb. 3:	Größenklassen	50
Abb. 4:	Struktur öffentlicher Betriebe (inklusive öffentlicher Verwaltung)	52
Abb. 5:	Rechnungslegungspflichten pro Unternehmenstyp	57
Abb. 6:	Ebenen der internationalen Rechnungslegung	60
Abb. 7:	Für Finanzinstrumente relevante Standards (IFRS)	62
Abb. 8:	Für Finanzinstrumente relevante Standards (KMU-IFRS)	63
Abb. 9:	Für Finanzinstrumente relevante Standards (HGB)	66
Abb. 10:	Rechtsgrundlage für Doppik in den Kommunen	68
Abb. 11:	Buchungskonventionen (I)	70
Abb. 12:	Buchungskonventionen (II)	71
Abb. 13:	Beispiel zur AABBAA-Vorgehensweise	73
Abb. 14:	Charakteristika von Eigenkapital	77
Abb. 15:	Charakteristika von Fremdkapital	78
Abb. 16:	Einstufung von Mezzanine-Kapital	80
Abb. 17:	Charakteristika von Mezzanine-Kapital	81
Abb. 18:	Bankgeschäfte	88
Abb. 19:	Derivate nach Produktarten	92
Abb. 20:	Grundstruktur eines Zins-Swaps	93
Abb. 21:	Grundstruktur eines FRA	94
Abb. 22:	Produktbeispiel Optionen	95
Abb. 23:	Long-Call: Gewinn- und Verlustprofil	96
Abb. 24:	Derivate-Matrix	99
Abb. 25:	Finanzgarantie versus Kreditderivat	104
Abb. 26:	Arten von internen Geschäften	109
Abb. 27:	Schema zur Ausbuchung gemäß IAS 39.AG	113
Abb. 28:	Struktur eines strukturierten Produktes	116
Abb. 29:	Aufspaltungsvoraussetzungen für Embedded Derivative	118
Abb. 30:	Cash- versus synthetische Strukturen	120
Abb. 31:	Abgrenzung Beteiligung/Finanzinstrument	122

Abbildungsverzeichnis

Abb. 32:	Muster eines Bilanzausweises mit IAS 39 Kategorien (Nicht-Kreditinstitut)	130
Abb. 33:	Bilanz WILO SE 2008 (Aktiva)	131
Abb. 34:	Bilanz WILO SE 2008 (Passiva)	132
Abb. 35:	Muster eines Bilanzausweises mit IAS 39-Kategorien (Kreditinstitut)	135
Abb. 36:	Praxisbeispiel Kontenplan eines Kreditinstitutes	139
Abb. 37:	Arten von Risiko (R) in der Bilanzierung	140
Abb. 38:	Finanzgarantie: Brutto- versus Nettomethode	142
Abb. 39:	Überblick über die IAS 39-Kategorien	144
Abb. 40:	Checkliste IAS 39-Kategorisierung AKTIVA	151
Abb. 41:	Checkliste IAS 39-Kategorisierung PASSIVA	152
Abb. 42:	Überblick Bewertungsmethoden	154
Abb. 43:	Ermittlung Effektivzins	156
Abb. 44:	Ermittlung der fortgeführten Anschaffungskosten (AC)	157
Abb. 45:	Ermittlung des Full Fair Value anhand Barwertformel	158
Abb. 46:	Abgrenzung FFV, AC und HFV	159
Abb. 47:	Finanzgarantie mit Nettoausweis: Vergleich IFRS/HGB	161
Abb. 48:	Basel II-Grundbegriffe und Zahlenbeispiel	163
Abb. 49:	Ermittlung Recoverable Amount und Impairment	164
Abb. 50:	Überblick Einzel- und Portfolio-Impairment	165
Abb. 51:	Zahlenbeispiel Unwinding	167
Abb. 52:	Impairment-Bereiche in der (Bank-)Praxis	168
Abb. 53:	Funktionale Währung versus Darstellungswährung	173
Abb. 54:	Fair-Value-Hierarchie	174
Abb. 55:	Übersicht Teilmärkte & aktiver Markt	176
Abb. 56:	Beispiel zu Clean Price und Dirty Price	177
Abb. 57:	Barwert, Dirty Price, Clean Price, Fair Value	178
Abb. 58:	Fair Value: Bewertungsparameter	179
Abb. 59:	Hedge-Accounting-Beispiel (I)	181
Abb. 60:	Hedge Accounting Beispiel (II)	182
Abb. 61:	Hedge-Accounting-Beispiel (III)	183
Abb. 62:	Hedge-Arten	185
Abb. 63:	FVPH: zur Konzeption	189
Abb. 64:	FVPH: Checkliste (1)	190

Abbildungsverzeichnis

Abb. 65:	FVPH: Checkliste (2)	190
Abb. 66:	Anforderungen an das Hedge Accounting	198
Abb. 67:	Übersicht über GuV-Komponenten	203
Abb. 68:	Muster eines GuV-Ausweises (Nicht-Kreditinstitut)	204
Abb. 69:	Gewinn- und Verlustrechnung WILO SE 2008	205
Abb. 70:	Muster eines GuV-Ausweises (Kreditinstitute)	206
Abb. 71:	Aufbau IFRS 7	210
Abb. 72:	IFRS 7 Klassen-Definition	211
Abb. 73:	IAS-39-Kategorie	212
Abb. 74:	IAS-39-Kategorie (I)	213
Abb. 75:	IAS-39-Kategorie (II)	214
Abb. 76:	Nettoergebnisse nach IAS-39-Kategorie	217
Abb. 77:	Fair-Value-Hedge-Ergebnis	219
Abb. 78:	Sammel-Fair-Value (I)	220
Abb. 79:	Sammel-Fair-Value (II)	221
Abb. 80:	Latente Steuern (I)	223
Abb. 81:	Latente Steuern (II)	224
Abb. 82:	Latente Steuern	225
Abb. 83:	Wesentliche Rechtsvorschriften zu den kurzfristigen Rechnungslegungsänderungen aufgrund der Finanzkrise	230
Abb. 84:	Umklassifizierungen (Umwidmungen) nach IAS 39	231
Abb. 85:	Muster einer KMU-IFRS-Bilanz	237
Abb. 86:	Muster einer KMU-IFRS-GuV (Umsatzkostenverfahren)	240
Abb. 87:	Muster einer KMU-IFRS-GuV (Gesamtkostenverfahren)	241
Abb. 88:	Grundprinzipien der HGB-Bilanzierung	248
Abb. 89:	Muster einer HGB-Bilanz (Kreditinstitut)	253
Abb. 90:	Bilanzielle Behandlung von Optionsprämien nach Ausübung	255
Abb. 91:	HGB-Bewertungskategorien und Bewertungsmethoden	256
Abb. 92:	HGB-Bewertungsgrundsätze und Umklassifizierungen	257
Abb. 93:	Beizulegender Wert-Hierarchie	260
Abb. 94:	Synopse Bewertungseinheiten (HGB) versus Hedge-Arten (IAS 39)	264
Abb. 95:	HGB: Kriterienkatalog zur Anerkennung einer BWE (Muster 1)	268
Abb. 96:	HGB: Kriterienkatalog zur Anerkennung einer BWE (Muster 2)	268

Abbildungsverzeichnis

Abb. 97:	Muster einer HGB-GuV (Kreditinstitut)	270
Abb. 98:	Beizulegender Zeitwert-Hierarchie	283
Abb. 99:	Synopse BWE-Arten (HGB u. BilMoG) versus Hedge-Arten (IAS 39)	290
Abb. 100:	BilMoG: Neuerungen für Finanzinstrumente	301
Abb. 101:	Zusammenfassung	303
Abb. 102:	IASB-Planung zu den Finanzkrise-bezogenen Projekten	306
Abb. 103:	IFRS 9: Neue Kategorisierung	309
Abb. 104:	Latente Steuern	319
Abb. 105:	Zins-Swap (Aufgabe 1)	320
Abb. 106:	Zins-Swap (Aufgabe 2)	321
Abb. 107:	Währungs-Swap (Aufgabe)	322
Abb. 108:	Forward Rate Agreement FRA (Aufgabe 1)	323
Abb. 109:	Forward Rate Agreement FRA (Aufgabe 2)	323
Abb. 110:	Zins-Future (Aufgabe 1)	324
Abb. 111:	Zins-Future (Aufgabe 2)	324
Abb. 112:	Aktien-Option (Aufgabe 1)	325
Abb. 113:	Aktien-Option (Aufgabe 2)	325
Abb. 114:	AFS & Bewertung (Aufgabe)	327
Abb. 115:	FVPH (Aufgabe 1)	329
Abb. 116:	FVPH (Aufgabe 2)	330
Abb. 117:	Lösung zu Finanzgarantien (1)	331
Abb. 118:	Lösung Finanzgarantien (2)	332
Abb. 119:	Ausbuchungsvorschriften (Lösung 1)	333
Abb. 120:	Ausbuchungsvorschriften (Lösung 2)	333
Abb. 121:	Ausbuchungsvorschriften und SPV (Lösung 1)	334
Abb. 122:	Ausbuchungsvorschriften und SPV (Lösung 2)	334
Abb. 123:	Ausbuchungsvorschriften und SPV (Lösung 3)	335
Abb. 124:	Latente Steuer (Lösung)	339
Abb. 125:	Zins-Swap (Lösung 1)	344
Abb. 126:	Zins-Swap (Lösung 2)	345
Abb. 127:	Zins-Swap (Lösung 3)	345
Abb. 128:	Zins-Swap (Lösung 4)	346
Abb. 129:	Währungs-Swap (Lösung 1)	346

Abb. 130: Währungs-Swap (Lösung 2) 347

Abb. 131: Währungs-Swap (Lösung 3) 347

Abb. 132: Währungs-Swap (Lösung 4) 348

Abb. 133: Währungs-Swap (Lösung 5) 348

Abb. 134: Währungs-Swap (Lösung 6) 349

Abb. 135: FRA (Lösung 1) 349

Abb. 136: FRA (Lösung 2) 350

Abb. 137: Zins-Future (Lösung 1) 350

Abb. 138: Zins-Future (Lösung 2) 351

Abb. 139: Aktien-Option (Lösung 1) 351

Abb. 140: Aktien-Option (Lösung 2) 352

Abb. 141: IAS 39-Kategorien und Folgebewertung (Lösung) 354

Abb. 142: AFS und Bewertung (Lösung) 354

Abb. 143: Unterjähriger Aktien-Impairment (Lösung) 355

Abb. 144: Fair Value Hedges FVH (Lösung 1) 357

Abb. 145: Fair Value Hedges FVH (Lösung 2) 357

Abb. 146: Fair Value Hedges FVH (Lösung 3) 358

Abb. 147: Fair Value Hedges FVH (Lösung 4) 358

Abb. 148: Fair Value Hedges FVH (Lösung 5) 359

Abb. 149: Fair Value Portfolio-Hedge FVPH (Vorüberlegung 1) 360

Abb. 150: Fair Value Portfolio-Hedge FVPH (Vorüberlegung 2) 361

Abb. 151: Fair Value Portfolio-Hedge FVPH (Vorüberlegung 3) 361

Abb. 152: FVPH (Lösung 1) 362

Abb. 153: FVPH (Lösung 2) 362

Abb. 154: FVPH (Lösung 3) 363

Abb. 155: FVPH (Lösung 4) 363

Abb. 156: FVPH (Lösung 5) 364

Abb. 157: FVPH (Lösung 5) 364

Abb. 158: Fair Value Hedge – Firm Commitment (Lösung 1) 366

Abb. 159: Fair Value Hedge – Firm Commitment (Lösung 2) 367

Abb. 160: Muster-Zahlenbeispiel (1) 378

Abb. 161: Muster-Zahlenbeispiel (2) 378

Abb. 162: Muster einer Dokumentation (1) 380

Abbildungsverzeichnis

Abb. 163: FVO: Muster einer Dokumentation (2) 380
Abb. 164: Grundprinzipien der Bewertung (HGB) 383
Abb. 165: Bewertungskategorien und Bewertungsmethoden (HGB) 384
Abb. 166: Arten von Risiko (R) in der Bilanzierung 385
Abb. 167: Überblick über die IAS-39-Bewertungskategorien 386
Abb. 168: Überblick Bewertungsmethoden 387
Abb. 169: BilMoG: Neuerungen für Finanzinstrumente 388
Abb. 170: Buchungskonventionen (I) 389
Abb. 171: Buchungskonventionen (II) 390
Abb. 172: Beispiel zu Clean Price und Dirty Price 391
Abb. 173: Barwert, Dirty Price, Clean Price, Fair Value 392
Abb. 174: DCF – Bewertungsparameter 393
Abb. 175: Aufspaltungsvoraussetzungen für Embedded Derivatives 395
Abb. 176: Fair Value Hierarchie 396
Abb. 177: Finanzkrise: Lehren und Konsequenzen für die Rechnungslegung 398
Abb. 178: Umklassifizierungen IFRS neu 400
Abb. 179: Umklassifizierungen HGB 401
Abb. 180: Beispiel zum Hedge Accounting (I) 403
Abb. 181: Beispiel zum Hedge Accounting (II) 404
Abb. 182: Beispiel zum Hedge Accounting (III) 404
Abb. 183: Hedge-Arten/-Techniken 405
Abb. 184: Für Finanzinstrumente relevante Standards 408
Abb. 185: Überblick über Einzel- und Portfolio-Impairment 411
Abb. 186: Rechnungslegungspflichten 415

Abkürzungsverzeichnis

a.a.O.	am angegebenen Ort
A_AGP	aktiv(isch)er Ausgleichsposten im Portfolio gesicherte Finanzinstrumente → IAS 39 Hedge-Art
AABBAA	Ansatz, Ausweis in der Bilanz, Bewertung auf Einzelbasis, Bewertungseinheiten, Ausweis in der GuV, Anhangsangabe; → in diesem Buch verwendete Vorgehensweise zur umfänglichen Darstellung von Rechnungslegungssachverhalte
AB	Anfangsbestand
Abb.	Abbildung
Abs.	Absatz
AC	amortised cost (fortgeführte Anschaffungskosten) → IAS 39 Bewertungsmethode sowie Kategorie des Standardentwurfes IAS 39 (ED/2009/3)
AFS	Available for Sale (zur Veräußerung verfügbar) → IAS 39 Bewertungs-Kategorie
AG	Application Guidance, → Teil eines IFRS-Standard
AG	Aktiengesellschaft
AK	Anschaffungskosten
am.	amendment → Kennzeichnung eines IAS-/IFRS-Standard, der überarbeitet wurde
AO	Abgabenordung
AV	Anlagevermögen
BaFin	Bundesanstalt für Finanzdienstleistungsaufsicht
BB	Betriebs-Berater → Fachzeitschrift
BC	Basis for Conclusion → Teil eines IFRS-Standard
BdB	Bundesverband deutscher Banken
BFA	Bankenfachausschuss des IDW
BilMoG	Bilanzrechtsmodernisierungsgesetz → Modernisiert (ändert) u. a. das HGB
BIS Basel	Bank for International Settlements (BIS) – Basel Committe of Banking Supervision
BLF	basic loan feature → Fachbegriff aus dem Entwurf des überarbeiteten IAS 39 vom Juni 2009
BMF	Bundesministerium der Finanzen
BMJ	Bundesministerium der Justiz
BWE	Bewertungseinheit (*Hedge Accounting*)
bzw.	beziehungsweise
bzgl.	bezüglich
CEBS	Committee of European Banking Regulators → Europäische Bankenaufsicht
CESR	Committee of European Securities Regulators → Europäische Wertpapieraufsicht
c.p.	Ceteris paribus
CF	Cashflow → Zahlungsstrom
CFH	Cashflow hedge (Absicherung von Zahlungsströmen) → IAS 39 Hedge-Art
Doppik	Doppelte Buchführung in Konten
DP	Discussion Paper → vom IASB herausgegebene Diskussionspapiere
DPWN	Deutsche Post World Net (neu: Deutsche Post DHL)
DRS	Deutsche Rechnungslegungsstandard
DRSC	Deutsche Rechnungslegungs Standards Committee e.V.

Abkürzungsverzeichnis

DSR	Deutscher Standardisierungsrat
DStR	Deutsches Steuerrecht → Zeitschrift
EAD	Exposure at default (Engagementhöhe bei Ausfall) → Basel II-Parameter
EAP	Expert Advisory Panel (IFRS) → Expertengruppe, welche das IASB in der Finanzkrise berät
EBIT	Earnings bevor interest and taxes (Gewinn vor Zinsen und Steuern) → GuV-Zwischengröße
ED	Exposure Draft (Standardentwurf)
EG	Europäische Gemeinschaft
EG-RL	Richtlinie der Europäischen Gemeinschaft
EigVO	Eigenbetriebsverordnung
EK	Eigenkapital
EL	Expected loss (erwarteter Verlust) → Basel II-Parameter
ERS ÖFA 1	IDW-Stellungnahme „Rechnungslegung der öffentlichen Verwaltung nach den Grundsätzen der doppelten Buchführung"
EStG	Einkommensteuergesetz
EU	Europäische Union
EU-IFRS	Als EU-IFRS werden die IFRS bezeichnet, die sog. Endorsement-Verfahrens in EU-Recht übernommen wurden
Euribor	European InterBank Offered Rate → Zinssatz für Termingelder in Euro im Interbankengeschäft
EWB	Einzelwertberichtigung
F&E	Forschung und Entwicklung
f.	folgende Seite (Singular, es folgt nur eine Seite)
FAK	Fortgeführte Anschaffungskosten
FASB	Financial Accounting Standards Board → US-amerikanische Standardsetter
FC	Firm commitment (feste Verpflichtung)
ff.	folgende Seiten (Plural, es folgen mehrere Seiten)
FFV	Full Fair Value
FG/LC	Financial guarantee contracts / loan commitments (gegebene Finanzgarantien / Kreditzusagen) → IAS 39-Bewertungskategorie
FinRep	Financial Reporting, →Ein vom CEBS veröffentlichtes Rahmenwerk zur Implementierung einer standardisierten Konzernfinanzberichterstattung für Banken
FK	Fremdkapital
FN	Fußnote
FRN	Floating rate note (variabel verzinsliche Anleihe)
FSF	Financial Stability Forum →Forum zur Stärkung der Finanzstabilität
FSP	FASB Staff Position
FV	Fair value (beizulegender Zeitwert)
FW	Fremdwährungen
FVBD	Fair value by designation (freiwillig erfolgswirksam zum Fair Value bewertet) → IAS 39 Bewertungs-Kategorie
FVH	Fair value hedge (Absicherung des beizulegenden Zeitwertes) → IAS 39 Hedgewert
FVPH	Fair value portfolio hedge on interest rate risk (Absicherung des beizulegenden Zeitwertes gegen das Zinsänderungsrisiko eines Portfolios) → IAS 39 Hedge-Art

FVTOCI	Fair value through other comprehensive income (GuV neutral zum beizulegenden Zeitwert bewertet) → (Sonder-) Bewertungskategorie des Standardentwurfes IAS 39 (ED/2009/3)
FVTPL	Fair value through profit and loss (erfolgswirksam zum beizulegenden Zeitwert bewertet) → IAS 39 Bewertungskategorie sowie Kategorie des Standardentwurfes IAS 39 (ED/2009/3)
G-20	Group of Twenty → Die Gruppe der zwanzig wichtigsten Industrie- und Schwellenländer
GE	Geldeinheiten
ggf.	gegebenenfalls
GmbH	Gesellschaft mit beschränkter Haftung
GO	Gemeindeordnung
GoB	Grundsätze ordnungsmäßiger Buchführung
grds.	grundsätzlich
GuV	Gewinn- und Verlustrechnung
H	Halbjahr → z. B. H1 steht für das erste Halbjahr eines Jahres
HandelsE	Handelsergebnis
HedgeE	Hedgeergebnis
HFA	Hauptfachausschuss des IDW → veröffentlichen Stellungnahmen zur Rechnungslegung
HFV	Hedge Fair Value
HGB	Handelsgesetzbuch
HgrGMoG	Gesetz zur Modernisierung des Haushaltsgrundsätzegesetzes (Haushaltsgrundsätzemodernisierungsgesetz)
Hrsg.	Herausgeber
HTM	Held-to-maturity (bis zur Endfälligkeit haltend) → IAS 39 Bewertungskategorie
i.d.R.	in der Regel
i.S.d.	Im Sinne des / der
i.V.m.	in Verbindung mit
i.w.S.	im weiteren Sinne
IAS	International Accounting Standards
IASB	International Accountig Standards Board → IFRS-Standardsetter
IASB FCAG	Financial Crisis Advisory Group (IASB) → Beratungsgruppe des IASB und FASB mit Blick auf die Finanzkrise
IDW	Institut der Wirtschaftsprüfer
IDW-FN	IDW Fachnachrichten → erscheint monatlich
IFAC	International Federation of Accountants → internationaler Fachverband der Wirtschaftsprüfer
IFD	Initiative Finanzstandort Deutschland
IFRIC	International Financial Reporting Interpretations Committee → IFRS-Interpretationscommittee
IFRS	International Financial Reporting Standards
IG	Implementation Guidance → Teil eines IFRS-Standard
IMK	Innenministerkonferenz
IN	Introduction → Teil eines IFRS-Standard

InvG.	Investmentgesetz
IOSCO	International Organization of Securities Commissions → Internationale Vereinigung der Wertpapierbörsen
IPSAS	International Public Sector Accounting Standards → IFRS für die öffentliche Verwaltung
IPSASB	International Public Sector Accounting Standards Board
IRZ	Zeitschrift für internationale Rechnungslegung
ISDA	International Swaps and Derivatives Association
ISIN	International Securities Identification Number;
JÜ	Jahresüberschuss
Kap.	Kapitel
KapM	Kapitalmarkt
KI	Kreditinstitute → Hinweis auf Kreditinstitut-spezifische Sachverhalte
KMU	Kleine und mittelgroße Unternehmen (small and medium-sized entity SME) → „Mittelstand", „mittelständische Unternehmen"
KMU-IFRS	IFRS Standard für kleine und mittelgroße Unternehmen
KoR	Zeitschrift für internationale und kapitalmarktorientierte Rechnungslegung
KStG	Körperschaftsteuergesetz
KWG	Kreditwesengesetz
L	Other liabilities (sonstige Verbindlichkeiten) → IAS 39 Bewertungskategorie
LAR	Loans and receivables (Kredite und Forderungen) → IAS 39 Bewertungskategorie
LGD	Loss given default (prozentualer Verlust bei Ausfall) → Basel II-Parameter
Libor	London Interbank Offered Rate → Zinssatz für Interbankengeschäft
LR	Liquiditätsreserve → HGB Bewertungskategorie
MAH	Mindestanforderungen an das Betreiben von Handelsgeschäften (neu: MaRisk)
MaRisk	Mindestanforderungen an das Risikomanagement (alt: MaH)
Mio.	Millionen
n.F.	neue Fassung
n.r.	Nicht relevant
NKF	Neues kommunales Finanzmanagement → Rechtsgrundlage für Kommunen in NRW zur Rechnungslegung nach der Doppik
NKR	Neue kommunale Rechnungslegung
NPAE	Non-publicly Accountable Entities
NRW	Nordrhein-Westfalen
ÖR	Öffentlich-rechtlich(e)
o.g.	oben genannt(e)
OCI	Other comprehensive income (Neubewertungsrücklage) → Bezeichnung aus US-GAAP
p.a.	per annum
P_AGL	Passiv(isch)er Ausgleichsposten für im Portfolio gesicherte Finanzinstrumente
PB	Deutsche Postbank

PD	Probability of default (Ausfallwahrscheinlichkeit eines Kreditnehmers) → Basel II-Parameter
pEWB	pauschalierte Einzelwertberichtigung
PiR	Praxis der internationalen Rechnungslegung → Zeitschrift
PublG	Publizitätsgesetz
PÜ	Provisionsüberschuss
PWB	Pauschalwertberichtigung
Q	Quartal → z. B. Q2 steht für zweites Quartal eines Jahres.
Q&A	Questions and answers
RAP	Rechnungsabgrenzungsposten
RechKredV	Rechnungslegungsverordnung für Kreditinstitute
RegE	Regierungsentwurf
rev.	revised → Kennzeichnung eines IAS-/IFRS-Standard, der umfangreicher überarbeitet wurde
RfI	Request for Information → IASB-Abfrage zu bestimmten Rechnungslegungsthemen
RL	Rechnungslegung
RT	round table → im Rahmen der „runden Tisch"-Gespräche lädt das IASB Interessierte zu Fachdiskussionen zu bestimmten Standardentwürfen ein
S.	Satz, Seite
SB	Schlussbestand
SCP	Structured credit products (strukturierte Kreditprodukte)
SE	Societas Europea → Rechtsform einer europäischen Aktiengesellschaft
SEC	Securities and Exchange Commission → US-amerikanische Börsenaufsicht
SG	Sicherungsgeber
SIC	Standard Interpretation Committee → Vorgängerinstitution des IFRIC
SME	Small and medium-sized entity (klein und mittelgroße Unternehmen KMU)
SN	Sicherungsnehmer
sog.	sogenannt(e)
SPE	Special purpose entity
SPV	Special purpose vehicle
SSD	Schuldscheindarlehen
ST. VG	Sonstige Vermögensgegenstände
STKZ	Stückzinsen
t_0	Startzeitpunkt einer Datenreihe / eines Geschäftes → bei Erwerb eine Finanzinstrumentes z. B. Zugangszeitpunkt
TEUR	Tausend Euro
TRD	Trading (Handel, Spekulation) → IAS 39-Bewertungskategorie
TGV	Teilgesellschaftsvermögen i.S.d. Investmentgesetzes
Tz.	Textziffer
u. a.	unter anderem
UG	Unternehmergesellschaft → Neue Rechtsform; ähnlich wie GmbH, allerdings mit weniger Stammkapital ausgestattet (§ 5a GmbHG)
UN	Unternehmen

Abkürzungsverzeichnis

UK ASB	United Kingdom Accounting Standards Board → britisches Rechnungsleugskommittee
US-GAAP	United States – Generally Accepted Accounting Principles → US-amerikanische Rechnungslegung
UV	Umlaufvermögen
VaR	Value at Risk
VB	Verbindlichkeit
VÖB	Verband öffentlicher Banken
WKN	Wertpapierkennnummer
WP	Wertpapiere
WPg	Die Wirtschaftsprüfung → Fachzeitschrift
z. B.	zum Beispiel
ZABGR	Zinsabgrenzung
ZfgK	Zeitschrift für das gesamte Kreditwesen
ZfdgV	Zeitschrift für das gesamte Verwaltungswesen, die sozialen und wirtschaftlichen Aufgaben der Städte, Landkreise und Landgemeinde
ZÜ	Zinsüberschuss

I. Einleitung

1. Zielsetzung

Im Zeitalter der internationalen Bilanzierung hat das System der Rechnungslegung im Allgemeinen und im Speziellen mit Blick auf Finanzinstrumente eine Komplexität und Detailtiefe angenommen, die man so bisher unter HGB nicht kannte. „Große" Unternehmen (kapitalmarktorientierte Unternehmen) erstellen bereits jetzt ihre Konzernabschlüsse in der Regel nach IFRS, Einzelabschlüsse können ebenfalls (für Informationszwecke zusätzlich zum HGB-Einzelabschluss) nach IFRS erstellt werden. Zudem wurden im Laufe des Jahres 2009 mit der Bilanzrechtmodernisierung (BilMoG) IFRS-Elemente in das HGB aufgenommen und für mittelständische Unternehmen mit den IFRS für KMU (*IFRS for SME*) ein eigener IFRS-Standard veröffentlicht. Daher steht im **Hauptfokus** des vorliegenden Buches die **IFRS-(Konzern-) Bilanzierung**. HGB-Kenntnisse sind **aber auch** weiterhin für den Einzelabschluss und – über die Maßgeblichkeit der Handelsbilanz für die Steuerbilanz über das Konstrukt der latenten Steuer auch indirekt – für die IFRS-Konzernbilanzierung erforderlich und somit auch Gegenstand des vorliegenden Buches.

Die erwähnte Komplexität liegt u. a. daran, dass in der IFRS-Welt die Fair-Value-Bewertung von Finanzinstrumenten stärker verankert ist als dies bisher in der HGB-Welt der Fall war. Insbesondere in Zeiten von Kapitalmarktturbulenzen – wie z. B. durch die im Jahre 2007 in den USA ausgelöste Subprime-Krise – rücken verstärkt **Bewertungsfragen** in den Fokus der Bilanzierung.

Die IFRS-Rechnungslegung von Finanzinstrumenten ist für Kreditinstitute und Nicht-Kreditinstitute grundsätzlich gleich, beim Ausweis in der Bilanz und in der Gewinn- und Verlustrechung (GuV) unterscheiden sie sich allerdings, sodass diesbezüglich nachfolgend zwischen **Nicht-Kreditinstituten** (u. a. Industrie, Handel, Dienstleistung, Kommunen, Stadtwerke) und **Kreditinstituten** (Versicherungen)[1] differenziert wird.

Zielsetzung des Buches ist es, einen **Leitfaden** an die Hand zu geben, mit dem man sich durch die komplexe Welt der Rechnungslegung „hangeln" kann, um so besser antizipieren und/oder nachvollziehen zu können, wie Finanzinstrumente-Transaktionen sich auf die Bilanz, GuV und den Geschäftsbericht auswirken. Ohne „trockene" Paragraphen kommt kein Buch zur Rechnungslegung aus, so auch nicht das vorliegende. Allerdings sind die wichtigsten Paragraphen bereits im Buch abgedruckt, so dass ein Nachschlagen im Gesetz selber nicht mehr erforderlich ist. Allerdings sind die reinen Gesetzesquellen auf ein Minimum beschränkt und eine Vielzahl von Abbildungen stellt die Materie der Rechnungslegung anschaulich dar. Anhand zahlreicher Übungsaufgaben kann das Erlernte selber angewendet werden.

Das Buch basiert auf dem – verpflichtend nach EU-Recht anzuwendenden – **Rechtsstand September 2009**.[2]

---

[1] Bei Nicht-Kreditinstituten steht der güterwirtschaftliche Betriebsprozess (bzw. die Dienstleistung) im Mittelpunkt der Geschäftstätigkeit. Bei Kreditinstituten sind nicht Güter, sondern Finanzinstrumente Gegenstand des Betriebsprozesses/der Dienstleistung, so dass der Umfang und Einsatzweck von Finanzinstrumenten eines Kreditinstituts naturgemäß (erheblich) umfangreicher ist als bei Nicht-Kreditinstituten.

[2] Vgl. auch Vorwort.

2. Zielgruppe

Zielgruppe des vorliegenden Praxisratgebers sind grundsätzlich **alle am Rechnungslegungsprozess interessierten Personengruppen**. Dies sind im Konkreten:

Bilanzierer: Innerhalb einer Unternehmung ist dies primär das externe Rechnungswesen, welches den Jahres- und Konzernabschluss sowie die Zwischenberichte erstellt.

Wirtschaftsprüfer und (interne) Revision: Die Wirtschaftsprüfer als auch die (interne) Revision überprüfen die Ordnungsmäßigkeit der Rechnungslegung eines Unternehmens.

Management: Eine wichtige Zielgröße bei der Steuerung eines Unternehmens sind die Bilanz- und GuV-Auswirkungen (von Finanzinstrumente-Transaktionen) dar. Zudem stellen bestimmte Bilanz- und/oder GuV-Positionen die Bemessungsgrundlage für Tantiemenzahlungen dar.

Investoren: Insbesondere aus Sicht der IFRS ist diese Gruppe der Hauptadressat der internationalen Rechnungslegung. Hierbei geht es sowohl darum, den gegenwärtigen als auch zukünftigen Investoren mit den veröffentlichten Finanzberichten entscheidungsnützliche Informationen bereit zu stellen.

Analysten: Zum einen sind es die Aktienanalysten, die als Informant vieler (potentieller) (Retail-) Investoren agieren, zum anderen Kreditanalysten im Rahmen der Kreditvergabeentscheidung bei Kreditinstituten. Sie werten HGB- und IFRS-Bilanzen aus und benötigen hierfür entsprechende Rechnungslegungskenntnisse.

Treasurer, Kämmerer und Einkäufer: Treasurer, Kämmerer und Einkäufer verändern durch ihre Transaktionen die Risikoposition der Unternehmung und somit auch die Bilanz- und GuV.

Vertrieb (z. B. Verkäufer, Relationshippmanager): Oft gehört im Bankbereich zur Produktberatung auch eine Darstellung der Bilanzierung der betroffenen Finanzinstrumente, so dass auch in den kundennahen Abteilungen Rechnungslegungsfragestellungen eine Rolle spielen.

Wissenschaft und Fortbildung: Insbesondere aufgrund der Komplexität und der Schnelllebigkeit der Rechnungslegungsthemen sind diese auch Gegenstand der Wissenschaft und auch des (betrieblichen) Fortbildungssektors.

3. Nutzungsmöglichkeiten

Das vorliegende Buch bietet verschiedene Nutzungsmöglichkeiten.

Sie möchten auf die Schnelle einen Überblick über die wichtigsten Schlagwörter bekommen und/oder möchten zunächst zielgerichtet das eine oder andere konkrete Stichwort nachschlagen? Dies ermöglicht das **Glossar** am Ende des Buches, welches in alphabetischer Reihenfolge die wichtigsten Rechnungslegungsbegriffe rund um das Thema „Rechnungslegung von Finanzinstrumenten" komprimiert darstellt.

Eine systematische und umfassende Einarbeitung in die Thematik der Rechnungslegung ermöglicht das sukzessive Durchlesen des Buches vom Anfang bis zum Ende („**von Vorne nach Hinten**").

Über die vielen Querverweise ist es aber auch möglich, einzelfallbezogen anhand der einzelnen Treasury-Funktionen in die Thematik einzusteigen („**von Hinten nach Vo**rne"). So interessiert Sie z. B., wie im Rahmen der Steuerung des Zinsänderungsrisikos die bilanzielle Abbildung eines Zins-Swaps erfolgt. Dann steigen Sie über die Anlage VI.3.3 retrograd in die Thematik der Rechnungslegung ein. Von dort werden Sie auf konkrete Übungsaufgaben aus diesem Bereich weitergeleitet. Die Übungsaufgaben ihrerseits verweisen in ihrem Lösungsteil dann wieder auf die Kapitel, in welchen die – die Übungsaufgabe betreffenden – Grundlagen der Bilanzierung beschrieben sind.

Möchten Sie dahingegen inhaltlich „direkt zur Sache kommen" und interessieren sich für das (bewertungstechnische) Kernstück des IAS 39, dem sog. Mixed Model und dem Hedge Accounting mit den unterschiedlichen Bewertungskategorien, so können Sie auch mittendrin anfangen, und hangeln sich dann – je nach individuellem Informationsbedürfnis – nach vorne oder nach hinten durch das Buch („**Mittendrin**"). Startpunkt wären hier die Abb. 39 im Kap. III.4.2 und Abb. 42 im Kap. III.4.3 (bezüglich des Mixed Modells) sowie Kap. III.5.1 (bezüglich Hedge Accounting).

In der **elektronischen Fassung**[3] ist es Ihnen aber auch möglich, dieses Buch als **Nachschlagewerk** zu verwenden. Sie haben nicht viel Zeit und wollen beispielsweise wissen, was mit dem Fachbegriff „unwinding" oder aber „cashflow hedge" gemeint ist. Über die Sucheingabe werden Ihnen dann sofort die Passagen angezeigt, in denen dieses Schlagwort vorkommt. Typisch für den Bereich der Rechnungslegung von Finanzinstrumenten ist, dass eine Vielzahl von Begriffen existiert. So spricht der Treasurer z. B. von „Repo" (repurchase agreement), während der deutsche Rechnungsleger in diesem Zusammenhang von „echten oder unechten Wertpapierpensionsgeschäften" gem. § 340b HGB spricht; unter IAS 39 fällt dieser Sachverhalt dahingegen unter das Schlagwort „derecognition". Damit eine solche elektronische Suchfunktion ergiebig ist, wurden in dem vorliegenden Buch so viele Schlagwörter/Synonyme (sei es in Deutsch, sei es in Englisch) wie möglich verwendet.

Über **eingebaute Internet-Links** können Sie sich eine Vielzahl der zitierten Literatur- und Rechtsquellen durch einfaches Anklicken kostenlos downloaden.[4]

4. Aufbau, Abgrenzung und Notation

4.1 Aufbau

Das vorliegende Buch umfasst insgesamt sechs (mit römischen Ziffern gekennzeichneten) Abschnitte. Gegenstand des I. Abschnitts ist die **Einleitung** in die Thematik. Der II. Abschnitt legt die für das weitere Verständnis notwendigen **Grundlagen**. Abschnitt III. beschreibt detailliert die relevanten Vorschriften der internationalen Rechnungslegung **IAS/IFRS** und stellt den Hauptteil dieses Buches dar.[5] Die relevanten deutschen Rechnungslegungsvorschriften des **HGB** sind Gegenstand des IV. Abschnitts. Abschnitt V. schließt den fachlichen Teil des Buches mit einer **Zusammenfassung** und einem **Ausblick** ab, bevor im Abschnitt VI. die Möglichkeit besteht, das Erlernte anhand von **IFRS-Übungsaufgaben** anzuwenden.

---

3 Die elektronische Fassung ist auf der Internetseite http://www.treasuryword.de unter der Rubrik „e-learning" für registrierte Benutzer abrufbar.
4 Hierfür benötigen Sie das Inhaltsverzeichnis, das Verzeichnis der Rechtsvorschriften sowie die Liste der Internet-Links als Word-Dokument, welches ebenfalls auf der Internetseite http://www.treasuryword.de unter der Rubrik „e-learning" für registrierte Benutzer abrufbar ist.
5 Bezüglich IFRS- und HGB-Rechnungslegung vgl. auch Henkel (2008a) und Henkel (2008b).

4.2 Abgrenzung

15 Unter **Treasury-Produkten** im Sinne dieser Arbeit werden alle originären und derivativen **Finanzinstrumente** subsumiert, die in den Anwendungsbereich des **IAS 39** fallen. Alle gängigen Geld-, Kredit- und Kapitalmarktprodukte, unabhängig davon, ob sie Gegenstand einer Absicherungsstrategie (Hedging) sind oder nicht, sind somit Gegenstand dieses Buches. Nicht berücksichtigt werden dahingegen Finanzinstrumente/Finanzierungsarten, die nicht in den Anwendungsbereich des IAS 39 fallen. Dies trifft z. B. auf Leasingverträge zu, da diese im separaten Leasingstandard IAS 17 geregelt sind. Inhalt des IAS 39 sind ausschließlich **Außenfinanzierungsarten**, so dass sämtliche Innenfinanzierungsarten keine Berücksichtigung finden.

16 Im Fokus dieses Buches stehen die klassischen **Berichtselemente** des externen Rechnungswesens: Bilanz, GuV und Anhang. Darüber hinaus bestehende Berichtselemente wie z. B. die Cashflow-Rechnung oder die Segmentberichterstattung werden in der vorliegenden Arbeit nicht behandelt.

17 Gegenstand der nachfolgenden Ausführungen sind die **laufenden Berichtspflichten**. Für einmalig bzw. selten anfallende Ereignisse gibt es zum Teil Sondervorschriften, welche im vorliegenden Buch nicht dargestellt werden. So gibt es bei der erstmaligen Anwendung bestimmter Rechnungslegungsvorschriften Vereinfachungsregeln (z. B. IFRS 1) oder aber Übergangsregelungen (z. B. bei BilMoG).

18 In der vorliegenden Arbeit werden die **Berichtspflichten zum Jahresende** dargestellt. Auf die Zwischenberichterstattung wird nicht explizit eingegangen. Grundsätzlich gelten aber die Ergebnisse dieser Arbeit auch für Zwischenberichte, da diese in der Regel eine Teilmenge der Jahresberichterstattung darstellen.

19 Die IAS/IFRS-Bilanzierung ist eine Konzernbilanzierung. Zusätzlich hat jedes deutsche Unternehmen zwingend eine **HGB-Einzelbilanz** zu erstellen. In der vorliegenden Arbeit liegt bei der Darstellung der HGB-Sachverhalte der Schwerpunkt auf dem Einzelabschluss, HGB-Konsolidierungssachverhalte[6] werden nicht behandelt. Der Einzelbilanz kommen drei Funktionen zu: Ausschüttungsbemessungsgrundlage, Maßgeblichkeit für die Steuerbilanz und Informationsfunktion. Im Fokus der vorliegenden Arbeit steht nur die **Informationsfunktion** des Jahresabschlusses (sowie des Konzernabschlusses). Auf steuerrechtliche Aspekte wird nur eingegangen, insofern sie für das Verständnis des Konstruktes der latenten Steuern von Bedeutung sind.

20 **IT-technische Aspekte**, die in der praktischen Umsetzung von Rechnungslegungsvorschriften – insbesondere für die Bilanzierer (Rechnungswesen) und Wirtschaftsprüfer – von großer Bedeutung sind, werden im vorliegenden Buch nicht behandelt. Allerdings kann die vorliegende Arbeit Grundlage für eine Fachkonzeption zur Parametrisierung (Customizing) von Bilanzierungssachverhalten von Finanzinstrumenten in den entsprechenden Buchhaltungssystemen sein.

4.3 Notation

> **HINWEIS:**

1 *Kapitel: Die Notation bei Querweisen auf Kapitel (Kap.) erfolgt ohne Nennung der römischen Abschnittsnummern, solange sich der Verweis auf ein Kapitel in ein und demselben Abschnitt bezieht. Wird dahingegen auf ein Kapitel in einem anderen Abschnitt verwiesen, so wird der arabischen Kapitelnummer die römische Abschnittsnummer vorangestellt. So verweist „III.5.1" auf das Kapitel 5.1 im III. Abschnitt. Zur besseren Orientierung enthält jede Buchseite in der Kopfzeile Hinweise auf den aktuellen Abschnitt (links) und das aktuelle Kapitel (rechts).*

---

6 Der Ansatz und die Bewertung sind im Einzel- und Konzernabschluss identisch.

Englische Begriffe: *Typisch für den Bereich der Rechnungslegung von Finanzinstrumenten ist, dass es eine Vielzahl von (synonymen) Begriffen gibt, die oft englischen Ursprungs sind[7]. Im vorliegenden Buch wird versucht, alle gängigen Begriffe aufzuführen, wobei die englischen Begriffe* kursiv *gedruckt – in der Regel als Klammerzusatz zu den deutschen Begriffen – aufgeführt werden.*

LITERATUR:

Das Buch „Accounting Financial Instruments/Rechnungslegung von Finanzinstrumenten IFRS/HGB"[8] ist bilingual im „parallel Modus" aufgebaut, d. h. dem deutschen Fachtext zur Rechnungslegung auf der rechten Seite steht die englische Übersetzung auf der linken Seite direkt gegenüber. Ebenso aufgebaut ist die Gesetzessammlung vom IDW „International Financial Reporting Standards IFRS".[9]

Literatur-/Rechtsvorschriftenverzeichnis: *Im Buch zitierte Literaturquellen werden in der Fußnote mit dem Nachnamen des Autors/Herausgebers und der Seitenzahl angegeben. Die vollständigen Angaben zu der Literaturquelle ergeben sich dann aus dem – nach dem Nachnamen des Autors/Herausgebers alphabetisch sortierten –* **Literaturverzeichnis,** *welches sich am Ende des Buches befindet. Zitierte Rechtsvorschriften (RV) werden, soweit im Text wortwörtlich wiedergegeben,* kursiv *abgebildet. In Fußnoten zitierten Rechtsvorschriften wird ein „RV" vorangestellt, um diese als solche zu kennzeichnen. Details zu den zitierten Rechtsvorschriften finden Sie in dem* **Rechtsvorschriftenverzeichnis** *am Ende des Buches. Der Begriff der Rechtsvorschrift wird in der vorliegenden Arbeit weit gefasst und deckt alle (vom Bilanzierer) verbindlich anzuwendenden Vorschriften (zur Rechnungslegung) ab, unabhängig davon, ob sie von einer staatlichen Stelle (z. B. Bund, Land, BaFin) oder aber einer privatrechtlichen Organisation (z. B. DRSC, IASB) veröffentlicht wurden. Soweit bereits die neuen HGB-Paragraphen des* **BilMoG** *zitiert werden, wird dies durch den Zusatz „n.F." für „neue Fassung" kenntlich gemacht.*

Fair Value/beizulegender Zeitwert/Marktwert: *Diese drei Begriffe aus der Rechnungslegung werden meist abwechselnd und synonym verwandt und entsprechen dem in der Treasury verwandten Begriff des* ***„Clean Price".***[10] [11] *In der vorliegenden Arbeit wird IFRS synonym für die* **Full-IFRS** *verwendet. Sind nicht die Full-IFRS gemeint, so wird explizit der Begriff „KMU-IFRS" verwendet. Absätze mit Spezialvorschriften, die nur für Kreditinstitute gelten, beginnen in der vorliegenden Arbeit mit „****KI:****".*

5. Die jüngsten Neuerungen in der Rechnungslegung

Überblick

Die in den Jahren 2008/2009 für Finanzinstrumente relevanten Gesetzesänderungen betrafen das Bilanzrechtsmodernisierungsgesetz (BilMoG), die IFRS für den Mittelstand (IFRS für KMU) sowie Rechnungslegungsänderungen aufgrund der Finanzkrise. Nachfolgend werden diese drei Themenkomplexe kurz dargestellt, die zudem am Ende der Abschnitte zu IFRS (III) sowie HGB (IV) und dem Abschnitt zum Ausblick (V) noch einmal detaillierter in jeweils eigenen Kapiteln erläutert werden.

---

7 Das gesamte Buch Henkel (2009) ist bilingual aufgebaut, d. h. dem deutschen Fachtext zur Rechnungslegung auf der rechten Seite sind auf der gegenüberliegenden linken Seite.
8 Vgl. *Henkel (2009).*
9 Vgl. *IDW (2008).*
10 Details vgl. III.4.4.1.3.
11 Bezüglich „Finanzmathematik und Statistik leicht gemacht" vgl. Waitz (2009a). Bezüglich Grundlagen zur Volkswirtschaftslehre vgl. Ruckriegel/Storch.

5.1 BilMoG

Mit dem Bilanzrechtsmodernisierungsgesetz (BilMoG) vom 25.05.2009[12] soll das HGB u. a. **für die IFRS „fit gemacht"** werden. Die Änderungen betreffen auch die Rechnungslegung von Finanzinstrumenten und sind erstmalig verpflichtend ab 01.01.2010 anzuwenden. Die für Finanzinstrumente relevanten Änderungen betreffen insbesondere die „Fair Value Bewertung von Handelsbeständen bei Kreditinstituten", die „Bildung von Bewertungseinheiten" und die „Fremdwährungsumrechung".

Weitere **Details** zu BilMoG befinden sich im Kap. IV.9.

5.2 IFRS für den Mittelstand (IFRS für KMU)

Die aktuellen IFRS berücksichtigen nicht die **Besonderheiten von mittelständischen Unternehmen** (kleine und mittelgroße Unternehmen KMU, *small and medium sized entities SME*). Daher hat das IASB für diese Unternehmensgruppe mit den IFRS für KMU (IFRS for SME)[13] einen eigenen Standard veröffentlicht, der zwar grundsätzlich auf den allgemeinen IFRS-Standards aufbaut, aber für bestimmte Bereiche teilweise (erhebliche) Vereinfachungen im Vergleich zum vollständigen IFRS-Regelwerk vorsieht.

Die **Vereinfachungen** betreffen insbesondere auch den Bereich der **Finanzinstrumente**. Gegenstand des Abschnitts 11 „Basis-Finanzinstrumente" sind einfache (plain vanilla) Fremdkapitalpapiere, wohingegen Abschnitt 12 „weitere Finanzinstrumente" sich mit komplexeren Finanzinstrumenten sowie einfachen Hedging-Strukturen beschäftigt. Da die IFRS für KMU u. a. in Deutschland sehr kontrovers diskutiert werden, soll das durch BilMoG modernisierte HGB (5.1) eine Alternative zu den IFRS für KMU darstellen.

Weitere **Details** zu IFRS für KMU befinden sich im Kap. III.9.

5.3 Finanzkrise

Auch im Bereich der externen Rechnungslegung wurde durch die Finanzkrise eine Reihe von Defiziten aufgedeckt[14], die durch entsprechende Änderungen der Rechnungslegungsvorschriften eliminiert bzw. reduziert werden sollen. Die Rechnungslegungsänderungen aufgrund der Finanzkrise 2008[15] lassen sich in **kurzfristige** Maßnahmen (bis einschließlich März 2009) und **mittelfristige** Maßnahmen (ab April 2009) unterteilen. Die kurzfristigen Rechnungslegungsänderungen wurden vom IASB bereits 2008 bzw. innerhalb des ersten Quartals 2009 endgültig verabschiedet und haben insofern für IFRS-Anwender grundsätzlich verpflichtenden Charakter. Die mittelfristigen Maßnahmen haben zum Zeitpunkt der Herausgabe dieses Buches noch Entwurfscharakter und sind erst nach 2009 verpflichtend anzuwenden und haben insofern für Geschäftsjahre 2009 keinen verpflichtenden Charakter.[16]

---

12 Vgl. **RV** *BilMoG (2009)*.
13 IFRS for SME firmierte zwischenzeitlich auch unter „IFRS for Non-publicly Accountable Entities" (NPAEs) und „IFRS for private entities" (PE).
14 Vgl. IDW (2009a), S. 5.
15 Die Finanzkrise selber begann mit der Subprime-Krise bereits 2007 und dauert auch über das Jahr 2008 an. Allerdings traf die Finanzkrise die Bilanzberichterstattung insbesondere im zweiten Halbjahr 2008. Auslöser war hier die größte Bankenpleite der Geschichte mit der Insolvenz der amerikanischen Investmentbank Lehman Brothers am 15.09.2008. Ab diesem Zeitpunkt wurden eine Vielzahl von Änderungsvorschlägen zur Rechnungslegung als Lehren und Konsequenzen aus der Finanzkrise für die Rechnungslegung veröffentlicht.
16 Allerdings sieht der Standardentwurf zum IAS 39 bezüglich der Kategorisierung und Bewertung die Möglichkeit einer freiwilligen Anwendung der Neuerungen bereits für das Geschäftsjahr 2009 vor, vgl. **RV** IAS 39 (ED2009/3).

5. Die jüngsten Neuerungen in der Rechnungslegung

Bei den **kurzfristigen** Rechnungslegungsänderungen konzentrierte sich das IASB zunächst darauf, die negativen Konsequenzen verschwindender aktiver (liquider) Märkte auf die Fair Value-Bilanzierung einzudämmen. Im Zusammenhang mit **Bewertungsfragen (IAS 39)** wurden konkret neue Umklassifizierungen aus der Fair Value-Bewertung zugelassen und es wurden Klarstellungen bezüglich qualitativer und quantitativer Abgrenzungskriterien für das Vorliegen eines inaktiven (illiquiden) Marktes herausgegeben. Im Hinblick auf den Ausstieg aus der Fair Value Bewertung sowie die Verwendung von Bewertungsverfahren (anstatt notierter Kurse) wurden neue Anhangsangaben zu Finanzinstrumenten **(IFRS 7)** veröffentlicht.

Details zu diesen kurzfristigen Rechnungslegungsänderungen befinden sich am Ende der IFRS- bzw. HGB-Abschnitten unter den Kap.n III.8 (IFRS) und IV.8 (HGB).

Abb. 1: Finanzkrise 2008: Lehren und Konsequenzen für die Rechnungslegung

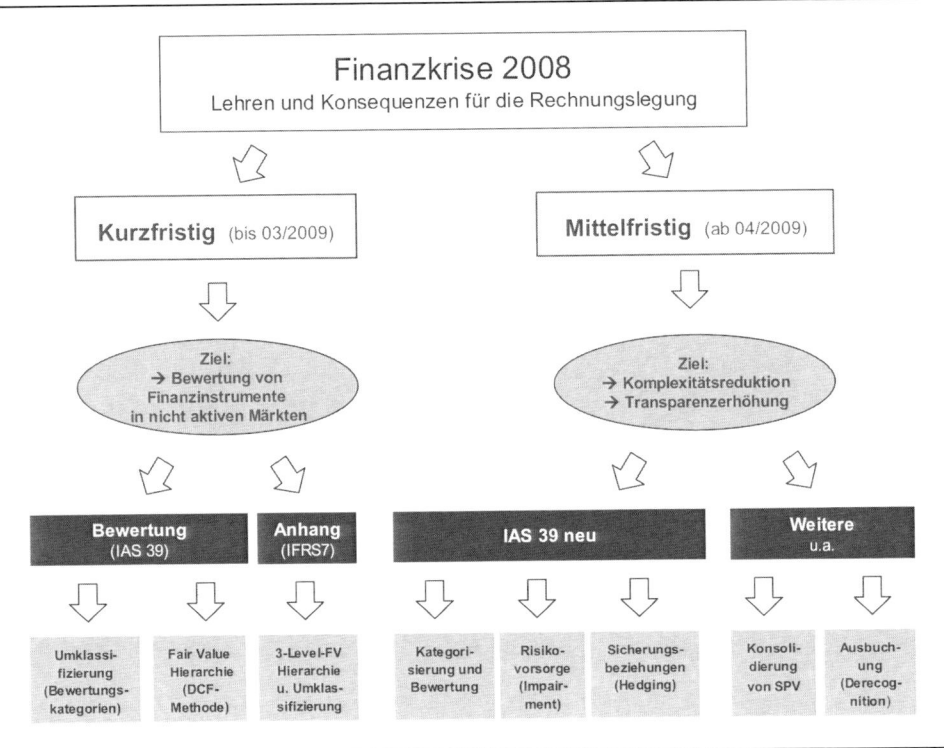

Die Zielsetzung des IASB bei den **mittelfristigen** Rechnungslegungsänderungen ist die Reduzierung der Komplexität und die Erhöhung der Transparenz in der Berichterstattung von Finanzinstrumenten. Zum Teil wurde mit diesen IASB-Projekten bereits vor Beginn der Finanzkrise begonnen, nun aber zeitlich hoch priorisiert und inhaltlich um die Erfahrungen aus der Finanzkrise angepasst. Im Fokus steht hier die **komplette Überarbeitung des IAS 39** in drei Teilprojekten (Kategorisierung und Bewertung, Impairment und Hedging). Zudem fallen **weitere IASB-Projekte** unter die Finanzkrisen-nahen Projekte, wie z. B. die Überarbeitung der Ausbuchungsvorschriften (Derecognition) oder aber die Überarbeitung der Konsolidierungsvorschriften (u. a. mit Blick auf Zweckgesellschaften SPV).

Details zu den mittelfristigen Rechnungslegungsänderungen befinden sich am Ende des Buches unter Kap. V.0.

II. Grundlagen

Überblick/Abgrenzung

34 Gegenstand der Ausführungen dieses Buches ist die Rechnungslegung von Finanzinstrumenten. Die in diesem Zusammenhang in den Geschäftsberichten zu veröffentlichenden Daten ergeben sich dabei aus einem dreidimensionalen **"Rechnungslegungswürfel"**, welcher sich aus den Achsen "Finanzinstrumente" (Y), "Rechnungslegungsvorschriften" (X) und "Unternehmenstypen" (Z) zusammensetzt (siehe Abb. 2).

Abb. 2: "Rechnungslegungswürfel"

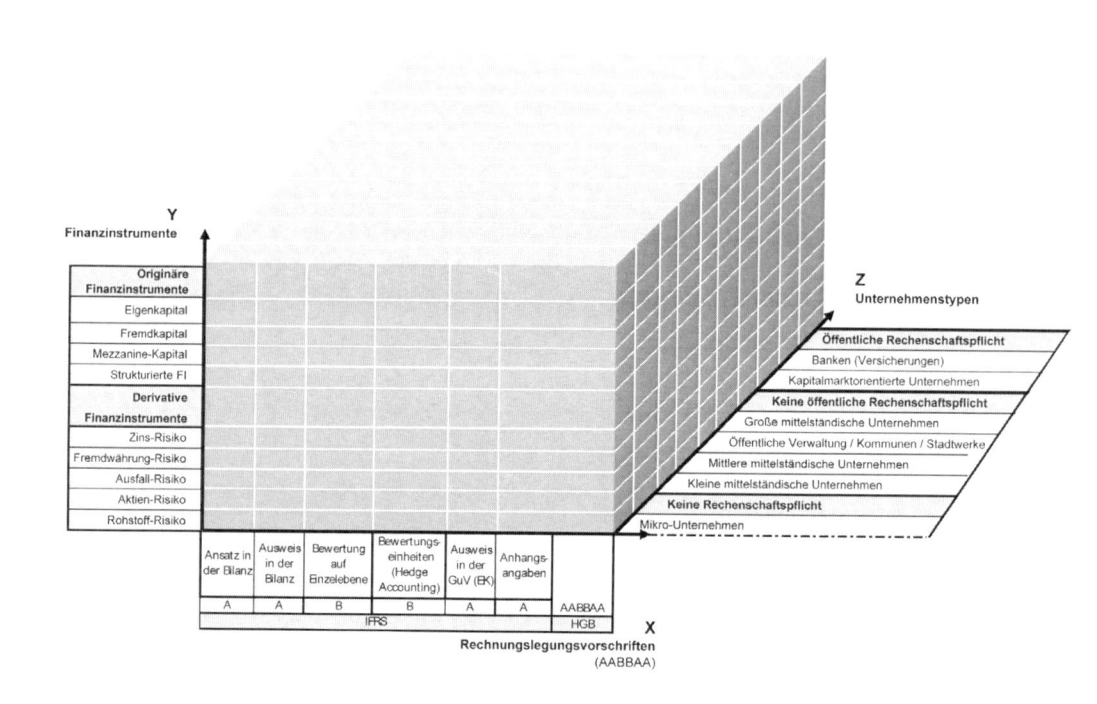

35 Die Dimension **"Unternehmenstypen"** (Achse Z)[17] hat sowohl Einfluss auf die eingesetzten Finanzinstrumente als auch auf die anzuwendenden Rechnungslegungsvorschriften. Daher wird in dem nachfolgenden Kap. 1 zunächst auf die unterschiedlichen Unternehmenstypen eingegangen. Mit Blick auf die anzuwendenden **Rechnungslegungsvorschriften** (Achse X) liegt der Fokus im vorliegenden Buch – neben der deutschen Rechnungslegung **HGB** – insbesondere auf der internationalen

---

17 Der Unternehmenstyp ist einer von mehreren Aspekten, der unter den Oberbegriff der Aufbau- und Ablauforganisation fällt. Hierzu gehören auch IT-technische Aspekte, die in der praktischen Umsetzung von Rechnungslegungsvorschriften, insbesondere für die Bilanzierer (externes Rechnungswesen einer Unternehmung) und die Wirtschaftsprüfer von großer Bedeutung sind. IT-technische Aspekte sind nicht Gegenstand der vorliegenden Arbeit. Allerdings kann der Inhalt dieses Buches eine Grundlage für die Parametrisierung (Customizing) von Finanzinstrumente-Bilanzierungssachverhalten in den entsprechenden Buchhaltungssystemen sein.

Rechnungslegung **IFRS**. Entsprechend enthält Kap. 2 einen Überblick zu den rechnungslegungsrelevanten Sachverhalten sowie zur Vorgehensweise „AABBAA". In Kap. 3 werden ausführlich die wichtigsten originären und derivativen Finanzinstrumente dargestellt und erläutert (Achse Y).

1. Unternehmenstypen

1.1 Einordnung

Unter Unternehmenstyp wird hier eine **Clusterung** der Unternehmen nach unterschiedlichen Ausprägungen wie z. B. Branche (Kreditinstitute, Nicht-Kreditinstitute), Rechtsform (Kapital- und Personengesellschaft, Einzelunternehmung, Kommunen) oder wirtschaftlicher Größe in Abhängigkeit bestimmter Kennzahlen (Umsatz, Bilanzsumme, Mitarbeiter) verstanden, anhand derer eine eindeutige Zuordnung der relevanten Rechnungslegungsvorschriften für Finanzinstrumente möglich ist. Insofern erfolgte die Clusterung in diesem Buch in Anlehnung an in Rechnungslegungsvorschriften genannten Definitionen und Größenklassen, insbesondere des HGB und der KMU-IFRS.

Die Clusterung der Unternehmen in Unternehmenstypen ist für den Fortgang der vorliegenden Arbeit in **zweierlei Hinsicht** notwendig. Zum einen divergieren die eingesetzten Finanzinstrumente von Unternehmenstyp zu Unternehmenstyp (siehe Kap. 3). Zum anderen sind unterschiedliche Rechnungslegungsvorschriften in Abhängigkeit des Unternehmenstyps anzuwenden (siehe Kap. 2).

Die nachfolgend dargestellte Clusterung der Unternehmenstypen erfolgt anhand eines **Drei-Stufen-Models**[18] (*tier approach*) und berücksichtigt bereits die Änderungen durch BilMoG und KMU-IFRS. Auf der ersten Ebene werden die Unternehmen beschrieben, die einer öffentlichen Rechenschaftspflicht (Kap. 1.2) unterliegen.[19] Auf der zweiten Ebene folgen die Unternehmen, die zwar keiner öffentlichen Rechenschaftspflicht (Kap. 1.3), zumindest aber einer nicht-öffentlichen Rechenschaftspflicht unterliegen. Gegenstand der dritten Schicht sind die Unternehmen, die gar keiner Rechenschaftspflicht unterliegen (Kap. 1.3.5).

1.2 Unternehmen mit öffentlicher Rechenschaftspflicht

1.2.1 Einordnung

Unternehmen mit „öffentlicher Rechenschaftspflicht" sind gemäß KMU-IFRS 1.3. sowohl **kapitalmarktorientierte Unternehmen** als auch Unternehmen, die treuhändisch für eine große Gruppe Außenstehender Vermögensgegenstände verwalten (z. B. **Kreditinstitute**). Über kapitalmarktorientierte sowie treuhänderisch tätige Unternehmen hinaus können weitere Unternehmen durch entsprechende nationale Gesetzgebung den Status eines Unternehmens im öffentlichen Interesse – mit entsprechender öffentlicher Rechenschaftspflicht – zugewiesen bekommen.

---

[18] Vgl. *Rossmanith/Funk/Eha*, S. 161; *Herzig*, S. 1341 und *DRSC (2008a)*. Das britische Rechnungslegungskomitee UK ASB hat für die zukünftige britische Rechnungslegung ebenfalls ein Drei-Stufen-Modell vorgeschlagen, vgl. *UK ASB*.

[19] „Der Begriff der „öffentlichen Rechenschaftspflicht" ergibt sich aus der Übersetzung des in den KMU-IFRS verwendeten Begriffs „public accountability" (vgl. **RV** *IFRS für KMU (2007)*, S. 14 i. V. m. **RV** *IFRS für KMU (2009)*, S. 10) und ist nicht zu verwechseln mit einer möglichen Offenlegungspflicht im elektronischen Bundesanzeiger."

1.2.2 Kreditinstitute

1.2.2.1 Grundlagen

40 Unter Unternehmen, die i.S.v. KMU-IFRS 1.3 „**treuhänderisch für** eine große Gruppe **Außenstehender**" Vermögensgegenstände verwalten, fallen insbesondere Kreditinstitute, aber auch Versicherungen,[20] Börsenmakler, Pensionsfonds, Investmentfonds oder Investmentbanken. Nachfolgend werden – stellvertretend für alle diese genannten Untenehmen – Kreditinstitute weiter analysiert, da diese in der Regel die umfangreichste Produktpalette aller genannten Treuhänder mit Blick auf Finanzinstrumente in der Bilanz haben und daher mit der Beschreibung der Bankbilanzierung (zum Größtenteils) auch die Finanzinstrumente-Bilanzierung der anderen treuhänderisch tätigen Unternehmen abdecken.

41 Rechtsgrundlage für Kreditinstitute in Deutschland ist das **Kreditwesengesetz** (KWG). Gem. § 1 Abs. 1 KWG sind Kreditinstitute[21] Unternehmen, die Bankgeschäfte gewerbsmäßig tätigen, wobei das Gesetz eine Positivliste von solchen Bankgeschäften nennt (siehe Abb. 18). In Deutschland dürfen Bankgeschäfte grundsätzlich in allen Rechtsformen des privaten und öffentlichen Rechts betrieben werden.

42 Kreditinstitute können zugleich auch kapitalmarktorientierte Unternehmen sein (siehe Kap. 1.2.3).

1.2.2.2 Abgrenzung zu Nicht-Kreditinstituten

43 **Nicht-Kreditinstitute** sind alle Unternehmen, die keine Bank i.S.d. KWGs sind. Hierunter fallen in der vorliegenden Arbeit sowohl privatrechtliche Unternehmen aller Branchen, wie z.B. Industrie, Handwerk, Großhandel, Einzelhandel, Verkehr, Dienstleistung, als auch Kommunen[22] mit ihrer Verwaltung als auch kommunale Eigenbetriebe wie z.B. Stadtwerke.[23]

1.2.3 Kapitalmarktorientierte Unternehmen

44 In Anlehnung an die – durch das BilMoG neu ins HGB aufgenommene – Legaldefinition einer kapitalmarktorientierten Kapitalgesellschaft (§ 264d HGB n.F.) liegt ein (deutsches) **kapitalmarktorientiertes Unternehmen** vor, wenn es einen **organisierten Markt** durch von ihm ausgegebene Wertpapiere im Sinn des § 2 Abs. 1 Satz 1 WpHG in Anspruch nimmt.[24] Eine Legaldefinition des Begriffs „organisierter Markt" befindet sich in § 2 Abs. 5 WpHG. Danach ist der organisierte Markt der „regulierte Markt" i.S.d. §§ 32 ff. Börsengesetz[25] (vormals „amtlicher" Markt und „geregelter Markt") sowie die Terminbörse EUREX, nicht aber der Freiverkehr.[26] Unter „**Wertpapiere**" fallen in diesem Zusammenhang alle Finanzinstrumente **mit Zugang zum Kapitalmarkt** (Kap. 3.1).

---

20 Zu Details der Rechnungslegung von Versicherungen vgl. u.a. *Bacher*, S. 69 ff.
21 Das KWG definiert § 1 neben „Kreditinstituten" (Abs. 1) noch weitere Arten von Banken: „Finanzdienstleistungsinstitute" (Abs. 1a) und „Finanzunternehmen" (Absatz 3).
22 Kommunen werden stellvertretend für öffentliche Unternehmen/Verwaltung dargestellt, da diese aktuell flächendeckend von der Kameralistik auf die Doppik umstellen.
23 Zur Abgrenzung Kreditinstitut zu Nicht-Kreditinstitut vgl. auch *Stauber*, S. 1 f.
24 In Anlehnung an § 315 a Abs. 2 HGB liegt eine Kapitalmarktorientierung bereits vor, wenn zum jeweiligen Bilanzstichtag die Zulassung eines Wertpapiers zum Handel beantragt worden ist.
25 Bezüglich der Abgrenzung der unterschiedlichen Begriffe im Zusammenhang mit „organisiertem Markt" vgl. *Henkel/Schmidt/Ott (2008a)*, Fußnote 13 auf S. 39.
26 Eine vollständige Auflistung, welche deutschen Börsen einen geregelten Markt darstellt, enthält RV *EU (2009)*, S. 3.

1. Unternehmenstypen

Mit Blick auf die **Rechtsform** sind Unternehmen, die aufgrund von Aktienemissionen den Status eines kapitalmarktorientierten Unternehmen haben, in der Rechtsform einer Aktiengesellschaft (AG), einer Kommanditgesellschaft auf Aktien (KGaA) oder einer sog. europäischen Gesellschaft (Societas Europea SE) organisiert. Fremdkapitalemissionen können dahingegen grundsätzlich von jeder Rechtsform vorgenommen werden. Kapitalmarktorientierte Kapitalgesellschaften (z. B. AG, GmbH, SE) haben zusätzliche Lageberichtsangaben – im Vergleich zu nicht-kapitalmarktorientierten Unternehmen – zu veröffentlichen.[27]

Kapitalmarktorientierte Unternehmen können gleichzeitig auch ein Kreditinstitut (Kap. 1.2.2) sein.

1.3 Unternehmen ohne öffentliche Rechenschaftspflicht

1.3.1 Abgrenzung

Unter Unternehmen „**ohne öffentliche Rechenschaftspflicht**" werden alle die Unternehmen subsumiert, die die Definition von „kleine und mittlere Unternehmen KMU" (*small and medium-sized entities* SME) i.S.d. KMU-IFRS erfüllen. Negativ abgegrenzt sind dies alle die Unternehmen, die nicht einer öffentlichen Rechenschaftspflicht unterliegen (siehe Kap. 1.2). Im allgemeinen Sprachgebrauch werden KMU auch als „mittelständische Unternehmen" bzw. „der Mittelstand" bezeichnet.[28]

Aus rechnungslegungstechnischer Sicht kann der **Begriff KMU** allerdings etwas **irreführend** sein, da er suggeriert, dass (wirtschaftlich) kleine und mittlere Unternehmen immer unter den KMU-IFRS-Standard fallen und (wirtschaftlich) große Unternehmen nicht. Der Zusammenhang zwischen der (wirtschaftlichen) Größe eines Unternehmens und einer Bilanzierung nach den Full-IFRS oder den KMU-IFRS dürfte in den meisten Fällen zutreffen, ist aber nicht zwingend. Ob ein Unternehmen unter den Anwendungsbereich der KMU-IFRS fällt, hängt letztendlich alleine davon ab, ob es einer öffentlichen Rechenschaftspflicht (kapitalmarktorientierte Unternehmen oder Treuhänder für eine große Anzahl Außenstehender) unterliegt oder nicht. So dürften (wirtschaftlich gesehen) kleine und mittlere Unternehmen, die an der Börse notiert sind, die KMU-IFRS nicht anwenden, dahingegen (wirtschaftlich) große Unternehmen, die nicht am Kapitalmarkt notiert sind und auch nicht Treuhänder für eine große Anzahl von Außenstehender sind, die KMU-IFRS sehr wohl in Anspruch nehmen.[29] Daher wird im vorliegenden Buch **anstatt „KMU" der Begriff „mittelständisches Unternehmen"** verwendet.[30]

In Anlehnung an den mehrdimensionalen Ansatz des § 267 HGB n.F. zur Abgrenzung unterschiedlich großer Kapitalgesellschaften sowie des § 241a Abs. 1 HGB n.F. werden die in der vorliegenden Arbeit verwendeten **Größenklassen** von Unternehmen ohne (öffentliche) Rechenschaftspflicht wie folgt abgegrenzt und sind relevant für alle Rechtsformen.[31] Eine bestimmte Größenklasse liegt dann vor, wenn mindestens zwei von den drei genannten Kriterien erfüllt sind:

---

27 Bezüglich internes Kontrollsystem (IKS) sowie Risikomanagement (RMS) vgl. Tz. 1153.
28 Vgl. *Rossmanith/Funk/Eha*, S. 160.
29 Vgl. *Pacter*, S. 9. Aufgrund des irreführenden Begriffes KMU (*SME*) hatte sich das IASB zwischenzeitlich auch für den neuen Titel „Private Entity" entschieden gehabt, bevor es dann letztendlich doch wieder den Titel KMU verwandt, aufgrund der weltweiten Verbreitung dieses Begriffs.
30 Des Weiteren wäre auch vom rein Sprachlichem her die Verwendung KMU unglücklich, da dann z. B. die Bezeichnung für große mittelständische Unternehmen „große KMU" lauten würde, was konkret für „große kleine und mittlere Unternehmen" stehen würde.
31 Somit werden u. a. auch Unternehmen, die unter das Publizitätsgesetz (PublG) fallen, zunächst anhand der in Abb. 3 genannten Kriterien eingestuft, da sich die in einem Unternehmen typischerweise eingesetzten Finanzinstrumente hauptsächlich aus der wirtschaftlichen Größe eines Unternehmens und nicht aus dessen Rechtsform ergeben. Die im PublG genannten höheren Grenzen (im Vergleich zu denen in Abb. 3) sind in einem zweiten Schritt insbesondere mit Blick auf den Umfang der HGB-Anhangangaben von Relevanz (vgl. Kap. IV.7).

Abb. 3: Größenklassen[32][33]

Unter-nehmenstyp	Bilanzsumme (Mio. EUR)	Umsatzerlöse p.a. (Mio. EUR)	Beschäftigte (Anzahl)
Keine öffentliche Rechenschaftspflicht			
Mittelständische Unternehmen			
Große	> 19,25	> 38,5	> ⌀ 250
Mittlere	> 4,84 ≤ 19,25	> 9,68 ≤ 38,5	> ⌀ 50 ≤ ⌀ 250
Kleine	≤ 4,84	≤ 9,68	≤ ⌀ 50
Keine Rechenschaftspflicht			
Mikro-Unternehmen	n.r.	≤ 0,5 und ≤ 50 T EUR Jahresüberschuss und Einzelkaufmann	n.r.

1.3.2 Große mittelständische Unternehmen

Unter große mittelständische Unternehmen fallen alle Unternehmen, die mindestens zwei der drei folgenden Kriterien erfüllen: Bilanzsumme größer als 19,25 Mio. EUR, Umsatzerlöse p.a. mehr als 38,5 Mio EUR und/oder mehr als durchschnittlich 250 Beschäftigte pro Geschäftsjahr. Grundsätzlich können große mittelständische Unternehmen in allen Rechtsformen firmieren. In der Regel dürften dies aber Kapitalgesellschaften sein (z. B. AktG, GmbH).

---

32 Wie in Tz. 38 dargelegt, erfolgt die quantitative Abgrenzung von mittelständischen Unternehmen in der vorliegenden Arbeit in Analogie zu den Kriterien der Rechnungslegungsvorschrift des § 267 HGB n.F. Mögliche andere quantitative Abgrenzungen bieten u. a. das Institut für Mittelstandsforschung (ifm), Bonn und die Empfehlung der EU-Kommission vom 6.5.2003, vgl. *Rossmanith/Funk/Eha*, S. 160 und *Wollenberg*, S. 25 ff.
33 Auf europäischer Ebene entfallen von den insgesamt ca. 7 Mio Unternehmen – gemäß den aktuellen Abgrenzungskriterien der 4. EG-Bilanzrichtlinie (Einzelabschluss) – ca. 75% auf Mikro-Unternehmen (UN), ca. 21% auf kleine UN, ca. 3% auf mittlere UN, ca. 1% auf große UN und ca. 0,1 % auf Kapitalmarktorientierte UN. Vgl. RV EU *(2009b)*, S. 10.

1.3.3 Kommune

1.3.3.1 Abgrenzung

Auch Kommunen mit z. B. der kommunalen Verwaltung und kommunalen Eigenbetrieben, wie z. B. den Stadtwerken, unterliegen (neuerdings) gewissen Rechnungslegungspflichten (Kap. 2.3.2). Als Referenzmodell dient hierbei die HGB-Rechnungslegung für große Kapitalgesellschaften.[34] An dieser Einteilung knüpft die vorliegende Arbeit an und ordnet Kommunen für Rechnungslegungszwecke wie große mittelständische Unternehmen ein.[35]

Gegenstand von **Kommunen** sind öffentliche Betriebe (inklusive öffentlicher Verwaltung). In Abgrenzung zu privaten Betrieben (Unternehmen),[36] die sich mehrheitlich in privatem Eigentum befinden und ausschließlich in einer Rechtsform des privaten Rechts organisiert sind (wie zum AG, SE, GmbH, UG,[37] OHG, Einzelunternehmen), befinden sich dahingegen öffentliche Unternehmen (inklusive öffentlicher Verwaltung) mehrheitlich bzw. ausschließlich **im öffentlichen Eigentum**, also im Eigentum der Gebietskörperschaften Bund, Land oder Gemeinden. Sie können entweder als (öffentliche) Betriebe des privaten Rechts oder aber als (öffentliche) Betriebe des öffentlichen Rechts organisiert sein. Für **öffentliche Unternehmen in privatrechtlicher Rechtsform** (wie z. B. bei kommunalen Stadtwerken vorzufinden) sowie für **öffentlich-rechtliche Kreditinstitute** gelten die für diese Unternehmenstypen in diesem Buch dargestellten Rechnungslegungsnormen eins zu eins. Es wird hier also nicht nach privaten oder öffentlichen Betrieben differenziert.

---

34 Vgl. Müller/Papenfuß/Schaefer, S. 45 und RV IDW ERS ÖFA 1. Das IDW hat mit seiner Stellungnahme ERS ÖFA 1 bereits am 30.10.2001 mit dem Titel „Rechnungslegung der öffentlichen Verwaltung nach den Grundsätzen der doppelten Buchführung" die Berufsauffassung einer umfassenden Rechnungslegung im Bereich der öffentlichen Verwaltung dargelegt. Dem Grundsatz nach basieren alle doppischen Rechnungslegungsvorschriften für die öffentliche Verwaltung und der kommunalen Eigenbetriebe und Eigengesellschaften weitgehend auf den Regelungen des HGB für große Kapitalgesellschaften.
35 Damit wird die Kommune der Gruppe der nicht öffentlich rechenschaftspflichtigen Unternehmen zugeordnet. Grundsätzlich denkbar wäre allerdings auch, dass eine öffentliche Verwaltung –wie die Kommune – aufgrund ihres öffentlichen Auftrages der Gruppe der öffentlich rechenschaftspflichtigen Unternehmen zugeordnet wird.
36 Der Begriff des „Unternehmens" wird hier Synonym zum Begriff „Unternehmung" verwendet. Zur Definition „Betrieb" und Abgrenzung zur „Unternehmung" vgl. u. a. Wöhe, S. 255; Schmidt (2001), S. 11 ff und Müller/Papenfuß/Schaefer, S. 50.
37 Neue Rechtsform; ähnlich wie GmbH, allerdings mit weniger Stammkapital ausgestattet (§ 5a GmbHG).

Abb. 4: Struktur öffentlicher Betriebe (inklusive öffentlicher Verwaltung)

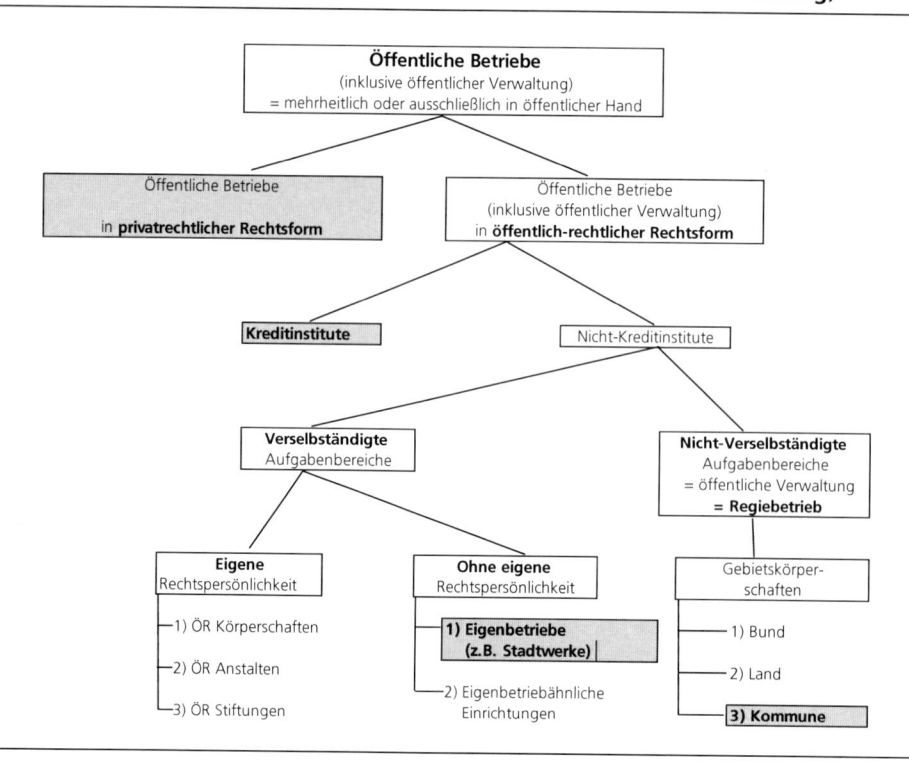

```
                    Öffentliche Betriebe
              (inklusive öffentlicher Verwaltung)
         = mehrheitlich oder ausschließlich in öffentlicher Hand
                    /                    \
        Öffentliche Betriebe          Öffentliche Betriebe
                                  (inklusive öffentlicher Verwaltung)
     in privatrechtlicher Rechtsform    in öffentlich-rechtlicher Rechtsform
                                          /              \
                                   Kreditinstitute    Nicht-Kreditinstitute
                                                       /           \
                                          Verselbständigte      Nicht-Verselbständigte
                                          Aufgabenbereiche       Aufgabenbereiche
                                                              = öffentliche Verwaltung
                                                                 = Regiebetrieb
                                            /        \                    |
                                       Eigene     Ohne eigene        Gebietskörper-
                                  Rechtspersönlichkeit Rechtspersönlichkeit  schaften
                                   1) ÖR Körperschaften  1) Eigenbetriebe    1) Bund
                                                         (z.B. Stadtwerke)
                                   2) ÖR Anstalten                           2) Land
                                                         2) Eigenbetriebsähnliche
                                   3) ÖR Stiftungen        Einrichtungen     3) Kommune
```

53 Kommunale Aktivitäten in öffentlich-rechtlicher Rechtsform bei Nicht-Kreditinstituten können in sog. verselbständigten Aufgabenbereichen ohne eigene Rechtspersönlichkeit (u.a. kommunale Eigenbetriebe) oder aber in nicht-verselbständigten Aufgabenbereichen (kommunale Verwaltung) organisiert sein.

1.3.3.2 Kommunale Verwaltung

54 Die kommunale Verwaltung ist der nicht-verselbständigte Aufgabenbereich der Gebietskörperschaft der Kommune, und wird auch als **Regiebetrieb** bezeichnet; sie werden in der Regel durch Beamte geleitet. Beispiele für reine Regiebetriebe auf kommunaler Ebene sind Stadtentwässerung, Straßenreinigung, Müllabfuhr.

1.3.3.3 Kommunale Eigenbetriebe (z. B. Stadtwerke)

55 Verselbständigte Aufgabenbereiche ohne eigene Rechtspersönlichkeit stellen zum einen die **Eigenbetriebe** (z.B. Stadtwerke, Müllversorgung) und zum anderen eigenbetriebsähnliche Einrichtungen (z.B. Theater, Oper) dar. Rechtsgrundlage für Eigenbetriebe ist die Eigenbetriebsverordnung von 1938, die bezüglich der Rechnungslegung weitgehend auf den Regelungen des HGB für große Kapitalgesellschaften basiert.[39] Oft sind kommunale Eigenbetriebe, wie z. B. Stadtwerke, als Unternehmen

---

38 Zum Begriff des öffentlichen Betriebes (inklusive öffentlicher Verwaltung) vgl. auch *Wöhe*, S. 308 ff. und *Schmidt (2001)*, S. 114 ff.
39 RV *IDW ERS ÖFA 1*, TZ 6.

des Privatrechts organisiert (z. B. GmbH, AG). Dann gelten für diese öffentlichen Unternehmen in privatrechtlicher Rechtsform die ganz normalen Vorschriften zur Rechnungslegung wie für alle Unternehmen des Privatrechts.

1.3.4 Mittlere mittelständische Unternehmen

Gemäß der Größenklassengliederung der Abb. 3 fallen in der vorliegenden Arbeit unter mittlere mittelständische Unternehmen alle Unternehmen, die mindestens zwei der drei folgenden Kriterien erfüllen: Bilanzsumme zwischen 4,84 Mio. EUR und 19,25 Mio. EUR, Umsatzerlöse p.a. zwischen 9,68 Mio EUR und 38,5 größer Mio. EUR sowie zwischen durchschnittlich 50 und durchschnittlich 250 Beschäftigten pro Geschäftsjahr. Grundsätzlich können große mittelständische Unternehmen in allen Rechtsformen firmieren. In der Regel dürften dies eher Kapitalgesellschaften sein (z. B. AG, GmbH).

1.3.5 Kleine mittelständische Unternehmen

Gemäß der Größenklassengliederung der Abb. 3 fallen in der vorliegenden Arbeit unter kleine mittelständische Unternehmen alle Unternehmen, die mindestens zwei der drei folgenden Kriterien erfüllen: Bilanzsumme kleiner gleich 4,84 Mio. EUR, Umsatzerlöse p.a. kleiner gleich 9,68 Mio. EUR sowie durchschnittlich nicht mehr als 50 Beschäftigte pro Geschäftsjahr. Grundsätzlich können kleine mittelständische Unternehmen in allen Rechtsformen firmieren. In der Regel dürften dies eher Personengesellschaften und Einzelkaufleute sein.

1.4 Unternehmen ohne Rechenschaftspflicht (Mikro-Unternehmen)

Unter Mikro-Unternehmen im Sinne der Clusterung in diesem Buch fallen Kleinstunternehmen, die die entsprechenden Befreiungsgrenzen des nach BilMoG geänderten aktuell gültigen HGB erfüllen. Gemäß § 241a Abs. 1 HGB n.F. sind dies (ausschließlich) Einzelkaufleute, die nicht mehr als 0,5 Mio. EUR Umsatzerlöse p.a. sowie nicht mehr als 50 TEUR p.a. Jahresüberschuss erzielen. Zu beachten ist allerdings, dass auch Mikro-Unternehmen weiterhin bestimmte Aufzeichnungspflichten (u. a. für Steuerzwecke) zu erfüllen haben.

Mit Blick auf die Zukunft kann es sein, dass der Anwendungsbereich für Mikro-Unternehmen ausgeweitet wird. Als Kleinstunternehmen (sog. Mikro-Unternehmen) würden nach einem EU-Kommissionsvorschlag[40] dann solche Gesellschaften gelten, die an zwei aufeinander folgenden Bilanzstichtagen zwei der drei folgenden Kriterien nicht überschreiten: Bilanzsumme nicht mehr als 0,5 Mio. EUR; Nettoumsatzerlöse p.a. nicht mehr als 1,0 Mio. EUR; durchschnittlich nicht mehr als 10 Beschäftigte im Geschäftsjahr. Nach Schätzungen der EU-Kommission gibt es rund 5,3 Mio. Kleinstunternehmen, die zumindest zwei der drei genannten Kriterien erfüllen.[41]

---

40 EU-Kommission vom 26. Februar 2009 zur Änderung der 4. EG-Richtlinie, der es den Mitgliedstaaten ermöglicht, die Verpflichtungen zur Erstellung von Jahresabschlüssen für Mikro-Unternehmen vollständig abzuschaffen. Vgl. RV *EU (2009a)*.

41 Der Vorschlag der EU-Kommission stellt ein Mitgliedstaatenwahlrecht dar, d.h. jedes EU-Land würde für sich entscheiden, ob sie Kleinstunternehmen in ihrem Land die Möglichkeit der Befreiung von der Rechnungslegungspflicht einräumt oder nicht. Das Bundesministerium der Justiz plant, kleine GmbH (& Co. KG) von den §§ 264 ff. HGB zu befreien. Vgl. *BMJ*.

2. Rechnungslegung

2.1 Welche Rechnungslegung ist relevant?

2.1.1 Ausgangslage

60 Welche Rechnungslegungsnorm nun von einem deutschen Unternehmen konkret anzuwenden ist, hängt von diversen Faktoren ab, so. z. B. ob neben einem Einzelabschluss auch noch ein Konzernabschluss zu erstellen ist. Als anzuwendende Rechnungslegungsnorm kommen grundsätzlich die deutsche Rechnungslegung gemäß dem Handelsgesetzbuch (HGB) und/oder die internationale Rechnungslegung gemäß International Financial Reporting Standards (IFRS) in Frage.[42]

61 Bei der deutschen Rechnungslegung haben Unternehmen des Privatrechts das **HGB**, die kommunale Verwaltung (in NRW) das sog. neue kommunale Finanzmanagement (**NKF**) und kommunale Eigenbetriebe (in NRW) die Eigenbetriebsverordnung (**EigVO NRW** bzw. **NKF**) anzuwenden.

2.1.2 Einzelabschluss

62 Gesetzliche Ausgangslage bezüglich der Rechnungslegung eines deutschen Unternehmens ist weiterhin das Handelsgesetzbuch (HGB). Hiernach hat jedes Unternehmen einen HGB-Einzelabschluss (Jahresabschluss) zu erstellen (§ **238 ff. HGB**).

63 Ein HGB-Abschluss dient grundsätzlich **drei Funktionen** eines Abschlusses, nämlich der Information, der Kapitalerhaltung (Ausschüttungsbemessung) sowie als Grundlage für die Steuerbilanz (Maßgeblichkeitsprinzip).

64 Für Informationszwecke kann der Bilanzierende freiwillig **zusätzlich**[43] einen **IFRS-Einzelabschluss** erstellen (§ 325 Abs. 2a HGB).[44]

2.1.3 Konzernabschluss

65 Besitzt eine Kapitalgesellschaft Beteiligungen, so ist für dieses Mutterunternehmen gemäß § 290 HGB zu prüfen, ob zusätzlich zu dem Einzelabschluss ein Konzernabschluss zu erstellen ist. Dies ist immer dann der Fall, wenn das Mutterunternehmen rechtlich (§ 290 Abs. 2 HGB, Konzept der tatsächlichen Kontrolle) oder wirtschaftlich (§ 290 Abs. 1, Konzept der einheitlichen Leitung) das

---

42 In Amerika gelistete Unternehmen mussten bis 2007 noch einen weiteren Abschluss nach der US-amerikanischen Rechnungslegung **US-GAAP** erstellen. Mit der SEC-Entscheidung vom 15.11.2007 gelten Full-IFRS-Abschlüsse als gleichwertig mit US-GAAP-Abschlüssen.

43 Das noch im Referentenentwurf zum BilMoG enthaltene Wahlrecht für Kapitalgesellschaften, den Jahresabschluss – mit befreiender Wirkung für Anhangsangaben – auch nach IFRS erstellen zu können, wurde nicht in das endgültige Gesetz übernommen (bezüglich einer Fallstudie zu diesem Wahlrecht vgl. *Kirsch (2008)*). Damit befürworten einige IFRS-Konzern-Bilanzierer sogar, die angedachte befreiende Wirkung eines IFRS-Einzelabschlusses auf den gesamten Jahresabschluss auszudehnen (also über Anhang hinaus zusätzlich bei Bilanz und GuV); vgl. u. a. *ZKA*, S. 1.

44 Eine empirische Untersuchung von 103 deutschen kapitalmarktorientierten Unternehmen zum 31.12.2004 ergab, dass sich sowohl das Eigenkapital als auch der Konzernjahresüberschuss durch die Umstellung von HGB auf IFRS signifikant verändert haben. Neben dem Feld der latenten Steuern sind es die Finanzinstrumente, die zu den häufigsten Differenzen in der Überleitung führen; vgl. *Haller/Ernstberger/Froschhammer* S. 267 u. S. 277 und *Hayn/Löw*, S. 7.

andere Unternehmen beherrscht.[45] [46] Diese Vorschriften sind auch einschlägig für die Konzernbilanzierung von Kreditinstituten, mit der Ausnahme, dass auch Kreditinstitute, die nicht in der Rechtsform einer Kapitalgesellschaft betrieben werden, konzernbilanzierungspflichtig sein können (§ 340 i Abs. S. 1 HGB).

> **BEISPIEL:** 66

1) Rechtliche Kontrolle besteht z. B. bei Mehrheit der Stimmrechte der Gesellschafter oder bei Vorliegen eines Beherrschungsvertrages.

2) Wirtschaftliche Kontrolle besteht, wenn neben dem Beteiligungsverhältnis das Mutterunternehmen originäre Leitungsaufgaben für den gesamten Konzern übernimmt und damit eine einheitliche Leitung tatsächlich ausübt.

Ist nach den Vorschriften des § 290 HGB ein Konzernabschluss aufzustellen und nimmt das Mutterunternehmen den **Kapitalmarkt** (durch Aktien- und/oder Fremdkapitalemissionen) in Anspruch (sog. kapitalmarktorientiertes Unternehmen; siehe Kap. 1.2.3), so ist der Konzernabschluss nach IFRS zu erstellen (§ 315a Abs. 1 HGB). Relevant sind allerdings nur die IFRS, die im Rahmen des sog. Endorsement-Verfahrens in EU-Recht übernommen wurden. Inhaltlich gibt es hier zurzeit kaum Unterschiede zwischen den „Full-IFRS" und den „**EU-IFRS**", allerdings können diese aufgrund des Endorsement-Prozesses zeitlich auseinander fallen. Über die IFRS hinaus haben deutsche Unternehmen die in § 315 Abs. 1 HGB genannten zusätzlichen Angaben zu machen. So ist u. a. im Rahmen des Lageberichtes ein Risikobericht zu veröffentlichen. Diese zusätzlichen Angaben sind nach IFRS (noch) nicht zu erstellen. 67

Nimmt das Mutterunternehmen **nicht den Kapitalmarkt** in Anspruch, ist grundsätzlich ein **HGB-Konzernabschluss** gemäß den Vorschriften der § 297 HGB ff. zu erstellen. Hier sind dann auch alle vom deutschen Standardsetter DRSC veröffentlichten Rechnungslegungsstandards DRS zu berücksichtigen, da die DRS für die Konzernbilanzierung die Kodifizierung der sog. Grundsätze ordnungsmäßiger Buchführung (GoB) darstellen. Die DRS orientieren sich bereits soweit wie möglich an den IFRS. Anstatt eines HGB-Konzernabschlusses kann der Bilanzierende **allerdings auch freiwillig einen befreienden IFRS-Konzernabschluss** erstellen (§ 315a Abs. 3 HGB).[47] 68

> **GESETZ:**

§ 315a HGB

„(1) Ist ein **Mutterunternehmen**, das nach den Vorschriften des ersten Titels einen **Konzernabschluss aufzustellen** hat, nach Artikel 4 der Verordnung (EG) Nr. 1606/2002 des Europäischen Parlaments und des Rates vom 19.07.2002 betreffend die Anwendung internationaler Rechnungslegungsstandards (Abl. EG Nr. L 243 S. 1) in der jeweils geltenden Fassung verpflichtet, die nach den Artikeln 2, 3 und 6 der **genannten Verordnung übernommenen internationalen Rechnungslegungsstandards anzuwenden**, so sind von den Vorschriften des Zweiten bis Achten Titels nur § 294 Abs. 3, § 298 Abs. 1, dieser jedoch nur in Verbindung mit den §§ 244 und 245, ferner § 313 Abs. 2 bis 4, § 314 Abs. 1 Nr. 4, 6, 8 und 9, sowie die Bestimmungen des Neunten Titels und die Vorschriften außerhalb dieses Unterabschnitts, die den Konzernabschluss oder den Konzernlagebericht betreffen, anzuwenden. 69

(3) Mutterunternehmen, die nicht unter Absatz 1 und 2 fallen, **dürfen** ihren Konzernabschluss nach den im Absatz 1 genannten internationalen Rechnungslegungsstandards und Vorschriften aufstellen. ...."

> **HINWEIS:**

In den Geschäftsberichten finden Sie im Konzernabschluss in der Regel unter der Note 1 Angaben zu den angewendeten Rechnungslegungsvorschriften des Unternehmens. 70

---

45 Durch BilMoG wurden die HGB-Konsolidierungsvorschriften denen der IFRS angenähert. Zukünftig ist bereits dann zu konsolidieren, wenn eine mögliche Kontrolle gegeben ist. Das Konzept der einheitlichen Leitung ist nach BilMoG entfallen.
46 Bezüglich Konzernrechnungspflicht von Nicht-Kapitalgesellschaften am Beispiel ein natürliche Person vgl. *Petersen/Zwirner*.
47 Weniger als 1.000 Unternehmen müssen nach der aktuellen Rechtslage in Deutschland verpflichtend einen IFRS-Konzernabschluss erstellen. Circa 3 Millionen Unternehmen hätten die Möglichkeit, zu Informationszwecken freiwillig einen Konzern- oder Einzelabschluss zu erstellen. Vgl. *BDI/BdB/EY*, S. 3.

2.1.4 Unterschiedliche Abschlusserstellungstechniken

71 Erfolgt eine Bilanzierung nach mehreren (in der Regel zwei) Rechnungslegungsnormen, so bestehen grundsätzlich folgende Abschlusserstellungstechniken:[48]
- Dualer Abschluss (Einheitsbilanz)
- Paralleler Abschluss
- Befreiender Abschluss

72 Beim **dualen Abschluss** werden Wahlrechte in einer Form ausgeübt, dass sie konform mit den Regeln eins anderen, alternativen Rechnungslegungssystems gehen. Die Folge ist, dass die Erstellung einer einheitlichen Bilanz (sog. **Einheitsbilanz**) genügt, die kompatibel mit mehreren Rechnungslegungssystemen ist. Diese Vorgehensweise setzt voraus, dass Wahlrechte so flexibel sind, dass Bereiche aus dem einen Rechnungslegungssystem überführt werden können, ohne die Bestimmungen des anderen Rechnungslegungssystems zu verletzen. Kleinere und mittlere Unternehmen erstellen z. B. häufig eine Einheitsbilanz für Handels- und Steuerrecht.

73 Wird zusätzlich ein zweiter Abschluss erstellt, der (ausschließlich) den Vorschriften der anderen Rechnungslegungsnorm genügt, so spricht man von einem **parallelen Abschluss**. Dieser stellt die kostspieligste Alternative dar, da ein paralleles, zweites Buchhaltungssystem betrieben werden muss.

74 Ein **befreiender Abschluss** liegt vor, wenn die Erstellung eines Abschlusses nach einer Rechnungslegungsnorm automatisch von der Erstellungspflicht eines weiteren Abschlusses, nach einer anderen Rechnungslegungsnorm, befreit. Die Regelung des § 315a HGB ermöglicht z. B. die Erstellung eines IFRS-Konzernabschlusses, der von der Verpflichtung befreit, weiterhin einen HGB-Konzernabschluss erstellen zu müssen.

---

48 Vgl. *Hütten/Lorson*, S. 609 ff. sowie *Krüger*, S. 115 ff.

2.1.5 Rechnungslegungspflichten pro Unternehmenstyp

Abb. 5 gibt einen Überblick über die Rechnungslegungspflichten pro Unternehmenstyp gem. Kap. 1.

Abb. 5: Rechnungslegungspflichten pro Unternehmenstyp[49]

Unternehmenstyp / Rechnungslegung	A. Steuerbilanz[1] A. Pflicht	B. Einzelabschluss[2] B1. Pflicht	B. Einzelabschluss[2] B2. Zusätzlich mit zum Teil befreiender Wirkung[2a]	B. Einzelabschluss[2] B3. Zusätzlich ohne befreiende Wirkung	C. Konzernabschluss[3] C1. Pflicht	C. Konzernabschluss[3] C2. Zusätzlich ohne befreiende Wirkung
1. Öffentliche Rechenschaftspflicht						
1.1. Kreditinstitute[4]	JA	HGB[5),6)]	IFRS	n.r.	HGB[6] oder IFRS[7),8)]	n.r.
1.2. Kapitalmarktorientierte Unternehmen	JA	HGB[6)6a)]	IFRS	n.r.	IFRS[6a]	n.r.
2. Keine öffentliche Rechenschaftspflicht						
2.1. Große mittelständische Unternehmen	JA	HGB[9]	IFRS	KMU-IFRS	HGB[9] oder IFRS[8]	KMU-IFRS
2.2. Kommunale Verwaltung (NRW) / Eigenbetriebe (NRW)[10]	NEIN[11]	NKF bzw. EigVO	n.r.	IPSAS	NKF bzw. EigVO	IPSAS
2.3. Mittlere mittelständische Unternehmen	JA	HGB[12]	IFRS	KMU-IFRS	HGB oder IFRS[8]	KMU-IFRS
2.4. Kleine mittelständische Unternehmen	JA	HGB[12]	IFRS	KMU-IFRS	HGB oder IFRS[8]	KMU-IFRS
3. Keine Rechenschaftspflicht						
3. Mikro-Unternehmen	JA[13]	NEIN[14]	IFRS	KMU-IFRS	HGB oder IFRS[8]	KMU-IFRS

---

49 1) Unter „Steuerbilanz" wird ein Betriebsvermögensvergleich i.S.v. § 4 Abs. 1 EStG verstanden, für den der HGB-Einzelabschluss grundsätzlich maßgeblich ist (Maßgeblichkeitsgrundsatz gem. § 5 Abs. 1 S. i.V.m. § 242 HGB). Einen Betriebsvermögensvergleich haben alle diejenigen Steuerpflichtige durchzuführen, die aufgrund gesetzlicher Vorschriften verpflichtet sind, Bücher zu führen und Abschlüsse zu erstellen. Buchführungspflichtig sind alle Kaufleute (§ 1 bis 7 HGB i.V.m. § 242 HGB), Körperschaften (§ 8 Abs. 1 S. 1 KStG) und sonstige Steuerpflichtige, die die Grenzen des § 141 AO überschreiten. Alternativ zu einer Steuerbilanz kann gem. § 60 Abs. 2 EStDV auch das vereinfachte Verfahren einer Mehr- oder Wenigerrechnung durchgeführt werden.
2) Auch als „Jahresabschluss" bezeichnet.
2a) Gem. § 325 Abs. 2a HGB kann (nur) für die Offenlegung ein befreiender IFRS Einzelabschluss erstellt werden.
3) Soweit Konzernbilanzierungspflichtig gem. § 290 ff. HGB.
4) „Kreditinstitute" stellvertretend für alle Unternehmen, die treuhänderisch Vermögen für Außstehende i.S.d. IFRS-KMU 1.3.
5) Bankspezifische Regelungen des § 340 HGB sind anzuwenden.
6) Wenn das Kreditinstitut kapitalmarktorientiert ist, dann fällt es zugleich unter 1.2.
6a) (Konzern-) Lagebericht: Zusätzliche Angabepflichten für kapitalmarktorientierte Kapitalgesellschaften gem § 289 Abs. 5 (§ 315 Abs. 2 Nr. 5) HGB n.F sowie zusätzlich für AG und KGaA, die den Kapitalmarkt durch Akteinemissionen in Anspruch nehmen, gem. § 289 Abs. 4 (§ 315 Abs. 4) HGB.
7) Wenn das Kreditinstitut gleichzeitig ein kapitalmarktorientiertes Unternehmen ist, so besteht eine Pflicht zur Konzernbilanzierung nach den IFRS (vgl. 1.2).
8) Wenn das Wahlrecht nach § 315a Abs. 3 HGB zur IFRS-Konzernbilanzierung in Anspruch genommen wird, so kann mit voll befreiender Wirkung ein
IFRS Konzernabschluss anstatt eines HGB-Konzernabschlusses erstellt werden.
9) Große Kapitalgesellschaften haben im Lagebericht Zusatzangaben gem. § 289 Abs. 3 HGB zu tätigen. auch nichtfinanzielle Leistungsindikatoren in die Analyse des Geschäftsverlaufs einzubeziehen (289 Abs. 3 HGB).
10) Exemplarische Darstellung der kommunalen Verwaltung / kommunaler Eigenbetriebe in NRW. In den anderen Bundesländern existieren ähnliche Gesetze.
11) Nur solange nicht steuerpflichtig, wie kein wirtschaftlicher Geschäftsbetrieb unterhalten wird.
12) Für kleine und mittlere Kapitalgesellschaften bestehen – im Vergleich zu großen Kapitalgesellschaften – größenabhängige Erleichterungen bei den Anhangsangaben (§ 288 HGB n.F.).
13) Anstatt einer Steuerbilanz kann eine Überschussrechnung gem. § 4 Abs. 3 EStG erstellt werden.
14) Gilt aktuell nur für Einzelkaufleute mit nicht mehr als 500.000 EUR Jahresüberschuss und 50.000 EUR Jahresüberschuss (§ 241a HGB n.F). Für handelsrechtliche Zwecke können die Mikro-Unternehmen die für steuerliche Zecke zu erstellende Überschussrechnung verwenden; vgl. 13).

76 Gemäß der o.g. Abb. hat z. B. ein **großes mittelständisches** Unternehmen (Nr. 2.1.) zwingend einen HGB-**Einzelabschluss** sowie eine Steuerbilanz zu erstellen. Freiwillig könnte zusätzlich zum HGB-Einzelabschluss noch ein IFRS-Einzelabschluss veröffentlicht werden. Eine Veröffentlichung des HGB-Einzelabschlusses kann dann entfallen. Das Unternehmen könnte auch freiwillig zusätzlich einen KMU-IFRS-Einzelabschluss erstellen. In diesem Fall wäre der HGB-Einzelabschluss aber auch weiterhin zu veröffentlichen. Hat ein großes mittelständisches Unternehmen gemäß den Vorschriften der § 290 ff. HGB einen **Konzernabschluss** zu erstellen, so ist dieser zunächst verpflichtend nach HGB zu erstellen. Allerdings kann das Unternehmen das Wahlrecht von § 315a Abs. 3 HGB ausüben und einen IFRS-Konzernabschluss erstellen. Dieser IFRS-Konzernabschluss würde dann zu einer Befreiung von der eigentlichen HGB-Konzernerstellungspflicht führen. Ein HGB-Konzernabschluss braucht in diesen Fällen nicht mehr erstellt zu werden. Grundsätzlich besteht auch die Möglichkeit, freiwillig einen KMU-IFRS-Konzernabschluss zusätzlich ohne irgendwelche Befreiungen zu erstellen.

2.2 Internationale Rechnungslegung

2.2.1 Grundlagen

77 Je nach Unternehmenstyp sind bei der internationalen Rechnungslegung entweder die vollumfänglichen IFRS (**IFRS**), die IFRS für den Mittelstand (**KMU-IFRS**) oder aber die IFRS für die Verwaltung (**IPSAS**) anzuwenden (siehe Abb. 5).[50]

78 Nachfolgend sind allgemeine Hinweise im Umgang mit der internationalen Rechnungslegung dargestellt.

> **HINWEIS:**
>
> *Abgrenzung "IAS" und „IFRS"*
>
> 79 *IFRS ist die Abkürzung für „International Financial Reporting Standards" und wird in zweierlei Hinsicht verwendet:*
>
> *1) zum einen als Oberbegriff aller vom International Accounting Standards Board (IASB) veröffentlichten Rechnungslegungsvorschriften,*
>
> *2) zum anderen für vom IASB seit 2003 neu verabschiedete Standards. Die bis 2002 verabschiedeten Standards werden weiterhin unter den Bezeichnungen International Accounting Standards (IAS) veröffentlicht. Nur bei grundlegenden Änderungen bereits vorhandener Standards werden die IAS in IFRS umbenannt.*
>
> *Abgrenzung „Full-IFRS" zu „KMU-IFRS" bzw. „EU-IFRS"*
>
> *Der Begriff der Full-IFRS wird in zweierlei Hinsicht verwendet:*
>
> *1) Full-IFRS versus KMU-IFRS: Full-IFRS umfassen den gesamten Set an IAS-/IFRS-Standards. Dahingegen beinhalten die sog. IFRS für kleine und mittelgroße Unternehmen (KMU-IFRS) einen reduzierten Umfang der Full-IFRS, der auf die Bedürfnisse mittelständischer Unternehmen (nicht öffentlich rechenschaftspflichtiger Unternehmen i.S.v. Kap. 1.3) zugeschnitten ist und auch nur von diesen Unternehmen angewendet werden kann. In der vorliegenden Arbeit wird IFRS synonym für Full-IFRS verwendet. Sind nicht die Full-IFRS gemeint, so wird explizit der Begriff „KMU-IFRS" verwendet.*
>
> *2) Full-IFRS versus EU-IFRS: Unter Full-IFRS in diesem Zusammenhang werden alle vom IASB veröffentlichten Original-Standards verstanden. Relevant sind allerdings nur die IFRS, die im Rahmen des sog. Endorsement-Verfahrens in EU-Recht übernommen wurden (EU-IFRS). Inhaltlich gibt es hier zurzeit kaum Unterschiede zwischen den „Full-IFRS" und den* **„EU-IFRS",** *allerdings können diese aufgrund des Endorsement-Prozesses zeitlich auseinander fallen*

---

50 Tendenziell sind es eher Unternehmen in der Rechtsform der Kapitalgesellschaft sowie größere Unternehmen, die IFRS anwenden; vgl. *Keitz/Pooten (2004)*, S. 15.

2. Rechnungslegung

> **BEISPIEL:**
>
> Zu 1) In Deutschland existiert neben der nationalen HGB-Rechnungslegung die internationale IFRS-Rechnungslegung.
>
> Zu 2) Der IFRS 1 regelt die Bilanzierung von IFRS-Erstbilanzierern, der IAS 1 dahingegen beschäftigt sich mit der Darstellung des Abschlusses.

> **HINWEIS:**
>
> **IFRS-Zitierweise**
>
> (1) IFRS kennt anders als das HGB keine Paragraphen (§) und Absätze (Abs.). Daher werden IFRS wie folgt zitiert: Nr. des Standards – Punkt – Nr. der Textziffer.
>
> (2) Standards beinhalten neben den eigentlichen Standardtextziffern in der Regel auch eine Einleitung (introduction, IN), Begründungen (basis for conclusion, BC), Anwendungshinweise (application guidance, AG), Implementierungshinweise (implementation guidance, IG) und illustrative Beispiele (illustrative examples IE).
>
> (3) Neben den Standards (IFRS, IAS) werden Stellungnahmen zu den Standards veröffentlicht, mit denen die Standards bezüglich ganz konkreter, meist in der Praxis aufgetretener Problemfelder konkretisiert werden. Vor 2003 veröffentlichte Stellungnahmen firmieren unter SIC (Standard Interpretation Committee), danach veröffentlichte Standards unter IFRIC (International Financial Reporting Implementation Committee).

> **BEISPIEL:**
>
> (1) „IAS 32.11": Die Textziffer 11 des Standards IAS 32 enthält die Definition für Finanzinstrumente.
>
> (2) „IAS 39.AG36": Textziffer 36 des Anwendungshinweises zum IAS 39 „Finanzinstrumente: Ansatz und Bewertung" enthält ein Flussdiagramm zu den Abgangsvorschriften von Finanzinstrumenten.
>
> (3) Der SIC-12 z. B. konkretisiert den IAS 27 (Konzern- und separate Einzelabschlüsse nach IFRS) bezüglich der Konsolidierung von Zweckgesellschaften.

> **LITERATUR:**
>
> Die amtlichen EU-Texte der IFRS sind bilingual dargestellt in der IDW-Ausgabe der IFRS.[51] Diese enthält allerdings nicht die Einleitung (introduction, IN), Begründungen (basis for conclusion, BC) Implementierungshinweise (implementation guidance, IG) und illustrativen Beispiele (illustrative examples, IE), da diese formal nicht in das EU-Recht mit übernommen werden.
>
> Die Originalausgaben des IASB enthalten dahingegen alle genannten Bestandteile. Hilfreich ist in diesem Zusammenhang die Ausgabe der IASC Foundation Education,[52] die inhaltliche Verknüpfungen zwischen den einzelnen Bestandteilen beinhaltet. So kann man sich bei der Suche nach einem Sachverhalt durch die einzelnen Bestandteile „hangeln".

2.2.2 Vollumfängliche IFRS (Full-IFRS)

2.2.2.1 Grundlagen

Öffentlich rechenschaftspflichtige Unternehmen (siehe Kap. 1.2) haben zwingend die Full-IFRS anzuwenden.

Wie bereits dargestellt, sind für IFRS-Abschlüsse deutscher Unternehmen die von der EU bestätigten (endorsten) IFRS relevant. Zudem sind bestimmte HGB-Zusatzangaben gemäß § 315a Abs. 1 HGB zu veröffentlichen. Die Anzahl der an dem Rechnungslegungsprozess beteiligten Institutionen ist

---

51 IDW (2008).
52 IASCFoundationEducation.

mit der Einführung der internationalen, kapitalmarktorientierten Rechnungslegung stark angestiegen. Insofern ist die gesamte Rechnungslegung komplexer geworden und die Anzahl der veröffentlichten Rechtsvorschriften steigt stetig. Zu der nun erreichten Komplexität trägt auch die Tatsache bei, dass relevante Rechtsvorschriften von drei unterschiedlichen Ebenen herausgegeben werden. Auf globaler Ebene veröffentlicht der internationale Standardsetter IASB (1.) die IFRS, auf supranationaler Ebene nehmen diverse Institutionen der EU (2.) zum Endorsementprozess Stellung und auf nationaler Ebene (3.) veröffentlicht der deutsche Gesetzgeber/Standardsetter ebenfalls zu beachtende Vorschriften (siehe Abb. 6).

Abb. 6: Ebenen der internationalen Rechnungslegung [53]

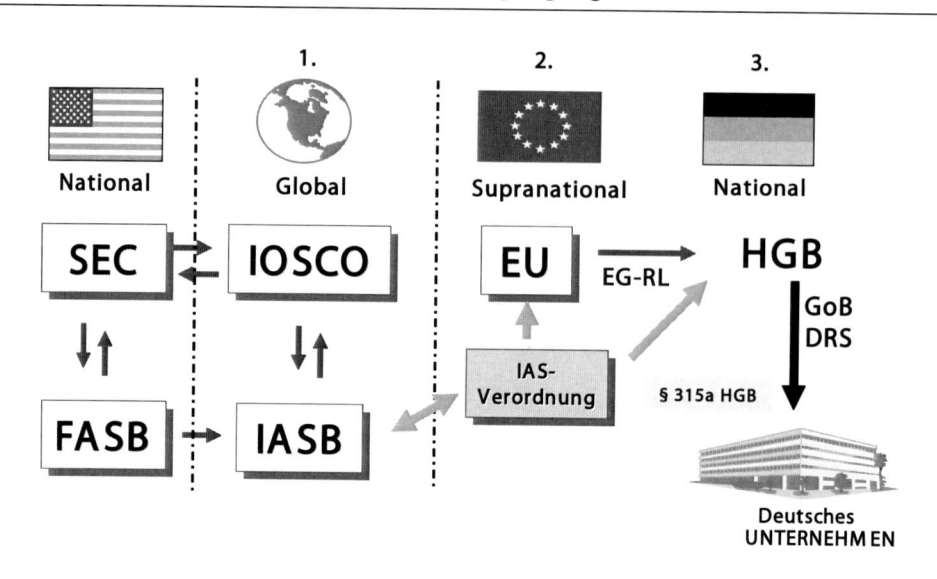

Aufgrund der inhaltlichen Nähe der IFRS zu den US-GAAP sind mittelbar auch die Vorschriften des US-amerikanischen Standardsetter FASB von Interesse, da bei der Anwendung/Auslegung der IFRS auch „die jüngsten Verlautbarungen anderer Standardsetter" herangezogen werden (dürfen), solange diese nicht im Konflikt zu IFRS-Quellen stehen (IFRS 8.21). Gerade bei komplexen Finanzinstrumente-Strategien wird man bezüglich Bilanzierungsfragen hier aufgrund der längeren Historie und der höheren Kasuistik der US-GAAP eher fündig als in IFRS-Vorschriften. Neben den Standardsettern veröffentlichen aber auch die diversen Wertpapieraufseher relevante Vorschriften. Dies sind u. a. die amerikanische (SEC), die globale (IOSCO), die europäische (CESR) und die deutschen Wertpapieraufsichten. Für Kreditinstitute sind zudem Vorgaben der deutschen und europäischen Bankenaufsicht (BaFin/Deutsche Bundesbank sowie CEBS) relevant.

> **HINWEIS:**
>
> *Des Weiteren trägt zu der Komplexität bei, dass die Veröffentlichungen der jeweiligen Institutionen in verschiedenen Versionsständen erfolgen, z. B. als Diskussionspapiere, Standardentwürfe oder endgültige Standards, und dass sie teilweise früheste sowie späteste mögliche Anwendungszeitpunkte vorsehen, sodass es oft konkret schwer fällt zu sagen, ab wann welche Vorschrift für das eigene Unternehmen zwingend anzuwenden ist. Daher beinhalten die IFRS-Konzernabschlüsse deutscher Unternehmen auch im Anhang und/oder als Anlage zum Geschäftsbericht eine Aufstellung der zum Bilanzstichtag konkret angewendeten Rechnungslegungsvorschriften.*

---

53 Eigene Darstellung in Anlehnung an PwC (2008a), S. 55.

2. Rechnungslegung

⊕ **VERWEIS:**

Anlage VI.3.1 enthält ein Muster einer Übersicht der für die IFRS-Berichterstattung von Finanzinstrumenten relevanten Rechnungslegungsvorschriften.

⊕ **HINWEIS:**

1) Branchenspezifische Standards

Anders als HGB, sieht IFRS keine branchenspezifischen Standards vor, so auch nicht für Kreditinstitute. Allerdings sieht IFRS bezüglich der Ausweisvorschriften nur bestimmte Mindeststandards vor, sodass sich beim Bilanz- und GuV-Ausweis – in Anlehnung an die Branchenbesonderheiten sowie in Anlehnung an die nationale Rechnungslegung – Unterschiede für Nicht-Kreditinstitute und Kreditinstitute ergeben.

2) Unternehmenstypspezifische Standards

Ebenfalls anders als nach HGB, bietet die internationale Rechnungslegung zwei unterschiedlich umfangreiche Standards an. Nicht öffentlich rechenschaftspflichtige Unternehmen, also z. B. nicht börsennotierte Unternehmen können die weniger umfangreiche und weniger komplexen Vorschriften der KMU-IFRS (**KMU-IFRS**) anwenden. Öffentlich rechenschaftspflichtige Unternehmen (wie z. B. börsennotierte Unternehmen) haben dahingegen das volle Set an IFRS-Vorschriften anzuwenden (**Full-IFRS**).

2.2.2.2 Relevante Standards

Kassageschäfte an den Geld-, Kredit- und Kapitalmärkten, Fremdwährungsgeschäfte sowie sämtliche Arten von Derivaten – stellen im Sprachgebrauch der IFRS „Finanzinstrumente" (Financial Instruments) dar. Die für die Bilanzierung von Finanzinstrumenten **relevanten IFRS-Vorschriften** verteilen sich über mehrere Einzelstandards. Die Hauptstandards sind der IAS 32 „Finanzinstrumente: Darstellung", der IAS 39 „Finanzinstrumente: Ansatz und Bewertung" und der IFRS 7 „Finanzinstrumente: Angaben". Das „Herz" der Bilanzierungsvorschriften für Finanzinstrumente ist der IAS 39; er regelt, wann ein Finanzinstrument in der Bilanz zu zeigen ist – (on-balance) und wie es dort zu bilanzieren ist (mit dem Marktwert oder aber den fortgeführten Anschaffungskosten). Der IAS 32 enthält eine Vielzahl von Definitionen zu dem Themenkomplex Finanzinstrumente und regelt die Abgrenzung von Eigenkapital und Fremdkapital auf der Passivseite. Der IFRS 7 gibt vor, welche Anhangsangaben zu Finanzinstrumenten zu machen sind. Dies betrifft Zusatzangaben zur Bilanz, GuV und Marktwerten genauso wie zu einer Vielzahl von Risikoangaben. (siehe Abb. 7).

Abb. 7: Für Finanzinstrumente relevante Standards (IFRS)

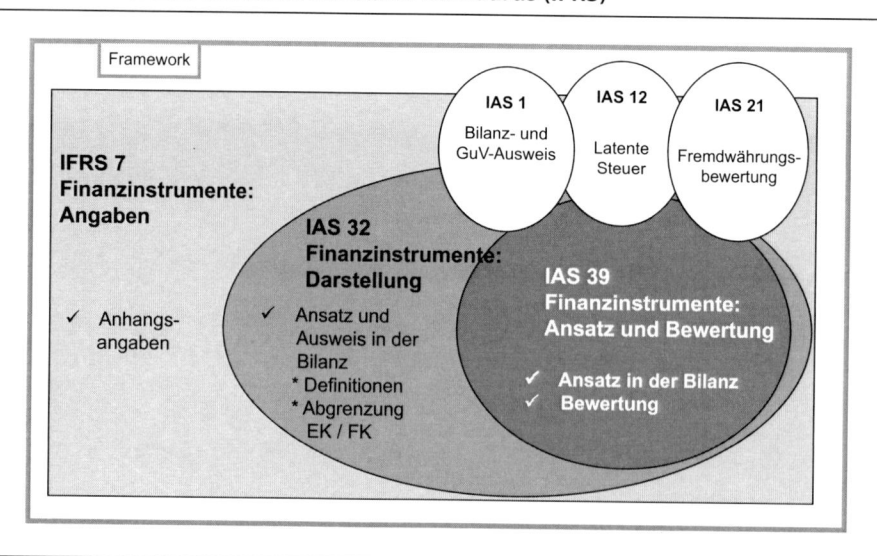

```
Framework

IFRS 7                              IAS 1           IAS 12         IAS 21
Finanzinstrumente:                  Bilanz- und     Latente        Fremdwährungs-
Angaben                             GuV-Ausweis     Steuer         bewertung

                  IAS 32
                  Finanzinstrumente:
                  Darstellung            IAS 39
                                         Finanzinstrumente:
   ✓ Anhangs-     ✓ Ansatz und           Ansatz und Bewertung
     angaben        Ausweis in der
                   Bilanz                ✓ Ansatz in der Bilanz
                   * Definitionen        ✓ Bewertung
                   * Abgrenzung
                     EK / FK
```

Vier weitere IFRS-Vorschriften regeln nicht explizit nur Sachverhalte zu Finanzinstrumenten, beeinflussen aber deren Bilanzierung. **Der IAS 21** „Auswirkungen von Änderungen der Wechselkurse" behandelt die Fremdwährungsumrechnung und -bewertung und ist dann hinzuziehen, wenn es um die Bilanzierung von Fremdwährungs-Exposures geht. **Der IAS 12** „Ertragsteuern" beschäftigt sich u. a. mit den sog. latenten Steuern. Da die IFRS- und Steuerbilanzierung temporär auseinander laufen können und dadurch in der IFRS-Bilanz – wirtschaftlich gesehen – im Vergleich temporär zu viel oder zu wenig Ertragsteuern ausgewiesen werden kann, wird in der IFRS-Bilanz so getan, als ob die Besteuerung so wie in der IFRS-Bilanz dargestellt erfolgen würde. Die anhand dieser Simulation ermittelten „Korrekturbeträge" werden in der IFRS-Bilanz und der IFRS-GuV als latente Steuern gebucht. Auch bzw. gerade bei Finanzinstrumenten treten solche temporären Differenzen auf, die dann Gegenstand von latenten Steuern sind.

Der IAS 1 „Darstellung des Abschlusses" enthält Mindestangaben zum Bilanz- und GuV-Ausweis, die auch für Finanzinstrumente gelten. Über allem steht das sog. Rahmenkonzept (*framework*), welches die GoB der IFRS darstellt und alle wesentlichen Grundprinzipien der internationalen Rechnungslegung regelt. Kommt man bei der bilanziellen Beurteilung einer konkreten Finanzinstrumente-Transaktion mit den genannten konkreten Standards nicht weiter, so kann das Rahmenkonzept hier gegebenenfalls weiterhelfen.

2.2.3 IFRS für den Mittelstand (KMU-IFRS)

Für Unternehmen ohne öffentliche Rechenschaftspflicht (siehe Kapitel 1.3) ist das aktuelle IFRS-Rechenwerk allerdings zu komplex. Daher hat das IASB für diese Unternehmensgruppe der sog. kleinen und mittleren Unternehmen KMU einen eigenen Standard veröffentlicht (KMU-IFRS), der zwar grundsätzlich auf den Full-IFRS aufbaut, aber für bestimmte Bereiche (so auch für Finanzinstrumente) teilweise erhebliche Vereinfachungen im Vergleich zu den Full-IFRS vorsieht.[54]

---

54 Bezüglich der Fragestellung, inwieweit sich die nationalen und internationalen Rechnungslegungsvorschriften für den Mittelstand eignen, vgl. z. B. *Janssen*.

Die für die Bilanzierung von Finanzinstrumenten **relevanten IFRS-Vorschriften** verteilen sich über mehre Abschnitte des KMU-IFRS-Standards. Die beiden Hauptabschnitte sind KMU-IFRS 11 und 12. KMU-IFRS 11 „Basis-Finanzinstrumente" beinhaltet Definitionen zu den Basis-Finanzinstrumenten, Vorschriften zum Ansatz in der Bilanz, Regelungen zur Bewertungsmethode der fortgeführten Anschaffungskosten (*amortised cost* AC) und Vorgaben zu entsprechenden Anhangsangaben. KMU-IFRS 12 „Weitere Finanzinstrumente" enthält Definitionen zu strukturierten Finanzinstrumenten, Regelungen zur Bewertungsmethode des beizulegenden Zeitwertes (fair value FV), Vorgaben zum einfachen (plain vanilla) Hedge Accounting und Vorschriften zu entsprechenden Anhangsangaben. KMU-IFRS 2.15-2.21 enthält zudem eine Vielzahl von Definitionen zu Finanzinstrumenten (Abb. 8).

Abb. 8: Für Finanzinstrumente relevante Standards (KMU-IFRS)

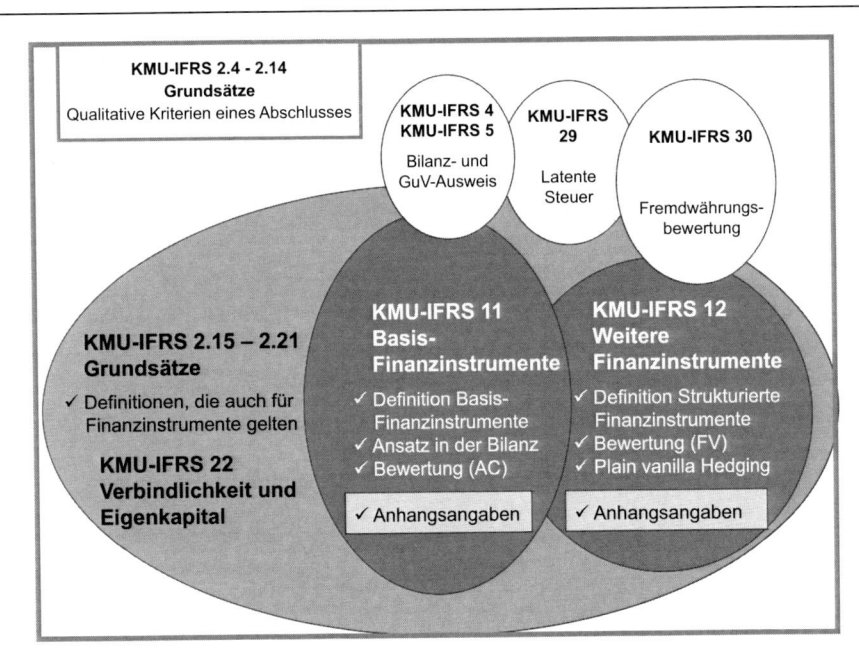

```
┌─────────────────────────────────────────────────────────────────────┐
│        KMU-IFRS 2.4 - 2.14                                          │
│        Grundsätze                                                   │
│   Qualitative Kriterien eines Abschlusses   KMU-IFRS 4              │
│                                             KMU-IFRS 5    KMU-IFRS  │
│                                                              29     │
│                                             Bilanz- und           KMU-IFRS 30
│                                             GuV-Ausweis    Latente  │
│                                                            Steuer   │
│                                                                     │
│                                                         Fremdwährungs-
│                                                         bewertung   │
│                                                                     │
│                         KMU-IFRS 11        KMU-IFRS 12              │
│                         Basis-             Weitere                  │
│     KMU-IFRS 2.15-2.21  Finanzinstrumente  Finanzinstrumente        │
│     Grundsätze                                                      │
│   ✓ Definitionen, die   ✓ Definition Basis- ✓ Definition Strukturierte
│     auch für              Finanzinstrumente   Finanzinstrumente     │
│     Finanzinstrumente   ✓ Ansatz in der     ✓ Bewertung (FV)        │
│     gelten                Bilanz            ✓ Plain vanilla Hedging │
│                         ✓ Bewertung (AC)                            │
│     KMU-IFRS 22                                                     │
│     Verbindlichkeit und ✓ Anhangsangaben   ✓ Anhangsangaben          │
│     Eigenkapital                                                    │
└─────────────────────────────────────────────────────────────────────┘
```

Vier weitere KMU-IFRS-Abschnitte regeln nicht explizit nur Sachverhalte zu Finanzinstrumenten, beeinflussen aber deren Bilanzierung. **KMU-IFRS 30** „Auswirkungen von Änderungen der Wechselkurse" behandelt die Fremdwährungsumrechnung und -bewertung und ist **dann hinzuziehen, wenn es um die Bilanzierung von Fremdwährungs-Exposures geht.** KMU-IFRS 29 „Ertragsteuern" beschäftigt sich u. a. mit den sog. latenten Steuern, die auch auf Finanzinstrumente-Sachverhalte zu bilden sind. **KMU-IFRS 4 und 5** enthalten Mindestangaben zum Bilanz- und GuV-Ausweis, die auch für Finanzinstrumente gelten. Über allem stehen die Grundsätze, die die qualitativen Kriterien eines Abschlusses vorgeben (KMU-IFRS 2.4 – 2.14). Diese GoB des KMU-IFRS können ggf. weiterhelfen, wenn bei der bilanziellen Beurteilung einer konkreten Finanzinstrumente-Transaktion die genannten konkreten Finanzinstrumente-Abschnitte des KMU-IFRS keine Klarheit bringen.

Insbesondere in Deutschland wird der KMU-IFRS-Standard kontrovers diskutiert. Wie der KMU-IFRS-Standard in der EU bzw. Deutschland Anwendung finden wird, ist zurzeit noch nicht abzusehen. Da in anderen (auch europäischen) Ländern die KMU-IFRS längst nicht so kritisch gesehen werden wie in Deutschland,⁵⁵ könnte es sein, dass dieser neue Standard entsprechende Wirkung auf das europäische Bilanzrecht entfaltet,⁵⁶ so dass Abschnitte bzw. Prinzipien aus den KMU-IFRS in die 4. und 7. EU-Richtlinie übernommen werden. Denkbar wäre auch, dass die EU die Anwendung der KMU-IFRS als eigenes Rechnungslegungsnormensystem für europäische Unternehmen direkt zulässt.⁵⁷ Da der KMU-IFRS-Standard nicht unter die IAS-Verordnung fällt,⁵⁸ wäre für die Übernahme des Standards in europäisches Recht ein eigenständiger Rechtsakt erforderlich. Grundsätzlich bestünde für den deutschen Gesetzgeber auch die Möglichkeit, unabhängig vom EU-Gesetzgeber die KMU-IFRS für Deutschland zuzulassen.⁵⁹ Sollte keine befreiende Anwendung der KMU-IFRS für deutsche Unternehmen kommen, bleibt abzuwarten, ob deutsche Unternehmen sich nichts desto trotz doch stärker der internationalen Rechnungslegung zuwenden werden, da die Stärkung des HGB als Alternative zu den IFRS ausgeblieben ist, da durch die Finanzkrise der ursprüngliche BilMoG-Reformeifer gebremst wurde.⁶⁰

2.2.4 IFRS für die öffentliche Verwaltung (IPSAS)

97 Die International Public Sector Accounting Standards (IPSAS) stellen die internationalen Rechnungslegungsstandards für die öffentliche Verwaltung dar, die sich an den (**IFRS**) orientieren, wobei **Besonderheiten öffentlicher Einrichtungen** (z. B. Nicht-Profit-Charakter) berücksichtigt werden.⁶¹ Die IPSAS werden vom International Public Sector Accounting Standards Board (IPSASB), einer Fachgruppe des internationalen Fachverbandes der Wirtschaftsprüfer IFAC (International Federation of Accountants) erarbeitet. ⁶²

98 Ein weiterer Schritt für die öffentliche Verwaltung nach der Umstellung auf nationaler Ebene von der Kameralistik auf die (HGB-) Doppik durch das neue kommunale Rechnungswesen/Finanzmanagement (NKR/NKF) könnte eine Umstellung auf die IPSAS sein. Auf Deutschland bezogen könnten die Gebietskörperschaften wie Bund, Länder und Kommunen IPSAS anwenden. Bei den IPSAS handelt es sich derzeit lediglich um Empfehlungen. **Rechtsverbindlich** würden diese Empfehlungen erst, wenn sie in nationales Recht umgesetzt werden. Dies ist in **Deutschland bislang nicht** der Fall, und daher finden die IPSAS zurzeit in Deutschland keine und in der EU erst in wenigen Staaten Anwendung. Anders dahingegen in der Schweiz sowie der EU-Kommission,⁶³ OECD und NATO, die bereits IPSAS anwenden.

99 Mit Blick auf die Rechnungslegung von Finanzinstrumenten wurden die IAS 32, IAS 39 und IFRS 7 – leicht modifiziert – im Januar 2010 als IPSAS-Standards (IPSAS 28, IPSAS 29, IPSAS 30) übernommen.⁶⁴ Diese enthalten allerdings zusätzliche Anwendungsleitlinien zu zwei Schlüsselthemen für den öffentlichen Sektor: Finanzgarantien und Kredite mit Sonderkonditionen unterhalb der Marktkonditionen.

---

55 So hat Südafrika als erstes Land bereits August 2009 die IFRS-KMU als verpflichtend für südafrikanische Unternehmen übernommen; vgl. *Deloitte (2009b)*. Großbritannien plant dieses für die Zukunft ebenfalls; vgl. *UK ASB*.
56 Vgl. *Rossmanith/Funk/Eha*, S. 159, *Beiersdorf/Morich*, S. 1 und *DRSC (2008a)*.
57 Vgl. *Deloitte* (2009a).
58 Vgl. *Bernhard*, S. 11.
59 Vgl. *Haller*, S. 239. Hierfür sieht der deutsche Gesetzgeber zunächst aber keine Notwendigkeit, vgl. *Ernst*, S. 16.
60 Vgl. *Keller*, S. 229 f. Anders dahingegen das IDW, dass der Meinung ist, dass der Mittelstand mit dem BilMoG vom wirtschaftlichen Druck zur Anwendung der IFRS entlastet wurde; vgl. *IDW (2009)*, S. 3.
61 Bezüglich Grundlagen zu internationalen Rechnungslegungsstandards für die kommunale Verwaltung in Deutschland vgl. *Glöckner*, S. 4 ff.
62 Die Internetseite des IPSASB lautet: www.ifac.org. Weitere deutschsprachige Internetseiten zu IPSAS lauten: www.ipsas.de; www.iasplus.de und www.ipsas.org.
63 Vgl. *EU-KOM (2007)*.
64 Vgl. RV *IPSAS 28, IPSAS 29* und *IPSAS 30*.

2.3 Deutsche Rechnungslegung

2.3.1 Handelsgesetzbuch (HGB)

2.3.1.1 Mikro-Unternehmen

Gem. § 241a HGB brauchen nicht kapitalmarktorientierte Einzelkaufleute, die an den Abschlussstichtagen von zwei aufeinander folgenden Geschäftsjahren nicht mehr als 500 000 Euro Umsatzerlöse und 50 000 Euro Jahresüberschuss aufweisen (Mikro-Unternehmen), keine Bilanzen zu erstellen, sondern können ihre Rechnungslegung auf eine Einnahmen-Überschuss-Rechnung nach Maßgabe des § 4 Abs. 3 EStG beschränken.

2.3.1.2 Alle anderen Unternehmen

Für alle anderen privatrechtlichen Unternehmen gelten die allgemeinen Vorschriften für alle Kaufleute gem. § 238 bis 263 HGB unmittelbar. Zudem sind diese Vorschriften mittelbar oft auch Grundlage für die Rechnungslegung öffentlicher Unternehmen/Verwaltungen.

Anders als nach IFRS gibt es im HGB **keine speziellen Paragraphen**, die sich ausschließlich mit der Bilanzierung von Finanzinstrumenten beschäftigen. Vielmehr gelten auch für Finanzinstrumente die allgemeinen Grundprinzipien der HGB-Bilanzierung.

Gem. § 242 Abs. 3 HGB bilden die Bilanz und die GuV den Jahresabschluss.

2.3.1.3 Kapitalgesellschaften

Für die Erstellung eines HGB-Einzelabschlusses für Kapitalgesellschaften[65] sind neben den Vorschriften für alle Kaufleute (§ 238 ff. HGB) die ergänzenden Vorschriften für Kapitalgesellschaften (§ 264 ff. HGB) zu berücksichtigen. Gemäß § 264 Abs. 1 HGB haben Kapitalgesellschaften den Jahresabschluss gem. § 242 Abs. 3 (siehe Tz. 106) um einen **Anhang** zu erweitern sowie einen **Lagebericht** aufzustellen.

Kleine und mittlere Kapitalgesellschaften (i.S.d. Größenklassen der Kap. 1.3.5 und 1.3.4) sind allerdings von der Veröffentlichung bestimmter Anhangsangaben befreit (§ 288).[66]

Große Kapitalgesellschaften (i.S.d. Größenklassen des Kap. 1.3.2) haben im Lagebericht auch nichtfinanzielle Leistungsindikatoren in die Analyse des Geschäftsverlaufs einzubeziehen (289 Abs. 3 HGB).

Kapitalmarktorientierte Kapitalgesellschaften (siehe Kap. 1.2.3) haben im (Konzern-) Lagebericht gem. § 289 Abs. 5 (§ 315 Abs. 2 Nr. 5) HGB n.F im Lagebericht die wesentlichen Merkmale des internen Kontroll- und des internen Risikomanagementsystems im Hinblick auf den Rechnungslegungsprozess zu beschreiben. Zusätzlich müssen Aktiengesellschaften (**AG**) und Kommanditgesellschaft auf Aktien (**KGaA**), die den Kapitalmarkt durch Aktienemissionen in Anspruch nehmen, im

---

65 Hierunter fallen auch sog. haftungsbeschränkte Personengesellschaften (KapCo`s), die gem. § 264a HGB ebenfalls nach den Vorschriften für Kapitalgesellschaften zu bilanzieren haben. Davon betroffen sind insbesondere offene Handelsgesellschaften (OHG) und Kommanditgesellschaften (KG), bei denen keine natürliche Person haftender Gesellschafter ist bzw. keine Personengesellschaft mit einer natürlichen Person als Vollhafter haftet.

66 Zu beachten ist, dass über das Publizitätsgesetz (PublG) große Nicht-Kapitalgesellschaften zum Teil Offenlegungspflichten wie Kapitalgesellschaften unterliegen, wenn sie die im PublG genannten Größen-Grenzen überschreiten; vgl. u. a. Schellhorn.

(Konzern-) Lagebericht die nach § 289 Abs. 4 (§ 315 Abs. 4) HGB geforderten Informationen zu den emittierten Aktien angeben.

2.3.1.4 Kreditinstitute

Anders als nach IFRS gibt es nach HGB mit dem **§ 340 HGB** sowie der **RechKredV** kreditinstitutspezifische Vorschriften. Kreditinstitute

Bei der Würdigung eines Finanzinstrumente-Sachverhaltes aus handelsrechtlicher Sicht gilt grundsätzlich (wie auch nach IFRS und auch für die Würdigung anderer Sachverhalte): **lex specialis geht vor lex generalis**. Das heißt, man untersucht zunächst die speziellste Vorschrift. Wird man dort nicht fündig, „hangelt" man sich über immer weniger spezielle Vorschriften so lange vor, bis man fündig geworden ist.

Beispiel Kreditinstitute: Man beginnt die Prüfungskette bei den §§ 340 ff. HGB und der RechKredV. Wird man dort nicht fündig, so „hangelt" man sich über die nächste speziellere Vorschrift des HGB (§§ 264 ff. HGB) hin zum allgemeinen Teil des HGB vor (§§ 238 ff. HGB), der für alle Unternehmensformen gilt.

Abb. 9: Für Finanzinstrumente relevante Standards (HGB)

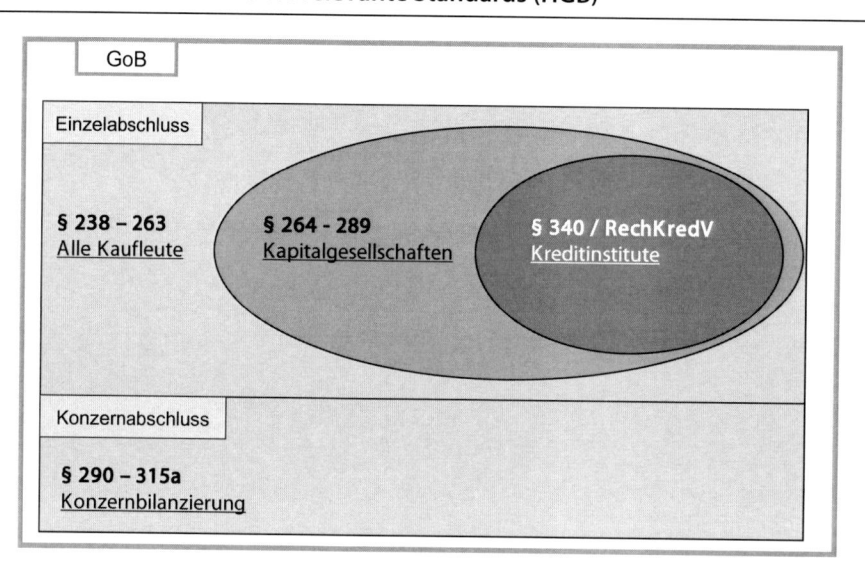

GoB

Einzelabschluss

§ 238 – 263
Alle Kaufleute

§ 264 - 289
Kapitalgesellschaften

§ 340 / RechKredV
Kreditinstitute

Konzernabschluss

§ 290 – 315a
Konzernbilanzierung

Für die **HGB-Konzernbilanzierung** sind darüber hinaus noch die §§ 290 bis 315a HGB einschlägig (siehe 2.1.3.)

2.3.2 Rechungslegung in Kommunen

2.3.2.1 Kommunale Verwaltung: Neues kommunales Finanzmanagement/Rechnungswesen (NKF/NKR)

Zurzeit vollzieht sich in der deutschen öffentlichen Verwaltung allgemein und in der kommunalen Verwaltung (siehe Kap. 1.3.3.2) insbesondere ein **Paradigmenwechsel**, weg von der zahlungsorientierten einfachen Rechnungslegung (Kameralistik) hin zur ressourcenverbrauchsorientierten doppelten Rechnungslegung (Doppik).[67] Da die Rechnungslegung der kommunalen Verwaltung in Deutschland den Bundesländern obliegt, gibt es hier allerdings keine einheitliche Rechnungslegung für Gesamt-Deutschland (so wie dies z. B. beim HGB der Fall ist).[68] Nordrhein Westfalen (**NRW**) ist mit der flächendeckenden Einführung der Doppik in der kommunalen Verwaltung am weitesten fortgeschritten und entsprechend ist die Umstellung auf die Doppik in NRW am ausführlichsten dokumentiert.[69] Daher orientieren sich die nachfolgend für die Kommunen dargestellten Sachverhalte exemplarisch an der Gesetzeslage für NRW, gelten aber so oder so ähnlich auch für Kommunen vieler anderer Bundesländer.[70] Das Umstellungsmodell in NRW heißt „neues kommunales Finanzmanagement" (**NKF**); in anderen Bundesländern wird auch die Bezeichnung „neues kommunales Rechnungswesen" (**NKR**) verwendet.[71] NRW fordert für seine kommunalen Verwaltungen die Aufstellung eines Jahresabschlusses nach der kaufmännischen Buchführung ab dem Jahr 2009.[72][73]

---

67 Vgl. *Glöckner*, S. III Geleitwort und *Langholz*.
 Anders als die meisten Bundesländer hat sich die Bundesverwaltung (zunächst) dafür entschieden, von der bisherigen Kameralistik nicht auf die staatliche Doppik sondern auf die sog. erweiterte Kameralistik umzustellen; vgl. *Steuer*, S. 107 und *Müller/Papenfuß/Schaefer*, S. 104.
68 Damit die Voraussetzungen für einheitliche Standards für das Haushalts- und Rechnungswesen aller Länder und des Bundes geschaffen, soll das sog. Gesetz zur Modernisierung des Haushaltsgrundsätzegesetzes (Haushaltsgrundsätzemodernisierungsgesetz HGrGMoG) bis Ende September 2009 verabschiedet werden; vgl. *Steuer*, S. 104. Das Gesetz sieht für das staatliche Rechnungswesen eine Wahlmöglich zwischen Kameralistik, erweiterter Kameralistik und doppelter kaufmännischer Buchführung (staatlicher Doppik) vor. Das Haushaltsgrundsätzemodernisierungsgesetz eröffnet den Gebietskörperschaften Gestaltungsmöglichkeiten bezüglich des Haushalts- und Rechnungswesens, verpflichtet sie aber nicht zur Umgestaltung ihrer bisherigen Haushalts- und Rechnungswesensysteme.
69 Vgl. *NKF-Netzwerk NRW* und *Innenministerium NRW*.
70 In fasten allen Bundesländern wird die klassische Kameralistik durch doppische Systeme ersetzt; vgl. *Stein*, S. 36.
71 Bezüglich Basiswissens zu NKF und NKR vgl. u. a. *Schuster* und *Fudalla/Tölle/Wöste/zur Mühlen*.
72 In den anderen Bundesländern erfolgt die Umstellung auf einen Jahresabschluss sukzessive in den nächsten Jahren bis spätestens Ende 2016 (Baden-Württemberg); Vgl. *Müller/Papenfuß/Schaefer*, S. 57.
73 Bezüglich der Erfahrungen des IDW mit der Einführung der Doppik in NRW durch das NKF vgl. *IDW (2009b)*.

Abb. 10: Rechtsgrundlage für Doppik in den Kommunen[74]

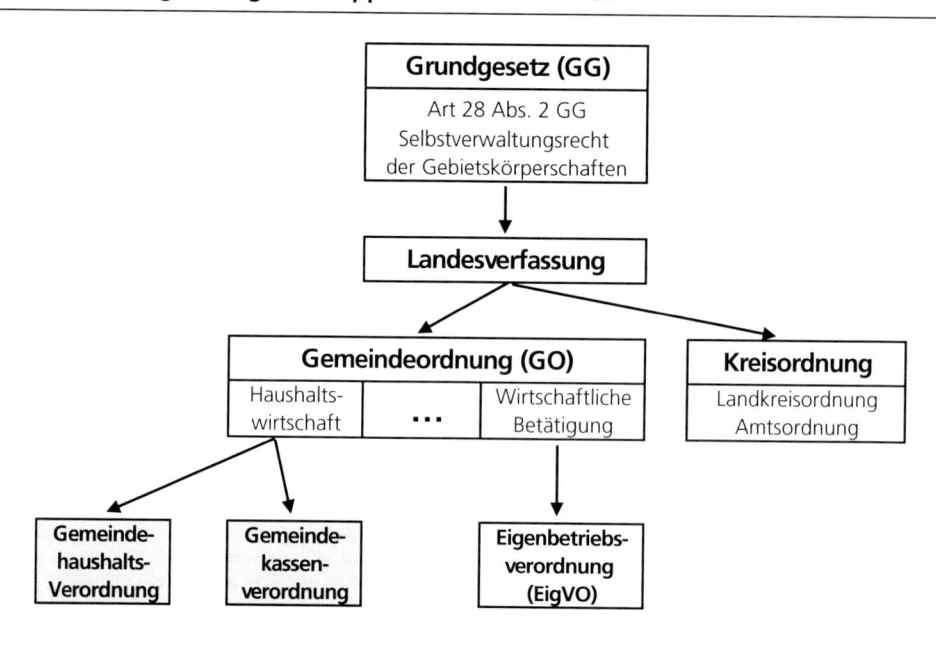

```
                    Grundgesetz (GG)
                    Art 28 Abs. 2 GG
                   Selbstverwaltungsrecht
                 der Gebietskörperschaften
                            │
                            ▼
                    Landesverfassung
                    ╱           ╲
                   ╱             ╲
      Gemeindeordnung (GO)      Kreisordnung
      Haushalts-  Wirtschaftliche   Landkreisordnung
      wirtschaft  Betätigung        Amtsordnung
        ╱   ╲           │
       ╱     ╲          │
  Gemeinde-  Gemeinde-  Eigenbetriebs-
  haushalts- kassen-    verordnung
  Verordnung verordnung (EigVO)
```

13 Die Grundlagen für den Übergang von der Kameralistik auf die Doppik wurden durch den entsprechenden Beschluss der Innenministerkonferenz (IMK) vom 21.11.2003 gelegt. Die Umstellung auf die Doppik wurde in den Neufassungen der Gemeindehaushalts- und Kassenverordnungen verankert. Die konkrete rechtstechnische Umsetzung des IMK-Beschlusses erfolgte in den Ländern allerdings sehr unterschiedlich mit der Konsequenz, dass es keine einheitlichen Rechtsgrundlagen bezüglich der Doppik in den Gemeindeverordnungen und den – aufgrund der in den Gemeindeverordnungen verankerten gesetzlichen Ermächtigungen – erlassenen Verordnungen gibt. Trotz einer gewissen Heterogenität bei den konkreten Rechtsgrundlagen zur der Doppik in den Kommunen kann festgehalten werden, dass bei allen die HGB-Rechnungslegung (für große Kapitalgesellschaften) als Referenzmodell diente. [75]

14 Rechtstechnisch hat allerdings mit Blick auf die Lage in **NRW** der Landesgesetzgeber **keinerlei Verweise auf das HGB** gegeben, sondern eigene Regelungen zum Rechnungswesen aufgestellt, die sich allerdings an den HGB-Vorschriften für große Kapitalgesellschaften **orientieren**. [76]

2.3.2.2 Kommunale Eigenbetriebe – Eigenbetriebsverordnung (EigVO NRW)

15 Für die Rechnungslegung von kommunalen Eigenbetrieben gibt es keine bundeseinheitlichen Regelung, sondern landesspezifisch unterschiedliche Vorgaben, die in unterschiedlichem Ausmaß – unmittelbar oder mittelbar – auf (bestimmte) Paragraphen des HGB verweisen. Grundsätzlich kann zwischen Eigenbetrieben mit und ohne Kaufmannseigenschaften differenziert werden.[77]

---

74 Abbildung in Anlehnung an *Müller/Papenfuß/Schaefer*, S. 44.
75 Bezüglich Details zur kommunalen Bilanz im Vergleich zu HGB und IFRS vgl. *Metzing*.
76 Vgl. *PwC (2008b)*, Absatz 8.
77 Vgl. *PwC (2008b)*, Absätze 3 bis 5.

Eigenbetriebe, soweit ihnen **Kaufmannseigenschaften** zugesprochen werden haben die Vorschriften des ersten Abschnitts des HGB (§§ 238 bis 263) **unmittelbar** anzuwenden, wobei allerdings ggf. vorhandenen landesrechtlichen Vorschriften Vorrang einzuräumen sind. Änderungen des ersten Abschnitts des HGB wirken sich somit auf Eigenbetriebe mit Kaufmannseigenschaften unmittelbar aus (**dynamischer Verweis**).

Für **Eigenbetriebe ohne Kaufmannseigenschaften** und **Eigenbetriebe**, die aufgrund eines **landesrechtlichen Verweises** die HGB-Vorschriften für Kapitalgesellschaften gem. **§ 264 ff. HGB** anzuwenden haben, ist zu prüfen, ob derartige Verweise nur auf die zu dem Zeitpunkt der Landesgesetzgebung gültigen HGB-Fassung Bezug nehmen (**statischer Verweis**) oder ob der Verweis auch nachfolgende HGB-Änderungen mit einbezieht (**dynamischer Verweis**).

Für kommunale Eigenbetriebe in **NRW** verweist die Gemeindeordnung (**GO NRW**) auf die Eigenbetriebsverordnung (EigVO NRW), die ihrerseits in den § 19 ff. EigVO NRW auf die Vorschriften des Dritten Buches des HGB zur Buchführung, zum Inventar und zur Aufbewahrung verweist. Ferner enthalten die § 21 ff. EigVO NRW konkrete Verweise auf einzelne Vorschriften des HGB zu großen Kapitalgesellschaften mit verschiedenen Modifikationen. Ob es sich bei diesen Verweisen um einen dynamischen Verweis handelt, ist fraglich und letztendlich eher zu verneinen.[78] Alternativ können Eigenbetriebe in NRW allerdings auch einen Abschluss nach dem NKF erstellen.

2.3.2.3 Zusammenfassung

Für öffentliche Unternehmen in **privatrechtlicher Rechtsform** sowie öffentlichrechtliche **Kreditinstitute** sind die HGB-Vorschriften unmittelbar bindend und somit die in diesem Buch dargestellten HGB-Ausführungen relevant, auch die zum BilMoG. Gleiches gilt (aufgrund der dynamischen Verweistechnik) grundsätzlich auch für kommunale **Eigenbetriebe** NRW **mit** eigener **Kaufmannseigenschaft**.

Für **Eigenbetriebe** NRW **ohne Kaufmannseigenschaften** und Eigenbetriebe NRW, die aufgrund eines **landesrechtlichen Verweises** die HGB-Vorschriften für Kapitalgesellschaften gem. § 264 ff. HGB anzuwenden haben, gelten die HGB-Vorschriften und somit die in diesem Buch dargestellten HGB-Ausführungen grundsätzlich ebenfalls. Aufgrund ihres lediglich statischen Verweises auf das HGB ist allerdings zu beachten, dass die HGB-Neuerungen des BilMoG für diese Eigenbetriebe nicht gelten.

Die Rechnungslegung der **kommunalen Verwaltung** in NRW regelt das NKF, welches keinerlei Verweis auf das HGB vorsieht, sondern eigene Regelungen zum Rechnungswesen aufstellt, die sich allerdings an den HGB-Vorschriften für große Kapitalgesellschaften orientieren. Insofern können grundsätzlich die in der vorliegenden Arbeit dargestellten Sachverhalte zur HGB-Rechnungslegung auch für die kommunale Verwaltung in NRW als Basis herangezogen werden. Letztendlich gelten aber die Regelungen des NKFs. Mit Blick auf Neuerungen im HGB (durch BilMoG) ist zu beachten, dass diese für NKF-Bilanzierer nicht relevant sind, da die NKF keinerlei Verweise auf das HGB vorsehen.

2.4 Buchungskonventionen

Egal, ob nach IFRS, KMU-IFRS, IPSAS, HGB und/oder NKF/NKR bilanziert wird, Rechnungslegungssachverhalte münden letztendlich immer in **Buchungssätze**, die aus Soll- und Haben-Buchungen bestehen. Nachfolgend werden die Buchungskonventionen zur Bildung dieser Buchungssätze dargestellt. Da „Soll" (per) und „Haben" (an) in den Buchhaltungssystemen mit Plus bzw.

---
[78] Vgl. *PwC (2008b)*, Absatz 7.

Grundlagen

Minus abgebildet werden, geht es nachfolgend letztendlich um die Frage nach dem „richtigen" Vorzeichen beim Buchen.

23 Ausgangslage sind die **Bilanz-Konten**, auf denen gebucht wird. Hier unterscheidet man zwischen Aktiv-Konten und Passiv-Konten. Die Aktiv-Konten sind die Bestandskonten, die sich in der Bilanz auf der Aktivseite (Mittelverwendung) befinden. Entsprechend sind die Passiv-Konten die Bestandskonten, die sich in der Bilanz auf der Passivseite (Mittelherkunft) befinden. Diese Konten erfahren durch Buchungen einen Zugang (Mehrung) oder einen Abgang (Minderung).

24 Aus der **Multiplikation** (des Vorzeichens) des Bilanzkontos mit (dem Vorzeichen) der Bewegungsart ergibt sich als Ergebnis (das Vorzeichnen) des Buchungsschlüssels. Hierbei sind Aktiv-Konten mit einem „+" und Passiv-Konten mit einem „-", ein Zugang mit einem „+" und ein Abgang mit einem „-" sowie eine Sollbuchung mit einem „+" und eine Haben-Buchung mit einem „-„ zu versehen (siehe Abb. 11).

25 Zu berücksichtigen ist, dass **GuV-Konten** Unterkonten des Passivkontos Eigenkapital sind, und daher immer mit „-" multipliziert werden (siehe Abb. 12). Dies erklärt auch das „Phänomen", warum bei GuV-Zahlen die Vorzeichen bei Auswertungen aus den Buchungssystemen immer genau umgekehrt zu der ökonomischen Sicht sind. Ökonomisch reduzieren Aufwendungen den Ertrag und werden daher mit einem „-" versehen. Buchhalterisch sind Aufwendungen mit einem „+" versehen, da sie Abgänge (-) auf einem Unterkonto des Passivkontos Eigenkapital (-) darstellen, und Minus mal Minus plus ergibt.

26 **Verprobung**: Bei jedem Buchungssatz muss die Summe der Soll-Buchungen gleich der Summe der Haben-Buchungen sein.

Abb. 11: Buchungskonventionen (I)

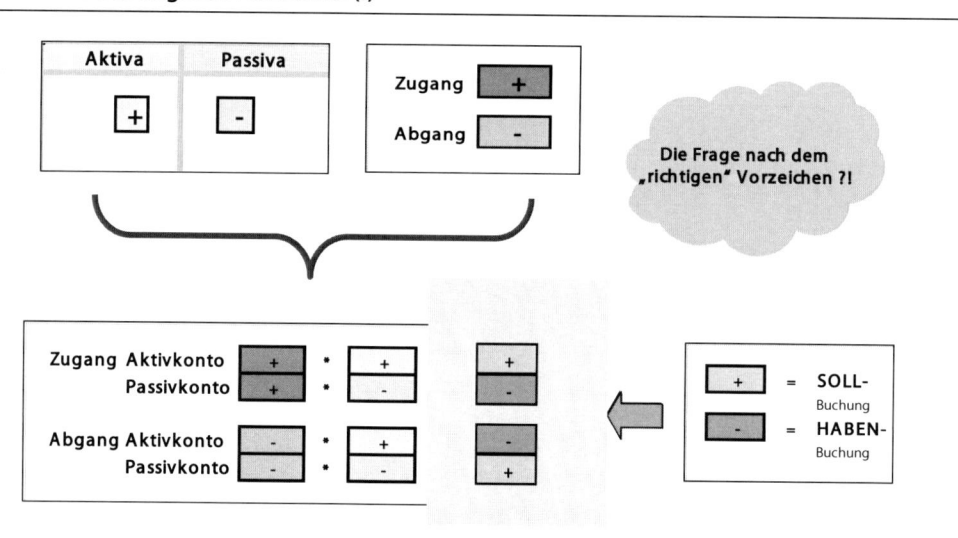

2. Rechnungslegung

Abb. 12: Buchungskonventionen (II)

Besonderheit: GuV-Konten
1) GuV-Konten sind Unterkonten des Passivkontos "Eigenkapital"
2) In der Regel werden die GuV-Konten nur einseitig gebucht
3) Alle Abgänge des Eigenkapitals werden auf den Aufwandskonten gebucht
4) Alle Zugänge des Eigenkapitals werden auf den Ertragskonten gebucht

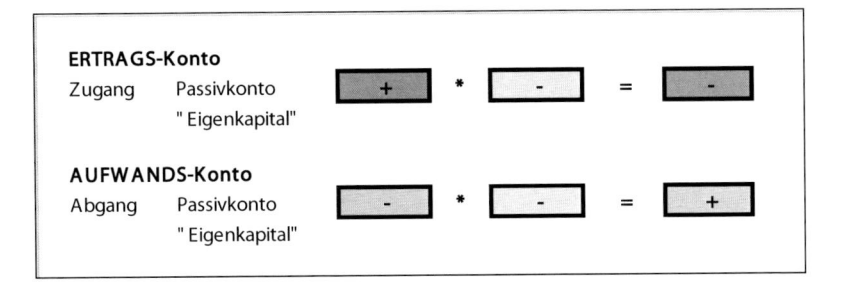

ERTRAGS-Konto
Zugang   Passivkonto   [+] * [−] = [−]
         "Eigenkapital"

AUFWANDS-Konto
Abgang   Passivkonto   [−] * [−] = [+]
         "Eigenkapital"

> **BEISPIEL:**
> In der Buchhaltung gehen 100 EUR an Zinsen für eine Ausleihung ein. Dieser Sachverhalt stellt zum einen Zugang (+) auf den Aktiv-Konto „Kasse" (+) dar, und damit die Soll-Buchung (+ * + = +). Zudem findet ein Zugang (+) auf den Ertragskonto „Zinsertrag" statt, welches wie alle GuV-Konten ein Unterkonto des Passiv-Kontos „Eigenkapital" geführt wird. Dies bildet die Haben-Buchung (+ * − = −). Dementsprechend lautet der Buchungssatz:
>
> Per „Kasse" 100 EUR an „Zinsertrag" 100 EUR

2.5 Prozessorientierte Vorgehensweise „AABBAA"

Bei der Beurteilung von Bilanzierungssachverhalten empfiehlt es sich – gerade bei den oft komplexen Finanzinstrumente-Strategien – den Sachverhalt **prozessorientiert** nach dem folgendem AABBAA-Schema zu beurteilen (siehe auch Abb. 2):

1. Ansatz in der Bilanz

Zunächst ist zu klären, ob ein konkretes Finanzinstrumente-Geschäft überhaupt in der Bilanz anzusetzen ist (on-balance). Wenn ein Sachverhalt nicht in der Bilanz zu zeigen ist (off-balance), kann es trotzdem sein, dass dieses Geschäft ein Finanzinstrument z. B. i. S. d. des IFRS 7 ist, mit der Konsequenz, dass es zwar nicht zu bilanzieren ist, aber trotzdem bestimmte Anhangsangaben (siehe Nr. 6) zu tätigen sind.

2. Ausweis in der Bilanz

Ist geklärt, dass ein Sachverhalt in die Bilanz gehört (Nr. 1), so ist zu prüfen, wo der Ausweis in der Bilanz zu erfolgen hat. Hier ist zwischen Kreditinstituten und Nicht-Kreditinstituten zu differenzieren.

3. Bewertung auf Einzelebene

32 Steht der Ausweis in der Bilanz fest (Nr. 2), ist zu ermitteln, mit welchem Wert das Geschäft zu aktivieren oder zu passivieren ist (sog. Zugangsbewertung). Des Weiteren stellt sich dann die Frage, wie an den nächsten Bilanzstichtagen die Folgebewertung aussieht. Grundsätzlich gilt in der Rechnungslegung der Einzelbewertungsgrundsatz, d. h., dass jedes zivilrechtlich abgeschlossene Geschäft einzeln zu beurteilen ist. In Anlehnung an die Risikoarten wird bei der Folgebewertung zwischen der Bewertung des Markpreisrisikos (ohne Fremdwährungsrisiko), des Adressenausfallrisikos und des Fremdwährungsrisikos differenziert.

4. Bewertungseinheiten (Hedge Accounting)

33 Die unter Nr. 3 dargestellte Einzelbewertung kann in der Bilanz und GuV zu nicht gewünschten Verwerfungen führen (*Accounting Mismatch*). Dies ist in der Regel dann der Fall, wenn im Rahmen von Absicherungsstrategien das Grundgeschäft und das Absicherungsgeschäft (Derivat) jeweils unterschiedlich bewertet werden (sog. Mixed Modell). Dann besteht unter bestimmten Voraussetzungen die Möglichkeit, mehrere Geschäfte im Rahmen einer Bewertungseinheit zusammen zu bewerten. Bewertungseinheiten werden zur Absicherung des Risikos fallender beizulegender Zeitwerte (Fair Value Hedge) oder schwankender Zahlungsströme (Cashflow Hedge) abgeschlossen.

5. Ausweis in der GuV bzw. im Eigenkapital

34 Ob Einzelbewertung (Nr. 3) oder Hedge Accounting (Nr. 4), die Gegenbuchung der Bewertung ist in der GuV oder direkt im Eigenkapital (EK) zu erfassen. Zu klären ist dann, in welcher GuV-/EK-Position genau die Bewertungsergebnisse sowie – nachher beim Abgang der Geschäfte – die realisierten Ergebnisse zu erfassen sind. In der Regel gibt es hier einen gewissen Zusammenhang zwischen dem Bilanz-Ausweis (Nr. 2) und dem GuV-Ausweis. Auch hier erfolgt wieder eine differenzierte Betrachtung für Nicht-Kreditinstitute und Kreditinstitute.

6. Anhangangaben (Notes)

35 In der Regel sind über die Bilanz- und GuV-Buchwerte weitere Informationen zu den Finanzinstrumenten im Anhang anzugeben.

36 Abb. 13 zeigt beispielhaft die Anwendung der AABBAA-Vorgehensweise.

2. Rechnungslegung

Abb. 13: Beispiel zur AABBAA-Vorgehensweise

Nr.	AABBAA-Kriterium	IFRS-Bilanzierung / -Bewertung
0.	Ausgangslage	Kauf von (Cash-) Assed-Backed-Securities (ABS) zu 100€ mit einer Restlaufzeit von 5 Jahren mit dem (langfristigen) Ziel, eine Rendite zu erwirtschaften. Es gibt keinen aktiven Markt für diese Anleihe. Zum nächsten Bilanzstichtag beträgt der Fair Value 90€, wobei keinerlei Anzeichen einer dauerhaften Wertminderung vorliegen. Es wurden keine Sicherungsgeschäfte abgeschlossen.
1.	Ansatz	Die ABS erfüllen die Kriterien eines finanziellen Vermögenswertes (financial assets). Bei Cash ABS ist kein Embedded Derivative abzuspalten, es ist also auch bilanziell nur ein Vermögensgegenstand zu bilanzieren
2.	**Ausweis in der Bilanz**	
2.1.	Nicht-Kreditinstitute	Das gesamte strukturierte Produkt wird ausgewiesen unter: AKTIVA - Anlagevermögen (AV) – Finanzanlagen – andere Finanzinvestitionen
2.2.	Kreditinstitut	Das gesamte strukturierte Produkt wird ausgewiesen unter: AKTIVA - Finanzanlagen
3.	**Bewertung auf Einzelebene**	
3.1.	Zugangsbewertung	Zum Kaufpreis (da dieser in der Regel dem Fair Value entspricht) = 100 €
3.2.	Folgebewertung	
3.2.1.	Marktpreisrisiken (ohne Fremdwährung)	Zuordnung zur IAS 39-Kategorie "Loans and Receivables" (LAR). Die Folgebewertung erfolgt zu fortgeführte Anschaffungskosten. Dementsprechend beträgt der Buchwert weiterhin 100 €
3.2.2.	Adressenausfallrisiko (Impairment)	Keine Impairmentbuchung, da keine Hinweise auf eine dauerhafte Wertminderung vorliegen.
3.2.3.	Fremdwährungsrisiko	Nicht relevant, da ABS kein Fremdwährungsfinanzinstrument ist.
4.	**Bewertungseinheiten (Hedge Accounting)**	Nicht relevant, da keine Absicherungsgeschäfte abgeschlossen wurden.
5.	**Ausweis in der GuV (EK)**	
5.1.	Nicht-Kreditinstitute	Der Kauf des ABS ist nicht der betrieblichen Sphäre zuzuordnen, sondern stellt einen Finanzsachverhalt dar. Insofern sind alle relevanten GuV-Buchungen (z.B. Zinserträge) im "Finanzergebnis" zu zeigen.
5.2.	Kreditinstitut	Die Zinsen werden im Zinsüberschuss gezeigt. Eine Marktbewertung entfällt bei LAR-Finanzinstrumenten. Impairment würde im "Finanzanlageergebnis" gezeigt, da das ABS bilanziell dem Finanzlagebestand zugeordnet wurde. Eine entsprechende Buchung entfällt hier aber, da kein Impairment vorliegt.
6.	Anhangsangaben	U.a. Offenlegung der angewandten Bilanzierungsregeln, Offenlegung der verwendeten Bewertungskurse/Bewertungsverfahren, Angabe des Full Fair Values für die LAR-ABS-Bestände

⊕ VERWEIS:

Eine Übung zu einer umfassenden Würdigung eines Bilanzierungssachverhalts (Kauf eines ABS) gemäß der AABBAA-Vorgehensweise finden Sie unter Kap. VI.**1.5**.

3. Finanzinstrumente (Treasury-Produkte)

Abgrenzung

38 In der Literatur, der Rechnungslegung als auch im vorliegenden Buch fallen Treasury-Produkte unter den Begriff der „Finanzinstrumente".

39 Ziel dieses Kap.s ist es, **ausgehend** von den **betrieblichen Einsatzzwecken** von Finanzinstrumenten, die für die Rechnungslegung relevante Struktur von Finanzinstrumenten **herzuleiten**, auf die dann die folgenden Kap. aufsetzen.

40 Aufgrund ihrer unterschiedlichen Charakteristika werden Finanzinstrumente nachfolgend auf erster Stufe zunächst nach **originären** und **derivativen Finanzinstrumenten** differenziert. Während originäre Finanzinstrumente (Kassainstrumente) eher die klassischen Finanzinstrumente repräsentieren (wie z. B. Aktien, Anleihen, Kredite), stellen derivative Finanzinstrumente (Derivate) aus originären Finanzinstrumenten abgeleitete Finanzinstrumente dar (wie z. B. Optionen, Futures, Swaps). Da sich die Einsatzwecke von **originären Finanzinstrumenten** bei Kreditinstituten und Nicht-Kreditinstituten (inklusive öffentliche Verwaltung/Kommunen) stark voneinander unterscheiden können, werden die originären Finanzinstrumente auf zweiter Stufe **nach** diesen **Branchen** separat dargestellt. Die **derivativen Finanzinstrumente (Derivate)** werden dagegen branchenübergreifend zusammen dargestellt, da ihr Haupteinsatzzweck – mit der Absicherung von Risiken – branchenübergreifend identisch ist. Die Derivate werden anstatt dessen nach den unterschiedlichen Risikoarten geclustert.[79]

41 Der Markt der Finanzinstrumente ist sehr **schnelllebig**, so dass immer wieder neue Finanzinstrumente auf den Markt kommen. Des Weiteren gibt es eine **Vielzahl von** – zum Teil synonymen – **Begriffen**, die zudem oft englischen Ursprungs sind. Es wurde versucht, alle gängigen Instrumente und Begriffe aufzuführen; eine Darstellung sämtlicher Finanzinstrumente (-begriffe) würde aber den Rahmen dieser Arbeit sprengen bzw. wäre wahrscheinlich auch gar nicht machbar. Daher konzentriert sich dieses Kap. auf die Beschreibung der gängigsten Arten von Finanzinstrumenten und die Beschreibung der Grundstrukturen.

3.1 Originäre Finanzinstrumente bei Nicht-Kreditinstituten

Einordnung

42 Im Zentrum der Unternehmung[80] steht der (güterwirtschaftliche) Betriebsprozess. Dieser muss finanziert werden, und somit steht in einer Unternehmung dem güterwirschaftlichen der finanzwirtschaftliche Bereich gegenüber.[81] Letzterer wird in einem Nicht-Kreditinstitut in der Regel durch die Funktionseinheit **Corporate Treasury** verkörpert und umfasst folgende **Funktionsbereiche** und Aufgaben:[82]

---

[79] Eine weitere Unterteilung der Finanzinstrumente könnte nach den (virtuellen) Märkten erfolgen, auf denen sie gehandelt werden. So differenzieren das Kreditwesengesetz (KWG) in § 1 Abs. 11 KWG und das Wertpapierhandelsgesetz (WpHG) in § 2 WpHG in ihren Definitionen von Finanzinstrumenten zwischen (Kapitalmarkt-) Wertpapieren, Geldmarktpapieren, Devisen und Derivate.
Geld- und Kapitalmarkt unterscheiden sich durch die Fristigkeit ihrer (Zins-) Produkte. Geldmarktpapiere (Anlagen und Kredite) haben i.d.R. eine Restlaufzeit von einem Jahr. Alles was darüber hinausgeht, fällt unter (Kapitalmarkt-) Wertpapiere (Anlagen und Kredite).
[80] Bezüglich Treasury Knowhow für Unternehmen im Allgemeinen vgl. auch *Kühne (2008a)* und im Speziellen für Stadtwerke *Kühne (2008)*.
[81] Vgl. *Wöhe*, S. 659.
[82] Vgl. *Verband Deutscher Treasurer e.V.*, S. 35 ff. sowie *Heinrich (2009a)*.

1) Unternehmensfinanzierung,
- 2) Finanzielles Risikomangement,
- 3) Cash Management,
- 4) Asset-Management und
- 5) Bankenmanagement.

Im Nachfolgenden werden die jeweiligen Funktionsbereiche kurz beschrieben und dargestellt, welche Finanzinstrumente in diesen eingesetzt werden. Teilweise sind die **Grenzen** zwischen den Funktionsbereichen **fließend**. So kann z. B. der Erwerb eines Devisentermingeschäftes im Zusammenhang mit einer Fremdwährungsrefinanzierung noch unter den Bereich der Kapitalbeschaffung (Unternehmensfinanzierung) oder aber bereits in den Bereich des Risikomanagements fallen. Anders als bei Kreditinstituten ist bei Nicht-Kreditinstituten **Spekulation/ Handelsaktivitäten** (inkl. Arbitrage) mit Finanzinstrumenten grundsätzlich nicht Gegenstand der finanziellen Aktivitäten. Aber auch hier sind die Grenzen fließend. So besitzen z. B. einige DAX-Unternehmen Finanzabteilungen, die von ihrem Umfang und ihrer Organisation her denen eines Kreditinstituts sehr nahe kommen, und dementsprechend werden auch hier Finanzinstrumente zu spekulativen Zwecken eingesetzt.[83]

3.1.1 Finanzinstrumente der Unternehmensfinanzierung

Einordnung und Abgrenzung

In den Funktionsbereich der Unternehmensfinanzierung fallen alle Maßnahmen zur **Kapitalbeschaffung** und zur **Kapitalstrukturpolitik**. Die (theoretische) Zielsetzung der Kapitalstrukturpolitik ist die Realisierung der „optimalen" Kapitalstruktur, die den Marktwert des Unternehmens maximiert bzw. die Gesamtkapitalkosten minimiert. Die Kapitalstrukturpolitik und –beschaffung stehen der Art in enger Verbindung zueinander, als dass die Kapitalstrukturpolitik – als strategische Komponente – die Vorgaben bezüglich der Kapitalstruktur macht, welche dann im Rahmen der Kapitalbeschaffung operativ umgesetzt werden.[84]

Gegenstand der vorliegenden Arbeit ist die Darstellung rechnungslegungsrelevanter Sachverhalte im Zusammenhang von Finanzinstrumenten im Sinne der Finanzinstrumente-Definition des IAS 32/39. Hierunter fallen (nur) **am Markt kontrahierte Geschäfte** und somit Finanzinstrumente der **Außenfinanzierung**. Die Finanzierungsquellen der Innenfinanzierungen (Selbstfinanzierung sowie Finanzierung aus Rückstellung) sind daher nicht Gegenstand dieser Arbeit, da bei der Innenfinanzierung die Freisetzung der liquiden Mittel grundsätzlich aus den betrieblichen Umsatzerlösen bzw. der Vermögensumschichtung, also aus rein innerbetrieblichen Transaktionen erfolgt.

Neben der Innenfinanzierung stellt auch das **Leasing** für viele (mittelständische) Unternehmen eine wichtige Finanzierungsart dar. Leasing ist im IFRS-Regelwerk in dem separaten Standard IAS 17 geregelt und fällt daher nicht in den Fokus der – in der vorliegenden Arbeit verwendeten – Finanzinstrumente-Definition von IAS 32/39, da es mit dem IAS 17 einen eigenständigen Standard nach IFRS gibt.

Die nachfolgende Einteilung der **Außenfinanzierungsarten** orientiert sich an dem Begriffspaar **Eigen- und Fremdkapital**, da diese Differenzierung u. a. auch Gegenstand der Rechnungslegung ist. Das Begriffspaar Eigen- und Fremdkapital gibt die rechtliche **Stellung des Kapitalgebers** wider und somit zugleich an, **wo auf der Passivseite** des finanzierenden Unternehmens das Kapital auszuweisen ist, nämlich unter Eigenkapital oder aber unter Fremdkapital.

---

83 Bezüglich Nicht-Kreditinstituten und Spekulation vgl. auch *DRSC (2008b)*, S. 2.
84 Vgl. *Schräder*, S. 47 f.

48 Zunächst werden – in jeweils getrennten Kap.n – **reine Eigenkapital- und reine Fremdkapitalfinanzierungen** dargestellt („plain vanilla"). Daran schließen sich dann **Mischformen** an. Zum einen sind dies **Mezzanine-Kapital**-Finanzierungen, worunter in der vorliegenden Arbeit ein originäres Finanzinstrument verstanden wird, welches sowohl Charakteristika einer reinen Eigenkapital- als auch einer reinen Fremdkapitalfinanzierung aufweist. Unter den **zusammengesetzten Finanzinstrumenten** werden in der vorliegenden Arbeit Finanzinstrumente verstanden, welche aus i.d.R. einem originären Eigen- oder Fremdkapitalpapier und einem oder mehreren derivativen Finanzinstrumenten zusammengesetzt sind. Abschließend werden unter weiteren Finanzierungen Unternehmensfinanzierungen dargestellt, die nicht einer der anderen Finanzierungsformen zugeordnet werden können.

49 Alle unter Tz. 156 dargestellten Finanzierungsarten werden des Weiteren nach **mit** oder **ohne Zugang zum Kapitalmarkt** unterteilt.[85]

50 Bei Finanzinstrumenten, die über den Kapitalmarkt gehandelt werden, handelt es sich um Wertpapiere, also um Orderpapiere (z. B. Namensaktien) oder Inhaberpapiere (Inhaberschuldverschreibungen). Damit die Titel weltweit einfach identifiziert werden können, besitzen alle Wertpapiere eine sog. International Securities Identification Number (ISIN).[86] In Abgrenzung dazu sind (Buch-) Forderungen Finanzinstrumente, die keine Wertpapiere in diesem Sinne darstellen.

3.1.1.1 Finanzierung durch Eigenkapital

51 Das **Wesen** von Eigenkapital wird durch die in Abb. 14 aufgeführten idealtypischen Merkmale gekennzeichnet und kann entweder mit oder ohne Zugang zum Kapitalmarkt erfolgen.

---

85 Vgl. *Schulte*, S. 7 ff.
86 Der Aufbau der ISIN besteht aus einem zweistelligen Länderkürzel (z. B. AT für Österreich, DE für Deutschland), einer 9-stelligen nationalen Kennnummer und einer einstelligen Prüfziffer. Die 6-stellige deutsche Wertpapierkennnummer (WKN) befinden sich an Position 6 bis 11 der ISIN.

Abb. 14: Charakteristika von Eigenkapital[87]

Nr.	Kriterium	Eigenkapital
1.	Vermögensanspruch	Residualanspruch
2.	Vergütungsanspruch	erfolgsabhängiger Gewinnanspruch
3.	Rechtliche Stellung	Eigentümer
4.	Rechte (Kontroll-, Informations- und Stimmrechte)	umfangreiche
5.	Rangstellung bei Insolvenz	nachrangig
6.	Laufzeit	unbegrenzt
7.	Steuerliche Einordnung	Gewinnverwendung

Die Beschaffung von Eigenkapital **mit Zugang** zum Kapitalmarkt (*Public Equity*) erfolgt durch die Emission von verbrieften Beteiligungstiteln (Wertpapieren) an der Börse. Die gängigste Arte von Eigenkapital-Wertpapieren stellen Aktien dar. Grundvoraussetzung dieser Finanzierungsart ist dementsprechend die Rechtsform einer Aktiengesellschaft.

Die Beschaffung von Eigenkapital **ohne Zugang** zum Kapitalmarkt (Private Equity) ist dahingegen rechtsformunabhängig. Sie erfolgt entweder durch Hingabe von verbrieften Beteiligungstiteln (nicht börsennotierte Aktien) oder aber unverbrieften Beteiligungstiteln, wie z. B. Anteile an einer GmbH, Personengesellschaft, Einzelunternehmung oder atypischen stillen Gesellschaft.[88] Anders als bei einer Public Equity-Finanzierung erfolgt eine Privat Equity-Finanzierung nicht anonymisiert, sondern Investor und finanziertes Unternehmen stehen in unmittelbarem Kontakt. In der Literatur existiert keine einheitliche Definition des Begriffes „Private Equity". In Anlehnung an Schulte[89] beinhaltet die Definition Private Equity in der vorliegenden Arbeit nicht Mezzanine-Kapital-Instrumente, diese sind Gegenstand eines eigenständigen Kap.s (3.1.1.3). Venture-Capital-Finanzierung stellen in dieser Arbeit einen Spezialfall der Private-Equity-Finanzierung dar und zwar der Art, dass sie in einer frühen Phase des Lebenszyklus des finanzierten Unternehmens erfolgen (Gründungs- oder Erweiterungsinvestitions-Finanzierung).

3.1.1.2 Finanzierung durch Fremdkapital

In Abgrenzung zum Eigenkapital zeichnet sich das **Wesen** des Fremdkapitals durch die in Abb. 15 dargestellten idealtypischen Merkmale aus und kann entweder mit oder ohne Zugang zum Kapitalmarkt erfolgen.

---

[87] Eigene Darstellung in Anlehnung an *Lorenz*, S. 26.
[88] Bezüglich **typischer** stiller Gesellschaft vgl. Mezzanine-Kapital Tz. 173.
[89] Vgl *Schulte*, Eigenkapitalausstattung und Finanzierungsverhalten großer mittelständischer Unternehmen in Deutschland S. 17 f.

Abb. 15: Charakteristika von Fremdkapital[90]

Nr.	Kriterium	Fremdkapital
1.	Vermögensanspruch	Nominalanspruch
2.	Vergütungsanspruch	i.d.R. erfolgsunabhängiger Zinsanspruch
3.	Rechtliche Stellung	Gläubiger
4.	Rechte (Kontroll-, Informations- und Stimmrechte)	keine / wenige
5.	Rangstellung bei Insolvenz	vorrangig
6.	Laufzeit	begrenzt
7.	Steuerliche Einordnung	abzugsfähiger Aufwand

55 Eine Fremdkapitalfinanzierung **mit Zugang** zum Kapitalmarkt erfolgt mittels Anleihen. Anleihen (Renten, Obligationen, Bonds) sind – oftmals lang laufende – Wertpapiere (**Fremdkapital-Wertpapiere**, Schuldverschreibungen), die eine Forderung verbriefen und daher auch eine ISIN besitzen. Zu den in der Anleihe verbrieften Forderungsrechten des Gläubigers zählen der Anspruch auf Rückzahlung und der Anspruch auf **Zinsen**. Bei einer festverzinslichen Anleihe (Fixed-Bond) ist die Höhe des periodischen Zinsanspruchs absolut festgeschrieben (z. B. immer 5% p.a.). Bei einer variabel verzinslichen Anleihe (Floating Rate Note FRN/kurz: Floater) ist die Höhe des periodischen Zinsanspruchs relativ festgeschrieben, durch Kopplung an einen Referenzindex (z. B. Euribor). Bei einer Nullkupon-Anleihe (Zero Bond) erfolgt keine periodische Zinszahlung, sondern eine Zinszahlung für die gesamte Laufzeit – zusammen mit dem Rückzahlungsbetrag – am Ende der Laufzeit en bloc. Je nach **Emittent** der Anleihen unterscheidet man Staatsanleihen, Kommunalanleihen oder –obligationen, Pfandbriefe (z. B. von Hypothekenbanken) und Anleihen von Unternehmen (Industrieobligationen, Corporates).

56 Fremdkapitalfinanzierungen **ohne Zugang** zum Kapitalmarkt werden in der Rechnungslegung als **(Buch-) Forderungen** bezeichnet und erfolgen entweder über Kreditinstitute oder Nicht-Kreditinstitute (u. a. auch Gesellschafter und Lieferanten). In Abgrenzung zu (Fremdkapital-) Wertpapieren besitzen Forderungen keine ISIN. Entsprechend der Art des Kreditgebers wird nachfolgend zwischen **Bankprodukten** (Bankkredit) und **Nicht-Bankprodukten** (Schuldscheindarlehen, Handelskredit) differenziert. **Bankkredite** werden typischerweise – nach der Laufzeit – unterschieden in kurzfristige (z. B. Tages- und Termingelder) und langfristige Bankkredite. Ein **Schuldscheindarlehen** ist eine Form der mittel- bis langfristigen außerbörslichen (Groß-) Kreditgewährung zwischen einem Kreditgeber und einem Kreditnehmer, an der i.d.R. keine Finanzintermediäre beteiligt sind. Der namensgebende Schuldschein dient dabei lediglich als Beweisurkunde und stellt kein Wertpapier (siehe Tz. 165) dar. **Handelskredite** werden einem Unternehmen in Verbindung mit einem real-

---

90 Eigene Darstellung in Anlehnung an *Lorenz*, S. 26.

wirtschaftlichen Hintergrund gewährt. Agiert als Kreditgeber ein Lieferant (Kunde), so wird dies als Lieferantenkredit (Kundenkredit) bezeichnet.

Je größer das betrachtete Unternehmen ist, umso mehr spielen **konzerninterne Finanzierungen** in der Praxis eine Rolle. Diese sind in der Regel allerdings für Konzernbilanzierungszwecke wieder herauszukonsolidieren, so dass konzerninterne Finanzierungen in dieser Arbeit nicht als eigenes Finanzinstrument weiter betrachtet werden (siehe Tz. 153).

3.1.1.3 Finanzierung durch Mezzanine-Kapital

Wesen

Mezzanine-Kapital verfügt **sowohl** über **eigen- als auch fremdkapitalähnliche Merkmale** und stellt somit eine Misch-Finanzierungsart zwischen einer reinen Eigenkapital-Finanzierung (Kap. 3.1.1.1) und einer reinen Fremdkapital-Finanzierung (Kap. 3.1.1.2) dar.

Der italienische Begriff „mezzanine" beschreibt in der Architektur eben auch ein Zwischen- oder Halbgeschoss und charakterisiert damit die Stellung des Mezzanine-Kapital zutreffend. Je nachdem, ob die Eigen- oder die Fremdkapitalelemente überwiegen, erfolgt nachfolgend eine weitere Unterteilung nach eigenkapitalähnlichem Mezzanine-Kapital (**Equity Mezzanine**) oder fremdkapitalähnlichem Mezzanine-Kapital (**Debt Mezzanine**). Zudem wird dann weiter danach differenziert, ob die Finanzierung mit oder ohne Zugang zum Kapitalmarkt erfolgt. Aus Abb. 16 wird ersichtlich, dass Mezzanine-Kapital je nach Sichtweise (wirtschaftlich, bilanziell, steuerlich) unterschiedlich einzustufen ist.

Bei Mezzanine-Kapitalformen wird dem Unternehmen formalrechtlich Fremdkapital zugeführt, welches in materieller Hinsicht dem Eigenkapital vergleichbaren Mitteln entspricht.[91] Mit (Equity) Mezzanine-Kapital versucht der Emittent ein „**magisches Fünfeck**"[92] zu realisieren:

- Pufferfunktion als Haftkapital (im Fall der Nachrangigkeit),
- Erhöhung der bilanziellen Eigenkapitalquote,
- ergebnisabhängige Verzinsung,
- steuerrechtliche Abzugsfähigkeit,
- keine Mitspracherechte des Kapitalgebers.

---

91 Vgl. *Kütting/Dürr*, S. 938.
92 Vgl. *Lutterman*, S 24 zitiert in *Küting/Dürr*, S. 944.

Abb. 16: Einstufung von Mezzanine-Kapital[93]

Nr.	Sichtweise	Equity Mezzanine	Debt Mezzanine
1.	Wirtschaftlich	Eigenkapital	Eigenkapital
2.	Bilanziell (HGB)	Eigenkapital	Fremdkapital
3.	Steuerlich	ggf. Fremdkapital	ggf. Fremdkapital

3.1.1.3.1 Eigenkapitalähnliches Mezzanine-Kapital (Equity Mezzanine)

Eine Equity Mezzanine-Finanzierung **mit Zugang** zum Kapitalmarkt stellen sog. **Genussscheine**, die als verbrieftes Genussrechtskapital ein Wertpapier mit einer ISIN darstellen. Mangels gesetzlicher Vorschriften ist Genussrechtskapital sehr individuell ausgestaltbar und jedes Unternehmen, gleich welcher Rechtsform, kann Genussrechtskapital aufnehmen.[94] Im Regelfall verbrieft ein Genussschein fremdkapitalinstrumente-ähnliche Teilrechte, die um eigenkapitalähnliche Teilrechte ergänzt werden. Insofern stellt ein Genussschein eine Mischform zwischen Aktien und Schuldverschreibungen dar. Bezüglich der konkreten Ausprägungen eines Genussscheines siehe Abb. 17.

---

93 *Siedler/Heinsius*, S. 31.
94 Zu den Besonderheiten der Finanzierung personenbezogener Unternehmungen mit börsengehandeltem Beteiligungskapital (insbesondere Genussscheinen) vgl. *Ebeling*. Bezüglich Ausführungen zu standardisierten Genussscheinprogrammen für den Mittelstand vgl. *Schmeisser/Clausen*.

Abb. 17: Charakteristika von Mezzanine-Kapital[95]

Nr.	Kriterium	Eigen-kapital (EK)	Fremd-kapital (FK)	Mezzanine Kapital					
				Equity Mezzanine				Debt Mezzanine		
				Mit KapM	Ohne Kapitalmarkt (KapM) ||	Mit KapM	Ohne Kapitalmarkt (KapM)		
				Genuss-schein	Genuss-recht[1]	Typ. stille Beteilig.	Nach-rang-anleihe	Nach-rangdar-lehen[2]	Partia-risches Darlehen	Gesell-schafter Darlehen
1.	Vermögens-anspruch	Residual-anspruch	Nominal-anspruch	FK	FK	EK	FK	FK	FK	FK
2.	Vergütungs-anspruch	Erfolgs-abhängiger Gewinn-anspruch	Erfolgsun-abhängiger Zins-anspruch	EK / FK	EK / FK	EK	FK	FK	EK	FK
3.	Rechtliche Stellung	Eigen-tümer	Gläubiger	FK	FK	EK	FK	FK	FK	ggf. FK
4.	Rechte[3]	umfang-reiche	Keine / wenige	FK	FK	FK	FK	FK	FK[4]	EK[4a] / FK
5.	Rang-stellung bei Insolvenz	Nach-rangig	Vorrangig	EK / FK	EK / FK	EK[5]	FK	FK	FK	EK[6] / FK
6.	Laufzeit	unbegrenzt	begrenzt	EK / FK	EK / FK	EK	EK	EK	FK	FK
7.	Steuerliche Einordnung	Gewinn-verwendung	Abzugs-fähiger Aufwand	ggf. FK	ggf. FK	FK	FK	FK	ggf. FK	ggf. FK

Legende ggf. = gegebenenfalls
1) Wie Genussschein, nur nicht verbrieft.
2) Wie Nachranganleihe, nur nicht verbrieft
3) Rechte (Kontroll-, Informations- und Stimmrechte)
4) Allerdings Informationsrechte
4a) grds. FK, aufgrund Gesellschafterstellung faktisch aber EK
5) allerdings begrenzt auf Einlage
6) grds. FK, oft aber EK-ersetzend, daher i.d.R. nachrangig

Produktbeispiele für Equity Mezzanine-Finanzierungen **ohne Zugang** zum Kapitalmarkt stellen **Genussrechte** sowie typische stille Beteiligungen dar. Genussrechte entsprechen dem Charakter nach Genussscheinen (siehe Tz. 172), sind allerdings nicht verbrieft. Die **typisch stille Beteiligung** stellt eine Innengesellschaft dar und ist – anders als andere Formen des Mezzanine-Kapital – gesetzlich geregelt (§§ 230-237 HGB). Der stille Gesellschafter verpflichtet sich zu einer Einlage, die in das Vermögen des Unternehmens eingeht, ohne dass diese nach außen hin ersichtlich wird. Der typisch stille Gesellschafter hat keine bzw. nur wenige Kontroll-, Informations- und Stimmrechte und beschränkt sich auf seine Funktion als Finanzier im Hintergrund. Dafür erhält er eine angemessene Gewinnbeteiligung als Ausgleich für seine Kapitalüberlassung; seine Haftung im Insolvenzfall ist auf seine Einlage beschränkt. Daher wird der typisch stille Gesellschafter – anders als die atypisch stille Gesellschaft (siehe Tz. 162), welche auch am Verlust und den stillen Reserven der Unternehmung beteiligt ist – steuerrechtlich nicht als Mitunternehmerschaft eingestuft.

---
95 Eigene Darstellung in Anlehnung an *Lorenz*, S. 26.

3.1.1.3.2 Fremdkapitalähnliche Mezzanine-Kapital (Debt Mezzanine)

63 Ein Beispiel für eine Debt Mezzanine-Finanzierung **mit Zugang** zum Kapitalmarkt sind sog. **Nachranganleihen**. Sie stellen klassisches Fremdkapital (Anleihen) dar, welches allerdings bezüglich der Rangstellung bei Insolvenz des Unternehmens Nachrangigkeit besitzt, da es erst dann bedient wird, wenn die Ansprüche anderer Gläubiger bereits befriedigt worden sind.

64 Nachfolgend aufgeführte Finanzinstrumente stellen Debt Mezzanine-Finanzierungen **ohne Zugang** zum Kapitalmarkt dar (sog. Privatplatzierungsinstrumente). **Nachrangdarlehen** entsprechen dem Wesen nach den Nachranganleihen (siehe Tz. 174), nur dass die Nachrangdarlehen nicht über den Kapitalmarkt emittiert werden. Typisch für ein **partiarisches Darlehen** ist, dass als Entgelt – anders als bei einem normalen Darlehen – nicht ein fester Zinssatz, sondern eine variable Erfolgsbeteiligung vereinbart wird. An einem möglichen Verlust wird der Darlehensgeber allerdings nicht beteiligt. Um die Höhe seiner Erfolgsbeteiligung überprüfen zu können, werden dem Gläubiger eines partiarischen Darlehens umfangreiche Informationsrechte (insbesondere Einsicht in die Bücher) eingeräumt. Das partiarische Darlehen unterscheidet sich von der typisch stillen Gesellschaft allerdings durch das Fehlen der Einflussnahme auf die Unternehmensgeschäfte. Bei einem **Gesellschafter-Darlehen** stellt eine dem Unternehmen nahe stehende Person, i.d.R. der Gesellschafter, dem Unternehmen Geld zur Verfügung.[96] Der Vergütungsanspruch ist – wie bei einem Fremdkapitalpapier – fest; bei der rechtlichen Stellung (und/oder Rangstellung in Insolvenz und/oder bei den Rechten) sind Gesellschafter-Darlehen eher als Eigenkapitalpapier einzustufen. Letztere Sichtweise nimmt häufig auch der Fiskus ein und stuft Gesellschafterdarlehen zunächst einmal als Eigenkapital ein.

3.1.1.4 Finanzierung durch zusammengesetzte Finanzinstrumente

Abgrenzung

65 Nachdem bisher ausschließlich Finanzierungen mit einem originären Eigen- oder Fremdkapitalinstrument bzw. einer Mischform aus beiden dargestellt wurden, werden unter diesem Kap. Finanzinstrumente subsumiert, welche aus i.d.R. einem originären Eigen- oder Fremdkapitalpapier und einem oder mehreren derivativen Finanzinstrumenten zusammengesetzt sind. Bei den **Wandel- und Optionsanleihen** ist ein reines originäres Fremdkapitalinstrument mit einer Aktienoption zusammengesetzt. Darüber hinausgehende Konstellationen von zusammengesetzten Finanzinstrumenten werden in der vorliegenden Arbeit unter **strukturierte Finanzinstrumente** erfasst.[97]

3.1.1.4.1 Wandel- und Optionsanleihen (Compound Instrument)

66 Mit der Emission von Wandelanleihen i.w.S. erfolgt eine Finanzierung **mit Zugang** zum Kapitalmarkt, bei der die eigentliche **Anleihe** (siehe Tz. 165) mit **zusätzlichen Sonderrechten** in Form von Umtausch- oder Bezugsrechten[98] auf i.d.R. Aktien versehen ist. Insofern ist diese Form der Finanzierung i.d.R. der Rechtsform einer Aktiengesellschaft vorbehalten.

67 **Wandelanleihen** (*Convertible Bonds*) sind Anleihen, bei denen der **Gläubiger** das Recht besitzt, den ausstehenden Nominalbetrag während der Laufzeit zu einem vorher festgelegten Verhältnis in Aktien (des Emittenten) umzutauschen.[99] Bei einer „umgedrehten" Wandelanleihe (*Reverse-Convertible*) besitzt nicht der Gläubiger, sondern das **emittierende Unternehmen** diese Aktienoption[100]

---

96 Vgl. u. a. § 30 und § 31 GmbHG.
97 Insbesondere im Bereich der zusammengesetzten Finanzinstrumente sind die Begriffe und die Definitionen in Literatur und Praxis sehr vielfältig und nicht immer eindeutig zuzuordnen. Die hier gewählten Begriffe und Zuordnungen wurden mit Blick auf die Rechnungslegungssystematik gewählt.
98 Diese Sonderrechte stellen derivative Finanzinstrumente (Optionen) dar und werden detaillierter unter Kap. 3.3 beschrieben.
99 Long Call aus Sicht des Anleihe-Gäubigers.
100 Short Call aus Sicht des Anleihe-Gläubigers.

Optionsanleihen sind dagegen Anleihen, bei denen der Gläubiger das Recht besitzt, **zusätzlich** zur Anleihe eine bestimmte Anzahl von Aktien (des Emittenten) zu einem vorher festgelegten Preis zu erwerben.[101] Das Bezugsrecht auf die Aktien ist in sog. Optionsscheinen verbrieft, die zwar mit der Anleihe zusammen ausgegeben werden, aber regelmäßig ab einem bestimmten Zeitpunkt auch selbständig als Wertpapier gehandelt werden.

3.1.1.4.2 Strukturierte Finanzinstrumente

(1) Wesen

Wie bereits kurz dargestellt, sind strukturierte Finanzinstrumente – über Wandel- und Optionsanleihen hinausgehende – zusammengesetzte Finanzinstrumente, die in der Regel aus einem originären Eigen- oder Fremdkapitalpapier und einem oder mehreren derivativen Finanzinstrumenten zusammengesetzt sind. Insbesondere in diesem Bereich gibt es eine Vielzahl von Finanzinstrumenten und Produktbezeichnungen auf den Märkten. Nachfolgend werden exemplarisch strukturierte Kreditprodukte und strukturierte Zinsprodukte dargestellt.

(2) Mit Zugang zum Kapitalmarkt

Strukturierte Kreditprodukte

Strukturierte Kreditprodukte (*Structured Credit Products SCP*) sind oft von Zweckgesellschaften (*Special Purpose Vehicles SPV/Special Purpose Entities SPE/Special Investementvehicles SIV/Conduits*) emittierte strukturierte Anleihen. Konkrete Produktarten sind: Asset Backed Securities (ABS), Asset Backed Commercial Papers (ABCP), Collateralized Debt Obligation (CDO), Collateralized Loan Obligation (CLO), Residential Mortgage Backed Securities (RMBS) und Commercial Mortgage Backed Securities (CMBS).

Die Grundstruktur der diversen SCP-Emissionen funktioniert immer ähnlich und soll exemplarisch an einer ABS-Plattform[102] dargestellt werden: Unternehmen A verkauft Teile seiner Forderungen an die eigens (und ausschließlich) für diesen Zweck gegründete Zweckgesellschaft SPV.[103] Einzige Aufgabe des SPV ist der Ankauf der Forderungen, die Aggregation dieser zu einem Portfolio und schließlich dessen Verbriefung in Form von Wertpapier-Tranchen am Kapitalmarkt. Die begebenen Wertpapiere werden als Asset Backed Securities (ABS) bezeichnet, da die von dem SPV angekauften Vermögenswerte/Forderungen („assets") der Besicherung („backed") der emittierten Wertpapiere („securities") dienen.[104] Anders als z. B. beim Factoring ist das Rating der ABS-Emissionen nun losgelöst vom Rating des Unternehmen A und damit in der Regel besser als vor Übertragung auf die Zweckgesellschaft.[105] In der Regel werden drei unterschiedliche Tranchen emittiert: Senior Tranche, Mezzanine Tranche und Equity Tranche. Gemäß dem Wasserfallprinzip werden – durch Ausfälle bei den angekauften Forderungen – auftretende Verluste im SPV zunächst der am schlechtest gerateten Equity Tranche, dann der Mezzanine Tranche und zuletzt der am besten gerateten Senior Tranche zugeteilt. Entsprechend der Höhe des übernommenen Kreditrisikos erhält die Equity Tranche (Senior Tranche) als Ausgleich den höchsten (niedrigsten) Kupon. In der Regel stellen die arrangierenden Kreditinstitute dem SPV bonitäts- und liquiditätsstärkende Fazilitäten (credit enhancements), wie z. B. Liquiditätslinien, Letter of Credit oder Nachrangdarlehen zur Verfügung.

---

101 Long Call aus Sicht des Anleihe-Gläubigers.
102 In Deutschland sind die von der KFW bereitgestellten ABS-Plattformen PROMISE (Refinanzierung von Mittelstandskrediten) und PROVIDE (Refinanzierung von Wohnungsbaukrediten) prominente Beispiele für eine solche Struktur.
103 Neben den hier dargestellten Verbriefungstransaktionen, als ein wichtiger Anwendungsfall in der Praxis von Zweckgesellschaften, stellen Projektfinanzierungen, Leasing, F&E-Aktivitäten und Spezialfonds weitere Einsatzgebiete von SPV dar.
104 Vgl. *Boulkab/Marxfeld/Wagner*.
105 Das Konzept von Zweckgesellschaften bzw. das des Ratings von Verbriefungen beinhaltet die Konkursferne vom Originator der Forderungen (Unternehmen A). Durch die Übertragung der Forderungen an die Zweckgesellschaft sind die nachfolgenden Ratingschritte nicht mehr an das Rating des Unternehmens des Originators gekoppelt.

Strukturierte Zinsprodukte

72 Strukturierte Zinsprodukte sind Anleihen, deren Auszahlung (Kupon) i.d.R. entsprechend einer vorgegebenen Formel, die einen Referenzzins enthält, ermittelt wird. Aufgrund der strukturierten Bestandteile ist das Risikoverhalten eines strukturierten Zinsproduktes nicht mit dem normaler Zinsprodukte (Tz. 165) vergleichbar. Beispiele für strukturierte Zinsprodukte sind kündbare Anleihen oder strukturierte Floater.

73 Zu den **kündbaren Anleihen** zählen z.B **Single-Callable**-Anleihen (einfach kündbar), bei denen der Emittent ausschließlich nur zu einem Termin das Recht hat, die Anleihe vorzeitig zu kündigen. Entsprechend besitzt bei einer **Multi-Callable**-Anleihe (mehrfach kündbar) der Emittent zu diversen Terminen ein Kündigungsrecht. Das dem Emittenten eingeräumte Kündigungsrecht hat der Emittent dem Gläubiger durch einen höheren Kupon zu vergüten.

74 Zu den **strukturierten Floatern** gehört der sog. **Capped-Floater** (Floater mit Zinsobergrenze), bei dem die Höhe der variablen Zinszahlung nach oben hin begrenzt ist. Beim sog. **In-Arrears-Floatern** wird der Referenzzins in arrears gefixt, d.h. die Feststellung des Referenzzinssatzes findet (erst) am Ende der Zinsperiode statt. Bei sog. **Reverse-Floatern** ergibt sich die variable Verzinsung, indem zu den Fixingterminen von einem festen Basiszinssatz der jeweils aktuelle Geldmarktzinssatz abgezogen wird. Die sog. CMS-Floater stellen Kapitalmarktfloater dar, deren Kupon regelmäßig an einen festgelegten Kapitalmarktzinssatz (z.B. 10-Jahres Swapzinssatz) angepasst wird. Im Gegensatz zum Standard Floater ist der CMS-Floater an einen langfristigen Kapitalmarktzinssatz – und nicht an eine Geldmarktverzinsung – gekoppelt, d.h. der Zinssatz stimmt nicht mit der Länge der Zinsperiode überein.

Ohne Zugang zum Kapitalmarkt

75 Strukturierte Kreditprodukte und strukturierte Zinsprodukte werden auch ohne Zugang zum Kapitalmarkt angeboten (z.B. Schuldscheindarlehen).

3.1.1.5 Weitere Finanzierungen

76 Unter diesem Kap. werden kurz die Finanzierungen dargestellt, die nicht den oben genannten Fällen zugeordnet werden konnten. Es handelt sich hierbei um die **forderungsbasierten Finanzierungen** des Factoring, der Forfaitierungen und des Wechseldiskonts.[106] Genauso wie bei den strukturierten Kreditprodukten (Tz. 181 ff., Tz. 186), aber anders als alle anderen bisher dargestellten Finanzierungen, stellen die in diesem Kapital aufgeführten Finanzierungen keine Bilanzverlängerung, sondern einen Aktivtausch dar (in der Regel Abgang eines assets gegen cash).

77 Beim **Factoring** kauft der Factor Buchforderung (aus Waren- und Dienstleistungsgeschäften) anderer Unternehmen vor Laufzeitende (i.d.R. zwischen 30 bis 90 Tage) an. Anders als bei ABS-Finanzierungen übernimmt der Erwerber (Factor) beim Factoring auch den Forderungseinzug. Typischer Zweck des Factorings ist die Absatzfinanzierung. Der Factor zahlt dem verkaufenden Unternehmen den Buchwert abzüglich eines Abschlages, der die Factoring-Gebühr (für die Dienstleistung des Einzuges), einen Risikoabschlag und die Refinanzierungskosten beinhaltet. Factoringgeschäfte können nach der Risikoübernahme durch den Factor in echtes und unechtes Factoring getrennt werden. Beim **echten** Factoring (**unechtem** Factoring) übernimmt der Factor im Rahmen der Delkrederefunktion (nicht) die Haftung für den Forderungseingang. Bezüglich des Kenntnisstandes des Debitors des Ursprungsgeschäfts vom Weiterverkauf der Forderung ihm gegenüber unterscheidet man

---

[106] Zu den forderungsbasierten Finanzierungen zählen normalerweise noch die ABS- und Sale-and-Lease-Back-Transaktionen. In der hier gewählten Systematik wurden die ABS den strukturierten Finanzinstrumenten (Kap. 3.1.1.4.2) zugeordnet, und Leasing ist nicht Gegenstand der Arbeit (Tz. 154).

zwischen stillem und offenem Factoring. Beim **stillen** Factoring ist dem Schuldner der Forderungsverkauf unbekannt, sodass er nicht an den Factor, sondern an den ursprünglichen Gläubiger (Unternehmen) seine Schuld begleicht. Beim **offenen** Factoring kann der Debitor dagegen mit schuldbefreiender Wirkung nur an den Factor zahlen.

Eine Forfaitierung (franz. Forfait = Pauschale) wird definiert als der Kauf von (auch künftigen) Forderungen unter Verzicht auf einen möglichen Regress. Typischer Zweck der Forfaitierung ist die Vorfinanzierung eines Geschäfts (u. a. im Export). Der Forfaiteur (der Käufer) übernimmt regelmäßig jedes Risiko. Die verkauften Forderungen sind meist längerfristiger als beim Factoring. Anders als beim Factoring sind auch häufig einzelne Forderungen Gegenstand der Forfaitierung.

Ein Wechsel stellt gem. § 1 des Wechselgesetzes ein Wertpapier mit der unbedingten Anweisung dar, eine bestimmte Geldsumme an den durch die (Wechsel-) Urkunde als berechtigt Ausgewiesenen zu zahlen. Einem **(Waren-) Wechsel** liegt ein bestimmtes Rechtsgeschäft (meist ein Kaufvertrag) zugrunde und kann durch Indossament – zur Beschaffung von Liquidität – weitergegeben werden (Wechseldiskont). In der Regel werden Wechsel von Kreditinstituten angekauft (siehe Tz. 206).

3.1.2 Finanzinstrumente des finanziellen Risikomanagements

Durch die operative Geschäftstätigkeit ergeben sich in einem Unternehmen finanzielle Risiken, die zu (teilweise nicht unerheblichen) Auswirkungen auf das Unternehmensergebnis führen können. Aufgabe des Corporate Treasury in seiner Funktion des finanziellen Risikomanagers ist es daher, im Rahmen des Risikomanagementprozesses[107] die unternehmensspezifischen Risiken zu identifizieren, zu beurteilen, zu steuern und zu reporten. Im Fokus des Risikomanagementprozesses stehen die Marktpreisrisiken (Zinsrisiken, Währungsrisiken, sonstige Preisrisiken) und das Adressenausfallrisiko sowie das Liquiditätsrisiko und das Kontrahenten-Risiko.[108]

Externe Finanzinstrumentekontrakte geht Corporate Treasury im Rahmen der Risikosteuerung i.d.R. in Form von Sicherungsstrategien ein. Im modernen Risikomanagement werden hierfür schwerpunktmäßig Derivate eingesetzt. Diese sind Gegenstand des Kap. 3.3 und werden dort ausführlich beschrieben.

3.1.3 Finanzinstrumente in weiteren Funktionsbereichen der Treasury

3.1.3.1 Cash Management (Liquiditätsmanagement)

Aufgabe des Cash Managements im Allgemeinen ist die Steuerung der kurzfristigen Liquidität und im Speziellen u. a. die Tagesdisposition der Bankkonten, die kurzfristige Geldanlage-/aufnahme, der Zahlungsverkehr und die Bargeldver- und entsorgung. Im Rahmen des Cash Managements werden originäre Finanzinstrumente (siehe Kap. 3.1.1) i.d.R. des Geldmarktes eingesetzt.

---

107 Bezüglich Details zum Risikomanagement und Risikocontrolling vgl. *Kühne (2008e)*.
108 Vgl. *Verband Deutscher Treasurer e.V.*, S. 21 ff.

3.1.3.2 Asset Management

Die Anlage freier, längerfristiger Liquidität der Unternehmung ist Gegenstand des Asset Managements (Portfolio Management, Anlagemanagement).[109] Ziel des Asset Managements ist es, bei vorgegebener Sicherheit und Liquidität der Kapitalanlagen die Maximierung der Erträge für das angelegte Kapital zu erreichen. Dies ist Gegenstand der Anlagestrategie. Das Asset Management kann entweder im eigenen Hause erfolgen oder an Kapitalanlagegesellschaft outgesourct werden, die dann das Vermögen des Mandanten in sog. Spezialfonds[110] verwaltet. Dem Asset Management steht eine Vielzahl von verbrieften und unverbrieften, originären und derivativen Finanzinstrumenten des Geld- und Kapitalmarktes[111] zur Investition zur Auswahl. Bei den originären Finanzinstrumenten kommen alle die unter der Unternehmensfinanzierung dargestellten Produkte in Frage (Nicht-Kreditinstitute: Kap. 3.1.1, öffentliche Verwaltung: Kap. 3.1.4 Kreditinstitute: Tz. 207). Bezüglich derivativer Finanzinstrumente, die ebenfalls Gegenstand des Asset Managements sein können, wird auf Kap. 3.3 verwiesen.

3.1.3.3 Bankenmanagement

Gegenstand des Bankenmanagements ist die Auswahl und die Pflege der Beziehung von leistungsfähigen Kreditinstituten. Gerade in Zeiten einer Finanzkrise ist es z. B. unerlässlich, einen (weltweiten) Überblick über die Liquiditätssituation und das Engagement mit den jeweiligen Kreditinstituten zu haben.[112] Beim Bankenmanagement handelt es sich allerdings um eine flankierende Maßnahme zu den anderen Aufgaben des Corporate Treasury. Konkrete Finanzinstrumente sind hiervon nicht betroffen. Insofern hat dieser Bereich keine Implikationen auf das in diesem Buch dargestellte Thema.

3.1.4 Öffentliche Verwaltung

Grundsätzlich gelten die Ausführungen im Kap. 3.1 auch für die öffentliche Verwaltung.[113] Allerdings begrenzen in der Regel die jeweiligen (Landes-) Gesetzgebungen den Einsatz von Finanzinstrumenten. So regelt z. B. der Erlass „Kredite und kreditähnliche Rechtsgeschäfte der Gemeinden (GV)" für Gemeinden in Nordrhein-Westfalen (NRW), dass Kredite nur für Investitionen und Umschuldung aufgenommen werden können.[114]

Aufgrund dieser rechtlichen Vorgaben und der Tatsache, dass öffentliche Verwaltungen – aufgrund ihrer angespannten Finanzsituation – de facto Dauerschuldner sind, setzen öffentliche Verwaltungen originäre Finanzinstrumente fast ausschließlich zur Mittelbeschaffung (**Unternehmensfinanzierung**) ein.

Im Rahmen der Finanzierung durch **Fremdkapital mit Zugang** zum Kapitalmarkt emittiert die öffentliche Verwaltung sowohl Geld- als auch Kapitalmarktpapiere. Als Emittent tritt hier oft die oberste Verwaltungsebene (Staat) auf, in Deutschland der „Bund". So emittiert der Bund z. B. Commercial Papers und Bundesanleihen (in Form von Zeros, Fix-Bonds und FRN). Typische Beispiele für

---
109 Bezüglich Details zu Anlagemanagement vgl. auch *Heinrich (2008a)* und *Heinrich (2009)*.
110 Spezialfonds werden – in Abgrenzung zum Publikumfonds – speziell nur für einen begrenzten Anlegerkreis aufgelegt (Rechtsgrundlage: Investmentgesetz).
111 Bezüglich Abgrenzung Geld- und Kapitalmarkt vgl. FN 79.
112 Vgl. *Henkel J./von Gladiß*, S. 8.
113 Bezüglich Treasury Knowhow für Kommunen vgl. auch *Kühne (2008b)* und für Stadtwerke *Kühne (2008)*.
114 Vgl. RV *NRW*, § 1.

Emissionen der Vereinigten Staaten in diesem Segment sind Treasury Bills, Commercial Papers und Treasuries.[115]

Bei der Finanzierung durch **Fremdkapital ohne Zugang** zum Kapitalmarkt stellt der Bankkredit die klassische kommunale Mittelbeschaffung dar (Kommunal- und Kassenkredit).[116] Aber der Bund und andere öffentliche Verwaltungen emittieren auch weitere (handelbare) Fremdkapitalpapiere außerhalb des Kapitalmarktes, wie z. B. Finanzierungsschätze, Bundesobligationen, Bundesschatzanweisungen, Bundesschatzbriefe Typ A und B sowie Schuldscheindarlehen.

Im Rahmen des **finanziellen Risikomanagements** (aktives Schuldenmanagement) werden in der öffentlichen Verwaltung hauptsächlich Zins- und Fremdwährungsderivate in begrenzten Umfang eingesetzt, soweit die sog. Derivate-Erlasse der jeweiligen Bundesländer (soweit vorhanden[117]) dies zulässt.[118]

3.2 Originäre Finanzinstrumente in Kreditinstituten

Einordnung

Für Nicht-Kreditinstitute wurde in Kap. 3.1 dargestellt, dass im Zentrum einer Unternehmung der (güterwirtschaftliche) Betriebsprozess steht, der finanziert werden muss, was Aufgabe des Corporate Treasury ist. Grundsätzlich gilt das in Kap. 3.1. Dargestellte zu den Funktionsbereichen der **Corporate Treasury** eins zu eins für ein Kreditinstitut (Treasury eines Kreditinstitutes, kurz: **Treasury**). Die Besonderheit eines Kreditinstitutes (im Vergleich zu einem Nicht-Kreditinstitut) besteht jedoch darin, dass Gegenstand des Betriebsprozesses nicht Güter, sondern wiederum Finanzinstrumente sind, so dass der Umfang und Einsatzzweck von Finanzinstrumenten eines Kreditinstitutes naturgemäß (erheblich) umfangreicher ist als bei Nicht-Kreditinstituten.

In Anlehnung an das aus den USA bekannte Trennbankensystem werden die Funktionsbereiche einer (Universal-) Bank nachfolgend anhand der unterschiedlichen Geschäftsmodelle „Commercial Banking" und „Investment Banking" dargestellt. Unter **Commercial Banking** wird stark vereinfacht die Entgegennahme von Kapital (Einlagengeschäft), die Vergabe von Krediten (Kreditgeschäft) und Zahlungsleistungen (Zahlungsverkehr) verstanden. Im **Investment Banking** sind die Kreditinstitute dahingegen als Finanzintermediäre i.w.S. tätig. Sie unterstützen den Handel an den Kapitalmärkten durch den Eigenhandel von Eigen- und Fremdkapitaltiteln und beraten bei der Emission von Anleihen und Aktien.[119]

Rechtsgrundlage für Kreditinstitute in Deutschland ist das Kreditwesengesetz (KWG). Die Legaldefinition für „Kreditinstitut" lautet gem. § 1 Abs. 1 KWG: „Kreditinstitute sind Unternehmen, die Bankgeschäfte gewerbsmäßig […] tätigen."[120] Die im Gesetz als Bankgeschäfte im Einzelnen aufgeführten Tätigkeiten sind Gegenstand des Kap. 3.2.1.1.

---

115 Vgl. *Eller/Deutsch*, S. 27 und S. 32.
116 Vgl. *Eller/Kühne/Merk*, S. 682. und *Müller/Papenfuß/Schaefer*, S. 151.
117 Zehn Bundesländer haben entsprechende Derivate-Erlasse verabschiedet, mit denen u. a. explizit spekulative Geschäfte untersagt sind (*Müller/Papenfuß/Schaefer*, S. 154).
118 Bezüglich Einsatz von Derivaten in Kommunen vgl. auch *Kirchhoff/Henning*.
119 Vgl. *Hartmann-Wendels/Pfingsten/Weber*, S. 10.
120 Das KWG definiert in § 1 neben „Kreditinstitut" (Abs. 1) noch weitere Arten von Banken: „Finanzdienstleistungsinstitute"(Abs. 1a) und „Finanzunternehmen" (Absatz 3).

3.2.1 Commercial Banking

3.2.1.1 Kundengeschäft

Einordnung: In Anlehnung an die Grundidee der im Bankcontrolling angewendeten „Marktzinsmethode" wird nachfolgend zwischen „Kundengeschäft" und „Treasury-Aktivitäten" differenziert.[121] Die im KWG genannten (Kunden-) Bankgeschäfte (siehe Abb. 18) werden nachfolgend in bilanzielles Geschäft (*on-balance*; Aktiv- und Passivgeschäft) und Provisionsgeschäft (*off-balance*) unterteilt.

Abb. 18: Bankgeschäfte

Nr.	Bankgeschäft	Bilanz		Rechts-grundlage KWG § 1 Abs. 1
a)	Kreditgeschäft	on-balance	Aktiva	Nr. 2
b)	Diskontgeschäft	on-balance	Aktiva	Nr. 3
c)	Rückerwerb von Darlehen	on-balance	Aktiva	Nr. 7
d)	Einlagengeschäft	on-balance	Passiva	Nr. 1
e)	Emissionsgeschäft	on-balance	Passiva	Nr. 10
f)	Pfandbriefgeschäft	on-balance	Passiva	Nr. 1a
g)	Garantiegeschäft	off-balance	./.	Nr. 8
h)	Girogeschäft	off-balance	./.	Nr. 9
i)	E-Geld-Geschäft	off-balance	./.	Nr. 11
j)	Finanzkommissionsgeschäft	off-balance	./.	Nr. 4
k)	Depotgeschäft	off-balance	./.	Nr. 5

Gegenstand des **bilanziellen Aktiv-Geschäftes** ist das Kreditgeschäft. Hierunter fallen Gelddarlehen und Akzeptkredite, wobei das Diskontgeschäft (Ankauf und Verkauf von Wechseln und Schecks) und der Rückerwerb von Darlehen (Verpflichtung, zuvor veräußerte Darlehensforderungen vor Fälligkeit zu erwerben) besondere Arten des Kreditgeschäfts darstellen. Zum Kreditgeschäft gehören auch die Produktarten Festgeld und Termingeld. Im Rahmen des Kreditgeschäfts treten Kreditinstitute als Gläubiger auf, und insofern bildet das Kreditgeschäft das Pendant zu der – unter Fremdkapital ohne Kapitalmarktzugang beschriebenen – Unternehmensfinanzierung durch Bankkredite (siehe Tz. 166).

---

121 Bei der Marktzinsmethode wird das Zinsergebnis eines Kreditinstituts in einen – aus dem Kundengeschäft erwirtschafteten -„Kundenkonditionsbeitrag" und einen – aus der Fristentransformation im Bankbuch der Treasury erwirtschafteten – Strukturbeitrag aus Fristentransformation zerlegt. Vgl. *Hartmann-Wendels/Pfingsten/Weber*, S. 694.

Gegenstand des **bilanziellen Passiv-Geschäftes** sind das Einlagen- und das Emissionsgeschäft. Laut KWG ist Gegenstand des **Einlagengeschäftes** die Annahme fremder Gelder des Publikums, sofern der Rückzahlungsanspruch nicht in Inhaber- oder Orderschuldverschreibungen verbrieft wird, ohne Rücksicht darauf, ob Zinsen vergütet werden. Das Einlagengeschäft ist klassisches originäres Geschäft von Kreditinstituten, ist das Pendant zu den Geldanlagen bei Nicht-Kreditinstituten (als auch Kreditinstituten) und stellt eine Fremdkapitalfinanzierung ohne Zugang zum Kapitalmarkt dar. Im Rahmen des **Emissionsgeschäfts** werden Finanzinstrumente auf eigenes Risiko platziert. Eine besondere Art der Emissionen bilden die Geschäfte im Sinne des § 1 Abs. 1 Satz 2 des Pfandbriefgesetzes (sog. Pfandbriefgeschäft). Emissionen stellen eine Fremdkapitalfinanzierung mit i.d.R. Zugang zum Kapitalmarkt – wie unter Tz. 165 beschrieben – dar.

Unter das **Provisionsgeschäft** werden das Garantie-, Giro- und Wertpapierkommissionsgeschäft subsumiert. Gegenstand des Garantiegeschäftes ist die Übernahme von Bürgschaften, Garantien und sonstigen Gewährleistungen für andere. Die Durchführung des bargeldlosen Zahlungsverkehrs und des Abrechnungsverkehrs fällt unter das **Girogeschäft**, worunter hier auch die Ausgabe und Verwaltung von elektronischem Geld (E-Geld-Geschäft) verstanden wird. Gegenstand des **Wertpapierkommissionsgeschäfts** ist die Anschaffung und die Veräußerung von Finanzinstrumenten im eigenen Namen und fremde Rechnung (Finanzkommissionsgeschäft) sowie die Verwahrung und die Verwaltung von Wertpapieren für Andere (Depotgeschäft). Provisionsgeschäfte sind nicht Gegenstand der weiteren Ausführungen in diesem Buch, da aus ihnen in der Regel keine (zu bilanzierenden) Finanzinstrumente hervorgehen.[122]

3.2.1.2 Treasury-Aktivitäten (Bankbuch)

3.2.1.2.1 Aktiv-Passiv-Steuerung

Alle die unter Kap. 3.1 dargestellten Funktionsbereiche und Aufgaben der Corporate Treasury sind grundsätzlich auch Gegenstand der Treasury von Kreditinstituten, wobei teilweise andere Begriffe verwendet werden und die Schwerpunkte andere sind. Anstatt von Unternehmensfinanzierung wird in der Treasury von Kreditinstituten von Refinanzierungs-Management (*Funding*) gesprochen, dem – aufgrund der zusätzlichen Möglichkeiten der Kreditinstitute bei der Passivgeschäftsgenerierung – eine andere (geringe) Bedeutung als der Unternehmensfinanzierung bei einem Nicht-Kreditinstitut zukommt. Bei Kreditinstituten wird das Funding (zum Teil) auch von Nicht-Treasury Abteilungen wahrgenommen (siehe Tz. 207).

Dagegen kommt in der Treasury von Kreditinstituten dem Fristentransformations-Management des Bankbuchs – im Rahmen des finanziellen Risikomanagements des Zinsrisikos – eine besondere Bedeutung zu. Gemäß der Marktzinsmethode übernimmt Treasury im Rahmen der Aktiv-Passiv-Steuerung (*Asset Liability Management ALM*) von den Kunden-Abteilungen die aktivischen und passivischen Festzinsrisiken aus den Kundengeschäften – im Rahmen von internen Geschäften – auf das eigene Buch (sog. Bankbuch). In einem ersten Schritt werden die Aktiv- und Passivüberhänge pro Laufzeitband an einer Gap-Analyse ermittelt. In einem zweiten Schritt werden unter Berücksichtigung der Zinsmeinung sowie der Risikoneigung des Kreditinstituts die Aktiv- und Passivüberhänge (in der Regel) durch Einsatz von Zinsderivaten gesteuert.[123]

---

122 Bei Vorliegen einer „gegebenen Finanzgarantie" im Sinne von IAS 39 und der sog. Bruttobilanzierung ergibt sich aus der Finanzgarantie ein Passivum (vgl. Kap. III.1.1.2.3.2).
123 Vgl. u.a. *Bartetzky*, S. 136 f.

3.2.1.2.2 Eigengeschäft

Gegenstand des Eigengeschäfts im Rahmen der Treasury Aktivitäten sind Wertpapieranlagen und Mittelaufnahmen außerhalb der Kundenbereiche. Eigengeschäfte können im Rahmen des Asset Managements, der Verbriefung von Krediten und/oder Wertpapierleihe getätigt werden.[124]

Die Anlage freier Liquidität der Unternehmung ist Gegenstand des **Asset Managements** (Portfolio Management). Ziel des Asset Managements ist es, bei vorgegebener Sicherheit und Liquidität der Kapitalanlagen die Maximierung der Erträge für das angelegte Kapital zu erreichen. Dies ist Gegenstand der Anlagestrategie. Das Asset Management kann entweder im eigenen Hause erfolgen oder an eine Kapitalanlagegesellschaft outgesourct werden, die dann das Vermögen der Mandanten in sog. Spezialfonds verwaltet (siehe Kap. 3.1.3.2).

Gegenstand von **Kredit-Verbriefungen** (securitization) ist der Verkauf von Kreditforderungen an Zweckgesellschaften (siehe Tz. 181).

Im Rahmen der **Wertpapierleihe i.w.S.** werden Wertpapiere für eine bestimmte Zeit einem Dritten überlassen. Aus Sicht des Verleihers wird durch das Verleihen eine Zusatzperformance oder aber zusätzliche Liquidität für die Bankbuchbestände erzielt. Wertpapierdarlehen (Wertpapierleihe i.e.S.), Wertpapier-Pensionsgeschäfte (z. B. Repo) sowie Sell-and-Buy-Back-Transaktionen sind unterschiedliche Varianten der Wertpapierleihe i.w.S.

Wesen von Wertpapier-Pensionsgeschäften ist es, das in der Kasse Wertpapiere verkauft werden (Anfangstransaktion) und auf Termin diese Wertpapiere vom Kasse-Verkäufer wieder zum ursprünglichen Preis zurück erworben werden. Der Kasse-Verkäufer zahlt dem Kasse-Käufer Zinsen für den Cashbetrag, den er für die Laufzeit des Pensionsgeschäftes erhalten hat. Bei einem sog. echten Wertpapier-Pensionsgeschäft (Repurchase Agreement, kurz: Repo bzw. Reverse-Repo[125] hat der Kasse-Käufer eine Rückgabeverpflichtung auf Termin. Bei einem unechten Wertpapier-Pensionsgeschäft hingegen hat der Kasse-Käufer ein Rückgaberecht auf Termin.

Wirtschaftlich besteht kein wesentlicher Unterschied zwischen Sell/Buy-Backs (Buy/Sell-Backs) und Repos (Reverse-Repos). Der wesentliche Unterschied besteht in der rechtlichen Natur. Bei Sell/Buy-Backs werden zwei rechtlich eigenständige Geschäfte – ein Kassageschäft und ein gegenläufiges Termingeschäft – abgeschlossen. Für beide Geschäfte werden unterschiedliche Kurse vereinbart, aus deren Differenz sich implizit die Verzinsung ergibt, während bei einem Repos der Zinssatz explizit Gegenstand der Vereinbarung ist.

Bei der Wertpapierleihe i. e. S. (security lending) steht immer ein Special im Mittelpunkt. Der Verleiher des Specials erhält dabei ein General Collateral als Sicherheit. Als Preis für die Überlassung des Specials erhält er zusätzlich eine Prämie als Leihgebühr.

3.2.2 Investmentbanking

3.2.2.1 Eigenhandel inkl. Arbitrage (Handelsbuch)

Gegenstand des **Eigenhandels** können grundsätzlich alle Arten von Finanzinstrumenten (Wertpapiere, Kredite, Derivate) sein, die mit einer Handelsabsicht erworben wurden. Unter „Handel" (Spekulation) versteht man in Anlehnung an IAS 39.9 die Absicht, ein erworbenes oder eingegangenes Finanzinstrument kurzfristig – mit dem Ziel der kurzfristigen Gewinnmitnahme – wieder zu ver-

---

124 Vgl. *Bartetzky*, S. 146.
125 Synthetischer Repo (Synthetischer Reverse-Repo) ist z. B. Gegenstand von Cash- und Carry-Arbitrage, z. B. durch Verkauf der lieferbaren Anleihe in der Kasse und Kauf des Bund Futures.

kaufen oder zurückzukaufen. Die Organisation, Risikolimitierung als auch Refinanzierung des Eigenhandel ist in der Regel von dem Commercial Banking losgelöst. Eigenhandel stellt i.d.R. bilanzielles Geschäft (originäre und derivative Finanzinstrumente) dar, und ist somit Gegenstand dieses Buches.

3.2.2.2 Beratung

Ein weiterer Bereich des Investmentbanking ist die **Beratung** von komplexen Eigen- oder Fremdkapitalemissionen. Dieser stellt allerdings als Provisionsgeschäft ein off-balance-Geschäft dar und ist somit nicht Gegenstand der weiteren Untersuchung.

3.3 Derivative Finanzinstrumente (Derivate)

Einordnung

Die nachfolgenden Ausführungen zu Derivate gelten grundsätzlich gleich für alle **Nicht-Kreditinstitute** und **Kreditinstitute**.

Die nachfolgenden Ausführungen zu Derivaten gelten grundsätzlich auch für die **öffentliche Verwaltung/Kommunen**. Mit zunehmender Produktvielfalt und Anforderungen an die öffentliche Verwaltung, effizienter mit öffentlichen Geldern zu wirtschaften, werden auch Derivate im aktiven Zins- und Schuldenmanagement der öffentlichen Verwaltung vermehrt eingesetzt.[126] Allerdings begrenzen in der Regel die jeweiligen Landesgesetzgebungen den Einsatz von Finanzinstrumenten. So ist z. B. der Einsatz von Zins- oder Fremdwährungsderivaten zur Absicherung von – im Zusammenhang mit abgeschlossenen Kreditgeschäften eingegangen – Risiken für Gemeinden in NRW für zulässig. Der Einsatz von Derivaten hingegen für spekulative Zwecke ist Kommunen in NRW untersagt.[127]

3.3.1 Derivate nach Einsatzzwecken

3.3.1.1 Absicherung (Hedging)

Das Risikomanagement für Kreditinstitute ist explizit in den Mindestanforderungen für das Risikomanagement bei Kreditinstituten (MaRisk) vorgegeben. Da sich der Einsatz von Derivaten auch in Nicht-Kreditinstituten in den letzten Jahren immer weiter ausgeweitet hat und neben einfachen Produkten auch immer komplexere Produkte eingesetzt werden, wird von den Nicht-Kreditinstituten ein immer professionelleres Risikomanagement verlangt. Insofern ist es sachgerecht, dass auch Nicht-Kreditinstitute die MaRisk analog anwenden.[128]

3.3.1.2 Spekulation bzw. Handel (inklusive Arbitrage)

Obwohl der Haupteinsatzzweck von Derivaten – sowohl bei Kreditinstituten als auch bei Nicht-Kreditinstituten – die Steuerung von Risiken ist, können Derivate – wie auch originäre Finanzinstrumente (Tz. 151, Tz. 215) – mit dem Ziel der kurzfristigen Gewinnmitnahme erworben oder eingegangen werden.

---

126 Vgl. *Eller/Kühne/Merk*, S. 677.
127 Vgl. RV *NRW*, § 2.2. und § 2.5.
128 Vgl. *Maulshagen/Trepte/Walterscheidt*, S. 3. Bezüglich Details zu MaRisk vgl. u. a. *Waitz (2009)*.

3.3.2 Derivate nach Produktarten

Einordnung

Derivate sind Finanzinnovationen, die aus originären Finanzinstrumenten (siehe Kap. 3.1 und Kap. 3.2) abgeleitet sind. Aus zivilrechtlicher Sicht fallen bei einem Derivat i.d.R. – anders als bei einem originären Finanzinstrument – das Verpflichtungsgeschäft und die Erfüllungsgeschäfte zeitlich (weit) auseinander. Nach der Art der eingegangenen Verpflichtung werden Derivate in unbedingte und bedingte Derivate unterteilt. Unbedingt bedeutet, dass die eingegangene Verpflichtung zwingend zu erfüllen ist. Anders dahingegen bei einem bedingten Derivat, bei denen der Käufer die eingegangene Verpflichtung nur bedingt erfüllen muss, da er ein Wahlrecht zur Erfüllung besitzt. Mit Blick auf die Risikoverteilung zwischen Käufer und Verkäufer gilt, dass die Risiken bei unbedingten Derivaten **symmetrisch** und bei bedingten Derivaten **asymmetrisch** verteilt sind. Nach der Art der Standardisierung wird zwischen maßgeschneiderten, also nicht über die Börse gehandelten Derivaten („over the counter" **OTC**), und standardisierten, über die Börse gehandelten Derivate, unterschieden. Nach diesen Merkmalen gegliedert, ergeben sich die vier in Abb. 19 dargestellten Hauptarten von Derivaten (Swaps, Forwards, Future, Optionen), für die es jeweils eine Käufer- (Long, Receive) und eine Verkäufer-Position (Short, Pay) gibt.

Abb. 19: Derivate nach Produktarten[129]

Cluster / Kriterien	A	B	C	D	E
	Tausch	Termin	Termin	Optionen	Optionen
1 Art der Verpflichtung	unbedingt	unbedingt	unbedingt	bedingt	bedingt
2 Risikoverteilung	symmetrisch	symmetrisch	symmetrisch	asymmetrisch	asymmetrisch
3 Art der Standardisierung	OTC	OTC	Börse	OTC	Börse
4 Produkt	S W A P	F O R W A R D	F U T U R E	O P T I O N	O P T I O N
				* Kaufoption (CALL) * Verkaufsoption (PUT)	
5 Position	Pay-Fix	Kauf	Kauf	Kauf (Long)	Kauf (Long)
	Receive-Fix	Verkauf	Verkauf	Verkauf (Short)	Verkauf (Short)

3.3.2.1 Swaps

Swaps stellen OTC-Tauschvereinbarungen dar, mit denen die unterschiedlichsten finanziellen Risiken getauscht werden können. Beim klassischen Zins-Swap wird z. B. ein Festzins gegen einen variablen Zins getauscht. Unterschieden wird zwischen der Pay-Fix-Position (z. B. Festzins-Zahler) und der Receive-Fix-Position (z. B. Festzins-Empfänger). Als unbedingte Derivate besitzen die beiden Vertragspositionen eines Swaps eine symmetrische Risikoverteilung.

---

129 Vgl. *IFD*, S. 97 ff.

So stellt beispielsweise ein **Zins-Swap** (*Interest Rate Swap IRS*) eine Vereinbarung zwischen zwei Parteien dar, mit der der Austausch von unterschiedlichen Zinszahlungsströmen für einen bestimmten Zeitraum festgelegt wird, die sich auf Basis eines fiktiven Kapitalbetrages in einer bestimmten Währung unter Anwendung unterschiedlicher Zinsberechnungsbasen ergeben. Bei dem in Abb. 20 dargestellten Beispiel zahlt Bank A einen Festzins (pay fix) und erhält dafür einen variablen Zins. Mit diesem eingegangenen Payer-Swap kann sich Bank A gegen Marktwertveränderungen aus einer in ihrer Bilanz befindlichen gehaltenen Festzinsanleihe absichern.[130] Unternehmen B erhält dahingegen den Festzins (receive fix) und zahlt den variablen Zins. Mit dem Receiver-Swap kann Unternehmen B sich gegen schwankende Zinszahlungen aus einer von ihr gehaltenen variabel verzinslichen Anleihe absichern.

Abb. 20: Grundstruktur eines Zins-Swaps

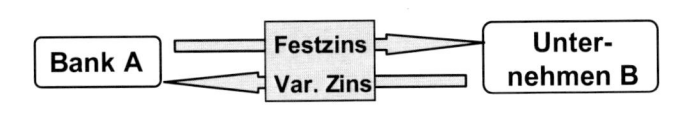

```
        ┌─── Festzins ───┐
Bank A                     Unternehmen B
        └─── Var. Zins ──┘
```

Die Funktionsweise eines plain-vanilla **Waren-Swaps** soll an dem nachfolgenden Beispiel erläutert werden. Ein Unternehmen braucht für seine Produktion einen Rohstoff/eine Ware (z. B. Kupfer). Die zukünftig benötigten Kupfermengen hat sich das Unternehmen bereits vertraglich gesichert. Die Lieferung erfolgt zum dann gültigen Kassakurs. Da bei den Verkäufen (der vom Unternehmen produzierten Waren) der Endpreis bereits vertraglich fixiert ist, unterliegt das Unternehmen einem Kupferpreisänderungsrisiko in der Art, dass bei einem Anstieg des Kupferpreises, die Gewinnmarge sinkt. Zur Absicherung dieses Rohstoffpreisrisikos erwirbt das Unternehmen einen „**Payer-Kupfer-Swap**", indem das Unternehmen den – bei Lieferung des Kupfers zu zahlenden – zukünftigen Kupferpreis „Monthly Average Settlement Price" (MASP) der Londoner Metallbörse LME erhält (variable leg) und anstatt dessen einen festen (Kupfer-) Preis zahlt (fix leg). Wirtschaftlich hat das Unternehmen so aus einem variablen Lieferpreiskontrakt einen synthetischen Festpreis-Lieferkontrakt gemacht. Liegt der MASP über (unter) dem vereinbarten Festpreis, so erhält (zahlt) das Unternehmen eine Ausgleichszahlung in Höhe der Differenz.[131] Das Rohstoffpreisrisiko ist eliminiert worden, allerdings auch die Chance, an fallenden Rohstoffpreisen zu partizipieren.

3.3.2.2 Forwards

Forwards sind Kauf- bzw. Verkauf-Geschäfte, deren Erfüllungstag in der Zukunft liegt. Gegenstand von Forwards können diverse originäre Finanzinstrumente sein, wie z. B. Termingelder, Anleihen, Schuldscheindarlehen, Aktien, Waren. Forwards stellen ungedingte (symmetrische) Derivate dar, die im OTC-Markt gehandelt werden.

Ein **Forward Rate Agreement (FRA)** stellt ein Beispiel für einen **Zins-Forward** dar. Bei einem FRA handelt es sich um einen Terminkauf (Geldaufnahme) bzw. -verkauf (Geldanlage) von kurzfristigen Termingeldern, ohne Austausch von nominellen Kapitalbeiträgen.[132] FRAs „sind zwischen zwei Vertragsparteien individuell vereinbarte Zinstermingeschäfte, die sich auf eine künftige Verzinsung bestimmter Beträge an einem vorab festgelegten Zinssatz (FRA-Kontrakt-Zinssatz) und dem verein-

---

130 Anlage 4 im Kap. VI.3.4 enthält ein detailliertes Muster-Zahlenbeispiel eines Payer-Swaps im Rahmen einer Absicherung gegen Marktwertveränderungen.
131 Vgl. *Sentker*, S. 70.
132 Vgl. *Eller/Kühne/Merk*, S. 677 f.

barten Referenzzinssatz (z.B. Libor oder Euribor) für eine bestimmte Zinsperiode beziehen"[133] Bei dem Forward im Beispiel der Abb. 21 sichert sich der Forward-Käufer am – und zu den Konditionen vom – 15.10.2008 eine 6-Monatsgeldaufnahme (gesicherte Periode), die allerdings nicht unmittelbar am Vertragsabschluss (15.10.2008), sondern erst in drei Monaten (15.01.2009) beginnt (Vorlaufperiode). Am Abrechnungstag 15.01.2009 findet ein Cash-Ausgleich zwischen den Vertragspartnern statt.

Abb. 21: Grundstruktur eines FRA

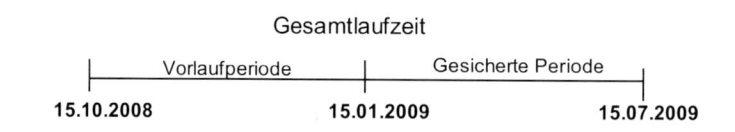

```
                        Gesamtlaufzeit
         |       Vorlaufperiode       |     Gesicherte Periode     |
         15.10.2008                15.01.2009                  15.07.2009
```

Ein **Devisentermingeschäft** (DTG) stellt ein Beispiel für einen **Fremdwährungs-Forward** dar. Ein Devisentermingeschäft ist eine Vereinbarung über einen in der Zukunft liegenden Austausch (Kauf oder Verkauf) einer Währung gegen eine andere. Vereinbart werden insbesondere der umzutauschende Fremdwährungsbetrag, der Umtauschkurs und der Erfüllungszeitpunkt des Geschäfts. Die unterschiedliche Verzinsung der Kapitalbeträge in den zwei Währungen wird im Devisenterminkurs – im Vergleich zum Kassakurs – als Deport oder Report (Ab- oder Aufschlag) berücksichtigt.

3.3.2.3 Future

Futures sind an Terminbörsen gehandelte Finanzterminkontrakte, die hinsichtlich Nominalbetrag, Laufzeit und Basiswert standardisiert sind. Basiswert eines Futures kann ein lieferbarer (z.B. Wertpapier, Geldanlage, Fremdwährungsbetrag) oder ein nicht lieferbarer Handelsgegenstand (z.B. Aktienindex) sein. Im Rahmen eines speziellen Sicherheitssystems verpflichten sich Käufer und Verkäufer eines Futures, börsentäglich Gewinn- oder Verlustausgleichszahlungen (variation margins) vorzunehmen. Zudem sind bei Abschluss eines Futures Sicherheiten in Form von Geld, Avalen oder verpfändeten Wertpapieren zu stellen (initial margin).[134]

3.3.2.4 Optionen

3.3.2.4.1 Plain-vanilla

Plain-vanilla (einfach strukturierte) **Optionen** sind Vereinbarungen, bei denen einem Vertragspartner (Optionsberechtigter, *Long-Position*) das Recht eingeräumt wird, zukünftig innerhalb einer bestimmten Frist (amerikanische Option) bzw. zu einem bestimmten Zeitpunkt (europäische Option) mit einem anderen Vertragspartner (Stillhalter, *Short-Position*) ein festgelegtes Vertragsverhältnis einzugehen bzw. vom Stillhalter die Zahlung eines hinsichtlich seiner Bestimmungsgrößen festgelegten Geldbetrages (Barausgleich, *Cash Settlement*) zu verlangen.[135]

Aus **Sicht des Käufers** einer Option (**Long**) erwirbt dieser gegen Zahlung des Optionspreises das Recht, den Optionsgegenstand zu dem vereinbarten Basispreis (Ausübungspreis, **Strike Price**) an

---

[133] Vgl. RV *IDW BFA 2/1993*, Punkt A.
[134] Vgl. RV *IDW BFA 2/1993*, Punkt A.
[135] Vgl. RV *IDW BFA 3/1995*, Punkt A.

dem vereinbarten Zeitpunkt (europäische Option) oder in dem vereinbarten Zeitraum (amerikanische Option) zu kaufen (Kaufoption, Call) bzw. zu verkaufen (Verkaufsoption, *Put*).

Aus **Sicht des Verkäufers** einer Option (*Short*) geht dieser gegen Erhalt des Optionspreises die Stillhalteverpflichtung ein, den Optionsgegenstand zu dem vereinbarten Basispreis (Ausübungspreis, *Strike Price*) an dem vereinbarten Zeitpunkt (europäische Option) oder in dem vereinbarten Zeitraum (amerikanische Option) zu kaufen (Kaufoption, Call) bzw. zu verkaufen (Verkaufsoption, *Put*).

Insgesamt gibt es somit vier mögliche Optionspositionen:

- Long Call (Kauf einer Kaufoption),
- Long Put (Kauf einer Verkaufsoption),
- Short Call (Verkauf einer Kaufoption) und
- Short Put (Verkauf einer Verkaufsoption).

Das Produktbeispiel in Abb. 22 stellt den Kauf einer Kaufoption (Long Call) auf die Aktie C dar. Für eine am 1.10.2008 zu zahlende Prämie in Höhe von 5,70 EUR erwirbt der Käufer der Option das Recht, die Aktie C zu dem festgelegten Preis von 42 EUR (Strike Price) zu erwerben, unabhängig davon, wie zu dem Ausübungszeitpunkt der Option der Kurs der C-Aktie am Kassamarkt ist. Die börsennotierte Option kann während der gesamten Laufzeit vom 01.10.2008 bis 30.06.2009 ausgeübt werden (amerikanische Option).

Abb. 22:   Produktbeispiel Optionen

Option: Buchungsbeispiel

ECKDATEN EINER OPTION

| Long Call |
| börsennotiert |

Laufzeitbeginn:	1.10.2008
Laufzeitende:	Juni 2009
Prämie:	5,70 EUR
Gebühren:	0,05 EUR:
Strike Price:	42 EUR
Underlying:	Aktie des Unternehmens C

Der Gesamtwert einer Option kann in den „inneren Wert" (*intrinsic value*) und den „Zeitwert" (*time value*) zerlegt werden. Der **innere Wert** ist derjenige Wert einer Option, den man erzielen könnte, wenn man die Option sofort ausüben und das mittels Ausübung erworbene Bezugsobjekt sofort verkaufen würde. Angenommen, der Wert der C-Aktie beträgt am 01.11.2008 EUR 44, dann würde der innere Wert – als Differenz zwischen dem aktuellen Marktwert des Basiswertes abzüglich des vereinbarten Ausübungspreises – der Option 2 EUR betragen (44 EUR – 42 EUR). Der **Zeitwert** dahingegen ist eine Art „Hoffnungswert", der eine Funktion der Zeit und der Volatilität darstellt. Je länger die Restlaufzeit und/oder je höher die Volatilität, desto höher ist der Zeitwert einer Option. Der Zeitwert (3,70 EUR) ergibt sich durch Abzug des inneren Wertes (2 EUR) vom – durch die Prämie repräsentierten – Gesamtwert der Option (5,70 EUR).

Grundlagen

23 Das Gewinn-Verlust-Profil des Long-Calls ist Gegenstand der Abb. 23. Beträgt am Ausübungszeitpunkt der Kassakurs der Aktie C weniger als der Strike Price von 42 EUR, dann ist es günstiger, die Option verfallen zu lassen und am Kassamarkt die Aktie zum dann aktuellen Kassakurs zu erwerben. In diesem Fall resultiert aus der Option ein Verlust in Höhe der gezahlten Prämie von 5,70 EUR (dem allerdings geringere Ausgaben für den Erwerb der Aktie am Kassamarkt gegenüberstehen). Bei einem Kassakurs der Aktie C über dem Strike Price von 42 EUR hat die Option einen positiven inneren Wert, so dass sich der Bezug der Aktie durch Ausübung der Option lohnt. Der Break Even liegt allerdings bei 47,70 EUR, denn bis zu diesem Kurs ist die anfangs gezahlte Optionsprämie noch zu verdienen. Bei einem Kassakurs der Aktie C von über 47,7 EUR ist das Gewinn-Verlust-Profil des Long-Call positiv.

24 Der innere Wert stellt auch einen Indikator für die Ausübungswahrscheinlichkeit einer Optionsposition dar. Bei einem positiven inneren Wert (Ausübungspreis der Option < aktueller Marktwert des Basiswertes) ist die Ausübung sehr wahrscheinlich. Solche Optionen werden als Optionen **im Geld** (*in the money*, ITM) bezeichnet. Ist dahingegen der innere Wert „negativ" (Ausübungspreis der Option > aktueller Marktwert des Basiswertes), so ist die Ausübungswahrscheinlichkeit sehr gering. Solche Optionen werden als Optionen **aus dem Geld** (*out of the money*, OTM) bezeichnet. Ist der innere Wert Null (Ausübungspreis der Option = aktueller Marktwert des Basiswertes), so ist die Option **am Geld** (*at the money*, ATM), und die Ausübungswahrscheinlichkeit liegt bei ungefähr 50%.[136]

Abb. 23: Long-Call: Gewinn- und Verlustprofil

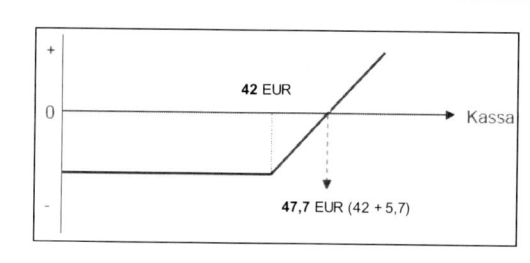

25 Der Erwerb eines **Long-Call auf Kupfer** stellt ein Beispiel für eine **Waren-Option** dar. Hiermit könnte man sich neben der Absicherung gegen ein Rohstoffpreisrisiko (siehe Tz. 227) die Chance auf Partizipation am Rohstoffpreisrückgang sichern. Allerdings kostet der Erwerb eines Optionsrechtes die Optionsprämie.

3.3.2.4.2 Optionsstrategien

26 Durch Kombinationen der unter Kap. 3.3.2.4.1 dargestellten vier möglichen plain-vanilla Optionspositionen in einer Option können bestimmte Optionsstrategien mit einem Derivat verfolgt werden. Z. B. mit dem Ziel, die für eine Long-Position zu zahlende Optionsprämie zu reduzieren (**Low-Cost-Collor**) oder zu eliminieren (**Zero-Cost-Collor**), wird gleichzeitig zum Long (-Put) ein Short (-Call) verkauft. Je näher die Ausübungspreise dieser beiden Optionen beieinander liegen, umso geringer ist die netto zu zahlende Prämie. Weitere bekannte Optionsstrategien sind **Straddle, Strangle, (Bull-/Bear-) Spread**.

3.3.2.4.3 Exotische Optionen

27 Unter exotischen Optionen werden sämtliche Varianten der unter Kap. 3.3.2.4.1 dargestellten einfach strukturierten Optionen subsumiert, die weitere – über die oben dargestellten Optionsstrategien hinausgehende – Strukturen in einer Option vereinen. Eins von vielen Beispielen stellen die **Barrier**

---

[136] Vgl. *Finance Trainer*, S. 6.

Optionen (Trigger Optionen) dar, die im Vergleich zu einer plain-vanilla Option noch ein weiteres Kursniveau (Barrier, Trigger) beinhalten, bei dessen Erreichen die Option vorzeitig verfällt (**Knock-out** Option) oder aber erst zu existieren beginnt (**Knock-in** Option). Aufgrund dieser zusätzlichen Bedingung sind Barrier Optionen billiger als einfach strukturierte Optionen.

3.3.2.5 Strukturierte Derivate

Unter strukturierten Derivaten wird nachfolgend eine **Kombination** von mehreren der oben genannte Derivatearten verstanden (z. B. Eventual-Termingeschäft).

Als eines von vielen Beispielen für strukturierte Derivate wird nachfolgend ein sog. **Waren-Eventual-Termingeschäft** dargestellt. Hiermit kann ein Unternehmen die Vorteile aus dem Waren-Swap (Tz. 227) und der Waren-Option (Tz. 242) kombinieren, sich so einen festen Rohstoffpreis für einen späteren Zeitraum sichern und dennoch an fallenden Preisen (bis zu einem bestimmten Niveau) partizipieren, ohne eine (hohe) Optionsprämie zahlen zu müssen.[137]

3.3.3 Derivate nach Risikoarten

Überblick

Nachfolgend wird näher auf die Marktpreis- und Adressenausfallrisiken[138] eingegangen, da dies die Risikoarten sind, zu deren Steuerung die Derivate in der Praxis eingesetzt werden.[139] Alle Risiken, die sich aufgrund von Marktpreisschwankungen an den Märkten ergeben, werden nachfolgend unter **Marktpreisrisiken** subsumiert. Im Einzelnen sind dies das Zinsrisiko, das Fremdwährungsrisiko und das sonstige Preisrisiko (insbesondere Aktienkurs- und Rohstoffpreisrisiko). Der teilweise oder vollständige Ausfall von Forderungen dahingegen ist Gegenstand des **Adressenausfallrisikos**. Da der Fokus der vorliegenden Arbeit auf der Rechnungslegung liegt, orientieren sich die nachfolgend aufgeführten Risikodefinitionen hauptsächlich an denen des IFRS 7.[140]

3.3.3.1 Marktpreisrisiken

Das dem Marktpreisrisiko zuzuordnende **Zinsrisiko**[141] ist das Risiko, dass sich der beizulegende Zeitwert oder die künftigen Zahlungsströme eines Finanzinstruments aufgrund von Schwankungen der Marktzinssätze verändern. Gegenstand des **Fremdwährungsrisikos**[142] sind Veränderungen der beizulegenden Zeitwerte oder der künftigen Zahlungsströme eines Finanzinstruments aufgrund von Wechselkursänderungen, die sich sowohl bei Geschäftsvorfällen in Fremdwährungen (Transaktions-Exposure) als auch bei der Umrechnung der Bilanz und GuV ausländischer Geschäftsbetriebe (Translations-Exposure) ergeben können. Das Risiko, dass sich der beizulegende Zeitwert oder die künftigen Zahlungsströme eines Finanzinstruments aufgrund von Marktpreisschwankungen verändern, die nicht auf das Zins- oder Fremdwährungsrisiko zurückzuführen sind, ist Gegenstand des

---

137 Vgl. *Sentker*, S. 70 i.V.m. S. 56. Bezüglich eines Beispiel zu einem Fremdwährungs-Eventualtermingeschäft vgl. *IFD*, S. 114 f.
138 Die Risikoartenbezeichnungen – und definitionen sind meist ähnlich, aber nicht immer deckungsgleich. So werden z. B. anstatt Adressenausfallrisiko auch Kontrahenten- oder Kreditrisiko verwendet. Vielfach finden auch die englischen Begriffe Anwendung, so z. B. für Adressenausfallrisiko der Bergriff „credit risk".
139 Darüber hinaus gibt es weitere, hier nicht weiter behandelte Risikoarten in einer Unternehmung, wie z. B. Liquiditätsrisiken, operationelle Risiken, rechtliches Risiken.
140 Vgl. RV *EU (2008)*, S. 425. Bezüglich weiterer Definitionen von Risikoarten vgl. u. a. *Verband Deutscher Treasurer e.V.*, S. 25 ff. und RV *DRS 5-10*, Tz 23 ff.
141 Bezüglich Details zum Zins- und Schuldenmanagement vgl. *Kühne (2008d)* und *Kühne (2009)*.
142 Bezüglich Details zum Fremdwährungsmanagement vgl. *Heinrich (2008)* und *Heinrich (2009b)*.

sonstigen Preisrisikos**, von denen das Aktienkurs- und das Rohstoffpreisrisiko die wichtigsten Risken dieser Gruppe darstellen. Gegenstand des **Aktienkursrisikos** ist die Gefahr, dass Aktienkurse bzw. -indizes aufgrund von nicht erwarteten Marktveränderungen (z. B. Marktzinsänderungen, neue Informationen über das Unternehmen bzw. die Volkswirtschaft) fallen. **Rohstoffpreisrisiken**

(Commodity-Risiken)[143] ergeben sich durch Veränderungen von Preisen für z. B. (Roh-) Öl und Ölprodukte (u. a. Kerosin, Diesel), Metalle (u. a. Kupfer, Aluminium, Blei, Nickel, Zinn, Zink), Energien und Verschmutzungsrechte.[144]

3.3.3.2 Adressenausfallrisiko

Unter Adressenausfallrisiko versteht man die Gefahr, dass der Vertragspartner seinen vertraglichen Verpflichtungen nicht bzw. nicht vollständig nachkommt. Das Kontrahentenrisiko bei originären Finanzinstrumenten besteht in dem (Teil-) Ausfall des ausstehenden Nominalbetrages. Bei Derivaten besteht ein Adressenausfallrisiko, sobald der Marktwert des Derivats positiv ist.

3.3.4 Derivate-Matrix

Durch Kombination der Derivatearten (Kap. 3.3.1) mit den Risikoarten (Kap. 3.3.3) ergibt sich die in Abb. 24 dargestellte Derivate-Matrix, die einen Überblick über die gängigsten Derivate im Einzelnen darstellt. Eine vollständige Übersicht aller Derivate ist aufgrund der Vielzahl am Markt gehandelter Produkte sowie der Schnelllebigkeit dieser Produkte nicht möglich und auch nicht sinnvoll. Wichtig ist, die Gesamtstruktur der Derivate zu kennen, und diese ist Gegenstand der nachfolgenden Abb.

---

143 Bezüglich Details zum Rohstoffmanagement vgl. *Kühne (2008c)*.
144 Vgl. *Sentker*, S. 69. Bezüglich Energiepreisabsicherung mit Derivaten vgl. *Braun*.

3. Finanzinstrumente (Treasury-Produkte)

Abb. 24: Derivate-Matrix[145]

Derivatearten \ Risikoarten	A Swap	B Forwards	C Future	D Option Call	E Option Put	F Strukturierte Derivate
	Plain vanilla Derivate					Strukturierte Derivate
MARKTPREIS-RISIKO						
1 Zinsrisiko	Zins-Swap	Forward Rate Agreement (FRA)	Zins-Future	Call auf Anleihe	Put auf Anleihe	Puttable- / Callable-Zins-Swap
	Basis-Zins-Swap	Forward Forward Deposit (FFD)		Cap	Floor	
	Zins-Swaption / Forward-Zins-Swap	Termingeschäfte auf Anleihen		Collar		
2 Fremdwährungsrisiko	Währungs-Swap	Devisen-Termingeschäft	Future auf Fremdwährungen	Devisen-Call	Devisen-Put	Strukturierte Devisen-Option
	Zins-/Währungs-Swap	Devisen-Swap				Fremdwährungs-Eventual-Termingeschäft
	Basis-Währungs-Swap					
3 Aktienkursrisiko	Total Return-Swap	Aktien-Termingeschäft	Aktienindex-Future	Call auf Aktie	Put auf Aktie	Bull-Spread
4 Rohstoffpreisrisiko	Waren-Swap	Waren-Termingeschäft	Waren-Future	Waren-Call	Waren-Put	Waren-Eventual-Termingeschäft
ADRESSEN-AUSFALLRISIKO						
5	Credit Default Swap (CDS)					

---

[145] Detaillierte Produktbeschreibungen von Derivaten enthalten u.a. Kühne (2008c), Kühne (2008d), Kühne (2009) sowie Heinrich (2008) und Heinrich (2009b).

III. IAS/IFRS

1. Grundlagen

Überblick

34 Wie bereits in Kap. II.2.2.2.2 dargestellt, verteilen sich die Finanzinstrumente betreffenden Vorschriften auf die Standards IAS 32, IAS 39 und IFRS 7.[146] In den nachfolgenden Kapiteln geht es schwerpunktmäßig um Ansatz- und Bewertungsfragen und damit um den IAS 39. Hierbei wird allerdings auf bestimmte Definitionen zurückgegriffen, die Gegenstand des IAS 32 sind. IFRS 7 beschäftigt sich dahingegen mit Ausweisfragen.

> **HINWEIS:**
>
> 35 *Anwendungsbereich IAS 39 und IFRS 7*
>
> *Zu beachten ist, dass bestimmte Arten von Finanzinstrumenten für Ansatz- und Bewertungsfragen nicht zu berücksichtigen sind, da sie nicht in den Anwendungsbereich des IAS 39 fallen (siehe Kap. 1.1.2). Nichtsdestotrotz sind für einen Teil dieser vom IAS 39 ausgenommenen Finanzinstrumente Anhangsangaben gemäß IFRS 7 zu tätigen (IFRS 7.4).*

> **BEISPIEL:**
>
> 36 *In der Regel sind **Kreditzusagen** nach IAS 39 nicht zu bilanzieren, da sie nicht unter den Anwendungsbereich des IAS 39 fallen (IAS 39.2h). Sie fallen aber sehr wohl in den Anwendungsbereich des IFRS 7, und dementsprechend sind über Kreditzusagen bestimmte Informationen gemäß IFRS 7 offen zu legen (IFRS 7.4).*

1.1 Anwendungsbereich

1.1.1 Grundsatz

> **GESETZ:**
>
> 37 **IAS 39.2**
>
> Dieser Standard ist von allen Unternehmen auf alle Arten von Finanzinstrumenten anzuwenden, ausgenommen davon sind die unter Kap. 1.1.2 dargestellten Ausnahmen.
>
> 38 Der IAS 39 ist kein branchenspezifischer Standard, gilt also z. B. nicht nur für Kreditinstitute, sondern für alle Unternehmen, die Finanzinstrumente besitzen. Was genau ein Finanzinstrument ist, behandelt Kap. 1.2.

---

146 Vgl. **RV** EU (2008), S. 179-194; S. 270-322; S. 417-432 und **RV** IDW RS HFA 9.

1. Grundlagen

1.1.2 Ausnahmen vom Anwendungsbereich

1.1.2.1 Einordnung

Auch nach IFRS gilt der Grundsatz lex specialis geht vor lex generalis. Das heißt, man untersucht zunächst die speziellste Vorschrift. Wird man dort nicht fündig, „hangelt" man sich über immer weniger spezielle Vorschriften so lange vor, bis man fündig geworden ist. Die unter Kap. 1.1.2.2 dargestellten Sachverhalte erfüllen möglicherweise die Definition eines Finanzinstrumentes i. S. d. IAS 39, sind aber dennoch nicht Gegenstand des IAS-39-Anwendungsbereiches, da sie in eigenen, spezielleren Standards geregelt sind.

Trotz einer Vielzahl von Definitionen und den klar umrissenen Ausnahmen, für die es spezielle IFRS-Vorschriften gibt, verbleiben bei der komplexen Thematik „Finanzinstrumente" eine Vielzahl von Abgrenzungsfragen. Diese sind Gegenstand des Kap. 1.1.2.3.

1.1.2.2 Lex specialis

IAS 39.2 führt nachfolgende Ausnahmen des Anwendungsbereiches des IAS 39 auf, für die es eigene, spezielle Vorschriften gibt:

- IAS 39.2 (a)

  Beteiligungen (z. B. Aktien, GmbH-Anteile) sind unter bestimmten Voraussetzungen nicht als Finanzinstrumente i. S. d. IAS 39, sondern entweder als „Anteile an Tochterunternehmen" (IAS 27), „Anteile an assoziierten Unternehmen" (IAS 28) oder aber „Anteile an Joint Ventures" (IAS 31) nach den in den Klammerzusätzen aufgeführten Standards zu bilanzieren. Wann eine Beteiligung in diesem Sinne vorliegt, ist in Kap. 2.6 näher erläutert.

- IAS 39.2 (b)

  Für **Leasing** gibt es den speziellen Standard IAS 17 („Leasingverhältnisse"). Die aus den Leasingvorschriften zu bilanzierenden Forderungen und Verbindlichkeiten unterliegen allerdings den Vorschriften des IAS 39 bezüglich Impairment, Ausbuchung und eingebetteter Derivate.

- IAS 39.2 (c)

  Rechte und Verpflichtungen eines Arbeitgebers aus Altersversorgungsplänen (**Pensionsverpflichtungen**) sind im IAS 19 („Leistungen an Arbeitnehmer") speziell geregelt.

- IAS 39.2 (d)

  Eigene Eigenkapitalinstrumente (Emittentensicht) sind nicht Gegenstand des IAS 39. Gehaltene Eigenkapitalinstrumente (Investorensicht) sind dahingegen Gegenstand des IAS 39, außer sie stellen eine Beteiligung i. S. d. des IAS 39.2 (a) dar. Bezüglich der Definition von Eigenkapitalinstrumenten siehe auch Kap. 1.2.

- IAS 39.2 (e)

  Gegebene Versicherungen (Emittentensicht) sind Gegenstand des IFRS 4 („Versicherungsverträge"), außer sie stellen eine (gegebene) Finanzgarantie i. S. d. IAS 39 oder ein Derivat i. S. d. IAS 39 dar.

- IAS 39.2 (f)

Verträge mit bedingter Gegenleistung im Rahmen eines Unternehmenszusammenschlusses (siehe **IFRS 3 „Unternehmenszusammenschlüsse"**). Diese Ausnahme ist nur auf Erwerbe anzuwenden.

- IAS 39.2 (g)

Verträge zwischen einem Erwerber und einem Verkäufer in einem **Unternehmenszusammenschluss**, das erworbene Unternehmen zu einem zukünftigen Zeitpunkt zu erwerben oder zu veräußern.

- IAS 39.2 (h)

Kreditzusagen, soweit sie nicht unter die unter Kap. 1.1.2.3.1 aufgeführten Fälle fallen, sind Gegenstand der Regelungen des IAS 37 („Rückstellungen, Eventualschulden und Eventualforderungen"). Allerdings fallen sämtliche Kreditzusagen unter die Ausbuchungsvorschriften (derecognition) des IAS 39.

- IAS 39.2 (i)

Finanzinstrumente, Verträge und Verpflichtungen im Zusammenhang mit aktienbasierten Vergütungstransaktionen, auf die IFRS 2 **„Aktienbasierte Vergütung"** Anwendung findet und die daher grundsätzlich nicht Gegenstand des IAS 39 sind.

- IAS 39.2 (j)

Rechte und Zahlungen zur Erstattung von Ausgaben, zu denen das Unternehmen verpflichtet ist, um eine Schuld zu begleichen, die es als **Rückstellung** gemäß IAS 37 („Rückstellungen, Eventualschulden und Eventualforderungen") ansetzt oder angesetzt hat.

1.1.2.3 Abgrenzungsprobleme

1.1.2.3.1 Kreditzusagen

Grundsätzlich sind unwiderrufliche Kreditzusagen (Liquiditätszusagen), wie oben dargestellt, gem. IAS 39.2 (h) vom Anwendungsbereich des IAS 39 ausgeschlossen. Hiervon gibt es aber bestimmte Ausnahmen (IAS 39.4):

- Anwendung der sog. Fair Value Option, also freiwillige Designation zur FVTPL-Kategorie (siehe Kap. 4.2.1.1.2) oder
- das Unternehmen hat in der Vergangenheit die aus den Kreditzusagen hervorgegangenen Vermögenswerte kurz nach der Vergabe verkauft oder
- die Kreditzusagen können durch Barausgleich oder Lieferung oder Emission eines anderen Finanzinstruments beglichen werden oder
- Kreditzusagen, die unter Marktkonditionen vergeben werden. Hier erfolgt die Folgebewertung wie bei emittierten Finanzgarantien (siehe Kap. 1.1.2.3.2) gemäß IAS 39.47 (d).

Kreditzusagen, die in den Anwendungsbereich des IAS 39 fallen, werden der Kategorie FVTPL zugeordnet und sind somit zum beizulegenden Zeitwert zu bewerten. Für sämtliche Kreditzusagen, die nicht in den Anwendungsbereich von IAS 39 fallen, hat der Kreditgeber bis zum Erfüllungszeitpunkt (tatsächliche Kreditausreichung) die Kreditzusage gemäß IAS 37 auf die Bildung einer möglichen Rückstellung/Verbindlichkeit zu prüfen.

Beispiele für eine unwiderrufliche Kreditzusage sind z. B. die Zusage von festen Konditionen im Rahmen einer Baufinanzierung oder die Einräumung einer Geldhandelslinie. Dahingegen wäre z. B. ein Forward-Darlehen, bei dem der potentielle Kreditnehmer die Möglichkeit hat, gegen Zahlung einer Entschädigung das Darlehen nicht in Anspruch zu nehmen, keine Kreditzusage, sondern ein Derivat i. S. d. IAS 39. Ein solches Forward-Darlehen wäre nach IAS 39 als Derivat ab dem Zusagezeitpunkt zu bilanzieren.

1.1.2.3.2 Finanzgarantien

Die in IAS 39.2 (e) dargestellte Abgrenzung zwischen Versicherungsvertrag, (Kredit-) Derivat, (gegebener) Finanzgarantie und Garantien, die gem. IAS 37 zu bilanzieren sind, ist in der Praxis nicht immer auf den ersten Blick eindeutig und bedarf oft einer genaueren bilanziellen Würdigung.

Zur Absicherung der Ausfallrisiken von Forderungen (Kreditrisiko) steht Unternehmen heute – neben den klassischen Kreditsicherheiten – eine breite Palette von Finanzprodukten zur Verfügung: Garantieverträge, Kreditversicherungsverträge oder innovative Instrumente wie z. B. Kreditderivate. Bei Kreditinstituten kommen Finanzgarantien in der rechtlichen Form von Bankgarantien, Bürgschaften, Zahlungsgarantien oder Stand-by Letters of Credit vor. Diese Vertragstypen sind wenig standardisiert und werden meist auf individuelle Bedürfnisse zugeschnitten; dementsprechend schwierig ist auch die Entwicklung allgemeingültiger Bilanzierungsregeln. Je nach Einstufung in eine der nachfolgend genannten Kategorien erfolgt eine unterschiedliche bilanzielle Behandlung.

1) Versicherungsvertrag (IFRS 4)

Erfüllt die Garantie die Definition eines Versicherungsvertrages, so ist die Garantie nach diesen Vorschriften zu bilanzieren.

2) Derivat (IAS 39)

Erfüllt die Garantie die allgemeinen Kriterien eines Derivates gemäß IAS 39.9 (siehe Kap. 1.2), dann haben sowohl Sicherungsgeber als auch -nehmer die Garantie als Derivat gemäß den IAS-39-Vorschriften zu bilanzieren und der IAS-39-Kategorie „Trading" TRD zuzuordnen. Das bedeutet, beide haben die Garantie, am Handelstag zu bilanzieren und in der Folge mit dem Fair Value zu bilanzieren, wobei die Fair-Value-Veränderung in der GuV zu zeigen ist. Typisches Beispiel für ein solches Finanzinstrument ist ein Credit Default Swap gem. ISDA.

3) Finanzgarantie (IAS 39)

Eine Finanzgarantie i. S. d IAS 39 ist wie folgt definiert:

> **GESETZ:**
>
> *IAS 39.9 (Finanzgarantie)*
>
> *„Eine Finanzgarantie ist ein Vertrag, bei dem der Garantiegeber zur Leistung bestimmter Zahlungen verpflichtet ist, die den Garantienehmer für einen Verlust entschädigen, der entsteht, weil ein bestimmter Schuldner seinen Zahlungsverpflichtungen nicht fristgemäß den ursprünglichen oder geänderten Bedingungen eines Schuldinstruments nachkommt."*

Somit charakterisieren folgende Punkte eine Finanzgarantie nach IAS 39.9:

- vertragliche Vereinbarung
- gilt nur für den Garantiegeber. Aus Sicht des Garantienehmers kann nie eine Finanzgarantie i. S. d. IAS 39 vorliegen. Allerdings ist eine erhaltene Finanzgarantie beim Impairment-Test (siehe Kap. 4.3.3) des Underlyings zu berücksichtigen.
- zugrunde liegendes Schuldinstrument mit folgenden Bestimmungen:
  - Zahlungsverpflichtung mit Fälligkeitstermin
  - Spezifizierter Schuldner

- Nichterfüllung bei Fälligkeit (Zahlungsausfall)
- Entschädigung für einen eingetretenen Verlust.

Der Unterschied zwischen einem Kreditderivat und einer Finanzgarantie wird anhand der nachfolgenden Abbildung verdeutlicht:

Abb. 25: Finanzgarantie versus Kreditderivat

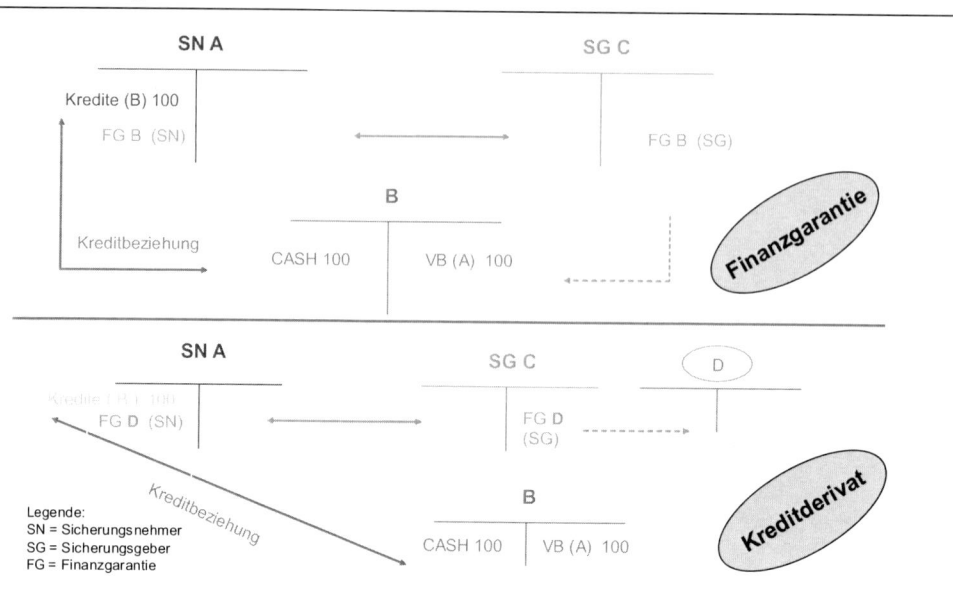

Bei einer gegebenen Finanzgarantie erfolgt durch den Sicherungsgeber C (SG C) **nur dann** eine Ausgleichzahlung an den Sicherungsnehmer A (SN A), wenn SN A seinerseits einen **tatsächlichen Ausfall** aus seinem Engagement gegenüber B **erleidet**.

Bei einem Kreditderivat muss SG C an SN A **(bereits) dann** zahlen, wenn die vereinbarten **Trigger Events** bezogen auf das Referenzfinanzinstrument (hier D) **unterschritten** werden. Zahlungen können hier also nicht erst bei Ausfall, sondern z. B. schon bei Down-Rating erfolgen (somit schneller/eher als bei einer Finanzgarantie). Zudem muss der SN A selber nicht einen Verlust aus dem – dem Kreditderivat zugrunde liegenden – Referenzfinanzinstrument haben. Im Beispiel hat SN A gar keine Forderung gegenüber D, sondern gegenüber B.

4) Finanzinstrument, welches nach IAS 37 zu bilanzieren ist.

Liegt keiner der genannten Fälle vor, so ist die Garantie nicht „on-balance" im Vergabezeitpunkt zu erfassen. Diese Garantien sind dann beim Sicherungsgeber im Rahmen der üblichen Rückstellungsbewertung gem. IAS 37 zu beurteilen.

1.1.2.3.3 Warentermingeschäfte

Anders als Finanzderivate[147] sehen Warentermingeschäfte[148] (Verträge, bei denen auf Termin nichtfinanzielle Vermögenswerte gekauft oder verkauft werden) i. d. R. keinen Barausgleich vor, sondern die physische Lieferung zum Erfüllungszeitpunkt. Ob Warentermingeschäfte nach IFRS daher als (zu bilanzierende) Finanzinstrumente einzustufen sind, hängt letztendlich von der voraussichtlichen

---

147 Finanzderivate sind alle Derivate, bis auf die Warenderivate; vgl. Abb. 24 Zeile 4 „Rohstoffpreisrisiko".
148 Unter Warentermingeschäfte werden hier alle Warenderivate subsumiert; vgl. Abb. 24 Zeile 4 „Rohstoffpreisrisiko".

1. Grundlagen

Vertragserfüllung ab. Nur wenn die Abwicklung am Ende der Laufzeit durch ein sog. **Net Settlement** erfolgt, fallen Warentermingeschäfte gemäß IAS 39.5 in den Anwendungsfall des IAS 39 und sind zu bilanzieren. Unter Net Settlement wird in diesem Zusammenhang die Erfüllung in bar oder einem anderen Finanzinstrument anstatt der eigentlichen Ware verstanden. Anders dahingegen Verträge, die „zum Zweck des Empfangs oder der Lieferung von nicht finanziellen Posten gemäß dem erwarteten Einkaufs-, Verkaufs- oder Nutzungsbedarf des Unternehmens abgeschlossen wurden und in diesem Sinne weiter behandelt werden" (sog. **Own-Use-Kontrakte** oder Normal-Purchase-or-Sale-Kontrakte).[149]

> **BEISPIEL:**
>
> **1) Nicht-Bilanzierung eines Warentermingeschäfts**
>
> Raffinerie A kauft auf Termin 1 Mio. Barrel Öl, welches bei Lieferung für die Produktion benötigt wird.
>
> Hier liegt ein sog. Own-Use-Kontrakt vor mit der Konsequenz, dass das Warentermingeschäft selber nicht zu bilanzieren ist. Hier wird nur das dann in Zukunft gelieferte Öl ab dem Lieferzeitpunkt bilanziert.

Bilanzierung eines Warentermingeschäftes

Unternehmen B kauft auf Termin 1 Mio. Barrel Öl mit Barausgleich, da es die Erwartung steigender Ölpreise hat und hieran partizipieren will.

Sind langfristige Bezugskontrakte als Derivat gemäß IAS 39 zu bilanzieren (z. B. bei Unternehmen der Energiewirtschaft), dann stellt sich oft ein **Bewertungsproblem**, da es für diese Kontrakte keinen aktiven Markt gibt. Dem Bilanzierenden bleibt dann nichts anderes übrig, als detaillierte finanzwirtschaftliche Prognosemodelle zu entwickeln.

Warentermingeschäfte, die ihrer Grundstruktur nach nicht in den Anwendungsbereich des IAS 39 fallen, beinhalten oft Strukturen, die isoliert betrachtet als zu bilanzierendes Derivat einzustufen wären (siehe Kap. 2.5.2 „Embedded Derivatives").

> **LITERATUR:**
>
> 1) Die IDW Entwurf-Stellungnahme zur Rechnungslegung von Einzelfragen zur Bilanzierung von Verträgen über den Kauf oder Verkauf von nicht-finanziellen Posten nach IAS 39 (IDW RS HFA 25[150]) vom 30.05.2008 befasst sich mit ausgewählten Bilanzierungssachverhalten zu dieser Thematik.
>
> 2) „Management von Rohstoffrisiken" von Eller/Heinrich/Perrot/Reif.[151]

1.1.3 Mittelstandsrelevanter Anwendungsbereich

Für Unternehmen außerhalb des Finanzsektors, insbesondere für den Mittelstand, dürften nur bestimmte Teile des IAS 39 von Interesse sein. Nach Kehm/Lüdenbach[152] sind dies im Wesentlichen:

- **Factoring**
  Ausbuchung von Forderungen bei Factoring
  → IFRS-Stichwort „*derecognition*"; vgl. Kap. 2.4.

- **Debitoren-Forderungen**
  Wertberichtigung auf Debitoren-Forderungen und andere Forderungen
  → IFRS Stichwort „*impairment*"; vgl. Kap. 4.3.3.

---
149 Vgl. u. a. *Prokop*.
150 RV *IDW RS HFA 25*. Vgl. auch *Engelbrechts-Müller/Fuchs* und *Fladt/Vielmeyer*.
151 Vgl. *Eller/Heinrich/Perrot/Reif*.
152 Vgl. *Kehm/Lüdenbach*, S. 1214 f.; *Lüdenbach*, S. 143 ff.; *Pöller (2008a)*.

- **Darlehen**
  Bewertung von Darlehen (mit Agio/Disagio) beim Schuldner und Gläubiger
  → IFRS Stichwort „*amortised cost*" (AC) vgl. Kap. 4.3.2.1.
- **Beteiligungen/Eigenkapitalpapiere**
  Bewertung von börsennotierten und nicht börsennotierten gehaltenen Beteiligungen/Eigenkapitalpapiere
  → IFRS Stichwort „Beteiligungen" und „available for sale" (AFS); vgl. Kap. 2.6 und Kap. 4.2.1.4.
- **Fremdkapitalpapiere**
  Bewertung von börsennotierten Fremdkapitalpapieren
  → IFRS-Stichwort „Checkliste IAS 39-Kategorien'"; vgl. Kap. 4.2.3.
- **Fremdwährungs-Derivate**
  Ansatz und Bewertung von Derivaten zur Absicherung von z. B. Fremdwährungsrisiken aus zukünftigen Beschaffungsvorgängen
  → IFRS-Stichwort „*hedge accounting*"; vgl. Kap. 5.4.2 und Kap. 5.4.3.

1.2 Definitionen

71 Um beurteilen zu können, wie Finanzinstrumente nach IFRS zu bilanzieren sind, ist zunächst einmal zu prüfen, ob diese Geschäfte unter die Definition eines Finanzinstrumentes i. S. der IFRS fallen. Die Definitionen bezüglich Finanzinstrumente sind im IAS 32 geregelt.

72 Die zentralen Begriffe in diesem Zusammenhang sind die Begriffe „Finanzinstrumente", „finanzielle Vermögenswerte", „finanzielle Verbindlichkeiten", „Eigenkapitalinstrumente".

§ GESETZ:

IAS 32.11

„Finanzinstrumente (financial instruments)

73 *Ein Finanzinstrument ist ein Vertrag, der gleichzeitig*
- *bei dem einen Unternehmen zu einem (1) finanziellen Vermögenswert und*
- *bei dem anderen zu einer (2) finanziellen Verbindlichkeit oder einem (3) Eigenkapitalinstrument führt.*

(1) Finanzielle Vermögenswerte (financial assets) umfassen:

74
- *(a) Flüssige Mittel*
- *(b) ein als Aktivum gehaltenes Eigenkapitalinstrument eines anderen Unternehmens*
- *(c) ein vertragliches Recht*
- *(c1) flüssige Mittel oder andere finanzielle Vermögenswerte von einem anderen Unternehmen zu erhalten oder*
- *(c2) Finanzinstrumente mit einem anderen Unternehmen unter potenziellen vorteilhaften Bedingungen austauschen zu können*
- *(d) einen Vertrag, der in eigenen Eigenkapitalinstrumenten des Unternehmens erfüllt wird oder werden kann [...]*

(2) Finanzielle Verbindlichkeiten (financial liabilities) umfassen:

75
- *(a) Eine vertragliche Verpflichtung*
- *(a1) flüssige Mittel oder einen anderen finanziellen Vermögenswert an ein anderes Unternehmen abzugeben oder*
- *(a2) Finanzinstrumente mit einem anderen Unternehmen unter potenziell nachteiligen Bedingungen austauschen zu müssen oder*

1. Grundlagen

- *(b) einen Vertrag, der in eigenen Eigenkapitalinstrumenten des Unternehmens erfüllt wird oder werden kann [...]*

(3) Eigenkapitalinstrument:

Ein Eigenkapitalinstrument ist ein Vertrag, der einen Residualanspruch an den Vermögenswerten eines Unternehmens nach Abzug aller Schulden begründet."

Finanzinstrumente können die gesamte Palette an Geld- und Kapitalmarktgeschäften umfassen. Hierunter fallen in Anlehnung an Kap. II.3 sowohl Kassageschäfte (wie z. B. Bonds, Aktien) als auch derivative Finanzinstrumente (wie z. B. Zins-Swaps, Aktienoptionen). Finanzinstrumente können sowohl plain-vanilla Fremdkapitalpapiere (z. B. Schuldscheindarlehen) und plain-vanilla-Eigenkapitalpapiere (Aktien) umfassen als auch sog. Mezzanine-Kapital (z. B. Wandelanleihen, Genussrechte, Nachrangverbindlichkeiten). Sie können auf die Berichtswährung (z. B. Euro) als auch auf Fremdwährung (z. B. USD) lauten und können die Aktivseite der Bilanz (Investorsicht, long positions) genauso betreffen wie die Passivseite (Emissionssicht, short positions). Alle diese genannten Geschäfte mit ihrer Vielzahl von konkreten Ausprägungen fallen grundsätzlich unter den Begriff des Finanzinstrumentes i. S. d. IAS 32.

Bezüglich der Eigenkapitalinstrumente i. S. d. IAS 32 (3) ist darauf zu achten, dass diese aus Sicht des Standards „passivisch" definiert sind; es geht hier also um Eigenkapital auf der Passivseite des eigenen Unternehmens (Emissionssicht). Diese Eigenkapitalinstrumente stellen zwar ein Finanzinstrument im Sinne des IAS 32 dar, sind aber keine finanziellen Vermögenswerte oder finanziellen Verbindlichkeiten und fallen daher nicht unter den Anwendungsbereich des IAS 39 (siehe auch Kap. 1.1.2.2) Eigene Eigenkapitalinstrumente unterliegen nach IFRS daher keiner Marktbewertung (allerdings sind sie im Eigenkapitalspiegel abzubilden). Anders dahingegen bei einem als „Aktivum gehaltenes Eigenkapitalinstrument" (1b). Dieses fällt als finanzieller Vermögenswert sehr wohl unter den IAS 39 und wird dementsprechend mit dem Marktwert bewertet (Investorensicht).

Für das weitere Verständnis der nachfolgenden Kapitel noch eine Definition aus dem IAS 39.9:

GESETZ:

IAS 39.9 – Derivative (Derivative Finanzinstrumente)

„Ein Derivat i. S. d. IAS 39 muss alle drei folgenden Merkmale erfüllen:

- *(a) der Wert des Derivats ändert sich infolge einer Änderung eines genannten Zinssatzes, Wertpapierkurses, Rohstoffpreises, Wechselkurses, Preis- oder Zinsindexes, Bonitätsratings oder Kreditindexes oder einer ähnlichen Variabel (auch Basisobjekt) und*
- *(b) fordert keine Anschaffungsauszahlung oder eine, die im Vergleich zu anderen Vertragsformen, von denen zu erwarten ist, dass sie in ähnlicher Weise auf Änderungen der Marktbedingungen reagieren, geringer ist, und*
- *(c) es wird zu einem späteren Zeitpunkt beglichen."*

2. Ansatz

2.1 Derivate und Unter-Strich-Positionen bei Kreditinstituten

81 Hier geht es um die Frage, ob die nachfolgenden Geschäfte überhaupt in der Bilanz zu erfassen sind.

2.1.1 Derivate

82 Derivate erfüllen grundsätzlich die Definitionsmerkmale eines Finanzinstrumentes gemäß IAS 32.11 (siehe Kap. 1.2) und sind daher in der IFRS-Bilanz abzubilden. Insofern ist die Memo-Buchhaltung aus der HGB-Welt in IFRS zu einer richtigen Nebenbuchhaltung auszubauen.

2.1.2 Unter-Strich-Positionen bei Kreditinstituten

83 Nach HGB sind Haftungsverhältnisse (Eventual- und andere Verpflichtungen) – wie z. B. Bürgschaften, Avale, unwiderrufliche Kreditzusagen, Transfererklärungen – zwar nicht unmittelbar in der Bilanz, aber (ggf.) unter dem Strich auf der Passivseite der HGB-Bilanz aufzuführen (siehe Kap. IV.2.1.2). Unter-Strich-Positionen kennt IFRS nicht: entweder erfolgt ein Darstellung in der Bilanz oder aber in den Anhangsangaben. Angaben über Eventual- und andere Verpflichtungen sind nach IFRS Gegenstand der Anhangsangaben.

2.2 Interne Geschäfte

84 Geschäfte zwischen verschiedenen Organisationseinheiten eines Konzerns werden allgemein als „interne Geschäfte" bezeichnet. Bei der Beurteilung, ob solche internen Geschäfte überhaupt in der Buchhaltung zu erfassen sind und wenn ja, ob sie im Rahmen der Bilanzerstellung wieder herausgerechnet werden müssen (Konsolidierung), sind nachfolgend aufgeführte Arten von internen Geschäften zu differenzieren.

2. Ansatz

Abb. 26: Arten von internen Geschäften

Arten von Internen Geschäften		
Nr	Art	Beschreibung
1	Intra-office	Organisationseinheiten in der gleichen Niederlassung
2	Inter-office inländisch	Niederlassung Inland
3	Inter-office grenzüberschreitend	Niederlassung Ausland
4	Inter-company	Tochterunternehmen <u>ist</u> in die Konzern-Konsolidierung einbezogen
5	Konsolidierungskreis-extern	Tochterunternehmen ist <u>nicht</u> in die Konzern-Konsolidierung einbezogen

IFRS verbietet explizit (anders als HGB) in IAS 39.73 und IAS 39.IG F.1.4 die Bilanzierung von internen Geschäften.

Die Geschäfte der Nr. 4 und 5 aus Abb. 26 sind in den Buchhaltungen der jeweiligen Tochtergesellschaften zu erfassen, da sie in der jeweiligen Einzelbilanz dieser Tochtergesellschaften zu bilanzieren sind. Bei Nr. 4 wird dieses Geschäft dann allerdings in der Konzernbuchhaltung wieder herauskonsolidiert, sodass Geschäft Nr. 4 letztendlich in die Konzernbilanz keinen Eingang findet. Sie können daher auf Konzernabschlussebene auch nicht für Hedge Accounting designiert werden (Tz. 734), sehr wohl aber auf Einzelabschlussebene.

Gegenstand der Treasury sind des Öfteren aber auch Geschäfte, die unter die Nr. 1 bis 3 aus Abb. 26 fallen; dies sind Geschäfte innerhalb einer einzigen Unternehmung (Rechtsform). Zivilrechtlich bestehen diese Geschäfte in der Außendarstellung gar nicht, denn ein und derselbe Counterpart schließt – auf Rechtsformebene betrachtet – ein Geschäft mit sich selbst ab. Für steuerliche Zwecke ist es allerdings notwendig, dass die Geschäfte der Nr. 3 in der lokalen Buchhaltung erfasst werden. Die Erfassung der Geschäfte Nr. 1 und Nr. 2 sind aus bilanzrechtlicher Sicht dahingegen nicht nur nicht notwendig, sondern grundsätzlich auch nicht erlaubt.[153] Allerdings kann es unternehmensinterne, organisatorische Gründe geben, warum solche Geschäfte zunächst in der Buchhaltung erfasst werden. So kann z.B. über solche internen Geschäfte eine verbesserte Zurechnung der (betriebswirtschaftlichen) Ergebnisbeiträge zu einzelnen Verantwortlichkeitsbereichen erreicht werden (Profit Center-Rechnung). Dies ist insbesondere in Unternehmen der Fall, in denen Finanzinstrumente nach Risiken und/oder Produktgruppen getrennt gesteuert und gehandelt werden (z.B. Kreditinstitute). Aus welchen Gründen auch immer die Geschäfte Nr. 1 bis 3 in der Buchhaltung erfasst wurden, für die Erstellung der Einzelbilanz sind sie wieder herauszurechnen.

---

[153] Ausnahme vom Verbot der bilanziellen Berücksichtigung von internen Geschäften (Nr. 1 bis Nr. 3): Ein Fremdwährungsrisiko aus einem konzerninternen Posten (beispielsweise einer Forderung oder einer Verbindlichkeit) einer hoch wahrscheinlichen Transaktion darf gem. IAS 39.80 grundsätzlich als Grundgeschäft eines Cashflow Hedge designiert werden.

2.3 Bilanzierungstag

Einordnung

Während es bei dem Thema Ansatz bisher um die Fragestellung ging, ob ein Sachverhalt überhaupt in der Bilanz anzusetzen ist, stellt sich hier nun nicht die Frage nach dem „ob", sondern nach dem „wann".

Gemäß IAS 39.14 ist ein Finanzinstrument dann in der Bilanz anzusetzen, „wenn das Unternehmen Vertragspartei des Finanzinstrumentes wird" und die Übertragung des Finanzinstrumentes die Ausbuchungsvorschriften des IAS 39 (derecognition) erfüllen. Letzteres sei in den hier beschriebenen Fällen erfüllt, sodass sich hier die Fragestellung allein auf den Zeitpunkt der Erfassung (trade date oder settlement date) konzentriert. Fälle, in denen die Ausbuchungsvorschriften nicht oder nur teilweise erfüllt sind, beinhaltet das Kap. 2.4.

Ⓢ GESETZ:

IAS 39.14 – Erstmaliger Ansatz von Finanzinstrumenten

„Ein Unternehmen hat einen finanziellen Vermögenswert oder eine finanzielle Schuld nur dann, in seiner Bilanz anzusetzen, wenn es Vertragspartei des Finanzinstruments wird."

Grundsätzlich sind die Geschäfte ab dem Zeitpunkt zu erfassen, ab dem das juristische (bzw. wirtschaftliche) Eigentum übergeht. Rechtsgrundlage hierfür ist in der Regel ein Kaufvertrag. Dieser besteht aus einem Verpflichtungsgeschäft (am Handelstag, trade date) und zwei Erfüllungsgeschäften (am Erfüllungstag, settlement date, meist gleich dem Valutatag). Je nach Geschäft- und/oder Marktusancen liegen zwischen Handelstag und Valutatag mehrere Tage, Wochen, Monate oder sogar Jahre.

IAS 39.AG35 unterscheidet in diesem Zusammenhang zwischen folgenden vier (bzw. fünf) Gruppen von Finanzinstrumenten (siehe a bis e), auf deren Ansatzbilanzierung dann in den nachfolgenden Kapiteln im Einzelnen eingegangen wird.

Ⓢ GESETZ:

IAS 39.AG35

Beispiele für finanzielle Vermögenswerte und finanzielle Verbindlichkeiten:

„(a) unbedingte Forderungen und Verbindlichkeiten (unconditional rights and obligations, nachfolgend auch als originäre Finanzinstrumente oder Kassageschäfte bezeichnet),

(b) feste Verpflichtungen (firm commitments)

(c + d) derivative Finanzinstrumente (forward contracts und option contracts)

(e) geplante künftige Geschäftsvorfälle (planed future transactions)."

❶ HINWEIS:

Abgleich Treasury/Rechnungswesen

Die Erfassung in der Treasury weicht möglicherweise bei der einen oder anderen der nachfolgend genannten Gruppen von dem bilanziellen Erfassungszeitpunkt ab, sodass diesbezüglich die Performance-Darstellung der Treasury von dem Bilanz-/GuV-Reporting abweichen kann.

2.3.1 Kassageschäfte (unbedingte Forderungen und Verbindlichkeiten)

Bei Kassageschäften (originäre Finanzinstrumente) fallen – anders als bei Termingeschäften – Handels- und Valutatag kaum auseinander. Aber auch hier können einige Tage dazwischen liegen (i.d.R. 2 Tage).

Für „gewöhnliche" Kassageschäfte (regular way purchase or sale of financial assets) sieht IAS 39. IG.D.2 ein Wahlrecht zwischen Trade Date und Settlement Date Accounting vor. Das Wahlrecht ist allerdings einheitlich für Finanzinstrumente einer IAS-39-Kategorie auszuüben.

Bezüglich der valutagerechten Buchung nach HGB/MaRisk/MaH siehe Kap. IV.2.3.

Bezüglich der Besonderheiten beim Hedge Accounting von Kassageschäften im Zusammenhang mit der Thematik Trade versus Settlement Date Accounting siehe Tz. 736.

2.3.2 Feste Verpflichtungen

Die Bilanzierung von festen Verpflichtungen erfolgt erst am Settlement Date. Eine feste Verpflichtung in diesem Sinne könnte z. B. der Terminkauf von Öl in einem Jahr zu dem heutigen Terminkurs für die Nutzung in der eigenen Produktion sein (ein sog. Own-Use-Kontrakt). Während der Einjahreslaufzeit wird kein Vermögenswert bilanziert. Der Ansatz eines Vermögenswertes erfolgt erst in einem Jahr, wenn das Öl geliefert wird.[154]

Bezüglich der Besonderheiten der Bilanzierung von festen Verpflichtungen im Rahmen von Hedge Accounting siehe Kap. 5.4.2.

2.3.3 Derivate

Die Bilanzierung von Derivaten erfolgt bereits am Trade Date. Da der Marktwert von Swaps, FRAs und Futures aufgrund ihrer symmetrischen Risikostruktur einen Anfangswert von Null haben, macht sich die Bilanzierung am Trade Date in der Bilanz „optisch" allerdings noch nicht bemerkbar. Anders dahingegen bei den Optionsverträgen, bei denen der Käufer aufgrund der asymmetrischen Risikostruktur einer Option (long position) für das erhaltene Recht cash zahlt und der Verkäufer der Option (short position) für die eingegangene Stillhalterposition cash bekommt. Beim Käufer erscheint daher in der Bilanz des Trade Date ein Vermögenswert in Höhe der gezahlten Optionsprämie, der Verkäufer dahingegen passiviert eine finanzielle Verbindlichkeit.

2.3.4 Geplante zukünftige Geschäftvorfälle

Gleicher Sachverhalte wie bei einer festen Verpflichtung, nur dass hier noch kein Vertrag unterschrieben wurde, aber von einem höchst wahrscheinlichen zukünftigen Geschäftsvorfall ausgegangen wird, der so auch bereits fest in die Planung einfließt. Geplante zukünftige Geschäfte selber werden (wie feste Verpflichtungen) nicht bilanziert. Der Ansatz eines Vermögenswertes erfolgt erst, wenn in Zukunft das Kassageschäft abgeschlossen wird.

---

[154] Der hier skizzierte Terminkauf stellt zwar ein Derivat i. S. d. Produktabgrenzung „originäres Finanzinstrument" versus „derivates Finanzinstrument" dar (vgl. Tz. 209), nicht aber ein Derivat i.S.v. IAS 39.9 (vgl. Tz. 301).

Bezüglich der Besonderheiten der Bilanzierung von geplanten zukünftigen Geschäftsvorfällen im Rahmen von Hedge Accounting siehe Kap. 5.4.3.

2.4 Zugang/Abgang

Bei den nachfolgend dargestellten Geschäftsvorfällen sind die Zugangsvoraussetzungen des IAS 39.14 zwar grundsätzlich erfüllt, d. h., das Unternehmen ist Vertragspartei geworden, aber bei der anderen Vertragspartei sind die Vorschriften für die Ausbuchung (derecognition) des übertragenen Finanzinstrumentes gemäß IAS 39.15 ff. nicht oder nur teilweise erfüllt. Die Ausbuchung ist gemäß IAS 39. AG34 allerdings Voraussetzung, damit das Finanzinstrument vom Erwerber bilanziert werden kann.

GESETZ:

IAS 39.AG34

Erstmaliger Ansatz von Finanzinstrumenten

„[...] Erfüllt die Übertragung eines finanziellen Vermögenswertes nicht die Bedingungen für eine Ausbuchung, wird der übertragene Vermögenswert vom Empfänger nicht als Vermögenswert angesetzt."

BEISPIEL:

Ein Beispiel aus der Praxis dazu sind sog. **Verbriefungstransaktionen** (securitization), bei denen Portfolien vorhandener Kredite verkauft werden (oft an sog. Zweckgesellschaften), bei denen aber ein Teil der zukünftigen Ausfälle dieses verkauften Kreditportfolios noch von dem Verkäufer zu tragen ist. Geht durch den Verkauf nicht die Mehrheit der Chancen und Risiken auf den Käufer über, so sind die – zivilrechtlich verkauften und cashmäßig bereits abgewickelten – Kredite weiterhin beim Verkäufer zu bilanzieren. Die Abgangsvorschriften des IAS 39 kommen allerdings nur bei sog. True-Sale-Transaktionen zum Greifen, bei denen die zugrunde liegenden Finanzinstrumente – wie im oben dargestellten Beispiel – zivilrechtlich tatsächlich verkauft werden. Werden dahingegen die Risiken synthetisch durch z. B. Kreditderivate übertragen, liegt für die zugrunde liegenden Finanzinstrumente erst gar kein Verkaufvertrag vor, und insofern stellt sich die Frage nach einem wirksamen Abgang aus der Bilanz hier gar nicht.

Die Abgangsvorschriften stellen im IAS 39 einen der umfangreichsten und komplexesten Bereiche dar.[155] Die nachfolgende Grafik des IAS 39.AG36 visualisiert die einzelnen Prüfungsschritte sehr gut.

---

155 Zu Problemen der Ausbuchungsregeln in IAS 39 vgl. u. a. *Watrin/Struffert*.

2. Ansatz

Abb. 27: Schema zur Ausbuchung gemäß IAS 39.AG36

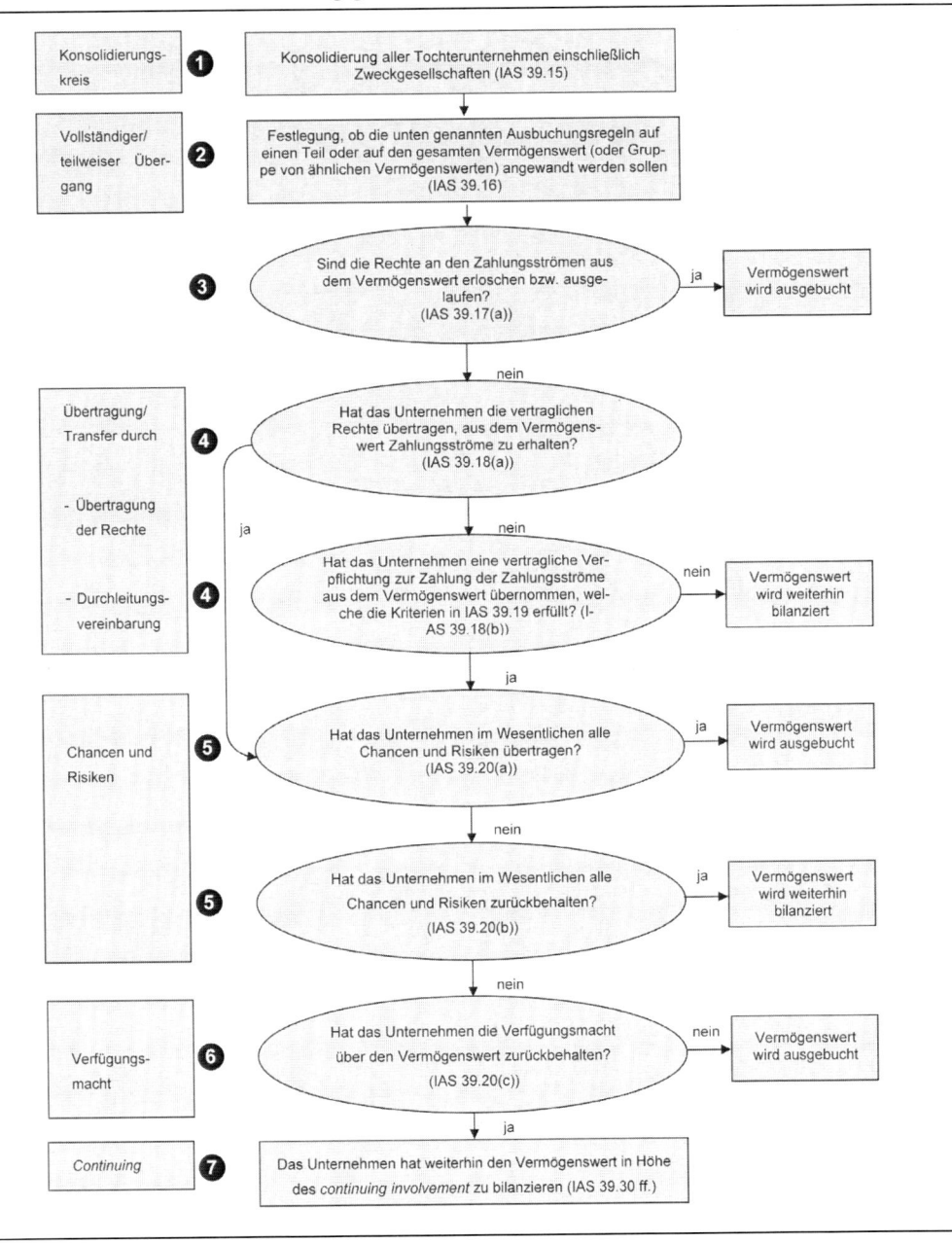

Schritt	Bereich	Prüfung	Ergebnis
❶	Konsolidierungskreis	Konsolidierung aller Tochterunternehmen einschließlich Zweckgesellschaften (IAS 39.15)	
❷	Vollständiger/teilweiser Übergang	Festlegung, ob die unten genannten Ausbuchungsregeln auf einen Teil oder auf den gesamten Vermögenswert (oder Gruppe von ähnlichen Vermögenswerten) angewandt werden sollen (IAS 39.16)	
❸		Sind die Rechte an den Zahlungsströmen aus dem Vermögenswert erloschen bzw. ausgelaufen? (IAS 39.17(a))	ja → Vermögenswert wird ausgebucht
❹	Übertragung/Transfer durch - Übertragung der Rechte - Durchleitungsvereinbarung	Hat das Unternehmen die vertraglichen Rechte übertragen, aus dem Vermögenswert Zahlungsströme zu erhalten? (IAS 39.18(a))	ja → weiter
❹		Hat das Unternehmen eine vertragliche Verpflichtung zur Zahlung der Zahlungsströme aus dem Vermögenswert übernommen, welche die Kriterien in IAS 39.19 erfüllt? (IAS 39.18(b))	nein → Vermögenswert wird weiterhin bilanziert
❺	Chancen und Risiken	Hat das Unternehmen im Wesentlichen alle Chancen und Risiken übertragen? (IAS 39.20(a))	ja → Vermögenswert wird ausgebucht
❺		Hat das Unternehmen im Wesentlichen alle Chancen und Risiken zurückbehalten? (IAS 39.20(b))	ja → Vermögenswert wird weiterhin bilanziert
❻	Verfügungsmacht	Hat das Unternehmen die Verfügungsmacht über den Vermögenswert zurückbehalten? (IAS 39.20(c))	nein → Vermögenswert wird ausgebucht
❼	Continuing	Das Unternehmen hat weiterhin den Vermögenswert in Höhe des *continuing involvement* zu bilanzieren (IAS 39.30 ff.)	

Zur Konzeption: Die aktuell im IAS 39 verankerten Ausbuchungsvorschriften stellen eine Kombination aus dem sog. Control-Konzept und dem sog. Risk-and-Reward-Konzept dar, wobei nun das „Risk-and-Reward-Konzept" als primäres (siehe Nr. 5) und das „Control-Konzept" als sekundäres Abgangskonzept (siehe Nr. 6), allerdings in Verbindung mit dem sog. Continuing-Involvement-Konzept (siehe Nr. 8), Anwendung findet.

1) Konsolidierung?

Die Abgangsvorschriften sind auf Konzernebene anzuwenden. Wenn beispielsweise die verkauften Kredite im Rahmen einer Verbriefungstransaktion an eine eigens dafür gegründete Zweckgesellschaft verkauft werden, welche gemäß den Konsolidierungsvorschriften des IAS 27 i. V. m. SIC 12 wieder zu konsolidieren sind, hat auf Konzernebene kein Abgang stattgefunden. Bezüglich der Konsolidierung von Zweckgesellschaften siehe Kap. 2.6.

2) Was genau ist Gegenstand des Abgangs?

- ein ganzer Vermögenswert,

  was der Normalfall sein dürfte, oder

- ein Teil eines Vermögenswertes,

  wie z. B. ein einzeln identifizierbarer Cashflow (z. B. Abtreten der Zinszahlungsrechte, nicht aber des Kapitalbetrages, ein „interest only strip"), ein proportionaler Anteil aus einem Vermögenswert (z. B. 60 % aller Cashflows aus einem Schuldscheindarlehen) oder aber auch eine Kombination der beiden vorgenannten Varianten, oder

- eine Gruppe von Vermögenswerten,

  wie in dem oben genannten Beispiel der Verbriefung eines Kreditportfolios, oder

- ein Teil einer Gruppe.

3) Rechte ausgelaufen?

Sind die Rechte auf Erhalt von Cashflows aus dem Vermögenswert ausgelaufen (durch Tilgung oder Verfall bei Optionen), so ist der Gegenstand auszubuchen.

4) Recht übertragen?

Hier geht es nun um die Übertragung von Rechten auf Cashflows vor Auslaufen des Vertrages durch z. B. Verkauf. Weiter geht es dann bei der Prüfung mit Nr. 5).

4a) Pass through Arrangements (PTA)?

Anders als bei 4) werden die Rechte auf Erhalt von Cashflows aus dem Vermögenswert selber nicht übertragen, aber es wird eine weitere Vereinbarung mit einem Dritten abgeschlossen, wonach die Cashflows aus dem Vermögenswert durchgereicht werden. Sind darüber hinaus kumulativ die drei Kriterien für ein Durchleitgeschäft gemäß IAS 39.19a), b), c) erfüllt, liegt ein PTA-Geschäft vor, und es geht weiter mit 5), ansonsten erfolgt keine Ausbuchung des Vermögenswertes.

5) Übertragung der wesentlichen Chancen und Risiken?

Werden durch die Übertragung die wesentlichen Chancen und Risiken übertragen? D. h., ändert sich durch die Übertragung die Risikoposition, also die Variabilität der Nettozahlungsströme, der das Unternehmen ausgesetzt ist, wesentlich? Diese Frage ist in der Praxis oft schwer zu beantworten. In der Regel sind Erwartungswerte von vor der Transaktion und nach der Transaktion zu ermitteln und diese dann ins Verhältnis zu setzen, um letztendlich beurteilen zu können, ob die wesentlichen Risiken (und damit auch Chancen) abgegangen sind. Ist dies zu bejahen, so ist der Vermögenswert auszubuchen. Wenn nein, dann geht es mit Nr. 6) weiter.

5a) Zurückbehaltung der wesentlichen Chancen und Risiken?

Wurden die wesentlichen Risiken (Chancen) zurückbehalten, so erfolgt keine Ausbuchung des Vermögenswertes. Ansonsten weiter mit 7).

6) Wurde Verfügungsmacht (control) über den Vermögenswert behalten?

Hat der Verkäufer die Möglichkeit, den finanziellen Vermögenswert zu veräußern? Wenn nein, dann ist der Vermögenswert auszubuchen, wenn ja, dann weiter mit 7).

7) Continuing Involvement Approach

Wurden weder die wesentlichen Chancen und Risiken des Vermögenswertes übertragen noch zurückbehalten, und die Verfügungsmacht wurde behalten, kommt es zu einer Teilausbuchung. Der Vermögenswert wird in dem Umfang des anhaltenden Engagements weiter erfasst.

> **BEISPIEL:**
> Unter die Thematik Derecognition fallen auch weitere Finanzinstrumente-Produkte, wie z. B. sog. unechte bzw. echte Wertpapierpensionsgeschäfte (echte bzw. unechte Wertpapierleihegeschäfte) oder Wertpapierleihe. Siehe hierzu die Beispiele in IAS 39.AG39 und AG40.

> **VERWEIS:**
> Bezüglich Übungsaufgabe siehe Kap. VI.1.2.
> Bezüglich Anhangsangaben vgl. Kap. 7.2.3.4.

2.5 Strukturierte Finanzinstrumente

Einordnung

In diesem Kapitel geht es weder um das ob oder das wann eines Bilanzansatzes, sondern um das „wie viel". Das Bilanzrecht orientiert sich grundsätzlich an dem Zivilrecht. Ein Kaufvertrag ergibt in der Regel einen zu bilanzierenden Sachverhalt. Bei strukturierten Produkten kann dies allerdings anders aussehen. Unter bestimmten Voraussetzungen sind strukturierte Produkte in der Buchhaltung in ihre Einzelbestandteile zu zerlegen (Split Accounting), obwohl sie zivilrechtlich aus einem Vertrag bestehen. Eine weitere Ausnahme von dem Einzelbilanzierungsgrundsatz stellt das sog. Hedge Accounting dar. Hier ist es aber genau umgekehrt, da beim Hedge Accounting mehrere zivilrechtlich unabhängige Geschäfte für IFRS-Bewertungszwecke zusammen beurteilt werden (siehe Kap. 5).

Abb. 28: Struktur eines strukturierten Produktes

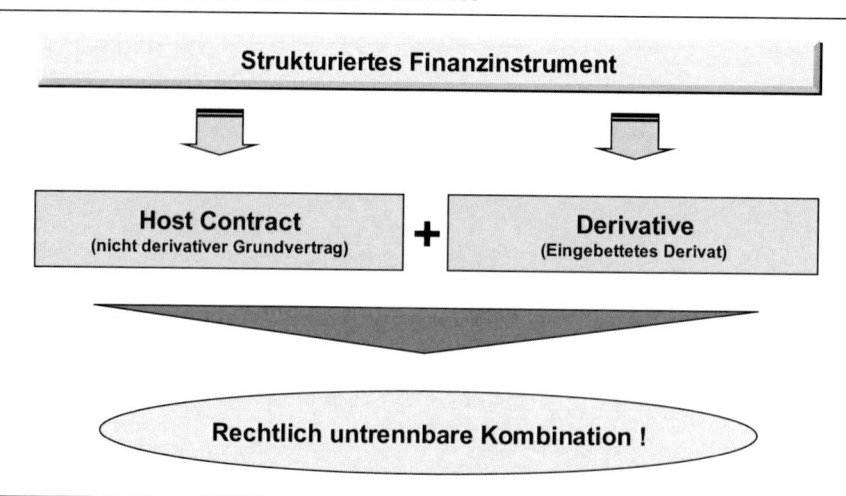

```
         Strukturiertes Finanzinstrument
           ↓                    ↓
   Host Contract       +    Derivative
(nicht derivativer        (Eingebettetes Derivat)
   Grundvertrag)

        Rechtlich untrennbare Kombination !
```

18 Im allgemeinen Sprachgebrauch ist der Begriff „strukturierte Finanzinstrumente"[156] nicht fest definiert und es gibt eine Vielzahl von anderen Begriffen, die Verwendung finden: Produkte mit komplexen Strukturen, Compound Instruments, zusammengesetzte Instrumente, strukturierte Produkte, hybride Finanzinstrumente, „hybrid instruments", „combined instruments" etc.

19 Im IFRS-Umfeld kommt die Trennungspflicht von strukturierten Produkten in zwei – voneinander grundsätzlich getrennten Sachverhalten – vor, und sie laufen dort unter den Begriffen „zusammengesetzte Finanzinstrumente" (compound instruments, IAS 32.28 ff.)" und „eingebettetes Derivat" (embedded derivative, IAS 39.10 ff.).

2.5.1 Compound Instruments (Emittentensicht)

ⓢ GESETZ:

IAS 32.28

„Der Emittent eines nicht derivativen Finanzinstrumentes hat anhand der Konditionen des Finanzinstrumentes festzustellen, ob das Instrument sowohl eine Fremd- als auch eine Eigenkapitalkomponente aufweist. Diese Komponenten sind zu trennen und als finanzielle Verbindlichkeit, finanzielle Vermögenswerte oder Eigenkapitalinstrumente [...] zu klassifizieren."

20 Hier geht es nur um den Emittenten eines Compound Instruments, nicht aber um den Investor. Wie in Kap. 1.2 bereits dargestellt, sind die bilanziellen Folgen für emittiertes Eigenkapital und emittiertes Fremdkapital unterschiedlich. Dementsprechend sind emittierte Finanzinstrumente, die beide Arten von Finanzinstrumenten beinhalten, entsprechend zu trennen.

---

156 Bezüglich einer umfangreichen produktbezogenen Darstellung der IFRS- und HGB-Bilanzierung vgl. „Handbuch strukturierter Finanzinstrumente" von *Schaber/Rehm/Märk*.

2. Ansatz

> **BEISPIEL:**
>
> Reverse-Convertible (siehe Kap. II.3.1.1.4.1)
>
> Stripping: Neben einer plain-vanilla Anleihe beinhaltet der Reverse-Convertible ein Optionsrecht des Emittenten, anstatt des Nominalbetrages eine bestimmte Anzahl eigener Aktien zurückzubezahlen.
>
> Emittent: Aus Sicht des Emittenten liegt ein Compound Instrument i. S. d. IAS 32.28 mit der Konsequenz vor, dieses in die Eigen- und Fremdkapitalkomponenten zu trennen und diese dann getrennt gemäß den allgemeinen Bilanzierungsvorgaben zu bilanzieren.
>
> Investor: Diese Sicht ist hier nicht relevant, da IAS 32.28 sich nur mit der Passivseite (Emittentensicht) beschäftigt. Der Investor prüft dahingegen auf Vorliegen eines Embedded Derivative (siehe Kap. 2.5.2).

Zugangsbewertung:
Bezüglich der Zugangsbewertung siehe Kap. 4.1.

Folgebewertung
Die Folgebewertung erfolgt dann ganz normal für jedes einzelne Instrument getrennt nach den allgemeinen Folgebewertungsregeln des IAS 39 (siehe Kap. 4).

2.5.2 Embedded Derivatives (Investoren- und Emittentensicht)

2.5.2.1 Grundsachverhalt

Nach IAS 39 sind alle Derivate mit dem Marktwert zu bilanzieren. Was ist aber, wenn ein Derivat in einem strukturierten Finanzinstrument eingebettet ist, welches nicht zum Marktwert bewertet wird? Dann ist dieses unter bestimmten Voraussetzungen abzutrennen, um so eine Gleichbilanzierung von „stand-alone"-Derivat und eingebettetem Derivat sicherzustellen. Anders als bei den Compound Instruments gilt dies sowohl für den Emittenten als auch für den Investor eines strukturierten Finanzinstrumentes.

Ein eingebettetes Derivat i. S. d. IAS 39.10 ff. – mit der Konsequenz seiner Abspaltung vom Grundvertrag – liegt aber nur dann vor, wenn die in IAS 39.11 genannten drei Voraussetzungen a) bis c) kumulativ erfüllt sind und von dem Wahlrecht der sog. Fair-Value-Option – zur Vermeidung einer Trennungspflicht von eingebetteten Derivaten – gemäß IAS 39.11A kein Gebrauch gemacht wurde.[157]

> **GESETZ:**
>
> *IAS 39.11*
>
> *„Ein eingebettetes Derivat ist von dem Basisvertrag zu trennen und nach Maßgabe des vorliegenden Standards dann, und nur dann, als Derivat zu bilanzieren, wenn:*
>
> *(c) die wirtschaftlichen Merkmale und Risiken des eingebetteten Derivats nicht eng mit den wirtschaftlichen Merkmalen und Risiken des Basisvertrags verbunden sind (siehe Anhang A AG30 und AG33);*
>
> *(b) ein eigenständiges Instrument mit den gleichen Bedingungen wie das eingebettete Derivat die Definition eines Derivats erfüllen würde; und*

---
[157] Bezüglich eines Vergleiches der HGB- und IFRS-Vorschriften zur Bilanzierung von strukturierten Finanzinstrumenten vgl. *Lorenz/Wiechens*.

(a) das strukturierte (zusammengesetzte) Finanzinstrument nicht zum beizulegenden Zeitwert bewertet wird, dessen Änderungen erfolgswirksam erfasst werden (d. h. ein Derivat, das in einem erfolgswirksam zum beizulegenden Zeitwert bewerteten finanziellen Vermögenswert oder einer finanziellen Verbindlichkeit eingebettet ist, ist nicht zu trennen)."

Die drei Kriterien stellt die folgende Abbildung noch einmal heraus.

Abb. 29: Aufspaltungsvoraussetzungen für Embedded Derivative

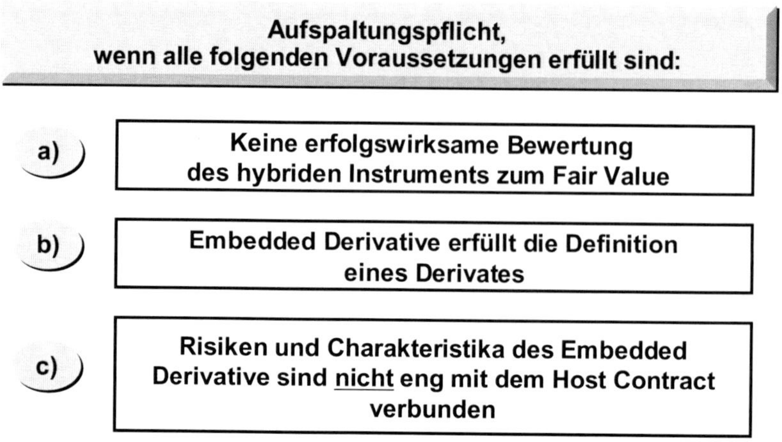

Aufspaltungspflicht, wenn alle folgenden Voraussetzungen erfüllt sind:

a) Keine erfolgswirksame Bewertung des hybriden Instruments zum Fair Value

b) Embedded Derivative erfüllt die Definition eines Derivates

c) Risiken und Charakteristika des Embedded Derivative sind <u>nicht</u> eng mit dem Host Contract verbunden

Erläuterungen zu den drei Kriterien in aufsteigender Prüfungsschwierigkeit:

Zu a): Die Voraussetzung a) ist relativ schnell zu klären. Wenn das gesamte strukturierte Finanzinstrument bereits der IAS 39-Kategorie „Trading" zugeordnet wird (die IAS-39-Kategorien werden unter Kap. 4 erklärt), dann ist die Prüfung an dieser Stelle bereits beendet, und es liegt keine Trennungspflicht vor. Es bedarf auch keiner Trennung, da Finanzinstrumente der IAS-39-Kategorie Trading bereits mit dem Marktwert in der Bilanz bewertet werden und die Marktwertveränderung in der GuV ausgewiesen wird. Dadurch ist implizit auch eine Marktwertbewertung des eingebetteten Derivats sichergestellt.

zu b): Das eingebettete Derivat muss ein Derivat i. S. d. IAS 39.9 sein und die dort genannten drei Kriterien erfüllen (siehe Tz. 300). Sind diese nicht erfüllt, ist die Prüfung an dieser Stelle beendet, und es liegt keine Trennungspflicht vor. In der Regel liegt aber ein Derivat i. S. d. IAS 39 vor, sodass es mit a) weiter geht.

Zu c): Die Prüfung, ob die Chancen und Risiken des Grundvertrages und des eingebetteten Derivats eng oder nicht eng miteinander verbunden sind, ist in der Praxis die eigentliche Herausforderung.

> **BEISPIEL:**
>
> **1) Aktienanleihe**
>
> Beispiel für „<u>nicht</u> eng miteinander verbunden"
>
> Der Investor zahlt 100 GE für eine 100-GE-Nominalanleihe, die zehn Jahre läuft. Jedes Jahr erhält der Investor 5 % Zinsen. Am Ende der Laufzeit kann der Emittent entscheiden, ob er die 100 GE zurückzahlt oder aber stattdessen eine vorher festgelegte Anzahl von Aktien der Firma X.

Der Grundvertrag besteht aus einem Plain-Vanilla-Bond mit einer Laufzeit von zehn Jahren und eine Marktverzinsung von 4 % und einer Long-Put-(Short-Put)-Aktienoption aus Sicht des Emittenten (Investors) auf die Aktie X, deren Optionsprämie den 1-prozentigen Verzinsungsaufschlag widerspiegelt.

Die Chancen und Risiken des Plain-Vanilla-Bonds hängen ab von der Entwicklung des Zehnjahreszinses und der Bonität des Emittenten. Die Chancen und Risiken der Aktienoption hängen hauptsächlich ab von der Entwicklung des Aktienkurses der Aktie X. Da die Entwicklung des Zehnjahreszinses und der Bonität des Emittenten auf der einen Seite und die Entwicklung der Aktie X auf der anderen Seite sich gegenseitig nicht bedingen, sind in diesem vorliegenden Fall die Chancen und Risiken des Grundvertrages und des eingebetteten Derivats nicht eng miteinander verbunden, und die Aktienoption ist abzuspalten.

2) Kredit mit Kündigungsrecht

Beispiel für „*eng* miteinander verbunden"

Ein Baufinanzierungskredit läuft 15 Jahre. Nach zehn Jahren hat der Kunde das Recht, den Kredit zu kündigen.

Der Grundvertrag stellt einen Plain-Vanilla-Baufinanzierungskredit ohne Kündigungsoption dar. Zudem beinhaltet der Vertrag noch eine Kündigungsoption für den Kunden. Die Chancen und Risiken hängen von der Entwicklung des 15-Jahreszinses und der Bonität des Kunden ab. Hiervon hängen ebenfalls die wesentlichen Chancen und Risiken der Kündigungsoption ab. In diesem Fall sind also die wesentlichen Chancen und Risiken des Grundvertrages (Plain-Vanilla-Baufinanzierungskredit) und des vermeintlich eingebetteten Derivats (Kündigungsrecht) eng miteinander verbunden, sodass die Kündigungsoption nicht abzuspalten ist.[158]

> **HINWEIS:**
>
> *In der Praxis fällt die Beurteilung des Kriteriums „eng verbunden" aber nicht immer so einfach aus, wie in den beiden dargestellten Beispielen.[159] Der IAS 39 Application Guidance führt in dem IAS 39.AG30 Beispiele für „nicht eng verbunden" und IAS 39.AG33 Beispiele für „eng verbunden" auf.*

---

[158] Bei der Embedded Derivative-Prüfung sind die einzelnen Bestandteile des Finanzinstrumentes selber (plainvanilla Baufinanzierungskredit long plus Kündigungsoption short) und nicht die des Refinanzierungsinstrumentes (Kredit short plus swaption long) relevant.

[159] Dies betrifft auch in Kreditverträge eingebettete sog. Financial Covenants (vgl. *Gaber/Kandel*) sowie strukturierte Zinsprodukte mit multiplen eingebetteten Derivaten *(vgl. Gaber/Gorny).*

IAS/IFRS

Zugangsbewertung:

31 Bei der Zugangsbewertung ist der Full Fair Value des strukturierten Finanzinstrumentes auf den Grundvertrag und das Embedded Derivative aufzuteilen.

Folgebewertung

32 Die Folgebewertung erfolgt dann ganz normal für jedes einzelne Instrument getrennt nach den allgemeinen Folgebewertungsregeln des IAS 39 (siehe Kap. 4).

2.5.2.2 Cash versus synthetische Strukturen

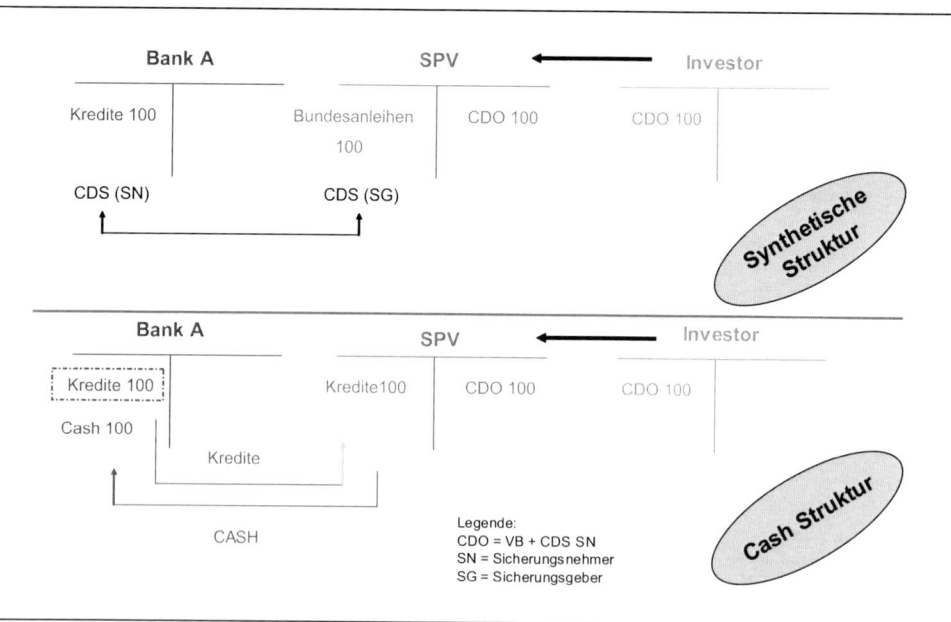

33 Im Rahmen des Erwerbes von sog. Structured Credit Products (SCP), also von Zweckgesellschaften (Special Purpose Vehicle, SPV) emittierte Finanzinstrumente, hängt die Bilanzierung davon ab, ob diese als so genannte Cash-Strukturen oder aber synthetische Strukturen einzustufen sind.

34 Folgende konkrete Produktarten können unter SCP fallen: Asset Backed Securities (ABS), Collateralized Debt Obligation (CDO), Collateralized Loan Obligation (CLO), Residential Mortgage Backed Securities (RMBS) und Commercial Mortgage Backed Securities (CMBS).

35 Bei Cash-Strukturen befinden sich zur Unterlegung der von der Zweckgesellschaft emittierten Anleihen Forderungen und/oder Wertpapiere im Bestand der Zweckgesellschaft selber. Bei synthetischen Strukturen dahingegen wird das Kreditrisiko des Portfolios von Vermögenswerten synthetisch mit einem Credit Default Swap (CDS) übertragen. Die zur Unterlegung verwendeten Vermögenswerte werden somit nicht auf die Zweckgesellschaft übertragen. Kombinationen aus Cash- und synthetischen Strukturen sind bilanziell wie synthetische Strukturen zu behandeln. Diese Abgrenzung zwischen Cash- und synthetischen Strukturen basiert auf dem Positionspapier „Bilanzierungs- und Bewertungsfragen im Zusammenhang mit der Subprime-Krise" des Instituts der Wirtschaftsprüfer vom 10.12.2007.

Abb. 30: Cash- versus synthetische Strukturen

Legende:
CDO = VB + CDS SN
SN = Sicherungsnehmer
SG = Sicherungsgeber

Die Nicht-Handelsbestände sind gemäß IAS 39.11 darauf zu untersuchen, ob ein abspaltungspflichtiges eingebettetes Derivat (embedded derivative) Gegenstand der SCP-Bestände ist. Die Cash-Strukturen enthalten keine abzuspaltenden eingebetteten Derivate und werden als ein Asset bilanziert. Die synthetischen Strukturen sind dahingegen grundsätzlich in einen Grundvertrag (host contract) und ein eingebettetes Derivat (embedded derivative) aufzuspalten,

HINWEIS:

Cash-Strukturen = keine Abspaltung

synthetische Strukturen = Abspaltung

VERWEIS:

Übung zu strukturierten Finanzinstrumenten siehe Kap. VI.1.4,

Übung zu ABS siehe Kap. VI.1.5.

2.5.2.3 Fair-Value-Option und Embedded Derivatives

Auf ein gemäß 2.5.2.1 grundsätzlich zu trennendes strukturiertes Finanzinstrument kann allerdings die sog. Fair Value Option gemäß IAS 39.11A angewendet werden, um so die Trennungspflicht zu vermeiden:

GESETZ:

IAS 39.11A (Fair Value Option)

„Wenn ein Vertrag ein oder mehrere eingebettete Derivate enthält, kann ein Unternehmen den gesamten strukturierten (zusammengesetzten) Vertrag ungeachtet Paragraph 11 als erfolgswirksam zum beizulegenden Zeitwert bewerteten finanziellen Vermögenswert bzw. finanzielle Verbindlichkeit einstufen, es sei denn:

a) das/die eingebettete(n) Derivat(e) verändert/verändern die ansonsten anfallenden Zahlungsströme aus dem Vertrag nur unerheblich; oder

b) es ist bei erstmaliger Beurteilung eines vergleichbaren strukturierten (zusammengesetzten) Instruments ohne oder mit nur geringem Analyseaufwand ersichtlich, dass eine Abspaltung des bzw. der eingebetteten Derivats/Derivate unzulässig ist, wie beispielsweise bei einer in einen Kredit eingebetteten Vorfälligkeitsoption, die den Kreditnehmer zu einer vorzeitigen Rückzahlung des Kredits zu ungefähr den fortgeführten Anschaffungskosten berechtigt."

Die Konsequenz der Anwendung der Fair-Value-Option ist, dass das gesamte strukturierte Finanzinstrument mit dem Fair Value bewertet wird und die Fair Value Veränderung unmittelbar in der GuV gezeigt wird.

2.6 Beteiligungen

2.6.1 Bilanzierung

Wie in dem vorherigen Kap. 2.5 geht es auch hier um das „Wie viel". Wie viele Sachverhalte sind zu bilanzieren? Ausgangspunkt ist die Einzelbilanz der Muttergesellschaft, in der eine Beteiligung aktiviert ist. Diese Beteiligung stellt zunächst ein einziges Finanzinstrument (gehaltenes Eigenkapitalinstrument) in der Einzelbilanz der Muttergesellschaft dar. Nun stellt sich die Frage, was damit bei der Erstellung einer Konzernbilanz geschieht.

IAS/IFRS

43 Eingangs wurde bereits erwähnt, dass Beteiligungen unter bestimmten Voraussetzungen in der Konzernbilanz nicht (weiter) als Finanzinstrumente i. S. d. IAS 39, sondern entweder als „Anteile an Tochterunternehmen" (IAS 27), „Anteile an assoziierten Unternehmen" (IAS 28) oder „Anteile an Joint Ventures" (IAS 31) nach den in den Klammerzusätzen aufgeführten Standards zu bilanzieren und daher gar nicht Gegenstand des IAS 39 sind.

44 Die Abgrenzung der unterschiedlichen Beteiligungen untereinander und zu den Finanzinstrumenten erfolgt in der nachfolgenden Abbildung an der Anzahl der Stimmrechte im Besitz, was eine widerlegbare Vermutung darstellt.

Abb. 31: Abgrenzung Beteiligung/Finanzinstrument

Art der Beteiligung	a) Erwerb zur Weiterveräußerung	b) Anteile an verbundenen Unternehmen	c) Beteiligungen Gemeinschaftsunternehmen	d) Assoziiertes Unternehmen	e) Finanzinstrument
Standard	IFRS 5	IAS 27	IAS 31	IAS 28	IAS 39
Kriterium	Weiterveräußerungsabsicht	Kontrolle (Beherrschung)	Joint-Venture	"Maßgeblicher Einfluss"	
% Stimmrechte	Widerlegbare Vermutung bei Beteiligung (Stimmrechtsanteil) in Höhe von....				
	> 50%	> 50%	= 50 %	< 50% und >= 20%	< 20%
Bilanzierung	Vollkonsolidierung	Vollkonsolidierung	Quotenkonsolidierung oder at equity	at equity	IAS 39, i.d.R. AFS
Bewertung	Bilanzierung und Bewertung gem. Besonderheiten des IFRS 5	"Durchschauverfahren"; jedes asset und jede liability gem. den jeweiligen IFRS-Vorschriften	wie b), aber nur anteilig (z.B. 50%)	Zugang zu AK; Fortschreibung (in Nebenbuchhaltung) um z.B. +Gewinn, -planmäßige Abschreibungen, -Goodwill-Imp., +/- Kapitalerhöhungen / -herabsetzungen	
Besonderheiten		* Wesentlichkeit * Zweckgesellschaften			

a) u. b) Verbundenes Unternehmen

45 Eine Beteiligung ist dann Vollzukonsolidieren, wenn das Unternehmen beherrscht wird (*control*). Eine Beherrschung kann angenommen werden, wenn ein Besitz von mehr als 50 % der Stimmrechte vorliegt. Dies stellt allerdings eine widerlegbare Vermutung dar. Vollkonsolidierung bedeutet, dass man durch das eine Finanzinstrument der Muttergesellschaft in das Beteiligungsunternehmen „durchschaut" und jeden einzelnen Vermögenswert und jede einzelne Verbindlichkeit der Unternehmung, die man beherrscht, in der eigenen Konzernbilanz darstellt.

46 Bezüglich des Ausweises und der Bewertung der in der eigenen Konzernbilanz ausgewiesenen Vermögenswerte und Schulden sind zwei Fälle zu unterscheiden.

47 Erwirbt man ein Unternehmen mit der Absicht, dieses weiter zu veräußern (Fall a)), so gelten die Sondervorschriften des IFRS 5 („Zur Veräußerung gehaltene langfristige Vermögenswerte und aufgegebene Geschäftsbereiche"). Ansonsten sind die einzelnen Vermögenswerte und Schulden gemäß den jeweiligen IFRS-Vorschriften auszuweisen und zu bewerten. Für die Aufteilung des Kaufpreises für die Beteiligung auf die einzelnen Vermögenswerte und Schulden (purchase price allocation, PPA) gibt es einen eigenen Standard; IFRS 3 „Unternehmenszusammenschlüsse".

c) Gemeinschaftsunternehmen (joint venture)

Steht ein Unternehmen unter gemeinschaftlicher Leitung von zwei anderen Unternehmen, so spricht man von einem Gemeinschaftsunternehmen (joint venture). Zurzeit besteht hier noch ein Wahlrecht,[160] Beteiligungen an Gemeinschaftsunternehmen nach der Quotenkonsolidierung oder aber „at equity" einzubeziehen. Die Quotenkonsolidierung erfolgt genauso wie die Vollkonsolidierung (siehe a) und b)), allerdings nicht mit 100 % des Wertansatzes, sondern nur mit 50 %. Bezüglich der At-Equity-Bilanzierung siehe d).

d) Assoziiertes Unternehmen

Ein assoziiertes Unternehmen liegt bei **maßgeblichem Einfluss** vor. Dies ist die Möglichkeit, an den finanz- und geschäftspolitischen Entscheidungsprozessen des Beteiligungsunternehmens **mitzuwirken, ohne die Prozesse zu beherrschen**.

Beteilungen an assoziierten Unternehmen werden „at equity" bilanziert. Die Beteiligung wird als ein Vermögenswert zu Anschaffungskosten aktiviert. Allerdings sind bereits zum Zugangszeitpunkt in einer außerbilanziellen Nebenrechnung die anteiligen stillen Reserven und Lasten sowie der Goodwill vorzuhalten. Zu den Folgestichtagen wird der Beteiligungsbuchwert um folgende Elemente fortgeschrieben: Minderung um die planmäßige Abschreibung der stillen Reserven, Korrektur um Jahresüberschuss/-fehlbetrag, Minderung um vereinnahmte Dividenden und Berücksichtigung durchgeführter Kapitalmaßnahmen. Zudem unterliegt die Beteiligung dem Impairment-only Approach. Ergibt der jährlich durchzuführende Werthaltigkeitstest der Beteiligung einen Impairment-Bedarf, so erfolgt eine außerplanmäßige Abschreibung.

e) Beteiligungen, die Finanzinstrumente i. S. d. IAS 39 darstellen

Wenn die Eigenkapital-Finanzinstrumente nicht mit Spekulationsabsicht erworben wurden, dann sind Sie der Kategorie AFS zuzuordnen, ansonsten TRD (siehe Kap. 4.2)

Die Zuordnung zur Kategorie AFS dürfte der Regelfall sein. Eine Zuordnung zu HTM (in Analogie zur HGB-Zuordnung zum Anlagevermögen) geht nicht, da Eigenkapitalinstrumente keine feste Laufzeit haben und dies für eine HTM-Kategorisierung gegeben sein muss.

Grundsätzlich sind AFS-Bestände mit dem Fair Value in der Bilanz anzusetzen, wobei die Fair-Value-Veränderung nicht in der GuV, sondern in der Eigenkapitalunterposition „Neubewertungsrücklage" ausgewiesen wird. Ist der Fair Value für ein Eigenkapitalinstrument nicht verlässlich ermittelbar, so ist die AFS-Beteiligung ausnahmsweise „at cost" zu bewerten, also zu Anschaffungskosten.

> **HINWEIS:**
> **Prinzip der Wesentlichkeit**
>
> *Wie bei der Beurteilung sämtlicher bilanzieller Sachverhalte, gilt auch bei der Beurteilung der Bilanzierung von Beteiligungen das Prinzip der Wesentlichkeit. Solange die Summe aller nicht einbezogenen Unternehmen insgesamt für den Konzernabschluss von untergeordneter Bedeutung ist, brauchen diese Beteiligungen nicht gem. a) – d) bilanziert werden, sondern werden vereinfachend nach e) bilanziert. Die Unwesentlichkeitsschwellen sind für jedes Unternehmen individuell in Abstimmung mit dem lokalen Wirtschaftsprüfer festzulegen. Dies können relative und/oder absolute qualitative und quantitative – für den Investor wesentliche – Größen sein, wie z. B. Umsatz, Ergebnis, Eigenkapital, Verschuldung etc.*

---

[160] Die überarbeitete Fassung des IAS 31 (ED 9) sieht allerdings die Abschaffung der Quotenkonsolidierung vor.

2.6.2 Spezialsachverhalt Konsolidierung von SPV (SIC 12)

Unternehmen gründen für ganz bestimmte Zwecke – wie z. B. für ABS-Transaktionen, Leasing, F&E-Aktivitäten, Spezialfonds – sog. Zweckgesellschaften (SPV). Die Beurteilung der Konsolidierungspflicht dieser Zweckgesellschaften ist in der Praxis oft schwer, schon alleine aus dem Grund, dass die SPV keine Stimmrechte im eigentlichen Sinne ausgeben und daher eine Zuordnung anhand der Stimmrechte wie in Abb. 31 nicht möglich ist. Ob solche Zweckgesellschaften zu konsolidieren sind, wird nach SIC 12 beurteilt.

SIC 12 (Konsolidierung – Zweckgesellschaften) nennt im SIC 12.10 vier für SPV nicht ganz untypische Charakteristika, die alle einzeln zu einer Konsolidierungspflicht führen:

- Abstimmung der SPV-Geschäftstätigkeit auf die Bedürfnisse eines anderen Unternehmens oder
- das Unternehmen verfügt über die Entscheidungsmacht, um die Mehrheit der Vorteile der Geschäftstätigkeit der SPV ziehen zu können (Stichwort „Autopilot"), oder
- das Unternehmen hat Anspruch auf die Mehrheit der Vorteile aus dem SPV und ist daher auch den Risiken aus der Geschäftstätigkeit der SPV ausgesetzt oder
- das Unternehmen ist der Mehrheit der Residual- oder Eigentümerrisiken aus der SPV-Tätigkeit ausgesetzt.

In der Praxis geht es aber in der Regel um die Fragestellung, wann ein SPV nicht zu konsolidieren ist. Dies ist demnach der Fall, wenn keiner der oben genannten vier Sachverhalte gegeben ist.

Aber auch bei der Beurteilung der in SIC 12 bereits auf SPV zugeschnittenen Konsolidierungsvoraussetzungen ergibt sich in der Praxis eine Vielzahl von – vertragsrechtlich basierten – zusätzlichen Fragestellungen. Wie ist z. B. die Risikostruktur bei sog. Multi-Seller Vehicle (MSV) zu beurteilen, also Zweckgesellschaftsplattformen, die von mehreren Unternehmen gleichzeitig z. B. für ABS-Transaktionen genutzt werden? Hier ist dann z. B. entscheidend, ob die von den einzelnen Unternehmen über das MSV aufgelegten Programme untereinander rechtlich unabhängig sind oder nicht. Bei sog. Silostrukturen sind die einzelnen Programme voneinander unabhängig, d. h. ein Programm muss nicht für Ausfälle eines anderen einspringen. Bei Beurteilung der Konsolidierungspflicht einer solchen Silostruktur ist nicht das gesamte MSV relevant, sondern nur das eigene beim MSV aufgelegte Programm, so dass hier i. d. R. wieder eine Konsolidierungspflicht gegeben ist.

Maßgeblich für die Beurteilung der Konsolidierungspflicht ist zunächst der Gründungszeitpunkt. Allerdings ist diese an jedem Folgestichtag daraufhin zu überprüfen, ob sich die Vertragsverhältnisse und damit die Risikostruktur zwischen den bisherigen Parteien verändert haben.[161]

2.7 Latente Steuern

Im Zusammenhang mit dem Ansatz von latenten Steuern stellt sich die Frage, ob es für aktive und/oder passive latente Steuern eine **Ansatzpflicht oder** ein Ansatz**wahlrecht** gibt und ob der Ansatz **saldiert** oder unsaldiert zu erfolgen hat.

Da die latenten Steuern von grundsätzlicher Bedeutung (auch) für die Rechnungslegung von Finanzinstrumenten sind, werden nachfolgend die wichtigsten Aspekte zu dieser Thematik dargestellt. Wie eingangs kurz erwähnt, beschäftigt sich **IAS 12** „Ertragsteuern" u. a. mit den sog. latenten Steuern. Da die IFRS- und Steuerbilanzierung temporär auseinander laufen können und dadurch in der IFRS-Bilanz – wirtschaftlich gesehen – im Vergleich temporär zu viel oder zu wenig ausgewiesen werden kann, wird in der IFRS-Bilanz so getan, als ob die Besteuerung so wie in der IFRS-Bilanz

---

[161] Zur Bilanzierung von SPV in der Finanzkrise vgl. *Schön/Cortez*.

dargestellt erfolgen würde. Die anhand dieser Simulation ermittelten „Korrekturbeträge" werden in der IFRS-Bilanz und der IFRS-GuV als latente Steuern gebucht. Ziel dieser Vorgehensweise ist eine periodengerechte Darstellung der Gewinnermittlung. Auch bzw. gerade bei Finanzinstrumenten treten solche temporären Differenzen auf, die dann Gegenstand von latenten Steuern sind.

Zum Beispiel dürfen unrealisierte Gewinne aus einer Marktbewertung eines Zins-Swaps in der IFRS-Bilanz wegen des Realisationsprinzips nicht in der Steuerbilanz gezeigt werden. Gegen diesen unrealisierten Ertrag von z. B. 100 GE in der IFRS-GuV ist dann ein Aufwand aus latenten Steuern in Höhe von -30 GE (bei angenommener Konzernsteuerquote von 30 %) gebucht, sodass mit netto 70 GE genau der Betrag ausgewiesen wird, der dann bei einer Realisierung c.p. tatsächlich so auch endgültig in die Bücher gehen würde.

Gem. IAS 12 sind für alle abzugsfähigen **temporären Differenzen** latente Steuern in dem Maße zu bilanzieren, wie es wahrscheinlich ist, dass ein zu versteuerndes Ergebnis verfügbar sein wird, gegen das die abzugsfähige temporäre Differenz verwendet werden kann. Die Ermittlung der latenten Steuern erfolgt nach dem sog. bilanzorientierten Konzept (**temporary-Konzept**), wonach jede Bilanzierungsabweichung zwischen der IFRS- und Steuerbilanz Gegenstand der latenten Steuern ist. Gem. IAS 12.57 i.V.m. IAS 12.61 sind auch auf **erfolgsneutrale** Differenzen latente Steuerabgrenzungen vorzunehmen. Neben den temporären Differenzen sind auch die sog. **quasipermanenten Differenzen** mit latenten Steuern zu belegen.

Gem. IAS 12.34 sind latente Steueransprüche auf noch nicht genutzte steuerliche **Verlustvorträge** oder noch nicht genutzte Steuergutschriften in dem Umfang zu bilanzieren, in dem es wahrscheinlich erscheint, dass zukünftig zu versteuerndes Einkommen zur Verfügung stehen wird, gegen das noch nicht genutzte Verluste oder Steuergutschriften verwendet werden können. Latente Steueransprüche und latente Steuerschulden sind anhand der Steuersätze zu bewerten, deren Gültigkeit für die Periode, in der ein Vermögenswert realisiert oder eine Schuld erfüllt wird, **erwartet** wird (**liability-Methode**). Maßgeblich sind Steuersätze, die zum Bilanzstichtag gültig oder angekündigt sind (IAS 12.47).

Bezüglich spezieller latenter Steuer-Sachverhalte von Finanzinstrumenten sowie Anhangsangaben vgl. Kap. 7.2.5.3.

🛈 **VERWEIS:**
Bezüglich Übungsaufgabe zu latenten Steuern siehe Kap. VI.**1.6.**

3. Ausweis in der Bilanz

Motivation

Auf den ersten Blick scheinen Fragestellungen qualitativer Natur – wie in diesem Kapitel zum Ausweis in Bilanz und GuV – möglicherweise nicht so sehr von Interesse sein wie Fragestellungen quantitativer Natur, wie z. B. zu den Bewertungsvorschriften nach IFRS. Dies ändert sich aber dann, wenn im Rahmen der internen Performance-/Profit-Center-Steuerung den Ressorts die Verantwortung für ganz bestimmte Bilanz- und GuV-Positionen gegeben wird. Dann ist es hilfreich zu wissen, welche Komponenten von welchen Finanzinstrumenten in welche Bilanz- und GuV-Position fließen. Und dann kann man feststellen, dass hier z. T. ressortfremde Geschäfte in die zu verantwortenden Bilanz- und GuV-Positionen laufen.

Dazu ein Beispiel aus der Praxis von Kreditinstituten: Verantwortet das Ressort „Handel" das „Handelsergebnis", so wird es feststellen, dass hier – je nach gewählter GuV-Gliederung – nicht nur die Ergebnisse aus den eigenen Handelsgeschäften ausgewiesen werden, sondern auch die Ergebnisse der im Bankbuch zur Steuerung des Zinsänderungsrisikos abgeschlossenen Zinsderivate, da nach IAS 39 jedes Derivat per se der IAS-39-Kategorie „Handel" (Trading, TRD) zugeordnet werden muss und daher der GuV-Ausweis dieser Geschäfte in der Regel ins Handelsergebnis gesteuert wird.

68 Die IFRS sehen nur eine Mindestgliederung von Bilanz und GuV vor (IAS 1), die grundsätzlich für alle Unternehmenstypen gilt (Kap. 3.1). Detaillierte Ausweisvorgaben im Allgemeinen bzw. für bestimmte Branchen sieht IFRS grundsätzlich nicht vor (so wie z. B. 340 HGB i. V. m. RechKredV für Kreditinstitute). IAS 32 enthält darüber hinaus Vorschriften zur Abgrenzung von Eigen- und Fremdkapital auf der Passivseite (siehe Kap. 3.2).

69 IFRS 7 verpflichtet Unternehmen zudem zu zahlreichen, differenzierten Angaben in Bezug auf Finanzinstrumente, die wahlweise in der Bilanz bzw. GuV oder im Anhang gemacht werden können (Kap. 5.4). Deutsche Praxis dürfte es zurzeit sein, diese Informationen eher im Anhang als unmittelbar in der Bilanz oder GuV auszuweisen.

70 Ein zweckadäquater Ausweis lässt sich daher nur aus dem Zusammenspiel der einzelnen Standards entwickeln. Grundsätzlich sind hier zwei Primärgliederungen denkbar[162]

- a) nach juristischer bzw. betriebswirtschaftlicher Betrachtungsweise oder
- b) nach den IAS 39-Bewertungskategorien für die Finanzinstrumente.

71 In Deutschland ist grds. a) die Praxis. Entsprechende Musterbilanzen für Nicht-Kreditinstitute sowie Kreditinstitute sind unter Kap. 3.4 dargestellt. Ein Beispiel für b) finden Sie unter Kap. VI.3.2. Hiernach haben die Kreditinstitute im Rahmen des sog. FinRep-Reporting[163] in Zukunft ihre IFRS-Bankbilanz für aufsichtsrechtliche Zwecke nach der Primärgliederung b) an die Bankenaufsicht zu liefern.

72 In der Regel orientiert sich der GuV-Ausweis an dem Bilanzausweis. Letzter wiederum ist auch Grundlage für die Zuordnung von Cashflows in die entsprechenden Bereiche der Kapitalflussrechnung.

Sondersachverhalte

73 Unter Kap. 3.5.1 wird kurz auf den Sachverhalt eingegangen, dass möglicherweise eine Industrietochter an eine Bankmutter zu reporten hat und/oder vice versa und somit hier Überleitung von einem Bilanz-/GuV-Ausweisschema auf das andere erfolgen muss.

74 Zentrales Organisationsmedium beim Ausweis stellt der Kontenplan dar, der letztendlich alle Informationen vorhalten muss, die man für Ausweiszwecke benötigt. Kap. 3.5.2 stellt ein Praxisbeispiel zu einem Bankkontenplan dar.

3.1 Mindestumfang

75 Der Mindestumfang einer IFRS-Bilanz ist definiert im IAS 1 „Darstellung des Abschlusses" (*presentation of financial statements*).

Nicht-Kreditinstitute

76 Die Reihenfolge in der Bilanz ist grundsätzlich nach der Fristigkeit zu gliedern, d. h. in die Bereiche „**langfristig**" **und** „**kurzfristig**".

Unter **kurzfristig** ist gem. IAS 1.57 bzw. IAS 1.60 einzuordnen:

- Verkauf oder Verbrauch bzw. Begleichung erfolgt innerhalb eines für das Unternehmen üblichen Geschäftszyklus *(operating cycle)* bzw. innerhalb **von 12 Monaten** oder

---

[162] Vgl. *Löw*, S. 30.
[163] Vgl. **RV** FinRep.

- Halteabsicht dient vorwiegend Spekulationszwecken (Kategorie TRD[164]), oder
- es handelt sich um Zahlungsmittel/-äquivalente, die keinen Verwendungsbeschränkungen unterliegen.

Die Gliederung nach Fristen kann im Einzelfall bedeuten, dass ein Geschäftsvorfall für den Bilanzausweis in kurz- und langfristig aufzuteilen ist, so z. B. bei einem Annuitätendarlehen. Der Teil des Darlehens, der innerhalb der nächsten zwölf Monate zu tilgen ist, wird unter kurzfristig ausgewiesen, der Rest unter langfristig.

Kreditinstitute

Gemäß IAS 1.54 ist eine **alternative Gliederung** der Bilanz nach **Liquidierbarkeit** (Aktivseite) bzw. Fälligkeit (Passivseite) dann zulässig, wenn hierdurch für den Jahresabschlussadressaten entscheidungsnützlichere Informationen vermittelt werden. Dies ist z. B. bei Kreditinstituten der Fall, so dass man bei sämtlichen Bankbilanzen diese Alternativgliederung gemäß IAS 1.54 vorfindet.

Kreditinstitute und Nicht-Kreditinstitute

Die Saldierung von Vermögenswerten und Schulden ist gemäß IAS 1.32 grundsätzlich nur dann zulässig, wenn ein Standard dies explizit vorschreibt oder wenn hierdurch der wirtschaftliche Gehalt einer Transaktion zutreffender abgebildet wird.

§ GESETZ:

IAS 1.68 [a] bis p] u. 1.68A [*]

„Mindestposten AKTIVA:

a) Sachanlagen

b) als Finanzinvestitionen gehaltene Immobilien

c) immaterielle Vermögenswerte

d) finanzielle Vermögenswerte

→ ohne die unter e), h) oder i) ausgewiesenen

e) nach der Equity-Methode bilanzierte Finanzanlagen

f) biologische Vermögenswerte

g) Vorräte

h) Forderungen aus Lieferungen und Leistungen und sonstige Forderungen

i) Zahlungsmittel und -äquivalente

m),n) laufende und latente Steuerforderungen

*) zur Veräußerung bestimmte Vermögenswerte

Mindestposten PASSIVA:

j) Verbindlichkeiten aus Lieferungen und Leistungen und sonstigen Verbindlichkeiten

k) Rückstellungen

l) finanzielle Schulden

→ ohne die unter j) und k) ausgewiesenen

m), n) laufende und latente Steuerschulden

o) Minderheitsanteile am Eigenkapital

---

164 Details hierzu vgl. 4.2.1.1.1.

p) gezeichnetes Kapital und Rücklagen

*) Verbindlichkeiten, die im Zusammenhang mit zur Veräußerung bestimmten Vermögenswerten stehen"

Weitere Posten werden erforderlich, wenn sie für die Beurteilung der Unternehmenslage wesentlich sind.

3.2 Eigen- versus Fremdkapital

3.2.1 Passiva

Ein Großteil des IAS 32 beschäftigt sich ausschließlich damit, wann IFRS-Eigenkapital und wann IFRS-Fremdkapital vorliegt.

Wie bereits eingangs unter Kapital 1.2 erwähnt, ist ein Eigenkapitalinstrument i. S. d. IAS 32.11 ein Vertrag, der einen Residualanspruch an den Vermögenswerten eines Unternehmens nach Abzug aller Schulden begründet. Diese relativ einfache und kurze Definition hat zur Folge, dass nur dann IFRS-Eigenkapital vorliegt, wenn das bilanzierende Unternehmen dem Kapitalgeber gegenüber keiner Rückzahlungsverpflichtung hinsichtlich des überlassenen Kapitals unterliegt.

Bei Stamm- und Vorzugsaktien bestehen diesbezüglich keine Probleme. Diese sind sowohl nach HGB als auch IFRS Eigenkapital. Aber bei einer Vielzahl von in Deutschland gängigen Kapitalbeschaffungsinstrumenten besteht eine solches Kündigungsrecht seitens des Kapitalgebers, so dass diese dann IFRS-Fremdkapital darstellen:

- Anteile an Personengesellschaften[165]

  Kapitaleinlagen von Gesellschaftern einer OHG, KG (sowohl Komplementär als auch Kommanditist) oder einer atypischen oder typischen stillen Beteiligung stellen – anders als nach HGB– nach IFRS Fremdkapital dar (IAS 32.18b), da sie alle nach HGB mit einem ordentlichen Kündigungsrecht ausgestattet sind.

- Anteile an Genossenschaften

  Jeder Genosse kann seinen Genossenschaftsanteil kündigen, daher stellen Genossenschaftsanteile grundsätzlich – anders als nach HGB – nach IFRS Fremdkapital dar. Hat das Unternehmen allerdings ein uneingeschränktes Recht auf Ablehnung der Rücknahme bzw. ein Rücknahmeverbot, so stellen Genossenschaftsanteile auch nach IFRS Eigenkapital dar (IFRIC 2).

- Darlehen mit Rangrücktritt

  Im Rahmen von Bankanalysen sind nachrangige Darlehen i. d. R. Eigenkapital, nach IFRS allerdings Fremdkapital.

- Mezzanine-Finanzierungen[166]

  Wie z. B. partiarisches Darlehen, Wandelschuldverschreibungen etc. Hier ist jeweils eine Einzelfallbeurteilung erforderlich. Wandelschuldverschreibungen stellen ein Compound Instrument dar und sind in ihre Eigen- und Fremdkapitalbestandteile zu trennen (siehe Kap. 2.5.1).

---

165 Bezüglich Details vgl. *Rückle* und *Weidenhammer*.
166 Vgl. *Kütting/Erdmann/Dürr* (2008) und (2008a) sowie *Schaber/Isert*. Bezüglich Details zur Bilanzierung von verdeckten Einlagen vgl. *Lüdenbach*.

3. Ausweis in der Bilanz

Ob ein Finanzinstrument auf der Passivseite als Eigen- oder Fremdkapital nach IFRS zu bilanzieren ist, hat weit reichende Konsequenzen. Zunächst besteht ein allgemeines Darstellungsproblem, wenn wie bei einigen Genossenschaftsbanken oder Personengesellschaften in deren IFRS-Bilanz kein Eigenkapital ausgewiesen würde. Des Weiteren hat eine Zuordnung zu Fremdkapital die bilanzielle Konsequenz, dass das Finanzinstrument unter den Anwendungsbereich des IAS 39 und somit unter die ganz normale IAS 39-Folgebewertung fällt, wie weiter vorne beschrieben wird. Eine Einordnung als Eigenkapitalinstrument hätte dahingegen zur Folge, dass das Finanzinstrument keiner Folgebewertung unterliegt (da emittierte Eigenkapitalinstrumente nicht Gegenstand des IAS 39 sind). Stattdessen erfolgt aber eine Berücksichtigung im Eigenkapitalspiegel.

Nach der ab 1.1.2009 anzuwendenden überarbeiteten Fassung des IAS 32[167] können nun u.a. Finanzinstrumente mit Inhaberkündigungsrecht (sog. puttable instruments gem. IAS 32.16A und IAS 32.16B) unter bestimmten Bedingungen als Eigenkapital (anstatt wir bisher als Fremdkapital) klassifiziert werden.[168] Diese Neufassung des IAS 32 stellt ein kurzfristiges „Reparatur"-Projekt des IASB dar, welches zu mindestens deutschen Personengesellschaften weiterhilft und ihnen ermöglicht, die Einlagen der Gesellschafter auch unter IFRS als Eigenkapital zu klassifizieren.[169] Bezüglich der mittelfristigen Komplettüberarbeitung des Abgrenzungsprinzips zwischen Eigen- und Fremdkapital auf der Passiva siehe Kap. V.2.4.

Zurückerworbene **eigene Eigenkapitalinstrumente** (Aktien; *treasury shares*) dürfen nicht im Handelsbestand aktivisch ausgewiesen werden, sondern sind gem. IAS 32.33 offen vom Eigenkapital abzusetzen. Der Kauf, der Verkauf, die Ausgabe oder die Einziehung von eigenen Eigenkapitalinstrumenten dürfen nicht erfolgswirksam erfasst werden. Weiterveräußerungen eigener Eigenkapitalinstrumente werden bilanziell wie Kapitalerhöhungen abgebildet.

Ebenso sind zurückerworbene **eigene Schuldverschreibungen** nach IAS 39.AG58 als Tilgung anzusehen, sodass die Verpflichtungen auf der Passivseite zu kürzen sind.[170]

3.2.2 Aktiva

Eine möglichen **Ausstrahlwirkung** der Abgrenzung zwischen EK und FK auf der Passiva (siehe Kap. 3.2.1) auf gehaltene Finanzinstrumente auf der Aktiva verneint das RIC in einem entsprechenden Positionspapier.[171]

Anders als beim Emittenten eines Finanzinstrumentes, bei dem die Klassifizierung nach den Vorschriften des **IAS 32** vorzunehmen ist, erfolgt die Klassifizierung beim Inhaber eines Finanzinstrumentes anhand einer eigenständigen Beurteilung ausschließlich nach den Vorschriften des IAS 39.

So kann z. B. das **Inhaber-Kündigungsrecht** eines hybriden (zusammengesetzten) Finanzinstrumentes für den **Emittenten** Eigenkapital-klassifizierungsrelevant gem. den Vorschriften des IAS 32 sein. Aus Sicht des **Inhabers** hingegen handelt es sich nach den Vorschriften des IAS 39 um eine kündbare Geldüberlassung (Fremdkapitalpapier) als Basisvertrag mit einer Kündigungsoption als eingebettetes Derivat. Für den Inhaber erhöht sich durch das Kündigungsrecht lediglich die Fungibilität seines Instruments; berührt aber nicht die Klassifizierung als Fremdkapitalinstrument. Für die Frage, ob möglicherweise ein eingebettetes Derivat getrennt zu bilanzieren ist, sind die Vorgaben in IAS 39.AG27 ff. einschlägig.

---

[167] IAS 32 (rev. 2008) wurde am 14.02.2008 vom IASB verabschiedet und mit der Verordnung (EG) Nr. 53/2009 vom 21.01.2009 in europäisches Recht übernommen (endorsed); vgl. **RV** IAS 32 EU (2009c) und **RV** IAS 32 (DP_2008/2). Siehe auch **RV** RIC (2008).
[168] Vgl. u. a. Bömelburg/Landgraf, Löw/Antonakopoulos, Petersen/Zwirner (2008).
[169] Vgl. Schmid (2008), S. 439.
[170] Vgl. PWC (2008a), S. 915f.
[171] Vgl. **RV** RIC (2007), S. 3.

3.3 Bilanz Nicht-Kreditinstitute

Überblick

Die nachfolgende Abbildung stellt eine typische IFRS-Bilanz eines Industrieunternehmens dar. Die fetten und unterstrichenen Bilanzpositionen enthalten typischerweise Finanzinstrumente. Die Abbildung enthält darüber hinaus noch die für die Bewertung von Finanzinstrumenten wichtigen IAS 39-Kategorien, die in diesen Bilanzpositionen vorkommen können. In der Praxis wird die Bilanz selber ohne die IAS 39-Kategorien veröffentlicht; sie sind Gegenstand der jeweiligen Anhangsangaben der Bilanzpositionen (siehe Kap. 7.2). Da, wie eingangs dargestellt, IFRS den Bilanzausweis nur rudimentär regelt, stellt die nachfolgend dargestellte Musterbilanz eine Orientierungshilfe dar. Im konkreten Fall kann der Ausweis aber hiervon auch abweichen.

> **HINWEIS:**
> *Definitionen und Inhalte der IAS 39-Kategorien sind erst Gegenstand des Kap. 4. Die nachfolgend verwandten Abkürzungen sind ansonsten auch im Glossar erklärt und können da kurz nachgeschlagen werden.*

Abb. 32: Muster eines Bilanzausweises mit IAS 39 Kategorien (Nicht-Kreditinstitut)

AKTIVA			PASSIVA		
A **Langfristige Vermögenswerte (AV)**			A. **Eigenkapital**		
I. Immaterielle Vermögensgegenstände			I. Gezeichnetes Kapital		
II. Sachanlagen			II. Andere Rücklagen		
III. Als Finanzinvestitionen gehaltene Immobilien			1. Neubewertungsrücklage	a)	AFS
IV. Finanzanlagen			2. CF-Hedge-Derivat-Rücklage		
1. Beteiligungen an Assoziierten Unternehmen			3. Währungsumrechnung		
	a)	AFS	4. Finanzinv. Immobilien		
	b)	FVBD	IV. Kapital- und Gewinnrücklage		
			V. Minderheitenanteile		
2. Andere Finanzinvestitionen			B. **Langfristige Rückstellungen und Verbindlichkeiten**		
	a)	HTM	I. Langfristige Rückstellungen		
	b)	LAR	1. Rückstellungen für Pensionen und ähnliche Verpfl.		
	c)	AFS	2. Passive latente Steuern		
	d)	FVBD	3. Andere Rückstellungen		
			II. Langfristige Verbindlichkeiten		
V. Aktive latente Steuern			**1.** Finanzschulden	a)	L
B. **Kurzfristige Vermögenswerte (UV)**				b)	FVBD
I. Zur Veräußerung gehaltene langfristige Vermögenswerte			2. Andere Verbindlichkeiten		
			C. **Kurzfristige Rückstellungen und Verbindlichkeiten**		
II. Steuerforderungen			I. Kurzfristige Rückstellungen		
III. Forderungen und sonstige Vermögenswerte			1. Steuerrückstellungen		
	a)	LAR	2. Andere Rückstellungen		
	b)	AFS	II. Kurzfristige Verbindlichkeiten		
	c)	FVBD	**1.** Finanzschulden	a)	L
IV. Finanzinstrumente				b)	FVBD
	a)	TRD		c)	TRD
	b)	AFS	2. Verbindlichkeiten aus Lieferungen und Leistungen		
	c)	HTM	3. Steuerverbindlichkeiten		
	d)	FVBD	4. Verbindlichkeiten im Zusammenhang mit zur Veräußerung gehaltenen langfr. Vermögenswerte		
V. Flüssige Mittel und Zahlungsmitteläquivalente					
	a)	LAR	**5.** Andere Verbindlichkeiten	a)	FG

3. Ausweis in der Bilanz

Abb. 33: Bilanz WILO SE 2008 (Aktiva)[172]

TEUR	Aktiva			
		Anhang	31.12.2008	31.12.2007
Langfristige Vermögenswerte				
Immaterielle Vermögenswerte		(9.1)	58.671	60.721
Sachanlagen		(9.2)	164.892	146.809
At-equity bewertete Beteiligungen		(9.4)	3.134	855
Sonstige Finanzanlagen		(9.4)	4.597	4.722
Forderungen aus Lieferungen und Leistungen		(9.6)	2.238	3.455
Sonstige Vermögenswerte		(9.6)	1.229	1.332
Latente Steueransprüche		(8.10)	16.799	15.982
			251.560	233.876
Kurzfristige Vermögenswerte				
Vorräte		(9.5)	147.067	153.663
Forderungen aus Lieferungen und Leistungen		(9.6)	197.803	199.830
Sonstige Vermögenswerte		(9.6)	26.168	26.655
Zahlungsmittel		(9.7)	45.452	25.298
			416.490	405.446
Aktiva			668.050	639.322

---

172 Wilo (2008), S. 44.

Abb. 34: Bilanz WILO SE 2008 (Passiva)[173]

TEUR	Anhang	31.12.2008	31.12.2007
Passiva			
Eigenkapital	(9.8)		
Gezeichnetes Kapital		26.000	26.000
Gewinnrücklagen		280.620	284.772
Unterschied aus Währungsumrechnung		-16.758	-7.495
Eigene Anteile		-7.829	-7.892
Eigenkapital vor Minderheiten		282.033	295.385
Minderheitenanteile		424	2.305
		282.457	297.690
Langfristige Schulden			
Finanzschulden	(9.9)	83.621	62.913
Verbindlichkeiten aus Lieferungen und Leistungen	(9.9)	8.408	5.299
Sonstige Verbindlichkeiten	(9.9)	17.203	14.253
Rückstellungen für Pensionen	(9.9)	35.936	35.513
Rückstellungen für pensionsähnliche Verpflichtungen	(9.9)	6.772	6.810
Garantierückstellungen	(9.9)	3.468	3.694
Latente Steuerverpflichtungen	(8.10)	14.827	17.906
		170.235	146.388
Kurzfristige Schulden			
Finanzschulden	(9.10)	19.460	26.656
Verbindlichkeiten aus Lieferungen und Leistungen	(9.10)	66.683	59.419
Sonstige Verbindlichkeiten	(9.10)	87.157	75.381
Rückstellungen	(9.10)	42.058	33.788
		215.358	195.244
Passiva		668.050	639.322

3.3.1 Aktiva

Die nachfolgende Nummerierung orientiert sich an der Nummerierung in der Abb. 32.

A. IV. 1. Anlagevermögen (AV) – Finanzanlagen – Beteiligungen an assoziierten Unternehmen

Beteiligungen an assoziierten Unternehmen stellen gehaltene Eigenkapitalpapiere dar. Im Einzelabschluss fallen diese gehaltenen Eigenkapitalpapiere unter den Anwendungsbereich des IAS 39 und können grundsätzlich der IAS-39-Kategorie AFS oder FVBD zugeordnet werden, wobei letztere Zuordnung in der Praxis wohl eher seltener vorkommen dürfte, da die Voraussetzungen für eine Kategorisierung als FVBD in der Regel nicht erfüllt sein dürften. Bei der Konzernbilanzierung werden Beteiligungen an assoziierten Unternehmen gemäß der Equity-Methode bilanziert (siehe Kapitel 2.6) und stellen kein Finanzinstrument i. S. d. IAS 39 dar (IAS 39.2(a)).

---

173 Wilo (2008), S. 45.

A. IV. 2. AV – Finanzanlagen – andere Finanzinstrumente

Hier können weitere Aktienpakete (< 20%, AFS), Bonds (HTM oder AFS) und Ausleihungen (LAR) bilanziert werden. Nach IAS 39.9 besteht auch das Wahlrecht, HTM- und LAR-Bestände als AFS zu kategorisieren, ohne dass bestimmte Voraussetzungen erfüllt sein müssen. Zudem könnten alle Bestände auch Gegenstand der Fair-Value-Option sein (FVBD), wenn die entsprechenden Voraussetzungen hierfür erfüllt sind.

B. I. Umlaufvermögen (UV) – Zur Veräußerung gehaltene VG

Die aufgrund der Vorschrift IFRS 5 offen zu legende Bilanzposition kann grundsätzlich auch sämtliche Arten von Finanzinstrumenten aller IAS 39-Kategorien beinhalten. Allerdings ist IFRS 5 nicht der Regelfall.

[B. II. UV – Steuerforderungen]

Steuerforderungen stellen **keine** finanziellen Vermögenswerte dar und fallen somit nicht in den Anwendungsbereich von IAS 39. Nach IAS 32 sind finanzielle Vermögenswerte vertragliche Rechte. Zwischen dem Fiskus und dem Steuerpflichtigen besteht eine solche vertragliche Beziehung nicht (siehe im Einzelnen IAS 32.AG12).

B. III. UV – Forderungen und sonstige VG

Hier werden nicht verbriefte Forderungen ausgewiesen. Im Regelfall dürfte hier eine Zuordnung zu LAR erfolgen. Nach IAS 39.9 besteht aber auch das Wahlrecht, LAR-Bestände als AFS zu kategorisieren, ohne dass bestimmte Voraussetzungen erfüllt sein müssen. Alternativ könnte auch die Fair-Value-Option angewendet werden (FVBD), wenn die entsprechenden Voraussetzungen hierfür erfüllt sind.

B. IV. UV – Finanzinstrumente

Hier werden alle Trading-Kassa-Bestände ausgewiesen, also Kassageschäfte, die mit kurzfristiger Gewinnerzielungsabsicht in die Bücher genommen werden (unabhängig davon, ob sie eine kurz- oder langfristige Laufzeit haben). Zudem werden hier auch alle Derivate erfasst, die einen positiven Netto-Fair-Value haben. Dies ist unabhängig davon, ob sie eine kurz- oder langfristige Laufzeit haben und auch unabhängig davon, ob sie als stand-alone-Derivat oder als Hedge-Derivat designiert wurden.

Des Weiteren werden hier kurzfristige Ausleihungen und Darlehen, die den Kategorien LAR, HTM oder AFS zugeordnet werden können, ausgewiesen. Nach IAS 39.9 besteht auch das Wahlrecht HTM- und LAR-Bestände als AFS zu kategorisieren, ohne dass bestimmte Voraussetzungen erfüllt sein müssen. Zudem könnten alle Nicht-Trading-Bestände auch Gegenstand der Fair-Value-Option sein (FVBD), wenn die entsprechenden Voraussetzungen hierfür erfüllt sind.

B. V. UV – Flüssige Mittel und Zahlungsäquivalente

Zahlungsmittel sind finanzielle Vermögenswerte, die einer Kategorie zuzuordnen sind. Sie gehören in der Regel in die Kategorie LAR, z. B. Geld auf Bankkonten.

3.3.2 Passiva

Die nachfolgende Nummerierung orientiert sich an der Nummerierung in der Abb. 32.

A. II. 1. Eigenkapital (EK) – Neubewertungsrücklage

in der Neubewertungsrücklage wird die Fair-Value-Veränderung sämtlicher AFS-Aktiva (egal ob AV oder UV) ausgewiesen.

A. II. 2. EK – CF-Hedge

Hier erfolgt die Gegenbuchung der Fair-Value-Veränderung der Cashflow-Hedge-Derivate (siehe Kap. 5.3.3).

A. II. 3. EK – Währungsumrechnung

Hier wird das Fremdwährungs-Umrechnungsergebnis aus Translations-Exposures gezeigt, die mit der sog. qualifizierten Durchschnittsmethode zu bewerten sind (siehe Kap. 4.3.4.2).

B. II. 1. Langfristige Verbindlichkeiten – Finanzschulden

Hier werden verbriefte (Emissionen mit ISIN) und unverbriefte (aufgenommene Kredite) langfristige Finanzinstrumente (Restlaufzeit > 1 Jahr) ausgewiesen. Diese sind normalerweise Gegenstand der Kategorie L, können aber auch der Fair-Value-Option zugeordnet sein (FVBD).

C. II. 1. Kurzfristige Verbindlichkeiten – Finanzschulden

Wie B II. 1, nur mit Restlaufzeit <= 1 Jahr. Zudem werden hier auch alle Derivate erfasst, die einen negativen Netto-Fair-Value haben. Dies ist unabhängig davon, ob sie eine kurz- oder langfristige Laufzeit haben und auch unabhängig davon, ob sie als stand-alone-Derivat oder als Hedge-Derivat designiert wurden.

C. II. 2. Kurzfristige Verbindlichkeiten – L aus Lieferung und Leistungen

Gehören zur Kategorie LAR, sind aber keine typische Bilanzposition für Finanzinstrumente.

[C. II. 3. Kurzfristige Verbindlichkeiten – Steuerverbindlichkeiten]

Pendant zu Aktiva BII.

C. II. 4. Kurzfristige Verbindlichkeiten – zur Veräußerung gehaltene VG

Pendant zu Aktiva B I.

C. II. 5. Kurzfristige Verbindlichkeiten – andere Verbindlichkeiten

Emittierte Finanzgarantien i. S. d. IAS 39 sind zum Vergabezeitpunkt mit dem Fair Value zu passivieren und werden unter dieser Bilanzposition ausgewiesen.

3. Ausweis in der Bilanz

3.4 Bilanz Kreditinstitute

Überblick

Nachfolgend ein Praxisbeispiel aus der aktuellen deutschen Bankenlandschaft. Wie bereits dargestellt, gibt IFRS bezüglich des Ausweises einige Minimalanforderungen vor. Zurzeit stellt der Bilanzausweis in der deutschen Bankenlandschaft einen Mix aus den IFRS-Minimalanforderungen und den HGB-/ RechKredV-Vorschriften dar.

VERWEIS:
Ein Beispiel für eine Alternativgliederung enthält Kap. VI.3.2.

Abb. 35: Muster eines Bilanzausweises mit IAS 39-Kategorien (Kreditinstitut)

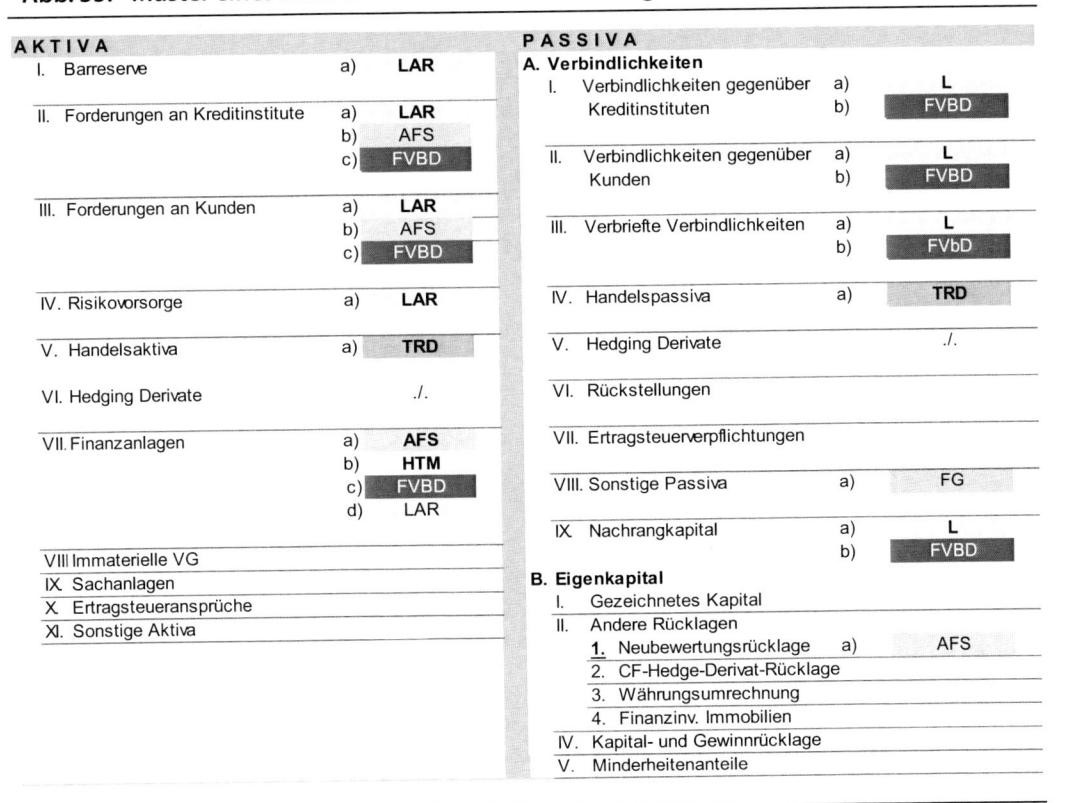

AKTIVA			PASSIVA		
I. Barreserve	a)	LAR	A. Verbindlichkeiten		
II. Forderungen an Kreditinstitute	a)	LAR	I. Verbindlichkeiten gegenüber Kreditinstituten	a)	L
	b)	AFS		b)	FVBD
	c)	FVBD	II. Verbindlichkeiten gegenüber Kunden	a)	L
III. Forderungen an Kunden	a)	LAR		b)	FVBD
	b)	AFS	III. Verbriefte Verbindlichkeiten	a)	L
	c)	FVBD		b)	FVbD
IV. Risikovorsorge	a)	LAR	IV. Handelspassiva	a)	TRD
V. Handelsaktiva	a)	TRD	V. Hedging Derivate		./.
VI. Hedging Derivate		./.	VI. Rückstellungen		
VII. Finanzanlagen	a)	AFS	VII. Ertragsteuerverpflichtungen		
	b)	HTM	VIII. Sonstige Passiva	a)	FG
	c)	FVBD	IX. Nachrangkapital	a)	L
	d)	LAR		b)	FVBD
VIII. Immaterielle VG			B. Eigenkapital		
IX. Sachanlagen			I. Gezeichnetes Kapital		
X. Ertragsteueransprüche			II. Andere Rücklagen		
XI. Sonstige Aktiva			1. Neubewertungsrücklage	a)	AFS
			2. CF-Hedge-Derivat-Rücklage		
			3. Währungsumrechnung		
			4. Finanzinv. Immobilien		
			IV. Kapital- und Gewinnrücklage		
			V. Minderheitenanteile		

Die nachfolgende Nummerierung orientiert sich an der Nummerierung in der Abb. 35.

3.4.1 Aktiva

II. Forderungen an Kreditinstitute

17 Hier werden alle Buchforderungen gegenüber Kreditinstituten (i. S. d. KWG) ausgewiesen. Buchforderungen sind Finanzinstrumente, die keine ISIN besitzen, wie z. B. Schuldscheindarlehen SSD oder Kredite.

III. Forderungen an Kunden

18 Grundsätzlich gleich zu II., nur dass hier Schuldner der Buchforderungen Kunden (und eben keine Kreditinstitute) sind.

Neben SSD (z. B. gegenüber öffentlichen Haushalten) werden hier sämtliche Arten des Kreditgeschäftes ausgewiesen, wie z. B. private Baufinanzierungen, Bauspardarlehen, gewerbliche Kredite, Ratenkredite.

IV. Risikovorsorge

19 Die Risikovorsorge zu II. und III. wird hier offen ausgewiesen („negativer Bestand", daher immer negatives Vorzeichen).

V. Handelsaktiva

20 Sämtliche Finanzinstrumente, die der IAS-39-Kategorie „Trading" (TRD) zugeordnet werden, sind hier auszuweisen, solange sie einen positiven Fair Value haben (ansonsten Handelspassiva). Bezüglich der IAS-39-Kategorie siehe Kap. 4.2. Konkret sind dies alle Kassageschäfte (egal ob Buchforderung oder Wertpapier) des Handels sowie sämtliche Derivate, die nicht Gegenstand einer Hedge-Beziehung sind.

VI. Hedging Derivate

21 Hier werden ausschließlich Derivate ausgewiesen, die Gegenstand des Hedge-Accountings nach IAS 39 sind und deren Fair Value positiv ist (ansonsten Hedging Derivate Passiva). Bezüglich Hedge Accounting siehe Kap. 5.

VII. Finanzanlagen

22 Hier werden sämtliche Wertpapiere, die eine ISIN haben, ausgewiesen (außer sie sind Gegenstand der Kategorie TRD, dann Ausweis unter V). Dies können sowohl gehaltene Eigenkapitalpapiere (wie z. B. Aktien oder Publikumfonds) als auch Fremdkapitalpapiere (Bonds) sein. Auch werden hier die Beteiligungen ausgewiesen, die „at equity" zu bilanzieren sind, sowie Anteile an nicht notierten Kapitalgesellschaften und Anteile an Personengesellschaften.

3.4.2 Passiva

A. I. Verbindlichkeiten gegenüber Kreditinstituten

23 Pendant zu II. auf der Aktiva, nur dass hier Gelder von Kreditinstituten aufgenommen werden.

A. II. Verbindlichkeiten gegenüber Kunden

24 Pendant zu III. auf der Aktiva, nur dass hier Gelder von Kunden aufgenommen werden. Darunter können z. B. fallen: Giroeinlagen, Spareinlagen, Bauspareinlagen.

A. III. Verbriefte Verbindlichkeiten

Pendant zu VI. auf der Aktiva, nur dass hier im Rahmen von Finanzinstrumenten – die eine ISIN haben – Gelder aufgenommen werden. Dies können im Einzelnen z. B. sein: Hypothekenpfandbriefe, öffentliche Pfandbriefe oder Geldmarktpapiere (Certificate of Deposit, Euro Notes, Commercial Paper).

A. IV Handelspassiva

Pendant zu IV. auf der Aktiva. Hier werden alle TRD-Geschäfte mit negativem Fair Value ausgewiesen (Derivate).

A. V. Hedging Derivate

Pendant zu VI. auf der Aktiva. Ausweis sämtlicher Hedge-Derivate, die einen negativen Fair Value haben.

A. VIII. Sonstige Passiva

Hier würden z. B. Finanzgarantien i. S. d. IAS 39 ausgewiesen (siehe Kap. 1.1.2.3.2).

A. IX. Nachrangkapital

Hier werden u. a. nachrangige Verbindlichkeiten, hybride Kapitalinstrumente (u. a. sog. Tier-I- oder Tier-II-Emissionen, die aufsichtsrechtlich als Eigenkapital eingestuft werden), Genussrechtskapital oder Vermögenseinlagen typisch stiller Gesellschafter ausgewiesen.

B. II.1. Neubewertungsrücklage

Die Fair-Value-Bewertung von AFS-Aktiva wird hier GuV-neutral ausgewiesen. Die entsprechenden Finanzinstrumente befinden sich i. d. R. unter der Bilanzposition „Finanzanlagen". Aber Bestände der Bilanzpositionen „Forderungen an Kreditinstitute bzw. Kunden" können Gegenstand der Kategorie AFS sein, so dass dann auch deren Fair-Value-Veränderung hier ausgewiesen würde.

B. II.2. Cashflow-Hedge-Rücklage

Die Wertveränderung eines Cashflow-Hedge-Derivats wird in dieser Unterposition des Eigenkapitals ausgewiesen. Das Derivat selber wird unter der Bilanzposition „Hedging Derivat" ausgewiesen, je nach Fair-Value-Wert auf der Aktiva oder Passiva.

B. II.3. Währungsrücklage

Fremdwährungsbewertungseffekte aus Translations-Exposure selbstständiger Tochtergesellschaften werden hier ausgewiesen (siehe Kap. 4.3.4.2).

3.5 Sondersachverhalte

3.5.1 Konzernabschluss von Unternehmen unterschiedlicher Branchen

Kreditinstitut konsolidiert Nicht-Kreditinstitut

33 Kreditinstitute haben in der Regel Tochtergesellschaften für bestimmte Geschäftsfelder, wie z. B. Factoring, Leasing, IT etc. Diese erstellen ihre Einzelbilanzen nach Nicht-Kreditinstitut-Schema. Im Rahmen der Erstellung des Konzernabschlusses ist dann die Einzelbilanz vom Nicht-Kreditinstitut-Schema auf das Kreditinstitut-Schema überzuleiten.

Nicht-Kreditinstitut konsolidiert Kreditinstitut

34
35 Sind Nicht-Kreditinstitute Muttergesellschaften von Kreditinstituten, müssen im Rahmen der Konzernberichterstellung die angelieferten Bankeinzelbilanzen auf das Nicht-Kreditinstitut-Schema der Mutter überführt werden. Betroffen hiervon sind z. B. die Autobanken oder aber die Deutsche Postbank und Dresdner Bank, deren Muttergesellschaften Nicht-Kreditinstitute[174] waren.

36 Die Überleitung kann z. B. in der Art erfolgen, dass das Bankgeschäft an sich dem Umlaufvermögen zugeordnet wird. Nur die Beteiligungen und das Anlagevermögen des Kreditinstituts werden auch dem Anlagevermögen der Muttergesellschaft zugeordnet. Somit wird auch der größte Teil der Bank-GuV den Umsatzerlösen (Erträge) bzw. dem Materialaufwand (Aufwand) zugeordnet. Je nach Wesentlichkeit des Geschäftes der Tochtergesellschaft für den Gesamtkonzern sind auch spezielle Bilanz- und GuV-Unterpositionen, die dann auf das Bankgeschäft verweisen, sinnvoll.

3.5.2 Kontenplan

37 Dem Kontenplan kommt eine zentrale Bedeutung in dem gesamten Datenmodell der Bilanzierung zu. Seine Struktur muss es ermöglichen, mindestens alle relevanten Bilanz- und GuV-Ausweisinformationen bereitstellen zu können. Zudem beinhaltet er in der Regel auch noch Informationen zu den Konsolidierungsstufen, Hedge-Accounting-Informationen etc.

38 Die nachfolgende Abbildung stellt einen Auszug aus einer achtstelligen Muster-Kontenplansystematik eines Kreditinstituts mit den entsprechenden Ausprägungen für einen Teil der Aktivkonten dar. Anhand dieser Systematik wurde dann für einen Mustersachverhalt das relevante Konto zugeordnet.

---

[174] Bis einschließlich Geschäftsjahr 2008 wurden die Deutsche Postbank im Konzernabschluss der Deutsche Post und die Dresdner Bank im Konzernabschluss der Allianz vollkonsolidiert.

Abb. 36: Praxisbeispiel Kontenplan eines Kreditinstitutes

Stelle Konto-Nummer				
1	23	4	5	678
Bilanz/ GuV	Bewertungs- Kategorie (Bil.Pos.)	Unterpositi- on	Konsolidierungsstufe	Laufende Nr.
Ausprägungen				
1 = Aktiva	01 = Barreserve	• Ford. Ki	• Assozierte UN	• Kein Hedging
	05 = Handes- saktiva	• Ford. Ku	• Eigene Verbundene * einbezogen	• FV-Hedge
2 = Passiva	20 = Originäre Ford.	• WP öff	* nicht einbezogen	• CF-Hedge Underly- ing
	25 = AFS	• WP nicht öff.	• Verbundene der Mutter * einbezogene	• Hedge-Derivat Bestand
...	...	...	* nicht einbezogene	• Zinsabgr.
			• Konzern-fremde UN	• Agio /Disagio....

Beispiel: Bilanzkontonummer für ein Darlehen an eine Bank, welches nicht gehedged und täglich fällig ist und durch ein Konzernunternehmen vergeben wurde:

1 Aktiva
    120 Originäre Forderungen und Wertpapiere
        12010 Originäre Forderungen gegen KI
            12011 verbundene einbez. Konzernunternehmen
                12011010 Konto: orig.Ford.KI einbez.UN.geh.tägl.fällig

4. Bewertung auf Einzelebene

Einordnung

Gegenstand des finanziellen Risikomanagements ist die Steuerung der Marktpreisrisiken (insbesondere Zinsänderungsrisiken, Rohstoffrisiken, Aktienkursrisiken), Fremdwährungsrisiken und Adressenausfallrisiken.

Genau diese Risiken sind auch Gegenstand der bilanziellen Bewertung, nur dass die bilanziellen Fachbegriffe hier andere sind. Bilanziell ist zwischen der Einzelbewertung (Normalfall) und dem Hedge Accounting, also der Bewertung von Grund- und Sicherungsgeschäft zusammen, zu unterscheiden.

Abb. 37: Arten von Risiko (R) in der Bilanzierung

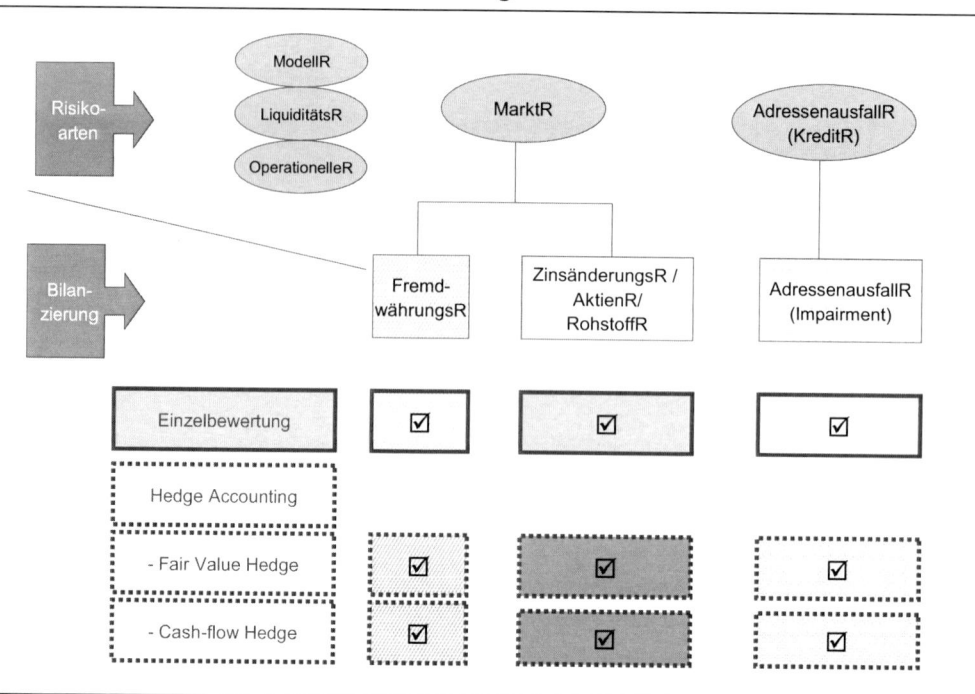

Risikoarten: ModellR, LiquiditätsR, OperationelleR, MarktR, AdressenausfallR (KreditR)

Bilanzierung: FremdwährungsR, ZinsänderungsR / AktienR/ RohstoffR, AdressenausfallR (Impairment)

	FremdwährungsR	ZinsänderungsR / AktienR/ RohstoffR	AdressenausfallR (Impairment)
Einzelbewertung	☑	☑	☑
Hedge Accounting			
- Fair Value Hedge	☑	☑	☑
- Cash-flow Hedge	☑	☑	☑

41 Zunächst werden in Kap. 4.1 die Vorschriften zur Zugangsbewertung dargestellt.

42 Im Rahmen der Folgebewertung auf Einzelbewertungsebene wird zunächst auf die sog. IAS 39-Bewertungskategorien (Kap. 4.2) eingegangen. Ihnen kommt eine zentrale Bedeutung für die Bewertung nach IAS 39 zu, da sie die Bewertungsmethode bestimmen. Die Bewertungsmethoden pro Risikoart werden dann unter Kap. 4.3 dargestellt.

43 Aufbauend auf der Einzelbewertung können dann Grund- und Sicherungsgeschäft unter bestimmten Voraussetzungen nach IAS 39 – abweichend von der Einzelbewertung – zusammen bewertet werden. Hier spricht man dann vom sog. Hedge Accounting. IAS 39 kennt zwei Arten von Hedges: den sog. Fair Value Hedge und den Cashflow Hedge. Beide können jeweils zur Absicherung von Marktpreisrisiken, Adressenausfallrisiken und/oder Fremdwährungsrisiken eingesetzt werden. Hedge Accounting ist Gegenstand des Kap. 5.

4.1 Zugangsbewertung

4.1.1 Grundsatz

§ GESETZ:

IAS 39.43

„Bei dem erstmaligen Ansatz eines finanziellen Vermögenswertes oder einer finanziellen Verbindlichkeit hat ein Unternehmen diese zu ihrem beizulegenden Zeitwert (fair value) zu bewerten. Dabei sind grundsätzlich Transaktionskosten einzubeziehen (Ausnahme: Bestände der IAS-39-Kategorie FVTPL)."

Zum Begriff des beizulegenden Zeitwertes

Normalerweise stellt der Kaufpreis die beste Approximation des Fair Value zum Zugangszeitpunkt dar (IAS 39.AG64 Satz 1).

Transaktionskosten

Transaktionskosten – also direkt dem erworbenen finanziellen Vermögenswert oder der Emission der finanziellen Verbindlichkeit zurechenbare Ausgaben wie z. B. Gebühren, Provisionen, Steuern und vergleichbare Abgaben – sind bei finanziellen Vermögenswerten oder finanziellen Verbindlichkeiten, die nicht erfolgswirksam zum beizulegenden Zeitwert bewertet werden, als Anschaffungsnebenkosten zu bilanzieren. Bei Geschäften dahingegen, die der IAS-39-Kategorie TRD oder FVBD zugeordnet werden, sind die Transaktionskosten direkt im Zugangszeitpunkt als Aufwand in der GuV zu erfassen (bezüglich der IAS-39-Kategorie siehe Kap. 4.2).

Interne Verwaltungskosten gehören nicht zu den Transaktionskosten. Von den internen Kosten sind allerdings die direkt zurechenbaren Kosten grundsätzlich sehr wohl zu aktivieren.

Agien bzw. Disagien sind keine Nebenkosten, sondern gemäß der Effektivzinsmethode ab- bzw. zuzuschreiben.

4.1.2 Sondersachverhalte

4.1.2.1 Finanzgarantie

Die Zugangsbewertung erfolgt einer Finanzgarantie (siehe Kap. 1.1.2.3.2) wie bei allen finanziellen Schulden mit dem Fair Value zum Erfassungszeitpunkt (IAS 39.43).

Es gilt, eine Unterscheidung zu treffen in Finanzgarantien mit einer Einmalzahlung der gesamten Prämie und einer Prämienzahlung in Raten. Des Weiteren ist zu unterscheiden, ob die Zugangsbilanzierung gemäß des Netto- oder des Bruttoausweises in der Bilanz erfolgen soll.

Bezüglich des Netto- und Bruttoausweises ergeben sich bei Finanzgarantien mit einer einmaligen Prämienzahlung keine Unterschiede. Erfolgt eine ratenweise Zahlung der Prämie, ergeben sich Unterschiede zwischen Brutto- und Nettoausweis.

Der Fair Value einer Garantie entspricht nach IAS 39.AG4 zu Beginn i. d. R. der erhaltenen Prämie, sofern es sich um eine Garantie handelt, die zu Marktbedingungen und nicht gegenüber einer nahe stehenden Person ausgestellt ist. Insgesamt betrachtet ist der Fair Value der Finanzgarantie bei Vertragsabschluss Null, denn der Wert der vereinbarten Prämie wird bei Verträgen, die nicht mit nahe stehenden Personen abgeschlossen wurden, regelmäßig dem Wert der Garantieverpflichtung entsprechen. Demnach ist eine Nettodarstellung (wodurch sich zunächst ein Fair Value des Gesamtvertrags von Null ergeben würde) in Analogie zur Behandlung von Derivaten möglich. Ebenso kann ein Bruttoausweis (Aktivierung einer Prämienforderung und Passivierung einer Garantieverpflichtung) erfolgen (vgl. IAS 39 BC 23D).

Abb. 38: Finanzgarantie: Brutto- versus Nettomethode

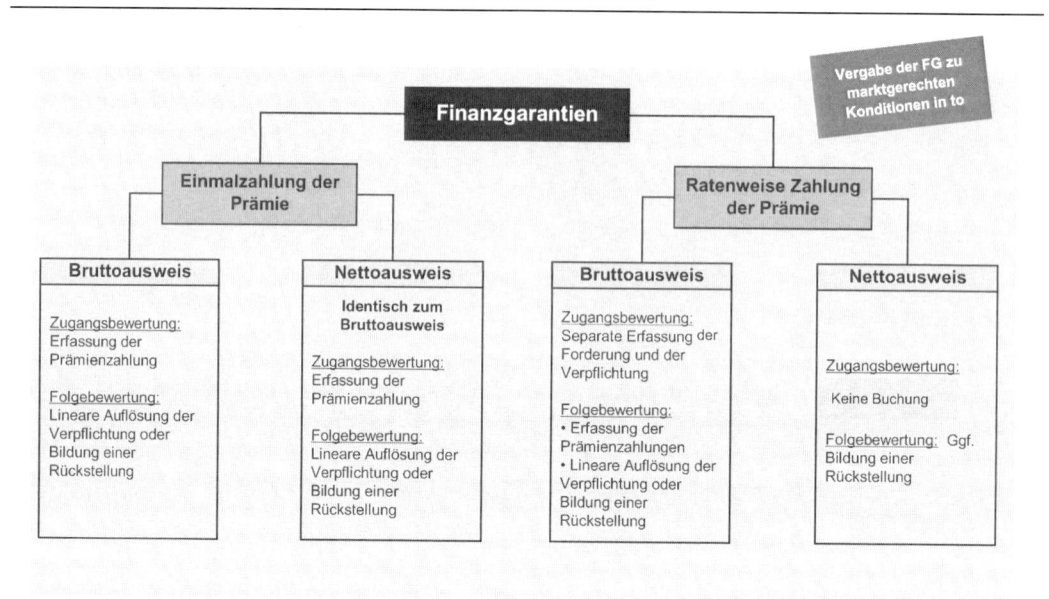

4.1.2.1.1 Nettoausweis bei Zugang

Beim Nettoausweis werden die Prämienforderung und die in gleicher Höhe vorliegende Verpflichtung nicht bilanziell erfasst (hierbei wird davon ausgegangen, dass sich Prämienbarwert und Leistungsbarwert entsprechen). Der Prämienbarwert entspricht der Summe der mit ihrer Eintrittswahrscheinlichkeit gewichteten, diskontierten Prämienzahlungen des einzelnen Vertrags. Der Leistungsbarwert kann entsprechend als Summe der mit der Eintrittswahrscheinlichkeit gewichteten, diskontierten Leistungszahlungen definiert werden. In der Regel entsprechen sich Leistungs- und Prämienbarwert zum Zeitpunkt des Vertragsabschlusses. Eine Forderung wird lediglich für eine fällige Prämienzahlung gebucht.

Die Forderung ist entsprechend IAS 39 zu kategorisieren. Die Forderungen der Prämienzahlungen können i. d. R. folgenden Kategorien zugeordnet werden:

- „designated at fair value" (FVBD)
- „available for sale" (AFS)
- „loans and receivables" (LAR).

Aufgrund der begründeten Vermutung, dass i. d. R. keine Handelsabsicht vorliegt, wird eine Zuordnung zur Kategorie „held for trading" ausgeschlossen. In der Regel dürfte eine Zuordnung zur Kategorie LAR erfolgen.

4.1.2.1.2 Bruttoausweis bei Zugang

Beim Bruttoausweis erfolgt ein separater Ausweis der Forderung und der Verbindlichkeit. Demzufolge ist bei erstmaligem Ansatz zum einen eine Forderung in Höhe des Barwerts der zu erhaltenen Prämie und zum anderen eine Verbindlichkeit in derselben Höhe zu bilanzieren.

4.1.2.2 Stückzinsen

Stückzinsen erhöhen den Preis für eine Finanzinvestition, da der Verkäufer des Finanzinstruments für die noch nicht ausbezahlten, aber bereits aufgelaufenen Zinsen entschädigt werden muss. Dennoch gehören sie nicht zu den Anschaffungskosten des Finanzinstruments. Ihre spätere Vereinnahmung stellt demnach auch kein Ertrag, sondern die Rückzahlung von Anschaffungskosten dar. Als Zinserträge gelten lediglich die Zinsen, die nach dem Zeitpunkt des Kaufs anfallen.

4.1.2.3 Strukturierte Finanzinstrumente

4.1.2.3.1 Compound Instruments

Compound Instruments sind in Eigen- und Fremdkapitalkomponente zu trennen. Die Aufteilung des Fair Value des gesamten Instruments auf die einzelnen Komponenten erfolgt gemäß IAS 32.31 wie folgt:

- 1. Wert des Compound Instruments → ist gegeben;
- 2. Wert der Fremdkapitalkomponente → ermitteln;
- 3. Wert der Eigenkapitalkomponente → ergibt sich aus der Differenz von 1. und 2.

4.1.2.3.2 Embedded Derivatives

Strukturierte Finanzinstrumente sind unter bestimmten Voraussetzungen in einen Grundvertrag und ein Embedded Derivative zu trennen. Die Aufteilung des Fair Value des gesamten Instruments auf die einzelnen Komponenten erfolgt hier gemäß IAS 39.13 und IAS 39.12 wie folgt:

I. Stufe

- 1. Wert des strukturierten Finanzinstruments → ist gegeben;
- 2. Wert des eingebetteten Derivats → ermitteln, soweit FV verlässlich ermittelbar ist;
- 3. Wert des Grundvertrages → ergibt sich aus der Differenz von 1. und 2.

II. Stufe

(wenn FV des eingebetteten Derivats nicht verlässlich ermittelbar ist)

- 1. Wert des strukturierten Finanzinstruments → ist gegeben;
- 2. Wert der Grundvertrages → ermitteln;
- 3. Wert der eingebetteten Derivats → ergibt sich aus der Differenz von 1. und 2.

III. Stufe

Wenn auch nach Stufe II der Wert des eingebetteten Derivats nicht ermittelt werden kann, muss das gesamte strukturierte Finanzinstrument als erfolgswirksam zum beizulegenden Zeitwert eingestuft werden.

Stufe II und III dürften nach dem Verständnis des Standardsetters eigentlich nur bei eingebetteten Derivaten vorkommen, die auf nicht notierten Eigenkapitaltiteln basieren.

4.1.2.4 Erwerb über Optionen

Bei der Ausübung eines Short Put wird ein Wertpapier angedient. In diesem Zusammenhang stellt sich die Frage, mit welchem Wert das zugehende Wertpapier zu aktivieren ist. Die Ausübung der Option auf der einen Seite und die Einbuchung des angedienten Wertpapiers auf der anderen Seite sind nach IFRS losgelöst von einander zu betrachten (anders als nach HGB bzw. nach der BFA-Stellungnahme 2/1995 „Bilanzierung von Optionsgeschäften"). Zunächst erfolgt die Ausbuchung der Option gegen das Handelsergebnis. Anschließend ist das angediente Wertpapier gemäß IAS 39.43 mit dem Fair Value zu aktivieren. Nach IAS 39 AG 64 entspricht der Fair Value in der Regel der Transaktionspreis. Nicht so bei dieser Konstellation. Der beizulegende Wert setzt sich aus dem gezahlten Strike Price (gegen Kasse) plus der Differenz des Strike Price zum Fair Value (gegen Handelsergebnis) zusammen. Die Optionsprämie darf – anders als nach HGB – nicht mit den Anschaffungskosten des Wertpapiers verrechnet werden.

4.2 Bewertungskategorien

Überblick

Der Standard definiert im IAS 39.9 vier Kategorien von Finanzinstrumenten, wovon eine aus zwei Unterkategorien besteht. Da sowohl die deutschen als auch die englischen Bezeichnungen der Kategorien relativ lang sind, werden in der Literatur und in der Praxis Abkürzungen verwendet. Allerdings sind diese nicht standardisiert, sodass Sie für ein und dieselbe Kategorie in der Literatur unterschiedliche Abkürzungen finden werden. Letztendlich ist entscheidend, dass klar ist, um welche Kategorie es sich handelt. Im Folgenden werden die in der Abb. 39 dargestellten Abkürzungen verwandt, die aus den englischen Begriffen abgeleitet wurden.

Abb. 39: Überblick über die IAS 39-Kategorien

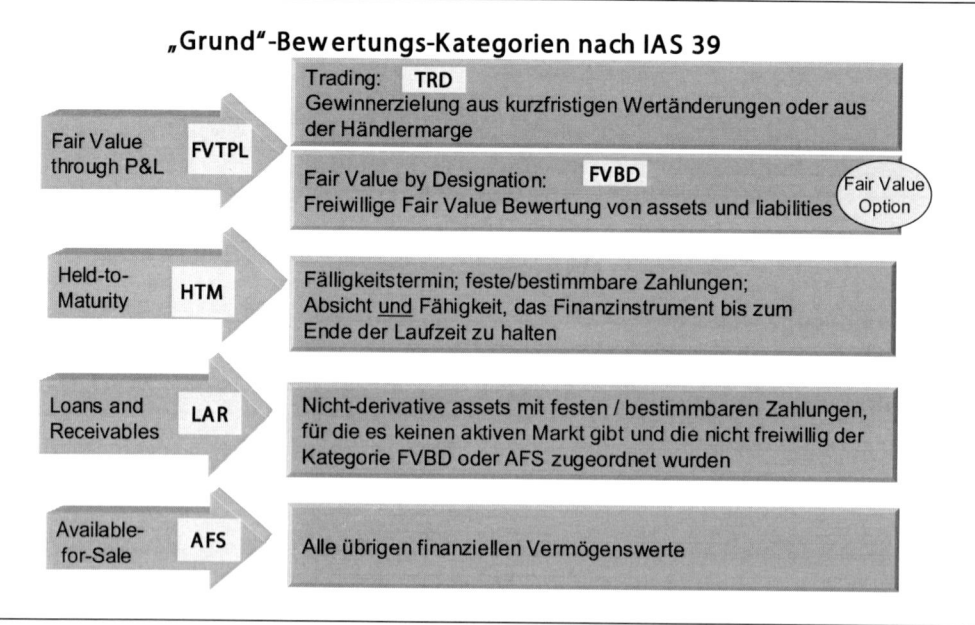

„Grund"-Bewertungs-Kategorien nach IAS 39

- **Fair Value through P&L (FVTPL)**
  - Trading: **TRD** — Gewinnerzielung aus kurzfristigen Wertänderungen oder aus der Händlermarge
  - Fair Value by Designation: **FVBD** — Freiwillige Fair Value Bewertung von assets und liabilities (Fair Value Option)
- **Held-to-Maturity (HTM)**: Fälligkeitstermin; feste/bestimmbare Zahlungen; Absicht und Fähigkeit, das Finanzinstrument bis zum Ende der Laufzeit zu halten
- **Loans and Receivables (LAR)**: Nicht-derivative assets mit festen / bestimmbaren Zahlungen, für die es keinen aktiven Markt gibt und die nicht freiwillig der Kategorie FVBD oder AFS zugeordnet wurden
- **Available-for-Sale (AFS)**: Alle übrigen finanziellen Vermögenswerte

Es sei an dieser Stelle noch darauf hingewiesen, dass einige dieser Kategorien nur für Aktiva verwendet werden können, andere dahingegen sowohl für Aktiva als auch für Passiva. Für die Passiva gibt es zwei weitere Kategorien, die im Standard zwar nicht so explizit als solche genannt sind, aber für eine korrekte Abbildung der Geschäfte in den DV-Systemen benötigt werden. Zudem ist zu beachten, dass diese IAS 39-Kategorien ohne Hedging sind. Einige dieser IAS 39-Kategorien können auch im Zusammenhang mit Fair Value Hedging auftreten, sodass hier noch entsprechend mehr Ausprägungen möglich sind.

Nachfolgend werden die einzelnen IAS 39-Kategorien näher erläutert. Das Kapitel schließt mit zwei Checklisten, anhand derer Sie die richtige IAS 39-Kategorie bestimmen können (Kap. 4.2.3) sowie dem Thema „Umklassifizierungen" (Kap. 4.2.4), also der Fragestellung, inwiefern eine einmal getroffene Kategorisierung später korrigiert werden kann.

4.2.1 Kategorisierung Aktiva

4.2.1.1 Kategorie „erfolgwirksam zum beizulegenden Zeitwert bewertet" (FVTPL)

GESETZ:

IAS 39.9 FVTPL

„Ein erfolgswirksam zum beizulegenden Zeitwert bewerteter (fair value through profit and loss FVTPL), finanzieller Vermögenswert bzw. eine finanzielle Verbindlichkeit erfüllt eine der beiden folgenden Bedingungen:

(a) Es ist als zu Handelszwecken (trading TRD) gehalten eingestuft. [...]

(b) Beim erstmaligen Ansatz wird er/sie vom Unternehmen als erfolgswirksam zum beizulegenden Zeitwert zu bewerten eingestuft (fair value by designation FVBD) [...]."

FVTPL stellt somit nur eine Oberkategorie dar. Die eigentlichen Ausprägungen stellen TRD und FVBD dar. FVTPL gilt sowohl für Aktiva (Long-Bestände) als auch Passiva (Short-Bestände).

4.2.1.1.1 Kategorie „zu Handelszwecken" (TRD)

GESETZ:

IAS 39.9 TRD

„[...].

(a) Es ist als zu Handelszwecken (trading TRD) gehalten eingestuft. Ein finanzieller Vermögenswert oder eine finanzielle Verbindlichkeit wird als zu Handelszwecken gehalten eingestuft, wenn er/sie:

(i) hauptsächlich mit der Absicht erworben oder eingegangen wurde, das Finanzinstrument kurzfristig zu verkaufen oder zurückzukaufen;

(ii) Teil eines Portfolios eindeutig identifizierter und gemeinsam gemanagter Finanzinstrumente ist, für das in der jüngeren Vergangenheit Hinweise auf kurzfristige Gewinnmitnahmen bestehen; oder

(iii) ein Derivat ist (mit Ausnahme solcher, die als finanzielle Garantie oder Sicherheitsinstrument designiert wurden und als solche effektiv sind)."

(i) Hierunter fallen alle Kassabestände, die **mit der Absicht erworben werden**, diese kurzfristig umzuschlagen. Dies können z. B. Aktien, Bonds, Schuldscheindarlehen und Kredite sein. Bezüglich der Kurzfristigkeit ist die Absicht beim Geschäftsabschluss entscheidend. Es gibt keine Positivdefinition für „Kurzfristigkeit" im Standard. Wie viele Tage dies konkret sind, hängt zum einen von der Handelsstrategie und zum anderen auch von den Instrumenten selbst ab (z. B. Geld- oder Kapitalmarktprodukt). Bei Kreditinstituten wird dies z. B. auch nicht absolut von Tagen, sondern relativ von Linien abhängig gemacht. Nur wer ein Handelslimit hat (z. B. in Form eines Value at Risk Limits), darf Handelsbestände eingehen. Alle diese Geschäfte eines Händlers (eines „desk") werden in ein separates Portfolio gebucht. Dieses Portfolio stellt dann ein Handelsportfolio dar mit der Konsequenz, dass alle Geschäfte solcher Handelsportfolien der Kategorie TRD für die IFRS-Bilanzierung zugeordnet werden. Hier ist es unerheblich, wie viele Tage konkret ein Geschäft im Bestand war.

70 (ii) Finanzielle Vermögenswerte werden **unabhängig von der ursprünglichen Erwerbsabsicht** generell als Trading klassifiziert, wenn sie Bestandteil eines Portfolios sind, das auf die Erzielung kurzfristiger Gewinne ausgerichtet ist. Nach 39.9 ist ein solches Portfolio vorhanden, wenn es „substanzielle Hinweise auf eine tatsächliche Folge von kurzfristigen Gewinnmitnahmen aus der jüngeren Vergangenheit" gibt. Wann konkret ein „substanzieller Hinweis" auf die kurzfristigen Gewinnmitnahmen aus der jüngsten Vergangenheit gegeben ist, sollte Gegenstand der Konzernbilanzierungsrichtlinie sein. Zum Beispiel könnte man für das eigene Haus (in Absprache mit dem Wirtschaftsprüfer) festlegen, dass ein solcher substanzieller Hinweis dann vorliegt, wenn mehr als 95 % des Portfolios zum Zwecke der kurzfristigen Gewinnmitnahme im Zeitraum von sechs Monaten umgeschlagen werden.

71 (iii) Hierunter fallen alle **Derivate**, die nach IFRS per Definition grundsätzlich TRD sind, außer sie sind Gegenstand von Hedge Accounting.

⊕ VERWEIS:

72 **Übungsaufgaben zu Derivate**

Buchungsbeispiele zu Zins-Swaps, Währungs-Swaps, FRAs, Zins-Future und Aktien-Optionen enthalten die Übungen VI.1.8 bis VI.1.12.[175]

73 Die Unterkategorie Handelspassiva umfasst:
- derivative Verbindlichkeiten, die keine Sicherungsinstrumente sind,
- Lieferverpflichtungen eines Leerverkaufes,
- finanzielle Verbindlichkeiten, die mit der Absicht eingegangen wurden, mit kurzer Frist zurückgekauft zu werden und
- finanzielle Verbindlichkeiten, die Gegenstand eines Handelsportfolios sind.

4.2.1.1.2 Kategorie „freiwillig zum beizulegenden Zeitwert bewertet" (FVBD/Fair Value Option)

Ⓢ GESETZ:

74 **IAS 39.9 FVBD**

„[...].

b) Beim erstmaligen Ansatz wird es vom Unternehmen als erfolgswirksam zum beizulegenden Zeitwert (fair value by designation FVBD) zu bewerten eingestuft.

Ein Unternehmen darf eine solche Einstufung nur dann vornehmen, wenn

es gemäß Paragraph 11A [Vermeidung von Split Accounting] gestattet ist oder

dadurch relevantere Informationen vermittelt werden, weil entweder

---

[175] Bezüglich Ausführungen zur produktspezifischen IFRS-Bilanzierung derivativer Finanzinstrumente in Industrieunternehmen im Allgemeinen und des Rohstoffmanagements im Speziellen vgl. *Maulshagen/Trepte/Walterscheidt* sowie *Maulshagen/Walterscheidt*.

4. Bewertung auf Einzelebene

i) durch die Einstufung Inkongruenzen bei der Bewertung oder beim Ansatz (zuweilen als „Rechnungslegungsanomalie" bezeichnet) beseitigt oder erheblich verringert werden, die sich aus der ansonsten vorzunehmenden Bewertung von Vermögenswerten oder Verbindlichkeiten oder der Erfassung von Gewinnen und Verlusten zu unterschiedlichen Bewertungsmethoden ergeben würden; oder

ii) eine Gruppe von finanziellen Vermögenswerten und/oder finanziellen Verbindlichkeiten gemäß einer dokumentierten Risikomanagement- oder Anlagestrategie gesteuert und ihre Wertentwicklung auf Grundlage des beizulegenden Zeitwerts beurteilt wird und die auf dieser Grundlage ermittelten Informationen zu dieser Gruppe intern an Personen in Schlüsselpositionen des Unternehmens (wie in IAS 24 Angaben zu Beziehungen über nahe stehende Parteien (überarbeitet 2003) definiert), wie beispielsweise dem Geschäftsführungs- und/oder Aufsichtsorgan und dem Vorstandsvorsitzenden, weitergereicht werden."

Neben Finanzinstrumenten des Handels (Spekulation), die zwingend der Unterkategorie TRD und damit der Kategorie FVTPL zuzuordnen sind, können nach IAS 39.9 auch grundsätzlich alle finanzielle Vermögenswerte und Verbindlichkeiten bei ihrer erstmaligen Erfassung der Kategorie „erfolgswirksam zum Fair Value bewertet" freiwillig zugeordnet werden (also so wie Trading-Bestände, nur dass die Trading-Absicht nicht gegeben ist). Dies ist allerdings nur möglich, wenn durch die Anwendung der Fair-Value-Option die Relevanz der veröffentlichten Abschlussinformationen erhöht wird – durch Vermeidung bzw. signifikante Reduktion von Ansatz- oder Bewertungsinkongruenzen – oder aber durch Vermeidung eines ansonsten notwendigen Split Accounting im Rahmen von Embedded Derivatives.

Somit gibt es folgende drei mögliche Anwendungsfälle für die Fair-Value-Option:

- 1. zur Vermeidung von Split Accounting bei Embedded Derivatives oder zur Vermittlung relevanterer Informationen
- 2. durch Reduzierung von „Rechnungslegungsanomalien" (accounting mismatch) oder
- 3. für Portfolien, die auf Fair-Value-Basis gesteuert werden.

Die Fair-Value-Option ist somit z. B. eine Alternative zum Hedge Accounting bzw. Split Accounting bei Embedded Derivatives und kann dadurch eine Bilanzierungsvereinfachung darstellen.

🛈 HINWEIS:

Bei der Anwendung der Fair-Value-Option sollten Sie aber folgende Aspekte berücksichtigen:

- Full-Fair-Value-Ansatz:
- Das heißt, auch das ökonomisch nicht abgesicherte Risiko (z. B. die Bonität) ist erfolgswirksam zum Fair Value zu bewerten (anders als beim „offiziellen" Hedge Accounting), wodurch eine GuV-Volatilität erzeugt werden kann.
- einmal FVBD, immer FVBD:
- Wird z. B. das ökonomische Sicherungsgeschäft vor Laufzeitende des Grundgeschäfts veräußert, ist das verbleibende Grundgeschäft auch weiterhin erfolgswirksam mit dem Full Fair Value zu bewerten (anders beim Hedge Accounting, wo das Grundgeschäft in seine originäre IAS 39-Kategorie zurückfällt), wodurch ebenfalls eine GuV-Volatilität erzeugt wird.
- Diverse Anhangsangaben sind bei der Inanspruchnahme der FVBD-Kategorie zu veröffentlichen; insbesondere wenn diese auf Passiva angewendet wird (siehe hierzu Teil 1).
- Kreditinstitute: Zu beachten sind auch die restriktiven aufsichtsrechtlichen Vorschriften bezüglich der aufsichtsrechtlichen Verwendung von Bewertungseffekten der FVBD-Kategorien (insbesondere bei Anwendung auf der Passiva).

IAS/IFRS

⊕ VERWEIS:

Dokumentation

79 Obwohl vom IAS 39-Standard nicht gefordert, ist es u. a. für Steuerungszwecke hilfreich, im Vorfeld einer möglichen Anwendung der Fair-Value-Option eine Dokumentation zur geplanten Strategie zu erstellen. Wie eine solche Dokumentation aussehen könnte, entnehmen Sie bitte der Anlage VI.3.5.

80 Bezüglich Anhangsangaben vgl. Kap. 7.2.3.2

4.2.1.2 Kategorie „bis zur Endfälligkeit gehaltene Finanzinvestitionen" (HTM)

4.2.1.2.1 Kategorisierung

§ GESETZ:

81 **IAS 39.9 HTM**

„*Bis zur Endfälligkeit gehaltene Finanzinvestitionen (held-to-maturity investments) sind*
- *(1) nicht derivative finanzielle Vermögenswerte*
- *(2) mit festen oder bestimmbaren Zahlungen sowie einer festen Laufzeit,*
- *(3) die das Unternehmen bis zur Endfälligkeit halten will und kann,*
- *(4) Davon ausgenommen sind:*
    - *(a) solche, die das Unternehmen beim erstmaligen Ansatz als erfolgswirksam zum beizulegenden Zeitwert zu bewerten designiert [FVBD];*
    - *(b) solche, die das Unternehmen als zur Veräußerung verfügbar bestimmt [AFS] und*
    - *(c) solche, die der Definition von Krediten und Forderungen [LAR] entsprechen „ und*
- *(5) kein sog. Tainting vorliegt.*

82 Gegenstand von HTM können nur Kassageschäfte (siehe 1) und Fremdkapitalpapiere (also keine Aktien, siehe 2) sein. Zudem muss vom Management dokumentiert sein, dass die Fähigkeit und der Wille, die Papiere bis zur Endfälligkeit zu halten, gegeben ist (siehe 3). Eine HTM-Zuordnung kommt nur dann infrage, wenn eine Zuordnung zu LAR ausgeschlossen ist (4c) und keine freiwillige Marktbewertung dieser Bestände vom Unternehmen gewählt wird, entweder durch Designation zu FVBD (4a) oder aber AFS (4b). Bezüglich Tainting (5) siehe Kap. 4.2.1.2.2.

83 Schuldnerkündigungsrechte (*callable*) stehen der Voraussetzung 3 nicht entgegen, Gläubigerkündigungsrechte (*puttable*) jedoch schon (IAS 39.AG19). Das heißt, Finanzinstrumente mit Gläubigerkündigungsrechten können nicht der Kategorie HTM zugeordnet werden. Zudem können HTM-Bestände nicht als Grundgeschäft im Rahmen eines Fair Value Hedge auf Zinsänderungsrisiken designiert werden. Der Grund für beide genannten Ausschlüsse ist, dass mit der HTM-Designation dokumentiert wird, das Wertpapier bis zu Endfälligkeit zu halten. Dann bedarf es weder eines Gläubigerkündigungsrechts noch einer Zinsabsicherung.

4.2.1.2.2 Tainting

84 Tainting ist eine Art „Strafvorschrift" für den Fall, dass man einen Teil der HTM-Bestände, anders als dokumentiert, doch nicht bis zur Endfälligkeit gehalten hat, sondern verkauft oder umklassifiziert hat. In diesem Fall sind alle restlichen HTM-Bestände gezwungenermaßen in AFS umzuklassifizieren (Kap. 4.2.4). Ein Unternehmen darf dann keine finanziellen Vermögenswerte mehr für das laufende Geschäftsjahr sowie die zwei folgenden Geschäftsjahre zur Kategorie HTM zuordnen. Ist

diese Sperrfrist abgelaufen, so ist eine Zuordnung zu HTM wieder möglich. Zu beachten ist, dass IFRS eine Konzernbilanzierungsvorschrift ist und daher Tainting z. B. in einer kleinen Konzerngesellschaft Zwangsumgliederungen im gesamten Teil- oder sogar Gesamtkonzern nach sich ziehen kann. Daher ist die Verwendung der Kategorie HTM mit äußerster Sorgfalt nachzuhalten.

Unschädlich dahingegen sind Verkäufe oder Umgliederungen, die

- (i) so nahe am Endfälligkeits- oder Ausübungstermin des finanziellen Vermögenswertes liegen (z. B. weniger als drei Monate vor Ablauf), dass Veränderungen des Marktzinses keine wesentlichen Auswirkungen auf den beizulegenden Zeitwert des finanziellen Vermögenswertes haben würden;
- (ii) stattfinden, nachdem das Unternehmen nahezu den gesamten ursprünglichen Kapitalbetrag des finanziellen Vermögenswertes durch planmäßige oder vorzeitige Zahlungen eingezogen hat; oder
- (iii) einem isolierten Sachverhalt zuzurechnen sind, der sich der Kontrolle des Unternehmens entzieht, von einmaliger Natur ist und von diesem praktisch nicht vorhergesehen werden konnte oder
- (iv) unwesentlich sind (unwesentlich bezieht sich hierbei auf den Gesamtbetrag der bis zur Endfälligkeit gehaltenen Finanzinvestitionen).

4.2.1.3 Kategorie „Kredite und Forderungen" (LAR)

§ GESETZ:

IAS 39.9 LAR

„Kredite und Forderungen (Loans and Receivables) sind

- *(1) nicht derivative finanzielle Vermögenswerte*
- *(2) mit festen oder bestimmbaren Zahlungen,*
- *(3) die nicht in einem aktiven Markt notiert sind,*
- *(4) mit Ausnahme von:*
    - *(a) denjenigen, die das Unternehmen sofort oder kurzfristig zu verkaufen beabsichtigt und die dann als zu Handelszwecken gehalten einzustufen sind [TRD], und*
    - *(b) denjenigen, die das Unternehmen nach erstmaligen Ansatz als „zur Veräußerung verfügbar" (AFS) klassifiziert oder*
    - *(c) diejenigen, für die der Inhaber seine ursprüngliche Investition infolge anderer als einer Bonitätsverschlechterung nicht mehr nahezu vollständig wiedererlangen könnte und die dann als zur Veräußerung verfügbar einzustufen sind."*

Gegenstand von LAR können nur Kassageschäfte (siehe 1) und Fremdkapitalpapiere (also keine Aktien, siehe 2) sein, deren Nominale (außer bei einer Bonitätsverschlechterung) wieder zurückgezahlt werden (4c). Diese Fremdkapitalpapiere dürfen nicht auf einem sog. aktiven Markt notiert sein (3). Der Definition des aktiven Marktes kommt an dieser Stelle große Bedeutung zu. Zu den Fair-Value-Bewertungstechniken im Allgemeinen und der Definition aktiver Markt im Speziellen siehe Kap. 4.4.1.2. Werden Kredite oder Forderungen mit Gewinnerzielungsabsicht in die Bücher genommen, so erfolgt eine Zuordnung zu TRD (4a). Wenn ansonsten alle Voraussetzungen für die Kategorisierung als LAR vorliegen, kann der Bilanzierer sich aber auch dafür entscheiden, diesen Kredit bzw. diese Forderung freiwillig der Kategorie AFS zuzuordnen (4b).

4.2.1.4 Kategorie „zur Veräußerung verfügbar" (AFS)

GESETZ:

IAS 39.9 AFS

„Zur Veräußerung verfügbare finanzielle Vermögenswerte (available-for-sale assets) sind jene
- (1) nicht derivativen finanziellen Vermögenswerte,
- (2) die als zur Veräußerung klassifiziert sind
- (3) und nicht eingestuft sind als:
    - (a) LAR
    - (b) HTM oder
    - (c) FVBD."

Nach IAS 39.9 wird ein finanzieller Vermögenswert der Kategorie „Available-for-Sale" (AFS) zugeordnet, wenn er weder der Kategorie „Kredite und Forderungen" (LAR), noch „Held to Maturity" (HTM) oder „Fair Value through profit of loss" (FVTPL) zugeordnet wird, und stellt somit eine Residualgröße dar.

4.2.2 Kategorisierung Passiva

4.2.2.1 Kategorie „sonstige Verbindlichkeiten" (L)

Verpflichtungen werden der Kategorie „sonstige Verbindlichkeiten" (L) zugeordnet, wenn sie nicht Gegenstand der Kategorie FVTPL (Kap. 4.2.1) sind oder aber eine gegebene Finanzgarantie i. S. d. IAS 39 darstellen (Kap. 4.2.2.2). Die Kategorie L ist nicht explizit im IAS 39.9 als solche definiert, ergibt sich aber im Umkehrschluss zu den explizit im Standard definierten Kategorien und ist im Datenmodell der Bilanzierung als eigene Kategorie mit zu berücksichtigen.

Laut IAS 39.AG15 macht die Tatsache, dass eine Verbindlichkeit dazu dient, eine Handelsaktivität zu finanzieren, hieraus noch keine zu Handelszwecken gehaltene Verbindlichkeit.

4.2.2.2 Kategorie „gegebene Finanzgarantie" (FG/LC)

Im Standard werden die Finanzgarantien (financial guarantee contracts, FG) nicht explizit als eigene Kategorie geführt. Allerdings sind sie zu passivieren und unterliegen auch einer gesonderten Bewertung. Daher sind sie im Datenmodell der Bilanzierung als eigene Kategorie mit zu berücksichtigen. Zu den Details einer gegebenen Finanzgarantie siehe Kap. 4.1.2.1. Gleiches gilt für Kreditzusagen (loan commitments, LC), die unter dem Marktzins vergeben werden. Hier erfolgt die Folgebewertung wie bei emittierten Finanzgarantien.

4.2.3 Checkliste IAS 39-Kategorien

Nachfolgend finden Sie zwei Checklisten, anhand derer Sie die richtige IAS 39-Kategorie bestimmen können. Abb. 40 ist relevant für die Aktivseite, Abb. 41 dahingegen für die Passivseite. Kassa-Long-Positionen (z. B. Geldanlage in einen Bond) sind immer Aktiva, Kassa-Short-Positionen (z. B. Aufnahme eines Kredites) stellen immer Passiva dar. Gleiches gilt für Optionen. Long Call und Long Put

4. Bewertung auf Einzelebene

sind Aktiva, Short Call und Short Put stellen Passiva dar. Bei symmetrischen Derivaten (FRA, Futures, Zinsswaps, Devisentermingeschäfte) ist der Netto-Fair-Value entscheidend. Ist er positiv, dann stellt das Derivat ein Aktivum dar. Ist der Netto-Fair-Value dahingegen negativ, so handelt es sich um ein Passivum. Liegt ein strukturiertes Finanzinstrument vor und ist dieses nach den IAS 39-Vorschriften – für bilanzielle Zwecke – in seine Einzelbestandteile zu zerlegen (siehe Kap. 2.5), so sind die Checklisten ggf. mehrfach durchzugehen.

Abb. 40: Checkliste IAS 39-Kategorisierung AKTIVA

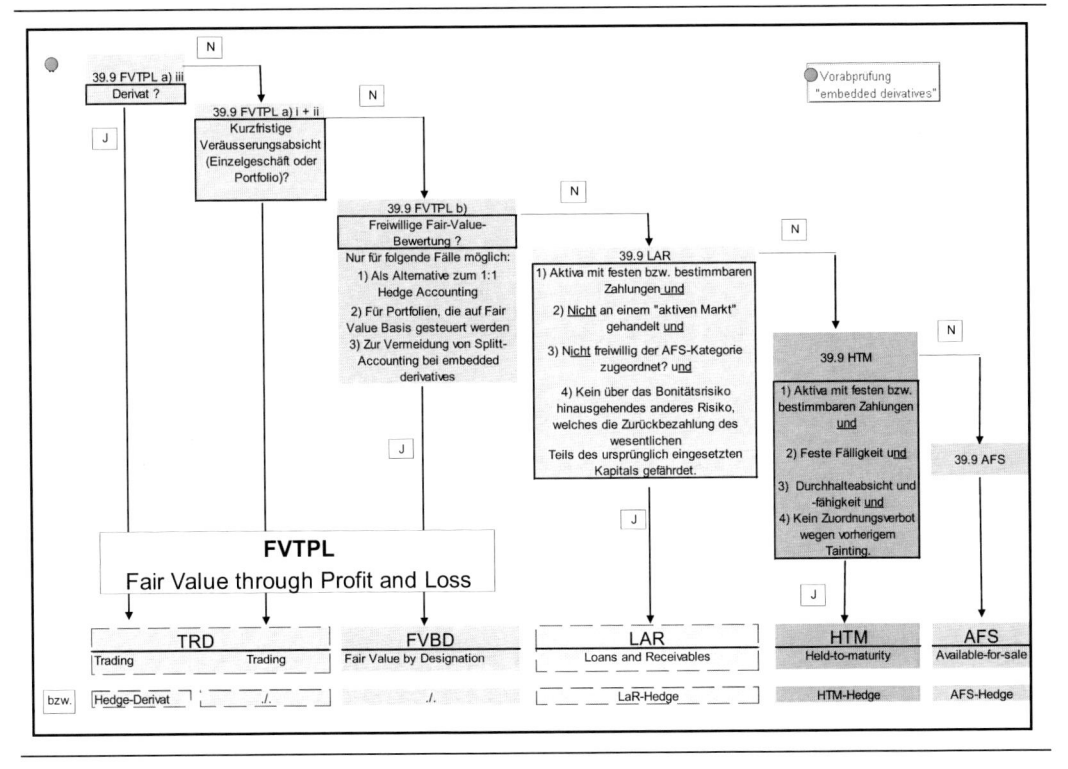

IAS/IFRS

Abb. 41: Checkliste IAS 39-Kategorisierung PASSIVA

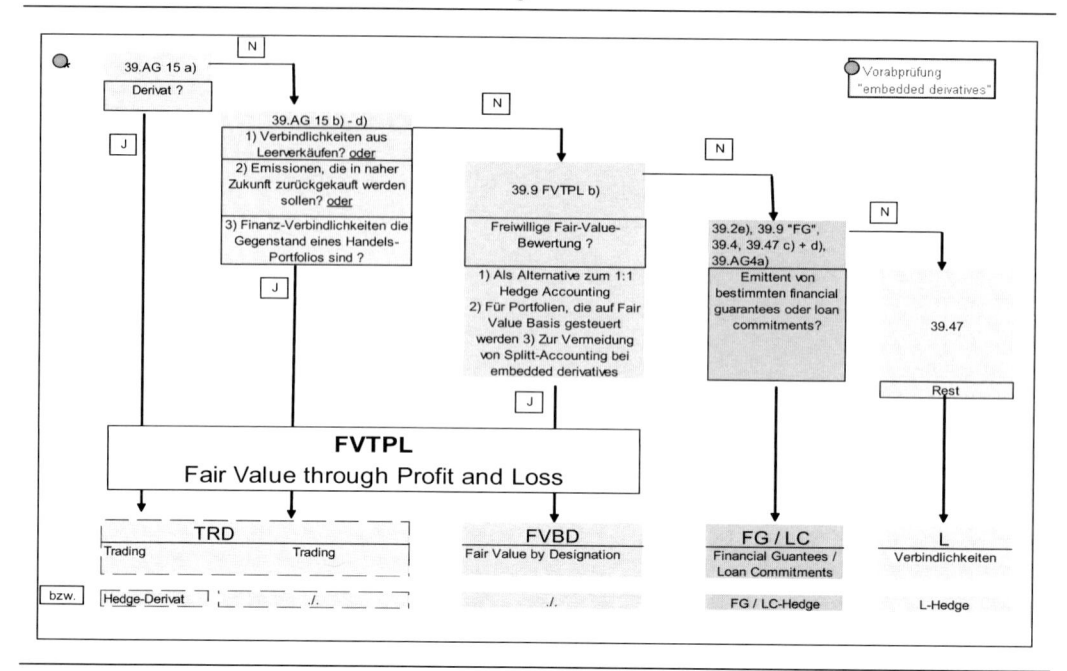

[Flussdiagramm zur Kategorisierung: Ausgehend von „Derivat?" (39.AG 15 a) mit Verzweigungen zu TRD (Trading/Hedge-Derivat), über „39.AG 15 b) - d)" mit den Fragen 1) Verbindlichkeiten aus Leerverkäufen? oder 2) Emissionen, die in naher Zukunft zurückgekauft werden sollen? oder 3) Finanz-Verbindlichkeiten die Gegenstand eines Handels-Portfolios sind?, weiter zu „39.9 FVTPL b) Freiwillige Fair-Value-Bewertung?" (1) Als Alternative zum 1:1 Hedge Accounting 2) Für Portfolien, die auf Fair Value Basis gesteuert werden 3) Zur Vermeidung von Splitt-Accounting bei embedded derivatives), mündend in FVTPL – Fair Value through Profit and Loss mit den Unterkategorien TRD (Trading), FVBD (Fair Value by Designation); daneben FG/LC (Financial Guarantees / Loan Commitments, 39.2e), 39.9 „FG", 39.4, 39.47 c) + d), 39.AG4a): Emittent von bestimmten financial guarantees oder loan commitments?) mit FG/LC-Hedge; sowie L (Verbindlichkeiten, Rest, 39.47) mit L-Hedge. Vorabprüfung „embedded derivatives".]

> **VERWEIS:**
>
> **Übungsaufgabe zur Kategorisierung**
>
> Aufgaben zur IAS-Kategorisierung, bei der Sie die Checklisten konkret anwenden können, finden Sie unter Kap. VI.1.13.

4.2.4 Umklassifizierungen

Unter Umklassifizierungen (auch als Umwidmungen, Umgliederungen oder reclassifications bezeichnet) versteht man die Möglichkeit, die beim Zugang erfolgte IAS-39-Kategorie (siehe Kapitel 4.2) für die Zukunft zu ändern. Davon getrennt zu sehen ist der Sachverhalt, wo rückwirkend (retrospektiv) die Zuordnung geändert wird, weil die bisherige Zuordnung fehlerhaft war (hierzu siehe IAS 8 „Bilanzierungs- und Bewertungsmethoden, Änderungen von Schätzungen und Fehlern"). Die Umklassifizierungen sind in den Textziffern IAS 39.50 bis IAS 39.54 geregelt. Eine Umklassifizierung ist unter bestimmten Voraussetzungen überhaupt nur zwischen den Kategorien AFS und HTM (bzw. vice versa) möglich. Für alle anderen IAS-Kategorien ist somit eine nachträgliche Änderung der Kategorie nicht mehr möglich.

- Von HTM nach AFS:
  - Eine Umklassifizierung von HTM nach AFS ist möglich, wenn sich an der bisherigen Absicht oder Fähigkeit, das Finanzinstrument bis zur Endfälligkeit zu halten, etwas geändert hat (IAS 39.51).
  - Wenn Tainting vorliegt (siehe Kap. 4.2.1.2.2), sind die kompletten noch vorhandenen HTM-Bestände in AFS umzuklassifizieren (IAS 39.52).
- Von AFS nach HTM

Ist die Strafzeit nach einem erfolgten Tainting abgelaufen, so können die Bestände wieder von AFS zurück nach HTM umklassifiziert werden.

Mit der Änderung der IAS-39-Kategorie findet auch ein Wechsel von einer Nicht-Marktbewertung (HTM) in eine Marktbewertung (AFS) statt (bzw. vice versa). Wie in diesen Fällen mit der Neubewertungsrücklage umzugehen ist, ist in Textziffer IAS 39.54 beschrieben.

Die Zuordnung eines **Derivates als Sicherungsinstrument** oder vice versa gilt nicht als Umklassifizierung im oben genannten Sinne und ist daher **unschädlich**.[176]

Bezüglich **Anhangsangaben** vgl. Kap. 7.2.3.3.

○ VERWEIS:

Finanzkrise: Als eine Konsequenz für die Rechnungslegung aus der Finanzkrise wurden neue Umklassifizierungen zugelassen. Siehe hierzu Kap. 8.

4.3 Bewertungsmethoden

4.3.1 Überblick

Bezüglich der bilanziellen Berücksichtigung des Marktpreisrisikos (Kap. 4.3.2) gibt es nach IAS 39 zwei unterschiedliche Bewertungsmethoden: Entweder eine Bewertung zum Marktwert (*Full Fair Value*, FFV) oder eine Bilanzierung zu den fortgeführten Anschaffungskosten (*amortised cost*, AC). Welche von den beiden Bewertungsmethoden anzuwenden ist, hängt von der IAS-39-Kategorie ab. Zudem gibt es eine eigene Bewertung für Finanzgarantien und bestimmte Kreditzusagen.

---

176 Vgl. *ZKA*, S. 10.

IAS/IFRS

Abb. 42: Überblick Bewertungsmethoden[177]

IAS 39 Kategorie	FVTPL	AFS	HTM	LAR	Risikoart
		ohne Hedging			
Bewertungsmaßstab	(Full) Fair Value	(Full) Fair Value	Amortised Cost	Amortised Cost	Marktpreisrisiko
Diff. Nominalwert zu AK		Verteilung[1]	Verteilung[1]	Verteilung[1]	
Behandlung Wertänderung	Erfolgswirksam	Erfolgsneutral	./.	./.	
Impairment Test	Nein (implizit durch FV)	Ja (ausbuchen aus dem Eigenkapital)	Ja	Ja	Adressenausfallrisiko
Fremdwährungsbewertung	"Fair Value" (Stichtagskurse) – Erfolgswirksam-[2]				Fremdwährungsrisiko

[1] Die Verteilung erfolgt stets erfolgswirksam (i.d.R. Zinsergebnis).
[2] AFS FW-Aktien: Erfolgsneutral

Das Adressenausfallrisiko (Kap. 4.3.3) wird nach IAS 39 im Rahmen eines gesonderten Werthaltigkeitstests (Impairment-Test) berücksichtigt. Ein solcher Test ist allerdings bei FVTPL-Beständen nicht mehr erforderlich, da hier im Rahmen der GuV-wirksamen Buchung des Full Fair Value bereits auch die bonitätsinduzierte Fair-Value-Veränderung in der GuV erfasst wird.

Die Fremdwährungsbewertung wird hier als eigenständige Bewertungsmethode aufgeführt, da sie in einem separaten Standard (IAS 21) geregelt ist. Bei der Fremdwährungsbewertung (Kap. 4.3.4) werden die Transaktions-Exposures grundsätzlich mit dem Stichtagskurs umgerechnet und bewertet, wobei das Bewertungsergebnis (bis auf eine Ausnahme) in der GuV gezeigt wird.

Weitere Risikoarten (Liquiditätsrisiken, operationelle Risiken etc.) sind Gegenstand von Anhangsangaben und/oder des Lageberichtes (dort im Risikobericht). Siehe hierzu Kap. 7.

4.3.2 Marktpreisrisiken (ohne FW)

4.3.2.1 Fortgeführte Anschaffungskosten (amortised cost, AC)

Finanzinstrumente der Kategorien LAR, HTM und L werden mit AC bewertet. Dies bedeutet, dass Agien bzw. Disagien nach IAS 39 und IAS 18 gemäß der Effektivzinsmethode über die Restlaufzeit GuV-wirksam aufzulösen sind. Unter Agien bzw. Disagien versteht man in diesem Zusammenhang die Differenz zwischen den Anschaffungskosten und dem Rückzahlungsbetrag (Nominale). Somit werden Agien/Disagien i. e. S. (resultierend aus der Differenz von Kupon und Marktrendite am Vergabezeitpunkt) und zu bilanzierende Transaktionskosten als Bestandteile des Buchwertes über die Restlaufzeit des Finanzinstrumentes gestreckt in der GuV erfasst (und nicht en bloc bei Vertragsabschluss).

---
177 Eigene Darstellung in Anlehnung an PwC, IAS für Banken, 2. Auflage, S. 158.

4. Bewertung auf Einzelebene

Die fortgeführten Anschaffungskosten (amortised costs) ergeben sich nach IAS 39 demnach aus

Anschaffungskosten
- Tilgung
+ Disagio
- Agio
- außerplanmäßige Wertminderungen (Kap. 4.3.3).

Eine Auflösung der Agien oder Disagien durch eine Linearisierung ist zunächst als Übergangslösung möglich. Diese vorläufige Handhabung ist so lange zulässig, wie sich daraus nur untergeordnete Effekte ergeben. Die Effektivzinsmethode ist jedoch zukünftig zwingend anzuwenden.

Ermittlung des Effektivzinses (Effektivzinsmethode)

Die Ermittlung des Effektivzinses ist ein iterativer Prozess und kann z. B. in Excel mithilfe der „Zielwertsuche" relativ leicht selber ermittelt werden.

> **BEISPIEL:**
>
> **Eckdaten eines endfälligen Darlehns:**
> - Laufzeitbeginn: 01.01.2008
> - Laufzeitende: 01.01.2013
> - Nominalzins: 4,7 %
> - Währung: EUR
> - Nominalbetrag: 1.250
> - Auszahlungsbetrag: 1.000
>
> Anhand der genannten Eckdaten wird die Cashflow-Reihe für die gesamte Laufzeit aufgestellt. Der zu berechnende Effektivzins (Eff) ist der Zinssatz, mit dem die Summe der – mit der Barwertformel – diskontierten Cashflows genau den Auszahlungsbetrag von 1.000 EUR ergibt. Im vorliegenden Beispiel liegt der Effektivzins (Eff) bei 9,972 %.

Abb. 43: Ermittlung Effektivzins

Ermittlung des Effektivzinses zum Laufzeitbeginn: 01.01.2008

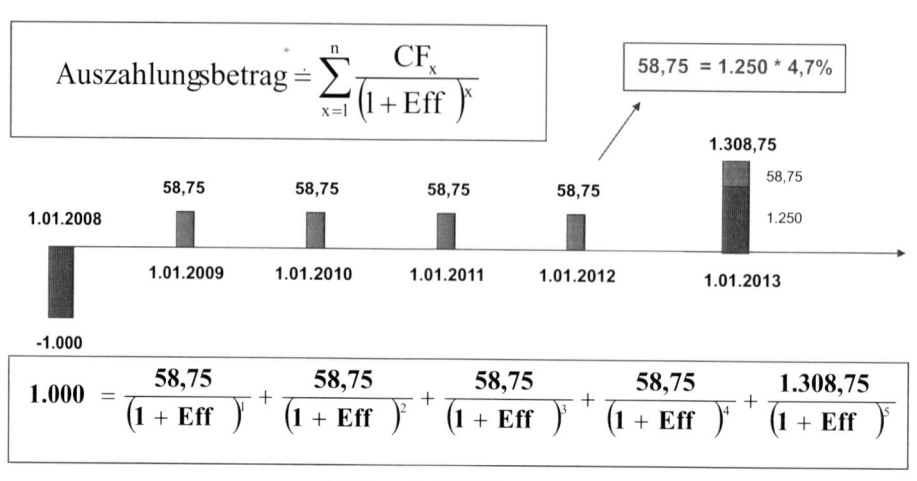

$$\text{Auszahlungsbetrag}^* = \sum_{x=1}^{n} \frac{CF_x}{(1+\text{Eff})^x}$$

58,75 = 1.250 * 4,7%

$$1.000 = \frac{58,75}{(1+\text{Eff})^1} + \frac{58,75}{(1+\text{Eff})^2} + \frac{58,75}{(1+\text{Eff})^3} + \frac{58,75}{(1+\text{Eff})^4} + \frac{1.308,75}{(1+\text{Eff})^5}$$

$$\text{Eff} = 9{,}972\%$$

* Aus Vereinfachungsgründen wurden die Zinsabgrenzung und die Stückzinsen nicht in der Formel mit aufgeführt, da diese beide im Beispiel Null sind.

Ermittlung der Amortised Cost (AC)

Ist der Effektivzins bekannt, so können die fortgeführten Anschaffungskosten für die nächsten Bilanzstichtage errechnet werden (siehe Abb. 44). Auf die AC der Vorperiode (A) wird das Disagio (E) gebucht, und so erhält man die AC der Periode. Der Startwert für die erste Periode sind die Anschaffungskosten von 1.000 EUR (A1). Der gesamte Zinsertrag (C) ergibt sich aus der Multiplikation der AC der Vorperiode (A) mit dem Effektivzins in Höhe von 9,972 %, was in der ersten Periode einen Betrag von 99,72 EUR ausmacht (C1). Zieht man hiervon den bereits cash geflossenen und als Ertrag gebuchten Kupon in Höhe von 58,75 EUR (B1) ab, so erhält man als noch zu erfassendes Disagio einen Betrag von 40,97 EUR (E1).

Die Buchung in t1 lautet wie folgt:

per Bestand Kredit an Zinsertrag 40,97 EUR

Diese Vorgehensweise wiederholt sich nun Periode für Periode. In t2 ist der Startwert nun allerdings nicht mehr 1.000 EUR, sondern 1.040,97 EUR (A2). Dementsprechend fällt der gesamte Zinsertrag für Periode t2 mit 103,81 EUR (C2) auch höher aus als in der Vorperiode. Genau dies ist aber auch der Effekt der Effektivzinsmethode gegenüber einer linearen Verteilung eines Agio/Disagios.

Abb. 44: Ermittlung der fortgeführten Anschaffungskosten (AC)

Ermittlung der fortgeführten Anschaffungskosten nach der Effektivzinssatzmethode

t	AC zu Perioden-beginn (A)	Cash Flows (B)	Zins-ertrag (C)= (A)* 9,972%	AC am Ende der Periode (D)= (A)-(B)+(C)	Dis-agio (E)=(C)-(B)
1	1.000,00	58,75	99,72	1.040,97	40,97
2	1.040,97	58,75	103,81	1.086,03	45,06
3	1.086,03	58,75	108,3	1.135,58	49,55
4	1.135,58	58,75	113,24	1.190,07	54,49
5	1.190,07	1.308,75	118,68	1.250,00	59,93

4.3.2.2 Full Fair Value (FFV)

Bei den Kategorien AFS und FVTPL wird als Buchwert der Full Fair Value angesetzt.

Bei FVTPL geht die gesamte FV-Veränderung im Vergleich zum letzten Bilanzstichtag in die GuV.

Bei AFS-Papieren wird bei Fremdkapitalpapieren zunächst die AC wie in Kap. 4.3.2.1 ermittelt und dann die Differenz zum FFV GuV-neutral in die Neubewertungsrücklage gebucht. Die Neubewertungsrücklage (IFRS: *revaluation reserve*, US-GAAP: *other comprehensive income*, OCI) ist eine Unterposition des Eigenkapitals.

Bei bestimmten Eigenkapitalpapieren kann es sein, dass ein Fair Value nicht (bzw. noch nicht oder nicht mehr) verlässlich ermittelbar ist. Dann sind solche Finanzinstrumente „at cost" zu bilanzieren, also weiterhin mit ihren Anschaffungskosten anzusetzen, ohne eine Marktbewertung durchzuführen. In der Praxis kann dies z. B. bei kleineren Beteiligungen an Personengesellschaften oder nicht notierten Kapitalgesellschaften der Fall sein. Diese bestimmten Eigenkapitalpapiere sind rein formal weiterhin Gegenstand der Kategorie AFS und damit grundsätzlich mit dem Fair Value in der Bilanz anzusetzen. Mangels verlässlich ermittelbarem Fair Value werden diese Finanzinstrumente dann aber in der Kategorie AFS „at cost" bewertet.

Buchwertermittlung

Bei den Kategorien AFS und FVTPL (TRD, FVBD) wird als Buchwert der Full Fair Value angesetzt. Somit werden sämtliche Finanzinstrumente dieser Kategorien mit ihrem jeweiligen Zeitwert bilanziert, seien es Derivate, Fremdkapitalpapiere, Aktien, Publikumsfonds, Commodities etc. Bezüglich der Fair-Value-Bewertungstechniken siehe das separate Kap. 4.4.

IAS/IFRS

18 Bei FVTPL geht die gesamte FV-Veränderung seit dem letzten Bilanzstichtag in die GuV.

> **BEISPIEL:**

19 Diskontiert man die in Abb. 43 dargestellten Cashflows nicht mit dem Effektivzins (von t0), sondern mit der aktuellen Zinskurve (von t1) ab, so erhält man den Full Fair Value (Abb. 45). Je nach Instrument beinhaltet die Zinskurve verschiedene Parameter (siehe hierzu Abb. 58).

Aus Vereinfachungsgründen wurde wieder mit fünf vollen Jahren gerechnet (obwohl eigentlich drei Monate weiter fortgeschritten auf dem Zeitstrahl). Da die fiktiv angenommene Zinskurve zum Bewertungsstichtag in dem Beispiel stark gefallen ist (zwischen i = 4,5 bis 5,65 %) im Vergleich zu dem Eff aus t0 (Eff = 9,972 %), ist der Full Fair Value stark gestiegen (von 1.000 EUR auf 1.200 EUR).

Abb. 45: Ermittlung des Full Fair Value anhand Barwertformel

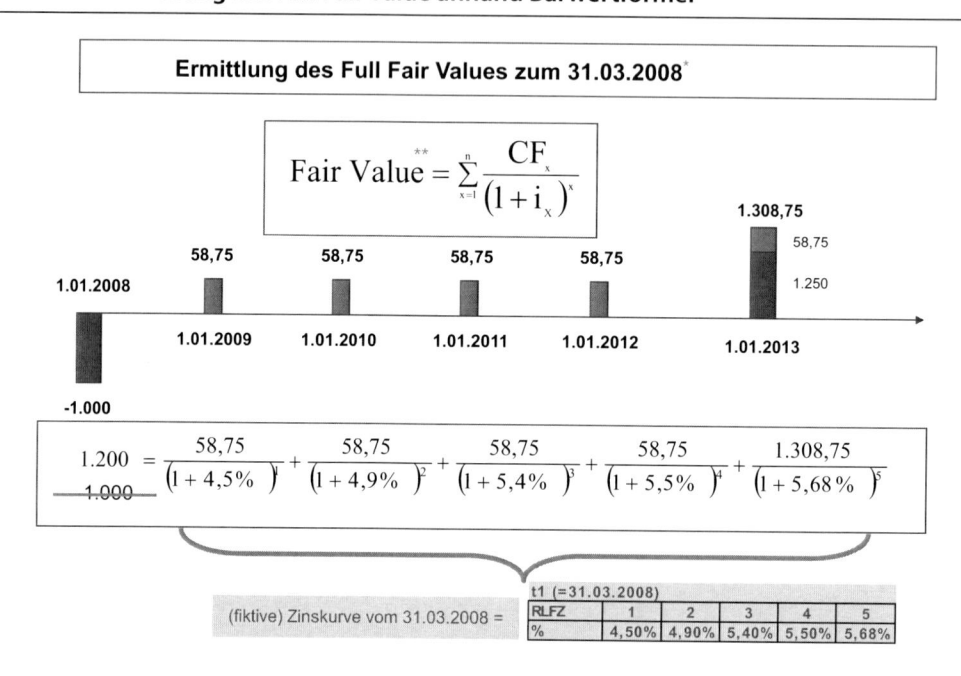

Ermittlung des Full Fair Values zum 31.03.2008[*]

$$\text{Fair Value}^{**} = \sum_{x=1}^{n} \frac{CF_x}{(1+i_x)^x}$$

Zeitstrahl:
- 1.01.2008: −1.000
- 1.01.2009: 58,75
- 1.01.2010: 58,75
- 1.01.2011: 58,75
- 1.01.2012: 58,75
- 1.01.2013: 1.308,75 (58,75 + 1.250)

$$1.200 = \frac{58,75}{(1+4,5\%)^1} + \frac{58,75}{(1+4,9\%)^2} + \frac{58,75}{(1+5,4\%)^3} + \frac{58,75}{(1+5,5\%)^4} + \frac{1.308,75}{(1+5,68\%)^5}$$

(fiktive) Zinskurve vom 31.03.2008 =

t1 (=31.03.2008) RLFZ	1	2	3	4	5
%	4,50%	4,90%	5,40%	5,50%	5,68%

[*] Aus Vereinfachungsgründen wurde wieder mit fünf vollen Jahren gerechnet (obwohl eigentlich drei Monate weiter fortgeschritten auf dem Zeitstrahl).

[**] Aus Vereinfachungsgründen wurden die Stückzinsen (o) und die Zinsabgrenzung (14,69 = 58,75 * 3/12) in der Berechnung nicht berücksichtigt.

---

20 Bei AFS-Papieren werden bei **Fremd**kapitalpapieren zunächst die AC wie in Kap. 4.3.2.1 ermittelt und dann die Differenz vom FFV GuV-neutral in die Neubewertungsrücklage gebucht. Die Neubewertungsrücklage (IFRS: *revaluation reserve*, US-GAAP: *other comprehensive income*, OCI) ist eine Unterposition des Eigenkapitals.

> **VERWEIS:**

21 **Übungsaufgabe AFS-Folgebewertung**

Diese Übungsaufgabe beinhaltet ein umfangreiches Zahlenbeispiel mit Buchungen zu den AC und FFV bei einem AFS-Finanzinstrument (siehe Kap. VI.1.15).

4. Bewertung auf Einzelebene

Abgrenzung Full Fair Value (FFV), Amortised Cost (AC) und Hedge Fair Value (HFV)

Neben den oben dargestellten Wertansätzen AC und FFV gibt es noch den sog. Hedge Fair Value (HFV). Details zum HFV werden weiter hinten im Rahmen des Hedge Accounting (Kap. 5) und bei der Fair-Value-Bewertung (Kap. 4.4) dargestellt. An dieser Stelle wird der HFV bereits angesprochen, um in einer Gegenüberstellung der drei Wertansätze AC, HFV und FFV (siehe Abb. 46) die Unterschiede dieser Wertansätze anhand eines Muster-Zahlenbeispiels darstellen zu können.

522

⊕ VERWEIS:
Muster-Zahlenbeispiel

523

Bitte arbeiten Sie das Muster-Zahlenbeispiel durch, welches sich in der Anlage VI.3.4 befindet. Die weiteren Aussagen beziehen sich darauf.

Bei einer Bewertung zu AC werden die Anschaffungskosten (1.) ergänzt um die Amortisation des Dis-/Agios (2.). In dem Muster-Zahlenbeispiel kommen zu den Anschaffungskosten von 98 EUR für das Schuldscheindarlehen 0,46 EUR Disagio-Zuschreibung, sodass das Schuldscheindarlehen in der Kategorie LAR einen Buchwert von 98,46 EUR aufweisen würde. Gleiches würde für einen Bond der Kategorie HTM gelten.

524

Ist – wie in dem Musterbeispiel – das Zinsänderungsrisiko des SSD durch einen Payer-Swap gehedged, so wäre als Buchwert der Hedge Fair Value zu erfassen. Dieser entspricht den AC (1. + 2.) plus der Marktwertveränderung des gehedgten Risikos (3.). Im Musterbeispiel wäre der Buchwert in der Kategorie LAR-Hedge dann 96,30 EUR (98,46 EUR – 2,16 EUR).

525

Bei einer Full-Fair-Value-Bewertung würde der gesamte Fair Value bilanziert. Dieser war im Musterbeispiel zum Bilanzstichtag 97 EUR. Die Wertveränderung von –1 EUR (97 EUR – 98 EUR) würde bei der Kategorie TRD oder FVBD komplett in der GuV erfasst werden, bei einer Zuordnung zu AFS würde die über die AC hinausgehende Wertveränderung GuV-neutral in der Neubewertungsrücklage erfasst werden. Im Beispiel wären dies –1,46 EUR (97 EUR – 98,46 EUR).

526

Abb. 46: Abgrenzung FFV, AC und HFV

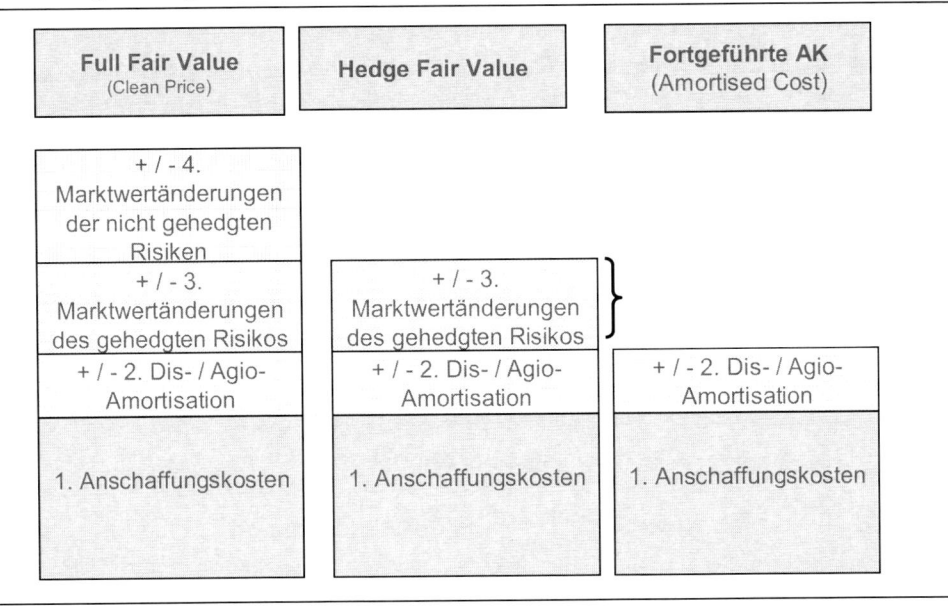

Full Fair Value (Clean Price)	Hedge Fair Value	Fortgeführte AK (Amortised Cost)
+/– 4. Marktwertänderungen der nicht gehedgten Risiken		
+/– 3. Marktwertänderungen des gehedgten Risikos	+/– 3. Marktwertänderungen des gehedgten Risikos	
+/– 2. Dis-/Agio-Amortisation	+/– 2. Dis-/Agio-Amortisation	+/– 2. Dis-/Agio-Amortisation
1. Anschaffungskosten	1. Anschaffungskosten	1. Anschaffungskosten

4.3.2.3 Bewertung Finanzgarantie (FG) und Kreditzusage (LC)

27 Finanzgarantien i. S. d. IAS 39 sowie Kreditzusagen, die unter dem Marktzins vergeben werden, sind nach IAS für den Sicherungs-/Kreditgeber „on-balance" zu buchen. Die Folgebewertung hat dann nach folgender Maximum-Funktion zu erfolgen.

> **GESETZ:**
>
> 28 **IAS 39.47 c) und d)**
>
> *Bei der Bewertung ist der höhere der beiden folgenden Beträge zugrunde zu legen:*
>
> *(i) den gemäß IAS 37 (Rückstellungen, Eventualschulden und Eventualforderungen) bestimmten Betrag;*
>
> *(ii) den ursprünglich erfassten Betrag (siehe Kap. 4.1.2.1) abzüglich, soweit zutreffend, der gemäß IAS 18 (Erträge) erfassten kumulierten Amortisationen.*

29 Die dargestellte Bewertungsmethode gilt jeweils nur für den Sicherungsgeber. Für den Sicherungsnehmer sind solche Geschäfte grundsätzlich „off-balance". Bezüglich der Berücksichtigung von erhaltenen Sicherungen bei der Bewertung des abgesicherten Finanzinstrumentes siehe Impairment (siehe Kap. 4.3.3).

30 Bei Finanzgarantien stellt sich die Frage, wie sich die Bilanzierung nach der sog. Brutto- oder Nettomethode (siehe Kap. 4.1.2.1) auf die Bewertung auswirkt.

Nettoausweis Folgebewertung

31 Nach der Nettomethode sind auf der Passivseite zum einen die Prämienzahlungen abzugrenzen und zum anderen ist, sofern die Wahrscheinlichkeit der Inanspruchnahme größer als 50 % ist, eine Rückstellung zu bilden.

Bruttoausweis Folgebewertung

32 Entsprechend der Bruttomethode ist sowohl eine Forderung als auch eine Verpflichtung zu buchen. Die Forderung wird in der Folgebewertung aufgrund der erhaltenen Prämien gemindert. Die Folgebewertung der passivierten Garantieverpflichtung ist abhängig von der Wahrscheinlichkeit der Inanspruchnahme. Sofern diese größer als 50 % ist, ist eine Rückstellung entsprechend IAS 37 zu bilanzieren. Ist die Wahrscheinlichkeit der Inanspruchnahme geringer, so ist die passivierte Garantieverpflichtung in den Folgejahren anteilig aufzulösen. Diese Folgebewertung der passivierten Garantieverpflichtung entspricht der in IAS 39.AG4 (a) geforderten Bewertung. Demnach ist zur Folgebewertung der Finanzgarantien der höhere der folgenden Beträge heranzuziehen:

- der entsprechend IAS 37 zu bilanzierende Betrag,
- der ursprünglich erfasste Betrag abzüglich der kumulierten Amortisation entsprechend IAS 18.

Vergleich IFRS/HGB

33 Bei Anwendung des Nettoausweises entspricht die Bilanzierung der Garantien nach IFRS im Wesentlichen der nach HGB. Dies verdeutlicht nachstehende Abbildung.

4. Bewertung auf Einzelebene

Abb. 47: Finanzgarantie mit Nettoausweis: Vergleich IFRS/HGB

	HGB	IFRS
Ansatz	Angabe als Unterstrich-Position. Bei drohender Inanspruchnahme ist eine Rückstellung zu bilden.	Identisches Vorgehen. Ggf. ist eine Prämienforderung zu berücksichtigen. Diese ist entsprechend IAS 39 zu kategorisieren.
Bewertung	Bildung einer Rückstellung bei drohender Inanspruchnahme.	Identisches Vorgehen (entsprechend IAS 37).

4.3.3 Adressenausfallrisiken (Impairment)

4.3.3.1 Theoretische Grundlagen

4.3.3.1.1 Definition Impairment

Anders als bei der Full Fair Value-Bewertung (Kap. 4.3.2.2) geht es beim Impairment-Test um die Ermittlung einer ggf. vorhandenen dauerhaften Wertminderung von Finanzinstrumenten. In anderen IAS-/IFRS-Standards gibt es ebenfalls Vorschriften zu Impairment-Tests. Diese beziehen sich dann aber auf Nicht-Finanzinstrumente, wie z. B. das sog. Goodwill impairment bei der Ermittlung der Werthaltigkeit von Firmenwerten, wofür sog. zahlungsgenerierende Einheiten (cash generating unit, CGU) zu bilden sind. Letzteres hat aber nichts mit dem Impairment-Test für Finanzinstrumente zu tun, der im IAS 39.58 Satz 1 wie folgt definiert ist:

GESETZ:

IAS 39.58 Satz 1:

- „(a) Ein Unternehmen hat an jedem Bilanzstichtag zu ermitteln,
- (b) ob objektive Hinweise darauf schließen lassen,
- (c) dass eine Wertminderung eines finanziellen Vermögenswertes oder einer Gruppe von finanziellen Vermögenswerten vorliegt."

Beachte: Für Finanzinstrumente der Kategorie „Fair Value through Profit or Loss" (FVTPL) – inklusive der beiden Unterkategorien TRD und FVBD – ist kein Impairment-Test erforderlich, da hier bereits die komplette Fair-Value-Veränderung in der GuV gezeigt wird.

zu (a): Bilanzstichtag

Unter Bilanzstichtag ist der Tag zu verstehen, an dem eine Bilanz zu erstellen und zu veröffentlichen ist. Dies ist mindestens jährlich der Fall, kann aber je nach Zwischenberichterstattungspflicht auch zusätzlich halbjährlich oder aber auch quartalsweise der Fall sein.

zu (b): objektive Hinweise

IAS/IFRS

§ GESETZ:

IAS 39.59:

Folgende Beispiele für „objektive Hinweise" nennt der Standard (IAS 39.59):

- „(a) erhebliche finanzielle Schwierigkeiten des Emittenten oder des Schuldners;
- (b) ein Vertragsbruch (z. B. Ausfall oder Verzug von Zins- oder Tilgungszahlungen);
- (c) Zugeständnisse seitens des Kreditgebers an den Kreditnehmer infolge wirtschaftlicher oder rechtlicher Gründe im Zusammenhang mit finanziellen Schwierigkeiten des Kreditnehmers, die der Kreditgeber ansonsten nicht gewähren würde;
- (d) eine erhöhte Wahrscheinlichkeit, dass der Kreditnehmer in Insolvenz oder ein sonstiges Sanierungsverfahren geht;
- (e) das Verschwinden eines aktiven Marktes für diesen finanziellen Vermögenswert infolge finanzieller Schwierigkeiten;
- (f) oder beobachtbare Daten, die auf eine messbare Verringerung der erwarteten künftigen Cashflows aus einer Gruppe von finanziellen Vermögenswerten seit deren erstmaligem Ansatz hinweisen, obwohl die Verringerung noch nicht einzelnen finanziellen Vermögenswerten der Gruppe zugeordnet werden kann, einschließlich:
  - (i) nachteilige Veränderungen beim Zahlungsstand von Kreditnehmern in der Gruppe (z. B. eine größere Anzahl an Zahlungsaufschüben oder eine größere Anzahl von Kreditkarteninhabern, die ihr Kreditlimit erreicht haben und den niedrigsten Monatsbetrag zahlen) oder
  - (ii) volkswirtschaftliche oder regionale wirtschaftliche Bedingungen, die mit Ausfällen bei den Vermögenswerten der Gruppe korrelieren (z. B. eine Steigerung der Arbeitslosenquote in der Region des Kreditnehmers, ein Verfall der Immobilienpreise für Hypotheken in dem betreffenden Gebiet, eine Ölpreisreduzierung für Kredite an Erdölproduzenten oder nachteilige Veränderungen in den Branchenbedingungen, die die Kreditnehmer der Gruppe beeinträchtigen)."

Objektiver Hinweis für Eigenkapitalinstrumente

Zusätzliche Beispiele für „objektive Hinweise" für Eigenkapitalinstrumente enthält IAS 39.61:

- Informationen über signifikante Änderungen mit nachteiligen Folgen, die in dem technologischen, marktbezogenen, wirtschaftlichen oder rechtlichen **Umfeld** – in welchem der Emittent tätig ist – eingetreten sind und daraufhin deuten, dass die Ausgabe für das Eigenkapitalinstrument nicht zurückerlangt werden könnte,

  und/oder

- eine **signifikante** oder **länger anhaltende** Abnahme des beizulegenden Zeitwertes eines gehaltenen Eigenkapitalinstruments unter dessen Anschaffungskosten.

Incurred Loss versus Expected Loss

Im IAS 39 ist das sog. Incurred-Loss-Modell verankert. Eine Wertminderung i. S. d. IAS 39 liegt nur dann vor, wenn

- infolge eines oder mehrerer Ereignisse, die nach dem erstmaligen Ansatz des Vermögenswertes **eintraten** („loss event"),
- ein „objektiver Hinweis" auf eine Wertminderung vorliegt und
- dieses „loss event" eine Auswirkung auf die erwarteten künftigen Cashflows hat.

4. Bewertung auf Einzelebene

Kreditinstitute:

Somit steht das im IAS 39 verankerte Incurred-Loss-Modell dem in Basel II verwandten Expected-Loss-Modell (EL) gegenüber.

Im Rahmen von Basel II werden die nachfolgend aufgeführten Abkürzungen/Begriffe verwendet:

Abb. 48: Basel II-Grundbegriffe und Zahlenbeispiel

$$EL = PD \times EAD \times LGD$$

Expected Loss	Probability of default	exposure at default	loss given default
Erwartete Verlust	Ausfallwahrscheinlichkeit eines Kreditnehmers	Engagementhöhe bei Ausfall	prozentuale Verlusthöhe bei Ausfall

$$102 = 100\% \times 1.000 \times 10,20\%$$

Expected Loss (Basel II)

> **BEISPIEL:**
>
> Beispiel EL:
>
> Bei einer Ausfallwahrscheinlichkeit (PD) des Kreditnehmers in Höhe von 100 % und einer Engagementhöhe bei Ausfall (EAD) von 1.000 EUR sowie einer prozentualen Verlusthöhe (LGD) von 10,2 % ergibt sich ein erwarteter Verlust (EL) von 102 EUR.

4.3.3.1.2 Impairment-Abschreibung

Impairment von „zu fortgeführten Anschaffungskosten bewerteten Vermögenswerten" (LAR, HTM)

Abschreibungsregel

Bei der Ermittlung des Abschreibungsbetrages unterscheidet man Impairment von „zu fortgeführten Anschaffungskosten bewerteten Vermögenswerten" **(LAR, HTM)** und Impairment von „zur Veräußerung verfügbaren finanziellen Vermögenswerten" (AFS).

Gibt es einen objektiven Hinweis (siehe Tz. 558), dass eine Wertminderung bei LAR- oder HTM-Beständen eingetreten ist, ist ein entsprechender Impairment-Betrag zu ermitteln.

Der Impairment-Betrag (Verlustbetrag) ergibt sich gemäß IAS 39.63 aus der Differenz zwischen dem Buchwert des Vermögenswertes und dem Barwert der erwarteten künftigen Cashflows (sog. „*recoverable amount*"). Die Cashflows sind mit dem ursprünglichen Effektivzinssatz des finanziellen Vermögenswertes abzuzinsen. Dies gilt sowohl für den Einzel- als auch Portfolio-Impairment.

IAS/IFRS

> **BEISPIEL:**

Ausgangslage sind wieder die Cashflows der Abb. 43. Anders als bei der FFV-Ermittlung (Abb. 45) werden bei der Ermittlung des Recoverable Amounts nicht die Zinssätze im Nenner der Barwertformel geändert (hier bleibt es bei dem historischen Effektivzins), sondern die Cashflows im Zähler werden angepasst. In dem in Abb. 49 dargestellten Beispiel wird davon ausgegangen, dass der Schuldner die vertraglich vereinbarten Zinszahlungen der nächsten beiden Jahre nicht leisten kann. Diese werden somit aus der Cashflow-Zahlenreihe aus der Barwertformel herausgenommen. Somit ergibt sich dann ein nachhaltig zu erzielender Betrag in Höhe von 898 EUR. Da der bisherige Buchwert 1.000 EUR ist, ist die Differenz in Höhe von 102 EUR als Impairment zu erfassen.

Abb. 49: Ermittlung Recoverable Amount und Impairment

Ermittlung des Impairment-Betrages auf den 31.03.2008

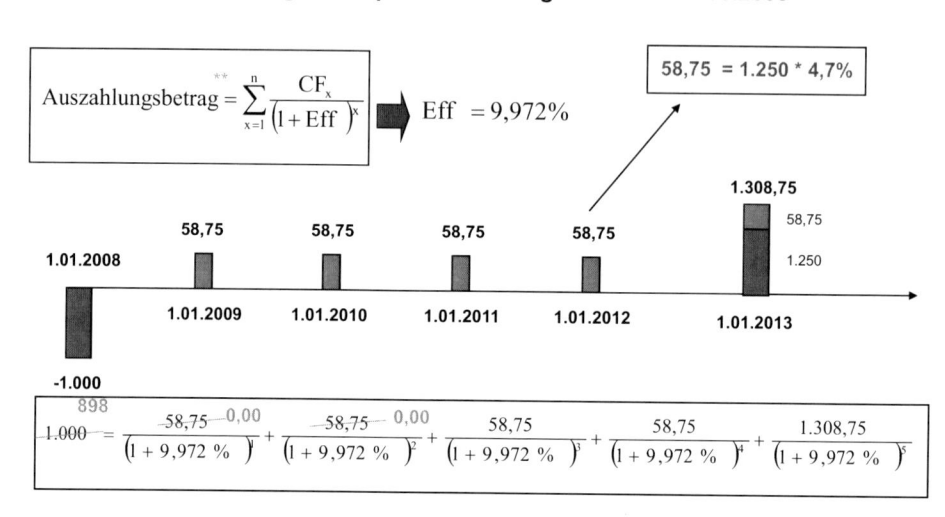

$$\text{Auszahlungsbetrag} = \sum_{x=1}^{n} \frac{CF_x}{(1+\text{Eff})^x} \quad \Rightarrow \quad \text{Eff} = 9{,}972\%$$

$$58{,}75 = 1.250 * 4{,}7\%$$

$$1.000 = \frac{58{,}75 \rightarrow 0{,}00}{(1+9{,}972\%)^1} + \frac{58{,}75 \rightarrow 0{,}00}{(1+9{,}972\%)^2} + \frac{58{,}75}{(1+9{,}972\%)^3} + \frac{58{,}75}{(1+9{,}972\%)^4} + \frac{1.308{,}75}{(1+9{,}972\%)^5}$$

(1.000 durchgestrichen, ersetzt durch 898)

Impairment (IFRS) = 102 (1.000 – 898)

* Aus Vereinfachungsgründen wurde wieder mit fünf vollen Jahren gerechnet (obwohl eigentlich drei Monate weiter fortgeschritten auf dem Zeitstrahl).

** Aus Vereinfachungsgründen wurden die Stückzinsen (o) und die Zinsabgrenzung (14,69 = 58,75 * 3/12) in der Berechnung nicht berücksichtigt.

> **HINWEIS:**

Vergleicht man die Beispiele der Abb. 48 und Abb. 49 miteinander, so bekommt man ein Gefühl für die „technische" Ermittlung des EL und des Impairments. Bei gleichem Ergebnis, jeweils 102 EUR Impairment als auch EL, sind die Berechnungsmethoden doch sehr unterschiedlich. [Beachte: Aus didaktischen Gründen wurden die Parameter so gewählt, dass sich bei beiden Beispielen der gleiche EL- und Impairmentbetrag ergibt. In der Realität unterscheiden sich diese.]

Der Impairment-Betrag ist ergebniswirksam zu erfassen.

Zweistufiger Impairment-Prozess

Bei der Impairment-Ermittlung ist ein zweistufiger Impairment-Prozess zu durchlaufen. Die nachfolgende Grafik gibt einen Überblick über diesen Prozess.

4. Bewertung auf Einzelebene

Abb. 50: Überblick Einzel- und Portfolio-Impairment[178]

Untersuchung auf objektive Hinweise für Wertminderung anhand bestimmter Kriterien (Verlustereignis, loss event, trigger event)	Signifikante Einzelforderungen (individually significant *) → Einzelprüfung → Hinweis auf Wertminderung liegt vor / Hinweis auf Wertminderung liegt nicht vor	Forderungen von untergeordneter Bedeutung (not individually significant *) — wahlweise → Prüfung auf Portfoliobasis: Gleichartige Kreditrisikomerkmale (similar credit risk characteristics)
Bestimmung der Höhe der Wertminderung	Einzelbetrachtung	Portfoliobetrachtung

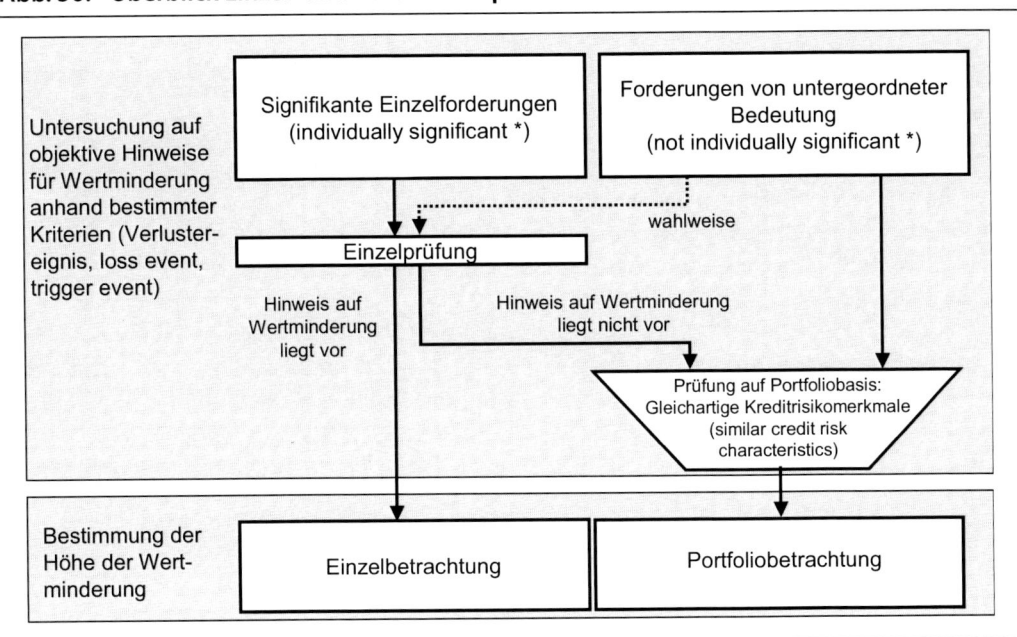

Einzel-Impairment

Gemäß IAS 39.64 S.1 ist zunächst für bedeutsame (Pflicht) und nicht bedeutsame (Wahl) finanzielle Vermögenswerte festzustellen, ob auf **individueller** Basis ein objektiver Hinweis auf Wertminderung vorliegt (Einzel-Impairment).

Portfolio-Impairment

Finanzielle Vermögenswerte, bei denen im Rahmen eines durchgeführten Einzel-Impairments kein objektiver Hinweis auf eine Wertminderung besteht, sowie nicht bedeutsame finanzielle Vermögenswerte, für die kein Einzel-Impairment durchgeführt wurde, sind **in Gruppen** finanzieller Vermögenswerte (Portfolien) **mit vergleichbaren Ausfallrisikoprofilen** aufzunehmen und dann gemeinsam auf objektive Hinweise auf eine Wertminderung (bezogen auf das jeweilige Portfolio) zu untersuchen.

Impairment von „zur Veräußerung verfügbaren finanziellen Vermögenswerten" (AFS)

Impairment von AFS-Fremdkapitalpapieren

Wenn ein Rückgang des beizulegenden Zeitwertes eines AFS-Vermögenswertes direkt im Eigenkapital erfasst wurde und ein objektiver Hinweis besteht, dass der Vermögenswert wertgemindert ist (siehe Tz. 560), ist ein entsprechender Impairment-Betrag wie nachfolgend beschrieben zu ermitteln.

Als Impairment-Betrag (Verlustbetrag) ist gemäß IAS 39.67 der direkt im Eigenkapital angesetzte kumulierte Verlust aus dem Eigenkapital zu entfernen. Die Höhe des Impairment-Betrages entspricht somit der Differenz zwischen den (fortgeführten) Anschaffungskosten und dem aktuellen beizulegenden Zeitwert (z. B. Börsenkurs), abzüglich etwaiger bereits früher ergebniswirksam erfasster Wertberichtigungen dieses finanziellen Vermögenswertes (IAS 39.69).

---

178 IDW ERS HFA 9 n. F. S. 20.

Der Impairment-Betrag ist ergebniswirksam zu erfassen.

Impairment von AFS-Eigenkapitalpapieren

551 Impairment von **notierten** Eigenkapitalpapieren (AFS): Gleiche Vorgehensweise wie bei AFS-Fremdkapitalpapieren (siehe Tz. 570).

Impairment von **nicht notierten** Eigenkapitalpapieren (AFS): Eigenkapitalpapiere sind grundsätzlich – weil in der Regel der IAS-39-Kategorie „AFS" zugeordnet – mit ihrem beizulegenden Zeitwert anzusetzen. Bei bestimmten Eigenkapitalinstrumenten ist der beizulegende Zeitwert aber nicht verlässlich ermittelbar. Dies kann bei nicht notierten Eigenkapitalpapieren (Beteiligungen) der Fall sein. Gemäß IAS 39.66 ergibt sich der Betrag der Wertberichtigung – bei nicht notierten Eigenkapitalpapieren, die nicht zum beizulegenden Zeitwert angesetzt werden, weil ihr beizulegender Zeitwert nicht verlässlich ermittelbar ist – als Differenz zwischen dem Buchwert des finanziellen Vermögenswertes und dem Barwert der geschätzten künftigen Cashflows, die mit der aktuellen Marktrendite eines vergleichbaren finanziellen Vermögenswerts abgezinst werden.

4.3.3.1.3 Reverse-Impairment (Zuschreibung)

Reverse-Impairment von „zu fortgeführten Anschaffungskosten bewerteten Vermögenswerten" (LAR, HTM)

552 Verringert sich die Höhe der Wertberichtigung in einer der folgenden Berichtsperioden und kann diese Verringerung objektiv auf einen nach der Erfassung der Wertminderung aufgetretenen Sachverhalt zurückgeführt werden, ist die früher erfasste Wertberichtigung rückgängig zu machen (IAS 39.65 Satz 1).

553 Dieser Vorgang darf zum Zeitpunkt der Wertaufholung (Reverse-Impairment) jedoch nicht zu einem Buchwert des finanziellen Vermögenswertes führen, der den Betrag der fortgeführten Anschaffungskosten, der sich ergeben hätte, wenn die Wertminderung nicht erfasst worden wäre, übersteigt (IAS 39.65 Satz 2).

554 Der Betrag der Wertaufholung ist ergebniswirksam zu erfassen (IAS 39.65 Satz 3).

Reverse-Impairment von „zur Veräußerung verfügbaren finanziellen Vermögenswerten" (AFS)

Reverse-Impairment von AFS-Fremdkapitalpapieren

555 Wenn der beizulegende Zeitwert eines AFS-Schuldinstruments in einer nachfolgenden Berichtsperiode ansteigt und sich der Anstieg objektiv auf ein Ereignis zurückführen lässt, das nach der ergebniswirksamen Verbuchung der Wertminderung auftritt, ist die Wertberichtigung rückgängig zu machen (IAS 39.70).

Der Betrag der Wertaufholung ist ergebniswirksam zu erfassen.

Reverse-Impairment von AFS-Eigenkapitalpapieren

556 Reverse-Impairment von **notierten** Eigenkapitalpapieren (AFS): Ergebniswirksam erfasste Wertberichtigungen für ein gehaltenes AFS-Eigenkapitalinstrument dürfen nicht ergebniswirksam rückgängig gemacht werden (auch nicht, wenn der objektive Grund für die damalige Impairment-Buchung weggefallen ist). Der Buchwert des Eigenkapitalpapiers wird GuV-neutral direkt gegen die Neubewertungsrücklage (EK) erhöht.

Reverse-Impairment von **nicht notierten** Eigenkapitalpapieren (AFS): Bereits erfolgte Wertberichtigungen bei nicht notierten Eigenkapitalpapieren (siehe Tz. 572 ff.) dürfen nicht rückgängig gemacht

4. Bewertung auf Einzelebene

werden (IAS 39.66 letzter Satz). Der Buchwert des nicht notierten Eigenkapitalpapiers bleibt damit unverändert.

4.3.3.1.4 Behandlung des Zinsertrages nach Erfassung einer Wertminderung (Unwinding)

Wertgeminderte (impairte) Fremdkapitalbestände werden zinslos gestellt. Unverzinsliche Finanzinstrumente gibt es im Grundverständnis des IAS 39 nicht. Insofern geht es bei dem Thema „Unwinding" um die Frage, wie die Barwertveränderung bei bereits wertberichtigten (impairten) Beständen, die sich allein aus der Fortschreibung der Zahlungsströme zum nächsten Bilanzstichtag bei unveränderten Zahlungserwartungen ergibt, zu berücksichtigen sind. Gemäß IAS 39.AG93 ist die Barwertveränderung als Zinsertrag zu erfassen, wobei der Barwerteffekt der Effektivverzinsung des erzielbaren Betrages entspricht. Das Unwinding stellt somit ein Surrogat für die eingestellte Zinszahlungsbuchung dar.

> **BEISPIEL:**
>
> In dem in der Abb. 49 dargestellten Beispiel ergab sich zum Bilanzstichtag ein Recoverable Amount in Höhe von 898 EUR. Wenn sich zum nächsten Bilanzstichtag nichts an der bisherigen Cashflow-Einschätzung geändert hat, wird der Recoverable Amount etwas gestiegen sein, da der erste Bruch nun aus der Barwertformel raus gefallen ist und alle anderen Brüche weiter nach vorne gerutscht sind und nun mit einem geringeren Faktor diskontiert werden. Diese Wertveränderung des Recoverable Amount von 898 EUR auf den höheren Wert bezeichnet man als Unwinding, und er wird wie folgt gebucht:
>
> **per** Bestand **an** Zinsertrag
> (analog der Buchungslogik bei Zero-Kuponanleihen)

Abb. 51: Zahlenbeispiel Unwinding

1. Recoverable amount t_n:

$$898 = \frac{0{,}00}{(1+9{,}972\%)^1} + \frac{0{,}00}{(1+9{,}972\%)^2} + \frac{58{,}75}{(1+9{,}972\%)^3} + \frac{58{,}75}{(1+9{,}972\%)^4} + \frac{1.308{,}75}{(1+9{,}972\%)^5}$$

| Restlaufzeit (Jahre) | 1 | 2 | 3 | 4 | 5 |

2. Recoverable amount t_{n+1}:

$$988 = \frac{0{,}00}{(1+9{,}972\%)^1} + \frac{0{,}00}{(1+9{,}972\%)^2} + \frac{58{,}75}{(1+9{,}972\%)^3} + \frac{58{,}75}{(1+9{,}972\%)^4} + \frac{1.308{,}75}{(1+9{,}972\%)^5}$$

(898 durchgestrichen)

| Restlaufzeit (Jahre) | 1 | 2 | 3 | 4 |

Unwinding = 90 (988 − 898)

4.3.3.2 Impairment-Bereiche in der Praxis

4.3.3.2.1 Einordnung

59 In der Praxis (von Kreditinstituten) lassen sich die Finanzinstrumente in die drei Teilbereiche Kredite, Financial Markets und Beteiligungen unterteilen. Wendet man auf diese die in den theoretischen Grundlagen dargestellte Impairment-Struktur an (AC-bewertete versus AFS-Finanzinstrumente sowie Eigenkapital- versus Fremdkapitalpapiere), so können sich für die Praxis bis zu vier Impairment-Bereiche (A – D) herausbilden (siehe Abb. 52).

60 In einer Accounting-Policy sollten die relevanten Impairment-Bereiche für Ihr Unternehmen festgelegt sein. Die Beschreibung der einzelnen Impairment-Prozesse sollten auch Informationen enthalten, ob der Impairment-Test in dem jeweiligen Impairment-Bereich dezentral oder zentral durchgeführt wird und wer konkret dafür verantwortlich ist. Impairment ist ein klassisches Schnittstellenthema: Impairment ist eine IFRS-Vorschrift und insofern grundsätzlich in der Verantwortung des Rechnungswesens. Eine fundierte Abschätzung der Werthaltigkeit einzelner Finanzinstrumente auf Einzelgeschäftsbasis können dahingegen nur die Bestandsverantwortlichen (Treasury-, Kredit- bzw. Beteiligungsabteilung) treffen, sodass Impairment in der Praxis ein Zusammenspiel zwischen Rechnungswesen und den bestandsverantwortlichen Abteilungen ist. Auch DV-technisch kann Impairment eine Herausforderung darstellen. Da IFRS eine Konzernbilanzierungsvorschrift ist, sind z. B. die Anschaffungskosten auf Konzernebene für eine Wertpapier-Gattung zu ermitteln. Ist z. B. eine Aktiengattung in verschiedenen Konzerneinheiten verteilt vorhanden mit jeweils unterschiedlichen Anschaffungskosten, so ist hier zunächst einmal eine Datenerhebung auf Gesamtkonzernebene – ggf. sogar über unterschiedliche Bestandsführungssysteme – erforderlich.

Abb. 52: Impairment-Bereiche in der (Bank-)Praxis

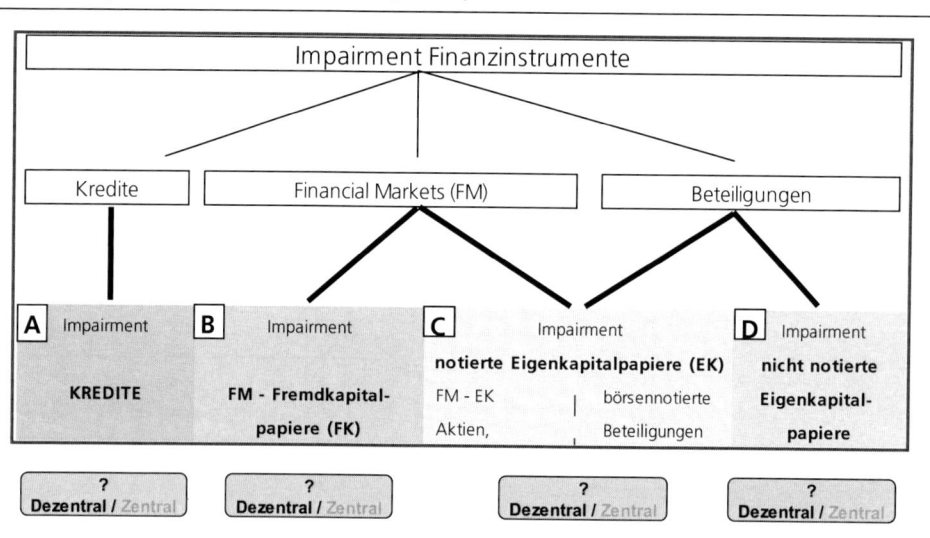

4.3.3.2.2 Kredit-Impairment (A)

Bezüglich theoretischer Grundlagen siehe Tz. 563.

Einzel-Impairment

Bei Großkreditengagements werden Impairments im Rahmen einer Einzelwertberichtigung (EWB) berücksichtigt. Die zuständigen Kreditbetreuer decken den Wertberichtigungsbedarf auf und ermitteln den EWB-Betrag durch Ermittlung des Recoverable Amount in Form von Verbarwertung der erwarteten zukünftigen Cashflows. Hierbei sind z. B. Verwertungserlöse, Rückkaufserlöse aus Lebensversicherungen, Mieteinnahmen etc. zu berücksichtigen. Auch der entsprechende Unwinding-Betrag ist zu ermitteln.

Die Ermittlung von Impairments im Kreditmassengeschäft (Retail) erfolgt dahingegen im Rahmen einer sog. pauschalierten Einzelwertberichtigung (pEWB). Diese stellt in der IAS 39-Systematik aber keine Einzel- sondern ein Portfolio-Impairment dar.

Portfolio-Impairment i. S. v. IAS 39

Hierunter fallen die pauschalierten Einzelwertberichtigungen (pEWB) und die ehemalige Pauschalwertberichtigung (PWB). Letztere wurde bei Kreditinstituten bis zur Einführung des IAS 39-Portfolio-Impairments gemäß dem BMF-Schreiben 10.01.1994 durchgeführt (siehe auch Stellungnahme 1/1990 des IDW-Bankenfachausschuss). Die pEWB ist die Wertberichtigung für akute Risiken der sog. nicht wesentlichen Forderungen, die ausschließlich Produkte aus dem Mengengeschäft beinhalten. Die PWB ist dahingegen die Wertberichtigung für latente Risiken (der wesentlichen als auch nicht wesentlichen Forderungen), also bereits zum Bilanzstichtag eingetretene, aber noch nicht bekannt gewordene Ausfälle.

Als Startgröße für die Ermittlung der IAS-39-Portfolio-Impairment-Beträge verwenden Kreditinstitute vermehrt die gemäß Basel II ermittelten Expected-Loss-Beträge (EL). Da die Rahmenbedingungen beider Systeme ähnlich, aber nicht deckungsgleich sind, ist der EL im Rahmen einer Überleitungsrechung in ein Portfolio-Impairment i. S. v. IAS 39 (PoWB) zu überführen. Modifikationen werden bei der Portfoliobildung sowie den Basel-II-Parametern vorgenommen. Im Einzelnen sind die sog. pauschalisierte Einzelwertberichtigung (pEWB) sowie die Portfoliowertberichtigung (PWB) Gegenstand des Portfolio-Impairments (PoWB).

4.3.3.2.3 Impairment von Fremdkapitalpapieren im Bereich Financial Markets (B)

Bezüglich theoretischer Grundlagen siehe Tz. 563, Tz. 570, Tz. 572 und Tz. 575.

Im Rahmen der Abstimmung der Verrechnungskonten müsste der objektive Hinweis „**Vertragsbruch**" (z. B. Ausfall oder Verzug von Zins- und Tilgungszahlungen) in der Praxis relativ einfach feststellbar sein. Je nach Umfang des Bestandes an Fremdkapitalwertpapieren (Bonds) wäre aber die individuelle Überprüfung jedes einzelnen Wertpapiers auf alle potenziell vorkommenden Wertminderungsgründe (objective evidence) nicht praktizierbar. Hier werden dann in Absprache mit dem Wirtschaftsprüfer bestimmte **Trigger** definiert, bei dessen Unterschreiten dann eine konkrete Untersuchung genau dieser Wertpapiere erfolgt. Ein solcher Trigger könnte wie folgt aussehen: Marktwert ist um mehr als 15 % unter die fortgeführten Anschaffungskosten gefallen.

Bei **Werterholung** ist zum einen zwischen LAR/HTM- und AFS-Beständen zu unterscheiden und zum anderen, ob der Grund für den damaligen Impairment weggefallen ist oder aber noch weiter besteht.

LAR/HTM

68 Ist der Grund weggefallen, so ist eine Werterhöhung GuV-wirksam (bis maximal zur Höhe der ursprünglichen fortgeführten Anschaffungskosten) zu erfassen. Besteht der Grund für das damalige Impairment fort, so bleibt der bisherige Buchwert unverändert, und die Werterholung wird überhaupt nicht erfasst.

AFS

69 Ist der Grund weggefallen, so ist eine Kurserholung GuV-wirksam (bis maximal zur Höhe der ursprünglichen fortgeführten Anschaffungskosten) zu erfassen. Besteht der Grund für das damalige Impairment fort, so ist die Kurserholung GuV-neutral ins Eigenkapital (Neubewertungsrücklage) zu buchen.

4.3.3.2.4 Impairment von notierten Eigenkapitalpapieren (C)

70 Bezüglich theoretischer Grundlagen siehe Tz. 559, Tz. 571 und Tz. 576.

71 Unter notierte Eigenkapitalpapiere fallen nicht nur Aktien, sondern z. B. auch Publikumfonds. Sie gehören alle zur Kategorie AFS. Im Rahmen der Impairment-Policy sind vom Unternehmen die konkreten Parameter zu definieren, wann eine dauerhafte oder aber signifikante Wertminderung vorliegt. Auch diese Parameter sind sehr unternehmensspezifisch und in Abstimmung mit dem Wirtschaftsprüfer festzulegen.

72 Die Parameter könnten z. B. wie folgt definiert werden: Eine signifikante Wertminderung liegt vor, wenn am Bilanzstichtag der Börsenkurs um mehr als 15 % unter den Anschaffungskosten liegt. Liegen dahingegen alle Börsenkurse der letzten sechs Monate an jedem Tag (wenn auch nur geringfügig) unter den Anschaffungskosten, so liegt eine dauerhafte Wertminderung vor.

Zuschreibung

73 Kurserholungen bei AFS-Eigenkapitalpapieren werden immer GuV-neutral gegen das Eigenkapital (Neubewertungsrücklage) gebucht, egal ob der Grund für ein einmal erfolgtes Impairment weggefallen ist oder nicht. Beachte die unterschiedliche Behandlung von AFS-Eigen- und Fremdkapitalpapieren (Kap. 4.3.3.2.3).

Unterjährige Impairment-Buchungen

74 Unterjährige Impairment-Buchungen sind gemäß IFRIC 10 „hart" durchzubuchen und verändern somit die historischen Anschaffungskosten. Buchungstechnisch bedeutet dies, dass eine erfolgte unterjährige Abschreibungsbuchung nicht mehr am Beginn des folgenden Quartals wieder zurückgedreht (reversiert) wird, sondern bereits in diesem Quartal die Anschaffungskosten reduziert.

⊕ VERWEIS:

75 **Übungsaufgabe**

Unter Kap. VI.1.16 finden Sie eine Übungsaufgabe zur Thematik unterjähriges Aktien-Impairment.

4.3.3.2.5 Impairment von nicht notierten Eigenkapitalpapieren (Beteiligungen)

76 Bezüglich theoretischer Grundlagen siehe Tz. 571 und 576.

77 Hier ist in der Regel eine Unternehmensbewertung gemäß den Vorgaben des IDW durchzuführen:
- IDW ES 1 n. F.: „Grundsätze zur Durchführung von Unternehmensbewertungen"
- IDW RS HFA 10: „Anwendung der Grundsätze des IDW S 1 bei der Bewertung von Beteiligungen und sonstigen Unternehmensanteilen für Zwecke eines handelsrechtlichen Jahresabschlusses"

Bei der Vollkonsolidierung erworbener Unternehmen ist dann auch auf aggregierter Ebene (Cash Generating Unit, CGU) ein Impairment-Test für Goodwill durchzuführen (IAS 36.10 i. V. m. 3.51 i.V.m. IAS 38).

4.3.4 Fremdwährungsrisiken (FW)

Einordnung

Die Fremdwährungsumrechnung und -bewertung ist in IFRS zunächst einmal in einem separaten Standard geregelt, dem IAS 21 „Auswirkungen von Änderungen der Wechselkurse". Dieser Standard beschäftigt sich gemäß IAS 21.3 zum einen mit der Bilanzierung von Geschäftsvorfällen in Fremdwährungen (Transaktions-Exposure) und zum anderen mit der Umrechnung der Bilanz und GuV ausländischer Geschäftsbetriebe (Translations-Exposure).

4.3.4.1 Bilanzierung von Geschäftsvorfällen in Fremdwährungen (Transaktionsexposure)

Die Bilanzierung von Fremdwährungsgeschäften nach IAS 21 hängt zunächst einmal davon ab, ob diese als sog. monetäre oder nicht monetäre Posten einzustufen sind.

> **GESETZ:**
>
> IAS 21.8 i. V. m. IAS 21.10
>
> *Monetäre Posten (monetary items)*
>
> „Monetäre Posten sind im Besitz befindliche Währungseinheiten sowie Vermögenswerte und Schulden, für die das Unternehmen eine feste oder bestimmbare Anzahl von Währungseinheiten erhält oder bezahlen muss."

Mit Blick auf Finanzinstrumente kann man stark vereinfacht sagen, dass alle Fremdkapitalpapiere (z. B. Bonds) monetäre Posten i. S. d. IAS 21 darstellen und (gehaltene) Eigenkapitalpapiere (z. B. Investments in Aktien) nicht monetäre Posten. Die Bewertung der Fremdwährungsgeschäfte in Abhängigkeit ihrer Zuordnung zu „monetär" oder „nicht monetär" regelt IAS 21.23 wie folgt:

> **GESETZ:**
>
> IAS 21.23
>
> *Bewertung von Fremdwährungsgeschäften*
>
> „(a) Monetäre Posten in einer Fremdwährung sind unter Verwendung des Stichtagskurses umzurechnen;
>
> (b) nicht monetäre Posten, die zu historischen Anschaffungs- oder Herstellungskosten in einer Fremdwährung bewertet werden, sind mit dem Kurs am Tag des Geschäftsvorfalles umzurechnen, und
>
> (c) nicht monetäre Posten, die mit ihrem beizulegenden Zeitwert in einer Fremdwährung bewertet werden, sind mit dem Kurs umzurechnen, der am Tag der Ermittlung des Wertes gültig war."

> **BEISPIEL:**
>
> (a) Sämtliche Fremdkapitalpapiere (Forderungen, Verbindlichkeiten, Bonds, Schuldscheindarlehen etc.) unabhängig von der IAS-39-Kategorie.
>
> (b) Beteiligungen, die zu Kosten (at cost) bewertet werden.
>
> (c) Aktien der Kategorien AFS, TRD und FVBD.

IAS/IFRS

> **HINWEIS:**
>
> **Besonderheit AFS-Fremdwährungs-Aktien (IAS 21.30)**
>
> - *Bei nicht monetären Finanzinstrumenten, die der Kategorie AFS zugeordnet werden (z. B. USD-Aktie), wird das Fremdwährungsbewertungsergebnis auf die Anschaffungskosten zwar periodengerecht ermittelt, aber nicht in der GuV gezeigt, sondern in der Neubewertungsrücklage ausgewiesen (anders als bei monetären AFS-Papieren wie z. B. USD-Fix-Bond, bei denen das Devisenergebnis direkt in die GuV geht).*
> - *Erst bei Abgang des Finanzinstrumentes ist das Fremdwährungsbewertungsergebnis der Anschaffungskosten aus der Neubewertungsrücklage en bloc in die GuV umzubuchen.*

> **HINWEIS:**
>
> **Nettoinvestition in einen ausländischen Geschäftsbetrieb** (IAS 21.33 i. V. m. IAS 21.15)
>
> - *Ein Unternehmen kann über monetäre Posten in Form einer ausstehenden Forderung oder Verbindlichkeit gegenüber einem ausländischen Geschäftsbetrieb verfügen. Ein Posten, für den die Abwicklung in einem absehbaren Zeitraum weder geplant noch wahrscheinlich ist, stellt im Wesentlichen einen Teil der Nettoinvestition in diesen ausländischen Geschäftsbetrieb dar. Zu solchen monetären Posten können langfristige Forderungen bzw. Darlehen, nicht jedoch Forderungen oder Verbindlichkeiten aus Lieferungen und Leistungen gezählt werden.*
> - *Im Einzelabschluss werden die Fremdwährungsumrechnungseffekte solcher monetärer Posten ganz normal in der GuV gezeigt. In der Konzernbilanz hingegen werden solche Umrechnungsdifferenzen zunächst als separater Bestandteil des Eigenkapitals angesetzt und erst bei einer Veräußerung der Nettoinvestition im Ergebnis erfasst.*
> - *Bezüglich der Absicherung einer solchen Nettoinvestition im Rahmen des Hedge Accounting siehe Kap. 5.3.3.3.*

> **VERWEIS:**
>
> Eine Übung zur Thematik Fremdwährung befindet sich unter VI. 1.17

4.3.4.2 Umrechnung der Abschlüsse ausländischer Geschäftsbetriebe (Translationsexposure)

Bei der Fremdwährungsumrechnung von ausländischen Geschäftsbetrieben sind zwei Konstellationen zu unterscheiden:

1) Die funktionale Währung des Tochterunternehmens **unterscheidet** sich von der Darstellungswährung der Muttergesellschaft oder

2) Die funktionale Währung des Tochterunternehmens **unterscheidet sich nicht** von der Darstellungswährung der Muttergesellschaft.

Die funktionale Währung ist die Währung des primären wirtschaftlichen Umfeldes, in dem die Einheit operiert. Das primäre Wirtschaftsumfeld eines Unternehmens ist normalerweise das Umfeld, in dem es hauptsächlich Zahlungsmittel erwirtschaftet und aufwendet (IAS 21.8 ff).

Darstellungswährung ist die Währung, in der die Abschlüsse veröffentlicht werden (IAS 21.8). Die Darstellungswährung eines deutschen Mutterunternehmens ist Euro (§ 298 Abs. 1 i. V. m. § 244 HGB). Bei einem Nicht-Euro-Tochterunternehmen einer deutschen Mutter gibt es somit die oben dargestellten zwei Konstellationen.

zu 1): Die Währungsumrechung des ausländischen Tochterunternehmens stellt sich als Transformationsvorgang (von FW-Bilanz in Eurobilanz) dar. Gemäß IAS 21.39 erfolgt diese Transformation nach der sog. qualifizierten Durchschnittsmethode:

4. Bewertung auf Einzelebene

- a) Vermögenswerte und Schulden → Stichtagskurs
- b) Eigenkapital → historischer Kurs
- c) GuV → Periodendurchschnittskurs.

Die sich aus dieser Umrechung ergebende Differenz ist GuV-neutral im Eigenkapital auszuweisen (Unterschiedsbetrag aus Währungsumrechnungen). Eine Realisierung der im EK „geparkten" Währungsumrechnungsgewinne oder -verluste erfolgt erst bei Verkauf oder Liquidation des ausländischen Tochterunternehmens und erhöht oder verringert entsprechend das Verkaufsergebnis.

Zu 2): Sämtliche Transaktionen des ausländischen Tochterunternehmens sind so zu erfassen, als handele es sich um Fremdwährungstransaktionen des berichtenden Mutterunternehmens selbst (IAS 21.20 ff.). Siehe Kap. 4.3.4.1.

Abb. 53: Funktionale Währung versus Darstellungswährung

Nr.	Art des Tochterunternehmens	Handelswährung	Funktionale Währung	Darstellungswährung	Methode
		Nebenbuch	Bilanz I	Bilanz II	
1	Selbständiges TU	FW	FW	Euro	Qualifizierte Durchschnittsmethode
2	Unselbständiges TU	FW	Euro	Euro	Umrechnung so, als ob FW-Geschäft direkt bei der Mutter

4.4 Fair Value

Wie bereits am Buchbeginn dargestellt, liegt die Komplexität der IFRS-Rechnungslegung für Finanzinstrumente u. a. auch an der in der IFRS-Welt stärker verankerten Fair-Value-Bewertung von Finanzinstrumenten. Insbesondere in Zeiten von Kapitalmarktturbulenzen – wie z. B. durch die im Jahre 2007 in den USA ausgelöste Subprime-Krise – rücken verstärkt **Bewertungsfragen** in den Fokus der Bilanzierung.

4.4.1 Ermittlung

4.4.1.1 Fair-Value-Hierarchie

Wie ein Fair Value für Zwecke der IAS 39-Bilanzierung zu ermitteln ist, ist dem Abschnitt „Überlegungen zur Bewertung zum beizulegenden Zeitwert" des Standards zu entnehmen (IAS 39.48 ff. sowie IAS 39.AG69 ff.).

Der beizulegende Zeitwert wird durch einen zwischen einem vertragswilligen Käufer und einem vertragswilligen Verkäufer in einer Transaktion zu marktüblichen Bedingungen vereinbarten Preis bestimmt (IAS 39.AG71). Der Definition des beizulegenden Zeitwertes liegt die Prämisse der Unternehmensfortführung zugrunde, der zufolge weder die Absicht noch die Notwendigkeit zur Liquidation, zur wesentlichen Einschränkung des Geschäftsbetriebs oder zum Eingehen von Geschäften zu ungünstigen Bedingungen besteht (IAS 39.AG69).

98 Der IAS 39 differenziert zwischen einer aktiven Markt- und einer nicht aktiven Marktbewertung und konkretisiert diese durch insgesamt sechs Einzelstufen. In der Praxis werden die Bewertungshierarchien allerdings auch häufig in Anlehnung an die nach US-GAAP übliche dreiteilige Level-Einordnung bezeichnet.

Abb. 54: Fair-Value-Hierarchie[179]

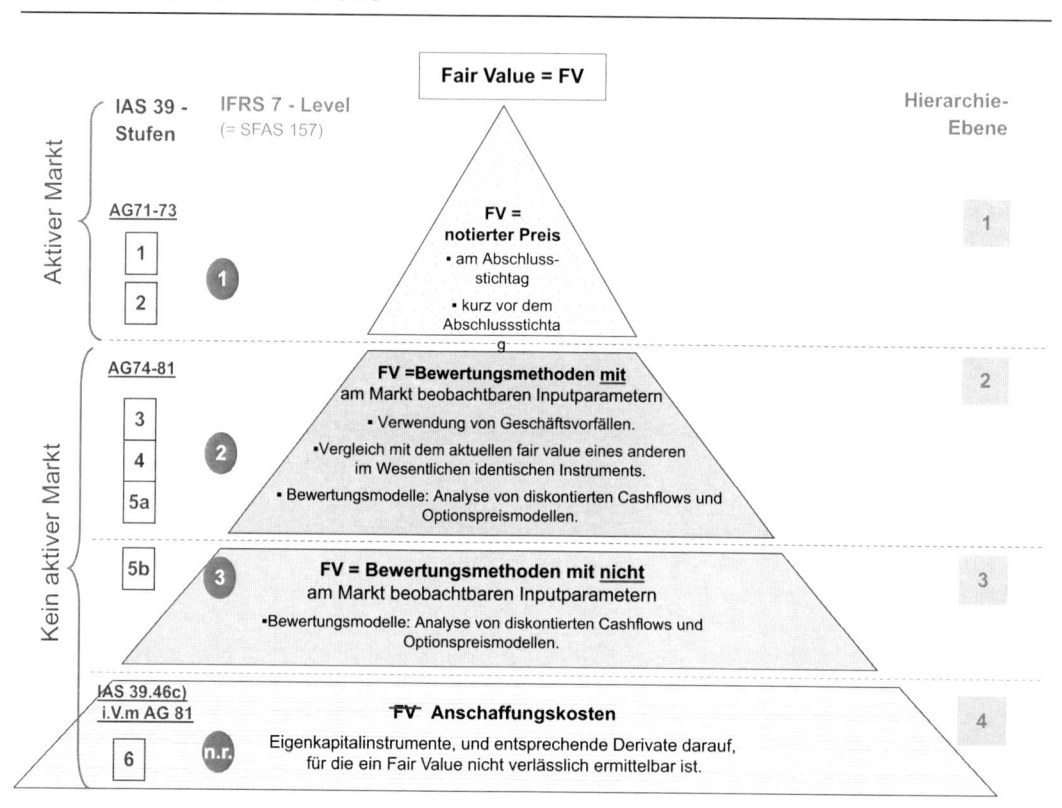

Aktiver Markt / Kein aktiver Markt	IAS 39 - Stufen	IFRS 7 - Level (= SFAS 157)	Fair Value = FV	Hierarchie-Ebene
Aktiver Markt	AG71-73 / 1, 2	1	**FV = notierter Preis** • am Abschlussstichtag • kurz vor dem Abschlussstichtag	1
Kein aktiver Markt	AG74-81 / 3, 4, 5a	2	**FV = Bewertungsmethoden mit** am Markt beobachtbaren Inputparametern • Verwendung von Geschäftsvorfällen. • Vergleich mit dem aktuellen fair value eines anderen im Wesentlichen identischen Instruments. • Bewertungsmodelle: Analyse von diskontierten Cashflows und Optionspreismodellen.	2
Kein aktiver Markt	5b	3	**FV = Bewertungsmethoden mit nicht** am Markt beobachtbaren Inputparametern • Bewertungsmodelle: Analyse von diskontierten Cashflows und Optionspreismodellen.	3
Kein aktiver Markt	IAS 39.46c) i.V.m AG 81 / 6	n.r.	**FV Anschaffungskosten** Eigenkapitalinstrumente, und entsprechende Derivate darauf, für die ein Fair Value nicht verlässlich ermittelbar ist.	4

99 Abb. 54 gibt einen Überblick über die jeweiligen Hierarchiestufen und darüber, wie diese im Verhältnis zueinander stehen.

- **Hierarchie-Ebene 1** = Level 1 (*mark to market*)

    Das Vorhandensein öffentlich notierter Marktpreise auf einem aktiven Markt ist der bestmögliche objektive Hinweis für den beizulegenden Zeitwert und wird (falls existent) für die Bewertung des finanziellen Vermögenswertes oder der finanziellen Verbindlichkeit verwendet (Stufe 1).[180] Wenn das Unternehmen nachweisen kann, dass der letzte Transaktionspreis nicht dem

---

179 Eigene Darstellung in Anlehnung an Eckes/Flick, S. 465.
180 Öffentlich notierte Marktpreise (z. B. Händler, Broker, Bloomberg, Markit), die tatsächliche und regelmäßige Transaktionen repräsentieren. Bei Aktien (z. B. DAX oder andere Indizes), Fonds und börsennotierte Derivate (z. B. EUREX) können daher grundsätzlich (widerlegbar) Level 1 zugeordnet werden. – Der Nachweis der Transaktionen kann durch Hilfsparameter ersetzt werden, sofern Umsatz- oder Transaktionsdaten nicht verfügbar sind (z. B. Geld-Brief-Spanne/ Anzahl der Broker).

beizulegenden Zeitwert entspricht oder am Abschlussstichtag keine Transaktion vorlag, wird ein adäquater Kurs basierend auf getätigten Transaktionen kurz vor dem Abschlussstichtag genommen (Stufe 2).

- **Hierarchie-Ebene 2** = Level 2 (*mark to model*)

  Wenn kein aktiver Markt für ein Finanzinstrument besteht, bestimmt ein Unternehmen den beizulegenden Zeitwert mithilfe einer Bewertungsmethode. Zu den Bewertungsmethoden gehören die Verwendung der jüngsten Geschäftsvorfälle zwischen sachverständigen, vertragswilligen und unabhängigen Geschäftspartnern (Stufe 3), der Vergleich mit dem aktuellen beizulegenden Zeitwert eines anderen, im Wesentlichen identischen Finanzinstruments (Stufe 4), die Analyse von diskontierten Cashflows sowie Optionspreismodelle (Stufe 5a). Der beizulegende Zeitwert wird auf Grundlage der Ergebnisse einer Bewertungsmethode geschätzt, die im größtmöglichen Umfang Daten aus dem Markt verwendet und sich so wenig wie möglich auf unternehmensspezifische Daten verlässt.[181]

- **Hierarchie-Ebene 3** = Level 3 (*mark to model*)

  Werden hingegen bei der Bewertung nicht am Markt beobachtbare Inputparameter verwendet, so liegt eine Level 3-Bewertung vor (Stufe 5b).[182]

- **Hierarchie-Ebene 4** = kein Level

  Grundsätzlich geht der Standardsetter davon aus, dass für ein Finanzinstrument auf einer der vorgenannten drei Hierarchie-Ebenen ein Fair Value verlässlich ermittelbar ist. Eine Ausnahme besteht für nicht notierte Eigenkapitalpapiere sowie Derivate auf solche nicht notierten Eigenkapitalpapiere. Ist deren Fair Value nicht verlässlich ermittelbar, so sind diese mit den Anschaffungskosten zu bewerten (Stufe 6).[183]

4.4.1.2 Aktiver Markt

Dem Begriff des aktiven Marktes kommt bei dem Fair Value-Konzept des IAS 39 eine zentrale Bedeutung zu. Zum einen beeinflusst er, ob ein Finanzinstrument gemäß Level 1 oder Level 2 bzw. Level 3 zu bewerten ist (Abb. 54).

Zum anderen hat er Einfluss auf die IAS 39-Kategorisierung, da der Kategorie LAR lediglich Fremdkapitalpapiere zugeordnet werden können, die nicht auf einem aktiven Markt notiert werden (Kap. 4.2.1.3). Nicht immer ist ganz klar, ob es für ein Finanzinstrument einen aktiven Markt gibt oder nicht. Hier ist es hilfreich, sich die relevanten Teilmärkte anzuschauen und zu beurteilen, für welche es einen aktiven Markt gibt und für welche nicht. Eine Orientierung gibt hier die IDW-Stellungnahme IDW RS HFA 9 v. 12.04.2007. Das Ergebnis sollte dann allgemeinverbindlich für das Unternehmen im Rahmen der Konzernrichtlinie festgehalten werden. Ein Muster einer solchen Festlegung enthält die nächste Abbildung.

---

181 Unter die Level 2-Bewertung fallen die Finanzinstrumente, deren Inputfaktoren direkt oder indirekt am Markt beobachtbar sind. Hierzu zählen z. B. 1) die Bewertung mit einem marktüblichen Bewertungsmodell (z. B. OTC-Derivate) und beobachtbaren Inputfaktoren (z. B. Swapkurve), 2) Preisstellungen von Market Makern, zu denen keine Umsätze beobachtet werden können, dies beinhaltet Quotes (Bloomberg/Reuters), sofern der Quotesteller zu diesem Kurs handeln würde, 3) Quotes (Bloomberg/Reuters), zu denen keine Umsätze beobachtet werden können, sofern mehrere quotierende Stellen vorliegen (anerkannte Marktteilnehmer) und die Abstände gering sind (zudem nur angemessene Volatilität), 4) Fonds ohne Umsatz, die zum angegebenen Kurs zurückgegeben werden können.

182 Unter nicht am Markt beobachtbaren Inputfaktoren fallen z. B. 1) Modelle mit geschätzten Parametern, 2) Quotes/Indikationen ohne Umsätze (nur ein Preissteller / keine weitere Validierung möglich), 3) (geschlossene) Fonds ohne Rückgabemöglichkeit.
Ausschlaggebend für die Einstufung zu Level 2 oder Level 3 ist die Einstufung des (der) signifikanten Inputfaktoren.

183 Vgl. IAS 39.46 (c) i.V.m. IAS 39.AG 80-81.

IAS/IFRS

Abb. 55: Übersicht Teilmärkte & aktiver Markt

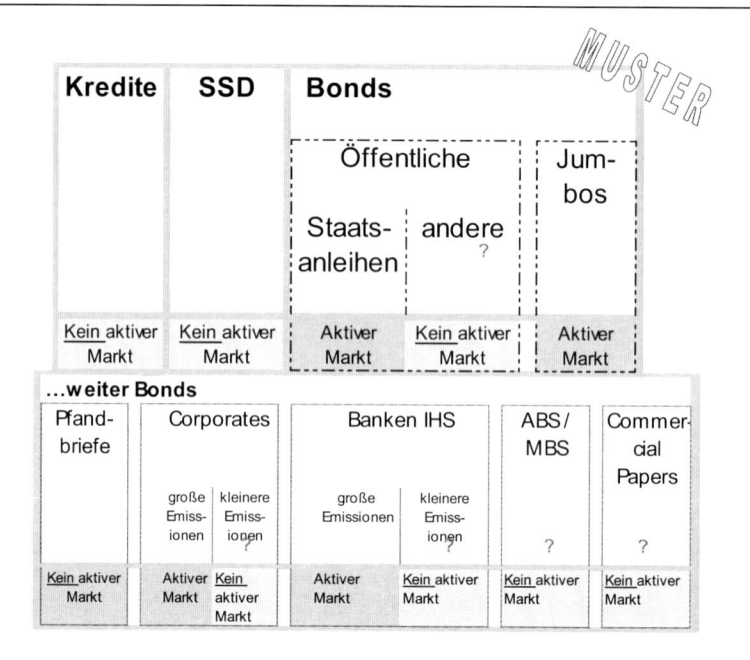

Kredite	SSD	Bonds		
		Öffentliche		Jumbos
		Staatsanleihen	andere ?	
Kein aktiver Markt	Kein aktiver Markt	Aktiver Markt	Kein aktiver Markt	Aktiver Markt

...weiter Bonds					
Pfandbriefe	Corporates	Banken IHS		ABS / MBS	Commercial Papers
	große Emissionen	kleinere Emissionen ?	große Emissionen	kleinere Emissionen ?	?	?
Kein aktiver Markt	Aktiver Markt	Kein aktiver Markt	Aktiver Markt	Kein aktiver Markt	Kein aktiver Markt	Kein aktiver Markt

⊕ VERWEIS:

Finanzkrise: Als eine Konsequenz für die Rechnungslegung aus der Finanzkrise wurden eine Vielzahl von Klarstellungen veröffentlich, ab wann ein Markt nicht mehr aktiv ist; vgl. Kap. 8.3.

4.4.1.3 Barwert, Dirty Price, Clean Price, Fair Value

Der **Dirty Price** (Barwert) entspricht den auf den heutigen Tag abgezinsten (diskontierten) Wert zukünftiger Zahlungsströme. Beeinflusst wird der Barwert durch Anzahl, Höhe und Zeitpunkt der zukünftigen Zahlungen und durch den Diskontierungszinssatz, also dem Zins für die entsprechende Laufzeit des Zahlungsstromes.[184]

Subtrahiert man von dem Dirty Price die Stückzinsen und die Zinsabgrenzung, so erhält man den **Clean Price** (siehe Abb. 57). **Stückzinsen** sind aufgelaufene Zinsansprüche, die vom Käufer einer kupontragenden Anleihe an den Verkäufer gezahlt werden müssen. Beim Kauf einer Anleihe ist dem Vorbesitzer also nicht nur der Kurs, sondern auch sein noch ausstehender Anteil am Kupon zu bezahlen. Als **Zinsabgrenzung** werden in diesem Buch am Bilanzstichtag noch ausstehende Zinszahlungen verstanden, die wirtschaftlich der Berichtsperiode zuzuordnen sind, aber cash-mäßig noch nicht geflossen sind, da der Kupontermin noch aussteht. Anders als Stückzinsen sind die Zinsabgrenzungen GuV-wirksam zu erfassen.

---

184 Vgl. *Kühne (2008a)*, S. 24.

4. Bewertung auf Einzelebene

🛈 HINWEIS:

1) In der Praxis werden unter Zinsabgrenzung auch Stückzinsen (so wie oben definiert) subsumiert und vice versa, d. h. unter Stückzinsen auch Zinsabgrenzungen (wie oben definiert). Als Synonym für Stückzinsen und/oder Zinsabgrenzung (wie oben definiert) wird manchmal auch der Begriff der „**aufgelaufenen Zinsen**" verwandt.

2) Im Rahmen der Fair Value-Bewertung eines Finanzinstrumentes für Rechnungslegungszwecke ist der Clean Price heranzuziehen. Der **gesamte Buchwert** des Finanzinstrumentes zum Bilanzstichtag ergibt sich aus dem Clean Price plus der Zinsabgrenzung und plus Stückzinsen. Somit entspricht der gesamte Buchwert dem Dirty Price (Barwert).

3) In der Praxis als auch im vorliegenden Buch werden die Begriffe Fair Value, Full Fair Value, beizulegender Zeitwert und Marktwert **abwechselnd und synonym** verwandt. Sie entsprechen alle dem Clean Price.

▶ BEISPIEL:

Abb. 56: Beispiel zu Clean Price und Dirty Price

Beispiel:
Kauf einer Anleihe zum 1.11.2009 (Nominal 100 €). Der Kupontermin sei jeweils am 30.06. eines Jahres. Der Kaufkurs (Clean Price) am 1.10.2009 sei 101% und am 31.12.2009 103%. Der Jahreskupon mache 10 € (10%) p.a. aus. Wie hoch ist der Dirty Price jeweils zum 1.11.2009 (Kauftag) und am 31.12.2009 (Bilanzstichtag)?

1.11.2009

Clean Price (1.11.)	101,00 €	(Kursnotierung)
(gezahlte) Stückzinsen (1.11.) +	3,33 €	(=10%*4 Monate / 12 Monate)
Zinsabgrenzung (1.11.) +	n.r.	
Dirty Price (1.11.) = 104,5 €	= 104,33 €	

31.12.2009

Clean Price (31.12.)	103,00 €	(Kursnotierung)
(gezahlte) Stückzinsen (1.11.) +	3,33 €	
Zinsabgrenzung (31.12.) +	1,66 €	(=10% *2 Monate / 12 Monate)
Dirty Price (31.12.)	= 108,00€	

Abb. 57: Barwert, Dirty Price, Clean Price, Fair Value

Barwert = Dirty Price
  = Clean Price + Zinsabgrenzung (ZABGR) + Stückzinsen (STKZ)

Fair Value = Clean Price
  = Full Fair Value = beizulegender Zeitwert = Marktwert
  = Kursnotierung bei Anleihen

Beispiel:
* Kauf einer festverzinslichen Anleihe zum 1.11. zum Kurs von 101%
* Nominal 100, Zinssaztz 10%
* Kupontermin 30.06. rückwirkend für die letzten 12 Monate
* Zum Bilanzstichtag ist der Kurs der Anleihe auf 103% gestiegen

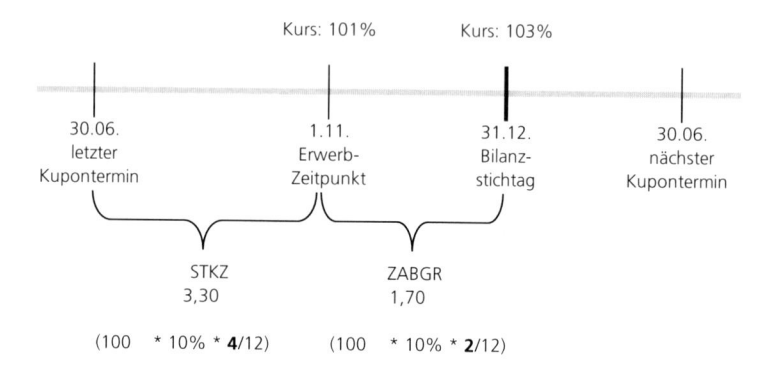

```
                    Kurs: 101%          Kurs: 103%

    |                   |                   |                   |
  30.06.              1.11.              31.12.              30.06.
  letzter            Erwerb-            Bilanz-             nächster
 Kupontermin        Zeitpunkt          stichtag           Kupontermin

        _____  _____/        _____  _____/
               \/                      \/
              STKZ                   ZABGR
              3,30                    1,70

      (100 * 10% * 4/12)     (100 * 10% * 2/12)
```

4.4.1.4 Bewertungsverfahren

Finden Bewertungsverfahren Anwendung, so gibt der Standard vor, dass dies allgemein anerkannte Verfahren sein sollten. Dies sind i. d. R. **Optionspreismodelle** bzw. das **Barwertmodell** (Present Value).

Bei der **Barwertermittlung** von festverzinslichen Produkten ist bei der Ermittlung von Fair Value (FFV, HFV) zwischen Kapitalmarkt- und Retail-Geschäften zu differenzieren. Bei Kapitalmarktgeschäften werden die ausstehenden Cashflows (CFt) mit den jeweiligen Zinssätzen der (credit-spread-freien) risikolosen Zinsstrukturkurve (z. B. Swapkurve) und den jeweiligen credit spreads (cst) diskontiert. Beim Retail-Geschäft (Kundengeschäft) ist darüber hinaus noch der Kundenkonditionsbeitrags-Spread (ks) vom Tage des Geschäftsabschlusses zu berücksichtigen. Dieser wird in der Folge konstant gehalten. Welche Parameter beim Diskontieren im Einzelnen zu berücksichtigen sind, ist im IAS 39.AG76A bzw. IAS 39.AG82 geregelt.

Zum Folgebilanzstichtag werden bei der Ermittlung des Full Fair Value (**FFV**) dann die noch ausstehenden Cashflows mit den neuen, aktuellen Zinssätzen und Credit Spreads (plus ggf. konstanten Kundenkonditions-Spread) diskontiert.

Bei der Ermittlung des Hedge Fair Value (**HFV**) hingegen werden alle Diskontierungsfaktoren bis auf den das abgesicherte Risiko widerspiegelnden konstant gehalten. Bei der Absicherung gegen das Zinsänderungsrisiko z. B. werden bis auf den Zins (it) alle anderen Faktoren konstant gehalten (siehe Abb. 58).

Abb. 58: Fair Value: Bewertungsparameter

FFV (Marktpreis): Falls vorhanden und valide ermittelbar, ist der Marktpreis der FV-Bewertung zugrunde zu legen.

FFV (Kapitalmarktgeschäft):
$$FVV(K) = \sum_{t=0}^{T} \frac{CF_t}{(1+i_t+cs_t)^t} - ZABGR - STKZ$$

FFV (Retailgeschäft):
$$FVV(R) = \sum_{t=0}^{T} \frac{CF_t}{(1+i_t+cs_t+ks_{const.})^t} - ZABGR - STKZ$$

HFV (Kapitalmarktgeschäft):
$$FVH(K) = \sum_{t=0}^{T} \frac{CF_t}{(1+i_t+cs_{const.})^t} - ZABGR - STKZ$$

HFV (Retailgeschäft):
$$FVH(R) = \sum_{t=0}^{T} \frac{CF_t}{(1+i_t+cs_{const.}+ks_{const.})^t} - ZABGR - STKZ$$

Legende:
- CF_t: Cash Flow zum Zeitpunkt t
- i_t: Zins der Zinsstrukturkurve t für Laufzeit i
- cs_t: Credit Spread zum Zeitpunkt t für Laufzeit i gemäß Rating-Tabelle
- ks: Kundenkonditionsbeitrag
- const.: Spread vom Tag des Geschäftsabschlußes t_0 wird konstant gehalten
- FFV Full Fair Value
- HFV Hedge Fair Value
- ZABGR Zinsabgrenzung
- STKZ Stückzinsen (für die Cash, geflossen ist)

4.4.2 Besonderheiten

4.4.2.1 „Day one profit or loss"

Bei dem erstmaligen Ansatz eines finanziellen Vermögenswertes oder einer finanziellen Verbindlichkeit hat ein Unternehmen diese zu ihrem beizulegenden Zeitwert (*fair value*) zu bewerten. Normalerweise stellt der Kaufpreis (Transaktionspreis) die beste Approximation des Fair Value zum Zugangszeitpunkt dar (IAS 39.AG64 Satz 1).

Bei Finanzinstrumenten, die zum Fair Value bewertet werden und für die es keinen aktiven Markt gibt, ist im Rahmen der Folgebewertung der Fair Value gemäß eines Bewertungsverfahrens zu ermitteln (Level 2 oder 3). Bei FVTPL-Beständen stellt sich in diesem Zusammenhang die Frage, ob bereits am Ende des ersten Handelstages (Erwerbszeitpunkt) ein Gewinn (Verlust) aus dem Finanzinstrument entstehen kann, weil aufgrund der Verwendung von zwei unterschiedlichen Fair-Value-Werten ein (rechnerischer) Gewinn (Verlust) entsteht. Ein solcher Gewinn (Verlust) wird „day one profit (loss)" genannt.

Der Bewertungsunterschied ist nur dann als Gewinn (Verlust) zu erfassen, wenn die bei dem Bewertungsverfahren verwendeten Input-Parameter ausschließlich am Markt beobachtbar sind (IAS 39. AG78). Ansonsten ist der Unterschiedsbetrag im Zugangszeitpunkt GuV-neutral in der Bilanz zu erfassen und über die Laufzeit zu amortisieren.

4.4.2.2 Konzerneinheitliche Bewertungskurse

> **HINWEIS:**
>
> **Konzerneinheitliche Bewertung**
>
> - Gemäß IAS 27.28 „sind für ähnliche Geschäftsvorfälle und andere Ereignisse unter vergleichbaren Umständen einheitliche Bilanzierungs- und Bewertungsmethoden anzuwenden."
> - Für die Bewertung bedeutet dies, dass grundsätzlich für ähnliche Geschäfte, egal ob in der Zentrale oder in einem Tochterunternehmen in die Bücher gegangen, die gleichen Bewertungskurse zugrunde zu legen sind.
> - Aufgrund unterschiedlicher organisatorischer Rahmenbedingungen (z. B. DV-Landschaften) in den einzelnen Konzerngesellschaften kann grundsätzlich aber nicht ausgeschlossen werden, dass es (in Einzelfällen) zu Abweichungen von diesem Grundsatz kommt und voneinander abweichende Kurse verwendet werden.
> - Diese Abweichungen sind so lange nicht zu beanstanden, wie der Grundsatz der Wesentlichkeit nicht verletzt wird.

5. Bewertungseinheiten (Hedge Accounting)

5.1 Ausgangslage

Unter Hedge Accounting (Bewertungseinheiten) versteht man die Bilanzierung und Bewertung von Sicherungszusammenhängen.

Die Notwendigkeit zum Hedge Accounting ergibt sich aus der unterschiedlichen Bewertung der verschiedenen Kategorien von Finanzinstrumenten nach IAS 39 (Mixed-Model-Ansatz).[185] Da (Sicherungs-) Derivate nach IAS 39.9 grundsätzlich der Kategorie „Financial Instruments at Fair Value through Profit or Loss" (Unterkategorie: „Trading") zuzuordnen sind, erfolgt hier eine ergebniswirksame Fair-Value-Bewertung zu jedem Bilanzstichtag. Dagegen werden Finanzinstrumente der Kategorien „Held to Maturity" (HTM) und „Loans and Receivables" (LAR) zu fortgeführten Anschaffungskosten angesetzt und Finanzinstrumente der Kategorie „Available for Sale" (AFS) ergebnisneutral zum Fair Value bewertet.

Grundsätzlich benötigt man für die Durchführung von Hedge Accounting ein Derivat. Ohne Derivate stellt sich daher die Frage nach Hedge Accounting gar nicht. Die einzige Ausnahme stellt die Absicherung von Fremdwährungsrisiken dar, bei der auch Fremdwährungs-Kassainstrumente als Sicherungsgeschäft eingesetzt werden können.

> **BEISPIEL:**
>
> 1. Ein Schuldscheindarlehen wird durch einem Payer-Swap gegen steigende Zinsen abgesichert.
> 2. Die aus einer FRN erhaltenen variablen Zinsen werden im Rahmen eines Receiver-Swaps gegen Festzins getauscht.

---

[185] Zur Problematik des Hege Accounting nach IAS 39 vgl. *Große*.

5. Bewertungseinheiten (Hedge Accounting)

Abb. 59: Hedge-Accounting-Beispiel (I)

1 LAR **KassaG** — Schuldscheindarlehen (SSD) — F ↔ TRD **Derivat** Payer-SWAP (F →, V ←)

Marktentwicklung: Zinsen steigen → Markwert des SSD fällt

F = feste Zinsen
V = variable Zinsen

- t0: 100 GE → t1: 98,3 GE (−1,7)
- t0: 0 GE → t1: 1,7 GE (+1,7)

2 AFS **KassaG** — Floating Rate Note (FRN) — V ↔ TRD **Derivat** Receiver-SWAP (V →, F ←)

Marktentwicklung: Zinsen fallen → Zins-Cashflow-Reihe wird volatil

- t0: 100 GE → t1: 99,99 GE (−/+0)
- t0: 0 GE → t1: 1,7 GE (+1,7)

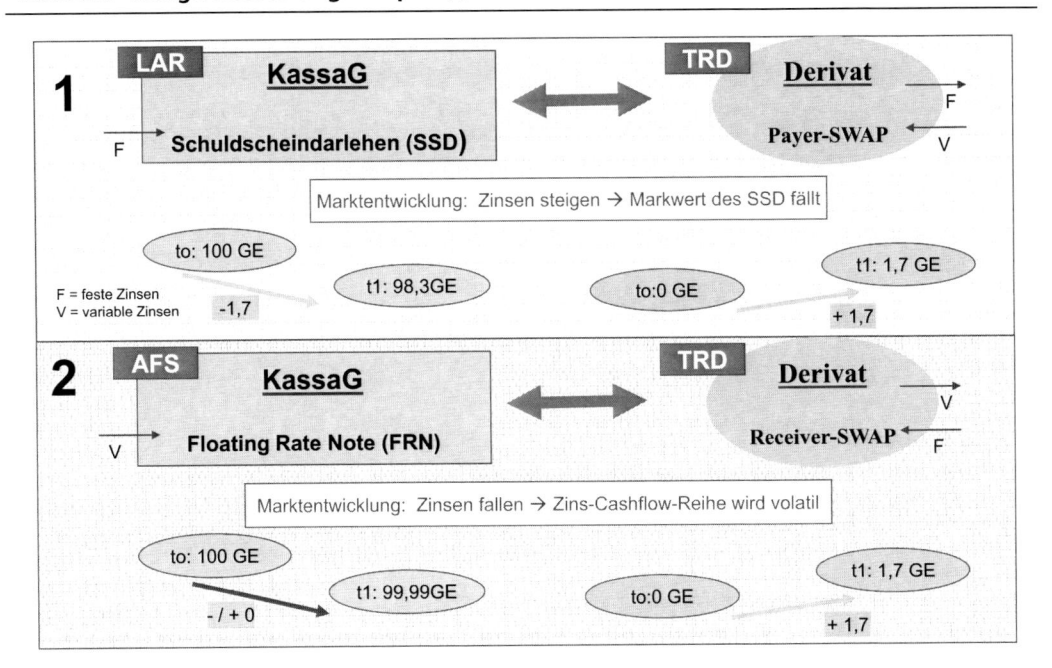

Würde man jeweils die beiden Finanzinstrumente **streng einzeln** bewerten, so wie in Kap. 4.3.2 dargestellt, hätte man in beiden dargestellten Beispielfällen eine volatile GuV und dadurch ein volatiles Gesamt-Eigenkapital, obwohl ökonomisch eine geschlossene Position vorliegt.

Dies ergibt sich dadurch, dass in t0 das Kassageschäft mit den Anschaffungskosten von 100 EUR aktiviert wird. Der Swap wird in t0 in der Buchhaltung zwar erfasst, allerdings wäre dieser mit einem Netto-Fair-Value von 0 EUR in der Bilanz nicht zusehen sein. In t1 hätte man in beiden Fällen einen Ertrag in Höhe von 1,7 EUR aus der Fair-Value-Bewertung des Zins-Swaps. Aus den Kassageschäften sind allerdings keine gegenläufige Effekte zu erfassen, da im Fall 1 das Schuldscheindarlehen der Kategorie LAR zugeordnet ist und daher keine Marktbewertung erfolgt. Im Fall 2 wäre die FRN zwar mit dem Marktwert zu bilanzieren, dieser ist bei dem Floater aber annähernd bei 100 %.

IAS/IFRS

Abb. 60: Hedge Accounting Beispiel (II)

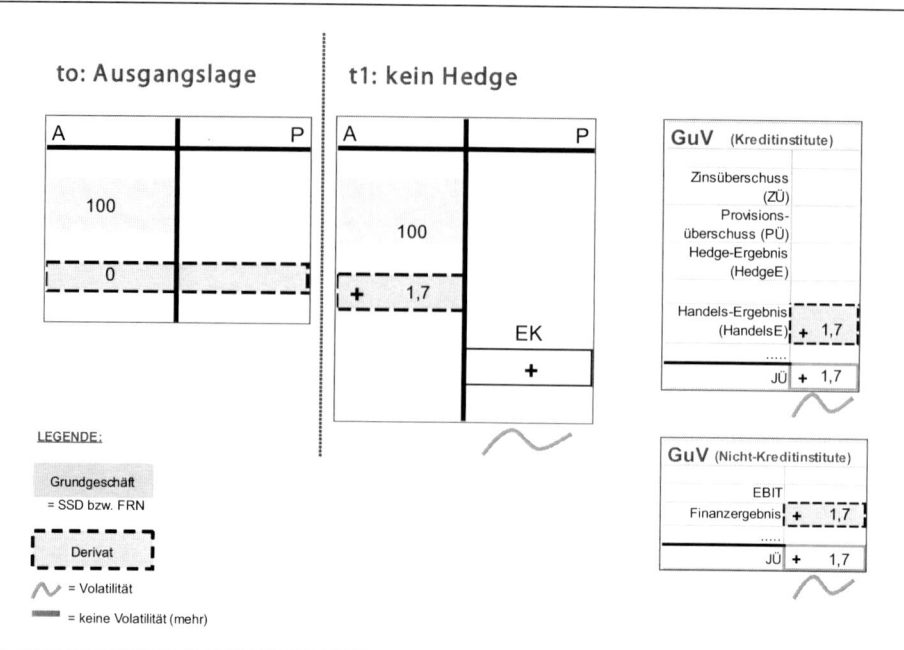

[Abbildung: t0: Ausgangslage – Bilanz mit A/P, Grundgeschäft 100, Derivat 0. t1: kein Hedge – Bilanz mit A 100, Derivat +1,7, EK +. GuV (Kreditinstitute): Zinsüberschuss (ZÜ), Provisionsüberschuss (PÜ), Hedge-Ergebnis (HedgeE), Handels-Ergebnis (HandelsE) +1,7, JÜ +1,7. GuV (Nicht-Kreditinstitute): EBIT, Finanzergebnis +1,7, JÜ +1,7.

LEGENDE: Grundgeschäft = SSD bzw. FRN; Derivat; ~ = Volatilität; ▬ = keine Volatilität (mehr)]

22 Unter bestimmten Voraussetzungen kann nach IAS 39 aber von einer Einzelbewertung abgesehen werden, und Grund- und Sicherungsgeschäft können zusammen bewertet werden.

23 Im Beispiel 2 könnte dann das Derivat im Rahmen eines sog. **Cashflow Hedges** als Sicherungsinstrument designiert werden. Die bilanzielle Konsequenz ist, dass die Fair-Value-Veränderung des Derivats nicht mehr in der GuV, sondern direkt im Eigenkapital in der Neubewertungsrücklage auszuweisen ist. Somit wäre die Volatilität aus der GuV eliminiert, die im Gesamt-Eigenkapital würde aber bleiben.

24 Im Beispiel 1 könnte das Derivat im Rahmen eines sog. **Fair Value Hedges** als Sicherungsinstrument designiert werden. In diesem Fall bleibt die Bilanzierung des Derivates im Großen und Ganzen unverändert, aber die Bilanzierung des Grundgeschäftes würde sich ändern. Anstatt der AC würde nun der Hedge Fair Value bilanziert, also die zinsinduzierte Fair-Value-Veränderung würde auf die AC gebucht werden. Dies sind im vorliegenden Fall –1,7 EUR. Diese werden in die GuV gebucht und ergeben dort mit den +1,7 EUR aus dem Derivat ein ausgeglichenes GuV-Ergebnis. Beim Fair Value Hedge wird die Volatilität in der GuV und im Eigenkapital reduziert oder wie im vorliegenden Beispiel 2 eliminiert.

Abb. 61: Hedge-Accounting-Beispiel (III)

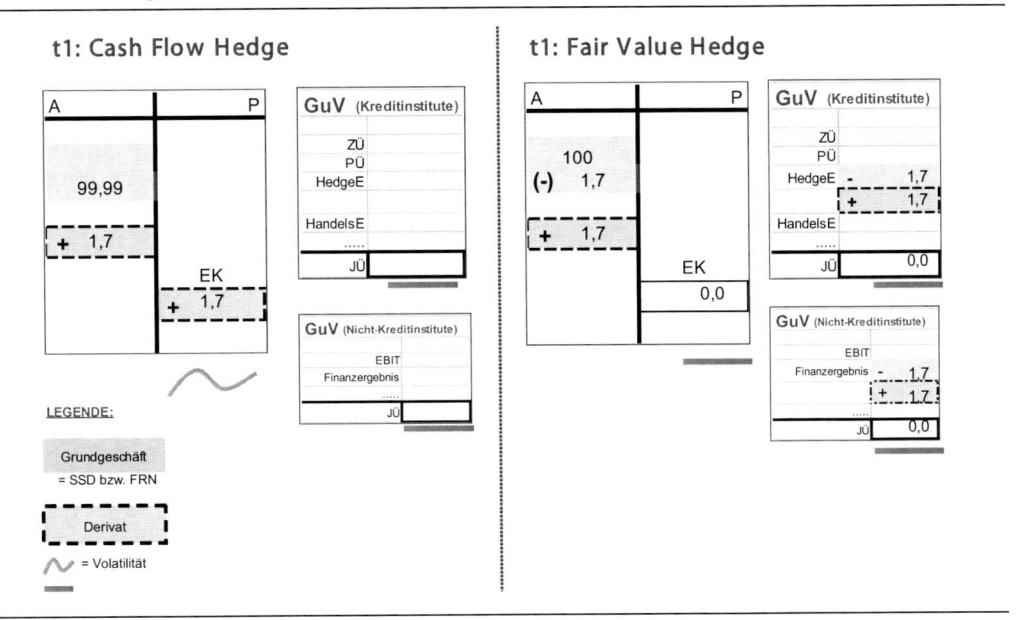

[Abbildung: t1: Cash Flow Hedge und t1: Fair Value Hedge mit Bilanzen (A/P), GuV (Kreditinstitute) und GuV (Nicht-Kreditinstitute). Cash Flow Hedge: A 99,99 + 1,7; EK + 1,7. Fair Value Hedge: A 100 (-) 1,7; + 1,7; EK 0,0; HedgeE -1,7 / +1,7; Finanzergebnis -1,7 / +1,7; JÜ 0,0. Legende: Grundgeschäft = SSD bzw. FRN; Derivat; ∿ = Volatilität]

5.2 Sicherbare Risiken

Hedge Accounting kann entweder zum Ausgleich gegenläufiger **Wertveränderungen** des beizulegenden Zeitwertes (Fair Value Hedge-Accounting) oder von **Zahlungsstromänderungen** (Cashflow Hedge-Accounting) angewandt werden.

Grundsätzlich kann jede **Risikoart**, für welche auch ein Sicherungsinstrument gehandelt wird, Gegenstand einer Sicherungsbeziehung sein. Nachfolgend sind einige Beispiele für gängige Risiken aufgeführt, die Gegenstand von Absicherungen sein können:

- Zinsänderungsrisiko (Festzins, sonstige Zinsen)
- Fremdwährungsrisiko
- Aktienrisiko (Aktie, Index, sonstige)
- Optionsrisiko (einfache, mehrfache, sonstige)
- Adressenausfallrisiko (Bonität)

Auch nur ein Teil eines Grundgeschäftes kann Gegenstand einer Sicherungsbeziehung (z. B. **50 %** des Nominalvolumens eines Bonds oder aber nur bestimmte Zinszahlungen eines Bonds) sein. So können z. B. auch nur die oberhalb oder unterhalb eines festgelegten Preises oder einer anderen Variablen liegenden Änderungen der Cashflows oder des beizulegenden Zeitwerts eines gesicherten Grundgeschäfts designiert werden (einseitiges Risiko).[186]

Beispielsweise kann ein vertraglich genau designierter Inflationsanteil der Cashflows einer **inflationsgebundenen Anleihe** (unter der Voraussetzung, dass keine separate Bilanzierung als eingebettetes Derivat erforderlich ist) als abzusicherndes Teilrisiko in einer Sicherungsbeziehung desi-

---

[186] Vgl. **RV** EU (2009d), S. 8 A99 BA und A 99 F c).

gniert werden, solange dieses einzeln identifizierbar, verlässlich bewertbar ist und andere Cashflows des Instruments von dem Inflationsanteil nicht betroffen sind.

29 Ein Unternehmen kann beispielsweise auch die Schwankung künftiger Cashflow-Ergebnisse designieren, die **aus einer Preiserhöhung** bei einem erwarteten Warenkauf resultieren. In einem solchen Fall werden nur Cashflow-Verluste designiert, die aus der Erhöhung des Preises oberhalb des festgelegten Grenzwerts resultieren.

30 Eine einseitige Absicherung von Risiken in Grundgeschäften – wie z. B. Inflationsanteil/Preiserhöhung – stellt einen **optionalen Bestandteil** dar, von dem nur der innere Wert der Option Gegenstand der Sicherungsbeziehung sein kann, nicht aber der Zeitwert.

5.3 Hedge-Arten

5.3.1 Bilanzierung

5.3.1.1 Grundsatz

31 Wie oben beschrieben kann durch Hedge Accounting eine ansonsten verzerrende IFRS-Bilanzierung reduziert oder eliminiert werden. Buchungstechnisch geht dies entweder dadurch, dass sich das Grundgeschäft der Bilanzierung des Derivats anpasst und somit die – auf das abgesicherte Risiko entfallende – Fair-Value-Veränderung aus dem Grundgeschäft auch in die Bilanz und GuV durchgebucht wird und dort auf die gegenläufige Wertentwicklung des Derivats trifft (Fair Value Hedge-Accounting). Oder aber dadurch, dass die Gegenbuchung zur Fair-Value-Erfassung des Derivates in der Bilanz nicht gegen die GuV, sondern gegen das Eigenkapital durchgebucht wird (Cashflow Hedge-Accounting).

32 Diese beiden Hauptarten des Hedge-Accountings können nun in verschiedenen Konstellationen vorkommen. Abb. 62 gibt einen Überblick über die Hedge-Arten und ordnet ihnen die bisher in der HGB-Welt gebräuchlichen Bewertungseinheiten (BWE; vgl. Tz. 991 ff.) zu.

5. Bewertungseinheiten (Hedge Accounting)

Abb. 62: Hedge-Arten

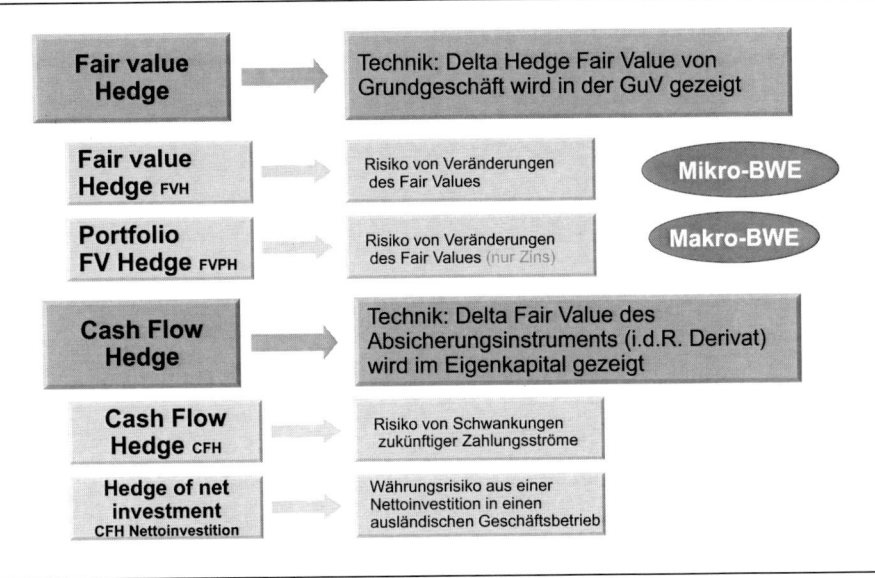

Hedge-Art	Risiko/Technik	BWE-Typ
Fair value Hedge	Technik: Delta Hedge Fair Value von Grundgeschäft wird in der GuV gezeigt	
Fair value Hedge FVH	Risiko von Veränderungen des Fair Values	Mikro-BWE
Portfolio FV Hedge FVPH	Risiko von Veränderungen des Fair Values (nur Zins)	Makro-BWE
Cash Flow Hedge	Technik: Delta Fair Value des Absicherungsinstruments (i.d.R. Derivat) wird im Eigenkapital gezeigt	
Cash Flow Hedge CFH	Risiko von Schwankungen zukünftiger Zahlungsströme	
Hedge of net investment CFH Nettoinvestition	Währungsrisiko aus einer Nettoinvestition in einen ausländischen Geschäftsbetrieb	

Neben den beiden eigentlichen Hedge-Arten kennt der IAS 39 noch jeweils eine besondere Ausprägung, sodass nachfolgend vier Hedge-Arten dargestellt werden (FVH, FVPH, CFH und CFH Nettoinvestition). Im IAS 39 selbst wird rein formal nur von drei Hedge-Arten gesprochen, da der FVPH dort nicht als eigene Hedge-Art aufgeführt ist.

5.3.1.2 Durchbuchungsmethode

In Abgrenzung zur (nach HGB üblichen) sog. kompensatorischen Bewertung werden bei der sog. Durchbuchungsmethode bei **effektiven** Hedge-Beziehungen die relevanten Hedge Fair Value-Veränderungen des Grundgeschäftes unmittelbar in der Bilanz und der GuV durchgebucht (*hedge adjustment*). Die Durchbuchungsmethode wird beim **Fair Value Hedge-Accounting** angewendet. Beim Cashflow Hedge-Accounting dahingegen erfolgt gar keine Anpassung des Grundgeschäftes, sondern (lediglich) die Fair Value-Buchung des Sicherungsgeschäftes wird GuV-neutral dargestellt.

Bei einer **perfekten** Absicherung (perfect hedge, 100%ige Effektivität) verbleibt (netto) kein Saldo in der GuV.

Bei einer **nicht perfekten, aber** weiterhin **effektiven** Absicherung (vgl. Kap. 5.6.3) verbleibt der Teil der nicht perfekten Absicherung (netto) in der GuV. Je nach Absicherung und Wertentwicklung kann dies sowohl ein unrealisierter Aufwand als auch ein unrealisierter Ertrag sein.

Ist eine Sicherungsbeziehung gar **nicht mehr effektiv,** so sind die Voraussetzungen für ein Hedge-Accounting und damit für die Anwendung der Durchbuchungsmethode im oben beschriebenen Sinne nicht mehr gegeben. Dann sind die einzelnen Finanzinstrumente der (ehemaligen) Sicherungsbeziehung jeweils auf Einzelbasis (vgl. Kapitel 4) zu bilanzieren und ihren ursprünglichen Kategorien zuzuordnen.

5.3.1.3 Vereinfachtes Verfahren

38 Wenn die wesentlichen Merkmale des Grund- und Sicherungsinstruments identisch sind, dann kann gem. IAS 39.AG108 von einer vollständigen Kompensation der Änderungen der abgesicherten beizulegenden Zeitwerte ausgegangen werden (sog. Vereinfachtes Verfahren, critical term match oder – nach US-GAAP – shortcut-Methode); vgl. hierzu auch Kap. 5.6.3.3.2. Unter diesen restriktiven Rahmenbedingungen kann aus Vereinfachungsgründen die – in der Regel in der Praxis leichter zu ermittelnde – Fair Value-Veränderung des Sicherungsderivates mit umgekehrten Vorzeichen als hedge adjustment für das Grundgeschäft durchgebucht werden.

5.3.2 Fair Value Hedge-Accounting

5.3.2.1 Allgemeines

Ⓢ GESETZ:

39 **IAS 39.89**

„Erfüllt die Absicherung des beizulegenden Zeitwertes im Verlauf der Berichtsperiode die in [Kap. 5.6] genannten Voraussetzungen, so hat die Bilanzierung folgendermaßen zu erfolgen:

(a) Sicherungsinstrument:

Der Gewinn oder Verlust aus der erneuten Bewertung des Sicherungsinstruments zum beizulegenden Zeitwert (für ein derivatives Sicherungsinstrument) oder die Währungskomponente seines gemäß IAS 21 bewerteten Buchwerts (für nicht derivative Sicherungsinstrumente) ist im Periodenergebnis zu erfassen; und

(b) Grundgeschäft:

LAR, HTM, L:

Der Buchwert eines Grundgeschäfts ist um den dem abgesicherten Risiko zuzurechnenden Gewinn oder Verlust aus dem Grundgeschäft anzupassen und im Periodenergebnis zu erfassen. Dies gilt für den Fall, dass das Grundgeschäft ansonsten mit den Anschaffungskosten bewertet wird.

AFS:

Der dem abgesicherten Risiko zuzurechnende Gewinn oder Verlust ist im Periodenergebnis zu erfassen, wenn es sich bei dem Grundgeschäft um einen zur Veräußerung verfügbaren finanziellen Vermögenswert handelt."

5.3.2.2 Fair Value Hedge (FVH)

Ⓢ GESETZ:

40 **IAS 39.86 a) – Fair Value Hedge**

„Absicherung des beizulegenden Zeitwertes: Eine Absicherung gegen das Risiko einer Änderung des beizulegenden Zeitwertes eines bilanzierten Vermögenswertes oder einer bilanzierten Verbindlichkeit oder einer bilanzunwirksamen festen Verpflichtung oder eines genau bezeichneten Teils eines solchen Vermögenswertes, einer solchen Verbindlichkeit oder festen Verpflichtung, das auf ein bestimmtes Risiko zurückzuführen ist und Auswirkungen auf das Periodenergebnis haben könnte."

41 Es muss beachtet werden, dass im Rahmen des Hedge Accountings beim Grundgeschäft lediglich diejenigen **Fair-Value-Schwankungen** erfolgswirksam erfasst werden, die auf das **abgesicherte Risiko** zurückzuführen sind. Dies bedeutet z. B., dass bei einem Hedge von Zinsänderungsrisiken (z. B.

Kredit wird mit einem Zins-Swap abgesichert) bei dem Kredit nur der Teil der Fair-Value-Veränderung erfolgswirksam im Hedgeergebnis erfasst wird, der aufgrund der Zinsschwankungen am Markt entstanden ist. Beim Sicherungsinstrument des Zins-Swaps ist dahingegen weiterhin die gesamte Fair Value Veränderung in der Bilanz auszuweisen, die (theoretisch korrekt) in einen zinsinduzierten Teil (Hedgeergebnis) und nicht-zinsinduzierten Teil (Nicht-Hedgeergebnis) aufzuteilen ist. Aus Vereinfachungsgründen und wegen Unwesentlichkeit wird beim Sicherungsderivat oft die gesamte Fair-Value-Veränderung im Hedgeergebnis erfasst.

Die oben beschriebenen Anforderungen, dass bei den Grundgeschäften der Fair Value bezogen auf das abgesicherte Risiko (IAS 39 Fair Value) berücksichtigt werden muss, hat gerade bei Grundgeschäften der Kategorie „Available for Sale" Auswirkungen auf die Buchungssystematik.

Wird beispielsweise eine Schuldverschreibung gegen Zinsänderungsrisiken mithilfe eines Swaps abgesichert und ändert sich sowohl die Zinsstrukturkurve als auch die Bonität des Emittenten, muss wie folgt verfahren werden:

- Bewertung des AFS-Instruments zum Full Fair Value in der Bilanz.
- Die Fair-Value-Veränderung, die durch die Zinsänderung begründet wird (Hedge Fair Value), ist in der GuV zu erfassen (Hedge-Ergebnis).
- Die Fair-Value-Veränderung, die durch die Bonitätsveränderung und weitere Veränderungen begründet wird, ist im Eigenkapital (Neubewertungsrücklage) zu erfassen.

Das Hedge Accounting ist nach IAS 39.91 zu beenden, wenn

- das Sicherungsgeschäft nicht mehr existiert,
- der Sicherungszusammenhang nicht mehr alle Kriterien (z. B. Effektivität) erfüllt oder
- das Unternehmen die Designation zurückzieht.

Bei **Beendigung** der Sicherungsbeziehung ist das Derivat der Kategorie TRD zuzuordnen und zum Fair Value zu bilanzieren, und das Grundgeschäft muss gemäß der Bewertungskategorie behandelt werden, der es angehört. Nach IAS 39.92 ist der Differenzbetrag zwischen dem Buchwert des bisher gesicherten Grundgeschäfts und dem Rückzahlungsbetrag (sog. hedge adjustment) ab dem Zeitpunkt der Auflösung des Sicherungszusammenhangs als Agio oder Disagio nach der Effektivzinsmethode als Korrektur des Zinsergebnisses erfolgswirksam zu amortisieren.

Wenn ein Roll-Over (eine Reihe von Sicherungsderivaten, die zeitlich aufeinander folgen) Bestandteil der dokumentierten Absicherungsstrategie ist, führt das Erreichen der Fälligkeit eines Derivates nicht zur Beendigung der Sicherungsbeziehung.

Es ist möglich, die Hedge-Beziehung auf einen Teil der Laufzeit des gesicherten Geschäfts (Grundgeschäftes) zu beschränken.

Es ist zu beachten, dass es jedoch nicht möglich ist, einen Hedge nur über einen Teil der Laufzeit des Sicherungsgeschäfts (Derivates) zu definieren.

○ **VERWEIS:**
Ein Buchungsbeispiel zum Fair Value Hedge befinden sich unter VI.1.18.

5.3.2.3 Fair-Value-Portfolio-Hedge auf Zinsänderungsrisiken (FVPH)

§ GESETZ:

IAS 39.81A

„Bei der Absicherung des beizulegenden Zeitwertes gegen das Zinsänderungsrisiko eines Portfolios finanzieller Vermögenswerte oder finanzieller Verbindlichkeiten (und nur im Falle einer solchen Absicherung) kann der abgesicherte Teil in Form eines Währungsbetrags festgelegt werden (z. B. ein Dollar-, Euro-, Pfund- oder Rand-Betrag) anstelle eines einzelnen Vermögenswertes (oder einer Verbindlichkeit). [...]."

IAS 39.AG114 (plus AG115 bis AG132)

„Für die Absicherung eines beizulegenden Zeitwertes hinsichtlich des mit einem Portfolio von finanziellen Vermögenswerten und finanziellen Verbindlichkeiten verbundenen Zinsänderungsrisikos wären die Anforderungen dieses Standards erfüllt, wenn das Unternehmen die unter den nachstehenden Punkten (a)-(i) und den Paragraphen AG115-AG132 dargelegten Verfahren einhält. [...]"

Grundsätzliche Überlegung zur Konzeption

Ziel bei der Etablierung der neuen Hedge-Art Fair-Value-Portfolio-Hedge auf Zinsänderungsrisiken (FVPH) im Jahre 2004 war es, die Rechnungslegung für die moderne Risikosteuerungspraxis (bei Kreditinstituten) von Zinsänderungsrisiken (insbesondere GAP-Steuerung) – unter Beibehaltung der Grundprinzipien des Hedge Accounting (wie z. B. Effektivitätsmessung) – zu ermöglichen.

Gegenstand der Absicherung beim FVPH ist – anders als in der Treasury – nicht die Nettoposition eines Laufzeitbandes selber, sondern ein „Anteil" der Aktiva bzw. Passiva eines Laufzeitbandes, der mittelbar jedoch den Überhang (also die Nettoposition) repräsentiert.

Ein solcher „Anteil" könnte z. B. sein:

- ein bestimmter Prozentsatz („percentage approach") an Aktiva bzw. Passiva eines Laufzeitbandes oder
- die ersten bzw. letzten Aktiva bzw. Passiva eines Laufzeitbandes (sog. layer approach).

Das gewählte Konzept (approach) hat nicht unerheblichen Einfluss auf die Effektivität eines FVPH.

5. Bewertungseinheiten (Hedge Accounting)

Abb. 63: FVPH: zur Konzeption

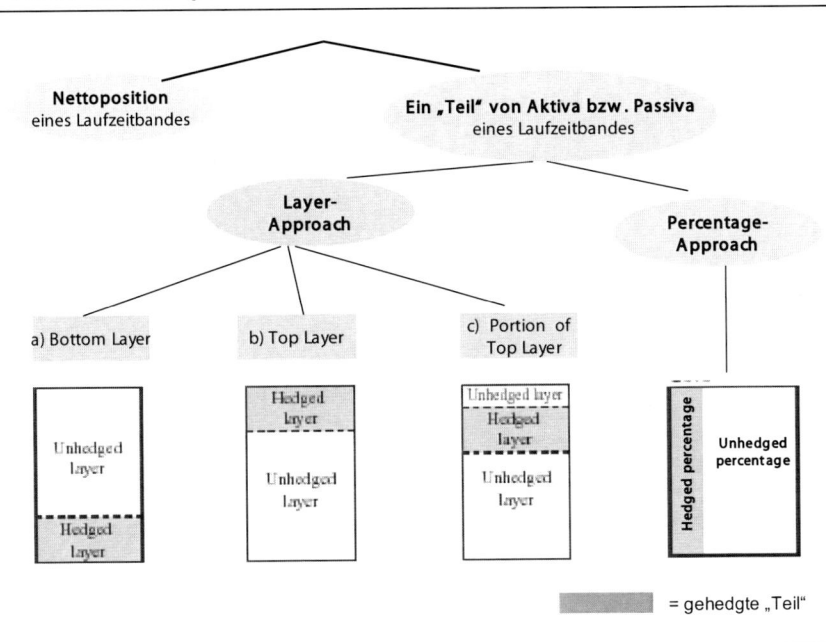

- Nettoposition eines Laufzeitbandes
- Ein „Teil" von Aktiva bzw. Passiva eines Laufzeitbandes
  - Layer-Approach
    - a) Bottom Layer
    - b) Top Layer
    - c) Portion of Top Layer
  - Percentage-Approach

= gehedgte „Teil"

> **HINWEIS:**
>
> **IAS 39**
>
> Der im IAS 39 umgesetzte FVPH beinhaltet den – einzig zulässigen – Ansatz „percentage approach", bei dem sog. Sichteinlagen (core deposits) nicht Gegenstand eines hedged item sein können.
>
> **EU-Carve-out**
>
> Bei der Übernahme der IAS 39-Regelung zum FVPH in europäisches Recht (sog. endorsement) wurden einige Modifikationen vorgenommen (sog. carve out). So ist in der EU-Variante beim FVPH sowohl ein Layer-Ansatz als auch die Designation von Sichteinlagen als hedged item möglich.

Vorgehensweise und Bilanzierung

Durch den FVPH wurde die Möglichkeit geschaffen, das interne Risikomanagement des Bankbuchs, das i. d. R. auf Portfoliobasis erfolgt und somit mit einem Mikro-Fair-Value-Hedge nicht darzustellen ist, auch in der Bilanz abzubilden (Makro-Hedge).

Im Rahmen des Portfolio-Hedges wird die Designation der abzusichernden Geschäfte nicht für einzelne ausgewählte Grundgeschäfte des Portfolios vorgenommen, stattdessen wird ein pauschaler Betrag (z. B. 1 Mio EUR) der Nominalbeträge entweder der Vermögenswerte oder der Verbindlichkeiten des Portfolios gesichert, welcher den oben beschriebenen Anteil bzw. Prozentsatz an Vermögenswerten oder Verbindlichkeiten widerspiegelt.

Die Vorgehensweise beim Portfolio-Hedge ist detailliert im IAS 39.AG114 dargestellt und Gegenstand der nachfolgenden Checkliste.

IAS/IFRS

Abb. 64: FVPH: Checkliste (1)

0	Voraussetzungen	• Die allgemeinen Voraussetzungen, die der Standard für die Anerkennung eines Hedges verlangt, gelten auch für den FV-Portfolio-Hedge. • Insbesondere gilt dies für die Dokumentation, den prospektiven als auch retrospektiven Effektivitätstest (80 – 125 % Grenze).	*Percentage Approach*
1	Portfoliozusammensetzung	• Portfolio kann assets und liabilities umfassen. • Nur „hedgebare" Grundgeschäfte. • Mehrere Portfolien möglich.	39.AG114a)
2	Laufzeitbänder	• Festlegung von Laufzeitbändern für das Portfolio. • Zuordnung der in dem Portfolio befindlichen Finanzinstrumente zu den Laufzeitbändern gem. der erwarteten Fälligkeit bzw. dem nächsten Zinsanpassungstermin.	39.AG114b)
3	Hedged item	• pro Laufzeitband. • wird ein Währungsbetrag als hedged item designiert. • und als %-Satz der Aktiva (bzw. Passiva) angegeben. • Beachte: Die Nettoposition selber ist nicht das hedged item. • Das hedged item wird am Beginn jeder neuen Absicherungsperiode (z.B. monatlich) neu bestimmt.	39.AG114c)
4	Abzusichernde Risiko	• nur Zins möglich. • z.B. der jeweilige Interbanken-Zinssatz eines Laufzeitbandes.	39.AG114d)
5	Hedging Instrument	• pro Laufzeitband. • sind ein oder mehrere Absicherungsinstrumente (Portfolio) zu bestimmen. • nur Derivate sind möglich. • das Portfolio von Hedginginstrumenten wird am Beginn der neuen Absicherungsperiode (z.B. monatlich) auf das neue hedged item angepasst.	39.AG114e)

Abb. 65: FVPH: Checkliste (2)

6	Effektivitätstest		39.AG114f)
6.1.	Prospektiver Effektivitätstest	• Für die Sicherungsperiode • muss gemessen werden, ob der Hedge „highly effective" sein wird (prospektiver Effektivitätstest).	
6.2.	Retrospektiver Effektivitätstest		
	Arten von Bestandsveränderungen	• Abgang w/ Zinsänderung. • Abgang w/ anderen Gründen. • Abgang w/ geänderter Erwartungshaltung. • Zugang w/ Neuabschluss. • Zugang w/ geänderter Erwartungshaltung.	
7	Bilanzielle Behandlung der Wertveränderung des hedged item	• Die Wertveränderung bezogen auf das abgesicherte Risiko • wird im Hedgergebnis in der GuV abgebildet. • Die Gegenbuchung erfolgt in einem von zwei hierfür vorgesehenen bilanziellen Ausgleichsposten.	39.AG114g)
8	Bilanzielle Behandlung der Wertveränderung des hedging instrument	• Wie bisher bereits bei einem 1:1-FV-Hedge. • Wertveränderung geht ins Hedgergebnis und • das Derivat wird in der Bilanz als Hedgingderivat ausgewiesen.	39.AG114h)
9	Ineffektivität	• Die Ineffektivität wird (automatisch) in der GuV gezeigt. • Und zwar in der Höhe der Differenz der Beträge von 7) und 8). • Wenn allerdings außerhalb der Range von 80 – 125 %, dann wird der Hedge für dieses Laufzeitband aufgelöst.	39.AG114i)

5. Bewertungseinheiten (Hedge Accounting)

Anmerkungen zu den Checklisten:

zu 1:

„Hedgebare" Grundgeschäfte sind Kassageschäfte der Kategorien LAR, AFS und L, soweit sie nicht bereits Gegenstand eines Fair Value Hedges oder eines Cashflow Hedges sind.

zu 2:

Die Größe der Laufzeitbänder wird vom Standard nicht vorgegeben. In Anlehnung an die GAP-Steuerung in der Treasury wären somit z. B. zunächst Ein-Monat-Laufzeitbänder zu verwenden und je weiter „hinten" die Zahlungstermine liegen, umso größer werden die „Laufzeitbänder" (vierteljährlich, jährlich). Je größer allerdings das Laufzeitband, desto höher die Ungenauigkeit und damit die Ineffektivität.

Bei der Bestückung der Laufzeitbänder mit Cashflows sind folgende Methoden grundsätzlich denkbar:

- Einstellen sowohl nach vertraglichen als auch erwarteten Fälligkeiten (z. B. bei Sicht- und Spareinlagen),
- Einstellen entweder nur der Nominale oder der Nominale plus Zinsen (also die gesamten Zahlungsbeträge und Cashflows),
- Einstellen der Cashflows nicht kumuliert oder aber kumuliert, d. h., Nominale entweder nur im Laufzeitband der Fälligkeit oder in jedes Laufzeitband bis zur Fälligkeit eingestellt.

zu 3:

Der als *hedged item* zu designierende Währungsbetrag kann, muss aber nicht der Nettoposition (der Treasury) entsprechen.

zu 6.2:

Der retrospektive Effektivitätstest kann pro Laufzeitband einzeln oder über alle Laufzeitbänder erfolgen. Bei Letzterem ist die Wahrscheinlichkeit einer Ineffektivität geringer.

Zinsbedingte Abgänge wirken sich auf die Effektivität aus, Abgänge aus anderen Gründen nicht. In der Praxis kann es schwierig werden, den Grund für den Abgang herauszufinden (war der Grund eines Kreditabganges z. B. ein Lottogewinn oder die Entwicklung des Zinsniveaus?!) Im Zweifel wird als Grund die Zinsentwicklung unterstellt und beeinflusst so den Effektivitätstest. Neuabschlüsse werden nicht bei der Ermittlung des retrospektiven Effektivitätstests berücksichtigt, sondern fließen in die Bemessungsgrundlage der neuen Absicherungsperiode mit ein.

Am Ende der Periode ist nun das tatsächliche Hedged Item wie folgt zu berechnen:

Hedged Item IST = Assets bzw. Liabilities IST × Hedge-Prozentsatz PLAN

zu 7:

Eine konzeptionelle und DV-technische Herausforderung kann die Ermittlung der Fair-Value-Veränderung des Hedged Item darstellen. Beim Cashflow-Ansatz (in die Laufzeitbänder wurden sowohl Kapital als auch Zinsen eingestellt) reicht die Diskontierung mit dem Interbankenzinssatz, bei Kapitalbindung benötigt man den durchschnittlichen Zins der in dem Laufzeitband eingestellten Assets und Liabilities.

Anders als beim „normalen" FVH, wo das sog. Hedge Adjustment, also die Buchwertanpassung aufgrund der Sicherungsbeziehung, in der Regel den Buchwert des Grundgeschäftes verändert, ist beim FVPH eine Zuordnung des Hedge Adjustment zu einem oder mehreren konkreten Grundgeschäften gar nicht möglich, da ein gesamtes Portfolio gehedged wurde. Daher erfolgt der Ausweis des Hedge

Adjustment beim FVPH in zwei neuen, für diese Hedge-Art neu in die Bilanz aufzunehmenden, Bilanzposten: Aktivischer Ausgleichsposten (A_AGP) bzw. passivischer Ausgleichsposten (P_AGP).

Die Zuordnung zum A_AGP bzw. P_AGP erfolgt wie folgt: Aktivüberhang = A_AGP; Passivüberhang = P_AGP. Diese Zuordnung wird während der Laufzeit beibehalten mit der Konsequenz, dass die Ausgleichsposten einen atypischen Saldo (also negativ) aufweisen.

zurück zu 1:

Für die Folgeperiode ist dann wieder mit dem Schritt 1 anzufangen, und dann sind die im Einzelnen oben beschriebenen Schritte 1 bis 7 erneut zu durchlaufen.

VERWEIS:

Ein umfangreiches Buchungsbeispiel zum Fair-Value-Portfolio-Hedge auf Zinsänderungsrisiken (FVPH) finden Sie unter der VI.1.19.

5.3.3 Cashflow Hedge-Accounting

5.3.3.1 Allgemeines

GESETZ:

IAS 39.95

„Erfüllt die Absicherung von Zahlungsströmen im Verlauf der Berichtsperiode die in Kap. 5.6 genannten Voraussetzungen, so hat die Bilanzierung folgendermaßen zu erfolgen:

(a) Effektiver Teil:

Der Teil des Gewinns oder Verlusts aus einem Sicherungsinstrument, der als effektive Absicherung ermittelt wird, ist mittels der Aufstellung über die Veränderungen des Eigenkapitals unmittelbar im Eigenkapital zu erfassen und

(b) Ineffektiver Teil:

Der ineffektive Teil des Gewinns oder Verlusts aus dem Sicherungsinstrument ist im Periodenergebnis zu erfassen."

5.3.3.2 Cashflow Hedge (CFH)

GESETZ:

IAS 39.86 b) – Cashflow Hedge

„Absicherung von Zahlungsströmen: Eine Absicherung gegen das Risiko schwankender Zahlungsströme, das

(i) ein bestimmtes mit dem bilanzierten Vermögenswert oder der bilanzierten Verbindlichkeit (wie beispielsweise ein Teil oder alle künftigen Zinszahlungen einer variabel verzinslichen Schuld) oder dem mit einer erwarteten und mit hoher Wahrscheinlichkeit eintretenden künftigen Transaktion verbundenes Risiko zurückzuführen ist und

(ii) Auswirkungen auf das Periodenergebnis haben könnte."

Der Cashflow Hedge dient dazu, Grundgeschäfte gegen zukünftige Schwankungen der Zahlungsströme abzusichern, z. B. Einsatz eines Swapkontraktes, mit dem variabel verzinsliche Schulden gegen festverzinsliche Schulden getauscht werden (hierbei handelt es sich um die Absicherung gegen

Risiken aus einer zukünftigen Transaktion; die abgesicherten künftigen Cashflows sind hierbei die künftigen Zinszahlungen).

Die Absicherung gegen Cashflow-Risiken kennt man aus der HGB-Welt weniger. Der Normalfall eines Cashflow Hedges wird ein Mikro-Hedge sein. Unter bestimmten Voraussetzungen ist es aber auch möglich, ihn als Makro-Hedge zu implementieren.

Bei einem Cashflow Hedge stellt sich die Vorgehensweise im Vergleich zum Fair Value Hedge verändert dar:

- Soweit es ein bilanzielles Grundgeschäft gibt, wird dieses weiterhin entsprechend der Zuordnung zu seiner Bewertungskategorie bewertet.
- Das Sicherungsgeschäft wird zum Fair Value bewertet.
- Der Anteil am Gewinn oder Verlust des Sicherungsgeschäfts, der als effektiv gilt, ist erfolgsneutral ins Eigenkapital (Cashflow-Hedge-Rücklage als Unterkategorie der Neubewertungsrücklage) einzustellen.
- Der ineffektive Teil oder der Teil, der vom Hedge ausgeschlossen wurde, muss bei einem Derivat in der GuV oder bei einem anderen Finanzinstrument entsprechend den Regeln der zugehörigen Bewertungskategorie erfasst werden.
- Hierbei ist zu beachten, dass die Neubewertungsrücklage (Cashflow-Hedge-Rücklage) nach IAS 39.96 auf den niedrigeren der folgenden Werte anzupassen ist:
    - den kumulativen Ertrag oder Verlust aus dem Sicherungsinstrument, der benötigt wird, die kumulative Änderung der erwarteten künftigen Cashflows des Grundinstruments auszugleichen. Hierbei wird der ineffektive Bestandteil nicht berücksichtigt.
    - den Fair Value der kumulierten Änderungen der zukünftig erwarteten Cashflows des Grundgeschäfts.

Das Hedge Accounting ist nach IAS 39.101 zu beenden, wenn

- das Sicherungsgeschäft oder Grundgeschäft nicht mehr existiert,
- der Sicherungszusammenhang nicht mehr alle Kriterien (z. B. Effektivität) erfüllt,
- die geplante Transaktion nicht mehr durchgeführt werden soll oder
- das Unternehmen die Designation zurückzieht.

5.3.3.3 Absicherung einer Nettoinvestition in einen ausländischen Geschäftsbetrieb

Gegenstand dieser Hedge-Beziehung ist gem. IAS 39.86 c) die Absicherung einer Nettoinvestition in einen ausländischen Geschäftsbetrieb, wie in IAS 21 beschrieben.

Die Regelungen für diesen Spezialfall zur Absicherung von Währungsrisiken entsprechen denen des Cashflow Hedges. Bezüglich der Nettoinvestition in eine ausländische Gesellschaft siehe auch Kapitel 4.3.4.1.

5.4 Grundgeschäfte (Hedged Item)

71 Folgende Grundgeschäfte einer Hedgebeziehung sind gem. IAS 39.78 grundsätzlich möglich:
- (1) ein bilanzierter Vermögenswert oder eine bilanzierte Verbindlichkeit (originäre Finanzinstrumente),
- (2) eine bilanzunwirksame feste Verpflichtung (*firm commitment*),
- (3) eine erwartete und mit hoher Wahrscheinlichkeit eintretende künftige Transaktion (*planed future transaction*) oder
- (4) eine Nettoinvestition in einen ausländischen Geschäftsbetrieb.

5.4.1 Vermögenswerte und Verbindlichkeiten

Vorüberlegung

72 Die nachfolgend im Einzelnen aufgeführten Vermögenswerte und Verbindlichkeiten können **sowohl** Grundgeschäfte eines Fair Value Hedges (FVH) **als auch** eines Cashflow Hedges (CFH) sein. Grundvoraussetzung für die Designation als **CFH**-Grundgeschäft ist eine variable Verzinsung. Die nachfolgenden Ausführungen beziehen sich hingegen auf Designationen als **FVH**-Grundgeschäft.

Kredite und Forderungen (LAR)

73 Sind die Kredite und Forderungen **gehedged,** so wird der Buchwert (Amortised Cost) um die Veränderung des **Fair Values, der auf das abgesicherte Risiko zurückzuführen** ist, korrigiert. Diese Veränderung wird in die GuV (Hedge-Ergebnis) gebucht.

Held to Maturity (HTM)

74 Geschäfte, die der Kategorie HTM zugeordnet sind, dürfen im Rahmen des vom IAS 39 anerkannten Hedge Accounting lediglich gegen **Währungs- und Bonitätsrisiken** abgesichert werden. Eine Absicherung von HTM-Finanzinstrumenten gegen Zinsrisiken ist nicht zulässig, da bei Erwerb der HTM-Instrumente die Absicht vorliegen muss, diese Instrumente bis zur Endfälligkeit zu halten. Daraus schlussfolgert das IASB, dass diese Instrumente keinen Zinsänderungsrisiken unterliegen.

Fair Value through Profit or Loss (FVTPL)

75 Da die Wertveränderungen der zu sichernden Geschäfte der Kategorie FVTPL und die Wertveränderungen der entsprechenden Derivate im Handelsergebnis erfasst werden, kann auf eine Dokumentation der Hedge-Beziehungen im Sinne des Hedge Accounting in der Kategorie FVTPL verzichtet werden.

Available for Sale (AFS)

76 **Gehedgte Grundgeschäfte der Kategorie AFS** werden mit dem **Fair Value** bilanziert. Die Auflösung des Dis-/Agios geschieht nach dem Schema, das in Tz. 528 beschrieben wurde.

Die **Veränderung des Fair Value** wird unterteilt in die Veränderung, die sich aus dem **abgesicherten Risiko** ergibt, und in die, die sich aus der Veränderung **anderer Faktoren** ergibt. Die Fair-Value-Veränderung, die durch die Veränderung der anderen Faktoren induziert wird, wird dabei als Differenz zwischen dem Full Fair Value (Fair Value nach IAS 32) und dem für IAS 39 ermittelten Fair Value verstanden, der nur die Veränderungen des abgesicherten Risikos beinhaltet.

In der Neubewertungsrücklage wird bei der Bilanzierung als Fair Value Hedge lediglich der durch andere Faktoren induzierte Teil der Fair-Value-Veränderung erfasst.

Der durch das abgesicherte Risiko induzierte Teil der Fair-Value-Änderung geht (erfolgswirksam) in das Hedge-Ergebnis ein.

Sonstige Verbindlichkeiten (L)

Sind Verbindlichkeiten durch einen Fair Value Hedge abgesichert, so wird der Buchwert (Amortised Cost) um die Veränderungen des Fair Value, der auf das gehedgte Risiko zurückzuführen ist, korrigiert. Diese Veränderung wird in der GuV (Hedge-Ergebnis) erfasst.

Die Wertänderungen der entsprechenden Hedge-Derivate werden ebenfalls im Hedge-Ergebnis erfasst.

5.4.2 „Feste Verpflichtungen"

Feste Verpflichtungen können (fast ausschließlich) Gegenstand von Fair Value Hedges sein. Obwohl eine feste Verpflichtung selbst nicht zu bilanzieren ist, ist im Rahmen einer Fair-Value-Hedge-Beziehung der auf die feste Verpflichtung entfallende Hedge Fair Value zu aktivieren oder passivieren.

GESETZ:

IAS 39.93

„Wird eine bilanzunwirksame feste Verpflichtung als Grundgeschäft designiert, so wird die nachfolgende kumulierte Änderung des beizulegenden Zeitwertes der festen Verpflichtung, die auf das gesicherte Risiko zurückzuführen ist, als Vermögenswert oder Verbindlichkeit mit einem entsprechendem Gewinn oder Verlust im Periodenergebnis erfasst. Die Änderungen des beizulegenden Zeitwertes des Sicherungsinstruments sind ebenfalls im Periodenergebnis zu erfassen."

Hedging von festen Verpflichtungen kommt häufiger bei Nicht-Kreditinstituten als bei Kreditinstituten vor, da hierbei Marktpreis- und/oder Fremdwährungsrisiken aus – für die Produktion benötigten und im Rahmen einer festen Verpflichtung auf Termin ge- oder verkauften – Waren abzusichern sind.

BEISPIEL:

Eine feste Verpflichtung in diesem Sinne könnte z. B. der Terminkauf von Öl in einem Jahr zum heutigen Terminkurs für die Nutzung für die eigene Produktion sein (ein sog. Own-Use-Kontrakt). Während der Einjahreslaufzeit wird kein Vermögenswert bilanziert. Der Ansatz eines Vermögenswertes erfolgt erst in einem Jahr, wenn das Öl geliefert wird. Zur Absicherung des Fremdwährungsrisikos des in einem Jahr in USD zu zahlenden Ölpreises schließt das Unternehmen ein Devisentermingeschäft ab, welches es als Hedging-Instrument im Rahmen eines Fair Value Hedges der festen Verpflichtung zuordnet. Die feste Verpflichtung selber, also der Terminkauf des Öls, ist weiterhin nicht zu bilanzieren, sehr wohl aber der auf die feste Verpflichtung entfallende Hedge Fair Value, der die Fair-Value-Veränderung der Wechselkursentwicklung USD zu EUR widerspiegelt.

HINWEIS:

Gemäß IAS 39.97 kann die Absicherung des Währungsrisikos einer festen Verpflichtung entweder als Fair Value Hedge (wie hier dargestellt) oder als Cashflow Hedge (siehe Kap. 5.3.3) bilanziert werden.

IAS/IFRS

§ GESETZ:

IAS 39.94 Basis Adjustment

„Geht ein Unternehmen eine feste Verpflichtung ein, einen Vermögenswert zu erwerben oder eine Verbindlichkeit zu übernehmen, der/die ein Grundgeschäft im Rahmen einer Absicherung eines beizulegenden Zeitwertes darstellt, wird der Buchwert des Vermögenswertes oder der Verbindlichkeit, der aus der Erfüllung der festen Verpflichtung des Unternehmens hervorgeht, im Zugangszeitpunkt um die kumulierte Änderung des beizulegenden Zeitwertes der festen Verpflichtung, der auf das in der Bilanz erfasste abgesicherte Risiko zurückzuführen ist, angepasst."

⊕ VERWEIS:

Eine Übung zu Fair Value Hedge einer „festen Verpflichtung" (firm commitment) finden Sie unter VI.1.20.

5.4.3 „Geplante zukünftige Geschäftvorfälle"

Geplante zukünftige Geschäftsvorfälle können (ausschließlich) Gegenstand von Cashflow Hedges sein (siehe 5.3.3.2).

◆ BEISPIEL:

Gleiches Beispiel wie unter Kap. 5.4.2 dargestellt, nur dass hier keine feste Verpflichtung, sondern ein geplanter zukünftiger Geschäftsvorfall vorliegt. Es ist also kein Kaufvertrag für die Lieferung von Öl auf Termin (so wie beim Firm Commitment) unterschrieben worden, aber es ist geplant, in einem Jahr – mit einer sehr hohen Wahrscheinlichkeit – das Öl zu erwerben.

Es gibt grundsätzlich zwei Möglichkeiten, wie mit dem am Ende der Hedge-Beziehung aufgelaufenen (positiven oder negativen) Fair Value des Hedging-Instrumentes umgegangen wird:

a) Verrechnung mit den Anschaffungskosten (Buchwert) des Vermögenswertes oder der Verbindlichkeit (im Beispiel mit dem dann gelieferten Öl). Diese Art der Verrechnung wird auch als „basis adjustment" bezeichnet.

oder

b) Stehen lassen in der Neubewertungsrücklage und sukzessive Verrechnung mit der GuV, wenn Gewinne oder Verluste aus dem eingebuchten Vermögenswert oder Verbindlichkeit die GuV beeinflussen. Im Beispiel könnte das der Fall sein, wenn Abschreibungen auf das Öl vorzunehmen wären.

Resultiert aus dem geplanten zukünftigen Geschäftsvorfall ein Finanzinstrument, so ist zwingend Variante a) anzuwenden. Bei Nicht-Finanzinstrumenten besteht ein Wahlrecht zwischen der Variante a) und b). Aus buchhalterischer Sicht ist Variante a) zu bevorzugen, da mit der Beendigung der Hedge-Beziehung so endgültig die aus dem Hedge Accounting resultierenden Buchungen abgeschlossen werden können. Bei Variante b) ist dahingegen auch nach Beendigung der Hedge-Beziehung ein entsprechender Saldo weiter fortzuführen und in Abhängigkeit des eingebuchten Vermögenswertes oder der Verbindlichkeit sukzessive abzubauen. Nachfolgend die Rechtsgrundlagen zu dem bisher Dargestelltem:

§ GESETZ:

IAS 39.97 Finanzinstrumente

Kein Basis Adjustment

„Resultiert eine Absicherung einer erwarteten Transaktion später in dem Ansatz eines finanziellen Vermögenswertes oder einer finanziellen Verbindlichkeit, sind die damit verbundenen, direkt im Eigenkapital erfassten Gewinne oder Verluste gemäß

Paragraph 95 in derselben Berichtsperiode oder denselben Berichtsperioden in das Ergebnis umzubuchen, in denen der erworbene Vermögenswert oder die übernommene Verbindlichkeit das Ergebnis beeinflusst (wie z. B. in den Perioden, in denen Zinserträge oder Zinsaufwendungen erfasst werden). Erwartet ein Unternehmen jedoch, dass der gesamte oder ein Teil des direkt im Eigenkapital erfassten Verlusts in einer oder mehreren Berichtsperioden nicht wieder hereingeholt wird, hat es den voraussichtlich nicht wieder hereingeholten Betrag in das Periodenergebnis umzubuchen."

IAS 39.98 Nicht-Finanzinstrumente

„Resultiert eine Absicherung einer erwarteten Transaktion später in dem Ansatz eines nicht finanziellen Vermögenswertes oder einer nicht finanziellen Verbindlichkeit oder wird eine erwartete Transaktion für einen nicht finanziellen Vermögenswert oder eine nicht finanzielle Verbindlichkeit zu einer festen Verpflichtung, für die die Bilanzierung für die Absicherung des beizulegenden Zeitwertes angewendet wird, hat das Unternehmen den nachfolgenden Punkt (a) oder (b) anzuwenden:

(a) Kein Basis Adjustment

Die entsprechenden Gewinne und Verluste, die gemäß Paragraph 95 unmittelbar im Eigenkapital erfasst wurden, sind in das Ergebnis derselben Berichtsperiode oder der Berichtsperioden umzubuchen, in denen der erworbene Vermögenswert oder die übernommene Verbindlichkeit den Gewinn oder Verlust beeinflusst (wie z. B. in den Perioden, in denen Abschreibungsaufwendungen oder Umsatzkosten erfasst werden). Erwartet ein Unternehmen jedoch, dass der gesamte oder ein Teil des direkt im Eigenkapital erfassten Verlusts in einer oder mehreren Berichtsperioden nicht wieder hereingeholt wird, hat es den voraussichtlich nicht wieder hereingeholten Betrag in das Periodenergebnis umzubuchen.

(b) Basisadjustment

Die entsprechenden Gewinne und Verluste, die gemäß Paragraph 95 unmittelbar im Eigenkapital erfasst wurden, werden entfernt und sind Teil der Anschaffungskosten im Zugangszeitpunkt oder eines anderweitigen Buchwertes des Vermögenswertes oder der Verbindlichkeit."

5.5 Sicherungsinstrumente

Als Sicherungsgeschäfte sind im Sinne des IAS 39 grundsätzlich nur Derivate zulässig. Lediglich bei der Absicherung von Währungsrisiken (FX) können auch nicht derivative Finanzinstrumente als Sicherungsgeschäfte genutzt werden.

Bei einer Sicherung mit Optionen als Sicherungsderivat ist nur der innere Wert der Option Gegenstand der Sicherungsbeziehung, nicht aber der Zeitwert.

5.6 Anforderungen an das Hedge Accounting

5.6.1 Überblick

Um Hedge Accounting i.S.d. IAS 39 anwenden zu können müssen die in IAS 39.88 aufgeführten Voraussetzungen erfüllt sein. Zentraler Bedeutung hierbei kommt der Dokumentation sowie dem Nachweis der Effektivität der Sicherungsbeziehung (Effektivitätstest) zu, die nachfolgend näher beschrieben werden. Abschließend werden die Folgen der Erfüllung bzw. Nicht-Erfüllung der genannten Anforderungen dargestellt.

Abb. 66: Anforderungen an das Hedge Accounting

Grundgeschäft

Sicherungsgeschäft

Dokumentation → Hedgekennzeichen

(Retrospektiver) Effektivitätstest
- Hedge Fair Value ermitteln
- Wirksamkeit → 80 – 125 %
- „Hedge-Manager"

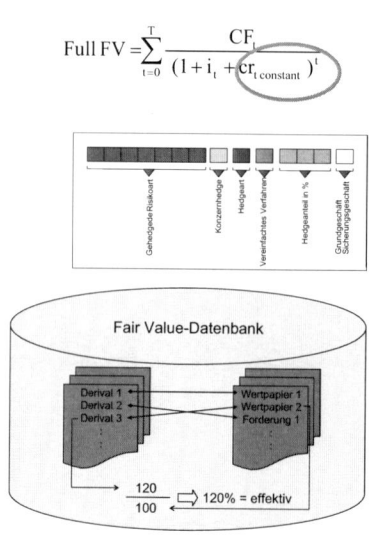

$$\text{Full FV} = \sum_{t=0}^{T} \frac{CF_t}{(1 + i_t + cr_{t\,constant})^t}$$

Fair Value-Datenbank

$\frac{120}{100}$ ⟹ 120% = effektiv

5.6.2 Dokumentation

Für jede Sicherungsbeziehung müssen folgende Dokumentationsanforderungen bereits zu Beginn des Sicherungszusammenhanges erfüllt werden:

- Formale Dokumentation von jedem Hedge-Zusammenhang zu Beginn der Sicherungsbeziehung bzgl. der involvierten Produkte (vgl. Kap. 5.3, 5.4 und 5.4).
- Angabe der Art des abzusichernden Risikos und Angabe der mit dem Hedge verfolgten Zielsetzung und Risikostrategie (vgl. Kap. 5.2).
- Effektivität der Sicherungsbeziehung (vgl. Kap. 5.6.3).

In diesem Zusammenhang werden bei einer Vielzahl von Hedge-Beziehungen in der Regel das Grund- und Sicherungsgeschäft in den DV-Systemen mit einem sog. Hedge-Kennzeichen versehen. Ein solches Hedge-Kennzeichen wird direkt bei der Erfassung sowohl des Grund- als auch des Sicherungsgeschäftes in die Front-Office-Systeme eingepflegt und zieht sich durch alle nachfolgenden DV-Systeme.

Ein solches Hedge-Kennzeichen kann/sollte folgende Informationen beinhalten:

- Eindeutigkeit der Sicherungsbeziehungen (z. B. Ticketnummer, unter der das Geschäft im Front-Office-System erfasst wurde),
- abgesicherte Risikoart,
- Hedge-Art,
- Hedge-Anteil in % (wenn z. B. nur ein %-Teil eines Grundgeschäftes Gegenstand der Hedge-Beziehung ist),
- Währung,

- Info, ob es sich um das Grund- oder Sicherungsgeschäft handelt,
- Ergebnis des retrospektiven Effektivitätstest (in Prozent).

5.6.3 Effektivität

5.6.3.1 Generelle Vorgehensweise

Grundvoraussetzung für die Designation einer Sicherungsbeziehung als wirksamer Hedge[187] ist, dass folgende Effektivitätsaspekte erfüllt sind:

- Die Absicherung der – dem abgesicherten Risiko zuzurechnenden – Änderungen des Fair Values oder des Cashflows wird erwartungsgemäß als hoch wirksam eingestuft, und stimmt mit der ursprünglich dokumentierten Risikomanagementstrategie für das Sicherungsgeschäft überein. Ein Sicherungsgeschäft gilt dann als hoch wirksam, wenn über die gesamte Laufzeit des Sicherungsgeschäfts davon ausgegangen werden kann, dass Änderungen des Fair Values oder des Cashflows eines gesicherten Grundgeschäfts nahezu vollständig durch eine Änderung des Fair Value oder der Cashflows des Sicherungsinstruments kompensiert werden (prospektiver Effektivitätstest).
- Bei Absicherungen künftiger Cashflows muss eine dem Sicherungsgeschäft zugrunde liegende vorhergesehene Transaktion eine hohe Eintrittswahrscheinlichkeit haben und Risiken im Hinblick auf Schwankungen des Cashflows ausgesetzt sein, die sich letztlich im berichteten Ergebnis niederschlagen können.
- Die Wirksamkeit des Sicherungsgeschäftes kann verlässlich bestimmt werden.
- Die Wirksamkeit des Sicherungsgeschäfts wird fortlaufend beurteilt und als effektiv eingestuft (retrospektiver Effektivitätstest).

Zentraler Bedeutung kommen dabei dem prospektiven und retrospektiven Effektivitätstest zu.

Im IAS 39 ist kein bestimmtes Verfahren zur Effektivitätsmessung vorgesehen. Die Wahl der Methode hängt auch von der Risikomanagementstrategie des Unternehmens ab, wobei die Beurteilungsgrundlage für verschiedene Arten von Sicherungsbeziehungen unterschiedlich sein kann, jedoch für ähnliche Geschäfte konsistent gewählt werden muss. Die Messung der Effektivität kann sowohl auf Basis mathematischer als auch statistischer Verfahren erfolgen. Eine periodenbezogene Überprüfung ist ebenso wie ein Test auf kumulierter Basis zulässig. Die Beurteilung der Effektivität erfolgt üblicherweise auf Vorsteuerbasis, kann aber auch – in Abhängigkeit von der Dokumentation – auf Nachsteuerbasis erfolgen.[188]

5.6.3.2 Prospektiver Effektivitätstest

Für den gemäß IAS 39.AG105 erforderlichen prospektiven Effektivitätstest ist nachzuweisen, dass sich die Änderungen der Fair Values bzw. Cashflows aus Grundgeschäft und Sicherungsinstrument in der Zukunft kompensieren werden. Hierzu sind in der Praxis zwei Verfahren üblich.

---

[187] Bezüglich einer detaillierten Darstellung, wie in der Praxis von Nicht-Kreditinstituten wirksame Hedgebeziehungen erzielt werden können, vgl. *PWC (2005)*.
[188] Eine empirische Untersuchung von börsennotierten Industrie- und Handelsunternehmen im Jahre 2007/2008 zum Hedge Accounting nach IAS 39 ergab, dass zur prospektiven Effektivitätsmessung vor allem der *critical term match* und zur retrospektiven Effektivitätsmessung die Dollar-Offset-Methode bei den Unternehmen zum Einsatz kommt; vgl. *Glaum/Klöckner*, S. 340.

Bei einem historischen Abgleich werden die (Hedge) Fair Values von Grundgeschäft und Sicherungsinstrument auf der Basis von historischen Daten ermittelt, und es wird ein Nachweis geführt, dass sich die Veränderungen der Fair Values in der Vergangenheit entsprochen haben. Die Voraussetzung ist, dass alle Marktparameter verfügbar sind, die zur Bestimmung des Hedge Fair Value des Grundgeschäfts und des Fair Value des Sicherungsinstruments vor dem Zeitpunkt der Hedge-Designation notwendig sind.

Ein anderes Verfahren stellt die Berechnung von Sensitivitäten dar. Es wird untersucht, wie stark sich der (Hedge) Fair Value von Grundgeschäft und Sicherungsinstrument ändert, wenn die abgesicherten Risikofaktoren von einem vordefinierten Wert (parallel shift der Risikofaktoren) abweichen. Bei einer Absicherung gegen Änderungen der risikolosen Zinskurve wird z. B. die (Hedge-) Fair Value-Veränderung von Grundgeschäft und Sicherungsinstrument bei einer parallelen Verschiebung der Zinskurve um 100 Basispunkte untersucht. Entsprechen sich diese Änderungen weitgehend, so wird die Sicherungsbeziehung als prospektiv effektiv eingestuft.

5.6.3.3 Retrospektiver Effektivitätstest

5.6.3.3.1 Methoden

Zum Nachweis der nach IAS 39.AG105 geforderten retrospektiven Effektivität haben sich in der Praxis zwei Methoden durchgesetzt.

Die **Dollar-Offset-Methode (DOM)** vergleicht die Wertänderungen des zu sichernden Grundgeschäfts mit den Wertänderungen des Sicherungsinstruments innerhalb eines bestimmten Zeitraumes, wobei die Effektivität bei einer Verhältniszahl zwischen 80 % und 125 % gegeben ist. Die Wertänderungen von Grundgeschäft und Sicherungsinstrument können sowohl nur auf die laufende Periode seit der letzten Effektivitätsmessung als auch auf den gesamten Zeitraum seit Hedge-Designation (= kumulative Vorgehensweise) bezogen und ins Verhältnis gesetzt werden. Ein einmal gewähltes Verfahren muss jedoch während der gesamten Hedge-Beziehung beibehalten werden.

Der Vorteil der Dollar-Offset-Methode liegt in ihrer Einfachheit und Verständlichkeit. Die kumulative Vorgehensweise hat gegenüber der Berücksichtigung der einzelnen laufenden Periode den Vorteil, dass sich durch die Betrachtung der gesamten Laufzeit Glättungseffekte ergeben. Ein Nachteil der Dollar-Offset-Methode besteht jedoch in der Praxis darin, dass auch bei wirksamen Sicherungsbeziehungen infolge des Problems der kleinen Zahl die Effektivität nicht immer nachgewiesen werden kann.

Als zweites Verfahren schätzt die **Regressionsanalyse** eine funktionale Abhängigkeit zwischen der Fair Value-Veränderung des Grund- und Sicherungsgeschäftes und beurteilt die Höhe der Effektivität anhand der statistischen Größe des Korrelationskoeffizienten.

Die Regressionsanalyse führt in der Praxis normalerweise zu besseren Ergebnissen bei der Effektivitätsmessung als die Dollar-Offset-Methode, ist jedoch wesentlich komplexer.

5.6.3.3.2 Vereinfachtes Verfahren

Für den Fall, dass sich Grund- und Sicherungsgeschäft entsprechen, unterstellt IAS 39.AG108 eine dauerhaft effektive Sicherungsbeziehung.

In IAS 39.AG108 wird die Aussage getroffen, dass man von einer vollständigen Kompensation der Änderungen der beizulegenden Zeitwerte ausgehen kann, wenn die entscheidenden Bedingungen des Grund- und Sicherungsinstruments **identisch** sind (sog. vereinfachtes Verfahren oder *critical term match*). Im Einzelnen sind dies:

- Laufzeit,
- Fälligkeitsdatum,
- Zahlungsströme des Grund- und Sicherungsgeschäfts,
- Nominalwert und Kapitalwert,
- Embedded Derivatives aus dem Grundgeschäft sind kongruent nachgebildet,
- Referenzzinssätze.

Stimmen alle genannten Parameter bei Grund- und Sicherungsgeschäft überein, so lässt der IAS 39 AG108 vermuten, dass in diesem Fall eine vereinfachte Bilanzierung von Sicherungszusammenhängen möglich ist (z. B. auf ein Backtesting verzichtet werden kann). Der Standard stellt allerdings auch klar, dass ein Effektivitätstest nicht ganz entfallen kann (also keine sog. shortcut-Methode im Sinne von US-GAAP).

5.6.4 Folgen

5.6.5 Bei Erfüllung der Anforderungen

Sind alle die genannten Voraussetzungen erfüllt, qualifiziert die Sicherungsbeziehung zum Hedge-Accounting i. S. d. IAS 39. Somit kann die **Verrechnung** der Ergebniseffekte von Grund- und Sicherungsgeschäft (FVH) bzw. die **GuV-neutrale Erfassung** der Fair Value-Veränderung des Sicherungsderivates (CFH) – wie oben erläutert – erfolgen.

Die Anwendung von Hedge Accounting stellt ein **Wahlrecht** dar.

5.6.6 Bei Nicht-Erfüllung der Anforderungen

Sind nicht alle der oben dargestellten Anforderungen an ein Hedge Accounting (Dokumentation und Effektivität) erfüllt, qualifiziert die Sicherungsbeziehung nicht zum Hedge Accounting i. S. d. IAS 39, und die Ergebniseffekte des wirtschaftlichen Grund- und Sicherungsgeschäftes sind **voneinander unabhängig** gemäß den in Kap. 4.2 ff. dargestellten Einzelbewertungsprinzipien zu bewerten und auszuweisen. Damit laufen die bilanzielle Abbildung und die Abbildung in der Performance-Rechnung der Treasury auseinander.

5.7 Sondersachverhalte

5.7.1 Fair Value Option als Alternative zum Hedge Accounting

Die Erfüllung der genannten Hedge-Accounting-Anforderungen (Kap. 5.6) erfordert ein hohes Maß an aufbau- und ablauforganisatorischem Aufwand im Unternehmen. Bei Anwendung der Fair-Value-Option (Kap. 4.2.1.1.2) kann dieser vermieden werden. Durch die Entscheidung beim Zugang des Grundgeschäftes, dieses freiwillig GuV-wirksam (wie ein Trading-Geschäft) zu bilanzieren, erfolgt mit dem dazugehörigen wirtschaftlichen Sicherungsgeschäft ein „natural offsetting" in der GuV, ohne dass ein Hedge-Accounting-System gemäß IAS 39 etabliert werden muss.

14 Mit dem Hedge Accounting können allerdings wirtschaftliche Sicherungsbeziehungen flexibler und genauer als mit der Fair Value-Option bilanziert werden. Siehe diesbezüglich auch die Nachteile der Fair-Value-Option (Tz. 498).

5.7.2 Weitere Sondersachverhalte

15 Geschäfte, die Teil einer Sicherungsbeziehung sein sollen, müssen generell **unternehmens-extern** am Markt abgeschlossen werden. Dies bedeutet, dass interne Geschäfte (2.2)[189] grundsätzlich nicht berücksichtigt werden dürfen.[190]

16 Sog. **Konzernhedges** sind im Rahmen der Erstellung der Konzernbilanz entweder (1) herauszukonsolidieren oder aber (2) zu bilden. Fall (1) stellt eine auf Einzelabschlussebene effektive Hedgebeziehung dar, in die ein – mit einer anderen zu konsolidierenden Konzerngesellschaft – abgeschlossenes Geschäft involviert ist.[191] Im Fall (2) liegt auf Einzelabschlussebene noch keine Hedgebeziehung vor. Erst im Rahmen der Konzernkonsolidierung wird das externe Grundgeschäft der einen Konzerngesellschaft in eine Konzern-Hedgebeziehung mit z. B. einem externen Derivat einer anderen Konzerngesellschaft eingebracht.

17 Aufgrund der Möglichkeit, originäre Finanzinstrumente (erst) am **settlement date** zu bilanzieren (siehe Kap. 2.3.1), kann es (technisch) zum Bilanzstichtag bei FVH vorkommen, dass das (Sicherungs-) Derivat bereits gebucht wurde (trade date-Accounting; siehe Kap. 2.3.3), das dazugehörige Grundgeschäft dahingegen (maschinell) noch nicht bilanziell abgebildet wurde. Diese Verzerrung zum Bilanzstichtag ist dann „händisch" zu korrigieren.

6. Ausweis in der GuV (EK)

6.1 Einordnung und GuV-Komponenten

18 Analog zum Ausweis in der Bilanz (Kap. 3) werden auch zum GuV-Ausweis[192] der IFRS-Mindestumfang sowie jeweils eine Muster-GuV für Nicht-Kreditinstitute und Kreditinstitute dargestellt. Da für den GuV-Ausweis neben dem Bilanzausweis des zugrunde liegenden Finanzinstrumentes auch die Art der Performance-Komponente relevant sein kann, erfolgt auch ein kurzer Überblick über die verschiedenen GuV-Komponenten.

19 Zum einen hängt der GuV-Ausweis davon ab, welcher Bilanzposition (bzw. IAS 39-Kategorien) das Finanzinstrument zugeordnet wird (siehe Kap. 3). Zum anderen kann der GuV-Ausweis von der GuV-Komponente des Finanzinstrumentes abhängen. Zentrale Performance-Größe für den Treasurer ist die Net-Asset-Veränderung. Diese teilt sich im Rechnungswesen allerdings auf diverse einzelne GuV-Komponenten auf. Abb. 67 enthält eine Übersicht und Beschreibung der GuV-Komponenten.

---

189 Vgl. Interne Geschäfte in der Abb. 26. Externe Geschäfte = Nr. 5.
190 Ausnahme vom Verbot der bilanziellen Berücksichtigung von internen Geschäften: Ein Fremdwährungsrisiko aus einem konzerninternen Posten (beispielsweise einer Forderung oder einer Verbindlichkeit) einer hoch wahrscheinlichen Transaktion darf gem. IAS 39.80 grundsätzlich als Grundgeschäft eines Cashflow Hedge designiert werden.
191 Vgl. Interne Geschäfte in der Abb. 26. Externe Geschäfte = Nr. 4.
192 Gem IAS 1 (2007) ist Gegenstand eines IFRS-Abschlusses die sog. Gesamtergebnisrechnung (total comprehensive income). Diese kann gem. IAS 1.81b) auch aus zwei Teilrechnungen bestehen (sog. two-statement approach), wovon eine die GuV darstellt und die andere das Jahresergebnis plus die direkt im Eigenkapital erfassten Gewinne und Verluste (other comprehensive income, OCI). Da nach HGB ausschließlich eine GuV zu erstellen ist, wird in der Arbeit von der IFRS-Gesamtergebnisrechnung hauptsächlich die GuV betrachtet.

6. Ausweis in der GuV (EK)

Abb. 67: Übersicht über GuV-Komponenten

Nr.	GuV-Komponente	Beschreibung	Synonyme
A	**Bilanzbezogenes Ergebnis**	Erträge und Aufwendungen, die im Zusammenhang mit in der Bilanz ausgewiesenen Finanzinstrumenten erwirtschaftet werden.	
I.	Laufendes Ergebnis		
1.	Fremdkapitalpapiere		
1.	Zinsen		
a)	**Zinszahlung (Kupon)**	Cash-mäßig erfolgte Zinszahlungen.	
b)	**Zinsabgrenzung**	Ausstehende Zinszahlungen, die wirtschaftlich der Berichtsperiode zuzuordnen sind, die aber noch nicht cash-mäßig geflossen sind, da der Zinszahlungstermin noch aussteht.	
c)	**Stückzinsen**	Stückzinsen entsprechen aufgelaufenen Zinsansprüchen, die vom Käufer einer kupontragenden Anleihe an den Verkäufer gezahlt werden müssen. Beim Kauf einer Anleihe ist dem Vorbesitzer also nicht nur der Kurs, sondern auch „sein" Anteil am Kupon zu bezahlen.	
2.	**Agio / Disagio**	Der den Rückzahlungsbetrag übersteigende (unterschreitende) Teil der Anschaffungskosten nennt man Agio (Disagio) und hat Zinscharakter und wird pro rat temporis oder gem. der Effektivzinsmethode aufgeteilt.	
2.	Eigenkapitalpapiere **Dividenden**	Ausschüttungen aus gehaltenen Eigenkapitalpapieren (z.B. Aktien).	
II.	Bewertungs-Ergebnis i.w.S.		
1.	Realisiertes Ergebnis **Kursgewinne / -verluste**	Die Differenz zwischen dem letzen Buchwert und dem höheren (niedrigeren) Verkaufskurs wird als Kursgewinn (-verlust) bezeichnet.	Verkaufsergebnis
2.	Unrealisiertes Ergebnis		Bewertungs- ergebnis i.e.S.
1.	**Marktpreisinduziertes Bewertungsergebnis**	Hierunter fällt die Marktbewertung von Fremdkapital- und Eigenkapitalpapieren.	
2.	**Impairment**	Hierunter fallen Abschreibungen aufgrund dauerhafter Wertminderung (Adressenausfallrisiko).	
3.	**Devisenergebnis**	Hierunter fallen die Ergebniskomponenten der Fremdwährungsbewertung.	
B	**Nicht-bilanzbezogenes Ergebnis** **Provisionsergebnis**	Erträge und Aufwendungen aus Dienstleistungen.	

6.2 Minimalanforderungen

Analog zum GuV-Ausweis nach HGB besteht auch nach IFRS (für Nicht-Kreditinstitute) ein Wahlrecht, die GuV alternativ nach dem Gesamtkosten- oder Umsatzkostenverfahren zu gliedern (IAS 1.88). Die Entscheidung zwischen diesen beiden Verfahren betrifft allerdings lediglich das grobe Format der GuV. Darüber hinaus ist – wie beim Bilanzausweis – für jedes Unternehmen individuell zu klären, welche Gliederungspunkte mit welcher Tiefe darzustellen sind.

21 Folgende Mindestgliederung ist gem. IAS 1.81 und IAS 1.82 einzuhalten:
- Umsatzlöse
- Finanzierungsaufwendungen
- Ergebnis aus Equity-Beteiligungen und Joint Ventures
- Steueraufwendungen
- Ergebniseffekte aus der Aufgabe von Geschäftsbereichen (nach Steuern)
- (Gesamt-)Ergebnis
- Ergebnis an Minderheitsanteilseigner
- Ergebnis an Anteilseignern des Mutterunternehmens.

22 Eine weitere Untergliederung kann grundsätzlich in der GuV und im Anhang erfolgen. Zudem sind nach IAS 1.83 zusätzliche Posten und Zwischensummen einzufügen, wenn diese der besseren Verständlichkeit dienen.

23 In der Implementation-Guidance zu IAS 1 sind Vorschläge für eine adäquate GuV-Gliederung aufgeführt.

6.3 Praxisbeispiel GuV Nicht-Kreditinstitute

Abb. 68: Muster eines GuV-Ausweises (Nicht-Kreditinstitut)

	1.	Umsatzlöse
	2.	Sonstige betrieblichen Erlöse
		Gesamte betriebliche Erträge
	3.	Materialaufwand
	4.	Personalaufwand
	5.	Abschreibungen
	6.	Sonstige betrieblichen Aufwendungen
+		**Gesamte betriebliche Aufwendungen**
=		**Ergebnis der betrieblichen Tätigkeit (EBIT)**
		(= operatives Ergebnis)
	7.	Ergebnis aus assozierten Unternehmen
	8.	Sonstiges Finanzergebnis
	8.1.	Sonstige Finanzerträge
	8.2.	Sonstige Finanzaufwendungen
+		**Finanzergebnis**
=		**Ergebnis vor Steuern**
./.		Ertragsteuern
=		**Jahresüberschuss**
+ ./.	9.	Neubewertungsrücklage / OCI
=		**umfasssendes Ergebnis**

6. Ausweis in der GuV (EK)

Abb. 69: Gewinn- und Verlustrechnung WILO SE 2008[193]

TEUR	Anhang	2008	2007
Konzern-Gewinn- und Verlustrechnung			
Umsatzerlöse	(8.1)	977.234	927.349
Herstellungskosten der zur Erzielung der Umsatzerlöse erbrachten Leistungen	(8.2)	-596.029	-559.945
Bruttoergebnis vom Umsatz		**381.205**	**367.404**
Vertriebskosten	(8.3)	-196.354	-184.400
Verwaltungskosten	(8.4)	-62.172	-57.857
Forschungs- und Entwicklungskosten	(8.5)	-34.454	-27.554
Sonstige betriebliche Erträge	(8.6)	19.609	16.224
Sonstige betriebliche Aufwendungen	(8.7)	-19.225	-14.424
Operatives Ergebnis (EBIT)	(8.11)	**88.609**	**99.393**
Ergebnis aus at-equity bewerteten Beteiligungen	(8.8)	-952	-1.036
Finanzergebnis	(8.9)	-25.814	-3.822
Konzernergebnis vor Ertragsteuern	(8.11)	61.843	94.535
Steuern vom Einkommen und vom Ertrag	(8.10)	-16.613	-33.789
Konzernergebnis nach Ertragsteuern	(8.11)	**45.230**	**60.746**
davon Ergebnisanteil fremder Gesellschafter		784	769
davon Ergebnisanteil der Aktionäre der WILO SE		44.446	59.977
Das unverwässerte und das verwässerte Ergebnis beträgt jeweils EUR 4,57 (i. Vj. EUR 6,15) je Aktie.	(8.12)		

a) Betriebs- oder Finanzsachverhalt

Grundsätzlich kommen zwei GuV-Hauptpositionen für den Ausweis von Erträgen und Aufwendungen infrage. Die Zuordnung hierzu hängt grundsätzlich von dem Bilanzausweis ab.

Betriebssachverhalte gehen i. d. R. in das operative Ergebnis:

- das gesamte Anlagevermögen AV (A.) ohne Finanzanlagen (A IV.)
- das gesamte Umlaufvermögen UV (B.) ohne die Ausleihungen aus Forderungen und sonst. Vermögenswerten (B. III.) und Finanzinstrumente (B. IV.)
- die gesamten langfristigen Rückstellungen und Verbindlichkeiten (B.) ohne die langfristigen Finanzschulden (B. II. 1.)
- die gesamten kurzfristigen Rückstellungen und Verbindlichkeiten (C.) ohne die kurzfristigen Finanzschulden (C. II. 1.).

Finanzsachverhalte werden im Finanzergebnis dargestellt:

- AV: Finanzanlagen (A. IV.)
- UV: Die Ausleihungen aus Forderungen und sonst. Vermögenswerte (B. III.) sowie Finanzinstrumente (B. IV.)
- langfristige Finanzschulden (B. II. 1.)
- kurzfristige Finanzschulden (C. II. 1.).

---

[193] Wilo (2008), S. 46.

b) Alle GuV-Komponenten

27 Ist die Zuordnung zu einer der beiden Hauptgruppen erfolgt, so werden grundsätzlich **alle** möglichen GuV-Komponenten des Finanzinstrumentes (siehe Abb. 67) in dieser GuV-Position ausgewiesen. Dies gilt auch für Impairment- und Fremdwährungs-Bewertungsbuchungen.

c) Hedge-Ergebnis

28 Bei Vorliegen eines Fair-Value-Hedge werden das Ergebnis des Grund- und des Sicherungsgeschäfts in einem GuV-Posten zusammen ausgewiesen. Der Posten hängt vom GuV-Ausweis des Grundgeschäftes ab (entweder operatives Ergebnis oder Finanzergebnis).

6.4 Praxisbeispiel GuV Kreditinstitute

Abb. 70: Muster eines GuV-Ausweises (Kreditinstitute)

	1. Zinserträge
	2. Zinsaufwendungen
	3. Hedge-Ergebnis
	Zinsüberschuss
./.	4. Risikovorsorge im Kreditgeschäft
=	**Zinsüberschuss nach Risikovorsorge**
	5. Provisionserträge
	6. Provisionsaufwendungen
+	**Provisionsüberschuss**
+	7. **Handelsergebnis** (inklusive Devisenergebnis)
+	8. **Finanzanlageergebnis**
./.	9. Verwaltungsaufwendungen
+	10. Sonstige Erträge
./.	11. Sonstige Aufwendungen
=	**Ergebnis vor Steuern**
./.	Ertragsteuern
=	**Jahresüberschuss**
+ ./.	Neubewertungsrücklage / OCI
=	**umfassendes Ergebnis**

29 Es sei noch einmal darauf hingewiesen, dass die hier dargestellte GuV eine Muster-GuV ist und keinen Anspruch auf Allgemeingültigkeit hat.

Zinsüberschuss

30 Im Zinsüberschuss werden die Zinszahlungen, die Zinsabgrenzung, die Stückzinsen sowie die Agio-/Disagio-Amortisation ausgewiesen (bezüglich der GuV-Komponenten siehe Abb. 67). Auch die Dividenden werden in dieser Position gezeigt. Das gesamte Zinsergebnis und die Dividenden von Finanzinstrumenten der IAS 39-Kategorie TRD sind davon allerdings ausgenommen und werden in der Regel im Handelsergebnis gezeigt. Das unrealisierte Ergebnis von Fair Value Hedges wird in dieser Muster-GuV ebenfalls im Zinsüberschuss gezeigt (denkbar wäre hier aber auch ein separater Ausweis in einer eigenen GuV-Position).

Risikovorsorge

Der Impairment-Aufwand aus dem Kreditgeschäft der Bilanzpositionen „Forderungen an Kreditinstituten" und „Forderungen an Kunden" ist hier auszuweisen.

Provisionsergebnis

Erträge und Aufwendungen aus dem Dienstleistungsgeschäft werden in dieser Position erfasst.

Handelsergebnis

In der Regel werden hier das gesamte laufende Ergebnis und das Bewertungsergebnis i. w. S. (also realisiertes und unrealisiertes Ergebnis) aller TRD-Positionen gezeigt. Im vorliegenden Musterbeispiel wird darüber hinaus das Devisenergebnis aller Finanzinstrumente gezeigt (auch der Nicht-TRD-Bestände).

Finanzanlageergebnis

Gegenstand des Finanzanlageergebnisses sind das realisierte Ergebnis sowie die Impairment-Buchungen von Finanzinstrumenten, die in der Bilanzposition „Finanzanlagen" ausgewiesen sind.

Neubewertungsrücklage

Hier erfolgt aus dem Bereich der Finanzinstrumente die Erfassung des marktpreisinduzierten Bewertungsergebnisses der AFS-Bestände sowie der Cashflow Hedges und die Währungsumrechnung aus dem Translations-Exposure selbstständiger ausländischer Geschäftsbetriebe.

7. Anhangsangaben (Notes)

Grundlagen

Neben den bisher besprochenen Buchwerten in Bilanz und GuV ist eine Vielzahl von Zusatzangaben auch zu Finanzinstrumenten im Anhang des Abschlusses zu veröffentlichen. Nachfolgend die Rechtsgrundlagen hierzu:[194]

ⓢ GESETZ:

- IFRS 7 „Finanzinstrumente: Angaben"[195]
- IDW ERS HFA 24 n.F.
- Entwurf IDW-Stellungnahme zur Rechnungslegung: Einzelfragen zu den Angabepflichten des IFRS 7 zu Finanzinstrumenten vom 29.05.2009[196]

---

194 Bezüglich eines umfangreichen Kommentars zu IFRS 7 vgl. *Kerkhoff/Stauber*. Eine empirische Untersuchung zu IFRS 7-Publizitätspflichten von deutschen börsennotierten Nicht-Kreditinstituten enthält *Beyer*, S. 109 ff.
195 Vgl. **RV** EU (2008), S. 417-432.
196 Vgl. **RV** IDW ERS HFA 24 n.F.

IAS/IFRS

38 ❗ **HINWEIS:**

Anwendungsbereich IFRS 7

39 *Wie bereits unter Tz. 255 dargestellt, fallen in den Anwendungsbereich des IFRS 7 sowohl die nach IAS 39 anzusetzenden Finanzinstrumente als auch bestimmte nicht nach IAS 39 anzusetzende Finanzinstrumente. Bei der Vielzahl von potentiellen Anhangsangaben beschränkt sich die vorliegende Arbeit darauf, die Grundstruktur sowie die wesentlichen Anhangsangaben zu den Finanzinstrumenten i.S.d. IAS 39 darzustellen.[197]*

40 *Zu den Anhangsangaben wird hier die Grundstruktur erläutert. Darüber hinaus werden ausgewählte Beispiele aus dem Geschäftsbericht 2007 der Deutschen Postbank AG (stellvertretend für ein Kreditinstitut-Abschluss) und der Deutschen Post AG (stellvertretend für ein Nicht-Kreditinstitut-Abschluss) dargestellt.*

41 *Für die Umsetzung in der Praxis sind die von den großen Wirtschaftsprüfungsgesellschaften i. d. R. kostenlos zur Verfügung gestellten Anhangschecklisten (disclosure checklist) und Mustergeschäftsberichte (illustrative financial statements) sehr hilfreich. Anbei die Links zum Download.*

42 **LINK:**

Deloitte
- www.iasplus.com/fs/fs.htm

Ernst & Young
- www.ey.com/DE/de/Issues/Governance-and-reporting/IFRS/IFRS-Publikationen

KPMG
- www.kpmg.com/Global/en/IssuesAndInsights/ArticlesPublications/IFRS-disclosure-checklists/Pages/default.aspxwww.kpmg.no/print.aspx?did=9295451
- www.kpmg.com/Global/en/IssuesAndInsights/ArticlesPublications/IFRS-illustrative-financial-statements/Pages/IFRS-Illustrative-financial-statements-2009.aspx

PWC
- www.pwc.com/gx/en/ifrs-reporting/ifrs-publications.jhtmlwww.pwc.com/pl/eng/ins-sol/publ/2007/IFRS_Disclosure_checklist_2007.pdf

43 Während die Bilanz- und GuV-Zahlen „automatisiert" aus den Rechnungswesensystemen kommen, werden die dazugehörenden Anhangsangaben in der Regel vierteljährlich „kasuistisch" vom Rechnungswesen bei der Treasury abgefordert. Dieser manuelle Prozess ist nicht zu unterschätzen und i. d. R. sehr abstimm- und damit auch zeitintensiv.

44 Wie der Anhang aufgebaut sein soll, schreibt IFRS nicht explizit vor. In der Praxis findet man häufig folgende Dreiteilung:

45 Allgemeine Angaben (Kap. 7.1), Angaben zu den einzelnen Bilanz- und GuV-Positionen (Kap. 7.2), Angaben zu Risiken aus Finanzinstrumenten (Kap. 7.3), die so im Nachfolgenden besprochen werden. Wie oft im Geschäftsjahr Abschlüsse und damit auch Anhangsangaben zu erstellen sind, ist Gegenstand des Kap.s 7.4 (Zwischenberichterstattung).

46 Die meisten Informationen, die im Zusammenhang mit Finanzinstrumenten im Anhang darzustellen sind, sind im IFRS 7 geregelt, der sich ausschließlich mit Anhangsangaben zu Finanzinstrumenten beschäftigt. Der Umfang der Anhangsangaben zu Finanzinstrumenten hängt letztendlich von der Anzahl und der Art der abgeschlossenen Finanztransaktionen ab. Typischerweise ist der

---

[197] Gegenstand der Arbeit sind ausschließlich Finanzinstrumente i.S.d. IAS 39. Nach IFRS bestehen Anhangspflichten für darüber hinausgehende Finanzinstrumente, wie z. B. für Kreditzusagen oder außerbilanzielle Geschäfte.

absolute und prozentuale Anteil der Anhangsangaben zu Finanzinstrumenten zu den gesamten Anhangsangaben bei Kreditinstituten erheblich höher als bei Nicht-Kreditinstituten (siehe Kap. 7.3).

7.1 Allgemeine Angaben

Die Erstellung des Anhangs nach IFRS ist quantitativ und qualitativ erheblich komplexer als nach HGB. Dies trifft insbesondere auf Finanzinstrumente zu.[198]

Gegenstand der „allgemeinen" Anhangsangaben ist i. d. R. eine Beschreibung der angewendeten Bilanzierungsvorschriften. Nach IAS 1.108 gibt ein Unternehmen die bei der Aufstellung der Abschlüsse verwendeten Bewertungsgrundlagen und die Bilanzierungs- und Bewertungsmethoden, welche für das Verständnis der Abschlüsse relevant sind, an. Weitere Angaben hierzu sind im Anhang IFRS 7.B5 erläutert. Bezogen auf Finanzinstrumente werden hier u. a. die von einem Unternehmen konkret angewandten Ansatz-, Ausweis- und Bewertungsmethoden für Finanzinstrumente beschrieben, also das, was in den vorherigen Kapiteln beschrieben wurde. Diese allgemeinen Anhangsangaben umfassen in der Regel mehrere Seiten Fließtext.

> **HINWEIS:**
> Wenn Sie wissen möchten, wie andere Unternehmen bestimmte Finanzinstrumente bilanzieren, werden Sie die entsprechenden Informationen i.d.R. unter den allgemeinen Anhangsangaben finden.[199]

7.2 Angaben zu Bilanz, GuV

7.2.1 Einordnung

Wie bereits erwähnt, regelt IFRS 7 die konkreten Anhangsangaben zu Finanzinstrumenten. Der IFRS 7 lässt sich in zwei inhaltlich unterschiedliche Teile trennen, den Bilanz-und-GuV-Teil (Teil I) und den Risikoteil (Teil II). Teil I fordert Zusatzinformationen zu Finanzinstrumenten zur Bilanz und GuV, wohingegen sich Teil II ausschließlich mit Risikoinformationen zu Finanzinstrumenten beschäftigt. Zudem sind gem. IAS 1 noch bestimmte Angaben zum (Eigen-) Kapital zu veröffentlichen.

---

[198] So ergab eine Umfrage unter den deutschen börsennotierten Unternehmen, dass die Erstellung des IFRS Anhang eine fachliche und organisatorische Herausforderung für die Unternehmen darstelle. In Kombination mit latenten Steuern führt die IFRS-Anhangserstellung für Finanzinstrumente am häufigsten zu Verzögerungen bei der Abschlusserstellung und bindet viele Ressourcen, wofür 70% der befragten Unternehmen die fachliche Komplexität der geforderten Informationen angibt. Vgl. *PWC*, S. 3, S. 7, S. 20.
[199] Hinweise zu Ausweis- und Angabepflichten für Zinsswaps in IFRS-Abschlüssen sind auch Gegenstand von **RV** IDW RH HFA 2.001.

IAS/IFRS

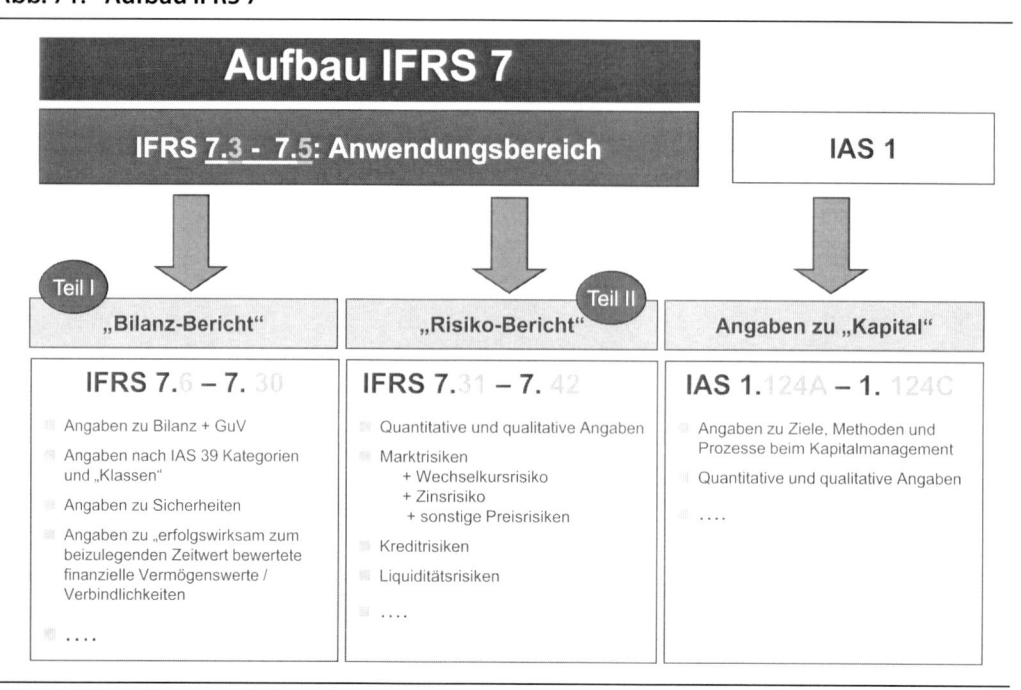

Abb. 71: Aufbau IFRS 7

```
                        Aufbau IFRS 7

         IFRS 7.3 - 7.5: Anwendungsbereich              IAS 1

     Teil I                              Teil II
   „Bilanz-Bericht"                „Risiko-Bericht"        Angaben zu „Kapital"

   IFRS 7.6 – 7.30                IFRS 7.31 – 7.42          IAS 1.124A – 1.124C

 ■ Angaben zu Bilanz + GuV      ■ Quantitative und        ■ Angaben zu Ziele,
 ■ Angaben nach IAS 39            qualitative Angaben      Methoden und
   Kategorien und „Klassen"    ■ Marktrisiken              Prozesse beim
 ■ Angaben zu Sicherheiten        + Wechselkursrisiko      Kapitalmanagement
 ■ Angaben zu „erfolgswirksam     + Zinsrisiko           ■ Quantitative und
   zum beizulegenden              + sonstige              qualitative Angaben
   Zeitwert bewertete              Preisrisiken           ■ ....
   finanzielle Vermögens-      ■ Kreditrisiken
   werte / Verbindlichkeiten   ■ Liquiditätsrisiken
 ■ ....                        ■ ....
```

IFRS 7 Teil I ist Gegenstand dieses Kapitels, Teil II wird dahingegen im Kap. 7.3 näher beschrieben.

7.2.2 Klassen von Finanzinstrumenten

Für die Darstellung bestimmter von IFRS 7 geforderten Angaben sind mindestens drei Klassen von Finanzinstrumenten, welche nicht identisch mit den in IAS 39 definierten Kategorien sind und Auskunft über die Art der veröffentlichten Informationen und der Charakteristika der Finanzinstrumente geben, zu bilden (IFRS 7.6, IFRS 7.B1). Auf die Bilanzposten muss eine Überleitung möglich sein.

Ein Unternehmen muss bei der Bestimmung der Klassen mindestens zwischen folgenden Klassen unterscheiden (IFRS 7.6, IFRS 7.B2):

- Instrumente, die zu fortgeführten Anschaffungskosten (at amortised cost) bewertet werden,
- Instrumente, die zum Fair Value bewertet werden,
- Finanzinstrumente, die nicht in den Anwendungsbereich von IFRS 7 fallen.

Wie genau die Klassendefinition in der Praxis aussieht, muss jedes Unternehmen gem. der genannten Rahmenbedingungen definieren.

Bei der Postbank ergibt sich die Klassendefinition z. B. aus der Zuordnung der Kategorien von Finanzinstrumenten nach IAS 39 in Verbindung mit den entsprechenden Bilanzpositionen. Die geforderten Angaben werden im Anhang in Tabellen oder als textliche Erläuterungen dargestellt.

Abb. 72: IFRS 7 Klassen-Definition[200]

Bewertung	Klassen	
	Bilanzposition und IAS 39 Kategorie	
Bewertet zu fortgeführten Anschaffungskosten[1] (at amortised cost)	Forderungen an Kreditinstitute	Loans and Receivables
	Forderungen an Kunden	Loans and Receivables
	Forderungen an Kunden	Held to Maturity
	Finanzanlagen	Held to Maturity
	Finanzanlagen	Loans and Receivables
	Verbindlichkeiten gegenüber Kreditinstituten	Liabilities at amortised cost
	Verbindlichkeiten gegenüber Kunden	Liabilities at amortised cost
	Verbriefte Verbindlichkeiten	Liabilities at amortised cost
	Nachrangkapital	Liabilities at amortised cost
Bewertet zum beizulegenden Zeitwert (Fair Value)	Forderungen an Kunden	Designated as at fair value
	Finanzanlagen	Available for Sale
	Handelsaktiva	Held for Trading
	Handelspassiva	Held for Trading
	Hedging-Derivate (Aktiva)	
	Hedging-Derivate (Passiva)	
Außerbilanzielles Geschäft (Nominale)	Eventualverpflichtungen (Bürgschaften und Gewährleistungsverträge)	
	Andere Verpflichtungen (unwiderufliche Kreditzusagen)	

7.2.3 Bilanz

Für die Darstellung in der Bilanz oder im Anhang sind durch IFRS 7 folgende Angaben gefordert:

7.2.3.1 Buchwerte der Finanzinstrumente nach IAS 39 Kategorien

Finanzinstrumente sind nach den Kategorien des IAS 39 zu gliedern (IFRS 7.8, IFRS 7.BC14):

- finanzielle Vermögenswerte, die erfolgswirksam zum Fair Value bewertet werden (financial assets at fair value through profit or loss)*,
- bis zur Endfälligkeit gehaltene Finanzinvestitionen (held-to-maturity investments),
- Kredite und Forderungen (loans and receivables),
- zur Veräußerung verfügbare Vermögenswerte (available-for-sale financial assets),
- finanzielle Verbindlichkeiten, die erfolgswirksam zum Fair Value bewertet werden (financial liabilities at fair value through profit or loss)*,
- finanzielle Verbindlichkeiten, die zu fortgeführten Anschaffungskosten bewertet werden (financial liabilities measured at amortised cost).

---

200 PB (2007), S. 118.

58 * Für Kategorien, welche ergebniswirksam zum Fair Value bewertet wurden, ist eine ergänzende Untergliederung, welche auch in den Anhang verlagert werden kann, erforderlich. In der Untergliederung sind Finanzinstrumente, die zu Handelszwecken gehalten werden, und solche, auf die die Fair-Value-Option ausgeübt wurde, darzustellen (IFRS 7.BC15).

59 Bezüglich der Art der Veröffentlichung dieser geforderten Informationen ist es z. B. denkbar, diese in den jeweiligen Anhangsangaben zur Bilanzposition zu bringen (Abb. 73) oder in einer Gesamtübersicht in einer separaten Note (Abb. 74 und Abb. 75).

Abb. 73: IAS-39-Kategorie[201]

	31.12.2007 Mio €	31.12.2006 Mio €
Schuldverschreibungen und andere festverzinsliche Wertpapiere		
Finanzanlagen Loans and Receivables	26.600	19.031
davon Fair Value Hedge	5.447	5.369
Held to Maturity	730	4.956
Available for Sale	38.755	33.379
davon Fair Value Hedge	14.633	15.770
	66.085	57.366
Aktien und andere nicht festverzinsliche Wertpapiere		
Available for Sale	2.418	5.831
	2.418	5.831
Beteiligungen (Available for Sale)	22	17
Anteile an nicht konsolidierten Tochterunternehmen (Available for Sale)	81	85
Gesamt	68.606	63.299

---

201 PB (2007), S. 127.

7. Anhangsangaben (Notes)

Abb. 74: IAS-39-Kategorie (I)[202]

Überleitung der Bilanzwerte zum 31. Dezember 2007
Mio €

	Buchwert	Erfolgswirksam zum beizulegenden Zeitwert bewertete finanzielle Vermögenswerte		Zur Veräußerung verfügbare finanzielle Vermögenswerte	Ausleihungen und Forderungen	Bis zur Endfälligkeit zu haltende Vermögenswerte
		Trading	Fair-Value-Option			
		Fair Value	Fair Value	Fair Value	Fortgeführte Anschaffungskosten	Fortgeführte Anschaffungskosten
AKTIVA						
Finanzanlagen	1.060			431	301	115	10
Sonstige langfristige Vermögenswerte	497		66			
Forderungen und sonstige Vermögenswerte	9.806	25			6.679	
Forderungen und Wertpapiere aus Finanzdienstleistungen	193.986	9.936	7.109	41.174	134.160	1.186
Finanzinstrumente	72			19	52	1
Flüssige Mittel und Zahlungsmitteläquivalente	4.683				4.683	
Zur Veräußerung gehaltene Vermögenswerte	615				565	
Summe Aktiva	**210.719**	**9.961**	**7.175**	**41.624**	**146.254**	**1.197**
PASSIVA						
Langfristige Finanzschulden[1)]	−8.625					
Langfristige Andere Verbindlichkeiten	−361					
Kurzfristige Finanzschulden	−1.556					
Verbindlichkeiten aus Lieferungen und Leistungen	−5.384					
Verbindlichkeiten aus Finanzdienstleistungen	−187.787					
Kurzfristige Andere Verbindlichkeiten	−5.101					
Summe Passiva	**−208.814**					

1) Die in den Finanzschulden enthaltenen Anleihen wurden teilweise als Grundgeschäft zum Fair-Value-Hedge designiert und unterliegen damit einem Basis-Adjustment. Die Bilanzierung erfolgt deshalb weder vollständig zum Fair Value noch zu fortgeführten Anschaffungskosten.

202 DPWN (2007), S. 176.

IAS/IFRS

Abb. 75: IAS-39-Kategorie (II)[203]

gemäß IAS 39					Wertansatz gemäß IAS 17	Außerhalb IFRS 7	Beizulegender Zeitwert der Finanzinstrumente innerhalb IFRS 7
Erfolgswirksam zum beizulegenden Zeitwert bewertete finanzielle Verbindlichkeiten			Übrige finanzielle Verbindlichkeiten	Als Sicherungsinstrumente designierte Derivate	Verbindlichkeiten aus Finanzierungsleasing		
Trading		Fair-Value-Option					
Fair Value		Fair Value	Fortgeführte Anschaffungskosten	Fair Value	Fortgeführte Anschaffungskosten		
						203	857
			28			403	94
			26			3.076	6.730
			421				193.493
							72
							4.683
						50	565
			475		3.732		
			−7.823		−551	−251	−8.403
			−224	−97		−40	−337
			−1.482		−74	0	−1.556
			−5.384				−5.384
−5.594			−181.320	−873			−186.763
−16			−510	−44		−4.531	−570
−5.610			−196.743	−1.014	−625	−4.822	

7.2.3.2 Erfolgswirksam zum Fair Value bewertete Finanzinstrumente (FVbD/Fair Value-Option)

Vgl. Kap. 4.2.1.1.2.

Werden Kredite und Forderungen erfolgswirksam zum Fair Value bewertet (Fair Value Option), dann sind folgende Angaben offen zu legen:

- maximales Ausfallrisiko zum Abschlussstichtag (IFRS 7.9(a)),
- Betrag, um den das Ausfallrisiko durch den Einsatz von Kreditderivaten oder ähnlichen Instrumenten verringert wird (IFRS 7.9(b)),
- die Berichtsperiode betreffende und kumulierte Wertänderungen des Fair Value, die auf Bonitätsänderungen basieren (IFRS 7.9(c)). Diese können durch zwei verschiedene, in IFRS 7.9 beschriebene Verfahren ermittelt werden. Es liegt ein Wahlrecht vor.
- Betrag (für die Berichtsperiode und kumuliert seit dem Designationszeitpunkt der Kredite/Forderungen) der Fair Value-Änderung der eingesetzten Kreditderivate oder ähnlicher Instrumente IFRS 7.9(d).

---

[203] DPWN (2007), S. 177.

Folgende Informationen sind für erfolgswirksam zum Fair Value bewertete Verbindlichkeiten (Anwendung der Fair-Value-Option) anzugeben (IFRS 7.10, IFRS 7.B4):

- für den Berichtszeitraum und kumulativ sind die Fair-Value-Veränderungen, die durch Änderungen des Kreditrisikos entstehen, anzugeben. Der Betrag bestimmt sich als der Betrag der Änderung des Fair Value, der nicht auf Änderungen der marktrisikorelevanten Marktbedingungen (z. B. Umrechnungskurs, risikoloser Zinssatz) zurückzuführen ist oder durch Verwendung einer alternativen Methode, welche die Änderung des beizulegenden Zeitwertes aufgrund des geänderten Kreditrisikos besser widerspiegelt.
- Unterschiedsbetrag zwischen dem Buchwert und dem Betrag, der bei Fälligkeit vertraglich bedingt an den Gläubiger zu zahlen ist.

7.2.3.3 Umklassifizierungen

Vgl. Kap. 4.2.4.

Im Falle einer Umwidmung von Finanzinstrumenten nach den in IAS 39.50-54 angegebenen Voraussetzungen von einer Kategorie mit Fair-Value-Bewertung zu einer Kategorie mit Bewertung zu Anschaffungskosten bzw. fortgeführten Anschaffungskosten oder umgekehrt sind die Gründe offen zu legen. Zudem müssen die Beträge der umgegliederten finanziellen Vermögenswerte (herausgehende und hineingehende Beträge) angegeben werden (IFRS 7.12; IFRS 7.BC23).

⊕ VERWEIS:

Finanzkrise: Als eine Konsequenz für die Rechnungslegung aus der Finanzkrise wurden weitere Anhangsangaben im Zusammenhang mit den (neunen) Umklassifizierungsmöglichkeiten veröffentlicht; vgl. Tz. 846.

7.2.3.4 Ausbuchung

Vgl. Kap. 2.4.

IFRS 7.13 verlangt Informationen und Angaben **zu nicht oder nicht vollständig ausgebuchten** finanziellen Vermögenswerten. Es handelt sich hierbei um Angaben je Klasse von Finanzinstrumenten. Zu beachten sind zwingend die Regelungen zum Abgang unter IAS 39. Verlangt werden:

- Angaben zur Art der Vermögenswerte (IFRS 7.13(a)),
- Beschreibung der beim Unternehmen verbleibenden Chancen und Risiken (IFRS 7.13(b); IFRS 7.BC24),
- Angaben zu Buchwerten der Vermögenswerte, die das Unternehmen weiterhin ansetzt, und den damit verbundenen Verbindlichkeiten (IFRS 7.13(c)). Es handelt sich hierbei nur um Vermögenswerte, die vollständig beim Unternehmen verbleiben.
- Angaben zu ursprünglichen Buchwerten der Vermögenswerte, den neu angesetzten Werten dieser Posten und den damit zusammenhängenden Verbindlichkeiten, sofern der Continuing Involvement Approach zum Tragen kommt (IFRS 7.13(d)).

7.2.3.5 Sicherheiten

Es werden Informationen zu Vermögenswerten, welche als Kreditsicherheiten (sowohl für Verbindlichkeiten als auch für Eventualverbindlichkeiten) **durch das Unternehmen gestellt werden** (IFRS 7.14), und zu Kreditsicherheiten, **die dem Unternehmen** gestellt werden (IFRS 7.15), gefordert. Bei gehaltenen Sicherheiten sind nur solche zu betrachten, **die ohne Ausfall des Kreditnehmers verwertet werden dürfen**.

Anzugeben sind Buchwerte der verpfändeten Vermögenswerte einschließlich derer, die nach IAS 39.37(a) gesondert in der Bilanz auszuweisen sind, und Bedingungen sowie Modalitäten der Kreditsicherheiten (IFRS 7.14). Für Sicherheiten, die ein Unternehmen hält, und sofern es ihm gestattet ist,

diese zu veräußern, ist der Fair Value der gehaltenen Sicherheit und der Fair Value einer veräußerten oder weiter verpfändeten Sicherheit offen zu legen. Weiterhin ist über Rückübertragungsverpflichtungen und über Verträge zur Nutzbarkeit der Sicherheiten zu berichten.

7.2.3.6 Zusammengesetzte Finanzinstrumente

Hat ein Unternehmen Finanzinstrumente **emittiert**, die **sowohl Eigen-** als auch **Fremdkapitalbestandteile** beinhalten, und enthalten diese **mehrere eingebettete Derivate**, deren Werte wechselseitig abhängig sind, sind laut IFRS 7.17 Angaben zu diesen Merkmalen offen zu legen. Details zu wechselseitigen Abhängigkeiten sind anzugeben (IFRS 7.BC28-31). Diese Angaben sind nur zu machen, wenn die Bedingungen des IFRS 7.17 kumuliert erfüllt sind.

7.2.3.7 Wertberichtigung im Kreditgeschäft

Die Wertberichtigung im Kreditgeschäft ist vor allem für die Beurteilung der Lage von **Kreditinstituten** von Bedeutung. Wird eine Wertberichtigung auf einem gesonderten Konto gebucht und somit keine Direktabschreibung vorgenommen, ist gem. IFRS 7.16 i.V.m. IFRS7.BC26-27 eine Überleitungsrechung für jede Kategorie von finanziellen Vermögenswerten abzubilden.[204]

7.2.3.8 Angaben zum Zahlungsverzug und zu Vertragsverletzungen

Um die eigene Kreditwürdigkeit eines Unternehmens besser beurteilen zu können, sind gem. IFRS 7.18 diverse Angaben zum Zahlungsverzug und zu Vertragsverletzungen bei finanziellen Verbindlichkeiten zu tätigen.

7.2.4 Gewinn- und Verlustrechnung

7.2.4.1 Nettogewinne/-verluste

Es besteht eine Ausweispflicht der **Nettogewinne oder -verluste für jede IAS-39-Kategorie** der finanziellen Vermögenswerte und Verbindlichkeiten (IFRS 7.20(a)). Dabei können die Informationen in der GuV oder im Anhang dargestellt werden:

---

204 Vgl. *Beyer*, S. 124.

Das Ergebnis aus Finanzinstrumenten der Kategorie FVTPL muss dabei in Ergebnisgrößen für TRD und FVBD unterteilt werden.

Ergebnis aus Finanzinstrumenten der Kategorie AFS: Hier ist der im Eigenkapital erfasste Gewinn oder Verlust der Berichtsperiode und der Betrag, der in der Periode aus dem Eigenkapital in die GuV umgebucht wurde (z. B. aus Gründen des Verkaufs oder dauerhafter Wertminderung), getrennt auszuweisen.

IFRS 7.BC(5) fordert **Erläuterungen zur Zusammensetzung des Nettoergebnisses** z. B. im Zusammenhang mit dem Ausweis von Zins- oder Dividendenerträgen bei einigen Kategorien.

Abb. 76: Nettoergebnisse nach IAS-39-Kategorie[205]

(44) Ertrags- und Aufwandsposten, Gewinne und Verluste gemäß IFRS 7 und Finanzinstrumente nach Bewertungskategorien gemäß IAS 39

	Erläuterungen	2007 Mio €	2006 Mio €
Zinserträge und -aufwendungen	(6)		
Loans and Receivables		6.192	5.606
Available for Sale		1.572	1.332
Held to Maturity		130	184
Liabilities at amortised cost		5.692	5.004
Nettogewinne- und verluste	(9), (10)		
Held for Trading		271	243
Designated as at fair value		12	19
Loans and Receivables		−62	52
Available for Sale		−33	165

7.2.4.2 Sonstige Ergebnisse

Es sind zudem Angaben zu **Gesamtzinserträgen und -aufwendungen** zu tätigen (IFRS 7.20(b)). Diese sind nach der Effektivzinsmethode zu berechnen und nur für Finanzinstrumente, welche nicht zur Kategorie FVTPL gehören, separat offen zu legen.

Zudem sind Erträge und Aufwendungen aus Gebühren, Dienstleistungsentgelten und Provisionen anzugeben, die nicht zur Berechnung des Effektivzinssatzes verwendet wurden und die nicht aus finanziellen Vermögenswerten und Verbindlichkeiten, welche erfolgswirksam zum Fair Value eingestuft wurden, resultieren. Erträge und Aufwendungen, die im Rahmen von treuhänderischen Aktivitäten angefallen sind und die dazu führen, dass Vermögenswerte für Kunden, Trusts/Treuhandeinrichtungen und Altersvorsorgepläne (Pensionsfonds) und andere Institutionen gehalten werden (IFRS 7.20(c); IFRS 7.BC35), sind gesondert anzugeben.

---

205 PB (2007), S. 141.

IFRS 7.20(d)-(e) verlangen zudem die Angabe von Zinserträgen auf wertgeminderte Vermögenswerte (**Unwinding**), die nach IAS 39.AG93 ermittelt werden. Die Darstellung von Aufwendungen für Wertminderungen (Impairment) wird für jede Klasse von finanziellen Vermögenswerten verlangt.

7.2.5 Weitere Angaben

7.2.5.1 Bilanzierung von Sicherungsgeschäften

Für Fair Value Hedges, Cashflow Hedges und Absicherungen von Nettoinvestitionen in ausländische Geschäftsbetriebe (Einstufungen nach IAS 39) sind die **Art** der Sicherungsbeziehungen, die als **Sicherungsinstrumente** designierten Finanzinstrumente unter Angabe ihrer Fair Values am Bilanzstichtag und die Art der **gesicherten Risiken** zu beschreiben (IFRS 7.22).

Bezüglich der **Cashflow Hedges** sind des Weiteren folgende Angaben zu machen (IFRS 7.23):
- Berichtszeiträume, in denen der Eintritt der Cashflows erwartet wird und diese sich auf die GuV auswirken,
- Beschreibung der prognostizierten Transaktion (forecast transaction), für die Cashflow Hedges angewendet wurden, die jedoch nicht mehr erwartet werden,
- Betrag, der während des Berichtszeitraums direkt im Eigenkapital erfasst wurde,
- Betrag, der dem Eigenkapital entnommen und in der GuV gebucht wurde. Der Betrag ist hierbei für jede GuV-Position separat anzugeben, sofern verschiedene betroffen sind.
- Betrag, der dem Eigenkapital entnommen wurde und beim Erwerb bzw. Eintreten des gesicherten Geschäftes (forecast transaction) entweder in die Anschaffungskosten bzw. in den Buchwert eines anderen nicht finanziellen Vermögenswertes oder einer anderen nicht finanziellen Verbindlichkeit einbezogen wurde.

Es ist der **ineffektive Teil** von Cashflow Hedges und der ineffektive Teil der Absicherung von Nettoinvestitionen in ausländische Geschäftsbetriebe anzugeben, welcher jeweils in der GuV ausgewiesen wurde.

Für **Fair Value Hedges** sind Gewinne oder Verluste (Hedge-Ergebnis) der Sicherungsinstrumente und Grundgeschäfte jeweils getrennt anzugeben.

7. Anhangsangaben (Notes)

Abb. 77: Fair-Value-Hedge-Ergebnis[206]

Die Gewinne bzw. Verluste, die aus der Bewertungsänderung von Fair Value Hedges resultieren, werden im Ergebnis aus Sicherungsbeziehungen ausgewiesen, welches sich wie folgt zusammensetzt:

	2007 Mio €	2006[1] Mio €
Fair-Value-Änderung der Grundgeschäfte	165	−375
Fair-Value-Änderung der Sicherungsinstrumente	−166	383
Gesamt	−1	8

7.2.5.2 Fair Value

Für jede Klasse von finanziellen Vermögenswerten und Verbindlichkeiten ist der Fair Value so anzugeben, dass ein Vergleich mit den Buchwerten möglich ist (IFRS 7.25). Eine Saldierung der Fair Values von finanziellen Vermögenswerten und finanziellen Verbindlichkeiten ist hierbei nur dann zulässig, wenn die entsprechenden Buchwerte in der Bilanz ebenso saldiert werden (IFRS 7.26).

Folgende Angaben sind im Zusammenhang mit dem Fair Value offen zu legen (IFRS 7.27(a)-(d)):

- Die Methoden zur Ermittlung der Fair Values für die verschiedenen Klassen von finanziellen Vermögenswerten und Verbindlichkeiten. Werden Bewertungsverfahren verwendet, sind die zugrunde liegenden Annahmen anzugeben.
- Informationen, ob Fair Values ganz oder teilweise unter Verwendung von veröffentlichten Kursen eines aktiven Marktes oder unter Verwendung von Bewertungsverfahren bestimmt werden.
- Werden bei Verwendung eines Bewertungsverfahrens zur Ermittlung der Fair Values Annahmen zugrunde gelegt, die nicht auf Kursen aus beobachtbaren, aktuellen Markttransaktionen des betreffenden Finanzinstrumentes bzw. nicht auf verfügbaren und beobachtbaren Marktdaten basieren, sind die verwendeten Annahmen anzugeben. Würden die Modifikationen einer/mehrerer dieser Annahmen zu realistischeren Werten der Fair Values führen, ist dies mit den damit verbundenen Effekten anzugeben (gilt nur für in der Bilanz berücksichtigte Fair Values). Mögliche Auswirkungen durch die Veränderung von diesen Annahmen auf Gewinne oder Verluste, Gesamtvermögenswerte und Gesamtverbindlichkeiten sowie das Gesamteigenkapital sind zu erläutern. In diesem Fall ist auch die Fair Value-Änderung, die in der Berichtsperiode in der GuV erfasst wurde, anzugeben.
- Ist der Wert eines Fair Values zum Zeitpunkt der Ermittlung mithilfe eines Bewertungsverfahrens nicht identisch mit dem Wert der erstmaligen Erfassung, sind die Methoden zur erfolgswirksamen Amortisierung des Unterschiedsbetrages, der noch nicht erfolgswirksam amortisierte Unterschieds-

---

206 PB (2007), S. 120.

betrag bei Periodenbeginn und am Ende einer Periode sowie eine Überleitungsrechnung der Veränderung des Unterschiedsbetrags darzustellen (IFRS 7.28; IFRS 7.BC39; IFRS 7.IG14; IAS 39.76A).

Angaben zum Fair Value sind nicht erforderlich, wenn der Buchwert eine vernünftige Annäherung des Fair Values darstellt (z. B. kurzfristige Forderungen aus Lieferung und Leistung). Keine Angaben müssen zudem für Eigenkapitalinstrumente, deren Fair Value nicht verlässlich ermittelt werden kann (diese werden als Vereinfachung at cost angesetzt), und für Verträge, die eine ermessensabhängige Überschussbeteiligung umfassen (IFRS 7.29), gemacht werden. Allerdings ist anzugeben, dass und warum der Fair Value nicht verlässlich ermittelt werden kann. Zudem werden Informationen zu den Finanzinstrumenten und deren Buchwerte, über die bestehenden Märkte dieser Instrumente und über Veräußerungsabsichten verlangt. Bei Veräußerung von Instrumenten, für die kein Fair Value verlässlich ermittelt werden konnte, sind diese Tatsache sowie der Buchwert zum Zeitpunkt der Veräußerung und der Betrag des erfassten Gewinns und Verlusts anzugeben (IFRS 7.30).

Abb. 78: Sammel-Fair-Value (I)[207]

---

(43) Beizulegende Zeitwerte von Finanzinstrumenten, die mit den fortgeführten Anschaffungskosten oder mit dem Hedge Fair Value bilanziert werden

Die beizulegenden Zeitwerte (Fair Values) von Finanzinstrumenten, die in der Bilanz zu fortgeführten Anschaffungskosten oder mit dem Hedge Fair Value angesetzt werden, sind in den Buchwerten gegenübergestellt.

Grundsätzlich wird für alle Finanzinstrumente ein Fair Value ermittelt. Ausnahmen bilden lediglich täglich fällige Geschäfte sowie Spareinlagen mit einer vertraglichen Kündigungsfrist von bis zu einem Jahr. Existiert für ein Finanzinstrument ein liquider Markt (z. B. Wertpapierbörse), wird der Fair Value durch den Markt- bzw. Börsenpreis des Bilanzstichtages ermittelt. Liegt kein liquider Markt vor, wird der Fair Value durch anerkannte Bewertungsverfahren bestimmt.

Die eingesetzten Bewertungsverfahren berücksichtigen die wesentlichen wertbestimmenden Faktoren der Finanzinstrumente und verwenden Bewertungsparameter, die aus den Marktkonditionen zum Bilanzstichtag resultieren. Die im Rahmen der Barwertmethode verwendeten Zahlungsströme basieren auf den Vertragsdaten der Finanzinstrumente.

---

[207] PB (2007), S. 141.

Abb. 79: Sammel-Fair-Value (II)[208]

	31.12.2007		31.12.2006	
	Buchwert Mio €	Beizulegender Zeitwert Mio €	Buchwert Mio €	Beizulegender Zeitwert Mio €
Aktiva				
Barreserve	3.352	3.352	1.015	1.015
Forderungen an Kreditinstitute (Loans and Receivables)	24.581	24.510	16.350	16.357
Forderungen an Kunden (Loans and Receivables)	85.159	85.414	80.483	82.496
Forderungen an Kunden (Held to Maturity)	456	456	518	518
Risikovorsorge	−1.184	−1.184	−1.155	−1.155
Finanzanlagen (Loans and Receivables)	26.600	25.922	19.031	18.838
Finanzanlagen (Held to Maturity)	730	731	4.956	5.025
	139.694	139.201	121.198	123.094

⊕ VERWEIS:

Finanzkrise: Als eine Konsequenz für die Rechnungslegung aus der Finanzkrise wurden weitere Anhangsangaben zum Themenkomplex Fair Value-Bewertung veröffentlicht; vgl. Tz. 847.

7.2.5.3 Latente Steuern

Vgl. Kap. 2.7.

Die notwendigen Anhangsangaben ergeben sich aus den nachfolgend aufgeführten relevanten Auszügen aus dem Gesetzestext des IAS 12.

---

208 PB (2007), S. 141.

IAS/IFRS

§ GESETZ:

Angaben (zu Ertragsteuern)

IAS 12.79

87 „Die **Hauptbestandteile** des Steueraufwandes (Steuerertrages) sind getrennt anzugeben."

IAS 12.81

88 „Weiterhin ist ebenfalls getrennt anzugeben:

(a) die Summe des Betrages tatsächlicher und latenter Steuern resultierend aus Posten, die **direkt dem Eigenkapital** belastet oder gutgeschrieben wurden;

(b) [gestrichen];

(c) eine Erläuterung der Beziehung zwischen Steueraufwand (Steuerertrag) und dem bilanziellen Ergebnis vor Steuern alternativ in einer der beiden folgenden Formen:

    (i) eine **Überleitungsrechnung** zwischen dem Steueraufwand (Steuerertrag) und **dem Produkt aus** dem bilanziellen Ergebnis vor Steuern und dem anzuwendenden Steuersatz (den anzuwendenden Steuersätzen), wobei auch die Grundlage anzugeben ist, auf der der anzuwendende Steuersatz berechnet wird oder die anzuwendenden Steuersätze berechnet werden; oder

    (ii) eine **Überleitungsrechnung** zwischen dem durchschnittlichen effektiven **Steuersatz** und dem anzuwendenden Steuersatz, wobei ebenfalls die Grundlage anzugeben ist, auf welcher der anzuwendende Steuersatz errechnet wurde;

(d) eine Erläuterung zu **Änderungen** des anzuwendenden **Steuersatzes** bzw. der anzuwendenden Steuersätze im Vergleich zu der vorherigen Bilanzierungsperiode;

(e) der Betrag (und, falls erforderlich, das Datum des Verfalls) der abzugsfähigen **temporären Differenzen**, der noch nicht genutzten **steuerlichen Verluste** und der noch nicht genutzten **Steuergutschriften**, für welche in der Bilanz kein latenter Steueranspruch angesetzt wurde;

(f) die Summe des Betrags temporärer Differenzen im Zusammenhang mit Anteilen an **Tochterunternehmen**, Zweigniederlassungen und assoziierten Unternehmen sowie Anteilen an Gemeinschaftsunternehmen, für die keine latenten Steuerschulden bilanziert worden sind (siehe Paragraph 39);

(g) bezüglich jeder **Art temporärer Unterschiede** und jeder Art noch nicht genutzter steuerlicher Verluste und noch nicht genutzter Steuergutschriften:

    (i) der Betrag der latenten Steueransprüche und latenten Steuerschulden, die in der Bilanz für jede dargestellte Periode angesetzt wurden;

    (ii) der Betrag des in der Gewinn- und Verlustrechnung erfassten latenten Steuerertrags oder Steueraufwands, falls dies nicht bereits aus den Änderungen der in der Bilanz angesetzten Beträge hervorgeht;

7. Anhangsangaben (Notes)

(h) der Steueraufwand hinsichtlich **aufgegebener Geschäftsbereiche** für

    i) den auf die Aufgabe entfallenden Gewinn oder Verlust; und

    ii) das Ergebnis, soweit es aus der gewöhnlichen Tätigkeit des aufgegebenen Geschäftsbereichs resultiert, zusammen mit den Vergleichszahlen für jede dargestellte frühere Periode; und

(i) der Betrag der ertragsteuerlichen Konsequenzen von **Dividendenzahlungen** an die Anteilseigner des Unternehmens, die vorgeschlagen oder beschlossen wurden, bevor der Abschluss zur Veröffentlichung genehmigt wurde, die aber nicht als Verbindlichkeit im Abschluss bilanziert wurden."

IAS 12.82

„Die **Hauptbestandteile** des Steueraufwandes (Steuerertrages) sind getrennt anzugeben."

Nachfolgend ist ein **Beispiel für eine Anhangsangabe** zu latenten Steuern aus dem IFRS-Konzernabschluss eines Kreditinstitutes dargestellt.

Abb. 80: Latente Steuern (I)[209]

(14) Ertragsteuern
Die Ertragsteuern des Konzerns gliedern sich wie folgt:

	2007 Mio €	2006 Mio €
Laufende Ertragsteuern		
Körperschaftsteuer und Solidaritätszuschlag	22	54
Gewerbeertragsteuer	22	23
	44	77
Ertragsteuern Vorjahr	20	16
Tatsächliche Ertragsteuern	64	93
Aufwand aus latenten Ertragsteuern		
temporäre Differenzen	18	133
steuerliche Verlustvorträge	51	19
	69	152
Gesamt	133	245

Bezieht eine Körperschaft Dividenden oder andere Bezüge von einer Beteiligungsgesellschaft oder erzielt sie aus dieser Beteiligung einen Veräußerungsgewinn, dann sind diese Beteiligungsergebnisse mit 95 % nach § 8b KStG bei der empfangenden Körperschaft steuerfrei zu belassen. Dieser Regelung liegt der Grundsatz zugrunde, dass Dividenden und Veräußerungsgewinne aus Anteilen an Kapitalgesellschaften steuerfrei bleiben, solange diese im Bereich von Kapitalgesellschaften verbleiben.

Diese Gewinne werden demzufolge erst besteuert, wenn sie im Rahmen des Halbeinkünfteverfahrens an nicht begünstigte Empfänger (natürliche Personen oder Personenvereinigungen) ausgeschüttet werden. Eine Differenzierung nach inländischen oder ausländischen Beteiligungen findet nicht statt.

Die nachfolgende Überleitungsrechnung zeigt den Zusammenhang zwischen dem Ergebnis nach Steuern und dem Ertragsteueraufwand:

	2007 Mio €	2006 Mio €
Ergebnis nach Steuern	871	696
Ertragsteuern	133	245
Ergebnis vor Steuern	1.004	941
Anzuwendender Steuersatz	39,90 %	39,90 %
Rechnerische Ertragsteuer	401	375
Steuereffekte		
aus Änderungen des Steuersatzes	–206	–
wegen abweichender Effektivsteuersätze im In- und Ausland	–17	–30
aus steuerfreien ausländischen Erträgen	–	–
aus steuerfreien inländischen Erträgen und nicht abzugsfähigen Aufwendungen	7	–8
aus bisher nicht berücksichtigten steuerlichen Verlusten	30	40
für Steuern aus Vorjahren	77	12
aus Aktien und Beteiligungen aufgrund § 8b KStG	–158	–140
Sonstige	–1	–4
	–268	–130
Ertragsteueraufwand	133	245

---

209 PB (2007), S. 123.

Abb. 81: Latente Steuern (II)[210]

(26) Tatsächliche und latente Ertragsteueransprüche

	31.12.2007 Mio €	31.12.2006 Mio €
Tatsächliche Ertragsteueransprüche	117	86
Latente Ertragsteueransprüche		
temporäre Differenzen	333	42
steuerliche Verlustvorträge, davon	150	202
inländisch	150	202
ausländisch	–	–
	483	244
Gesamt	600	330

Latente Ertragsteueransprüche wurden im Zusammenhang mit temporären Unterschieden der folgenden Bilanzposten sowie noch nicht genutzten steuerlichen Verlusten gebildet:

	31.12.2007 Mio €	31.12.2006 Mio €
Aktivposten		
Forderungen	207	93
Risikovorsorge	–	15
Handelsaktiva	–	–
Hedging-Derivate	–	–
Finanzanlagen	186	24
Sachanlagen	3	3
Sonstige Aktiva	18	125
Passivposten		
Verbindlichkeiten	75	2
Handelspassiva	1.440	916
Hedging-Derivate	138	235
Rückstellungen für Pensionen und ähnliche Verpflichtungen	33	46
Andere Rückstellungen	12	79
Sonstige Passiva	2	3
	2.114	1.541
Steuerliche Verlustvorträge	150	202
Saldierung mit passiven latenten Steuern	1.781	1.499
Gesamt	483	244

Zum 31. Dezember 2007 bestanden keine abzugsfähigen temporären Unterschiede und steuerlichen Verlustvorträge, für die in der Bilanz kein latenter Steueranspruch angesetzt wurde.

Finanzinstrumente-Sachverhalte können mit Blick auf latente Steuern in drei Cluster unterteilt werden (siehe Abb. 82):

- A. Finanzinstrumente-Sachverhalte, die **keine** latente Steuer auslösen.
- B. Finanzinstrumente-Sachverhalte, die latente Steuer **auslösen**.
- C. Finanzinstrumente-Sachverhalte, die **zum Teil** keine latente Steuer und zum Teil latente Steuer auslösen.

---

210 PB (2007), S. 131.

Abb. 82: Latente Steuern

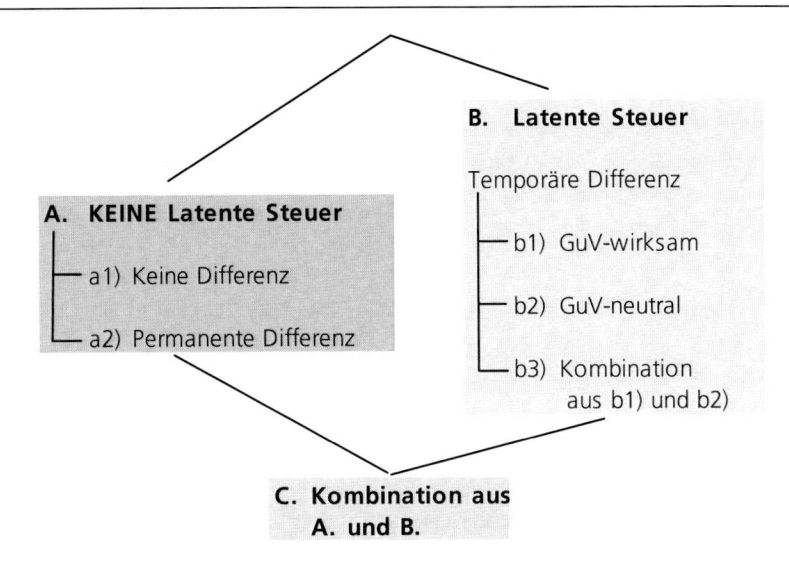

```
                              B. Latente Steuer
                              Temporäre Differenz
                                ├─ b1) GuV-wirksam
       A. KEINE Latente Steuer
                                ├─ b2) GuV-neutral
         ├─ a1) Keine Differenz
         └─ a2) Permanente Differenz
                                └─ b3) Kombination
                                        aus b1) und b2)

              C. Kombination aus
                    A. und B.
```

Es fallen keine latenten Steuern an (**A.**), wenn entweder die Wertansätze in der IFRS- und HGB-Bilanz[211] deckungsgleich sind und daher gar keine Differenzen existiert (z. B. LAR-Bond zu pari) oder aber eine Differenz besteht, die sich niemals umkehrt (permanente Differenz).

Liegen temporäre Differenzen vor (**B.**), so sind die darauf zu bildenden latenten Steuern analog der Bilanzierung des zugrunde liegenden Geschäftes zu buchen: GuV-wirksam (z. B. FVBD-Bond oder Fair-Value-Portfolio-Hedge auf Zinsänderungsrisiken[212]), GuV-neutral (z. B. AFS-Bond) oder zum Teil GuV-wirksam und zum Teil GuV-neutral (z. B. AFS-Bond als Grundgeschäft in einem Fair Value-Hedge).

Ein Beispiel für die Fallkonstellation (**C.**) stellt eine AFS-Aktie dar. In der Höhe der steuerlichen Nichtabzugsfähigkeit gem. § 8b KStG liegt eine permanente Differenz vor; auf den Rest ist GuV-neutral eine entsprechende latente Steuer einzustellen.

7.3 Angaben zu Risiken aus Finanzinstrumenten

7.3.1 Platzierung der Informationen

Nach IFRS 7 sind Informationen zu den Arten und Eigenschaften der Risiken aus Finanzinstrumenten grundsätzlich im Anhang offen zu legen.

Über **DRS 15** (Lageberichterstattung) i. V. m. mit **DRS 5** (Risikoberichterstattung) bzw. **DRS 5-10** (Risikoberichterstattung bei Banken) sind deutsche Unternehmen bereits verpflichtet, im Rahmen des Lageberichtes einen Bericht über die Risiken abzugeben.[213] Die **Arbeitsteilung** bezüglich risiko-

---

[211] Für die Berechnung der latenten Steuern ist unmittelbar die Differenz zwischen der IFRS- und der Steuer-Bilanz relevant. Über das Maßgeblichkeitsprinzip sind letztendlich aber die HGB-Wertansätze relevant.
[212] Vgl. Bischoff/Kraft, S. 43 f.
[213] Vgl. **RV** DRS 5, RV DRS 5-10 und RV DRS 15.

relevanter Informationen zwischen **Anhang** und Lagebericht (Risikobericht) sollte der Art erfolgen, dass im Anhang einige Positionen der Bilanz und GuV näher erläutert werden. So werden z. B. die Verbindlichkeiten nach Laufzeiten oder die Umsätze nach Regionen dargestellt Die für die konkrete Beurteilung der Lage des Unternehmens relevanten Risiken werden dahingegen im **Risikobericht** des Lageberichtes erläutert.[214]

98 Grundsätzlich bestehen zwei Möglichkeiten zur Platzierung der Risikoinformationen:
- a) Risikobericht wie bisher und Darstellen der Risiken aus Finanzinstrumenten gem. IFRS 7 im Anhang oder
- b) eine geschlossene Darstellung über sämtliche Risiken ausschließlich im (Konzern-) Lagebericht. Nach IFRS ist dies möglich, allerdings ist im (Konzern-)Abschluss ein Verweis auf die (Risiko-) Berichterstattung im Lagebericht erforderlich.

99 Beide Varianten sind möglich. So hat z. B. die Deutsche Post im Jahresabschluss 2007 Alternative a) gewählt und die Deutsche Postbank Variante b).

7.3.2 Angaben zum Kapitalmanagement

100 Der IFRS 7 erweitert den IAS 1 um Angabepflichten zum Kapital. Die qualitativen Kapitalangaben beziehen sich auf Ziele und Prozesse des Kapitalmanagements (IAS 1.124A; IAS 1.124B(a); IAS 1.BC46). Die zur Kapitalsteuerung angewendeten Größen sind darzulegen (IAS 1.124B(a)(i); IAS 1.BC47). Ferner ist offen zu legen und zu erläutern, inwieweit die regulatorischen Kapitalanforderungen erfüllt sind (IAS 1.124B(a)(iii)) und wie die Integration dieser Anforderungen ins Kapitalmanagement erfolgt (IAS 1.124B(a)(ii)). Nach IAS 1.124B(b) sind zusammengefasste Daten über das gesteuerte Kapital zu liefern.

7.3.3 Qualitative Anforderungen

101 Nach IFRS 7.31 ff. sind im Geschäftsbericht folgende qualitative Angaben vorzusehen:
- Informationen zur Einschätzung von Art und Eigenschaften der Risiken von Finanzinstrumenten (IFRS 7.31),
- Erläuterung der vom Unternehmen verfolgten Risikomanagementstrategie, der hierzu erlassenen Richtlinien, deren Verfolgung und der Auswirkungen auf die Risikosituation des Unternehmens.

102 Die Risiken sind entsprechend ihrer Entstehung, ihrer Art und ihrer Höhe darzustellen (IFRS 7.33(a)).

103 Die Ziele und Strategien des Risikomanagements sollen hier beschrieben werden sowie die eingesetzten Methoden und Prozesse zur Risikosteuerung erläutert werden (IFRS 7.33(b)).

104 Die Beschreibung der Risikostrategie sollte mit den quantitativen Angaben korrespondieren.

105 Neben einer Beschreibung der risikopolitischen Strategie ist auch darzulegen, wie mit Risiken im Konzern umgegangen wird. Dabei ist auf funktionale und organisatorische Aspekte einzugehen. Bei der Risikoeinschätzung ist von einem der jeweiligen Risikoart angemessenen Prognosezeitraum auszugehen.

106 Für die verschiedenen Risikokategorien ist jeweils auf deren Inhalt, Quantifizierung und das Risikomanagement einzugehen. Die Maßnahmen zur Überwachung und Steuerung der Risiken sind darzulegen. Die dargestellten Risikokategorien sind zu einem Gesamtbild der Risikolage des Konzerns

---

214 Vgl. *Hoffmann/Lüdenbach*, S. 65.

zusammenzuführen. Dabei ist auf das zur Risikoabdeckung vorhandene Eigenkapital und die bilanzielle Risikovorsorge einzugehen.

Bei der Risikoeinschätzung ist von einem der jeweiligen Risikoart adäquaten Prognosezeitraum auszugehen. Nach DRS 5.24 sollte für bestandsgefährdende Risiken grundsätzlich ein Jahr, für andere wesentliche Risiken ein überschaubarer Zeitraum, in der Regel zwei Jahre, zugrunde gelegt werden. (Nur) bei Unternehmen mit längeren Marktzyklen oder bei komplexen Großprojekten empfiehlt sich ein längerer Prognosezeitraum.

Sofern der Konzern Risiken mithilfe ausreichend validierter Modelle (z. B. wahrscheinlichkeitstheoretische Verfahren) quantifiziert, steuert und überwacht, sind diese der Berichterstattung zugrunde zu legen. Dabei ist in ausreichendem Umfang auf die wesentlichen Modellannahmen und Verfahrensprämissen einzugehen.

Sofern der Konzern Risiken aus krisenhaften Zuständen (Stresstests) für Steuerungszwecke erstellt, sind die Ergebnisse und die getroffenen Annahmen in der Risikoberichterstattung darzustellen.

7.3.4 Quantitative Anforderungen

IFRS 7 differenziert nach Ausfall-, Liquiditäts- und Marktpreisrisiken für Finanzinstrumente, ohne damit eine abschließende Aufzählung durchzuführen (IFRS 7.32). Vielmehr ist auf andere Risikoarten einzugehen, soweit sie wesentlich für das Unternehmen sind; diese Einschätzung liegt im Ermessen des Unternehmens.

Neben den Erläuterungen zu den einzelnen Risiken aus Finanzinstrumenten (im IFRS 7 werden explizit Ausfall-, Liquiditäts-, Marktpreisrisiken genannt) sind je Risikoart zusammenfassende quantitative Angaben zum Ausmaß dieser Risiken am Abschlussstichtag zu veröffentlichen. Die zusammenfassende Darstellung der Risiken hat unter Anwendung des Management Approach, d.h. in Analogie an die interne Risikoberichterstattung, zu erfolgen (IFRS 7.34 (a); IFRS 7.BC 47).

Sind aus den quantitativen Angaben keine finanziellen Risikokonzentrationen erkennbar, das Unternehmen ist ihnen aber dennoch ausgesetzt, so ist hierauf gesondert einzugehen (IFRS 7.34 (c)). Das ist der Fall, wenn Finanzinstrumente ähnliche Charakteristika aufweisen, so dass sie auf Veränderungen im ökonomischen Umfeld gleichartig reagieren (IFRS 7.B8), wie z. B. Branchen- oder Länderkonzentrationen. Die Risikoexponiertheit beschränkt sich somit nicht nur alleine auf das Marktpreisrisiko, sondern auf alle Arten von Risiken (d. h. auch Kredit- und Liquiditätsrisiken). Jede Konzentration ist gesondert anzugeben (IFRS 7.IG19). Die Angaben zu Risikokonzentrationen umfassen dabei:

- eine Beschreibung der bankinternen Methoden zur Ermittlung der Risikokonzentrationen,
- eine Beschreibung der Kriterien für die Bestimmung/Auswertung von Risikokonzentrationen (wie bspw. Kunden und Schuldnerrisikogruppen, Produkte (Kreditarten) oder geografische Regionen) und
- den Betrag (Exposure), mit dem das Unternehmen dem Konzentrationsrisiko ausgesetzt ist.

Der Umfang der Berichterstattung ist abhängig von der speziellen Situation des Unternehmens. Es gilt hier der Grundsatz der Wesentlichkeit. Ist das Unternehmen beispielsweise aufgrund der Größe des Kreditgeschäfts in einem hohen Umfang Kreditrisiken ausgesetzt, ist eine entsprechend umfangreiche Darstellung geboten.

Die Mindestanforderungen an die quantitativen Angaben zu den einzelnen Risikoarten sind in den folgenden Standards mit dem zugehörigen Application Guidance (Appendix B) und Basis for Conclusions definiert:

- IFRS 7.36-38 i. V. m. B9 und B10 sowie BC 49-56: Angaben zu Kreditrisiken bezogen auf Finanzinstrumente;
- IFRS 7.39 i. V. m. B11-B16 und BC 57-58: Angaben zu Liquiditätsrisiken;
- IFRS 7.40-42 i. V. m. B 17-28 sowie BC 59-64: Angaben zu Marktpreisrisiken (Währungsrisiken, Zinsänderungsrisiken und sonstige Marktpreisrisiken wie beispielsweise Aktien-, Aktienindex- und Rohwarenrisiken);
- IFRS 7.BC 65: Angaben zu operationellen Risiken (mit den oben angedeuteten Einschränkungen).

15 Die operationellen Risiken fallen gem. IFRS 7.BC 65 nicht in den Anwendungsbereich des IFRS 7, da dieser Standard sich ausschließlich auf die Risiken aus Finanzinstrumenten bezieht. Operationelle Risiken werden dagegen i. d. R. auf der Gesamtbankebene gesteuert. Der International Accounting Standards Board (IASB) schlägt deshalb vor, die Angaben zu operationellen Risiken außerhalb der Bilanz und der GuV (bzw. des Anhangs) im sog. Management Commentary (d. h. im Lage- oder Risikobericht) zu veröffentlichen.

7.4 Zwischenberichterstattung

16 Die Rechnungslegungsvorschriften (IFRS, HGB) beinhalten – wie weiter oben beschrieben – Ansatz-, Ausweis- und Bewertungsvorschriften. Diese gelten grundsätzlich auch für Zwischenberichte. Ob und, wenn ja, wie häufig unterjährig Berichte zu erstellen und zu veröffentlichen sind, ist dahingegen nicht Gegenstand der Rechnungslegungsvorschriften selber, sondern hängt von der Inanspruchnahme der Kapitalmärkte ab. Seit dem Jahre 2007 finden sich die entsprechenden Vorschriften im Wertpapierhandelsgesetz (§ 37w – z WpHG). Die Börsenverordnungen können darüber hinausgehende Veröffentlichungsvorschriften vorsehen, so z. B. die Frankfurter Wertpapierbörsenordnung (FWBO) für Unternehmen, die am Prime Standard gelistet sind. Jedes Unternehmen, das den Kapitalmarkt in Anspruch nimmt (durch Emission von Aktien und/oder Anleihen), hat zum Halbjahr einen sog. Halbjahresfinanzbericht zu erstellen und zu veröffentlichen. Aktienemittenten haben darüber hinaus auch im ersten und im zweiten Halbjahr jeweils einen weiteren Zwischenbericht zu erstellen und zu veröffentlichen. Am Prime Standard gelistete Unternehmen müssen hier zwingend einen sog. Quartalsfinanzbericht erstellen, der vom Umfang her fast dem eines Halbjahresfinanzberichtes gleichkommt. Andere Aktienemittenten können zwischen einer sog. Zwischenmitteilung oder aber einem Quartalsfinanzbericht wählen. Eine Zwischenmitteilung ist erheblich weniger umfangreich als ein Quartalsfinanzbericht und gleicht vom Umfang her eher einem Aktionärsbrief.

> **HINWEIS:**
>
> 17 *Fremdkapitalemittenten veröffentlichen einmal im Jahr einen Zwischenbericht (Halbjahresfinanzbericht), Aktienemittenten dreimal im Jahr einen Zwischenbericht (einmal Halbjahresfinanzbericht, zweimal Zwischenmitteilung bzw. Quartalsfinanzbericht).*

8. Neuerungen durch die Finanzkrise (kurzfristige)

LITERATUR:

Henkel, K./Schmidt, K./Ott, D.: *Änderungen in der Zwischenberichterstattung*, in: Zeitschrift für internationale und kapitalmarktorientierte Rechnungslegung (KoR), Heft 1/2008, S. 36 ff. und Heft 2/2008, S. 110 ff.[215]
Artikel zur Umsetzung der (ab 2007 geltenden) neuen Zwischenberichterstattung in der Praxis inklusive Fallstudie

8. Neuerungen durch die Finanzkrise (kurzfristige)

8.1 Überblick

Zu Beginn eines jeden Kapitels (der nachfolgend dargestellten Neuerungen) befindet sich ein Verweis auf eines der vorangegangenen Kapitel 1 bis 7, in denen die bisherige Rechtslage dargestellt wurde.

Wie eingangs dargelegt (Kap. I.5.3), ergeben sich als Reaktion auf die Finanzkrise für die Rechnungslegung sowohl kurzfristige als auch mittelfristige Rechnungslegungsänderungen. Gegenstand dieses Kapitels sind die **kurzfristigen** Rechnungslegungsänderungen in IFRS aufgrund der Finanzkrise. Bezüglich der Auswirkung der kurzfristigen IFRS-Änderungen auf das HGB vgl. Kap. IV.8 und bezüglich der mittelfristigen IFRS-Änderungen vgl. Kap. V.0.

Bei den kurzfristigen Rechnungslegungsänderungen aufgrund der Finanzkrise ging es hauptsächlich um **Bewertungsfragen** im Zusammenhang mit der Fair Value-Bilanzierung von Finanzinstrumenten in einem nicht aktiven (illiquiden) Markt. Die Änderungen der Bewertung erfolgten im IAS 39, die dazugehörigen Änderungen der Anhangsangaben erfolgten im **IFRS 7**. Im Fokus der Rechnungslegungsänderung des **IAS 39** standen zum einen die „Umklassifizierungen" und zum anderen Konkretisierungen bezüglich der Anwendung der „Fair Value Hierarchie". Abb. 83 gibt einen Überblick über die bis einschließlich März 2009 im Zusammenhang mit den kurzfristigen Rechnungslegungsänderungen veröffentlichten wesentlichen Rechtsvorschriften.

---

215 *Henkel/Schmidt/Ott (2008a) und (2008b)*.

IAS/IFRS

Abb. 83: Wesentliche Rechtsvorschriften zu den kurzfristigen Rechnungslegungsänderungen aufgrund der Finanzkrise

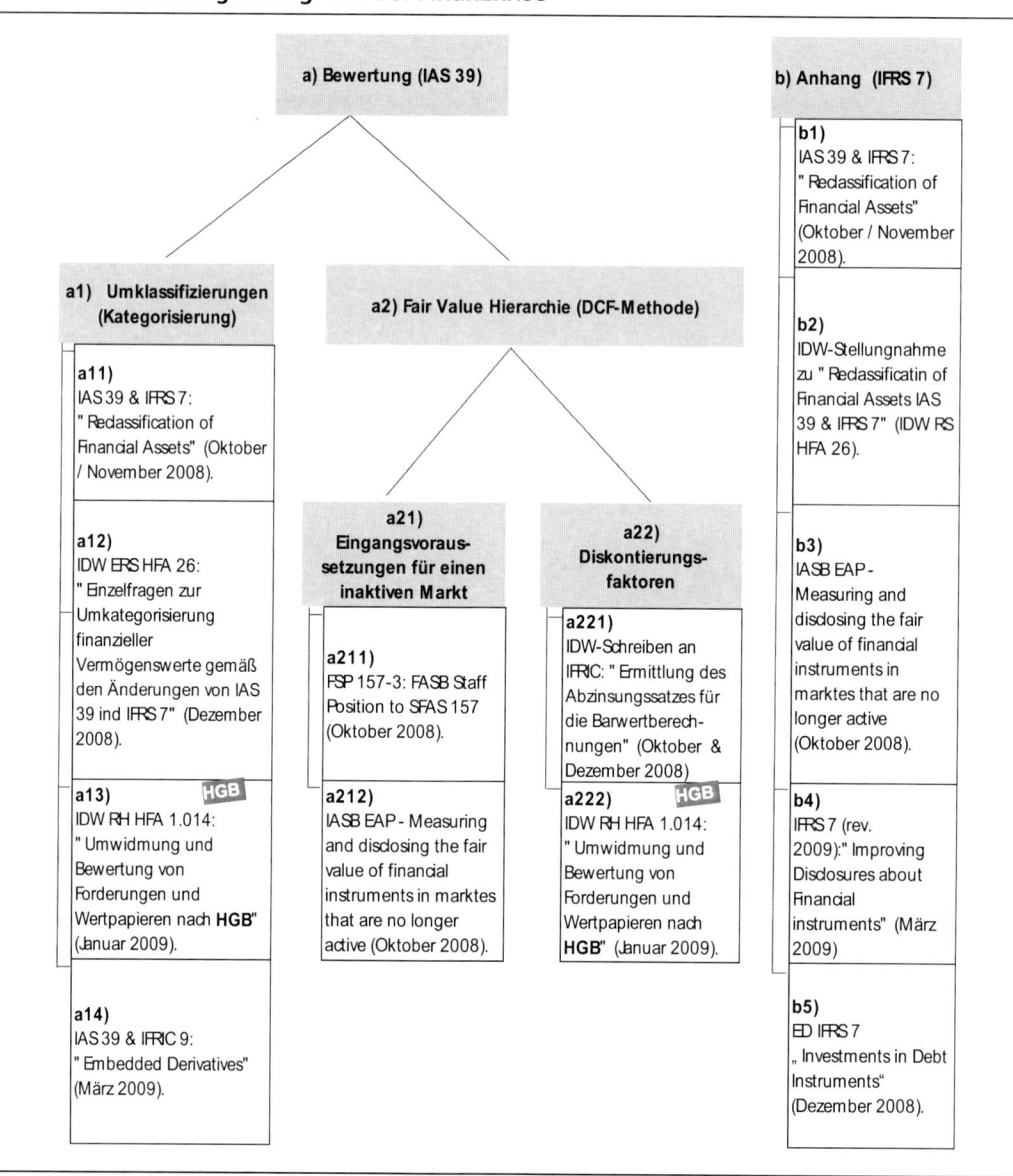

```
                                a) Bewertung (IAS 39)                    b) Anhang (IFRS 7)

                                                                         b1)
                                                                         IAS 39 & IFRS 7:
                                                                         "Reclassification of
                                                                         Financial Assets"
                                                                         (Oktober / November
                                                                         2008).

    a1) Umklassifizierungen     a2) Fair Value Hierarchie (DCF-Methode)
        (Kategorisierung)                                                b2)
                                                                         IDW-Stellungnahme
    a11)                                                                 zu "Reclassificatin of
    IAS 39 & IFRS 7:                                                     Financial Assets IAS
    "Reclassification of                                                 39 & IFRS 7" (IDW RS
    Financial Assets" (Oktober                                           HFA 26).
    / November 2008).

                                a21)                    a22)
    a12)                        Eingangsvoraus-         Diskontierungs-
    IDW ERS HFA 26:             setzungen für einen     faktoren          b3)
    "Einzelfragen zur           inaktiven Markt                           IASB EAP -
    Umkategorisierung                                   a221)             Measuring and
    finanzieller                                        IDW-Schreiben an  disclosing the fair
    Vermögenswerte gemäß        a211)                   IFRIC: "Ermittlung des value of financial
    den Änderungen von IAS      FSP 157-3: FASB Staff   Abzinsungssatzes für instruments in
    39 ind IFRS 7" (Dezember    Position to SFAS 157    die Barwertberech-  marktes that are no
    2008).                      (Oktober 2008).         nungen" (Oktober & longer active
                                                        Dezember 2008)    (Oktober 2008).

    a13)            HGB         a212)                   a222)       HGB   b4)
    IDW RH HFA 1.014:           IASB EAP - Measuring    IDW RH HFA 1.014: IFRS 7 (rev.
    "Umwidmung und              and disclosing the fair "Umwidmung und   2009):" Improving
    Bewertung von               value of financial      Bewertung von    Disclosures about
    Forderungen und             instruments in marktes  Forderungen und  Financial
    Wertpapieren nach HGB"      that are no longer      Wertpapieren nach instruments" (März
    (Januar 2009).              active (Oktober 2008).  HGB" (Januar 2009). 2009)

    a14)                                                                  b5)
    IAS 39 & IFRIC 9:                                                     ED IFRS 7
    "Embedded Derivatives"                                                „Investments in Debt
    (März 2009).                                                          Instruments"
                                                                          (Dezember 2008).
```

8.2 Umklassifizierungen

Vgl. Kap. 4.2.4.

Die Hauptänderung bei den Umklassifizierungen ergibt sich aus der IAS 39/IFRS 7-Änderung „Reclassification of Financial Assets" vom **Oktober** und November **2008**,[216] mit der neue Umklassi-

---

216 Vgl. **RV** IAS 39/IFRS 7 (am. 10/2008), **RV** IAS 39/IFRS 7 (am. 11/2008) und **RV** EU (2008a).

fizierungen zugelassen werden.[217] Gemäß einer **geänderten Managementintention**, also längerer Halteabsicht als bisher, ist nun eine Umklassifizierung möglich, sodass die Finanzinstrumente zukünftig nicht mehr einer Fair Value-Bilanzierung unterliegen. Die Fair Values sind im **Anhang** anzugeben (siehe Kap. 8.4.). Voraussetzung für die Anwendung der neuen Umklassifizierungen ist, dass der **Markt** des umzugliedernden Finanzinstrumentes zum Umgliederungszeitpunkt **inaktiv** ist (bei Umklassifizierungen **nach LAR**)[218] bzw. dass die Umklassifizierung aufgrund eines „**außergewöhnlichen Umstandes**" (wie z. B. der Finanzkrise) erfolgt (bei Umklassifizierungen raus aus **FVTPL-TRD**). Abb. 84 gibt einen Überblick über die bisherigen und die neu hinzugekommenen Umklassifizierungsmöglichkeiten.

Abb. 84: Umklassifizierungen (Umwidmungen) nach IAS 39

von \ nach	FAIR VALUE (FV)			AMORTISED COST (AC)	
	1 FVTPL-TRD	2 FVTPL-FVBD	3 AFS	4 HTM	5 LAR
FV 1 FVTPL-TRD			☑ 1)	☑ 1)	☑ 2)
FV 2 FVTPL-FVBD					
FV 3 AFS				☑ 3) ☑ 4)	☑ 2)
AC 4 HTM			☑ 5) ☑ 6)		
AC 5 LAR					

Legende
☑ neu (ab Oktober 2008)
☑ bis dato bereits zulässig
 Fallkonstellation nicht möglich

1) IAS 39.50c)
 * Änderung der Halteabsicht.
 * Wahlrecht; kann pro Geschäft nur 1x in Anspruch genommen werden.
 * Umgliederung darf nur unter außergewöhnlichen Umständen erfolgen (z.B. Finanzkrise).

2) IAS 39.50e)
 Absicht und Fähigkeit, das Finanzinstrument auf absehbare Zeit oder bis zur Endfälligkeit zu halten.
3) IAS 39.54 Änderung der Halteabsicht / -fähigkeit.
4) IAS 39.54 Tainting beendet.
5) IAS 39.52 Änderung der Halteabsicht / -fähigkeit.
6) AS 39.52 Tainting.

---

217 Im zweiten Halbjahr 2008 haben Kreditinstituten finanzielle Vermögenswerte in Höhe von 449,8 Mrd. EUR (Fair Value) umklassifiziert, wodurch 18,1 Mrd. EUR an Abschreibungen und 10,4 Mrd. EUR an Neubewertungsrücklagen-Reduktion vermieden wurden; vgl. Eckes/Weigel S. 378 f.
218 Sowie die anderen Voraussetzungen für eine LAR-Kategorisierung gem. IAS 39.9 zum Umklassifizierungszeitpunkt erfüllt sind.

23 Ausgelöst durch diese Umklassifizierungsneuerungen im IAS 39 hat das IDW am 5.12.2008 den Entwurf der Stellungnahme **IDW ERS HFA 26** veröffentlicht.[219] Zudem geht das IASB mit der Änderung zum **IAS 39/IFRIC 9** vom März 2009[220] auf die Auswirkungen der neuen Umklassifizierungsvorschriften bei „Embedded Derivatives" ein und stellt klar, dass bei einer Umklassifizierung aus der Bewertungskategorie TRD der bisher nicht durchzuführende Test auf eine mögliche Abspaltung eines Embedded Derivatives nachzuholen ist. Bei dieser Prüfung sind allerdings die Verhältnisse zum Zugangszeitpunkt (und nicht zum Umklassifizierungszeitpunkt) relevant.

8.3 Fair Value Hierarchie/Aktiver Markt

Vgl. Kap. 4.4.1.2.

24 Bei dem IAS 39-Bewertungsthema „Fair Value Hierarchie (DCF-Methode)" geht es zum einen um die Fragestellung, unter welchen Voraussetzungen ein Markt inaktiv ist, also um die Eingangsvoraussetzungen für einen inaktiven Markt.[221] Zum anderen geht es um die Frage, mit welchen Diskontierungsparametern die ausstehenden Cashflows bei Vorliegen eines inaktiven Marktes zu diskontieren sind (Diskontierungsfaktoren).[222] [223]

25 Mit dem FASB-Mitarbeiter-Positionspapier „FSP 157-3"[224] wurden erstmals **Eingangskriterien** für einen inaktiven Markt konkretisiert. Das IASB-Expertengremium (IASB EAP) hat im Rahmen seiner Veröffentlichung vom Oktober 2008[225] die grundsätzliche Konformität der IFRS-Bewertungsvorschriften mit den US-GAAP-Bewertungsvorschriften bestätigt und stellt eine Vielzahl von Beispielen zum Thema Bewertung und Anhangsangaben in inaktiven Märkten dar. Im Einklang mit den FASB und IASB-Positionen stellt das IDW in seinen Schreiben an das IFRIC vom Oktober und vom Dezember 2008[226] dar, dass sich „neben anderen Faktoren die Inaktivität eines Marktes für ein bestimmtes Finanzinstrument insbesondere in Form einer erheblichen Ausweitung der von Brokern genannten Geld-Brief-Spannen (das heißt nur indikative Preise) zum einen und durch einen deutlichen Rückgang des Handelsvolumens im Vergleich zur Vergangenheit zum anderen" zeigt.

26 Sind die Eingangsvoraussetzungen für die Anwendung der DCF-Methode im Rahmen der Fair Value-Bewertung nachgewiesen, stellt sich nun die Frage, mit welchen Parametern konkret die Cash-Flows von Finanzinstrumenten in inaktiven Märkten zu diskontieren sind. Dieser Thematik der zu verwendenden „**Diskontierungsfaktoren**" hat sich erstmalig das IDW[227] angenommen. Grundsätzlich gilt, dass am Markt beobachtbare Parameter bei der Modellierung berücksichtigt werden müssen. Das IDW-Schreiben stellt klar, dass sich der Diskontierungssatz aus **drei Komponenten** zusammensetzt: dem „risikofreien Basiszinssatz, dem Zuschlag für das Kreditrisiko (Credit Spread) und einer Restgröße, die bei den betrachteten Produkten im wesentlichen aus einem Aufschlag für das Liquiditätsrisiko (Liquidity Spread)" bestehen dürfte und im Folgenden als Liquiditätsspread bezeichnet wird. Unstrittig ist, dass bei Diskontierung der Cash-Flows die ersten beiden genannten Komponenten auch in der Finanzkrise am Markt erkennbar sind und daher in die Modellierung mit

---
219 Im September 2009 wurde die finale Stellungnahme veröffentlicht; vgl. **RV** IDW ERS HFA 26.
220 Vgl. **RV** IAS 39 (am. 03/2009).
221 Vgl. *DRSC (2008c)*.
222 Die Subprime-Krise hat gezeigt, dass Konkretisierungen und Typisierungen im Mark-to-Model Konzept für die (IFRS-) Bilanzierung unbedingt erforderlich sind; vgl. *Baetge/Brembt/Brüggemann*, S. 1010.
223 Aufgrund der Vielzahl von Finanzinstrumenten, die von der Subprime-Krise betroffen sind, berührt die Problematik der Bewertung von Finanzinstrumenten auf inaktiven Märkten nicht nur Kreditinstitute, sondern auch Nicht-Kreditinstitute. Vgl. *Brinkmann/Leibfried/Zimmermann*, S. 334.
224 Vgl. **RV** FASB.
225 Vgl. RV *IAS 39/IFRS 7 (EAP)*.
226 Vgl. **RV** IDW (DCF_1) und **RV** IDW (DCF_2).
227 Vgl. **RV** IDW (DCF_1).

einfließen. Anders ist es aber beim **Liquiditätsspread**. Gemäß IDW-Schreiben ist dieser auf inaktiven Märkten nicht beobachtbar, weil er weder von Brokern oder Preisservice-Agenturen quotiert wird noch indirekt aus Transaktionspreisen abgeleitet werden kann. In Analogie zum IAS 39.AG78 stellt das IDW-Schreiben weiterhin dar, dass in den Fällen, in denen der Liquiditätsspread auf dem Markt nicht mehr zu beobachten ist, als Ausgangspunkt der zuletzt auf einem aktiven Markt beobachtbare Liquiditätsspread heranzuziehen ist. Falls Hinweise für eine nachfolgende Veränderung des Liquiditätsspreads vorliegen, ist dieser anzupassen.[228]

8.4 Anhangsangaben

8.4.1 Bilanz

Vgl. Kap. 7.2.3.3.

Bei der Inanspruchnahme der neuen **Umklassifizierungen** (siehe Tz. 841) sind zu diesen Beständen gemäß der IFRS 7-Änderungen[229] vom Oktober und November 2008 Zusatzangaben im Anhang anzugeben. Zudem beinhaltet die IASB EAP-Veröffentlichung vom Oktober 2008[230] diverse Hinweise auf die Darstellung von Anhangsangaben im Zusammenhang mit der **Fair Value Bewertung**.

8.4.2 Weitere Angaben

Vgl. Kap. 7.2.5.2.

Mit der im März 2009 veröffentlichten Änderung des IFRS 7[231] sind zudem Anhangsangaben zum Fair Value (FV) gemäß der neu eingeführten **dreistufigen Fair Value Hierarchie** zu veröffentlichen. Die Fair Value Hierarchie nach IFRS 7 entspricht nun der US-amerikanischen Regelung im SFAS 157. So sind die in der Bilanz zum Fair Value bewerteten Finanzinstrumente einen der drei Fair Value-Level zuzuordnen. Für die **Level 3-Finanzinstrumente** sind die Entwicklung des Buchwertes im laufenden Geschäftsjahr und die Auswirkungen auf die GuV bzw. das OCI detailliert zu beschreiben.[232] [233]

Ursprünglich sollten auch die Anhangsangaben zum **Impairment** erweitert werden,[234] dies wurde dann aber vom IASB wieder zurückgezogen.

8.5 Finanzkrise und IPSAS

Vgl. Kap. II.2.2.4.

Die International Public Sector Accounting Standards (IPSAS) waren hinsichtlich der Rechnungslegung von Finanzinstrumenten nicht besonders gut aufgestellt, da der einzige Finanzinstrumente-Standard IPSAS 15 veraltet war (2001) und ein Standard für die Bilanzierung und Bewertung auf

---

228 Vgl. *Heß*, S. 1145 und *Goldschmidt/Weigel*, S. 198 ff.
229 Vgl. **RV** IAS 39/IFRS 7 (am. 10/2008) und **RV** IAS 39/IFRS 7 (am. 11/2008).
230 Vgl. RV *IAS 39/IFRS 7 (EAP)*.
231 Vgl. **RV** IFRS 7 (am. 03/2009).
232 Vgl. *FAZ (2009)*.
233 Eine Umfrage bei professionellen Investoren im Jahre 2008 zur Entscheidungsnützlichkeit der Fair-Value-Bilanzierung ergab, das Fair Value nicht gleich Fair Value ist. Es ist eine deutliche qualitative Unterscheidung zwischen marktbasierten und modellgestützten Fair Values vorzunehmen; vgl. *Gassen/Schwedler*.
234 Vgl. **RV** IFRS 7 (ED 10/2008) und vgl. Vater.

Basis von IAS 39 ganz fehlt. Deshalb und auch in Anbetracht der globalen **Finanzkrise** hat das IPSAS-Board auf dem Meeting vom Oktober 2008 beschlossen, das bereits seit Frühjahr 2008 laufende Projekt „Finanzinstrumente" zu priorisieren[235] und fehlende IPSAS-Finanzinstrumentestandards zu implementieren. In enger Anlehnung an den IAS 32, IAS 39 und IFRS 7 wurden am 23. April 2009 die drei Standardentwürfe ED 37 (Finanzinstrumente: Darstellung) ED 38 (Finanzinstrumente: Ansatz und Bewertung) und ED 39 (Finanzinstrumente: Angaben) veröffentlicht,[236] [237] die im Januar 2010 als IPSAS-Standards (IPSAS 28, IPSAS 29, IPSAS 30) übernommen wurden.[238] Diese enthalten allerdings zusätzliche Anwendungsleitlinien zu zwei Schlüsselthemen für den öffentlichen Sektor: Finanzgarantien und Kredite mit Sonderkonditionen unterhalb der Marktkonditionen.

9. Neuerungen durch IFRS für KMU

9.1 Überblick

31 Zu Beginn eines jeden Kapitels (der nachfolgend dargestellten Neuerungen) befindet sich ein Verweis auf eines der vorangegangenen Kapitel 1 bis 7, in denen die bisherige Rechtslage dargestellt wurde.

32 Wie bereits eingangs kurz in Kap. I.5.2 und weiter oben in Kap. 1.1.3 dargestellt, sind die aktuellen (Full-) IFRS nicht auf die **Besonderheiten von mittelständischen Unternehmen (kleine und mittelgroße Unternehmen** KMU, *small and medium sized entities SME*) zugeschnitten. Daher hat das IASB für diese Unternehmensgruppe mit den IFRS für KMU (IFRS for SME)[239] [240] – nachfolgend mit KMU-IFRS bezeichnet – einen eigenen Standard veröffentlicht, der zwar grundsätzlich auf den allgemeinen IFRS-Standards aufbaut, aber für bestimmte Bereiche teilweise (erhebliche) Vereinfachungen im Vergleich zum vollständigen IFRS-Regelwerk vorsieht. Da die IFRS für KMU u. a. in Deutschland sehr kontrovers diskutiert werden, soll das durch BilMoG modernisierte HGB (siehe Kap. III.9) eine Alternative zu den IFRS für KMU darstellen

33 Die **Vereinfachungen** betreffen insbesondere auch den Bereich der **Finanzinstrumente** und werden nachfolgend näher beschrieben. Gegenstand des Abschnittes **KMU-IFRS 11** „Basis-Finanzinstrumente" (basic financial instruments) sind einfache (plain vanilla) Finanzinstrumente, die grundsätzlich zu fortgeführten Anschaffungskoten (**AC**) zu bilanzieren sind. Die (über Basis-Finanzinstrumente hinausgehenden) „weiteren Finanzinstrumente" (other financial instruments issues) des **KMU-IFRS 12**, also komplexeren Finanzinstrumenten sowie einfachen Hedging-Strukturen, sind erfolgswirksam zum beizulegenden Zeitwert zu bewerten (**FVTPL**).

34 An dieser im Standard vorgegebenen Zweiteilung angelehnt, werden in den zwei nachfolgenden Kapiteln des Buches die relevanten Finanzinstrumente-Sachverhalte der KMU-IFRS gemäß der AAB-BAA-Systematik (siehe Kap. I.2.5) dargestellt. Kap. 9.2 (Basis-Finanzinstrumente) enthält die Regelungen des KMU-IFRS 11 (**Basis-Finanzinstrumente**) plus alle weiteren für Finanzinstrumente

---

235 Vgl. *Bergmann*.
236 Vgl. *IPSASB (2009a)*.
237 Vgl. **RV** IPSAS ED 37, **RV** IPSAS ED 38, **RV** IPSAS ED 39.
238 Vgl. **RV** IPSAS 28, IPSAS 29 und IPSAS 30.
239 Vgl. **RV** IFRS für KMU (2009), (2009a), (2009b) und bezüglich Standard in deutscher Sprache **RV** IFRS für KMU (2007), (2007a), (2007b).
240 IFRS for SME firmierte zwischenzeitlich auch unter „IFRS for Non-publicly Accountable Entities" (NPAEs) und „IFRS for private entities" (PE).

relevanten Vorschriften der KMU-IFRS. Gegenstand des Kap. 9.3 (**Weitere Finanzinstrumente**) sind dahingegen ausschließlich die KMU-IFRS 12 geregelten Sachverhalte), die dann additiv zu den Vorschriften aus Kap. 9.2 anzuwenden sind.

Der **Änderungsrhythmus** der KMU-IFRS ist grundsätzlich alle **drei Jahre** (KMU-IFRS P17) und damit grundsätzlich losgelöst vom Full-IFRS-Änderungsrhythmus.

9.2 Basis-Finanzinstrumente

9.2.1 Anwendungsbereich

In den Anwendungsbereich des KMU-IFRS 11 fallen **einfache (plain vanilla) Finanzinstrumente**. Gem. KMU-IFRS 11.8 sind dies u. a. liquide Mittel, Forderungen und Verbindlichkeiten aus Lieferungen und Leistungen, Bankkredite, Kreditzusagen oder einfache Eigenkapitalpapiere (z. B. Stammaktien, Vorzugsaktien).

Alternativ kann freiwillig **auch der IAS 39** der Full-IFRS anstelle des KMU-IFRS 11 angewendet werden. In diesem Fall sind allerdings nicht die umfassenden Angabepflichten des IFRS 7 zu erstellen (KMU-IFRS 11.2 (b) und BC107).

9.2.2 Ansatz

9.2.2.1 Zugang/Abgang

Vgl. Kap. 2.4.

Auch die Ausbuchungsregeln wurden unter dem KMU-IFRS vereinfacht. Solange der Übertragende noch ein signifikantes anhaltendes Engagement an dem übertragenden Vermögenswert besitzt, erfolgt grundsätzlich keine bilanzielle Ausbuchung beim Übertragenden. In einigen Fällen erfolgt allerdings eine Ausbuchung, wenn die Kontrolle übertragen wird, selbst wenn das Unternehmen einige Risiken und Chancen behalten hat.[241]

9.2.2.2 Strukturierte Finanzinstrumente

Vgl. Kap. 2.5.

Split-Accounting bei **Compound Instruments** ist auch nach den KMU-IFRS vorgesehen und wird anhand eines Buchungsbeispiels im Standard erläutert (KMU-IFRS 22 appendix).

Anders dahingegen das Split-Accounting bei **Embedded Derivatives**, welches in den KMU-IFRS nicht mehr vorgesehen ist. Entweder fällt das gesamte strukturierte Finanzinstrument unter KMU-IFRS 11 und wird als ganzes zu FAK bewertet (bis auf die Ausnahme der plain vanilla Aktien) oder das strukturierte Finanzinstrument fällt unter KMU-IFRS 12 mit der Konsequenz, dass das gesamte strukturierte Finanzinstrument als FVTPL bewert wird.[242]

---

241 Vgl. *Deloitte (2009).*
242 Vgl. Beiersdorf/Eierle/Haller, S. 1555.

9.2.2.3 Beteiligungen/SIC 12

Vgl. Kap. 2.6.

Die Prinzipien des SIC-12 bezüglich der Konsolidierung von Zweckgesellschaften (siehe III.2.6.2) wurden unmittelbar mit in den Standard mit aufgenommen (KMU-IFRS 9.10 ff).

9.2.2.4 Latente Steuern

Vgl. Kap. 2.7.

Bezüglich **latenter Steuern** sieht **KMU-IFRS 29** grundsätzlich das bilanzorientierte temporary-Konzept des IAS 12 vor, beinhaltet aber bereits die in Entwurfsform im März 2009 vom IASB veröffentlichte Überarbeitung des bisherigen IAS 12,[243] der auf der Ebene der Full-IFRS noch nicht verabschiedet wurde.

9.2.3 Ausweis in der Bilanz

9.2.3.1 Bilanz Nicht-Kreditinstitute

Vgl. Kap. 3.3.

Gegenstand der KMU-IFRS ist auch ein Musterabschluss (*illustrative financial statements presentation*), der auch eine **Muster-Bilanz** enthält (siehe Abb. 85).

---

243 ED/2009/2 „Income Taxes" vom 31.03.2009.

9. Neuerungen durch IFRS für KMU

Abb. 85: Muster einer KMU-IFRS-Bilanz[244]

VERMÖGENSWERTE	ASSETS
Kurzfristige Vermögenswerte	**Current assets**
Zahlungsmittel	Cash
Forderungen aus Lieferungen und Leistungen und sonstige Forderungen	Trade and other receivables
Vorräte	Inventories
Langfristige Vermögenswerte	**Non-current assets**
Anteile an assoziierten Unternehmen	Investment in associate
Sachanlagen	Property, plant and equipment
Immaterielle Vermögenswerte	Intangible assets
Latente Steueransprüche	Deferred tax asset
Summe der Vermögenswerte	**Total assets**
SCHULDEN UND EIGENKAPITAL	LIABILITIES AND EQUITY
Kurzfristige Schulden	**Current liabilities**
Überziehungskredite	Bank overdraft
Verbindlichkeiten aus Lieferungen und Leistungen	Trade payables
Verbindlichkeiten	Interest payable
Tatsächliche Steuerschulden	Current tax liability
Verbindlichkeiten aus Warrants	Provision for warranty obligations
Kurzfristiger Anteil der Verpflichtungen aus Leistungen an Arbeitsnehmer	Current portion of employee benefit obligations
Kurzfristiger Anteil der Verpflichtungen aus Finanzierungsleasingverhältnissen	Current portion of obligations under finance leases
Langfristige Schulden	**Non-current liabilities**
Bankdarlehen	Bank loan
Langfristige Verpflichtungen aus Leistungen an Arbeitsnehmer	Long-term employee benefit obligations
Verpflichtungen aus Finanzierungsleasingverhältnissen	Obligations under finance leases
Summe der Schulden	**Total liabilities**
Eigenkapital	**Equity**
Gezeichnetes Kapital	Share capital
Gewinnrücklagen	Retained earnings
Summe aus Schulden und Eigenkapital	**Total liabilities and equity**

9.2.3.2 Passiva: Eigen- versus Fremdkapital

Vgl. Kap. 3.2.

Analog dem IAS 32 wird im KMU-IFRS 22 das **Eigenkapital als Residualgröße** aus der Summe der Vermögenswerte abzüglich der Schulden definiert. Die Änderung des **IAS 32 (rev. 2008)**, wonach aufgrund der eingeführten Ausnahmeregelung bestimmte Finanzinstrumente, die durch den Inhaber kündbar sind, dennoch als IFRS-Eigenkapital klassifiziert werden können (siehe Tz. 408),

---

[244] Vgl. **RV** *IFRS für KMU (2009b)*, S. 8 f. i.V.m. **RV** *IFRS für KMU (2007b)*, S. 10 f.

wurden in den KMU-IFRS übernommen. Somit entfällt für die Mehrheit der deutschen mittelständischen Unternehmen (insbesondere Personengesellschaften) das (potentielle) Problem, gesellschaftsrechtliches Kapital nach IFRS nicht als Eigenkapital ausweisen zu können.[245]

In den KMU-IFRS 22 wurden **neue Sachverhalte** mit aufgenommen, die bisher nicht Bestandteil des IAS 32 sind. Hierzu zählen: a) Leitlinien zur Abbildung von Genossenschaftsanteilen (IFRIC 2), b) ursprüngliche Emission von Anteilen und anderen Eigenkapitalinstrumenten, c) Verkäufe von Optionen, Bezugsrechten und Optionsscheinen sowie d) Aktiendividenden und Aktiensplits.[246]

9.2.4 Bewertung auf Einzelebene

9.2.4.1 Zugangsbewertung

Vgl. Kap. 4.1.

Die **Zugangsbewertung** erfolgt zu Anschaffungskosten.

9.2.4.2 Bewertungskategorien

Vgl. Kap. 4.2.

Basis-Finanzinstrumente werden grundsätzlich der Bewertungskategorie AC (amortised cost) zu geordnet. Lediglich die Basis-Finanzinstrumente-Eigenkapitalpapiere sind der Bewertungskategorie FVTPL (fair value through profit or loss) zuzuordnen.

Bei der Kategorisierung entfällt die Orientierung an der Verwendungsabsicht, die sich unter den KMU-IFRS nun ausschließlich an den **Merkmalsaustattungen** der Finanzinstrumente orientiert.[247]

Basis-Finanzinstrumente der **Bewertungskategorie AC** sind die nachfolgend aufgeführten Bestände, die bei der Zugangsbewertung mit den fortgeführten Anschaffungskosten unter Verwendung der Effektivzinsmethode bewertet werden:[248]

- a) Liquide Mittel,
- b) Basis-Schuldinstrumente,[249] wie z.B
    - Forderungen und Verbindlichkeiten aus Lieferungen und Leistungen,
    - Bankkredite sowie andere Kredite,
    - Sicht- und Termineinlagen,
    - Commercial Papers und Wechsel,
    - Bonds
- c) Kreditzusagen (*loan commitment*)[250]

Nachfolgend genannte Basis-Finanzinstrumente sind dahingegen der **Bewertungskategorie FVTPL** zuzuordnen und entsprechend GuV-wirksam zum Fair Value zu bewerten, soweit sie öffentlich

---

245 Vgl. *Beiersdorf/Eierle/Haller*, S. 1556.
246 Vgl. *Deloitte (2009)*.
247 Vgl. *Beiersdorf/Eierle/Haller*, S. 1555.
248 KMU-IFRS 11.8 a) bis c) und KMU-IFRS 11.5 a) bis e) i.V.m. KMU-IFRS 11.14 a) u. b).
249 Basis-Schuldinstrumente müssen die in KMU-IFRS 11.9 genannten Kriterien erfüllen.
250 Solange sie (i) nicht durch Barausgleich erfüllt werden können und die (ii) bei Ausübung die in KMU-IFRS 11.9 dargestellten Bedingungen erfüllen.

gehandelt sind oder sich ihr Fair Value anderweitig verlässlich ermitteln lässt. Ansonsten erfolgt ein Ansatz zu Kosten (at cost) abzüglich Wertminderungsbedarf (Impairment).[251]

- Eigenkapitalanlagen in nicht wandelbare Unternehmensanteile (*non-convertible preference shares*) und nicht kündbare Stamm- oder Vorzugs-Unternehmensanteile (z. B. *non puttable ordinary shares or preference shares*).[252]

Die Anwendung einer Fair Value Option (vgl. 4.2.1.1.2) ist in den KMU-IFRS nicht vorgesehen.

9.2.4.3 Bewertungsmethoden

Vgl. Kap. 4.3.

Marktpreisrisiko ohne FW: Bei der Folgebewertung sind die nach Basis-Finanzinstrumente grundsätzlich zu fortgeführten Anschaffungskosten (amortised cost, **AC**) zu bilanzieren (vgl. Tz. 867). Lediglich die Basis-Finanzinstrumente-Eigenkapitalpapiere sind GuV-wirksam mit dem Fair Value zu bewerten (fair value through profit or loss, **FVTPL**, vgl. Tz. 868).

Adressenausfallrisiken (Impairment): Die Regelungen zu Wertberichtigungen (Impairment) des KMU-IFRS 11 entsprechen grundsätzlich denen der Full-IFRS für LAR/HTM (vgl. Tz. 563 ff.). So müssen alle Instrumente, die zu fortgeführten Anschaffungskosten (**AC**) bewertet werden, auf Wertminderungen getestet werden. Wertaufholungen sind zulässig.

Fremdwährungsrisiken: Die Regelungen zur Fremdwährungsumrechnung des KMU-IFRS 30 entsprechen ungefähr denen des IAS 21 der Full-IFRS (vgl. Kap. III.4.3.4).

9.2.4.4 Fair Value

Vgl. Kap. 4.4.

KMU-IFRS 11.27 ff. enthält Leitlinien zum beizulegenden Zeitwert (Fair Value), die denen der Full-IFRS entsprechen.

9.2.5 Bewertungseinheiten (Hedge Accounting)

Hedge Accounting ist für Basis-Finanzinstrumente nicht vorgesehen,[253] sondern nur für die „weiteren Finanzinstrumente"; vgl. Kap. 9.2.5.

9.2.6 Ausweis in der GuV (EK)

Muster-GuV Nicht-Kreditinstitute (vgl. Kap. 6.3)

Gegenstand der KMU-IFRS ist auch ein Musterabschluss, der jeweils eine **Muster-GuV** für das Umsatzkostenverfahren als auch für das Gesamtkostenverfahren beinhaltet (siehe Abb. 86 und Abb. 87).

---

251 KMU-IFRS 11.8 (d) i.V.m. KMU-IFRS 11.11 c).
252 Das IASB verwendet den Begriff „shares", welcher allerdings nicht nur Aktien, sondern auch Anteile an anderen Gesellschaftsformen umfassen kann. Aktien in diesem Sinne umfassen z. B. auch Anteile an GmbHs oder Genossenschaften, vgl. *Beiersdorf/Eierle/Haller*, S. 1555 FN 80.
253 Ein Ergebnis des „field tests" zum ED-IFRS for SMEs unter weltweit 115 Unternehmen (15 davon aus Deutschland) war, dass bei denen am Test beteiligten mittelständischen Unternehmen bestimmte Geschäftsvorfälle, die im Standardentwurf (noch) vorgesehen waren, in der Praxis kaum auftreten und damit nicht abzubilden waren, wozu auch das Hedge Accounting gehörte. Vgl. *DRSC (2008a)*, S. 2. Zu den Details der Testergebnisse der 15 deutschen Unternehmen vgl. *DRSC (2008)*.

Abb. 86: Muster einer KMU-IFRS-GuV (Umsatzkostenverfahren)[254]

	GuV (Umsatzkostenverfahren)	P&L (by function)
	Aufstellung über das Ergebnis und die Gewinnrücklagen (Umsatzkostenverfahren)	Statement of comprehensive income and retained earnings (classification of expenses by function)
+	Umsatzerlöse	Revenue
./.	Umsatzkosten	Cost of sales
=	**Bruttogewinn**	**Gross profit**
+	Sonstige Erträge	Other income
./.	Vertriebskosten	Distribution costs
./.	Verwaltungsaufwendungen	Administrative expenses
./.	Sonstige Aufwendungen	Other expenses
./.	Finanzierungskosten	Finance costs
=	**Ergebnis vor Steuern**	**Profit before tax**
./.	Ertragsteueraufwand	Income tax expense
=	**Periodengewinn**	**Profit for the year**
+	Gewinnrücklagen zu Beginn des Geschäftsjahres	Retained earnings at start of year
./.	Dividende	Dividends
=	**Gewinnrücklagen zum Ende des Geschäftsjahres**	**Retained earnings at end of year**

---

254 Vgl. **RV** IFRS für KMU (2009b), S. 6 i.V.m. **RV** IFRS für KMU (2007b), S. 8.

9. Neuerungen durch IFRS für KMU

Abb. 87: Muster einer KMU-IFRS-GuV (Gesamtkostenverfahren)[255]

GuV (Gesamtkostenverfahren)		P&L (by nature)
	Aufstellung über das Ergebnis und die Gewinnrücklagen (Gesamtkostenverfahren)	Statement of comprehensive income and retained earnings (classification of expenses by nature)
+	Umsatzerlöse	Revenue
+	Sonstige Erträge	Other income
+ ./.	Veränderung des Bestandes an Fertigerzeugnissen und unfertigen Erzeugnissen	Changes in inventories of finished goods and work in progress
./.	Roh-, Hilfs- und Betriebsstoffe	Raw material and consumables used
./.	Gehälter und Leistungen an Arbeitnehmer	Employee salaries and benefits
./.	Aufwand für planmäßige Abschreibungen	Depreciation and amortisation expense
./.	Wertminderung von Sachanlagen	Impairment of property, plant and equipment
./.	Sonstige Aufwendungen	Other expenses
./.	Finanzierungskosten	Finance costs
=	**Ergebnis vor Steuern**	**Profit before tax**
./.	Ertragsteueraufwand	Income tax expense
	Periodengewinn	**Profit for the year**
+	Gewinnrücklagen zu Beginn des Geschäftsjahres	Retained earnings at start of year
./.	Dividende	Dividends
=	**Gewinnrücklagen zum Ende des Geschäftsjahres**	**Retained earnings at end of year**

9.2.7 Anhang

Während eine Anhangscheckliste für die **Full-IFRS** mehr 3.000 Einzelposten umfasst, beinhaltet die Anhangscheckliste der **KMU-IFRS** weniger als **400** Einträge.[256]

Anhangsangaben zu Basis-Finanzinstrumenten werden u.a. verlangt zu: Kategorien an Finanzinstrumenten, Details zu schuldrechtlichen und anderen Instrumenten, Details zu Ausbuchungen, Sicherheiten, Ausfälle und Verzug bei fälligen Krediten, Aufwands- und Ertragsposten. Details enthält die **Anhangscheckliste**, die zusammen mit dem Standard vom **IASB** veröffentlicht wurde.[257]

---

255 Vgl. **RV** IFRS für KMU (2009b), S. 7 i.V.m. **RV** IFRS für KMU (2007b), S. 9.
256 Vgl. *Pacter*, S. 13.
257 Vgl. **RV** IFRS für KMU (2009b), S. 39 ff.

9.3 Weitere Finanzinstrumente

9.3.1 Anwendungsbereich

59 In den **Anwendungsbereich** des KMU-IFRS 12 fallen alle Finanzinstrumente, die nicht unter den Anwendungsbereich des KMU-IFRS 11 fallen (vgl. Kap. 9.2.1).

60 Analog zu der Regelung der Full-IFRS fallen gem. KMU-IFRS 12.3 alle die Finanzinstrumente nicht unter den Anwendungsbereich des KMU-IFRS 12, für die es in dem KMU-IFRS eigene Abschnitte gibt (z. B. Leasing, Versicherungsverträge).

9.3.2 Ansatz

61 Es gelten die gleichen Vorgaben wie für Basis-Finanzinstrumente (vgl. Kap. 9.2.2).

9.3.3 Ausweis in der Bilanz

62 Es gelten die gleichen Vorgaben wie für Basis-Finanzinstrumente (vgl. Kap. 9.2.3).

9.3.4 Bewertung auf Einzelebene

9.3.4.1 Grundsatz

63 Bis auf die nachfolgend dargestellten Sachverhalte gelten die gleichen Vorgaben zur Bewertung wie für Basis-Finanzinstrumente (vgl. Kap. 9.2.4).

9.3.4.2 Bewertungskategorien

Vgl. Kap. 4.2.

64 Unter KMU-IFRS 12 fallen alle originären Finanzinstrumente, die **nicht** unter **KMU-IFRS 11** fallen plus sämtliche **Derivate**. Bei der **Kategorisierung** entfällt die Orientierung an der Verwendungsabsicht, die sich unter den KMU-IFRS nun ausschließlich an den Merkmalsaustattungen der Finanzinstrumente orientiert.[258]

65 Sämtliche unter den Anwendungsbereich des KMU-IFRS 12 fallenden Finanzinstrumente sind der Bewertungskategorie **FVTPL** zuzuordnen. Konkrete FVTPL-Bestände können sein:[259]
- Anlagen in wandelbare und kündbare Stamm- und Vorzugsaktien
- Asset Back Securities (ABS)
- Repurchase agreements (Repo)
- Optionen, Termingeschäfte, Swaps und anderweitige Derivate

---

258 Vgl. *Beiersdorf/Eierle/Haller*, S. 1555.
259 KMU-IFRS 11.6.

- Finanzielle Vermögenswerte, die deshalb keine Basis-Finanzinstrumente i.S.d. KMU-IFRS 11 sind, weil sie „exotische" Regelungen besitzen, die zu Bewertungserfolgen für den Inhaber oder Emittenten führen könnten.

9.3.4.3 Bewertungsmethoden

Marktpreisrisiko ohne FW

Finanzinstrumente der Bewertungskategorie FVTPL sind GuV-wirksam mit dem Fair Value zu bewerten:[260] Somit sind alle Finanzinstrumente, die unter den KMU-IFRS 12 fallen GuV-wirksam mit dem Fair Value zu bewerten.

9.3.5 Bewertungseinheiten (Hedge Accounting)

9.3.5.1 Ausgangslage

Vgl. Kap. 5.1.

KMU-IFRS 12.15 ff. sieht erhebliche Erleichterungen beim Hedge-Accounting im Vergleich zu den Full-IFRS durch Standardisierung der möglichen Hedges auf für KMU-typische Hedge-Sachverhalte vor.

9.3.5.2 Sicherbare Risiken

Vgl. Kap. 5.2.

Hedge Accounting kann auch nach den KMU-IFRS entweder zum Ausgleich gegenläufiger **Wertveränderungen** des beizulegenden Zeitwertes (Fair Value Hedge-Accounting) oder von **Zahlungsstromänderungen** (Cashflow Hedge-Accounting) angewandt werden. Allerdings kommen diese Begriffe – die aus dem Sprachgebrauch der Full-IFRS stammen – im Standardtext der KMU-IFRS selber nicht vor. Anstatt dessen erfolgt eine Aufzählung von konkreten, standardisierten Sicherungsbeziehungen, die weiter unten im Einzelnen dargestellt werden.

KMU-IFRS 12.17 enthält eine abschließende, ebenfalls standardisierte Aufzählung von Risiken, die Gegenstand von Hedge Accounting i.S.d. KMU-IFRS sein können:

- **a) Zinsänderungsrisiko**: Fremdkapitalpapiere, die zu fortgeführten Anschaffungskosten (AC) bewertet werden.
- **b) Wechselkurs- oder Zinsänderungsrisiko**: Feste Verpflichtungen oder hochwahrscheinliche, geplante zukünftige Geschäftsvorfälle.
- **c) Preisrisiko:** Bilanzierte Waren, feste Verpflichtungen oder hochwahrscheinliche geplante zukünftige Geschäftsvorfälle zum Kauf oder Verkauf von Waren
- **d) Fremdwährungsrisiko:** Nettoinvestition in einen ausländischen Geschäftsbetrieb.

---

260 KMU-IFRS 11.6.

9.3.5.3 Hedge-Arten

9.3.5.3.1 Bilanzierung

Vgl. Kap. 5.3.1.

70 Wie oben bereits erwähnt, kommen sowohl das Fair Value Hedge-Accounting (FVH) als auch das Cashflow Hedge-Accounting (CFH, CFH Nettoinvestition) i.S.d. Full-IFRS in den KMU-IFRS zur Anwendung.

71 Die Bilanzierung der Sicherungsbeziehungen erfolgt gem. der **Durchbuchungsmethode** (vgl. Kap. 5.3.1.2).

9.3.5.3.2 Fair Value Hedge-Accounting

Vgl. Kap. 5.3.2.

72 KMU-IFRS **12.19** nennt eine abschließende Aufzählung von standardisierten Sicherungsbeziehungen, die im Rahmen des Fair Value Hedge-Accountings gebucht werden:

- 1a) Absicherung festverzinslicher Fremdkapital-Finanzinstrumente (z. B. Fix-Bond, Kredit) der Kategorie AC.
- 1b) Absicherung des Preisrisikos bilanzierter Ware.

73 Sind die Voraussetzungen zum Hedge Accounting erfüllt (vgl. Kap. 9.3.5.6), so erfolgt die Bilanzierung wie folgt:

- Sicherungsinstrument: Der Fair Value des Sicherungsinstrumentes wird in der Bilanz und in der GuV durchgebucht.
- Grundgeschäft: Die Hedge Fair Value-Änderung ist in der Bilanz (als hedge adjustment auf die fortgeführten Anschaffungskosten des Grundgeschäfts) und in der GuV durchzubuchen.

9.3.5.3.3 Cashflow Hedge-Accounting

Vgl. Kap. 5.3.3.

74 Eine abschließende Liste von nach den KMU-IFRS zugelassenen standardisierten Sicherungsbeziehungen, die im Rahmen des Cashflow Hedge Accountings gebucht werden, enthält KMU-IFRS 12.23 ff.:

- 2a) Absicherung des variablen Zinsrisikos aus Fremdkapital-Finanzinstrumenten (z. B. FRN) der Kategorie AC.
- 2b), 2c) Absicherung „fester Verpflichtungen" (*firm commitments*) oder „hochwahrscheinlicher geplanter zukünftiger Geschäftsvorfälle" (*highly planed future transactions*) gegen
  - 2b) Fremdwährungsrisiken und/oder
  - 2c) (Rohstoff-) Preisrisiken.
- 2d) Absicherung einer Nettoinvestition in einen ausländischen Geschäftsbetrieb gegen Fremdwährungsrisiken.

75 Sind die Voraussetzungen zum Hedge Accounting erfüllt (vgl. Kapitel 9.3.5.6), so erfolgt die Bilanzierung wie folgt:

- Effektiver Teil des Sicherungsinstruments: Der effektive Teil des Fair Values des Sicherungsinstrumentes wird in der Neubewertungsrücklage (OCI) GuV-neutral im Eigenkapital erfasst.
- Ineffektiver Teil des Sicherungsinstruments: Der ineffektive Teil des Fair Values des Sicherungsinstrumentes wird in der GuV erfasst.

9.3.5.4 Grundgeschäfte (Hedged Item)

Vgl. Kap. 5.4.

Nach den in Tz. 893 und Tz. 895 dargestellten zugelassenen FVH und CFH können folgende Grundgeschäfte Gegenstand einer Sicherungsbeziehung nach den KMU-IFRS sein:

- a) Bilanzierter Vermögenswert/bilanzierte Schuld: Siehe 1a), 1b), 2a) und 2d)
- b) Feste Verpflichtung: Siehe 2b) und 2c)
- c) Hochwahrscheinlich geplanter zukünftiger Geschäftsvorfall: Siehe 2b) und 2c)

9.3.5.5 Sicherungsinstrumente

Vgl. Kap. 5.5.

Das Hedge Accounting nach den KMU-IFRS ist nur für Sicherungsinstrumente erlaubt, die alle die nachfolgenden Voraussetzungen erfüllen (KMU-IFRS 12.18):

- a) Als Sicherungsinstrument kommen ausschließlich die nachfolgenden **Derivate** in Frage. Voraussetzung ist zudem, dass das Sicherungsderivat als hoch effektiv bezüglich der Absicherung des gesicherten Risikos eingestuft wird.
  - a1) Zins-Swap,
  - a2) Währungs-Swap
  - a3) Devisen-Termingeschäft oder
  - a4) Waren-Termingeschäft.
- b) Das Sicherungsinstrument ist ein „**externes**" Geschäft (zur Abgrenzung siehe „interne Geschäfte" unter Kap. 2.2).
- c) Der **Nominalbetrag** des Sicherungsinstrumentes und des Grundgeschäftes sind identisch.
- d) Das Sicherungsinstrument hat eine festgelegte Fälligkeit, die nicht später ist als
  - d1) die Fälligkeit des **bilanzierten** und abgesicherten **Finanzinstruments**,
  - d2) der erwartete Abwicklungstermin einer **festen Verpflichtung** zum Kauf oder Verkauf einer Ware oder
  - d3) der Eintrittszeitpunkt eines abgesicherten **hochwahrscheinlich geplanten** zukünftigen Fremdwährungs- oder Waren-**Geschäftsvorfalls**.
- e) Das Sicherungsinstrument enthält keine **Kündigungs- oder Verlängerungsrechte**.

Originäre Fremdwährungsgeschäfte sowie Optionen sind somit – anders als nach den Full-IFRS – nicht als Sicherungsinstrument designierbar.

9.3.5.6 Anforderungen an das Hedge Accounting

9.3.5.6.1 Dokumentation

Vgl. Kap. 5.6.2.

Gem. KMU-IFRS 12.16a) ist eine Dokumentation der Sicherungsbeziehung erforderlich.

9.3.5.6.2 Effektivität

Vgl. Kap. 5.6.3.

Der KMU-IFRS 12.16 d) verlangt explizit nur einen prospektiven Effektivitätstest **(PET)**, beim retrospektiven Effektivitätstest **(RET)** sind dahingegen die Anforderungen nicht so streng wie bei den Full-IFRS. Zum einen reicht es aus, die retrospektive Effektivität zum **Ende der Berichtsperiode** – und nicht fortlaufend – zu ermitteln. Zudem kann die sog. **shortcut-Methode** (vereinfachtes Verfahren) angewendet werden, wonach auf eine explizite Berechnung einer Effektivität verzichtet werden kann, wenn die wesentlichen Merkmale des Grund- und Sicherungsgeschäfts übereinstimmen, was durch die restriktiven Vorgaben des KMU-IFRS 12.8 an designierbare Sicherungsinstrumente gegeben ist (KMU-IFRS BC.103 f.).

9.3.6 Anhang

Zusätzlich zu den in KMU-IFRS 11 vorgesehenen Anhangsangaben (siehe Kap. 9.2.7), sind diverse Angaben zum Hedge Accounting zu machen, die denen der Full-IFRS entsprechen (siehe Kap. 7.2.5.1).

IV. HGB

1. Grundlagen

Die für Finanzinstrumente relevanten Regelungen des HGB werden nachfolgend gemäß der prozessorientierten **AABBAA**-Systematik (siehe Kap. I.2.5) dargestellt.

1.1 Anwendungsbereich

Der Aufbau des für die Rechnungslegung relevanten Teils des HGB sowie der Anwendungsbereich für Kreditinstitute,[261] Kapitalgesellschaften, Mikro-Unternehmen und alle anderen Unternehmen ist dem **Kap. II.2.3.1** zu entnehmen.

Gegenstand des gesamten Abschnittes IV. „HGB" sind die Vorschriften für den **Einzelabschluss**.

1.2 Definitionen

1.2.1 Grundprinzipien

Die nachfolgende Abbildung enthält einige ausgewählte Grundprinzipien der HGB-Bilanzierung,[262] die sich wie ein **roter Faden** durch die Bilanzierung und Bewertung von Finanzinstrumenten ziehen. Im Vordergrund aller Überlegungen steht in der deutschen Handelsgesetzgebung (anders als bei IFRS) der Schutz der Gläubiger (**Gläubigerschutzgedanke**). Diese Grundprinzipien sind verankert in dem HGB-Abschnitt, der für alle Kaufleute gilt. Insofern sind diese Vorschriften grundsätzlich sowohl für Kapitalgesellschaften und Nicht-Kapitalgesellschaften als auch für Nicht-Kreditinstitute und Kreditinstitute bindend.

---

[261] Bezüglich eines einschlägigen Kommentars zur HGB- und RechKredV-Rechnungslegung vgl. *Krumnow/Sprißler/Bellavite-Hövermann et al.*
[262] Vgl. **RV** *HGB (2008)*.

Abb. 88: Grundprinzipien der HGB-Bilanzierung

Grundprinzip	HGB-Paragraph	Erläuterung
Einzelbewertung	§ 252 Abs. 1 Nr. 3	Grundsätzlich keine Portfoliobewertung i.S.d. Treasury, sondern jeder Vermögensgegenstand aus einem Portfolio ist losgelöst von den anderen zu behandeln (Ausnahme: Bewertungseinheiten).
Realisationsprinzip	§ 252 Abs. 1 Nr. 4 letzter Teilsatz	Gewinne dürfen nur dann berücksichtigt werden, wenn sie realisiert wurden (also Verbot der Vereinnahmung von unrealisierten Gewinnen).
Imparitätsprinzip	§ 252 Abs. 1 Nr.4	Anders als bei den Gewinnen sind unrealisierte Verluste in der Bilanz und GuV zu berücksichtigen. Insofern besteht aufgrund des Vorsichtsprinzips handelsrechtlich eine unterschiedliche Behandlung von unrealisierten Gewinnen und Verlusten. Realisierte Gewinne und Verluste werden dahingegen gleich behandelt und müssen beide berücksichtigt werden (Realisationsprinzip).
Periodenabgrenzungsprinzip	§ 252 Abs. 1 Nr. 5	Erträge und Aufwendungen sind unabhängig vom Zeitpunkt der Zahlung wirtschaftlich gerecht zu berücksichtigen. Daher ist z.B. eine Zinsabgrenzung zu berücksichtigen.
Anschaffungskosten als Wertobergrenze	§ 253 Abs. 1 S.1	Keine „fair value"-Bewertung über Anschaffungskosten hinaus möglich.

Der Begriff des **Finanzinstrumentes** ist im HGB nicht näher definiert. In der (Kreditinstitute-) Praxis erfolgt in der Regel eine Anlehnung an die Definition des § 1 Abs. 11 KWG. Ein Finanzinstrument ist dann zu bilanzieren, wenn es die nachfolgend aufgeführte **Ansatzdefinition** eines Aktivums oder Passivums erfüllt. Vereinfacht kann man festhalten, dass danach alle üblichen Kassa-Geschäfte wie Geldmarkt-, Kredit- und Kapitalmarktprodukte zu aktivieren sind. Derivate dahingegen nur, wenn „sie hinten liegen" (also einen negativen Fair Value haben).

1.2.2 Aktiva

Zentraler Begriff ist hier der Begriff des **Vermögensgegenstandes**, der eine selbstständig veräußerbare (= verkehrsfähige) Sache oder ein Recht darstellen muss.

Neben Vermögensgegenständen besteht auch für aktive Rechnungslegungsabgrenzungsposten (**RAP**) eine Ansatzpflicht. Darüber hinaus gibt es für einige wenige ausgewählte Sachverhalte (sog. **Bilanzierungshilfen**) ein Ansatzwahlrecht.

a) Ansatzpflicht Aktiva
- Vermögensgegenstand
- finanzielle Vorausleistung für einen bestimmten Zeitraum nach dem Bilanzstichtag (aktiver RAP)

b) Ansatzwahlrecht Aktiva
- für bestimmte Bilanzierungshilfen (z. B. derivativer Firmenwert § 255 Abs. 4 HGB)[263]

c) Ansatzverbot Aktiva
- soweit nicht a) und b).

---

263 Nach BilMoG entfallen die Bilanzierungshilfen; vgl. Tz. 1023.

1.2.3 Passiva

Auf der Passivseite gibt es grundsätzlich keine Ansatzwahlrechte.[264] Entweder fällt das zu untersuchende Geschäft unter eine der unter a) dargestellten Punkte, ansonsten Ansatzverbot.

a) Ansatzpflicht Passiva (ohne Eigenkapital)

- Verbindlichkeiten (Schulden)
- Rückstellungen
- passive RAP

b) Ansatzverbot (ohne Eigenkapital)

- soweit nicht a).

c) Eigenkapital

- Das Eigenkapital ergibt sich als Saldo der Aktiva abzüglich der Passiva (ohne Eigenkapital).

2. Ansatz

2.1 Derivate und Unter-Strich-Positionen bei Kreditinstituten

Erfüllt ein Sachverhalt nicht die oben dargestellten HGB-Aktivierungs- bzw. -Passivierungskriterien, dann darf dieser Sachverhalt nicht in der Bilanz gezeigt werden (on-balance), sondern stellt einen **off-balance**-Sachverhalt dar.

2.1.1 Derivate

Alle schwebenden Geschäfte, worunter auch Derivate fallen, sind grundsätzlich außerbilanzielles Geschäft nach HGB und daher nicht in der Bilanz zu zeigen. Der Grundkontrakt ist allerdings in einer Memobuchhaltung vorzuhalten. So ist z. B. ein Zins-Swap oder ein Devisen-Termingeschäft an sich nicht zu bilanzieren Die Grunddaten aus dem Vertrag sind allerdings in der **Memobuchhaltung** abzubilden. Zum Bilanzstichtag ist dieses Geschäft dann zu bewerten. Sollte z. B. ein Bewertungsverlust vorhanden sein, wäre dieser dann (bei Einzelbewertung) in der Bilanz als Rückstellung (drohende Verluste aus schwebenden Geschäften) zu passivieren.

Davon losgelöst sind die Sachverhalte zu beurteilen, bei denen ein entsprechender Cash-Zu- oder -Abfluss erfolgt. Diese sind dann GuV-neutral in der Bilanz darzustellen. So ist z. B. eine erhaltene Variation-Margin-Zahlung aus einem Bund-Future-Kauf zu passivieren (p<u>er</u> flüssige Mittel/Barreserve <u>an</u> sonst. Verbindlichkeit).[265] [266]

Bezüglich Anhangsangaben vgl. Tz.

---

[264] Eine Ausnahme stellt der „Sonderposten mit Rücklagenanteil" dar.
[265] Bezüglich Ausführungen zur produktspezifischen HGB-Bilanzierung derivativer Finanzinstrumente in Industrieunternehmen im Allgemeinen und des Rohstoffmanagements im Speziellen vgl. *Maulshagen/Trepte/Walterscheidt* sowie *Maulshagen/Walterscheidt*.
[266] Regelungen zur Bilanzierung von Derivaten enthalten: a) Kreditderivate → **RV** *IDW RS BFA 1*, b) FRAs u. Futures → **RV** *IDW BFA 2/1993* und c) Optionsgeschäfte → **RV** *IDW BFA 2/1995*.

2.1.2 Unter-Strich-Positionen

Haftungsverhältnisse (Eventual- und andere Verpflichtungen) – wie z. B. Bürgschaften, Avale, unwiderrufliche Kreditzusagen, Transfererklärungen – sind zwar nicht unmittelbar in der Bilanz, aber (ggf.) unter dem Strich auf der Passivseite der HGB-Bilanz aufzuführen (§ 251 und § 267 Abs. 7 HGB, § 26 und § 27 RechKredV).

2.2 Interne Geschäfte

Grundsätzlich gilt für HGB das Gleiche wie bereits bei IFRS im Zusammenhang mit internen Geschäften dargestellt (**vgl. Kap. III.2.2**).

Interne Geschäfte zwischen Konzerneinheiten (Nr. 4) sind in der Einzelbilanz zu zeigen und auf Ebene der Konzernbilanzierung wieder herauszukonsolidieren. Die internen Geschäfte der Treasury (Nr. 1, 2, 3) dürfen grundsätzlich bereits schon **nicht** in der Einzelbilanz ausgewiesen werden.

KI: Bei anerkannten Bewertungseinheiten im Bankbuch von Kreditinstituten (sog. **Makro-BWE**) entspricht die Berücksichtigung von internen Geschäften allerdings **GoB**, und insofern ist die HGB-Bilanzierung diesbezüglich weniger restriktiv als nach IFRS und grundsätzlich möglich.

2.3 Bilanzierungstag

Ein **Wahlrecht** zur Bilanzierung am Trade oder aber Settlement Date für „gewöhnliche" Geschäfte kennt das HGB **nich**t (bezüglich IFRS siehe Kap. III.2.3).

KI: Der Vorläufer der aktuell gültigen „Mindestanforderungen an das Risikomanagement" (**MaRisk**), die „Mindestanforderungen an das Betreiben von Handelsgeschäften" (**MaH**), sah für Kreditinstitute eine Bilanzierung am Valutatag vor. Obwohl diese Vorgabe nun nicht mehr besteht, dürften viele Kreditinstitute ihre Buchhaltungssysteme noch entsprechend parametrisiert haben, was sicherlich – technisch bedingt – auch eine gewisse Ausstrahlwirkung für die IFRS-Bilanzierung haben dürfte (siehe hierzu auch Tz. 314).

2.4 Zugang/Abgang

Im HGB gibt es **keine speziellen** Ausbuchungsvorschriften wie im IFRS, die erfüllt sein müssen, damit der Erwerber bilanzieren darf. Die Bilanzierung nach HGB orientiert sich grundsätzlich an dem **juristischen Eigentum** (§ 246 Abs. 1 S. 1). In einigen Einzelfällen erfolgt die Bilanzierung allerdings beim **wirtschaftlichen Eigentümer** (§ 246 Abs. 1. S. 2 und 3).[267] [268]

KI: Für **Kreditinstitute** sieht die branchenspezifische Regelung des **§ 340b HGB** für sog. **Pensionsgeschäfte** eine Bilanzierung des wirtschaftlichen Eigentums vor.

---

[267] Zu Einzelfragen zum Übergang von wirtschaftlichem Eigentum und zur Gewinnrealisierung nach HGB vgl. **RV** IDW ERS HFA 13.
[268] Zu Zweifelsfragen der Bilanzierung von asset backed securities-Gestaltungen oder ähnlichen securitisation-Transaktionen vgl. **RV** IDW RS HFA 8.

2.5 Strukturierte Finanzinstrumente

Das Handelsrecht enthält – mit Ausnahme der Regelung des § 272 Abs. 2 Nr. 2 **HGB** für Schuldverschreibungen mit Wandlungsrechten und Optionsrechten zum Erwerb von eigenen Anteilen (und dort erfolgt auch lediglich der Hinweis auf einen separaten Ausweis im Eigenkapital) – **keine** speziellen Regelungen zur Bilanzierung strukturierter Finanzinstrumente. Somit ist die Bilanzierung strukturierter Finanzinstrumente aus den Grundsätzen ordnungsmäßiger Buchführung (**GoB**) abzuleiten (§§ 243 Abs. 1, 264 Abs. 2 HGB). Siehe hierzu auch IDW RS HFA 22.[269]

> **GESETZ:**
>
> **IDW RS HFA 22**
>
> Entwurf IDW-Stellungnahme zur Rechnungslegung: Zur einheitlichen oder getrennten handelsrechtlichen Bilanzierung strukturierter Finanzinstrumente

Wenn auch nicht deckungsgleich, so ist die HGB-Bilanzierung von strukturierten Finanzinstrumenten gem. IDW ERS HFA 22 **ähnlich** den **IFRS**-Vorschriften (siehe Kap. III.2.5.2).[270] Allerdings gibt es nach HGB nicht die Möglichkeit wie nach IFRS, durch Zuordnung zur Fair-Value-Option eine grundsätzliche Trennungspflicht eines strukturierten Finanzinstrumentes zu vermeiden.[271] [272]

2.6 Latente Steuer

Im Zusammenhang mit dem Ansatz von latenten Steuern stellt sich die Frage, ob es für aktive und/oder passive latente Steuern eine **Ansatzpflicht oder** aber ein **Ansatzwahlrecht** gibt und ob der Ansatz **saldiert** oder unsaldiert zu erfolgen hat.

Da die latenten Steuern von allgemeiner Bedeutung (auch) für die Rechnungslegung von Finanzinstrumenten sind, werden nachfolgend die wichtigsten Aspekte zu dieser Thematik dargestellt.

Gem. **§ 274 HGB** besteht für **alle Kapitalgesellschaften** eine **Ansatzpflicht** für **passive** latente Steuern und ein **Ansatzwahlrecht** für **aktive** latente Steuern.

Konzeptionell beinhaltet § 274 HGB das – international weniger gebräuchliche – **GuV-orientierte Konzept (timing-Konzept)**. Die Steuerabgrenzung orientiert sich hierbei an Differenzen, die sich aus einer unterschiedlichen Periodisierung von Aufwendungen und Erträgen bei der Ermittlung des handelsrechtlichen Jahresüberschusses im Verhältnis zur steuerlichen Gewinnermittlung ergeben.

Erfasst werden allein die sich in der Gewinn- und Verlustrechnung auswirkenden Abweichungen zwischen dem handelsrechtlichen Jahresüberschuss und dem zu versteuernden Ergebnis und somit **weder** die **erfolgsneutral** direkt im Eigenkapital erfassten Abweichungen noch die sog. **quasipermanenten** Differenzen.

Eine **Bildung** von Steuerlatenzen im Einzelabschluss gem. § 274 HGB erfolgt **in der Praxis** allerdings **kaum**, da aufgrund des sog. timing-Konzeptes i.V.m. der sog. deffered-Methode und der umgekehrten Maßgeblichkeit bei der Mehrzahl der Unternehmen ein Aktivüberhang besteht und dieser aufgrund des bestehenden Aktivierungswahlrechtes in den meisten Fällen nicht angesetzt wird.

---

[269] **RV** *IDW RS HFA 22* (vormals IDW RH BFA 1.003).
[270] Vgl. *Lorenz/Wiechens (2008a)*, S. 16.
[271] Vgl. *Gaber*, S. 1226, wo auch anhand einzelner Fragestellungen gezeigt wurde, dass nach HGB eher ein Split Accounting erfolgen muss als nach IFRS.
[272] Eine Analyse einzelner Produkte enthält das „Handbuch strukturierter Finanzinstrumente", vgl. *Schaber/Rehm/Märk*. Bezüglich eines Vergleiches der HGB- und IFRS-Vorschriften zur Bilanzierung von strukturierten Finanzinstrumenten vgl. *Lorenz/Wiechens*.

16 Nicht-Kapitalgesellschaften müssen § 274 HGB nicht anwenden, sind aber dennoch verpflichtet passive latente Steuern insofern abzugrenzen, als diese Posten gleichzeitig die Kriterien für Verpflichtungsrückstellungen gem. § 249 Abs. 1 S. 1 HGB erfüllen.

17 Bezüglich spezieller latenter Steuer-Sachverhalte von Finanzinstrumenten sowie **Anhangsangaben** vgl. Tz. 1022 ff.

3. Ausweis in der Bilanz

3.1 Eigen- versus Fremdkapital

18 Im Handelsrecht gibt es keine gesetzlichen Vorgaben bezüglich der Abgrenzung von Eigen- und Fremdkapital auf der Passivseite. Nach herrschender Meinung ist bei der handelsrechtlichen Einordnung auf die dem Kapital im Unternehmen zukommende Funktion abzustellen. Eigenkapital liegt dann vor, wenn folgende Kriterien kumulativ erfüllt sind: [273]

- Übernahme der Haftungs- oder Garantiefunktion,
- Nachrangigkeit des gewährten Kapitals sowie
- Nachhaltigkeit der Mittelzuführung.

19 Emittiertes **Mezzanine-Kapital** (vgl. Kap. 3.1.1.3) ist handelsrechtlich dann als Eigenkapital auszuweisen, wenn es gemäß IDW HFA 1/1994[274] die Kriterien der Nachrangigkeit, der Längerfristigkeit sowie der Erfolgsabhängigkeit und der Verlustteilnahme kumulativ erfüllt. Ist nur eines dieser Kriterien nicht erfüllt, so ist das Mezzanine-Kapital als Fremdkapital auszuweisen.[275]

20 **Eigene Anteile/Aktien** sind im Umlaufvermögen aktivisch auszuweisen und entsprechend ist eine korrespondierende Rücklage auf der Passiva zu bilden (§ 265 Abs. 3 S. 2 HGB, § 272 Abs. 1 HGB).[276] Die eigenen Anteile/Aktien sind wie andere Eigenkapitalinstrumente des Umlaufvermögens GuV-wirksam zu bewerten.[277]

3.2 Bilanz Nicht-Kreditinstitute

21 § 266 HGB gibt das Bilanzschema für Nicht-Kreditinstitute vor. Auf der Aktivseite wird unterschieden in Anlagevermögen, Umlaufvermögen und RAP und auf der Passivseite in Eigenkapital, Rückstellungen, Verbindlichkeiten und RAP.

22 Da sich die Gliederung der IFRS-Bilanzen in der Praxis (noch) stark an HGB orientiert, wird bezüglich der detaillierten Darstellung, in welcher der HGB-Bilanzpositionen sich Finanzinstrumente befinden, auf die **IFRS-Darstellung in Kap. III.3.3** in Analogie verwiesen.

3.3 Bilanz Kreditinstitute

23 Der HGB-(Bilanz)-Ausweis von Kreditinstituten ist ausführlicher geregelt als bei Nicht-Kreditinstituten. Die sog. Rechnungslegungsverordnung für Kreditinstitute (**RechKredV**) gibt ein detailliertes

---
273 Materieller Kapitalbegriff anstatt zivilrechtlich, formeller Kapitalbegriff. Vgl. *Hayn/Graf Waldersee*, S. 198 f.
274 Vgl. **RV** *IDW HFA 1/1994*.
275 Vgl. *Winkeljohann*; *Kütting/Dürr*, S. 940 ff.; *Schäfer/Kuhnle*, S. 63 ff.
276 Vgl. *Zülch/Hoffmann*, S. 747.
277 Vgl. *Hayn/Graf Waldersee*, S. 203.

Gliederungsschema für die Bank-Bilanz und –GuV vor. Ein Abweichen von diesem Schema ist nicht möglich. Das Gliederungsprinzip ist die „**Liquidität**", d. h., oben in der Bilanz stehen die Aktiva/Passiva, die am schnellsten zu liquidieren sind, (auf der Aktiva z. B. die Barreserven) und weiter unten die weniger liquiden Aktiva (auf der Aktiva z. B. Sachanlagen).

Ein Teil der Aktiva und die gesamten Passiva werden bezüglich der Marktwertveränderung (z. B. Zinsrisiko) überhaupt nicht bewertet (**Buchforderungen/-verbindlichkeiten**). Bei einem anderen Teil der Aktiva wird eine marktpreisinduzierte Wertveränderung (über das Niederstwertprinzip) zum Teil berücksichtigt (**Wertpapiere** mit Wertpapierkennnummer ISIN). In welcher Art und Weise hängt dann allerdings davon ab, ob es ein Wertpapier des Anlagevermögens (**AV**), der Liquiditätsreserve (**LR**) oder des Handelsbestandes (**HB**) ist. Details dazu werden unter Kap. 4.3 erläutert.

Der Bilanzausweis orientiert sich allerdings nicht an den Bewertungskategorien, sondern daran, ob ein Papier eine Buchforderung oder ein Wertpapier i. S. d. Rechnungslegung ist. Auf den GuV-Ausweis haben die Bewertungskategorien dahingegen einen Einfluss (siehe Kap. 6.2).

Abb. 89: Muster einer HGB-Bilanz (Kreditinstitut)

Bilanz

	Aktiva (A)		Passiva (P)
1.	Barreserve	1.	Verbindlichkeiten gegenüber Kreditinstituten
2.	Schuldtitel öffentlicher Stellen…	2.	Verbindlichkeiten gegenüber Kunden
3.	Forderungen an Kreditinstitute	3.	Verbriefte Verbindlichkeiten
4.	Forderungen an Kunden	4.	Treuhandverbindlichkeiten
5.	Schuldverschreibungen…	5.	Sonstige Verbindlichkeiten
6.	Aktien…	6.	PRAP
7.	Beteiligungen	7.	Rückstellungen
8.	Anteile an verbundenen UN	8.	Sonderposten mit Rücklagenanteil
9.	Treuhandvermögen	9.	Nachrangige Verbindlichkeiten
10.	Ausgleichsforderungen.	10.	Genussrechtskapital
11.	Immaterielle Anlagewerte	11.	Fonds allgemeine Bankrisiken
12.	Sachanlagen	12.	Eigenkapital
13.	Ausstehende Einlagen		
14.	Eigene Aktien…		
15.	Sonst. Vermögensgegenstände		
16.	ARAP		+ / - GuV
17.	…Fehlbetrag		
∑	Aktiva	∑	Passiva
			Unterstrich-Position

Positionen mit Finanzinstrumenten

4. Bewertung auf Einzelebene

4.1 Zugangsbewertung

4.1.1 Grundsatz

26 Bei Finanzinstrumenten handelt es sich überwiegend um Kauf von Vermögensgegenständen (SSD, Wertpapiere, Aktien). Diese sind grundsätzlich mit ihren Anschaffungskosten (inklusive Anschaffungsnebenkosten) zu aktivieren (§ 253 (1) HGB). Anschaffungskosten sind gem. § 255 Abs. 1 HGB die Aufwendungen, die geleistet werden, um einen Vermögensgegenstand zu erwerben und ihn in einen betriebsbedingten Zustand zu versetzen.

27 Verbindlichkeiten sind mit ihrem Rückzahlungsbetrag zu passivieren (§ 253 (1) Satz 2 HGB).

28 Rückstellungen sind mit dem Betrag anzusetzen, der nach vernünftiger kaufmännischer Beurteilung notwendig ist (§ 253 (1) Satz 2 HGB).

4.1.2 Spezialvorschrift Kreditinstitute

29 Kreditinstitute können abweichend vom Anschaffungskostenprinzip bei den Vermögensgegenständen die Buchforderungen gemäß § 340e (2) HGB mit ihrem Nominalwert (= Rückzahlungsbetrag) bilanzieren, wenn die Bestände grundsätzlich bis zur Endfälligkeit gehalten werden sollen (sog. Nominalwertbilanzierung).

30 Der Unterschiedsbetrag zwischen Anschaffungskosten und Nominalwert hat dann Zinscharakter und wird als aktiver RAP (Über-pari-Erwerb) bzw. als passiver RAP (Unter-pari-Erwerb) bilanziert. Die Auflösung erfolgt dann pro rata temporis in das Zinsergebnis.

> **BEISPIEL:**
>
> 31 Kauf eines SSD zu 103 EUR, Rückzahlung nach drei Jahren zu 100 EUR.
> Bei der Zugangsbewertung zu Anschaffungskosten würde das SSD zu 103 EUR aktiviert. Bei Endfälligkeit würde die Differenz von 3 EUR (103-100) in die Bewertungsposition „Risikovorsorge" in der GuV eingestellt.
> Bei der Nominalwertbilanzierung würde das SSD mit 100 EUR aktiviert und ein aktiver RAP über 3 eingestellt. Letzterer wird über die Restlaufzeit von drei Jahren kontinuierlich in das Zinsergebnis aufgelöst (jedes Jahr 3 × 1/3 = 1). Im Jahr der Rückzahlung würde dann kein Bewertungsergebnis anfallen (Buchwert 100 − Tilgungsbetrag 100 = 0).

4.1.3 Erwerb über Optionen

32 Ein Zugang kann auch „indirekt" über vorher eingegangene Optionspositionen erfolgen. Bei Verfall sind Optionsprämien (gezahlte und erhaltene) in der GuV auszuweisen. Wird die Option allerdings ausgeübt, so ist für die korrekte buchhalterische Abbildung der Optionsprämie ein Bezug zum (zuliefernden bzw. anzudienenden) Basisinstrument herzustellen. Rechtsgrundlage ist die BFA-Stellungnahme 2/1995 „Bilanzierung von Optionsgeschäften".[278] Die nachfolgende Abbildung zeigt die möglichen Fallkonstellationen sowie die buchhalterische Abbildung der Optionsprämie in jedem

---

278 Vgl. **RV** *IDW BFA 2/1995.*

einzelnen Fall. Entweder erhöht oder verringert die Optionsprämie als „Anschaffungsnebenkosten" die Zugangsbewertung des erworbenen Vermögensgegenstandes, oder die Optionsprämie wird mit dem Verkaufserlös verrechnet.

Abb. 90: Bilanzielle Behandlung von Optionsprämien nach Ausübung

Optionspositionen	Buchhalterische Abbildung der Optionsprämie	Bemerkung Kreditinstitute
1. Call		
1.1. Long-Call	Anschaffungsnebenkosten des erworbenen Basisinstruments	
1.2. Short-Call	Verrechnung mit dem Verkaufserlös des zuliefernden Basisinstruments	Wird das Basisinstrument aus dem Finanzanlagebestand geliefert, so ist der Verkaufserlös im Finanzanlageergebnis auszuweisen. Somit ist auch die erhaltene Prämie des short-calls im **Finanzanlageergebnis** auszuweisen (und nicht mehr im Handelsergebnis).
2. Put		
2.1. Long-Put	Verrechnung mit dem Verkaufserlös des zuliefernden Basisinstruments	wie 1.2.
2.2. Short-Put	Anschaffungsnebenkosten des erworbenen Basisinstruments	wie 1.1.

4.2 Bewertungskategorien

4.2.1 Kategorisierung

Gemäß dem **Einzelbewertungsgrundsatz** (§ 252 (1) Nr. 3 HGB) ist grundsätzlich jeder Vermögensgegenstand einzeln zu bewerten. Die Folgebewertung betrifft insbesondere die Vermögensgegenstände.

Vermögensgegenstände werden zunächst nach ihrem **betrieblichen Verwendungszweck** danach unterschieden, ob sie dauernd dem Geschäftsbetrieb dienen sollen (Anlagevermögen (AV)) oder nicht (Umlaufvermögen (UV)). Des Weiteren wird nach **der Natur des Finanzinstrumentes** unterschieden in Buchforderung oder aber **Wertpapiere**. Stark vereinfacht sind Wertpapiere alle die Finanzinstrumente, die eine ISIN besitzen. In einer Negativabgrenzung dazu, stellen alle anderen gehaltenen Finanzinstrumente **Buchforderungen** (BF), dar (wie z. B. Kredite oder SSD).

Abb. 91: HGB-Bewertungskategorien und Bewertungsmethoden[279]

Bewertungskategorien			Bewertungsmethoden
1. Anlagevermögen (AV)			**gemildertes** Niederstwertprinzip (§ 253 Abs. 2 S. 3 HGB)
1.1. Forderungen (AV-BF)			Keine marktzinsinduzierte Bewertung. Ggf ist eine Einzel- oder Pauschalwertberichtigung einzustellen.
1.2. Wertpapiere (AV-WP)			Wenn Marktkurs bzw. beizulegender Wert dauerhaft niedriger als der Buchwert, Pflicht zur Abschreibung. Ansonsten Wahlrecht, ob bei vorübergehender Wertminderung abgeschrieben werden soll oder nicht.
2. Umlaufvermögen (UV)			**strenges** Niederstwertprinzip (§ 253 Abs. 3 S. 1 HGB)
2.1. Forderungen (UV-BF)			Keine marktzinsinduzierte Bewertung. Ggf ist eine Einzel- oder Pauschalwertberichtigung einzustellen.
2.2. Wertpapiere des / der....			Sobald Marktkurs bzw. beizulegender niedriger als Buchwert, Pflicht zur Abschreibung.
	Nicht-Banken	Banken	
	...Umlaufvermögen (UV-WP)	...Liquiditätsreserve (LR)	s.o.
		...Handelsbestand (HB)	s.o.

4.2.2 Umklassifizierungen

Unter Umklassifizierungen (auch als Umwidmungen, Umgliederung oder reclassifications bezeichnet) versteht man die Möglichkeit, die beim Zugang gewählte Bewertungskategorie (siehe Abb. 91) für die Zukunft zu ändern. Anders als nach IFRS (siehe Kap. III.4.2.4) sind nach HGB bei entsprechend geändertem Geschäftsmodell eine Umklassifizierung von Wertpapieren bzw. Buchforderungen vom Umlaufvermögen ins Anlagevermögen oder vice versa möglich.[280]

---

279 Wegen Pauschalwertberichtigung vgl. **RV** *IDW BFA 1/1990*.
280 Vgl. auch IDW-Rechnungslegungshinweis „Umwidmung und Bewertung von Forderungen und Wertpapieren nach HGB"; **RV** *RH HFA 1.014*.

Abb. 92: HGB-Bewertungsgrundsätze und Umklassifizierungen

von \ nach		Umlaufvermögen (UV) [1)]			Anlagevermögen (AV) [2)]	
		1 Forderungen	2 Wertpapiere		3 Forderungen	4 Wertpapiere
			Handelsbestand	Liquiditätsreserve		
UV [1)]	1 Forderungen				☑[3)]	
	2 Wertpapiere Handelsbestand			☑		☑[3)]
	2 Wertpapiere Liquiditätsreserve		☑			☑[3)]
AV [2)]	3 Forderungen	☑[3)]				
	4 Wertpapiere		☑[3)]	☑[3)]		

Legende:
1) strenges Niederstwertprinzip
2) gemildertes Niederstwertprinzip
3) Schriftliche Dokumentation, dass Finanzinstrument nun dauernd dem Geschäftsbetrieb dienen soll
   Fallkonstellation nicht möglich
   ☑ Zulässige Umklassifizierung

4.3 Bewertungsmethoden

4.3.1 Marktpreisrisiken (ohne FW)

Vgl. Abb. 91.

Bei **Buchforderungen** (BF), wie z. B. Krediten oder SSD, erfolgt keine marktzinsinduzierte Bewertung.

Bei **Wertpapieren** (Finanzinstrumente, die eine ISIN besitzen) hängt die Bewertungsmethode davon ab, ob diese im Anlage- (AV) oder Umlaufvermögen (UV) gehalten werden. Bei Kreditinstituten können zwei Arten des Umlaufvermögens vorkommen: die Liquiditätsreserve (LR) und der Handelsbestand (HB).

Für die **Wertpapiere des UV** gilt nach HGB das strenge Niederstwertprinzip, das zwingend den Ansatz zum Börsen- oder Marktpreis bzw. beizulegenden Zeitwert fordert, falls dieser am Bilanzstichtag unter den Anschaffungskosten liegt (§ 253 Abs. 3 Satz 1 u. 2 HGB).

Dagegen werden die **Wertpapiere des AV** gemäß § 253 Abs. 2 Satz 3 HGB nach dem gemilderten Niederstwertprinzip angesetzt. Dies bedeutet, dass diese Wertpapiere nur für den Fall einer voraussichtlich dauernden Wertminderung auf den niedrigeren, sich aus einem Börsen- oder Marktpreis ergebenden Wert bzw. beizulegenden Zeitwert abzuschreiben sind. Bei einer nur vorübergehenden Wertminderung können die Wertpapiere entweder mit dem niedrigeren Wert am Bilanzstichtag oder mit dem bisherigen höheren Wert angesetzt werden.

40 **Nur** für **Kapitalgesellschaften** gilt gemäß § 280 Abs. 1 HGB bei späteren Kursanstiegen ein **Wertaufholungsgebot** bis zu den ursprünglichen Anschaffungskosten.

41 Spezifische Regelungen für die Bewertung **derivativer Finanzinstrumente** finden sich derzeit nicht im HGB, es werden daher die allgemeinen Bewertungsgrundsätze nach §§ 252 ff. HGB herangezogen. Bewertungsverluste von Derivaten werden durch Bildung einer Rückstellung (Drohverlustrückstellung) bzw. Abschreibung erfolgswirksam erfasst, unrealisierte Gewinne dagegen bleiben unberücksichtigt.

4.3.2 Adressenausfallrisiken

42 Buchforderungen, die akut ausfallbedroht sind, müssen gem § 253 Abs. 2 S. 3 HGB (AV) bzw. § 253 Abs. 3 S. 2 HGB (UV) durch Einzelwertberichtigung (EWB, pEWB) auf den niedrigeren **beizulegenden Wert**[281] am Abschlussstichtag abgewertet werden. Auf nicht einzelwertberichtigungsbedürftige Forderungen ist eine Pauschalwertberichtigung (PWB) zu bilden.[282] Bei Buchforderungen erfolgt eine GuV-wirksame Zuschreibung bis zu den FAK.

43 Bei **Wertpapieren** wird mit der Abschreibung auf den beizulegenden Zeitwert gem. dem strengen bzw. gemilderten Niederstwertprinzip (vgl. Tz. 959 und Tz. 960) die dauerhafte Wertminderung – und damit das Adressenausfallrisiko – bereits indirekt berücksichtigt. Bei Wertpapieren des UV besteht eine Zuschreibungspflicht bis zu den FAK. Bei Wertpapieren des AV besteht bei Kapitalgesellschaften eine Zuschreibungspflicht bis zu den FAK;[283] Nicht-Kapitalgesellschaften haben ein Beibehaltungswahlrecht.

44 **Spezialvorschriften Kreditinstitute**: Zur Absicherung der besonderen Risiken, die das Bankgeschäft beinhaltet (z. B. Zinsänderungs- und Adressenausfallrisiken), können Kreditinstitute eine stille und offene (Vorsorge-) Reserve bilden (§ **340 f** bzw. § **340g** HGB).

4.3.3 Fremdwährungsrisiken (FW)

4.3.3.1 Bilanzierung von Geschäftsvorfällen in Fremdwährungen (Transaktionsexposure)

45 Die **Fremdwährungsbewertung (Transaktionsexposure)** ist im HGB nicht explizit geregelt (Ausnahme: Kreditinstitute). Grundsätzlich gilt, dass Fremdwährungs-Finanzinstrumente mit dem Wechselkurs zum Zugangszeitpunkt bilanziert werden und bei der Folgebewertung das Fremdwährungsrisiko analog den o.g. allgemein gültigen HGB-Bewertungsvorschriften für das jeweilige Finanzinstrument anzuwenden sind.

---

281 Der beizulegende Wert ist nicht mit dem beizulegenden Zeitwert (Fair Value) zu verwechseln. Vgl. hierzu Kap. 4.4 und Kap. 9.4.4.
282 Vgl. *DGRV*, S. 9.
283 Vgl. § 280 Abs. 1 HGB.

Für Kreditinstitute beinhalten § 340 h HGB sowie die IDW-Stellungnahme BFA 3/1995[284] konkrete Regelungen zur Fremdwährungsbewertung:[285]

- Vermögensgegenstände des **AV** in ausländischer Währung, sofern **keine** „besondere Deckung" besteht
    → Umrechnung zu **historischen** Anschaffungskosten (§ 340h Abs. 1 S. **1** HGB).
- Vermögensgegenstände des **AV** in ausländischer Währung, sofern „**besondere Deckung**" besteht
    → Umrechnung zum Kassakurs des **Bilanzstichtages** (§ 340h Abs. 1 S. **2** HGB).
- **Alle anderen** auf ausländische Währung lautende Vermögensgegenstände und Schulden
    → Umrechnung zum Kassakurs des **Bilanzstichtages** (§ 340h Abs. 1 S. **2** HGB).
- **Noch nicht abgewickelte** Kassageschäfte in ausländischer Währung
    → Umrechnung zum Kassakurs des **Bilanzstichtages** (§ 340h Abs. 1 S. **2** HGB).
- **Noch nicht abgewickelte** Termingeschäfte in ausländischer Währung
    → Umrechnung zum Terminkurs des **Bilanzstichtages** (§ 340h Abs. 1 S. **3** HGB).

Die „besondere Deckung" verlangt, dass ein spezielles Deckungsgeschäft abgeschlossen oder eine besondere Beziehung hergestellt worden. Eine bloße Deckungsfähigkeit (geschlossene Position) reicht dafür nicht aus.

4.3.3.2 Umrechnung der Abschlüsse ausländischer Geschäftsbetriebe (Translationsexposure)

Auch die Umrechnung der Abschlüsse ausländischer Geschäftsbetriebe (Translationsexposure) ist im HGB nicht explizit geregelt. Grundsätzlich wird in de Praxis die sog. **modifizierte Stichtagskursmethode** verwandt.[286]

- **Eigenkapital**
    → Umrechnung zum **historischen** Kurs
- **Alle andere Bilanzposten**
    → Umrechnung zum Devisenkassakurs (**Stichtagskurs**)
- **GuV-Posten**
    → Umrechnung zum **Durchschnittskurs**
- **Währungsdifferenzen**
    → die aus den o.g. Umrechnungskursen zwangsläufig entstehende Währungsdifferenz ist **erfolgsneutral** in den Rücklagen des Konzerneigenkapitals auszuweisen.

---

284 Vgl. **RV** *IDW BFA 3/1995*.
285 Vgl. *DGRV*, S. 10 f.
286 Vgl. *Küting/Mojadadr*, S. 1872.

4.4 Beizulegender Zeitwert

449 Eine Bilanzierung zum Fair Value (beizulegender Zeitwert) gibt es nach dem HGB nicht, sondern eine Bilanzierung zum niedrigeren beizulegenden Wert. Lediglich bestimmte Anhangsangaben sind gem. HGB nach dem beizulegenden Zeitwert darzustellen.[287] Anders als nach IFRS gibt es im HGB für die Bestimmung des beizulegenden Wertes keine detaillierten Regelungen.[288] Aus § 253 HGB ergibt sich folgende allgemeine beizulegende Wert-Hierarchie.

Abb. 93: Beizulegender Wert-Hierarchie[289]

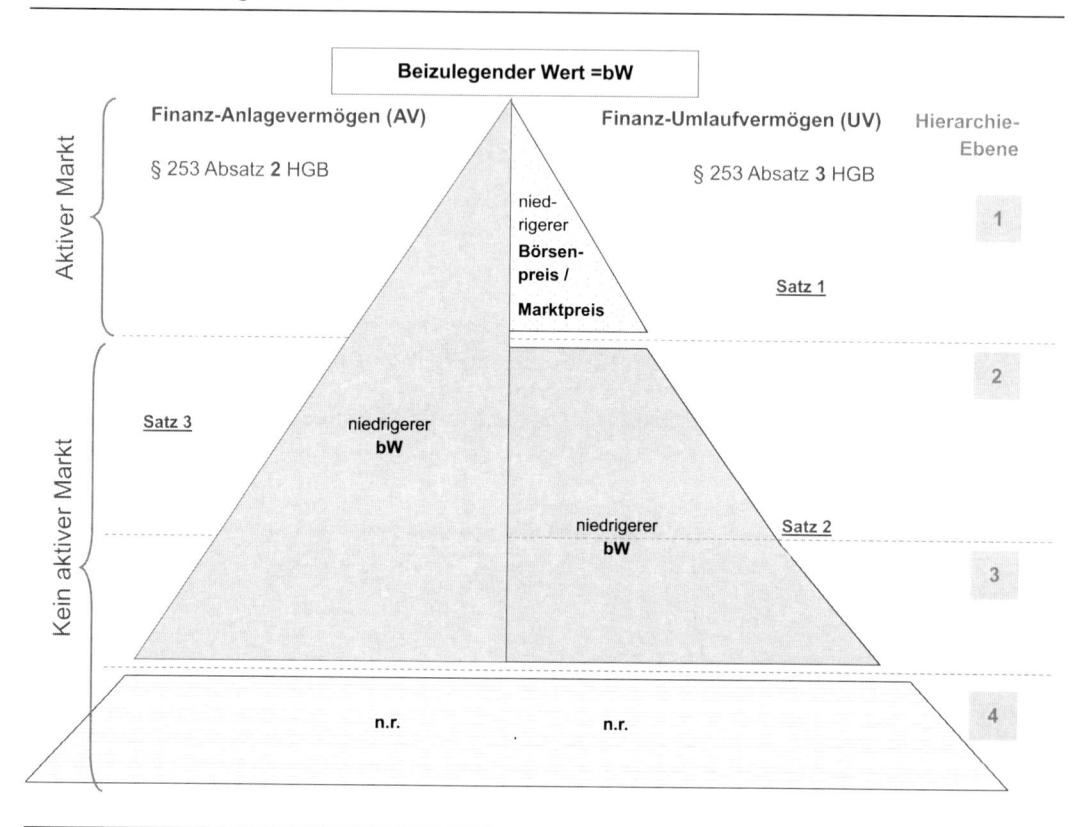

450 **Finanz-Anlagevermögen** kann gem. § 253 Abs. 2 S. 3 HGB mit dem niedrigeren beizulegenden Wert angesetzt werden; bei einer dauerhaften Wertminderung ist der niedrigere beizulegende Wert anzusetzen (gemildertes Niederstwertprinzip). Die Konkretisierung des unbestimmten Rechtsbegriffes „beizulegender Wert" ergibt sich aus den GoB. Es ist nicht ein bestimmter Wert, sondern der Wert, der nach dem Zweck der Bestimmung (Vermeidung eines zu hohen Bilanzansatzes) und unter Berücksichtigung der Verhältnisse des Einzelfalles der sinnvollste ist. Somit können zur Bestimmung des beizulegenden Werts – je nach Sachverhalt – verschiedene Hilfswerte herangezogen werden, wie z. B. der Wiederbeschaffungswert, der Einzelveräußerungspreis oder ein nach dem Ertragswertver-

---

287 Im HGB-Einzelabschluss ist für derivative Finanzinstrumente (§ 285 S. 1 Nr. 18 b HGB) sowie für Finanzanlagen, die über ihrem beizulegenden Zeitwert ausgewiesen werden (§ 285 S. 1 Nr. 19 a HGB), der beizulegende Zeitwert anzugeben.
288 Vgl. *Adler/Düring/Schmaltz*, S. 264; *Zülch/Hoffmann*, S. 748.
289 Eigene Darstellung in Anlehnung an Goldschmidt/Weigel, S. 193.

fahren ermittelter Wert.[290] Beim Finanz-Anlagevermögen sind im Gesetzestext des § 253 Abs. 2 S. 3 HGB die Wertansätze des Börsen- bzw. Markpreises nicht explizit erwähnt. Soweit diese allerdings für das Finanz-Anlagevermögen vorliegen, stellen sie die beste Approximation des beizulegenden Wertes dar und sind daher auch für die Bewertung des Finanz-Anlagevermögens heranzuziehen (Hierarchie-Ebene 1). Formal wird nach HGB/GoB bei der Ermittlung des beizulegenden Wertes nicht danach differenziert, ob die bei den angewendeten Bewertungsmethoden verwendeten Inputparameter am Markt beobachtbar sind oder nicht (Hierarchie-Ebene 2 und 3). Grundsätzlich wird davon ausgegangen, dass ein beizulegender Wert immer ermittelbar ist. Insofern ist die Hierarchie-Ebene 4 bei der Ermittlung des beizulegenden Werts nicht relevant.

Finanz-Umlaufvermögen ist gem. § 253 Abs. 3 S. 1 HGB auf den niedrigeren, aus Börsen- oder Marktpreis abgeleiteten Wert abzuschreiben.[291] Kann weder ein Börsen- noch ein Marktpreis festgestellt werden, so ist auf den niedrigeren beizulegenden Wert abzuschreiben. Der Marktpreis ist der Bewertung nur dann zugrunde zu legen, wenn kein Börsenpreis existiert.[292]

Da die Zugangsbewertung von finanziellen Vermögensgegenständen mit ihren Anschaffungskosten und nicht – wie in Analogie zu IFRS – mit dem beizulegenden Zeitwert bzw. beizulegenden Wert erfolgt, besteht nach HGB die Thematik eines „**day one profit or loss**" nicht.

5. Bewertungseinheiten (BWE)

5.1 Überblick

Problematik der Einzelbewertung

Die betriebswirtschaftliche Performance-Rechnung (der Treasurer) stimmt meistens nicht überein mit dem am Handelsrecht orientierten Ergebnis der GuV (des Rechnungswesens). In der Regel wird die Ergebnisdarstellung der Treasurer positiver ausfallen als die des Rechnungswesens (aufgrund des in der Rechnungslegung verankerten Vorsichtsprinzips). Die Bewertungseinheiten sind das Pendant zum Hedge Accounting nach IFRS.

Ausdruck des Gläubigerschutzgedankens der deutschen Rechnungslegung sind u. a. das Einzelbewertungs-, Imparitäts- und Realisationsprinzip (§ 252 (1) HGB). Einzelbewertung bedeutet, dass jeder Vermögensgegenstand grundsätzlich einzeln zu bewerten ist. Gemäß dem Imparitätsprinzip sind neben realisierten auch unrealisierte Verluste zu berücksichtigen. Dahingegen dürfen unrealisierte Gewinne gemäß dem Realisationsprinzip nicht einbezogen werden.

Dem gegenüber ist die Behandlung von realisierten Sachverhalten eindeutig. Diese sind im Handelsrecht – genauso wie in der Performance-Rechnung – zu berücksichtigen. So ist z. B. der Verlust aus dem Schließen (*closing*) eines Future-Kontraktes – unabhängig davon, ob er einzeln oder aber im Rahmen einer Bewertungseinheit (BWE) abgebildet wurde – in die GuV zu nehmen. Die Bildung von BWE hat lediglich Einfluss darauf, ob unrealisierte Gewinne mitberücksichtigt werden dürfen

---

290 Vgl. *Adler/Düring/Schmaltz*, S. 241 sowie *Birck/Meyer*, S. 82.
291 Bei den Begriffen Börsenpreis und Marktpreis handelt es sich rechtlich um die in § 385 BGB und § 453 BGB sowie § 372 Abs. 2 HGB verwendeten Begriffe. Der Börsenpreis ist der an einer amtlich anerkannten Börse festgestellte Preis. Der Marktpreis ist derjenige Preis, der an einem Handelsplatz für waren von einer bestimmten Gattung von durchschnittlicher Art und Güte zu einem bestimmten Zeitpunkt im Durchschnitt gewährt wurde. Als Waren in diesem Sinne sind auch Buchforderungen und Wertpapiere anzusehen. Vgl. *Birck/Meyer*, S. 81.
Bezüglich weiter Detailfragen zu Börsen- und Marktpreis, wie z.B. Abgrenzungen von Geld-/Briefkurse, „Zufallskurse", Paketzuschläge vgl. *Adler/Düring/Schmaltz*, S. 261 ff. und *Birck/Meyer*, S. 276
292 Vgl. *Birck/Meyer*, S. 81.

oder nicht. Weist z.B. ein Future-Kontrakt zum Bilanzstichtag einen unrealisierten Verlust auf, so muss dieser als Aufwand in die Bücher genommen werden, wenn er nicht in einer BWE abgebildet wurde. Steht allerdings – im Rahmen einer BWE – dem unrealisierten Verlust des Futures ein unrealisierter Gewinn aus einem Grundgeschäft gegenüber, so können diese miteinander verrechnet werden.

Insofern taucht die Frage einer Bewertungseinheit-Bildung immer dann auf, wenn unrealisierte Sachverhalte im Zusammenhang mit einem Absicherungsgedanken auftreten bzw. allgemein Positionen mit gegenläufigen Wertentwicklungen vorhanden sind. Dies ist meistens dann der Fall, wenn Derivate zu Absicherungszwecken eingesetzt und handelsrechtlich als außerbilanzielle Geschäfte (schwebende Geschäfte) geführt werden. Hieraus ergeben sich immer unrealisierte Sachverhalte.

5.2 Sicherbare Risiken

Die Bildung von BWE ist bisher zwar **gesetzlich (HGB) nicht** explizit geregelt, aber seit Längerem bereits (im Schrifttum) als Grundsätze ordnungsmäßiger Bilanzierung (**GoB**) verankert.

Anders als nach IFRS und nach BilMoG können BWE nach dem aktuell geltendem HGB ausschließlich zum Ausgleich gegenläufiger **Wertveränderungen** des beizulegenden Zeitwertes (vergleichbar Fair Value Hedge-Accounting) gebildet werden, nicht aber von Zahlungsstromänderungen (vergleichbar Cashflow Hedge-Accounting).

Absicherungsfähig sind einzelne Risiken, wie z.B:
- Zinsrisiken,
- Preisänderungsrisiken (Aktien-, Index-, Edelmetall-, Rohwarenrisiken)
- Ausfallrisiken
- Währungsrisiken

Nach HGB wurde bisher aus Vereinfachungsgründen der Full Fair Value im Rahmen der kompensatorischen Bewertung gebucht, weil stets der negative Nettowert imparitätisch erfasst wird und ein positiver Nettowert in Anwendung des Realisationsprinzips unberücksichtigt bleibt.[293]

5.3 BWE-Arten

5.3.1 Bilanzierung

5.3.1.1 Grundsatz

Ziel bei der Bildung von Bewertungseinheiten ist es, das Auseinanderlaufen des handelsrechtlichen und betriebswirtschaftlichen Ergebnisses zu reduzieren. Dies bezieht sich sowohl auf die Höhe als auch auf den Ausweis (Handelsergebnis oder Risikovorsorge) des Ergebnisses.

---

293 Vgl. *Löw/Scharpf*/Weigel, S. 1019.

5. Bewertungseinheiten (BWE)

Bei anerkannten Bewertungseinheiten wird das Einzelbewertungsprinzip auf die gesamte Bewertungseinheit ausgedehnt, so dass unrealisierte Gewinne und unrealisierte Verluste innerhalb der Bewertungseinheit maximal bis zur Höhe des unrealisierten Verlustes **miteinander verrechnet** werden können.

„**Anerkannt**" bedeutet, dass alle Bewertungseinheiten in einem Kriterienkatalog dokumentiert und im Vorfeld mit dem Rechnungswesen und dem Wirtschaftsprüfer abgestimmt werden (vgl. Kap. 5.6.2).

> **HINWEIS:**
> Das Prinzip der Bewertung von Bewertungseinheiten nach HGB ist **umgekehrt** zu dem nach IFRS. Im Rahmen einer HGB-BWE folgt die Bilanzierung des Sicherungs-Derivats der Bilanzierung des Grundgeschäftes.

In der Literatur und der Praxis werden zum Teil **unterschiedliche Begriffe/Methoden** bezüglich der Art und Weise, wie die unrealisierten Gewinne und Verluste von Geschäften innerhalb einer BWE miteinander verrechnet werden, benutzt.[294] Nachfolgend werden die in diesem Buch verwandten Begriffe dargestellt.

5.3.1.2 Kompensatorische Bewertung

In Abgrenzung zur (nach IFRS üblichen) Durchbuchungsmethode werden bei der (nach HGB verwandten) kompensatorischen Bewertung (z.T. auch als Portfoliobewertung bezeichnet) unrealisierte Erträge und Aufwendungen aus BWE **außerhalb** der Bilanz und GuV in einer Neben-/Memobuchhaltung verrechnet (kompensiert).

Bei einer **perfekten**[295] **Absicherung** (perfect hedge, 100%ige Effektivität) verbleibt bei der Verrechnung **kein Saldo**, so dass keine weiteren buchhalterischen Schritte mehr notwendig sind. Damit bleiben die bisherigen Buchwerte des Grundgeschäftes unverändert.

Verbleibt ein Saldo aus der Verrechnung der unrealisierten Erträge und Aufwendungen aus der BWE, weil **keine perfekte** Absicherung vorliegt, so ist dieser Saldo imparitätisch zu behandeln. Danach dürfen im Saldo für die BWE verbleibende unrealisierte Erträge (**positiver Saldo**) nicht berücksichtigt werden. Auch hier sind keine weiteren Buchungen – analog dem Fall der perfekten Absicherung – mehr erforderlich. Verbleibt dahingegen als Spitze aus der Verrechnung ein unrealisierter Aufwand (**negativer Saldo**), so ist dieser (soweit möglich) **verursachungsgerecht** zu buchen. Wurde der unrealisierte Verlust z.B. durch ein – in eine Mikro-BWE eingebrachtes – festverzinsliches Wertpapier des Umlaufvermögens verursacht, so ist das Wertpapier in Höhe des Saldos abzuschreiben. Resultiert dahingegen der Verlust z.B. aus einem Zins-Swap, welcher als Sicherungsderivat in eine Mikro-BWE designiert wurde, dann ist in Höhe des negativen Saldos eine Drohverlustrückstellung aus schwebenden Verlusten einzustellen. Ist eine verursachungsgerechte Zuordnung **nicht mehr möglich** (Portfolio-BWE und Makro-BWE) wird aggregiert für die gesamte BWE eine Rückstellung eingestellt.

---

[294] Vgl. z.B. Hayn/Graf Waldersee, S. 174 und Löw/Scharpf/Weigel, S.1018.
[295] Um begrifflich eine klare Abgrenzung zur IFRS-Systematik (vgl. Kap. III.5.6.3) zu haben, wird in diesem Buch im HGB-Umfeld bewusst nur das Begriffspaar „perfekt/nicht-perfekt" verwandt. In der Literatur findet man häufig synonym hiefür auch das Begriffspaar „effektiv/nicht-effektiv bzw. ineffektiv" oder „wirksam/nicht wirksam", welche allerdings inhaltlich anders belegt ist als nach IFRS. Nach HGB bedeutet „effektiv = perfekt" eine Effektivität von 100%, wohingegen nach IFRS „effektiv" eine Effektivitätsspanne von 80% bis 125% bedeutet. Vgl. hierzu auch Kraft/Bischhoff, S. 184 f.

5.3.1.3 Festbewertung

Ähnlich dem Fall des vereinfachten Verfahrens (*critical term match, shortcut*-Methode) nach IFRS (vgl. Kap. 5.6.3.3.2) führen bestimmte BWE-Umstände bereits zur einer dauerhaften effektiven Sicherungsbeziehung. Dies ist der Fall, wenn sich die wertbeeinflussenden Vertragsbedingungen aus Grund- und Sicherungsgeschäft entsprechen. In diesem **Sonderfall** der andauernden perfekten Absicherung (perfect hedge, 100%ige Effektivität) werden (aus Vereinfachungsgründen) die gegenläufigen Wertveränderung gar nicht mehr im Einzelnen ermittelt, sondern der bisherige Buchwert des Grundgeschäftes „festgeschrieben" bzw. „eingefroren" (Festschreibungs- oder Einfrierungsmethode).

5.3.2 Absicherung des beizulegenden Zeitwerts

5.3.2.1 Überblick

BWE nach HGB werden ausschließlich zur **Absicherung des beizulegenden Zeitwerts** eines Grundgeschäftes (bzw. mehrerer Grundgeschäfte) gebildet (vgl. Fair Value Hedge-Accounting nach IFRS; Kap. III.5.3.2).

In der (Kreditinstitute-) Praxis unterscheidet man nach HGB zwischen Mikro-, Portfolio- und Makro-BWE.[296] Da diese Begriffe in Praxis und Literatur nicht einheitlich verwandt werden, wird nachfolgend kurz erläutert, wie die Begriffe in diesem Buch verstanden werden.[297] Abb. 94 gibt einen Überblick zu den HGB-BWE und enthält eine Synopse zu den IAS-Hedges.

Abb. 94: Synopse Bewertungseinheiten (HGB) versus Hedge-Arten (IAS 39)

Stichworte	HGB	IAS
Bewertung	Derivat folgt Grundgeschäft	Grundgeschäft folgt Derivat
1:1 i.e.S. n:m i.w.S.	Mikro-BWE	FV-Hedge
Handelsbücher	Portfolio-BWE	n.r.
Bankbuch	Makro-BWE	CF-Hedge FVP-Hedge
Zahlungsströme (u.a. Antizipative Hedges)	./.	CF-Hedge

---

[296] Während die Bildung von Mikro-BWE im Schrifttum seit Längerem herrschende Meinung ist, war die HGB-/GoB-Konformität von Makro-BWE und Portfolio-BWE lange in der Literatur umstritten; vgl. u.a. *Schmidt (2005)*, S. 258 ff. Die Weiterentwicklung der GoB in diesem Bereich wurde letztendlich (indirekt) durch die steuerliche Anerkennung von BWE (§ 5 Abs. 1a EStG) anerkannt; vgl. Pfitzer/Scharpf/Schaber (2008a), S. 728.
[297] Vgl. z.B. *Bertsch*, S. 33 und *Löw/Scharpf/Weigel*, S.1018.

5.3.2.2 Mikro-BWE

Unter **Mikro-Hedges i. e. S.** wird eine 1:1-Beziehung von Grund- und Sicherungsgeschäft verstanden (z. B. 1 Fix-Bond long gegen 1 Payer-Swap). Unter **Mikro-Hedges i. w. S.** wird eine 1:n- oder n:1- oder aber auch n:m-Beziehung zwischen Grund- und Sicherungsgeschäft verstanden (z. B. 1 Fix-Bond long gegen einige wenige Payer-Swaps ähnlicher Ausprägung bzw. einige wenige Fix-Bonds ähnlicher Ausprägung long gegen 1 Payer-Swap). Bei Kreditinstituten können Mikros sowohl im Bankbuch als auch im Handelsbestand vorkommen.

Bei Mikro-BWE erfolgt in der Praxis entweder eine **kompensatorische Bewertung** oder aber eine **Festbewertung**.

5.3.2.3 Portfolio-BWE

Bei **Portfolio-Hedges nach HGB** werden (bei Kreditinstituten) bestimmte Handelsbestände zusammengefasst und als Einheit bewertet. Entweder werden gleiche Produkte gleicher Risikoart (z. B. Zinsswapbuch) oder unterschiedliche Produkte gleicher Risikoart (z. B. öffentliche Anleihen plus Schuldscheindarlehen plus Zins-Futures) zusammen bewertet. Eines solchen Portfolio-Hedges bedarf es nach IFRS nicht mehr, da sämtliche Handelsbestände der IAS-39-Kategorie TRD zuzuordnen sind und daher schon per se einheitlich bewertet werden. Der Begriff des Portfolio-Hedges nach IFRS wird eher im Sinne eines Mikro-Hedges i. w. S. – wie oben beschrieben – verstanden.

Die **bilanziellen Konsequenzen** der Bildung einer Portfolio-BWE bestehen darin, dass die unrealisierten Erträge und Aufwendungen sämtlicher in der BWE befindlichen Geschäfte miteinander verrechnet werden können (kompensatorische Bewertung). Die weitere bilanzielle Behandlung kann nach zwei alternativen Ansätzen erfolgen. Beim sog. **Zeroline-Ansatz** (*zero-line-approach*) werden die Bewertungsergebnisse bis zur Null-Linie verrechnet. Für den Saldo über der Null-Linie wird imparitätisch eine Drohverlustrückstellung aggregiert für die gesamte Portfolio-BWE eingestellt, da eine Zuordnung zu einzelnen Geschäften der BWE definitionsgemäß nicht mehr möglich ist. Bei der **risikoadjustierten Mark-to-Market-Bewertung** werden zunächst alle Bestandteile des Portfolio-BWE zu Marktwerten bewertet und somit sämtliche unrealisierten Erträge und Aufwendungen mit einander verrechnet. Um dem Vorsichtsprinzip zu genügen, wird in einem zweiten Schritt ein bilanzieller Risikoabschlag – in Höhe des nach aufsichtsrechtlichen Vorgaben ermittelten Value at Risk (VaR) – vorgenommen.[298]

5.3.2.4 Makro-BWE

Bei einer Makro-BWE werden ganze **Gruppen von Bilanzpositionen**, im Extremfall alle, die einem bestimmten Preisrisiko unterliegen, abgesichert. Eine konkrete Verknüpfung von bestimmten Grund- und Sicherungsgeschäften ist nicht mehr möglich. Vielmehr wird über alle Geschäfte hinweg eine Gesamtposition eines Preisrisikos (sog. Nettorisikopositionen, *net risk exposure*) ermittelt und diese durch ein oder mehrere Sicherungsgeschäfte abgesichert.[299]

KI: Unter Makro-Hedges fallen nach dem Verständnis des Autors auch Zins-Derivate,[300] die im Zusammenhang mit der Steuerung des allgemeinen Zinsrisikos (**Bankbuch-Derivate**) zur (dynami-

---
298 Vgl. *Bertsch*, S. 37 f.
299 Vgl. *Kraft/Bischoff*, S. 177; *Schmidt (2005)*, S. 259 f.
300 Vgl. *Bertsch*, S. 36 und *ZKA*, S. 10. Mit Blick auf die differenziertere Diskussion der Bandlung von Bankbuch-Derivaten im Zusammenhang mit BilMoG und der Bilanzierungskonvention des sog. Grundsatzes der verlustfreien Bewertung vgl. Kap. 9.5.4.4 und *Scharpf/Schaber*, S. 310 f.

schen) Steuerung von Zinsänderungsrisiken mit Hilfe einer Zinsbindungs- oder Zinsablaufbilanz oder anderer Risikomaße eingesetzt werden. Bei **Kreditinstituten** ist aus langjähriger Bilanzierungspraxis eine **Bilanzierungskonvention** entstanden, bei der das sog. Bankbuch bei und dementsprechend auch die zur Zinsrisikosteuerung des Bankbuches eingesetzten Derivate (Bankbuch-Derivate) keiner (klassischen) Einzelbewertung unterliegen. Grundvoraussetzung hierfür ist die Einbindung dieses Bestandes in ein funktionsfähiges Risikomanagements gem. MaRisk sowie eine eindeutige Abgrenzung des „Bankbuchbestandes" von anderen Positionen.

5.3.3   Absicherung von Zahlungsströmen

78 In der Praxis werden sog. **antizipative Hedges** zur **Absicherung von Zahlungsströmen** (z. B. im Zusammenhang mit künftigen Beschaffungsvorgängen) abgeschlossen. Diese dem Cashflow Hedge-Accounting nach IFRS vergleichbaren (vgl. Kap. III.5.3.3) Sicherungsbeziehungen sind nach dem HGB allerdings nicht anerkannt. Im Fokus der HGB-BWE steht die Absicherung des beizulegenden Zeitwerts (vgl. Kap. 5.3.2).[301]

5.4   Grundgeschäfte

79 Handelsrechtlich gibt es – im Gegensatz zur IFRS-Bilanzierung – **keine Vorgaben** bezüglich der Zulässigkeit von Grundgeschäften. **Grundsätzlich** kommen als solche sämtliche bilanzierte Vermögensgegenstände und Schulden, schwebende Geschäfte und (unter bestimmten Voraussetzungen) auch künftig geplante Geschäfte infrage. Auch Derivate können nach HGB Grundgeschäft einer BWE sein.[302]

80 In der **Praxis** sind in der Regel bilanzierte **Vermögensgegenstände** und **Schulden** Gegenstand einer BWE.

81 Die **Bilanzierung** von Grundgeschäften einer BWE erfolgt **in Abhängigkeit** der BWE-**Art** (Mikro-, Portfolio-, Makro-BWE); vgl. Kap. 5.3.2.

5.5   Sicherungsinstrumente

82 Auch für die Zulässigkeit von Sicherungsinstrumenten in einer BWE gibt es nach HGB – anders als nach IFRS – **keine Vorgaben**. **Grundsätzlich** kommen als solche sämtliche bilanzierte Vermögensgegenstände und Schulden, schwebende Geschäfte und (unter bestimmten Voraussetzungen) auch künftig geplante Geschäfte infrage.

83 In der **Praxis** werden in der Regel Finanz-Derivate und Warentermingeschäfte als Sicherungsinstrumente für BWE verwandt. [303]

84 Die **Bilanzierung** von Sicherungsinstrumenten einer BWE erfolgt **in Abhängigkeit** der BWE-**Art** (Mikro-, Portfolio-, Makro-BWE); vgl. Kap. 5.3.2.

---

301 Zur Rechnungslegung bei Absicherung von Zahlungsstromänderungsrisiken aus geplanten Transaktionen nach HGB und IAS/IFRS vgl. *Patek (2007)* und *Pfitzer/Scharpf/Schaber (2007)*.
302 Vgl. *Pfitzer/Scharpf/Schaber (2007)*, S. 679.
303 Vgl. *Pfitzer/Scharpf/Schaber (2007)*, S. 679.

5.6 Anforderungen an Bewertungseinheiten

5.6.1 Überblick

An die Anerkennung von BWE werden strenge Anforderungen gestellt. Folgende Voraussetzungen für die Anerkennung einer BWE nennen *Pitzer/Scharpf/Schaber*:[304]

- Objektiver Absicherungsbedarf
- Herstellung eines wirtschaftlichen Zusammenhangs zwischen Grund- und Sicherungsgeschäft
- Kausalzusammenhang zwischen Gewinnchance und Verlustrisiko
- Homogene Beeinflussung von Gewinnchancen und Verlustrisiko
- Wirksamkeit der Sicherungsbeziehung
- Vollständige Kompensation
- Keine operativen Risiken und Bonitätsrisiken

Zentrale Bedeutung bei der Erfüllung dieser Anforderungen kommt der **Dokumentation** sowie dem **Effektivität** der Sicherungsbeziehung zu, die nachfolgend näher beschrieben werden. Abschließend werden die Folgen der Erfüllung bzw. Nicht-Erfüllung der genannten Anforderungen dargestellt.

5.6.2 Dokumentation

Grundvoraussetzung für die Anerkennung einer BWE ist, dass alle oben genannten Kriterien (Voraussetzungen) nicht nur erfüllt sind, sondern dass diese auch dokumentiert sind. Wie eine solche Dokumentation aussehen kann, ist Gegenstand des nachfolgenden Muster-Kriterienkatalogs (vgl. Abb. 95 und Abb. 96).

---

304 Vgl. *Pfitzer/Scharpf/Schaber (2007)*, S. 680. Die Kriterien werden dort im Einzelnen noch detaillierter beschrieben.

Abb. 95: HGB: Kriterienkatalog zur Anerkennung einer BWE (Muster 1)

	Kriterienkatalog zur Anerkennung von Bewertungseinheiten (BWE)		
Nr.	Stichworte	Konkretisierung	Auszufüllen von
1.	**Qualitative Faktoren**		
1.1.	Strategie	Konkrete Darlegung der Hedge-Strategie (Ziele, Steuerung)	(Treasury)
1.2.	Produktprofil	Gleichartigkeit der Finanzprodukte (Produkte gleicher Risikoart, die zu einer BWE zusammengefasst werden können)	(Treasury)
1.3	Qualität der Hedgestrategien	Adäquate Steuerung der Hedges und laufende Überwachung der Effizienz	(Treasury)
1.4.	Marktwert-Ermittlung (IAS 39)	Zuverlässigkeit / Transparenz der zur Ermittlung von Marktwerten angewandten Verfahren	(Risikocontrolling)
1.5.	Bonitätsinduzierte Wertermittlung	Überwachung des Bonitätsrisikos	(Risikocontrolling)
1.6.	Verantwortungsbereiche	Organisatorisch und personell eindeutig abgegrenzte Verantwortungsbereiche (Namen der Händler, Kompetenz- u. Vertretungsregelung)	(Treasury)

Abb. 96: HGB: Kriterienkatalog zur Anerkennung einer BWE (Muster 2)

Nr.	Stichworte	Konkretisierung	Auszufüllen von
1.7.	Technische Ausstattung	Gleiche Definition des Folders in unterschiedlichen Systemen, Zugriffsmöglichkeiten der beteiligten Abteilungen auf die Systeme	
		Front-Office-Systeme Erfassung von bilanziellen u. nicht-bilanziellen Posten	(Treasury)
		Bewertungs-Systeme Erfassung von bilanziellen u. nicht-bilanziellen Posten	(Risikocontrolling)
		Back-Office-Systeme Erfassung von bilanziellen u. nicht-bilanziellen Posten	(Accounting)
1.8.	Behandlung der BWE im Rechnungswesen	Bewertung und Ausweis der Ergebnisse in Bilanz und GuV (HGB und IAS)	(Accounting)
2.	**Quantitative Faktoren**		
2.1.	Umschlagshäufigkeit	Umschlagshäufigkeit der in der BWE zusammengefassten Produkte	(Treasury)
2.2.	Gesamtvolumen	Bedeutung des Volumens der BWE im Verhältnis zum gesamten Geschäftsvolumen der Bank	(Treasury)
2.3.	Höhe der Limite	Konkrete Höhe (Namen u. Zahlen) der von der Geschäftsleitung vorgegebenen Limite	(Treasury, Risikocontrolling)

5.6.3 Effektivität

Eine Voraussetzung für eine effektive BWE ist, dass eine **homogene Beeinflussung** von Gewinnchance und Verlustrisiko gegeben ist. D. h. dass die in einer BWE zu kompensierenden unrealisierten Gewinne und Verluste die gleiche Entstehungsursache haben.

Hiermit eng verbunden ist auch die **Wirksamkeit der Sicherungsbeziehung**. Grund- und Sicherungsgeschäft müssen so aufeinander abgestimmt sein, dass bei gleichgerichteten Veränderungen der wertbestimmenden Einflussfaktoren (aufgrund der Homogenität) eine Kompensation des Risikos durch das gegenläufige Geschäft stattfindet. Der Nachweis bzw. die Einhaltung einer bestimmten Mindestwirksamkeit (Mindesteffektivität) wie nach IFRS (80% bis 125%) ist allerdings nicht erforderlich.

Die Wirksamkeit der Bewertungseinheiten und damit das Bestehen rechtlicher Beziehungen zum Bilanzstichtag ist konkret nachzuweisen (**Kausalzusammenhang zwischen Gewinn und Verlustrisiko**).

5.6.4 Folgen

5.6.4.1 Bei Erfüllung der Anforderungen

Sind all die genannten Voraussetzungen erfüllt, qualifiziert die Sicherungsbeziehung als Bewertungseinheit i.S.d. HGB/GoB und die entsprechende **Verrechnung** der Ergebniseffekte aus Grund- und Sicherungsgeschäft kann – wie für die jeweilige Hedge-Art vorgesehen – vorgenommen werden.

Die Bildung von Bewertungseinheiten stellt ein – aufgrund des Dokumentationserfordernisses **faktisches** – **Wahlrecht** dar.

5.6.4.2 Bei Nicht-Erfüllung der Anforderungen

Sind **nicht** alle die oben dargestellten Anforderungen an eine Bewertungseinheit erfüllt, so qualifiziert die Sicherungsbeziehung nicht als BWE i.S.d. HGB/GoB. Die Ergebniseffekte des wirtschaftlichen Grund- und Sicherungsgeschäftes sind **voneinander unabhängig** gemäß der in Kap. 4 dargestellten Bewertung auf Einzelbasis zu ermitteln und auszuweisen. Damit **laufen** die bilanzielle Abbildung und die Abbildung in der Performance-Rechnung der Treasury **auseinander**.

6. Ausweis in der GuV

6.1 Nicht-Kreditinstitute

Das HGB-GuV-Schema für Nicht-Kreditinstitute gibt § 275 HGB vor. Der Bilanzierende kann hier zwischen der Gliederung nach dem **Umsatzkosten** – oder aber **Gesamtkostenverfahren** wählen. Da sich auch die Gliederung der IFRS-GuV in der Praxis (noch) stark am HGB orientiert, wird bezüglich der detaillierten Darstellung, in welcher der HGB-GuV-Positionen sich Finanzinstrumente befinden, auf die IFRS-Darstellung in **Kap. III.6.3** in Analogie verwiesen.

6.2 Kreditinstitute

95 Wie bei der Bilanz (Kap. 3.3), so ist auch die Darstellung der GuV in der RechKredV genau vorgegeben. Hiernach ist die **GuV in Kontenform** zu veröffentlichen. Getrennt nach Aufwendungen und Erträge wird das „**laufende Ergebnis**" (Kap. III.6.1) für alle Finanzinstrumenten unter Zinsaufwendungen bzw. Zinserträgen erfasst. Die Erfassung des „**Bewertungsergebnisses i.w.S.**" (realisiertes und unrealisiertes Bewertungsergebnis) hingegen erfolgt getrennt nach den **Bewertungskategorien** (Abb. 91). Bewertungsergebnisse i.w.S. aus Buchforderungen (BF) werden gem. Abb. 97 in der GuV-Position AF7 bzw. E6 erfasst. Von Wertpapieren des Handelsbestandes (HB) werden die entsprechenden Aufwendungen und Erträge im Nettoergebnis aus Finanzgeschäft genettet dargestellt (AF3 bzw. E5). Das Bewertungsergebnis i.w.S. von Wertpapieren des Anlagevermögens (AV) fließt in die GuV-Position AF8 bzw. E7 und das von Wertpapieren der Liquiditätsreserve (LR) in die GuV-Positionen AF7 bzw. E6.

96 Für Managementreportingzwecke wird in der Regel die betriebswirtschaftlich orientierte **GuV in Staffelform** verwendet. Diese ist nicht explizit in der RechKredV geregelt. Hierfür gibt es entsprechende Empfehlungen der Bankenverbände (z. B. VÖB-Schema). IFRS dahingegen kennt nur eine GuV in Staffelform.

Abb. 97: Muster einer HGB-GuV (Kreditinstitut)

GuV in Kontenform

	Aufwendungen (AF)		Erträge (E)
1.	Zinsaufwendungen	1.	Zinserträge aus
2.	Provisionsaufwendungen		a) Kredit- und Geldmarktgeschäften
3.	Nettoaufwand aus Finanzgeschäften **HB**		b) festverzinsliche Wertpapieren und Schuldbuchforderungen
4.	Allgemeine Verwaltungsaufwendungen	2.	Laufende Erträge
5.	Abschreibungen und Wertberichtigungen auf immaterielle Anlagewerte und Sachanlagen	3.	Erträge aus Gewinnabführung
		4.	Provisionserträge
		5.	Nettoertrag aus Finanzgeschäften **HB**
6.	Sonstige betriebliche Aufwendungen	6.	Erträge aus Zuschreibungen zu **BF** Forderungen und bestimmten **LR** Wertpapieren sowie aus der **340 f** Auflösung von Rückstellungen im Kreditgeschäft
7.	Abschreibungen und **BF** Wertberichtigungen auf Forderungen **LR** und bestimmte Wertpapiere sowie **340f** Zuführungen zu Rückstellungen im Kreditgeschäft	7.	Erträge aus Zuschreibungen **AV** ....wie Anlagevermögen behandelte Wertpapiere
8.	Abschreibungen und Wertberichtigungen **AV** ....wie Anlagevermögen behandelte Wertpapiere	8.	Sonstige betriebliche Erträge
9.	Aufwendungen aus Verlustübernahme	9.	Erträge aus Sonderposten
10.	Einstellungen in Sonderposten	10.	Außerordentliche Erträge
11.	Außerordentliche Aufwendungen	11.	Erträge aus Verlustübernahmen
12.	Ertragsteuern	12.	Jahresfehlbetrag
13.	Sonstige Steuern		
14.	...abgeführte Gewinne		
15.	Jahresüberschuß		
Σ	Aufwendungen	Σ	Erträge

Positionen mit Finanzinstrumenten
Bewertungskategorien

GuV in Staffelform gem. VÖB-Schema (GuV)

	+	E 1, E 2, E 3
	./.	AF 1
1.	=	Zinsüberschuss
	+	E 4
	./.	AF 2
2.	=	Provisionsüberschuss
	=	Zins- und **Provisionsüberschuss** (Gesamte Spanne)
	+	E 5 (./. AF 3)
3.	=	Nettoertrag aus Finanzgeschäft (HandelsE)
	./.	AF 4, AF 5
4.	=	Verwaltungsaufwand (einschl. Abschreibungen)
	+	E 8
	./.	AF 6, AF 13
5.	=	Saldo aus sonstigen betrieblichen Erträgen / Aufwendungen
	=	**Betriebsergebnis vor Risikovorsorge**
	+	E 6, * RV Wertpapiere
	+	E 7, * RV Kredit
	+	E 9 * 340 f
	./.	AF 7, AF 8, * 340 g
	./.	AF 9, AF 10 * Verlustübernahmen
6.	=	Risikovorsorge, Bewertungsergebnis
	=	**Betriebsergebnis nach Risikovorsorge**
	+	E10, E 11
	./.	AF 11, AF 14
7.	=	Außerordentliches Ergebnis
	=	**Jahresüberschuß vor Steuern**
8.	./.	Ertragsteuern
	=	**Jahresüberschuß**

7. Anhangsangaben/Lagebericht

Nachfolgend werden die wesentlichen HGB-Anhangsangaben zu Finanzinstrumenten dargestellt, die Finanzinstrumente i.S.d. IAS 39 darstellen. (vgl. Tz. 758).[305]

7.1 Angaben zu Bilanz

Derivative Finanzinstrumente (§ 285 Nr. 18 HGB)

Die Pflichtangaben brauchen **kleine** Kapitalgesellschaft nicht zu machen (§ 288 S. 1 HGB). Mittelgroße und große Kapitalgesellschaften haben für jede Kategorie derivativer Finanzinstrumente a) Art und Umfang sowie b) den beizulegenden Zeitwert mit Angabe der angewandten Bewertungsmethode offen zu legen (§ 285 Nr. 18 HGB).

Finanzanlagen (§ 285 Nr. 19 HGB)

Für zu Finanzanlagen (i. S. v. § 266 Abs. 2 A III) gehörende Finanzinstrumente, die über ihren beizulegenden Zeitwert ausgewiesen werden, da insoweit eine außerplanmäßige Abschreibung (gemäß § 253 Abs. 2 Satz 3) unterblieben ist, sind a) der Buchwert und der beizulegende Zeitwert sowie b) die Gründe für das Unterlassen der Abschreibung offen zu legen.

7.2 Weitere Angaben

Latente Steuern (§ 274 Abs. 2 S. 2 HGB)

Vgl. Kap. 2.6

Bei Ausweis aktiver **latenter Steuern** sind diese im **Anhang** zu erläutern (§ 274 Abs. 2 S. 2 HGB).

Finanzinstrumente-Sachverhalte, bei denen temporäre Differenzen entstehen und damit latente Steuern verursachen können, sind z. B.:

- **Finanzanlagen**

  Nicht dauerhafte Wertminderungen bei Finanzanlagen des AV (vgl. Tz. 958), da steuerlich bei Finanzanlagen des AV gem. § 6 Abs. 1 Nr.1 EStG nur dauerhafte Wertminderungen zu berücksichtigen sind.

- **Stand alone Derivate**

  Negativer Fair Value von stand alone-Derivaten (vgl. Tz. 962) der zurückgestellt wurde (§ 5 Abs. 4a S. 1 EStG), wie z. B. im Rahmen von antizipativen Bewertungseinheiten.

- **Spezialfonds/TGV**

  Anteile an Spezialfonds und Teilgesellschaftsvermögen (TGV) gem. Investmentgesetz, da für deren Besteuerung gem. § 1 Abs. 3 i.V.m. § 2 Abs. 1 S. 2 Investmentsteuergesetz Ausschüttungsfiktionen zugrunde gelegt werden, die von der handelsrechtlichen Vereinnahmung abweichen.

- **KI: 340 f/340 g (Vorsorge-) Reserve**

  Die Reserven gemäß § 340 f HGB und 340g HGB sind in die Ermittlung der latenten Steuern einzubeziehen, da sie steuerneutral sind. D. h. die in der HGB-Bilanz angesetzten Vorsorgereserven werden steuerrechtlich nicht anerkannt und sind steuerlich zu korrigieren.

---

[305] Nach HGB bestehen Anhangspflichten für darüber hinausgehende Finanzinstrumente, wie z. B. für Kreditzusagen oder außerbilanzielle Geschäfte (vgl. § 285 Abs. Nr. 3 HGB).

Nach der „spezialgesetzlichen (Maßgeblichkeits-) Regelung"[306] des § **5 Abs. 1a EStG** sind die Ergebnisse der – in der handelsrechtlichen Rechnungslegung zur Absicherung finanzwirtschaftlicher Risiken gebildeten – **Bewertungseinheiten** (vgl. Kap. 4.4) auch für die steuerliche Gewinnermittlung maßgeblich.

Ein nach der Bildung der **Bewertungseinheit** verbleibender **negativer Ergebnissaldo** wird in der Handelsbilanz oftmals als Drohverlustrückstellung dargestellt. Tatsächlich handelt es sich bei dieser Bilanzposition jedoch um die Zusammenfassung einer Vielzahl unterschiedlichster Aufwendungen und Erträge. Gem. § **5 Abs. 4a S. 2** EStG unterliegt diese „lediglich technisch" als Drohverlustrückstellung bezeichnete Bilanzposition nicht dem grundsätzlichen steuerlichen Abzugsverbot von Drohverlustrückstellungen des § 5 Abs. 4 Satz 1 EStG.[307]

7.3 Risikoangaben

Nach HGB müssen Kaitalgesellschaften im Rahmen der Erstellung ihres Einzelabschlusses und Konzernabschlusses im Lagebericht einen Risikobericht veröffentlichen.[308] In der Regel orientiert sich die Berichterstattung bezüglich Lagebericht an den Vorschriften des DRS 15 und bezüglich Risikobericht bei Kreditinstituten an den Vorschriften des DRS 5-10 und bei Nicht-Kreditinstituten an den Vorschriften des DRS 5.[309]

Bilanzierung von Sicherungsbeziehungen (§ 289 Abs. 2 Nr. 2a)

In Rahmen der **Lageberichterstattung** ist im Rahmen der Darstellung der **Risikomanagementziele**- und methoden auch auf die Bilanzierung von Sicherungsbeziehungen einzugehen.

8. Neuerungen durch die Finanzkrise (kurzfristige)

Überblick

Zu Beginn eines jeden Kapitels (der nachfolgend dargestellten Neuerungen) befindet sich ein Verweis auf eines der vorangegangenen Kapitel 1 bis 7, in denen die bisherige Rechtslage dargestellt wurde.

Die im Rahmen der Finanzkrise ergriffenen kurzfristigen IFRS-Rechnungslegungsänderungen (siehe Kap. III.8) haben auch eine **Ausstrahlung** auf die HGB-Bilanzierung, welche nachfolgend dargestellt wird.[310] So hat das IDW am 09.01.2009 einen Rechnungslegungshinweis zur „Umwidmung und Bewertung von Forderungen und Wertpapieren nach HGB" (**IDW RH HFA 1.014**) veröffentlicht.

---

306 Vgl. *Kraft/Bischoff*, S. 176.
307 Vgl. *Herzig*, S. 1344 und **RV** *EStG*, S. 8.
308 Vgl. § 289 HGB und § 315 HGB.
309 Vgl **RV** DRS 15, **RV** *DRS 5* und **RV** *DRS 5-10*. Die DRS haben die Vermutung HGB-Konzern-GoB zu sein. Allerdings wird empfohlen, diese freiwillig auch auf den Einzelabschluss anzuwenden.
310 Vgl. *Gilgenberg/Weiss*, S. 186.

8. Neuerungen durch die Finanzkrise (kurzfristige)

8.1 Umklassifizierung

Vgl. Kap. 4.2.2.

Anders als nach IFRS wurden die Umklassifizierungen im HGB nicht geändert, der Rechnungslegungshinweis IDW RH HFA 1.014 **stellt** allerdings noch einmal **klar**, wie die im IFRS-Umfeld diskutierte Thematik zur Umklassifizierung nach dem geltenden HGB geregelt ist (siehe Abb. 92).

Das IDW weist in dem Rechnungslegungshinweis daraufhin, dass bei einer Umklassifizierung **aus** dem **Umlaufvermögen** in das Anlagevermögen[311] auf einen **Gleichlauf** in den HGB- und IFRS-Rechenwerken zu achten ist, da der verfolgte Geschäftszweck unabhängig von der Rechnungslegungssystematik sei (Tz. 24 des IDW RH). So zieht eine Umklassifizierung von der Bewertungskategorie TRD nach HTM nach IFRS eine korrespondierende Umklassifizierung im HGB-Abschluss nach sich. **Vice versa** muss dies allerdings nicht so sein, da – anders als nach HGB – die Umklassifizierung nach IFRS ein **Wahlrecht** darstellt.

Für die Zuordnung von Wertpapieren zum Anlage- oder Umlaufvermögen ist grundsätzlich weiterhin der **Wille** des Bilanzierenden maßgebend. Nur in Ausnahmefällen ergibt sich aus der Struktur des Wertpapiers eine Zuordnung, wie z. B. bei Anleihen mit einer Restlaufzeit von unter einem Jahr (Umlaufvermögen) oder Spezialfondsanteile (Anlagevermögen). Die Zuordnung zum Anlagevermögen setzt die Absicht voraus, die Wertpapiere auf Dauer halten zu wollen (und zu können). Daher ist ein Wertpapier nicht automatisch dem Anlagevermögen zuzuordnen, weil in Zeiten der **Finanzkrise** Märkte illiquide geworden sind und deshalb die Wertpapiere länger gehalten werden müssen als ursprünglich beabsichtigt.[312]

Nach dem Bilanzrechtsmodernisierungsgesetz (**BilMoG**) bleiben die bisherigen HGB-Umklassifizierungsmöglichkeiten bestehen. Bei Kreditinstituten wurde im § 340e Abs. 3 Satz 4 HGB n. F. klargestellt, dass stand alone-Derivate in eine Bewertungseinheit (BWE) umklassifiziert werden können und vice versa. Zudem können Finanzinstrumente des Handelsbestands umklassifiziert werden, wenn durch außergewöhnliche Umstände die ursprüngliche Handelsabsicht des Kreditinstituts aufgegeben wird (vgl. Kap. 9.4.2.2).

8.2 Fair Value Hierarchie

Unter dem Punkt 4 der Stellungnahme IDW RH HFA 1.1014 nimmt das IDW auch Stellung zur Bewertung in **illiquiden Märkten** und konkretisiert das Verständnis bezüglich der HGB-Fair Value Hierarchie.[313]

Obwohl der beizulegende Zeitwert i.S.d. IFRS und der beizulegende Wert i.S.d. HGB nicht zwingend deckungsgleich sein müssen, wird dies aber in der Regel der Fall sein. In der Finanzkrise 2008/2009 ist insbesondere zu beobachten, dass es für den Liquiditätsspread keine bzw. nur begrenzt am Markt beobachtbare Daten gibt. Die vom IDW vorgeschlagene Vorgehensweise bezüglich der Berücksichtigung des Liquiditätsspreads bei der Anwendung des DCF-Verfahrens ist gleichermaßen IFRS – und HGB-konform.

---

311 Bezüglich der Auslegung „dauernd dem Geschäftsbetrieb dienend" vgl. auch **RV** RS VFA 2.
312 Vgl. *Häuselmann*, S. 2621.
313 Vgl. auch *Goldschmiedt/Weigel*, S. 194.

9. Neuerungen durch BilMoG

9.1 Grundlagen

9.1.1 Überblick

14 Zu Beginn eines jeden Kapitels (der nachfolgend dargestellten Neuerungen) befindet sich ein Verweis auf eines der vorangegangenen Kapitel 1 bis 7, in denen die bisherige Rechtslage dargestellt wurde.

15 Mit dem Bilanzrechtsmodernisierungsgesetz (BilMoG) vom 03.04.2009[314] wird das HGB mit Blick auf die IFRS „modernisiert" und soll dadurch – insbesondere für den Mittelstand – eine Alternative zu den IFRS darstellen.[315] Die Änderungen betreffen auch die Rechnungslegung von Finanzinstrumenten,[316] wobei die Änderungen für Kreditinstitute umfangreicher sind als für Nicht-Kreditinstitute.

16 Die Finanzinstrumente (unmittelbar oder mittelbar) betreffenden wichtigsten HGB-Einzelabschluss-Änderungen[317] des BilMoG sind nachfolgend aufgeführt.[318] Zudem werden durch das BilMoG mehr Anhangsangaben (auch zu Finanzinstrumenten) eingeführt und für Kreditinstitute ergeben sich aus den HGB-Änderungen zudem Folgeänderungen für die RechKredV:

- Bewertungseinheiten (§ 254 HGB n. F.)
- Fremdwährungsumrechnung (§ 256a HGB n.F)
- Latente Steuern (§ 274 HGB n. F.)
- **KI:** Finanzinstrumente des Handelsbestandes
  (§ 340e Abs. 3 und Abs. 4 HGB n. F. und IDW ERS BFA 2[319])
- **KI:** Fremdwährungsbewertung (§ 340h HGB n. F.)

17 Mit den meisten Änderungen erhalten bisher bereits als GoB in der Praxis angewendete Regelungen nun Gesetzescharakter. Insofern hat sich scheinbar nur „optisch" durch die BilMoG-Neuerungen für Finanzinstrumente an der bisherigen Bilanzierungspraxis etwas geändert. Wie allerdings konkret die Auswirkungen für jedes einzelne Unternehmen sein werden, ist allgemein schwer zu beantworten

---

314 Vgl. **RV** *BilMoG (2009)* sowie **RV** *BilMoG (2009a)*, **RV** *BilMoG (2008)* und **RV** *IDW ERS HFA 28*. Die Finanzinstrumente relevanten BilMoG-Änderungen werden zudem durch den **RV** *E-DRÄS 5 u. a.* in den bestehenden **RV** *DRS 5*, **RV** *DRS 5-10* sowie **RV** *DRS 15* eingepflegt.
315 Vgl. **RV** *BilMoG (2008)*, S. 71.
Zum Teil führen die BilMoG-Neuerungen zwangsläufig zu einer Annäherung an die IFRS, zum Teil bleibt es auch beim Auseinanderfallen (wie z. B. die umfassendere Fair Value. Bewertung nach IFRS) und zum Teil kann der Bilanzierende durch bewusste Ausübung von Wahlrechten und Ermessensspielräumen eine Annäherung von HGB und IFRS-Bilanzierung erreichen; vgl. *Petersen/Zwirner/Künkele*, S. 25.
316 Zur Bilanzierung von Finanzinstrumenten nach BilMoG siehe insbesondere auch: *Kütting/Cassel, Löw/Scharpf/Weigel, Löw/Torabian, Nguyen, Patek (2008a), Scharpf/Schaber* und *Wiechens*.
317 Bezüglich Änderungen im Bereich des Konzernabschlusses vgl. u. a. *Petersen/Zwirner (2009)*, S. 26 ff. Zu der Vielzahl von Übergangsvorschriften des BilMoG vgl. u. a. *Kirsch (2008a)* und *Petersen/Zwirner (2009)*, S. 36 ff.
318 Eine umfangreiche Fallstudie zur Umstellung auf das neue deutsche Bilanzrecht gem. BilMoG enthält *Petersen/Zwirner/Künkele*.
319 „Bilanzierung von Finanzinstrumenten des Handelsbestands bei Kreditinstituten" vom 02.09.2009; vgl. **RV** *IDW ERS BFA 2*.

und ist für jedes Unternehmen im Einzelfall zu prüfen.[320] Wie so oft, liegen die Umsetzungsherausforderungen im Detail.

Nachfolgend werden die für Finanzinstrumente relevanten Neuerungen gemäß der prozessorientierten **AABBAA**-Systematik (siehe Kap. I.2.5) dargestellt.

9.1.2 Anwendungsbereich

Der für Finanzinstrumente relevante Teil des BilMoG ist erstmalig verpflichtend für Geschäftsjahre anzuwenden, die am oder nach dem **1.1.2010** beginnen. Auf jeden Fall ist der **Jahresabschluss** zum 31.12.2010 nach den neuen Regeln aufzustellen.

Zwischenberichte im Umstellungsjahr 2010 sind nach Auffassung des Autors grundsätzlich auch bereits nach BilMoG zu veröffentlichen, da der relevante Stichtag für die Anwendung des BilMoG (mit Blick auf die hier relevanten Finanzinstrumente-Sachverhalte) der 1.1.2010 ist.[321]

Buchhaltungstechnisch ist auf den 1.1.2010 eine BilMoG-**Eröffnungsbilanz** zu erstellen. Für einige Sachverhalte sieht das BilMoG **Übergangsregelungen** als auch **Ausschüttungssperren** vor (vgl. hierzu DW ERS HFA 28[322]), die aber nicht Gegenstand der nachfolgenden BilMoG-Ausführungen sind.

Gem. **§ 241a HGB n. F.** brauchen **Einzelkaufleute**, die an den Abschlussstichtagen von zwei aufeinander folgenden Geschäftsjahren nicht mehr als 500.000 Euro Umsatzerlöse und 50.000 Euro Jahresüberschuss aufweisen, die HGB-Paragraphen zur Buchführung (§ 238 bis § 241 HGB) nicht anzuwenden. Im Ergebnis können die unter den Schwellenwerten liegenden Einzelkaufleute damit die – für steuerliche Zwecke aufzustellende – **Einnahmenüberschussrechnung** gemäß § 4 Abs. 3 EStG auch für handelsrechtliche Zwecke nutzen[323] und müssen keine Handelsbilanz erstellen (vgl. **Mikro**-Unternehmen im Kap. II.1.4).

9.1.3 Definitionen

Vgl. Kap. 1.2.1.

Aktiva: Zusätzlich zu den sog. Vermögensgegenständen und ARAP (vgl. Kap. 1.2.2) wurde durch § 274 Abs. 1 HGB n. F. für aktive latente Steuern ein „Sonderposten eigener Art" eingeführt. Die Bilanzierungshilfen dahingegen wurden durch das BilMoG abgeschafft.

Passiva: Der neue Passivposten latente Steuern wurde ebenfalls als „Sonderposten eigener Art" zu den bisherigen Passiva (vgl. Kap. 1.2.3) eingeführt.[324]

---

320 Bezüglich einer Fallstudie zu den Auswirkungen des Übergangs auf die Rechnungslegungsvorschriften nach BilMoG vgl. Petersen/Zwirner/Künkele.
321 Es gibt allerdings auch anderslautende Meinungen. Hiernach führt ein Zwischenbericht den letzten Jahresabschluss fort. Da dieser (mit Blick auf die Finanzinstrumente-Sachverhalte) unstrittig noch nicht nach BilMoG zu erstellen war, sind auch Zwischenberichte 2010 noch nicht nach BilMoG zu erstellen.
322 Vgl. **RV** *ERS HFA 28*.
323 Vgl. **RV** *BilMoG (2009a)*, S. 84
324 Zur rechtstechnischen Einordnung des "Sonderposten eigener Art" vgl. **RV** *BilMoG (2008)*, S. 148 f.

25 Für den Begriff „Finanzinstrumente" gibt es weiterhin keine Legaldefinition im HGB. Allerdings ist der Begriff in anderen Gesetzen inhaltlich definiert (WpHG, KWG). Die Definition in § 1a Abs. 3 KWG lehnt sich sehr eng an die Definition in IAS 32.11 an. Gleichwohl dürfte der Begriff des Finanzinstruments nach dem HGB zwar weitgehend, nicht jedoch absolut vollständig mit dem Begriff nach IAS 32 bzw. IAS 39 übereinstimmen, insbesondere z. B. in Bezug auf Waren-Derivate.[325]

9.2 Ansatz

9.2.1 Derivate

Vgl. Kap. 2.1.1.

26 **KI:** Derivate des **Handelsbestandes** sind on-balance zu buchen (vgl. Kap. 9.4.2.1).

9.2.2 Zugang/Abgang

Vgl. Kap. 2.4.

> **GESETZ:**
>
> **§ 246 Abs. 1 HGB n. F.**
>
27 > *Vollständigkeit. Verrechnungsverbot*
>
> „(1) (...) Vermögensgegenstände sind in der Bilanz des Eigentümers aufzunehmen; ist ein Vermögensgegenstand nicht dem Eigentümer, sondern einem anderen wirtschaftlich zuzurechnen, hat dieser ihn in seiner Bilanz auszuweisen. (...)."

28 Wie bereits in Kap. 2.4 dargestellt, gibt es nach HGB **keine** speziellen **Ausbuchungsvorschriften** wie nach IFRS, die erfüllt sein müssen, damit der Erwerber bilanzieren darf. Nach HGB wird in § 246 Abs. 1 HGB dargelegt, unter welchen Voraussetzungen ein Vermögensgegenstand **anzusetzen** ist.

29 Die Neufassung des § 246 Abs. 1 Satz 2 HGB n. F. stellt **materiell keine Neuerung** dar, sondern bringt die derzeitige handelsrechtliche Praxis – die auf langjähriger Entwicklung und Anwendung entsprechender Grundsätze ordnungsmäßiger Buchführung beruht – besser als bisher zum Ausdruck. Der Ansatz von Vermögensgegenständen richtet sich im Grundsatz nach dem rechtlichen Eigentum. Nur wenn ein Vermögensgegenstand wirtschaftlich einem anderen als dem rechtlichen Eigentümer zuzurechnen ist, ist er bei dem anderen – dem wirtschaftlichen Eigentümer – zu bilanzieren. Das Unternehmen, dem die wesentlichen Chancen und Risiken zuzurechnen sind, ist wirtschaftlicher Eigentümer des Vermögensgegenstandes.[326] Inhaltlich entspricht die Vorschrift § 39 der Abgabenordnung (AO).[327]

---

325 Laut Nguyen kann bei der Definition eines Finanzinstruments keineswegs vom Gleichlauf zwischen IFRS und HGB n. F. die Rede sein. Die Zusammenfassung aller Derivate unter den Finanzinstrumenten nach BilMoG scheint recht ungenau zu sein, was sich unter anderem auch im Verweis auf einen möglichen Barausgleich zeigt, der grundsätzlich nur für Derivate anzuwenden ist, die die Kriterien eines Finanzinstrumentes nach den IFRS nicht erfüllen. Vgl *Nguyen*, S. 27.
326 Vgl. *Petersen/Zwirner (2009)*, S. 9.
327 Vgl. **RV** *BilMoG (2009a)*, S. 84.

9.2.3 Latente Steuern

Vgl. Kap. 2.6.

Im Zusammenhang mit dem Ansatz von latenten Steuern stellt sich die Frage, ob es für aktive und/ oder passive latente Steuern eine **Ansatzpflicht oder** aber ein **Ansatzwahlrecht** gibt und ob der Ansatz **saldiert** oder unsaldiert zu erfolgen hat. Da die latenten Steuern von allgemeiner Bedeutung (auch) für die Rechnungslegung von Finanzinstrumenten sind, werden nachfolgend die wichtigsten Aspekte zu dieser Thematik dargestellt.

GESETZ:

§ 274 HGB n. F.

Latente Steuern

„(1) Bestehen zwischen den handelsrechtlichen Wertansätzen von Vermögensgegenständen, Schulden und Rechnungsabgrenzungsposten und ihren steuerlichen Wertansätzen Differenzen, die sich in späteren Geschäftsjahren voraussichtlich **abbauen**, so **ist** eine sich daraus insgesamt ergebende Steuerbelastung als **passive** latente Steuern (§ 266 Abs. 3 E.) in der Bilanz anzusetzen. Eine sich daraus insgesamt ergebende Steuerentlastung **kann** als **aktive** latente Steuern (§ 266 Abs. 2 D.) in der Bilanz angesetzt werden. Die sich ergebende Steuerbe- und die sich ergebende Steuerentlastung können auch unverrechnet angesetzt werden. Steuerliche Verlustvorträge sind bei der Berechnung aktiver latenter Steuern in Höhe der inner- halb der nächsten fünf Jahre zu erwartenden Verlustverrechnung zu berücksichtigen.

(2) Die Beträge der sich ergebenden Steuerbe- und – entlastung sind mit den unternehmensindividuellen Steuersätzen im Zeitpunkt des Abbaus der Differenzen zu bewerten und nicht abzuzinsen. Die ausgewiesenen Posten sind aufzulösen, sobald die Steuerbe- oder -entlastung eintritt oder mit ihr nicht mehr zu rechnen ist. Der Aufwand oder Ertrag aus der Veränderung bilanzierter latenter Steuern ist in der Gewinn- und Verlustrechnung gesondert unter dem Posten „Steuern vom Einkommen und vom Ertrag" auszuweisen."

Die Vorschriften für latente Steuern sind nur für mittelgroße und große Kapitalgesellschaften **verpflichtend** anzuwenden (vgl. § 274a Nr. 5 HGB n. F.). Kleine Kapitalgesellschaften sowie Nicht-Kapitalgesellschaften können allerdings die Vorschriften des § 274 HGB n. F. **freiwillig** anwenden. Im Falle von Nicht-Kapitalgesellschaften, die nicht dem Publizitätsgesetz unterliegen, bedeutet dies nicht, dass sie dann alle für Kapitalgesellschaften geltenden Vorschriften anwenden müssen.[328]

Mit der neuen Vorschrift zu latenten Steuern werden künftig **nun auch faktisch steuerliche Wirkungen** in der handelsrechtlichen Rechnungslegung **antizipiert**. Die bisherige Regelung der Bildung von Steuerlatenzen im Einzelabschluss führte eher ein **„Schattendasein"**, welches – durch die Umstellung auf ein neues Steuerlatenz-Konzept, ausdrücklichen Bewertungsunterschieden zwischen Handels- und Steuerbilanz (z. B. bei Rückstellungen) und der Abschaffung der umgekehrten Maßgeblichkeit[329] – **beendet** wird.[330] Die Anwendung der sog. **liability-Methode** i.V.m. dem sog. **temporary-Konzept** zieht faktisch einen vollständigen Vergleich jedes einzelnen Bilanzpostens der HGB-Bilanz mit der Steuerbilanz nach sich.

Rechtstechnisch ist § 274 HGB n. F. insgesamt neu gefasst worden und konzeptionell von dem GuV-orientierten Konzept (timing-Konzept) auf das – international gebräuchliche – **bilanzorientierte** Konzept (**temporary-Konzept**) umgestellt worden. Wie bereits in Kap. III.2.7 dargestellt, orientiert sich die Steuerabgrenzung nicht mehr an Differenzen, die sich aus einer unterschiedlichen Periodisierung von Aufwendungen und Erträgen bei der Ermittlung des handelsrechtlichen Jahresüberschusses

---

328 Vgl. **RV** *IDW ERS HFA 27*, S. 6 f.
329 Vgl. **RV** *BilMoG (2008)*, S. 75 und **RV** *BilMoG (2009)*, Artikel 3, S. 1120.
330 Vgl. *Prinz*.

im Verhältnis zur steuerlichen Gewinnermittlung ergeben, sondern an Differenzen, die aus unterschiedlichen Wertansätzen in der Handels- und Steuerbilanz resultieren und sich zukünftig steuerbe- oder -entlastend auswirken werden.

35 Gemäß § 274 Abs. 1 Satz 1 HGB n. F. erfasst das bilanzorientierte Konzept nicht allein die sich in der Gewinn- und Verlustrechnung auswirkenden Abweichungen zwischen dem handelsrechtlichen Jahresüberschuss und dem zu versteuernden Gewinn, sondern jede Bilanzierungs- oder Bewertungsabweichung zwischen der Handels- und Steuerbilanz, also auch die **erfolgsneutral** direkt im Eigenkapital erfassten Abweichungen. Hierin liegt der wesentliche Unterschied zum bisher angewandten GuV-orientierten Konzept. Da eine erfolgsneutrale Erfassung von Wertänderungen handelsrechtlich gegenwärtig grundsätzlich nicht zulässig ist, resultieren aus dem konzeptionellen Übergang vom GuV-orientierten Konzept auf das bilanzorientierte Konzept für die Aufstellung des handelsrechtlichen Jahresabschlusses keine signifikanten Auswirkungen. In die Ermittlung der abzugrenzenden Steuern sind – entsprechend der international üblichen Praxis – auch die **quasipermanenten** Differenzen einzubeziehen.[331]

36 Die Neuregelung des § 274 HGB n. F. schreibt vor, dass der nach **Saldierung** insgesamt verbleibende **passive Anteil latenter** Steuern – wie bereits bisher – in der Bilanz anzusetzen **ist**. Für nach der Saldierung verbleibende **aktive latente** Steuern besteht ein **Ansatzwahlrecht**. Darüber hinaus wird den Unternehmen die Möglichkeit eröffnet, die aktiven und passiven latenten Steuern auch unsaldiert auszuweisen. Bei der Berechnung der latenten Steuern sind auch **Verlustvorträge** sowie **Zinsvorträge** (gem. § 4 h EStG) zu berücksichtigen (soweit eine Verrechnung innerhalb der nächsten fünf Jahre zu erwarten ist).[332] Dabei ist das Vorsichtsprinzip zu berücksichtigen und der Ansatz aktiver latenter Steuern sorgfältig zu prüfen (Werthaltigkeit).

> **HINWEIS:**
>
> 37 *IDW ERS HFA 27*[333] *mit Stand 25.05.2009 beantwortet Einzelfragen zur Bilanzierung latenter Steuern nach den Vorschriften des HGB in der Fassung des BilMoG.*

38 Bezüglich spezieller latenter Steuer-Sachverhalte von Finanzinstrumenten sowie **Anhangsangaben** vgl. Kap. 9.7.3.3.

9.3 Ausweis in der Bilanz

Vgl. Kap. 3.

39 **Mindestumfang:** In das Gliederungsschema des § 266 HGB n. F. wurden neu mit aufgenommen: „D. Aktive latente Steuern" und „E. Passive latente Steuern".

40 Gem. § 272 Abs. 1a und 1b HGB n. F. wurde für **eigene Anteile** der Grundsatz der **passivischen Absetzung** vom Eigenkapital unter Verrechnung mit frei verfügbaren Rücklagen eingeführt.[334] Auf der Aktivseite entfällt dadurch unter Wertpapieren des Umlaufvermögens die Position „eigene Anteile", und auf Passivseite entfällt unter den Gewinnrücklagen die Position „Rücklage für eigene Anteile".

41 Eigene Anteile sind mit ihrem Nennbetrag (bzw. rechnerischen Wert) als Kapitalrückzahlung **offen** vom Posten „Gezeichnetes Kapital" **abzusetzen**. Der **Unterschiedsbetrag** zwischen dem Nennbetrag (rechnerischen Wert) und den Anschaffungskosten ist **mit** den frei verfügbaren Gewinn- und Kapital**rücklagen** zu **verrechnen**. Gem § 272 Abs. 1a HGB n.F sind Anschaffungsnebenkosten GuV-

---
331 Vgl. **RV** *BilMoG (2008)*, S. 146 f.
332 Vgl. Tz. 15 des **RV** *IDW ERS HFA 27*.
333 Vgl. **RV** *IDW ERS HFA 27*.
334 Vgl. *Zülch/Hoffmann*, S. 747.

wirksam zu erfassen. Eine **Veräußerung** der eigenen Anteile ist wirtschaftlich **wie eine Kapitalerhöhung** zusehen und somit ist die ursprüngliche Verrechnung rückgängig zu machen (§ 272 Abs. 1b HGB n. F.). Geht der erzielte Betrag über die originären Anschaffungskosten hinaus, so ist dieser Teil in die Kapitalrücklage einzustellen.[335]

KI: Mit **zwei neuen Bilanzposten** für Handelsaktiva und Handelspassiva gem. der Ergänzung des Formblattes 1 der RechKredV um den Aktivposten „6a. Handelsbestand" und den Passivposten „3a. Handelsbestand" werden alle **Handelsgeschäfte** in jeweils einer Bilanzposition zusammengefasst.[336] Die Posten enthalten auch die abgegrenzten Zinsen aus den Handelsgeschäften.

KI: Der **Risikoabschlag** (VaR) der Handelsbestände (vgl. Tz. 1074) sollte bei dem größeren der beiden Posten aus Handelsaktiva und Handelspassiva ausgewiesen werden.

9.4 Bewertung auf Einzelebene

9.4.1 Zugangsbewertung

Vgl. Kap. 4.1.

KI: Die **Zugangsbewertung** von Finanzinstrumenten des Handelsbestandes (vgl. Tz. 1068) erfolgt zu Anschaffungskosten, wobei Anschaffungsnebenkosten direkt in der GuV erfasst werden.

9.4.2 Bewertungskategorien

Vgl. Kap. 4.2.

GESETZ:

§ 340e Abs. 3 und Abs. 4 HGB n. F.

KI: Bewertung von Vermögensgegenständen

„(3) Finanzinstrumente des Handelsbestands sind zum beizulegenden Zeitwert abzüglich eines Risikoabschlags zu bewerten. Eine Umgliederung in den Handelsbestand ist ausgeschlossen. Das Gleiche gilt für eine Umgliederung aus dem Handelsbestand, es sei denn, außergewöhnliche Umstände, insbesondere schwerwiegende Beeinträchtigungen der Handelbarkeit der Finanzinstrumente, führen zu einer Aufgabe der Handelsabsicht durch das Kreditinstitut. Finanzinstrumente des Handelsbestands können nachträglich in eine Bewertungseinheit einbezogen werden; sie sind bei Beendigung der Bewertungseinheit wieder in den Handelsbestand umzugliedern.

(4) In der Bilanz ist dem Sonderposten „Fonds für allgemeine Bankrisiken" nach § 340g in jedem Geschäftsjahr ein Betrag, der mindestens zehn vom Hundert der Nettoerträge des Handelsbestands entspricht, zuzuführen und dort gesondert auszuweisen. Dieser Posten darf nur aufgelöst werden:

- *1. zum Ausgleich von Nettoaufwendungen des Handelsbestands, oder*
- *2. soweit er 50 vom Hundert des Durchschnitts der letzten fünf jährlichen Nettoerträge des Handelsbestands übersteigt."*

---

335 Vgl. Deloitte (2008), S.10.
336 Vgl. **RV** *BilMoG (2009)*, S. 1131 ff.

9.4.2.1 Kategorisierung

46 **KI:** Originäre als auch derivative Finanzinstrumente mit Handelsabsicht sind im Zugangszeitpunkt bei Kreditinstituten[337] der Kategorie „**Handelsbestand**"[338] zuzuordnen. Die Zuordnung im Zugangszeitpunkt orientiert sich in der Regel an der KWG-rechtlichen **Handelsbuchdefinition (§ 1a KWG)**. Der Gleichlauf zwischen Handelsbuch (gem. KWG) und Handelsbestand (gem. BilMoG) im Zugangszeitpunkt kann – aufgrund vom Handelsrecht abweichender aufsichtsrechtlicher Umklassifizierungsvorschriften – im Zeitablauf verloren gehen. Bezüglich **Anhangsangaben** vgl. Tz. 1168 und Tz. 1169.

47 **KI: Derivate** des Handelsbestandes sind mit dem Fair Value zu bilanzieren. Bezüglich Derivate in Sicherungsbeziehungen siehe (Kap. 9.5.4.4). Alle anderen Derivate sind wie bisher off-balance in einer Memo-Buchhaltung abzubilden und nur als Drohverlustrückstellung bilanziell zu erfassen, wenn das Derivat zum Stichtag einen negativen Fair Value hat.

9.4.2.2 Umklassifizierungen

48 **KI:** Eine Umwidmung **aus dem Anlagebestand** in den Handelsbestand ist verboten (§ 340e Abs. 3 Satz 2 HGB n. F.). Eine Umgliederung **aus dem Handelsbestand** in den Anlagebestand ist möglich, wenn „außergewöhnliche Umstände, insbesondere schwerwiegende Beeinträchtigung der Handelbarkeit der Finanzinstrumente (…) zu einer Aufgabe der Handelsabsicht durch das Kreditinstitut führen" (§ 340e Abs. 3 Satz 3 HGB n. F.). Bezüglich **Anhangsangaben** dazu vgl. Tz. 1167.

49 Bezüglich einer **nachträglichen Designation** von Finanzinstrumenten zu **Bewertungseinheiten** siehe Tz. 1141.

9.4.3 Bewertungsmethoden

Vgl. Kap. 4.3.

9.4.3.1 Marktpreisrisiken (ohne FW)

50 Für negative Fair Values von **stand alone-Derivaten** ist am Bilanzstichtag – wie bisher – eine **Drohverlustrückstellung** anzusetzen. Bezüglich der kreditinstitutspezifischen Besonderheiten von Derivaten zur Steuerung des allgemeinen Zinsrisikos (**Bankbuch-Derivate**) vgl. Kap. 9.5.4.4

51 **KI:** Im Rahmen der **Folgebewertung** sind Handelsbeständen grundsätzlich mit dem beizulegenden Zeitwert (Fair Value) anzusetzen. Somit können Handelsbestände nun erstmalig auch nach HGB über den historischen Anschaffungskosten bilanziert werden. Bei finanziellen Vermögensgegenständen

---

[337] Ursprünglich war die Bewertung zum beizulegenden Zeitwert auch für Nicht-Kreditinstitute vorgesehen, wurde im Rahmen der Gesetzesberatungen zum BilMoG – u. a. aufgrund der Erfahrungen mit der IFRS-Fair-Value-Bewertung in der Finanzkrise (vgl. Kap. III.8.3) wieder fallen gelassen, vgl. u. a. **RV** *BilMoG (2009a)*, S. 85. Zu den Befürwortern dieser Entscheidung zählt u. a. die „Saarbrücker Initiative gegen den Fair Value"; vgl. *Bieg/Bafinger/Küting/Kussmaul/Waschbusch/Weber*. Dahingegen wird die Einschränkung auf Kreditinstitute bei Nicht-Kreditinstituten, die auch Handel mit Finanzinstrumenten betreiben, nicht zur gewünschten Transparenz in der externen Rechnungslegung führen; vgl. *Helke/Wiechens/Klaus*, S. 35.

[338] Bereits vor BilMoG gab es die Bewertungskategorie „Handelsbestand" (vgl. Tz. 958); als eine von zwei Unterkategorien des Umlaufvermögens bei Kreditinstituten. Unter BilMoG wurde diese Kategorie mit einer eigenen, neuen Bewertungsmethode (Fair Value) ausgestattet, so dass eine Zuordnung zum Handelsbestand nach BilMoG weiterreichende bilanzielle Konsequenzen hat als bisher.

ist allerdings vom beizulegende Zeitwert (Fair Value) ein Risikoabschlag bzw. bei finanziellen Verpflichtungen ein Risikozuschlag vorzunehmen (§ 340c Abs. 3 Satz 1 HGB n. F.). Zur steuerlichen Wirkung der handelsrechtlichen Fair Value-Bilanzierung siehe Tz. 1174.

KI: Der **Risikoabschlag** wird – wie derzeit von den Kreditinstituten bereits praktiziert – auf der Basis der internen Risikosteuerung gemäß bankaufsichtsrechtlicher Vorgaben unter Anwendung finanzmathematischer Verfahren („value at risk" VaR) ermittelt. Bezüglich **Anhangsangaben** hierzu vgl. Tz. 1170.

KI: Um die aus der Zeitwertbewertung der Finanzinstrumente des Handelsbestandes resultierenden Risiken adäquat zu berücksichtigen, sind zusätzlich zu dem Risikoabschlag von den durchschnittlichen „Nettoerträgen des Handelsbestandes" mindestens 10 % in einen Sonderposten innerhalb des sog. Fonds für allgemeine Bankrisiken (**340g-Reserven**) als eine Art **antizyklischer Risikopuffer** einzustellen (§ 340e Abs. 4 HGB n. F.). Gemäß § 340e Abs. 4 Nr. 2 HGB n. F. ist hierfür der Durchschnitt der letzten fünf positiven Nettoerträge des Handelsbestandes (seit Anwendung des BilMoG) zugrunde zu legen.[339] In Geschäftsjahren mit positivem Handelsergebnis ist eine Zuführung zu dem Sonderposten vorzunehmen. In Geschäftsjahren mit negativem Handelsergebnis kann der Sonderposten zum Ausgleich der Aufwendungen aufgelöst werden.[340] Zur steuerlichen Wirkung des Sonderpostens vgl. Tz. 1174.

9.4.3.2 Adressenrisiken (Wertberichtigung)

Vgl. Tz. 961.

Bei **Nicht-Kapitalgesellschaften** sah das HGB – anders als bei Kapitalgesellschaften – bisher bei Vermögensgegenständen des **Anlagevermögens** ein **Wahlrecht** vor, ob nach Wegfall der Gründe für eine dauerhafte Wertminderung eine Zuschreibung erfolgte oder nicht. Nicht-Kapitalgesellschaften konnten in solchen Fällen zuschreiben, mussten aber nicht (**§ 253 Abs. 5 S. 1 HGB**), wohingegen Kapitalgesellschaften zwingend zuzuschreiben hatten (§ 280 Abs. 1 HGB). Nach **BilMoG** ist das **Zuschreibungswahlrecht** für Vermögensgegenstände des Anlagevermögens für Nicht-Kapitalgesellschaften **weggefallen**. Gem. § 253 Abs. 5 S. 1 HGB n. F. müssen nun auch Nicht-Kapitalgesellschaften (so wie bisher schon Kapitalgesellschaften) bei Vermögensgegenständen des Anlagevermögens zuschreiben, sobald die Gründe für die erfolgte dauerhafte Wertminderung weggefallen sind. Insofern werden bei diesen Unternehmen die „sonstigen betrieblichen Erträge" c.p. eher ansteigen.[341]

---

339 Ausgangsbemessungsgrundlage im Jahre 2010 ist somit der Nettoertrag des Jahres 2010; ein erster Durchschnitt von fünf Handelsergebnissen würde frühestens im Jahr 2014 vorliegen. Bezüglich der Zahl „Fünf" ist die Gesetzformulierung nicht ganz eindeutig; denkbar wäre auch eine Durchschnittsbildung anhand der positiven Handelsergebnisse der letzten fünf Jahre.
340 Vgl. *RV BilMoG (2009a)*, S. 93.
341 Vgl. *Petersen/Zwirner/Künkele*; S. 21.

9.4.3.3 Fremdwährungsrisiken (FW)

9.4.3.3.1 Bilanzierung von Geschäftsvorfällen in Fremdwährungen (Transaktionsexposure)

GESETZ:

§ 256a HGB n. F.

Währungsumrechnung

55 „Auf fremde Währung lautende Vermögensgegenstände und Verbindlichkeiten sind zum Devisenkassamittelkurs am Abschlussstichtag umzurechnen. Bei einer Restlaufzeit von einem Jahr oder weniger sind § 253 Abs. 1 Satz 1 und § 252 Abs. 1 Nr. 4 Halbsatz 2 nicht anzuwenden."

§ 340 h HGB n. F.

KI: Währungsumrechnung

56 „§ 256a gilt mit der Maßgabe, dass Erträge, die sich aus der Währungsumrechnung ergeben, in der Gewinn- und Verlustrechnung zu berücksichtigen sind, soweit die Vermögensgegenstände, Schulden oder Termingeschäfte durch Vermögensgegenstände, Schulden oder andere Termingeschäfte in derselben Währung besonders gedeckt sind."

57 Die Regelungen der beiden genannten HGB-Paragraphen gibt die gängige Praxis der Währungsumrechnung wider.[342] Im Rahmen der Fremdwährungsbewertung von Finanzinstrumenten sind diese gem. § 256a HGB n. F. grundsätzlich mit dem **Stichtagskurs imparitätisch** zu bewerten, d. h. unrealisierte Verluste aus der Fremdwährungsbewertung sind zu berücksichtigen, wohingegen unrealisierte Gewinne aus der Fremdwährungsbewertung nicht berücksichtigt werden dürfen. Bei Fremdwährungs-**Bewertungseinheiten** werden unrealisierte Gewinne und Verluste aus der Fremdwährungsbewertung miteinander verrechnet. Lediglich die verbleibende „Spitze" ist imparitätisch zu behandeln. **Ausnahmen** von der imparitätischen Behandlung stellen Fremdwährungsbestände mit einer **Restlaufzeit von unter einem Jahr** sowie die nachfolgend dargestellten Kreditinstituts-spezifischen Regelungen dar,[343] bei denen auch die unrealisierten Fremdwährungsgewinne vereinnahmt werden.

58 **KI:. Ausnahmen** von der oben dargestellten imparitätischen Behandlung von Fremdwährungsumrechnungsergebnissen bei Kreditinstituten stellen zum einen **zu Handelszwecken** (vgl. Tz. 1068) gehaltene Finanzinstrumente dar. Diese sind mit dem Fair Value zu bilanzieren, was auch für das Fremdwährungsrisiko gilt. Somit sind sowohl unrealisierte Verluste als auch unrealisierte Gewinne aus der Fremdwährungsumrechnung von Handelsbeständen GuV-wirksam zu erfassen. Zum anderen stellen sog. **besonders gedeckte** Fremdwährungsbestände gem. § 340 h HGB n. F. eine Ausnahme von der imparitätischen Fremdwährungsbewertung dar. Auch hier werden die unrealisierten Fremdwährungsgewinne vereinnahmt.

9.4.3.3.2 Umrechnung der Abschlüsse ausländischer Geschäftsbetriebe (Translationsexposure)

59 Vgl. Kap. 4.3.3.2.

60 Durch § 308a HGB wurde die bisherige Praxis der sog. **modifizierten Stichtagskursmethode** fixiert.[344]

---

342 Bezüglich weiterer Details zur Fremdwährungsumrechnung nach BilMoG vgl. *Hommel/Laas, Kessler/Veldkamp, Kütting/Mojadadr, Pöller (2008).*
343 Vgl. auch *Scharpf/Schaber,* S. 281.
344 Vgl. *Küting/Mojadadr,* S. 1872.

9.4.4 Beizulegender Zeitwert

GESETZ:

§ 255 Abs. 4 HGB n. F.

Bewertungsmaßstäbe – beizulegender Zeitwert

*„Der beizulegende Zeitwert entspricht dem **Marktpreis**. Soweit kein aktiver Markt besteht, anhand dessen sich der Marktpreis ermitteln lässt, ist der beizulegende Zeitwert mit Hilfe allgemein **anerkannter Bewertungsmethoden** zu bestimmen. Lässt sich der beizulegende Zeitwert nicht nach Satz 1 noch nach Satz 2 ermitteln, sind die nach den vorstehenden Absätzen ermittelten **Anschaffungs- oder Herstellungskosten** gemäß § 253 Abs. 4 **fortzuführen**. Der zuletzt nach Satz 1 oder 2 ermittelte beizulegende Zeitwert gilt als Anschaffungs- oder Herstellungskosten im Sinn des Satzes 3."*

Die Ermittlung des beizulegenden Zeitwertes ist in § 255 Abs. 4 HGB n. F. geregelt.

Abb. 98: Beizulegender Zeitwert-Hierarchie

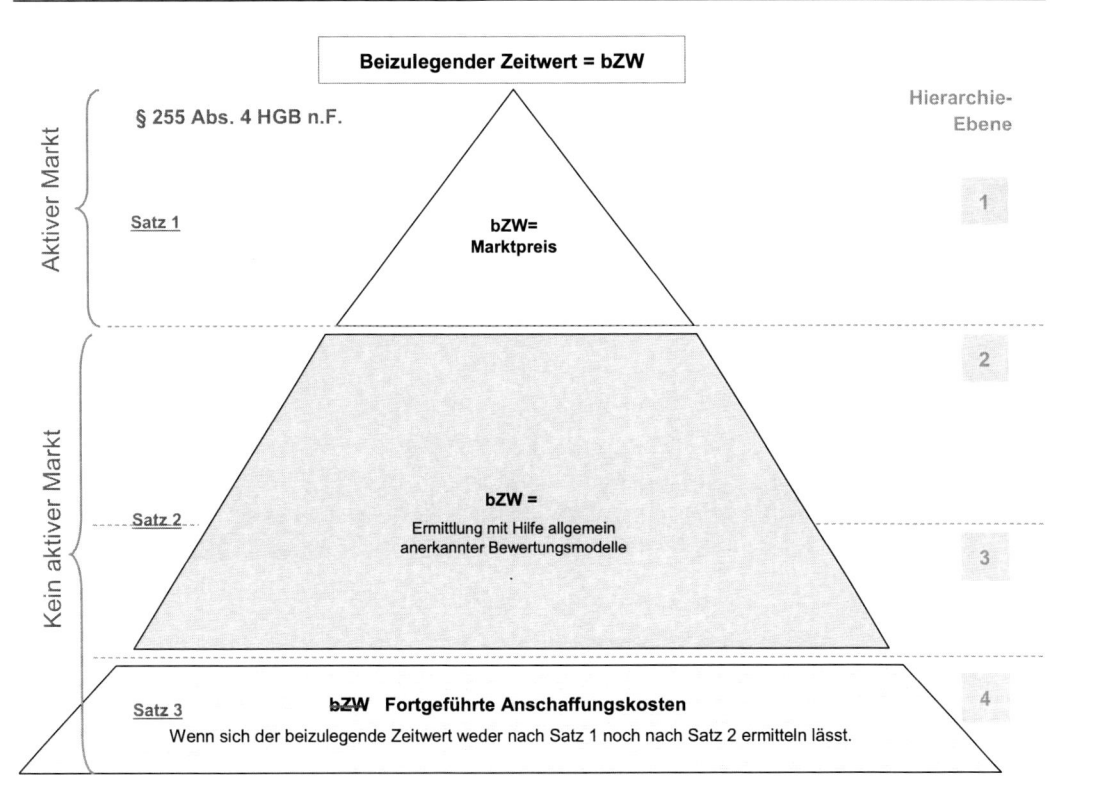

Danach ist folgende dreistufige Bewertungshierarchie anzuwenden:

- **1. Marktpreis** (Hierarchie-Ebene 1)

    Öffentlich notierte Preise von aktiven Märkten sind der bestmögliche objektive Hinweis für den beizulegenden Zeitwert. Der Marktpreis kann als an einem aktiven Markt ermittelt angesehen werden, wenn er an einer Börse, von einem Händler, von einem Broker, von einer Branchengruppe, von einem Preisberechnungsservice oder von einer Aufsichtsbehörde leicht und regelmäßig erhältlich ist und auf aktuellen und regelmäßig auftretenden Markttransaktionen zwischen unabhängigen Dritten beruht. Maßgebend ist der notierte Marktpreis, so dass Paketzu- oder -abschläge nicht vorgenommen werden dürfen. Vom Vorliegen eines aktiven Marktes kann z. B. nicht ausgegangen werden, wenn von einer Gattung nur kleine Volumina gehandelt werden oder in einem engen Markt keine aktuellen Marktpreise verfügbar sind.

- **2. Bewertungsmethoden** (Hierarchie-Ebenen 2 und 3)

    Nur wenn ein Marktpreis nach Nr. 1 nicht ermittelt werden kann, kommen andere Ermittlungsverfahren zum Einsatz. Mit Hilfe von anerkannten Bewertungsmethoden soll eine angemessene Annäherung des beizulegenden Zeitwerts an den Marktpreis erreicht werden, wie er sich am Bewertungsstichtag zwischen unabhängigen Geschäftspartnern bei Vorliegen normaler Geschäftsbedingungen ergeben hätte. Denkbar ist z. B.

    - der Vergleich mit dem vereinbarten Marktpreis jüngerer vergleichbarer Geschäftsvorfälle zwischen sachverständigen, vertragswilligen und unabhängigen Geschäftspartnern oder
    - die Verwendung von anerkannten Bewertungsmodellen.

    Formal gibt es nach BilMoG bei der Ermittlung des beizulegenden Zeitwertes keine Differenzierung, ob die bei den angewendeten Bewertungsmodellen verwendeten Inputparametern am Markt beobachtbar sind oder nicht (Hierarchie-Ebene 2 und 3).

- **3. Anschaffungskosten** (Hierarchie-Ebene 4)

    Aus dem HGB-Grundprinzip der vorsichtigen Bewertung ergibt sich für die Ermittlung des beizulegenden Zeitwertes nach den Nr. 1 und Nr. 2, dass sich der beizulegende Zeitwert verlässlich ermitteln lässt. Ist das nicht der Fall, so hat die Folgebewertung zu Anschaffungs- oder Herstellungskosten zu erfolgen. Von einer nicht verlässlichen Ermittlung des Marktwertes ist beispielsweise auszugehen, wenn die angewendete Bewertungsmethode eine Bandbreite möglicher Werte zulässt, die Abweichung der Werte voneinander signifikant ist und eine Gewichtung der Werte nach Eintrittswahrscheinlichkeiten nicht möglich ist. Anders als nach IFRS kann nach BilMoG grundsätzlich auch der beizulegende Zeitwert eines Fremdkapitalpapiers nicht verlässlich ermittelbar sein.

Vom Vorliegen eines aktiven Marktes kann nach dem BilMoG – im Gegensatz zu IAS 39 – nicht mehr ausgegangen werden, wenn bspw. wegen einer geringen Anzahl umlaufender Aktien im Verhältnis zum Gesamtvolumen der emittierten Aktien nur kleine Volumina gehandelt werden oder in einem engen Markt keine aktuellen Marktpreise verfügbar sind. Aufgrund dieser Einschränkung können die Erläuterungen zum aktiven Markt nach IAS 39 des IDW RS HFA 9 nicht vollumfänglich auf das HGB übertragen werden.[345] Inwieweit die IAS 39-Bewertungshierarchie mit der nach § 255 Abs. 4 HGB n. F. vollumfänglich übereinstimmt, wird in den einschlägigen Fachgremien zu diskutieren sein. Der erste Anschein spricht dafür.[346]

KI: Da bei Banken die Zugangsbewertung von Finanzinstrumenten des Handelsbestandes mit ihren Anschaffungskosten und nicht – wie in Analogie zu IFRS – mit dem beizulegenden Zeitwert bzw. beizulegenden Wert erfolgt, besteht auch nach BilMoG formal die Thematik eines „**day one profit or loss**" nicht. Im Rahmen der Folgebewertung ist allerdings gemäß der beizulegenden Zeitwert-Hierarchie bei Finanzinstrumenten des Handelsbestandes, für die kein aktiver Markt besteht, der beizulegende Zeitwert anhand eines anerkannten Bewertungsmodells zu ermitteln.[347] Hieraus ergibt sich in der Regel ein Bewertungsunterschied im Vergleich zu den Anschaffungskosten, auch wenn sich die Marktbedingungen nicht geändert haben („**day two profit or loss**").[348] Faktisch wird c.p. aus

---
345 Vgl. *Scharpf*, S. 227.
346 Vgl. *Scharpf*, S. 228.
347 Vgl. *Nguyen*, S. 28.
348 Vgl. *Scharpf*, S. 229.

der „day one profit and loss"-Thematik nach IAS 39 eine „day two profit and loss"-Thematik nach BilMoG für Handelsbestände von Kreditinstituten. Eine unreflektierte Anwendung der Fair Value-Hierarchie gem. § 254 HGB n. F. würde zu einer ergebniswirksamen Erfassung dieses Bewertungsunterschiedes führen. Die GoB legen indes eine IAS 39-analoge Erfassung **pro rata temporis** nahe. Im Gegensatz zu Finanzinstrumenten, die auf einem aktiven Markt gehandelt werden, lässt sich der ermittelte Bewertungsunterschied eben nicht kurzfristig am Markt, sondern nur durch „Halten" über die Laufzeit realisieren.[349]

9.5 Bewertungseinheiten (BWE)

Vgl. Kap. 4.4.

GESETZ:

§ 254 HGB n. F.

Bildung von Bewertungseinheiten

„Werden Vermögensgegenstände, Schulden, schwebende Geschäfte oder mit hoher Wahrscheinlichkeit erwartete Transaktionen zum Ausgleich gegenläufiger Wertänderungen oder Zahlungsströme aus dem Eintritt vergleichbarer Risiken mit Finanzinstrumenten zusammengefasst (Bewertungseinheit), sind § 249 Abs. 1, § 252 Abs. 1 Nr. 3 und 4, § 253 Abs. 1 Satz 1 und § 256a in dem Umfang und für den Zeitraum nicht anzuwenden, in dem die gegenläufigen Wertänderungen oder Zahlungsströme sich ausgleichen. Als Finanzinstrumente im Sinn des Satzes 1 gelten auch Termingeschäfte über den Erwerb oder die Veräußerung von Waren."

9.5.1 Sicherbare Risiken

Gem. § 254 HGB n. F. können BWE entweder zum Ausgleich gegenläufiger **Wertveränderungen** des beizulegenden Zeitwertes (vergleichbar Fair Value Hedge-Accounting) oder von **Zahlungsstromänderungen** (vergleichbar Cashflow Hedge-Accounting) angewandt werden.

Absicherungsfähig sind nur **eindeutig ermittelbare** einzelne Risiken, wie z.B:

- Zinsrisiken,
- Preisänderungsrisiken (Aktien-, Index-, Edelmetall-, Rohwarenrisiken)
- Ausfallrisiken
- Währungsrisiken

Demnach ist das allgemeine Unternehmensrisiko nicht im Wege einer Bewertungseinheit absicherungsfähig.

Um auszuschließen, dass nicht (nur) ein zufälliger Ausgleich von Wertänderungen oder Zahlungsströmen – die aus unterschiedlichen Risiken resultieren – erfolgt ist, müssen Grund- und Sicherungsgeschäft **„vergleichbaren Risiken"** ausgesetzt sein. Was unter vergleichbaren Risiken i.S.d. § 254 HGB n. F. zu verstehen ist, wird im Gesetz nicht erläutert. Allgemein liegt eine Gleichartigkeit vor, wenn die Risiken sowohl vom Grund- als auch vom Sicherungsgeschäft einer der o.g. und unter Kap. II.3.3.3 beschriebenen elementaren Risikoarten zugeordnet werden können.

Dies bedeutet z. B., dass faktisch **zinssensitive Eigenkapitalwerte** (wie z. B. Aktien von Bauunternehmen) nicht durch zinsbasierte Wertpapiere abgesichert werden können. Anders dahingegen bei **Spreadrisiken**, wie sie z. B. bei der Absicherung des Festzinsrisikos eines Wertpapiers durch einen Zins-Swap entstehen, die der Bildung einer Bewertungseinheit nicht entgegen stehen, da die gesetz-

---

[349] Vgl. *Schmidt (2008b)*, S. 6 f, *Wiechens/Helke*, S. 1335; *ZKA*, S. 5.

liche Anforderung „vergleichbare" – aber nicht „identische" – Risiken lautet. Nicht ganz eindeutig ist die Lage bei sog. **cross-hedges**, also Bewertungseinheiten mit Geschäften unterschiedlicher Währung. Bei frei konvertierbaren Währungen und weitestgehend durch am Markt erfolgte Kursbildung sollen cross-hedges als zulässig gelten. Auch nicht eindeutig ist die Behandlung von sog. **dynamischen Sicherungsbeziehungen**, bei denen Fälligkeitsunterschiede – meistens bei Fremdwährungsgeschäften – zwischen Grund- und Sicherungsgeschäft durch Anschlussgeschäfte in der Zukunft ausgeglichen werden. Zur Vermeidung von Ergebnisasymetrien durch die Realisation des auslaufenden Geschäftes wird vorgeschlagen, die Erfolge aus dem abgehenden Sicherungsgeschäft auf das Anschlusssicherungsgeschäft zu übertragen (sog. **roll over**).[350]

71 Gleichartigkeit der Risiken bedeutet, dass nicht die gesamte Veränderung des beizulegenden Zeitwertes (Full Fair Value) zu verwenden ist, sondern nur der Teil der Wertveränderung, der auf das abgesicherte Risiko entfällt (vgl. **Hedge Fair Value** nach IFRS, Tz. 542). So ist z. B. bei einer Fremdwährungsanleihe, die mit einem Zins-Swaps gegen das Zinsänderungsrisiko abgesichert wird, nicht die Veränderung des gesamten beizulegenden Zeitwertes der Fremdwährungsanleihe relevant, sondern nur der Teil, der auf das abgesicherte Risiko, dem Zinsänderungsrisiko, entfällt. Danach ist z. B. eine Zuweisung einer überschüssigen Wertänderung aus dem Fremdwährungsbereich zu einer – nicht vollständig effektiven und betragsbezogenen entgegengesetzten – Wertveränderung aus dem Zinsrisiko nicht möglich.[351] Aus **Vereinfachungsgründen** sollte – wie bisher auch schon – die Verwendung des Full Fair Values im Rahmen der kompensatorischen Bewertung gebucht werden können, weil stets der negative Nettowert imparitätisch erfasst wird und ein positiver Nettowert in Anwendung des Realisationsprinzips unberücksichtigt bleibt.[352]

9.5.2 BWE-Arten

9.5.2.1 Bilanzierung

9.5.2.1.1 Grundsatz

72 Die **bilanzielle Folge** einer gebildeten BWE ist, dass sich die gegenläufigen Wertänderungen oder Zahlungsströme (nicht nur ökonomisch, sondern) auch in der GuV ausgleichen, da für BWE die Rückstellungsbildung (§ 249 Abs. 1 HGB n. F.), das Einzelbewertungs- und Vorsichtsprinzip (§ 252 Abs. 1 Nr. 3 und 4 HGB n. F.), die Zugangs- und Folgebewertung (§ 253 Abs. 1 Satz 1 HGB n. F.) und die Fremdwährungsbewertung (§ 256a HGB n. F.) – in dem Umfang des **abgesicherten Risikos** und für den Zeitraum der BWE – nicht anzuwenden sind.

73 Zu beachten ist, dass **Ineffektivitäten** auf das abgesicherte Risiko sowie **das nicht abgesicherte Risiko** imparitätisch zu bewerten sind.

74 Zur **steuerlichen Wirkung** handelsrechtlich gebildeter Bewertungseinheiten vgl. Tz. 1024 und zu **Anhangsangaben** vgl. Tz.1172.

75 Zur bilanziellen Abbildung der Bewertungseinheit sind grundsätzlich **drei Methoden** denkbar:[353]

---

350 Vgl. *Kraft/Bischoff*, S. 183 f. und S. 189.
351 Vgl. *Kraft/Bischoff*, S. 185.
352 Vgl. *Löw/Scharpf*/Weigel, S. 1019.
353 Zu beachten ist, dass in der Literatur die Begriffe nicht immer einheitlich verwendet werden. Vgl. z. B. *Hayn/Graf Waldersee*, S. 174 und *Löw/Scharpf/Weigel*, S.1018.

- 1) Festbewertung
- 2) Kompensatorische Bewertung
- 3) Durchbuchungsmethode

Nach den bisherigen HGB-Vorschriften wurden Nr. 1) und Nr. 2) angewendet, wohingegen nach IFRS Nr. 3) anzuwenden ist.

9.5.2.1.2 Festbewertung

Vgl. Kap. 5.3.1.3.

Die Festbewertung (Einfrierungsmethode) kann nur für (nahezu) perfekte BWE angewendet werden, also BWE, bei denen eine (nahezu) vollständige Korrelation gewährleistet ist. Nach dem Schließen der Position werden Grund- und Sicherungsgeschäft grundsätzlich nicht mehr bewertet.

9.5.2.1.3 Kompensatorische Bewertung

Vgl. Kap. 5.3.1.2.

Bei der **kompensatorischen Bewertung** werden unrealisierte Gewinne und Verluste aus Grund- und Sicherungsgeschäft zunächst in einer Memo-Buchhaltung miteinander verrechnet. Gem. dem Niederstwertprinzip ist ein eventuell verbleibender negativer Saldo bilanziell zu berücksichtigen.

9.5.2.1.4 (Imparitätische) Durchbuchungsmethode

Vgl. Kap. III.5.3.1.2

Bei der nach **IFRS** üblichen **Durchbuchungsmethode** werden die relevanten Wertveränderungen des Grund- und des Sicherungsgeschäftes in der Bilanz und der GuV durchgebucht. Bei einer perfekten BWE gleichen sich somit die Wertveränderungen in der GuV aus, so dass netto kein GuV-Effekt verbleibt. Bei nicht perfekten BWE verbleibt der ineffektive Teil in der GuV. Nach IFRS wird im Rahmen der Durchbuchungsmethode (nur) die Fair Value-Veränderung des abgesicherten Risikos (sog. **Hedge Fair Value**) durchgebucht.

Bei Verwendung der Durchbuchungsmethode für **HGB**-Zwecke wäre diese für nicht-perfekte Hedgebeziehungen an die allgemeinen handelsrechtlichen Vorschriften **anzupassen**.[354] Erhöht sich z. B. der Wert des Grundgeschäftes (über dessen Anschaffungskosten hinaus) mehr, als sich der Wert des Sicherungsgeschäft verringert, so ist dieser nicht-perfekte Teil der Sicherungsbeziehung, der dem Grundgeschäft zuzuordnen ist, aufgrund des Anschaffungskostenprinzips als Obergrenze nicht durchzubuchen. („imparitätische" **Durchbuchungsmethode**).

9.5.2.1.5 Vergleich der Methoden

Im Vergleich der **drei** dargestellten Bilanzierungsmethoden kann mit Blick auf die **Volatilität** der einzelnen Bilanz- und GuV-Positionen festgehalten werden, dass die Festbewertung gar keine und die Durchbuchungsmethode die höchste Volatilität erzeugt.

Vergleicht man die **beiden** Methoden der kompensatorischen Bewertung und der (imparitätischen) Durchbuchungsmethode, so lässt sich bezüglich der Abbildung in der **Bilanz** feststellen, dass – abgesehen von einer abweichenden Einzelbilanzpositionsdarstellung – bei der (imparitätischen) Durchbuchungsmethode sich die Bilanzsumme bei Erhöhung des Buchwertes des Grundgeschäftes ebenfalls erhöht. Dadurch würden sich bilanzbezogene Kennzahlen verändern (verschlechtern), wie z. B. ein Absinken der Eigenkapitalquote (EK-Quote) oder der Gesamtkapitalrendite (*return on assets* ROA).[355] Mit Blick auf die **GuV**-Darstellung lässt sich konstatieren, dass der GuV-Netto-Effekt, also die Änderung des Jahresergebnisses, bei beiden Methoden gleich sein muss. Die Durchbuchungsmethode führt allerdings zu einer GuV-Verlängerung im Vergleich zur kompensatorischen Bewertung.

---

354 Vgl. *Kütting/Cassel*, S. 772.
355 Vgl. *Petersen/Zwirner/Künkele*, S. 9.

83 Mit der Durchbuchungsmethode entsteht im Vergleich zur kompensatorischen Bewertung faktisch **nicht mehr Buchungsaufwand,** sondern es erfolgt (lediglich) eine Verlagerung von der Memo-Buchhaltung in die „offizielle" Buchhaltung. Die bei der Durchbuchungsmethode in der Bilanz und der GuV durchzuführenden Buchungen sind bei der kompensatorischen Bewertung ebenfalls zu tätigen, allerdings in der Memobuchhaltung.[356]

9.5.2.1.6 HGB-Kompatibilität

Festbewertung

84 Da nach den Vorschriften des § 254 HGB n. F. – anders als zur bisherigen Praxis – die Wirksamkeit einer BWE (rechnerisch) nachzuweisen ist, kann die Festbewertung nach BilMoG **grundsätzlich nicht mehr** als Bilanzierungsmethode verwandt werden.

85 **Ausgenommen** von dem Verbot sind perfekte Mikro-BWE, bei denen die Wirksamkeit zulässigerweise durch die sog. **shortcut-Methode** (vereinfachtes Verfahren, *critical term match*, vgl. Kap. III.5.3.1.3) festgestellt wird.[357]

Kompensatorische Bewertung

86 Die kompensatorische Bewertung ist auch nach BilMoG ohne Einschränkungen zulässig.

(Imparitätische) Durchbuchungsmethodik

87 Da die Ausführungen des Gesetzgebers zu dieser Thematik nicht eindeutig sind, wird die HGB-Kompatibilität der Durchbuchungsmethode im Schrifttum sehr kontrovers diskutiert.[358] So heißt es in der Gesetzesbegründung des Regierungsentwurfes: „*Da § 254 HGB keine Vorschriften zur Art und Weise der bilanziellen Erfassung von Bewertungseinheiten enthält, bleibt es den Unternehmen weiterhin selbst überlassen, die gegenläufigen Wertänderungen oder Zahlungsströme entweder „durchzubuchen" oder die Bilanzierung „einzufrieren".*[359]

88 In der Literatur wird u. a. die Meinung vertreten, dass die **Durchbuchungsmethodik** dem vom Gesetzgeber geäußerten Willen entgegenstehe, durch das Einfügen des § 254 HGB n. F. (lediglich) die bisherige Bilanzierungspraxis festschreiben zu wollen. Da die Durchbuchungsmethode in der bisherigen HGB-Bilanzierungspraxis nicht angewendet wird, würde sie danach auch nicht unter den neuen Paragraphen 254 HGB n. F. fallen.[360] Zudem stößt die Anwendung der Durchbuchungsmethodik – zumindest bei Portfolio- und Makro-BWE, schwebenden Geschäften und erwarteten Transaktionen – an die Grenzen des bisherigen Verständnisses der **HGB-Grundprinzipien**.

89 Bei Anwendung der Durchbuchungsmethode auf **Portfolio- und Makro-BWE** wäre für die aggregierte Änderung des abgesicherten beizulegenden Zeitwertes – den IFRS entsprechend – ein gesonderter Posten innerhalb der Vermögensgegenstände bzw. innerhalb der Verbindlichkeiten zu bilanzieren. Damit wäre die Wertveränderung des gesicherten Grundgeschäftes den zugrunde liegenden Posten **nicht mehr einzeln** zuordenbar.[361]

90 Auch bei **schwebenden Geschäften** (firm commitments, Derivate) und **erwarteten Transaktionen** zwingt die Durchbuchungsmethode den Bilanzierenden, die kumulierte Änderung des beizulegenden Zeitwertes der festen Verpflichtung, die auf das abgesicherte Risiko zurückzuführen ist, als Ver-

---

356 Vgl. *Küting/Castell*, S. 769. Anhand einer Fallstudie (Absicherung des Fremdwährungsrisikos eines zukünftigen Beschaffungsvorgangs durch ein Devisentermingeschäft) zeigen *Küting/Castell* detailliert die Unterschiede bei Anwendung der „Durchbuchungsmethode" und der „kompensatorischen Bewertung" (im Artikel als „Einfrierungsmethode" bezeichnet).
357 Vgl. *Scharpf/Schaber*, S. 330.
358 Vgl. *Kütting/Cassel*, S. 769.
359 **RV** BilMoG (2008), S. 211.
360 Vgl. u. a. *Ernst/Seidler*, S. 2559; *Patek* (2008a), S. 529 f. und *Scharpf/Schaber*, S. 329. Letztere interpretieren das in der Gesetzesbegründung verwandte Wort „durchbuchen" der Art, dass nur der in der Memo-Buchhaltung ermittelte negative Saldo in die Bilanz und GuV durchzubuchen sei.
361 Vgl. *Kessler/Strickmann/Cassel*, S. 18; *Cassel*, S. 196.

mögensgegenstand oder Verbindlichkeit in der Bilanz anzusetzen. Grundsätzlich gilt allerdings weiterhin, dass schwebende Geschäfte (außer bei Handelsbeständen von Kreditinstituten) **bilanziell nicht erfasst werden** dürfen. Zudem ist unklar, ob die Bilanzierung eines solchen Postens die HGB-**Definition** eines Vermögensgegenstandes bzw. einer Schuld erfüllt.[362]

Die **Befürworter**[363] eines Wahlrechts zur Anwendung der Durchbuchungsmethode im HGB verweisen u. a. auf den Informationsgewinn, die explizite Nennung des Wortes „durchbuchen" in der Gesetzesbegründung sowie die Kompatibilität der Durchbuchungsmethode mit den Vorschriften der internationalen Rechnungslegung, was insbesondere für deutsche IFRS-Konzern-Bilanzierer von Interesse sein dürfte.

Da zum Zeitpunkt der Veröffentlichung dieses Buches die Ergebnisse der einschlägigen **Fachgremien** zu dieser diskutierten Frage **noch nicht vorlagen**, werden nachfolgend **sowohl** die Auswirkungen der kompensatorischen Bewertung **als auch** der (imparitätischen) Durchbuchungsmethode dargestellt.

Bei Anwendung der Durchbuchungsmethodik ist unstrittig, dass die nach IFRS verwandte Durchbuchungsmethodik der Art zu **modifizieren** ist, dass unrealisierte Erträge aus Ineffektivitäten – anders als nach IFRS – nicht in die GuV durchgebucht werden dürfen („imparitätische" Durchbuchungsmethode).

9.5.2.2 Absicherung des beizulegenden Zeitwertes

Gem. § 254 HGB S. 1 n. F. können Bewertungseinheiten (BWE) entweder zum Ausgleich gegenläufiger **Wertveränderungen des beizulegenden Zeitwertes** (vergleichbar zum Fair Value Hedge-Accounting nach IFRS) oder aber **Zahlungsströme** (vergleichbar zum Cashflow Hedge-Accounting nach IFRS) gebildet werden.

Ziel der Absicherung des beizulegenden Zeitwertes ist es, dass Wertänderungsrisiko – d. h. die nachteilige Änderung des Marktwerts einer Grundposition über einen bestimmten Betrachtungszeitraum[364] – zu reduzieren bzw. zu eliminieren.

Abb. 99 gibt einen Überblick über die nach BilMoG zulässigen BWE und stellt diese den bisher nach HGB zulässigen BWE-Arten als auch den nach IFRS möglichen Hedge-Arten gegenüber.

---

362 Vgl. Vgl. *Kessler/Strickmann/Cassel*, S. 18.; *Petersen/Zwirner (2009)*, S. 16, *Schmidt (2009)*, S. 886 und *Scharpf/Schaber*, S. 329.
363 Vgl. u. a. *Kessler/Strickmann/Cassel*, S. 19; *Küting/Cassel*, S. 771; *Löw/Torabian*, S. 34; *Schmidt (2009)*, S. 886, *Wiechens/Helke*, S. 1336. *Helke/Wiechens/Klaus* weisen zudem darauf hin, dass – anders als im Regierungsentwurf – in der endgültigen Gesetzesbegründung keine Hinweise mehr auf eine bestimmte Buchungsmethodik enthalten sind; vgl. *Helke/Wiechens/Klaus*, S. 31.
364 Vgl. *Patek (2008)*, S. 364.

Abb. 99: Synopse BWE-Arten (HGB u. BilMoG) versus Hedge-Arten (IAS 39)

Stichworte	HGB	BilMoG	IAS
1. Bewertungseinheit (BWE)			
1.1. Bankbuch & Handelsbestand			
Mikro-BWE i.e.S. 1:1	Mikro-BWE	Mikro-BWE	FV-Hedge
Mikro-BWE i.w.S. n:m	s.o.	Portfolio-BWE	s.o.
1.2. Handelsbücher	Portfolio-BWE	n.r.	n.r.
1.3. Bankbuch	Makro-BWE	Makro-BWE (KI:ohne Zinsderivate des Bankbuches)	CF-Hedge / FVP-Hedge
1.4 Antizipative Absicherung	./.	Antizipative-BWE	CF-Hedge
2. Keine Bewertungseinheit (Keine BWE)			
Zinsderivate des Bankbuches (Bankbuch-Derivate)	n.r.	"Bilanzierungskonvention" KI: Imparitätische Bewertung des Derivates; Bildung einer Drohverlustrückstellung, wenn "Mindestmarge" des Bankbuches unterschritten wird.	n.r.

In der Gesetzesbegründung des Regierungsentwurfes[365] zum BilMoG werden die **Begriffe zu Bewertungseinheiten** wie folgt definiert:

- Mikro-BWE: 1:1-Sicherungsbeziehung
- Portfolio-BWE: m:n-Sicherungsbeziehung, gleichartige Grundgeschäfte
- Makro Hedge: m:n-Sicherungsbeziehung, Zusammenfassung der risikokompensierenden Wirkung ganzer Gruppen von Grundgeschäften

Abb. 99 enthält eine **Aktualisierung** der in Abbildung 94 dargestellten BWE-Synopse um die BilMoG-Definitionen.

Im deutlichen **Unterschied** zur bisherigen Praxis beschreibt das BilMoG **Portfolio-BWE** als Sicherungsbeziehungen, bei denen mehrere gleichartige Grundgeschäfte durch ein oder mehrere Sicherungsgeschäfte gesichert werden.[366] Ohne dass individuelle Zuordnungen von etwaigen Grundgeschäften und zugehörigen Sicherungsgeschäften erfolgten, wurden bisher in einer Portfolio-BWE bestimmte Handelsaktivitäten (von Kreditinstituten) qua Absicherungsvermutung in einen gewollten wirtschaftlichen Zusammenhang gebracht. Allerdings macht die Einführung der Bewertung zum beizulegenden Zeitwert für Handelsbestände von Kreditinstituten die Notwendigkeit einer Portfolio-BWE im bisherigen Verständnis obsolet, da durch die Marktbewertung bereits ein sog. natural offsetting unrealisierter Gewinne und Verluste erfolgt, ohne dass es dafür der buchhalte-

---
365 Vgl. **RV** *BilMoG (2008)*, S. 128.
366 Vgl. *Kraft/Bischoff*, S. 177 f und S. 190 f sowie *Löw/Torabian*, S. 34.

rischen Technik einer Bewertungseinheit bedarf.³⁶⁷ Da das Gesetz zudem alle gängigen Arten von BWE zulässt, entfalten die unterschiedlichen Varianten der Auslegung von BWE keine Wirkung auf die Rechnungslegung.³⁶⁸

Die Bilanzierung von **Bankbuch-Derivaten** bei Kreditinstituten wird unter BilMoG (in der Literatur) differenzierter beurteilt als bisher (vgl. Kap. 9.5.4.4).

Zudem ist nun nach HGB erstmals auch die Bildung von **antizipativen BWE** möglich.

9.5.2.3 Absicherung von Zahlungsströmen

Gem. § 254 HGB S. 1 n. F. können BWE nun auch zum Ausgleich gegenläufiger **Wertveränderungen aus Zahlungsströmen** gebildet werden (analog dem Cashflow Hedge-Accounting nach IFRS; vgl. Kap. III.5.3.3).

Ziel der Absicherung von Zahlungsströmen ist es, das Zahlungsstromänderungsrisiko – d. h. die negative Abweichung der tatsächlichen Höhe zukünftiger Zahlungen aus einer Grundposition von der ursprünglich erwarteten Höhe³⁶⁹ – zu reduzieren bzw. zu eliminieren.

9.5.3 Grundgeschäfte

Ohne die Begriffe „Grund- und Sicherungsgeschäft" **ausdrücklich zu benutzen** oder legal zu definieren, stellt § 254 HGB n. F. auf dieses Begriffspaar ab.³⁷⁰

Grundgeschäfte einer Bewertungseinheit können gem. § 254 HGB n. F. sein:
1) Vermögensgegenstände und Schulden,
2) schwebende Geschäfte oder
3) mit hoher Wahrscheinlichkeit erwartete Transaktionen

Die Vorschrift des § 254 HGB n. F. enthält bewusst **keine Beschränkung** der absicherungsfähigen Grundgeschäfte auf Finanzinstrumente. Vielmehr sollen bereits praktizierte Absicherungen – beispielsweise Risiken aus dem künftigen Bezug von Roh-, Hilfs- oder Betriebsstoffen – auch weiterhin zulässig sein.

Wertänderungen des beizulegenden Zeitwertes (analog FVH) können aus Grundgeschäften der Nr. 1) und 2) resultieren. Zahlungsstromänderungen (analog CFH) können sich aus (i.d.R. variabel verzinslichen) Grundgeschäften der Nr. 1), 2) sowie Grundgeschäften der Nr. 3) ergeben.

Interne Geschäfte können – aller Voraussicht nach³⁷¹ – auch Gegenstand eines Grundgeschäftes einer BWE sein.

9.5.3.1 Vermögensgegenstände und Schulden

9.5.3.1.1 Kompensatorische Bewertung

Bei einer **perfekten** (100%igen) Absicherung bzw. einer Absicherung, bei der sich nach Kompensation im Saldo ein unrealisierter Gewinn (**positiver Saldo**) ergibt, bleiben die bestehenden Wertansätze der Vermögensgegenstände bzw. Schulden c.p. unverändert.

---

367 Vgl. *Kraft/Bischoff*, S. 191.
368 Vgl. *Löw/Scharpf/Weigel*, S. 1017.
369 Vgl. *Patek (2008)*, S. 364.
370 Vgl. *Kraft/Bischoff*, S. 180.
371 Nicht explizit im Gesetz geregelt. Wäre aber im erklärten Willen des Gesetzgebers, da mit BilMoG keine Änderung der bisherigen Bilanzierungspraxis intendiert war.

10 Verbleibt nach der Kompensation aus der Absicherung am Bilanzstichtag ein **negativer Saldo** und stammt dieser aus dem Grundgeschäft der BWE, so ist – soweit möglich – der negative Saldo verursachungsgerecht abzuschreiben (Vermögensgegenstand) oder zuzuschreiben (Schuld).

9.5.3.1.2 (Imparitätische) Durchbuchungsmethode

11 Sowohl bei der **perfekten** (100%igen) Absicherung als auch bei der Absicherung, bei der ein **negativer Saldo** verbleibt, sind die gegenläufigen Veränderungen des beizulegenden Zeitwertes oder der Zahlungsströme eines als Grundgeschäft designierten Vermögensgegenstandes oder Schuld uneingeschränkt (auch bilanziell) durchzubuchen. Im Fall eines **positiven Saldos** sind unrealisierte Erträge aus dem Grundgeschäft nur in der Höhe der unrealisierten Aufwendungen des Sicherungsgeschäftes durchzubuchen.

9.5.3.2 Schwebende Geschäfte

9.5.3.2.1 Kompensatorische Bewertung

Die bilanzielle Nichtberücksichtigung von schwebenden Geschäften, die Grundgeschäfte einer BWE sind, bleibt bestehen. Die Ermittlung der jeweiligen Risikoabdeckung erfolgt in einer Nebenbuchhaltung. Bei einer **perfekten** (100%igen) Absicherung bzw. einer Absicherung, bei der im **Saldo ein unrealisierter Gewinn** entsteht, sind c.p. keine weiteren Folgebuchungen erforderlich. Verbleibt aus der Absicherung am Bilanzstichtag ein **negativer Saldo**, der dem schwebenden Geschäft zuzurechnen ist, ist insofern verursachungsgerecht eine Rückstellung zu passivieren.

9.5.3.2.2 Durchbuchungsmethode

12 Sowohl bei der **perfekten** (100%igen) Absicherung als auch bei der Absicherung, bei der ein **negativer Saldo** verbleibt, sind die gegenläufigen Veränderungen des beizulegenden Zeitwertes oder der Zahlungsströme eines als Grundgeschäft designierten schwebenden Geschäftes uneingeschränkt (auch bilanzielle) durchzubuchen.[372] Im Fall eines **positiven Saldos** sind unrealisierte Erträge aus dem Grundgeschäft nur in der Höhe der unrealisierten Verluste des Sicherungsgeschäftes durchzubuchen.

9.5.3.3 Mit hoher Wahrscheinlichkeit erwartete Transaktionen

9.5.3.3.1 Grundlagen

13 Der Begriff der „mit hoher Wahrscheinlichkeit vorgesehenen Transaktion" wurde durch das BilMoG neu in das Handelsbilanzrecht aufgenommen. Anders als schwebende Geschäfte sind **vorgesehene Transaktionen** künftig erwartete Rechtsgeschäfte, denen letztendlich noch der endgültige Abschluss zu einem Rechtsgeschäft fehlt. Daher qualifizieren nur vorgesehene Transaktionen als Grundgeschäft, bei denen eine **hohe Wahrscheinlichkeit** für den tatsächlichen Abschluss eines Rechtsgeschäfts besteht; der tatsächliche (zukünftige) Abschluss des Rechtsgeschäfts muss also so gut wie sicher sein. Außergewöhnliche Umstände, die außerhalb des Einflussbereichs des Unternehmens liegen, stehen einer Designation als Grundgeschäft allerdings nicht entgegen. Einer wesentlichen Bedeutung im Rahmen der Beurteilung der „hohen Wahrscheinlichkeit" kommt dem „back-testing" zu, also der retrospektive Überprüfung, inwieweit in der Vergangenheit gebildete antizipative Bewertungseinheiten tatsächlich zu den vorgesehenen Geschäftsabschlüssen geführt haben.[373] Erwartete

---

372 Vgl. *Cassel*, S. 196.
373 Vgl. **RV** *BilMoG (2008)*, S. 127.

Transaktionen werden beispielsweise genutzt, um Fremdwährungsrisiken aus zukünftig erwarteten Umsätzen, Beschaffungsgeschäften oder Finanzierungsbedarf abzusichern.[374]

9.5.3.3.2 Kompensatorische Bewertung

Die bilanzielle Nichtberücksichtigung von mit hoher Wahrscheinlichkeit erwarteten Transaktionen, die Grundgeschäfte einer BWE sind, bleibt bestehen. Die Ermittlung der jeweiligen Risikoabdeckung erfolgt in einer Nebenbuchhaltung. Bei einer **perfekten** (100%igen) Absicherung bzw. einer Absicherung, bei der im **Saldo ein unrealisierter Gewinn** entsteht, sind keine weiteren Folgebuchungen erforderlich. Verbleibt aus der Absicherung am Bilanzstichtag ein **negativer Saldo**, der dem als Grundgeschäft in einer BWE designierten mit hoher Wahrscheinlichkeit erwarteten Transaktion zuzurechnen ist, ist insofern verursachungsgerecht eine Rückstellung zu passivieren.

9.5.3.3.3 (Imparitätische) Durchbuchungsmethode

Bei mit hoher Wahrscheinlichkeit erwarteten Transaktionen dürfte nur die kompensatorische Bewertung in Betracht kommen, da es hier an einem bilanzierungsfähigen Posten mangelt. Aus diesem Grund erfolgt im IAS 39 auch eine alternative Abbildung im Rahmen eines Cashflow-Hedges, wo die Wertveränderung (des Sicherungsinstrumentes) GuV-neutral über das Eigenkapital abgebildet wird. Diese Möglichkeit sieht das Handelsrecht allerdings nicht vor.[375]

9.5.4 Sicherungsinstrumente

9.5.4.1 Überblick

Für eine Bewertungseinheit können folgende Sicherungsinstrumente designiert werden:

- originäre Finanzinstrumente
- derivative Finanzinstrumente
- Termingeschäfte über den Erwerb oder die Veräußerung von Waren

Zu beachten ist, dass unter Finanzinstrumenten nach § 254 HGB n. F. nicht jedes Derivat, sondern zunächst nur derivative Finanzinstrumente fallen, also Derivate, die auf den Erhalt oder die Lieferung eines Finanzinstrumentes (einschließlich Geld) gerichtet sind (**Finanz-Derivate**). Durch § 254 S. 2 HGB n. F. wird der Kreis der Sicherungsinstrumente allerdings um Derivate erweitert, deren Basiswert ein Nicht-Finanzinstrument ist. Darunter fallen nicht nur – wie nach IAS 39 – **Waren-Derivate** deren Erfüllung durch Barausgleich (net settlement) erfolgt, sondern auch Waren-Derivate, die durch **physische Lieferung** der Ware erfüllt werden müssen.[376]

Da zudem nach BilMoG auch alle **originären Finanzinstrumente** als Sicherungsgeschäfte eingesetzt werden kann, lässt BilMoG erheblich mehr Instrumente als Sicherungsinstrumente zu als IFRS. Allerdings werden in der Praxis zur Absicherung von Wertveränderungen oder Zahlungsströmen regelmäßig **Derivate** eingesetzt.[377]

---

374 Vgl. *Kraft/Bischoff*, S. 181.
375 Vgl. *Schmidt (2009a)*, S. 886.
376 Vgl. *Schmidt (2009)*, S. 884.
377 Vgl. *Patek (2008)*, S. 365.

19 Als Sicherungsinstrumente können aller Voraussicht nach auch **interne Geschäfte**[378] eingesetzt werden. Finanzinstrumente des **Handelsbestands** (vgl. Tz. 1068) können gem. § 340e Abs. 3 Satz 4 HGB n.F **nachträglich** in eine Bewertungseinheit einbezogen werden; sie sind bei Beendigung der Bewertungseinheit wieder in den Handelsbestand umzugliedern.

9.5.4.2 Kompensatorische Bewertung

20 Bei einer **perfekten** (100%igen) Absicherung bzw. einer Absicherung, bei der im **Saldo ein unrealisierter Gewinn** entsteht, bleiben die bestehenden Wertansätze des Sicherungsinstrumentes c.p. unverändert bestehen. Verbleibt aus der Absicherung am Bilanzstichtag ein **negativer Saldo**, der dem Sicherungsinstrument zuzurechnen ist, ist eine verursachungsgerechte Abschreibung beim Vermögensgegenstand vorzunehmen; bei Schulden, derivativen Finanzinstrumenten und Termingeschäften über den Erwerb oder die Veräußerung von Waren ist eine Zuschreibung (bzw. Neubildung) vorzunehmen.

9.5.4.3 (Imparitätische) Durchbuchungsmethode

21 Sowohl bei der **perfekten** (100%igen) Absicherung als auch bei der Absicherung, bei der ein **negativer Saldo** verbleibt, sind die gegenläufigen Veränderungen des beizulegenden Zeitwertes oder der Zahlungsströme eines als Sicherungsgeschäft designiertes Geschäft uneingeschränkt (auch bilanziell) durchzubuchen. Im Fall eines **positiven Saldos** sind unrealisierte Erträge aus dem Sicherungsgeschäft nur in der Höhe der unrealisierten Aufwendungen des Grundgeschäftes durchzubuchen.

9.5.4.4 KI: Steuerung des allgemeinen Zinsrisikos (Bankbuch-Derivate)

Vgl. Kap. 5.3.2.4 und Tz. 1072.

22 **KI:** Bei **Kreditinstituten** ist aus der langjährigen Bilanzierungspraxis die **Bilanzierungskonvention** „Grundsatz der verlustfreien Bewertung" entstanden, bei der das sog. Bankbuch bei Kreditinstituten keiner zinsbedingten Einzelbewertung und dementsprechend auch die zur Zinsrisikosteuerung des Bankbuches eingesetzten Derivate (Bankbuch-Derivate) keiner (klassischen) Einzelbewertung unterliegen.[379] Die Steuerung des allgemeinen Zinsrisikos stellt **keine Makro-BWE** (mehr)[380] im Sinne des § 254 HGB n. F. dar, sondern eine Bewertungskonvention der Art, dass Bankbuch-Derivate – wie die (meisten) Forderungen und Verbindlichkeiten des Bankbuches – (zinsbedingt) unbewertet bleiben. Grundvoraussetzung für die Bilanzierung nach dieser Bilanzierungskonvention ist, dass eine **Dokumentation** im Rahmen der Sicherungsstrategie erfolgt und die Funktionsfähigkeit des **Risikomanagements** gewährleistet ist.[381] Siehe hierzu auch Abb. 99. Zur steuerlichen Behandlung vgl. 1174.

---

378 Nicht explizit im Gesetz geregelt. Wäre aber im erklärten Willen des Gesetzgebers, da mit BilMoG keine Änderung der bisherigen Bilanzierungspraxis intendiert war. Zudem lässt sich ein Gleichlauf von Handels- und Bankenaufsichtsrecht nur erreichen, wenn in eine Bewertungseinheit interne Geschäfte einbezogen werden, sofern diese mit der Risikosteuerung kompatibel ist; vgl. *Löw/Scharpf/Weigel*, S. 1012.
379 Zur „Nichtbilanzierung" von Bankbuch-Derivaten vgl. *Schmidt (2005)*, S. 260.
380 Inwieweit diese „Bewertungskonvention" von Bankbuch-Derivaten auch nach BilMoG als BWE i.S.d. § 254 HGB n.F. beibehalten werden kann oder aber Bankbuch-Derivate zukünftig außerhalb einer BWE als stand alone-Derivate (vgl. Tz. 1001) zu bilanzieren sind, werden die Diskussionen in den einschlägigen Fachgremien ergeben, vgl. *Scharpf/Schaber*, S. 311 i.V.m. S. 324. Wenn die Bilanzierungskonvention der verlustfreien Bewertung keine BWE darstellt, dann ist der BWE geforderte Effektivitätstest und die Dokumentations- und Offenlegungsanforderung nicht einschlägig.
381 Vgl. *Löw/Scharpf/Weigel*, S. 1018 und *Scharpf*, S. 192 ff.

9.5.5 Anforderungen an Bewertungseinheiten

9.5.5.1 Überblick

Auch nach BilMoG ist es so, dass BWE handelsrechtlich nur dann anerkannt, wenn sie bestimmte Anforderungen erfüllen. Dies sind im Wesentlichen:

- Gegenläufigkeit der Wert- oder Zahlungsstromänderungen aus Grund- und Sicherungsgeschäft,
- Rückführbarkeit der Wert- oder Zahlungsstromänderungen auf gleiche Risikoeinflussfaktoren,
- Erwartete Transaktion: Besonders hohe Eintrittswahrscheinlichkeit,
- Nachweis der Sicherungsbeziehung (Dokumentation, inklusive Effektivität).

Die **Voraussetzung** für die Bildung einer Bewertungseinheit gem. § 254 HGB n. F. sind ähnlich denen des IAS 39, aber nicht deckungsgleich.

Dem Nachweis der Sicherungsbeziehung in Form einer **Dokumentation** inklusive dem Nachweis der **Effektivität** kommt große praktische Bedeutung zu; daher wird auf diese beiden Aspekte nachfolgend kurz näher eingegangen.

9.5.5.2 Dokumentation

Vgl. Kap. 5.6.2.

Obwohl die Dokumentation von Bewertungseinheiten formal nicht zum Tatbestandsmerkmal des § 254 HGB n. F. zählt,[382] wird vom Unternehmen aber weiterhin (implizit) eine Dokumentation gefordert, um den Anhangsangaben vollumfänglich entsprechen zu können.[383]

9.5.5.3 Effektivität

Die Überprüfung der **Effektivität** der Sicherungsbeziehung hat sowohl prospektiv als auch retrospektiv zu erfolgen. An jedem **Bilanzstichtag** ist **positiv** festzustellen, ob und in welchem Umfang sich die gegenläufigen Wertänderungen oder Zahlungsströme einer Bewertungseinheit am Bilanzstichtag und voraussichtlich in Zukunft ausgleichen.

Nach BilMoG obliegt die Auswahl der **Methoden** zur Überwachung der Wirksamkeit von Bewertungseinheiten (Effektivitätstests) grundsätzlich dem Unternehmen. Grundsätzlich können auch die aus dem IFRS-Umfeld bekannten Methoden der Effektivitätsmessung (vgl. Kap. III.5.6.3.2 und 5.6.3.3) angewendet werden.

Nach § 254 HGB n. F. werden die § 249, 253, 265a HGB n. F. nur insoweit außer Kraft gesetzt, als das die BWE tatsächlich wirksam war. Dies zieht zwingend einen **retrospektiven Effektivitätstest** der Art nach sich, dass die Beträge zu ermitteln sind, für die das Aussetzen der o.g. Bilanzierungsregeln erfolgen soll. Die Vorgehensweise dabei ist zweigeteilt.

In einem **ersten Schritt** wird alleine auf **das gesicherte** Risiko abgestellt (z. B. Zinsänderungsrisiko). Verbleibt ein **Saldo** nach Berücksichtigung der gegenläufigen Wertentwicklungen des gesicherten Risikos, so ist dieser **streng imparitätisch** zu behandeln. Ein positiver Saldo (Überhang an unrealisierten Erträgen) darf nicht gebucht werden, ein negativer Saldo (Überhang an unrealisierten

---

[382] Vgl. **RV** *BilMoG (2009a)*, S. 86.
[383] Vgl. *Helke/Wiechens/Klaus*, S. 31. f.; *Kraft/Bischoff*, S. 185.

Aufwendungen) ist als Aufwand in die GuV zu nehmen. Erst in einem **zweiten Schritt** sind die Effekte aus den **nicht gesicherten** Risiken (z. B. Bonitätsrisiko) gemäß den allgemeinen Bilanzierungsnormen zu buchen. Verbleibt z. B. ein unrealisierter Verlust auf das nicht abgesicherte Risiko eines Vermögensgegenstandes als Grundgeschäft, so hängt die Bilanzierung davon ab, ob der Vermögensgegenstand dem Umlauf- oder dem Anlagevermögen zuzuordnen ist. Bei einer Zuordnung des Grundgeschäftes zum Umlaufvermögen, ist der auf das nicht gesicherte Risiko entfallende unrealisierte Verlust gemäß dem strengen Niederstwertprinzip, ansonsten nach dem gemilderten Niederstwertprinzip, zu bilanzieren.[384]

31 Eine **Mindestwirksamkeit** wie nach IAS 39[385] gibt es nach BilMoG nicht und Bedarf es aufgrund der unterschiedlichen Konzeptionen auch nicht. Entscheidend nach BilMoG ist vielmehr, dass die Wirksamkeit regelmäßig gemessen und die wirksamen als auch unwirksamen Beträge gemäß der Sondervorschrift des § 254 HGB n. F. erfasst werden.[386]

32 Soweit geeignet, kann die Feststellung der Wirksamkeit auch auf der Grundlage eines risiko- und instrumente-adäquaten **Risikomanagementsystems** erfolgen.[387]

9.5.5.4 Folgen

Vgl. Kap. 5.6.4.

9.5.5.4.1 Bei Erfüllung der Anforderungen

33 Sind alle der genannten Voraussetzungen erfüllt, qualifiziert die Sicherungsbeziehung als Bewertungseinheit i.S.d. § 254 HGB n. F., und die entsprechende **Verrechnung** der Ergebniseffekte aus Grund- und Sicherungsgeschäft kann wie für die jeweilige Hedge-Art vorgesehen, vorgenommen werden.

34 Formal ist die Vorschrift als Bilanzierungspflicht ausgestaltet; durch die zu erbringende Dokumentation handelt es sich aber **faktisch** um ein **Wahlrecht**.[388]

9.5.5.4.2 Bei Nicht-Erfüllung der Anforderungen

35 Ist die Feststellung des Umfangs der **Wirksamkeit** einer Bewertungseinheit zum Bilanzstichtag **nicht möglich**, ist – nach Maßgabe des Vorsichtsprinzips – davon auszugehen, dass keine wirksame Bewertungseinheit besteht.

9.6 Ausweis in der GuV

Vgl. Kap. 6.

36 Erträge und Aufwendungen aus der **Währungsumrechnung** sind gem. § 277 Abs. 5 S. 2 HGB n. F. brutto unter dem GuV-Posten „sonstige betriebliche Erträge" bzw. „sonstige betriebliche Aufwendungen" auszuweisen.[389] Bisher wurde das Fremdwährungsergebnis (Devisenergebnis) netto bei dem Posten berücksichtigt, bei dem die anderen (nicht währungsrelevanten) Bewertungsergebnisse gezeigt wurden.[390]

---

384 Vgl. *Scharpf/Schaber*, S. 327 f., die auch darauf hinweisen, dass nicht alle Vertreter des Schrifttums diese detaillierte Vorgehensweise (in zwei Schritten) sehen, sondern die Ineffektivität aus dem gesicherten und ungesicherten Risiko einheitlich nach den allgemeinen Bilanzierungsnormen bilanzieren.
385 80% bis 125 %.
386 Vgl. *Schmidt (2009)*, S. 885.
387 Vgl. **RV** *BilMoG (2009a)*, S. 86.
388 Vgl. *Löw/Torabian*, S. 613 und *Kraft/Bischoff*, S. 186.
389 Vgl. *Scharpf/Schaber (2009a)*, S. 284 f. und *Petersen/Zwirner/Künkele*, S. 21.
390 Vgl. **RV** *IDW BFA 3/1995*, E.II.

Latente Steuereffekte sind gem. § 274 Abs. 2 HGB n. F. in der neuen GuV-Position „Steuern vom Einkommen und vom Ertrag" auszuweisen.

KI: Die GuV-Sachverhalte von Finanzinstrumenten des **Handelsbestandes** sind unter der Position „**Nettoaufwand oder Nettoertrag des Handelsbestand**") auszuweisen (§ 340c Abs. 1 S. 1 HGB n.F; RechKredV Formblatt 2 Aufwandsposten 3 und Ertragsposten 5). Dazu gehören auch das Abgangsergebnis und das Bewertungsergebnis einschließlich Aufwendungen für den Risikoabschlag bzw. -zuschlag (vgl. Tz. 1074).

KI: Beim Ausweis von **Provisionen und Zinsen** von **Handelsbeständen** besteht ein Wahlrecht[391] (in Abhängigkeit von der internen Steuerung) diese im Zins- bzw. Provisionsergebnis oder aber im Handelsergebnis auszuweisen.[392] Das Wahlrecht ist stetig auszuüben (Stetigkeitsgrundsatz) und im **Anhang** anzugeben (Tz. 1168).

KI: Erfolgt eine Zuordnung der **Zinsaufwendungen** aus der **Refinanzierung** der Handelsbestände in der internen (Risiko-) Steuerung werden diese Zinsaufwendungen unter der Position „Nettoaufwand oder Nettoertrag des Handelsbestandes" (Handelsergebnis) ausgewiesen,[393] ansonsten unter dem Posten „Zinsaufwendungen".

9.7 Anhang/Lagebericht

Vgl. Kap. 7.

Da der Fokus der Arbeit auf Finanzinstrumente i.S.d. IAS 39 liegt, sind die BilMoG-Änderungen zu Anhangsangaben zu außerbilanziellen Haftungsverhältnissen (§ 285 S. 1 Nr. 3, Nr. 3a und Nr. 27 HGB n. F.) nicht Gegenstand der Ausführungen. Details hierzu vgl. RV IDW ERS HFA 32.

9.7.1 Angaben zu Bilanz

Derivative Finanzinstrumente (§ 285 Nr. 19 HGB n. F.)

Die Pflichtangaben brauchen **kleine** Kapitalgesellschaft nicht zu machen (§ 288 Abs. 1 HGB n. F.)

Für jede Kategorie **nicht zum beizulegenden Zeitwert** bilanzierter derivativer Finanzinstrumente muss im Anhang angeben

a) deren Art und Umfang,
b) deren beizulegender Zeitwert, soweit er sich nach § 255 Abs. 4 verlässlich ermitteln lässt, unter Angabe der angewandten Bewertungsmethode,
c) deren Buchwert und der Bilanzposten, in welchem der Buchwert, soweit vorhanden, erfasst ist, sowie
d) die Gründe dafür, warum der beizulegende Zeitwert nicht bestimmt werden kann.

Investmentfondsanteile (§ 285 Nr. 26 HGB n. F.)

Kapitalgesellschaften sind verpflichtet, die in gehaltenen Anteilen oder Anlageaktien inländischer Investmentvermögen (i.S.v. § 1 InvG) oder ausländischer Investmentanteile (i.S.v. § 2 Abs. 9 InvG) enthaltenen stillen Reserven oder stillen Lasten im Anhang darzustellen, soweit sie mehr als 10 % der

---

[391] Nicht explizit im Gesetz geregelt. Wäre aber im erklärten Willen des Gesetzgebers, da mit BilMoG grundsätzlich auch ein Gleichlauf mit den IFRS möglich sein soll. IFRS 7.B5(e) sieht ein solches Wahlrecht vor.
[392] Vgl. Löw/Scharpf/Weigel, S. 1015.
[393] Anders dahingegen bei der Abbildung in der Bilanz. Passiva sind nur dann unter „Handelspassiva" auszuweisen, wenn die handelsrechtlichen Vorgaben für die Kategorisierung als „Handelsbestand" erfüllt sind (vgl. Tz. 1068). Dies kann zu einer Durchbrechung der sonst üblichen Identität zwischen Bilanz- und GuV-Ausweis führen.

Anteile halten. Die Anhangangabe stellt ein Konsolidierungssurrogat dar, da z. B. Spezialfonds auch weiterhin nicht konsolidiert werden brauchen.

KI: Angaben zu Handelsbeständen (§ 285 Nr. 20 HGB n. F.)

Vgl. Tz 1065.

44 Die **Bestände** der Handelsaktiva und Handelspassiva sind im Anhang **aufzugliedern** (§ 35 Abs. 1 Nr. **1a** RechKredV n.F).

45 Wurden während des Geschäftsjahres **Umklassifizierungen** von Handelsbeständen vorgenommen, so ist dies im Anhang zu erläutern (§ 35 Abs. 1 Nr. **6b** RechKredV n. F.).

9.7.2 Angaben zu GuV

KI: Angaben zu Handelsbeständen (vgl. Tz 1068)

46 Offenlegung, in welcher GuV-Position **Provisionen und Zinsen** aus Handelsbeständen ausgewiesen werden (vgl. Tz. 1161).

47 Führen Änderungen der institutsinternen festgelegten Kriterien des (aufsichtsrechtlichen) Handelsbuches gem. § 1a KWG zu **Änderungen** des (bilanziellen) **Handelsbestandes**, so ist dies nebst den daraus resultierenden Auswirkungen auf den Jahresüberschuss/Jahresfehlbetrag im Anhang anzugeben (§ 35 Abs. 1 Nr. **6c** RechKredV n. F.)

9.7.3 Weitere Angaben

9.7.3.1 Fair Value

48 **KI:** Für Finanzinstrumente des Handelsbestandes (vgl. Tz. 1068) sind anzugeben (§ 285 **Nr. 20** HGB n. F.):

- a) Die grundlegenden Annahmen, die der Bestimmung des beizulegenden Zeitwertes mit Hilfe allgemein anerkannter Bewertungsmethoden zugrunde gelegt wurden, sowie
- b) Umfang und Art jeder Kategorie derivativer Finanzinstrumente einschließlich der wesentlichen Bedingungen, welche die Höhe, den Zeitpunkt und die Sicherheit künftiger Zahlungsströme beeinflussen können.

49 **KI:** Die Ermittlung des **Risikoabschlages** (Tz. 1068) ist zu erläutern (§ 35 Abs. 1 Nr. **6a** RechKredV n.F).

9.7.3.2 Sicherungsgeschäfte

Anhangsangaben zu Bewertungseinheiten (§ 285 Nr. 23 HGB n. F.)

50 Bei Anwendung von Bewertungseinheiten (vgl. Kap. 9.5) sind folgende Anhangsangaben zu tätigen, soweit diese nicht bereits im Lagebericht gemacht wurden (§ 285 Nr. 23 HGB n. F.):
a) Mit welchem **Betrag** jeweils Vermögensgegenstände, Schulden, schwebende Geschäfte und mit hoher Wahrscheinlichkeit vorgesehene Transaktionen zur Absicherung welcher **Risiken** in welche **Arten von Bewertungseinheiten** einbezogen sind sowie die Höhe der mit Bewertungseinheiten abgesicherten Risiken,

b) für die jeweils **abgesicherten Risiken**, warum, in welchem Umfang und für welchen Zeitraum sich die gegenläufigen Wertänderungen oder Zahlungsströme künftig voraussichtlich **ausgleichen** einschließlich der **Methode** der Ermittlung,
c) eine Erläuterung der mit **hoher Wahrscheinlichkeit erwarteten Transaktionen**, die in Bewertungseinheiten einbezogen wurden.

9.7.3.3 Latente Steuern

Anhangsangaben (§ 285 Nr. 29 i.V.m. § 288 Abs. 1 und Abs. 2 HGB n. F.)
Vgl. Kap. 9.2.3.

Bezüglich latenter Steuern (vgl. Tz. 9.2.3) haben **große Kapitalgesellschaften** im Anhang Erläuterungen zu den ausgewiesenen latenten Steuerposten vorzunehmen. Darzustellen ist z. B., inwieweit **Verlustvorträge/Steuergutschriften** bei der Berechnung latenter Steuer berücksichtigt wurden und ob **Differenzen** aus dem erstmaligen Ansatz von Vermögensgegenständen und Schulden bestehen, die nicht in die Berechnung der latenten Steuern **einbezogen** worden sind. Zudem kann der ausgewiesene Steueraufwand/-ertrag in einer **Überleitungsrechnung** auf den erwarteten Steueraufwand/-ertrag übergeleitet werden; eine Verpflichtung zur Darstellung einer solchen Überleitungsrechnung gibt es allerdings nicht (IDW ERS HFA 27 Tz. 35). Aufgrund der Gesamtdifferenzbetrachtung sind diese Angaben unabhängig davon vorzunehmen, ob in der Bilanz latente Steuern ausgewiesen werden. Auch wenn keine latenten Steuern in der Bilanz ausgewiesen werden, ist anzugeben, aufgrund welcher Differenzen oder steuerlicher Verlustvorträge per Saldo ein Ausweis unterbleibt.[394]

Finanzinstrumente-Sachverhalte, bei denen **temporäre Differenzen** entstehen und damit latente Steuern verursachen können, sind unter Kap. 7.1.2 aufgeführt. Diese haben sich durch BilMoG kaum geändert. Die Neuerungen für Finanzinstrumente durch das BilMoG sind in die Thematik der latenten wie folgt einzuordnen:

- **Bewertungseinheiten (BWE)**

  Nach § 5 Abs. 1a EStG sind die Ergebnisse der – in der handelsrechtlichen Rechnungslegung zur Absicherung finanzwirtschaftlicher Risiken gebildeten – Bewertungseinheiten (vgl. Kap. 9.5) auch bisher schon für die steuerliche Gewinnermittlung maßgeblich. Insoweit ergeben sich aus § 254 HGB n. F. der erstmalig die bisherige Praxis kodifiziert keine steuerlich abweichenden Auswirkungen zur bisherigen Gesetzeslage.

- **Antizipative BWE/Stand alone Derivate**

  Für negative Fair Values von stand alone-Derivaten sind handelsrechtlich Drohverlustrückstellungen zu bilden (vgl. Tz. 962), die steuerlich nicht anerkannt werden (§ 5 Abs. 4a S. 1 EStG). Dies galt vor BilMoG auch für handelsrechtlich gebildete Drohverlustrückstellungen von antizipativen Bewertungseinheiten. Nach BilMoG sind antizipative BWE als Bewertungseinheiten anerkannt, so dass diese nun aufgrund der Maßgeblichkeit auch steuerrechtlich anerkannt werden. Die HGB- und Steuerbilanz laufen diesbezüglich nun im Gleichklang und verursachen keine latenten Steuern (mehr).

- <u>KI</u>: **Handelsbestände**

  Gem. § 6 Abs. 1 Nr. 2b EStG ist die Bewertung von Finanzinstrumenten des **Handelsbestandes** (vgl. Tz. 1073) zum beizulegenden Zeitwert auch für steuerliche Zwecke heranzuziehen, so dass sich hieraus keine temporären Differenzen und somit auch keine latenten Steuern ergeben.

---

[394] Vgl. **RV** *BilMoG (2008)*, S. 149 und **RV** *BilMoG (2009a)*, S. 88.

- **KI: 340 g HGB-Vorsorgereserve**

  Die Bildung des Fonds für allgemeine Bankrisiken gem. § 340g HGB war bisher schon steuerneutral (da er Eigenkapitalcharakter hat). Dies gilt auch für den in die 340 g-Reserve einzustellenden Risikoabschlag auf Handelsbestände gem. § 340e Abs. 4 HGB n.F. (vgl. Tz. 1075).[395]

9.7.4 Risikoangaben

53 Die für Risiken aus Finanzinstrumenten relevanten DRS-Standards zum Lage- und Risikobericht wurden durch den Änderungsstandard DRÄS 5 an die BilMoG-Neuerungen angepasst (vgl. RV DRÄS 5). Im Fokus dieser BilMoG-Neuerungen zu Risiken standen mit der Darstellung des internen Kontrollsystems (IKS) sowie dem Risikomanagementsystem (RMS) jedoch eher Themen zum operationellen Risiko als zu Risiken aus Finanzinstrumenten, so dass sich bezüglich Veröffentlichungspflichten zu Risiken aus Finanzinstrumente durch BilMoG keine Änderungen ergeben haben. Zudem sind die Angaben zum IKS und RMS ausschließlich von kapitalmarktorientierten Unternehmen zu erstellen.[396]

9.8 Zusammenfassung

54 Abb. 100 gibt einen **Überblick** über die anzuwendenden Bewertungsmethoden für **Finanzinstrumente** nach den neuen Vorschriften.

55 Sowohl bei Derivaten als auch bei originären Finanzinstrumenten ist zunächst zu differenzieren, ob diese Gegenstand einer Bewertungseinheit sind. Stand alone-Derivate die von Kreditinstituten zu Handelszwecke gehalten werden sind Gegenstand des Handelsbestandes und unterliegen damit der neu eingeführten Fair Value-Bewertung des § 340e Abs. 3 HGB n.F. Alle anderen Derivate werden als stand alone-Derivate – wie bisher – imparitätisch bewertet. Sind die Derivate Gegenstand einer Bewertungseinheit, so können – wie bisher im Rahmen von Mikro-, Makro oder Portfolio-BWE schon praktiziert – die unrealisierten Gewinne und Verluste gem. § 254 HGB n.F. innerhalb der Bewertungseinheit verrechnet werden und lediglich der Saldo ist imparitätisch zu behandeln. Bei den originären Finanzinstrumenten, die nicht Gegenstand einer Bewertungseinheit sind, ist zunächst zu unterscheiden, ob sie zu Handelszwecken erworben wurden oder nicht (Nicht-Handel). Bei Kreditinstituten sind die zu Handelszwecken erworbenen Finanzinstrumente nach der neu eingeführten Fair Value Methode zu bewerten (§ 340e Abs. 3 HGB n.F.). Die zu Handelszwecken erworbenen Finanzinstrumente von Nicht-Kreditinstituten werden hingegen wie die non-trading-Bestände gemäß den für das Anlagevermögen bzw. Umlaufvermögen geltenden Bewertungsmethoden bewertet.

---

[395] Vgl. **RV** *BilMoG (2009a)*, S. 93 und *Helke/Wiechens/Klaus*, S. 36.
[396] Bezüglich der Rechtsgrundlage zu IKS/RMS vgl. **RV** *BilMoG (2008)*, S. 168 und bezüglich Vorschlägen zu einer konkreten Ausgestaltung des IKS/RMS vgl. *Withus*.

9. Neuerungen durch BilMoG

Abb. 100: BilMoG: Neuerungen für Finanzinstrumente

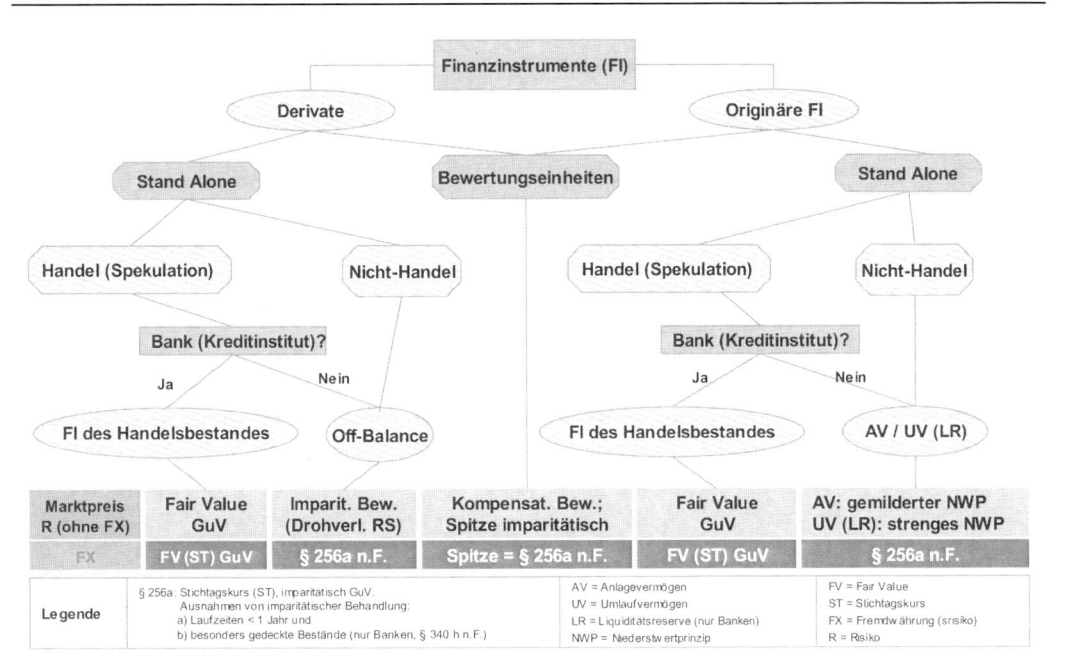

```
                        Finanzinstrumente (FI)
                        /                    \
                  Derivate                  Originäre FI
                 /    |    \                /          \
         Stand Alone  Bewertungs-      Stand Alone
                      einheiten
         /       \                      /         \
   Handel     Nicht-Handel         Handel      Nicht-Handel
  (Spekulation)                  (Spekulation)
         |                              |
   Bank (Kreditinstitut)?         Bank (Kreditinstitut)?
     Ja       Nein                 Ja         Nein
      |        |                    |           |
   FI des    Off-Balance         FI des      AV / UV (LR)
   Handels-                      Handels-
   bestandes                     bestandes
```

Marktpreis R (ohne FX)	Fair Value GuV	Imparit. Bew. (Drohverl. RS)	Kompensat. Bew.; Spitze imparitätisch	Fair Value GuV	AV: gemilderter NWP UV (LR): strenges NWP
FX	FV (ST) GuV	§ 256a n.F.	Spitze = § 256a n.F.	FV (ST) GuV	§ 256a n.F.

Legende
§ 256a: Stichtagskurs (ST), imparitätisch GuV.
Ausnahmen von imparitätischer Behandlung:
a) Laufzeiten < 1 Jahr und
b) besonders gedeckte Bestände (nur Banken, § 340 h n.F.)

AV = Anlagevermögen
UV = Umlaufvermögen
LR = Liquiditätsreserve (nur Banken)
NWP = Niederstwertprinzip

FV = Fair Value
ST = Stichtagskurs
FX = Fremdwährung (srisiko)
R = Risiko

V. Zusammenfassung und Ausblick

1. Zusammenfassung

56 **Zielsetzung** des Buches ist es, einen **Leitfaden** an die Hand zu geben, mit dem man sich durch die komplexe Welt der Rechnungslegung von Finanzinstrumenten „hangeln" kann, um so besser antizipieren und/oder nachvollziehen zu können, wie Finanzinstrumente-Transaktionen sich auf die Bilanz, GuV und den Geschäftsbericht auswirken.

57 Grundlage des Leitfadens ist das dreidimensionalen Datenmodell des **„Rechnungslegungswürfels"** (Abb. 2). Zunächst werden die – für den weiteren Fortgang benötigten – wesentlichen Grundlagen zu den Unternehmenstypen, der Rechnungslegung und den Finanzinstrumenten erörtert, bevor dann die Darstellung der eigentlichen Rechnungslegungsvorschriften (IFRS und HGB) erfolgt.

58 Die relevanten IFRS- und HGB-Vorschriften werden dann anhand der Vorgehensweise **AAB-BAA** dargestellt. Bei **Ansatz-, Ausweis- und Anhangsthemen** stehen eher qualitative (rechtliche) Aspekte im Vordergrund, bei den Bewertungsthemen typischerweise eher quantitative. Bei den qualitativen Sachverhalten geht es u. a. um die bilanzielle Behandlung von internen Geschäften, strukturierten Finanzinstrumenten, Abgrenzungsfragen zu Kreditderivaten und Finanzgarantien, Beteiligungen inklusive Zweckgesellschaften, Abgang bei Zurückbehaltung von Risiken (derecognition). Bei Bilanz- und GuV-Ausweisfragen ist zwischen Nicht-Kreditinstituten und Kreditinstituten zu differenzieren. Gerade bei Personengesellschaften und Genossenschaften sowie bei Mezzanine-Finanzierungen ist die IAS 32-Definition von Eigenkapital von großer Bedeutung. Sämtliche Anhangsangaben zu Finanzinstrumenten sind im IFRS 7 geregelt. Hier ist zwischen Nicht-Risiko- und Risikoangaben zu differenzieren. Letztere können entweder Gegenstand des Anhanges oder des Lageberichtes (Risikobericht) sein.

59 **(Bewertungstechnisches) Kernstück** der Rechnungslegung von Finanzinstrumenten stellen nach IFRS (und HGB) das sog. Mixed Model und das Hedge Accounting (Bewertungseinheiten) dar. Die **Bewertung auf Einzelebene** erfolgt im Rahmen des **Mixed Model** in Abhängigkeit der Zuordnung zu einer der Bewertungskategorien. Die marktrisikoinduzierte Bewertungsmethode ist entweder eine Amortised-Cost-Bewertung (Fortgeführte Anschaffungskosten) oder eine Fair Value-Bewertung (Markbewertung). Die Bewertung des Adressenausfallrisikos erfolgt im Rahmen des Impairment-Tests (Wertberichtigung bzw. Abschreibungen). Die Fremdwährungsbewertung erfolgt sowohl für Transaktions- als auch Translations-Exposure unter IFRS nach dem separaten Standard IAS 21. Gerade bei (komplexeren) Finanzinstrumente-Transaktionen kann das Mixed Model zu Verwerfungen in der GuV im Vergleich zur betriebswirtschaftlich orientierten Performance-Rechnung (z. B. der Treasurer) führen. Diese Verwerfungen können zum Teil durch die Bilanzierungstechnik des **Hedge Accounting** (Bewertungseinheit) geheilt werden. Grundsätzlich kommen hier zwei unterschiedliche Hedge-Grundarten in Frage: der Fair Value Hedge (Absicherung von Marktwertschwankungen) und der Cashflow Hedge (Absicherung von Zahlungsströmen). Damit eine Hedge-Beziehung (Bewertungseinheit) anerkannt wird, sind einige Vorraussetzungen zu erfüllen, wozu die Dokumentation und der Effektivitätstest zählen.

60 Insbesondere durch die Finanzkrise aber auch durch eine Vielzahl von Rechnungslegungsprojekten sind insbesondere Bewertungsthemen zur Rechnungslegung von Finanzinstrumenten Gegenstand der aktuellen Diskussion und von (potentiellen) **Änderungen** der Rechnungslegungsvorschriften. Da die Thematik der Finanzinstrumente per se relativ komplex ist, werden die entsprechenden

Rechnungslegungssachverhalte naturgemäß auch weiterhin einen hohen Komplexitätsgrad behalten. Das **Glossar** am Ende des Buches enthält daher alle wesentlichen Schlagwörter zur Rechnungslegung von Finanzinstrumenten mit dem Ziel, das hierfür benötigte Wissen zielgerichtet nachschlagen zu können.

Abb. 101: Zusammenfassung

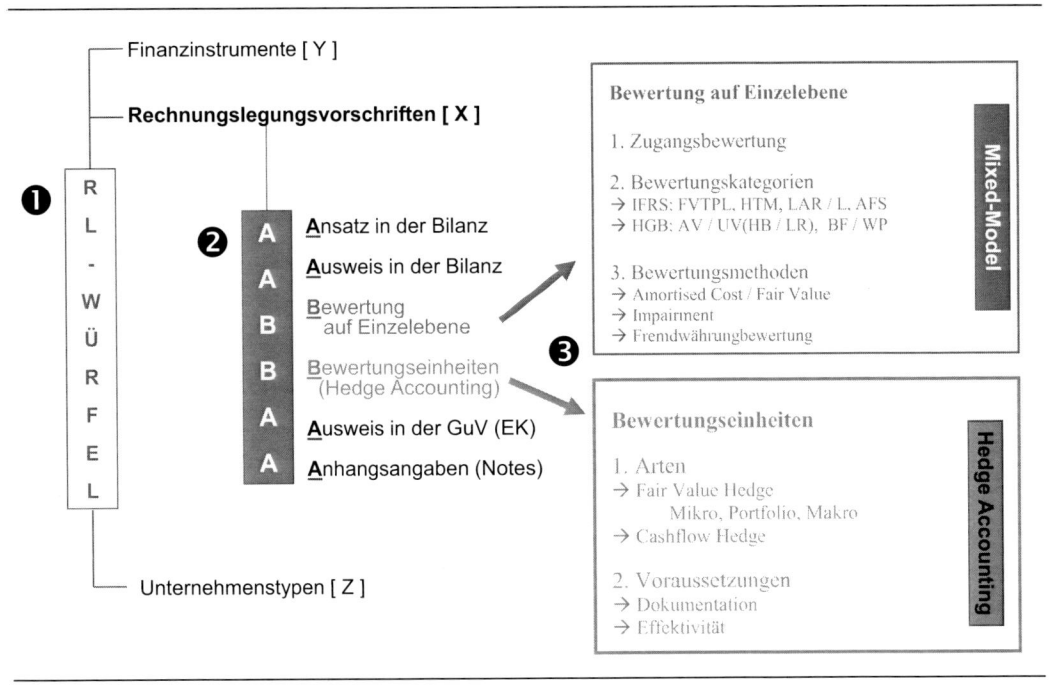

- Finanzinstrumente [Y]
- Rechnungslegungsvorschriften [X]
  - **A**nsatz in der Bilanz
  - **A**usweis in der Bilanz
  - **B**ewertung auf Einzelebene
  - **B**ewertungseinheiten (Hedge Accounting)
  - **A**usweis in der GuV (EK)
  - **A**nhangsangaben (Notes)
- Unternehmenstypen [Z]

R L - W Ü R F E L

❶ ❷ ❸

Bewertung auf Einzelebene
1. Zugangsbewertung
2. Bewertungskategorien
   → IFRS: FVTPL, HTM, LAR / L, AFS
   → HGB: AV / UV(HB / LR), BF / WP
3. Bewertungsmethoden
   → Amortised Cost / Fair Value
   → Impairment
   → Fremdwährungsbewertung

Mixed-Model

Bewertungseinheiten
1. Arten
   → Fair Value Hedge
       Mikro, Portfolio, Makro
   → Cashflow Hedge
2. Voraussetzungen
   → Dokumentation
   → Effektivität

Hedge Accounting

2. Ausblick

2.1 Vorgehensweise

Gegenstand dieses Kapitels sind die Änderungen der Rechnungslegung, die 2008/2009 veröffentlicht, aber noch nicht verabschiedet wurden. Insbesondere betrifft dies die mittelfristigen Maßnahmen aufgrund der Finanzkrise.

Zunächst werden die Hintergründe zu allen relevanten Rechnungslegungsänderungen en bloc beschrieben.

Dann werden die Neuerungen in der Reihenfolge der AABBAA-Systematik erläutert. Sofern es keine Neuerungen gibt, gelten weiterhin die bisherigen Unterschiede.

2.2 Hintergründe

64 Die Zielsetzung des IASB bei den mittelfristigen Rechnungslegungsänderungen[397] ist die Reduzierung der Komplexität[398] und die Erhöhung der Transparenz in der Berichterstattung von Finanzinstrumenten. Zum Teil wurde mit einigen der IASB-Projekten bereits vor der Finanzkrise begonnen. Aufgrund der Finanzkrise wurden diese priorisiert und inhaltlich um die Erfahrungen aus der Finanzkrise erweitert.

65 Im Fokus der Neuerungen steht die komplette Überarbeitung des IAS 39 (*financial instruments IAS 39 replacement*)[399] in drei Teilprojekten:
1. Kategorisierung und Bewertung (*classification measurement*),
2. Wertberichtigung (*impairment*) und
3. Bewertungseinheiten (*hedge accounting*).

66 Die komplette Überarbeitung des IAS 39 soll bis Ende 2010 abgeschlossen sein und verpflichtend für Geschäftsjahre angewendet werden, die am oder nach dem 01.01.2013 beginnen.[400] Eine vorzeitige Anwendung ist vom IASB vorgesehen.

67 Der erste Teil des IAS 39-Überarbeitungsprojektes, die Vorschriften zur Kategorisierung und Bewertung, wurde bereits im November 2009 final unter der neuen Standardbezeichnung IFRS 9 *financial instruments* veröffentlicht.[401] Dieser Standard ist verpflichtend ab 2013 anzuwenden, kann allerdings bereits vorzeitig ab einschließlich Geschäftsjahr 2009 angewendet werden.[402]

68 Zum zweiten Teil des umfassenden Überarbeitungsprojektes hat das IASB am 5. November 2009 den Standardentwurf „Fortgeführte Anschaffungskosten und Wertberichtigung" (amortised cost and impairment) veröffentlicht,[403] dessen Kommentierungsfrist bis Juni 2010 läuft. Parallel hierzu hat das IASB eine Expertengruppe (*expert advisory panel*, EAP) implementiert, die das Board zu Praxissachverhalten im Zusammenhang mit der Einführung eines neuen Wertberichtigungsmodells beraten soll.

69 Bezüglich Hedge Accounting, dem dritten Teil des IAS 39-Überarbeitungsprojektes, hat das IASB für das erste Quartal 2010 einen Standardentwurf angekündigt. Angedacht ist u. a., das Fair Value Hedge-Accounting durch eine Art des Cashflow Hedge Accountings zu ersetzen.[404]

---

397 Vgl. *BIS Basel, FSF, IASB FCAG und G-20*.
398 Eine Erkenntnis aus der Finanzkrise war auch, dass die (anfänglichen) unkoordinierten Reaktionen und Maßnahmen zur Finanzkrise seitens Rechnungsleger, Aufseher und anderer an der Rechnungslegung beteiligten bzw. interessierten Parteien die Komplexität der Rechnungslegung erhöht haben und daher eine koordinierte, mittelfristorientierte Rechnungslegungsänderungsstrategie nun angebracht erschien, vgl. *FRC*, S. 2.
399 Bereits im März 2008 hat das IASB im Rahmen eines Konvergenzprojekts mit dem US-amerikanischen Standardsetzer (FASB) eine umfassende Überarbeitung der Bilanzierung von Finanzinstrumenten mit dem Ziel der Komplexitätsreduktion begonnen und in diesem Zusammenhang das Diskussionspapier „Reduzierung der Komplexität bei der Bilanzierung von Finanzinstrumenten" (reducing *complexity in reporting financial instruments*) vorgelegt; vgl. **RV** *IAS 39 (DP_2008/3)* sowie *Alvarez, Schmidt (2008c), Zülch/Nellessen*.
400 Inwiefern dieser Termin für das komplexe Vorhaben der Implementierung eines neuen Impairment-Modells haltbar ist, bleibt abzuwarten.
401 Vgl. **RV** IFRS 9.
  Die Neuerungen beschränken sich allerdings zunächst ausschließlich auf Aktivgeschäfte. Sobald methodisch eine Lösung für das Problem mit dem Umgang der Fair Value-Bewertung des eigenen Kreditrisikos bei Passivgeschäften gefunden wurde, sollen die Neuerungen für die Passivgeschäfte veröffentlicht werden.
402 Am 12.11. 2009 hat die europäische Beratungsgruppe für Finanzberichterstattung (European Financial Reporting Advisory Group, EFRAG) bekannt gegeben, dass es die Übernahmeempfehlung für den IFRS 9 zum jetzigen Zeitpunkt nicht finalisieren werde; vgl. *EFRAG*. Allgemein wird nun erwartet, dass EFRAG Ende 2010, wenn die noch ausstehenden Teile des IFRS 9 in den Standard eingearbeitet sind, eine Entscheidung treffen wird.
403 Vgl. **RV** *IFRS 9 (ED/2009/12)*.
404 Vgl. *IASB (2009a)*.

2. Ausblick

Im Zusammenhang mit der Fair Value-Bewertung kommt dem IASB-Projekt zur Entwicklung von „Leitlinien zur Bewertung zum beizulegenden Zeitwert" (*fair value measurement guidance*)[405] große Bedeutung zu. Die Kapitalmarktturbulenzen in der Finanzkrise haben gezeigt, wie wichtig fundierte Leitlinien zur Ermittlung von Fair Values auf inaktiven Märkten sind.

Bezüglich des ursprünglich eigenständigen IASB Projekts zur Bewertung des Kreditrisikos bei Verbindlichkeiten (*credit risk in liability measurement*)[406] entschied das IASB auf seiner Board-Sitzung von Oktober 2009, dieses Projekt nicht mehr eigenständig fortzuführen, sondern diese Thematik jeweils in den anderen relevanten IASB-Projekten separat zu behandeln. Somit wird diese Thematik u. a. Gegenstand der beiden vorgenannten IASB-Projekte zur Überarbeitung des IAS 39[407] und der Erarbeitung einer Bewertungsleitlinie sein.

Zudem fallen weitere IASB-Projekte unter die Finanzkrisen-nahen Projekte, wie z. B. die Überarbeitung der Ausbuchungsvorschriften (ED/2009/3 *derecognition*)[408] und – mit Blick auf Zweckgesellschaften – die Überarbeitung der Konsolidierungsvorschriften (ED 10 *consolidation*).[409]

Das IASB Diskussionspapier zur „Abgrenzung von Eigen- und Fremdkapital" (*financial instruments with characteristics of equity, IAS 32*[410]) stellt ein weiteres, allerdings nicht Finanzkrisen-nahes Projekt des IASB dar, welches die Überarbeitung von Rechnungslegungsstandards von Finanzinstrumenten als Gegenstand hat.

Abb. 102 gibt einen Überblick über die IASB-Planungen bezüglich der Finanzkrise-bezogenen Projekte (Stand November 2009).

---

405 Vgl. **RV** *IFRS (ED/2009/5)*.
406 Vgl. **RV** *IAS 39 (DP/2009/2)*.
407 Hier hat die sog. Financial Instrument Working Group (FIWG) das Thema im Dezember 2009 aufgegriffen; vgl. *FIWG*.
408 Vgl. **RV** *IAS 39/IFRS 7 (ED/2009/3)* vom März 2009.
409 Vgl. **RV** *IAS 27 (ED 10)* vom Dezember 2008.
410 Vgl. **RV** *IAS 32 (DP/2008/2)*.

Zusammenfassung und Ausblick

Abb. 102: IASB-Planung zu den Finanzkrise-bezogenen Projekten[411]

Financial Crisis related projects	2009 Q4	2010 Q1	2010 Q2	2010 Q3	2010 Q4	2011 H1	2011 H2+
Consolidation				IFRS			
Derecognition				IFRS			
Fair value measurement guidance		RT		IFRS			
Financial instruments (IAS 39 replacement)							
Classification and measurement	IFRS						
Impairment [ED, comments due by 30 June 2010]					IFRS		
Hedge accounting			ED	IFRS			

Legende:
IFRS = Standard
RT = Roundtables
ED = Exposure Draft
Stand: 06.11.2009

2.3 Ansatz

2.3.1 Zugang/Abgang

75 Ziel des am 31. März 2009 vorgelegten Entwurfes zur Überarbeitung der Ausbuchungsvorschriften[412] ist es, die bislang in IAS 39.15 ff. enthaltenen unterschiedlichen Ausbuchungskonzepte (*risks and rewards-, control-, continuing involvement-approach*) durch einen einheitlichen Ansatz (*control-approach*) zu ersetzen und dadurch zu vereinfachen. Entscheidend für die Ausbuchung eines Vermögenswertes ist nach diesem Konzept die Fähigkeit des Erwerbers, den Vermögenswert zum eigenen Nutzen an einen fremden Dritten übertragen zu können.

76 Dieser vom IASB favorisierte Änderungsvorschlag hätte (erhebliche) Auswirkungen auf Rückübertragungsvereinbarungen (Repo- und Wertpapierleihegeschäfte, Vgl. Tz. 171) mit Wertpapieren, die jederzeit leicht am Markt beschafft werden können. Diese wären nach dem vom IASB bevorzugten Vorschlag als tatsächliche Verkäufe zu behandeln mit der Folge, dass die verpensionierten Wertpapiere vom Pensionsgeber auszubuchen wären. Gleichzeitig wäre für die Rückübertragung ein Derivat zu bilanzieren. Hingegen würden bestimmte Verbriefungstransaktionen (vgl. Tz. 144) nach den vorgeschlagenen Neuerungen nun nicht mehr für eine Ausbuchung qualifizieren.

---

411 IASB (2009).
412 Vgl. Tz. 1194.

2. Ausblick

In dem Standardentwurf wurde auch ein alternatives Modell (*alternative view*) dargestellt, welches allerdings nur grob skizziert wurde. Auf der IASB-Sitzung im Oktober 2009 wurde entschieden, nun dieses alternative Modell weiterzuverfolgen und u. a. mit Blick auf die o.g. Problematik bei den Rückübertragungsvereinbarungen weiterzuentwickeln. Da eine erneute Veröffentlichung eines Standardentwurfes wahrscheinlich ist und daher die endgültigen Auswirkungen der Neuerungen noch nicht feststehen, bleiben die Änderungen der Ausbuchungsvorschriften bei der Synopse außen vor.

Grundsätzlich ist der Standardentwurf zu den Ausbuchungsvorschriften auch im Zusammenhang mit dem IASB-Änderungsprojekt zu den Konsolidierungsvorschriften zu sehen.[413] Als Reaktion des IASB auf die Finanzkrise wurden insbesondere mit Blick auf die Konsolidierung von Zweckgesellschaften die bisherigen Vorschriften des IAS 27 und SIC 12 überarbeitet. Auf Ebene des Konzernabschlusses ist auch nach den neuen Ausbuchungsvorschriften als erster Schritt zu prüfen, ob das Unternehmen, an das die Vermögensgegenstände übertragen wurden, gem. den IFRS-Konsolidierungsvorschriften in den eigenen Konzernabschluss einzubeziehen sind. Wenn dies der Fall ist, dann führt eine zivilrechtliche Übertragung von Vermögensgegenständen auf Ebene der Konzernbilanz nicht zur Ausbuchung. Da Konzernrechnungslegungsvorschriften allerdings nicht im Fokus dieser Arbeit sind, wird diese Thematik an dieser Stelle nicht weiter vertieft.

2.3.2 Zusammengesetze Finanzinstrumente

Split Accounting bei strukturierten Produkten gibt es nach IFRS 9[414] nicht mehr.[415] Damit erhöhen sich die Unterschiede zwischen IFRS und HGB. Das gesamte Finanzinstrument wird entweder zu AC oder zu FVTOCI bewertet.

2.4 Ausweis in der Bilanz

Mit Blick auf die Thematik der Abgrenzung von Eigen- und Fremdkapital auf der Passivseite der Bilanz hat das IASB das Diskussionspapier zur „Abgrenzung von Eigen- und Fremdkapital" veröffentlicht.[416] Nach dem im Februar 2008 abgeschlossenen kurzfristigen „Reparatur"-Projekt am IAS 32 startete das IASB im Anschluss ein mittelfristiges Projekt zur Komplettüberarbeitung des Abgrenzungsprinzips zwischen Eigen- und Fremdkapital auf der Passiva.

Ziel des im Februar 2008 vorgelegten Diskussionspapiers „Abgrenzung von Eigen- und Fremdkapital" (*financial instruments with characteristics of equity*)[417] ist es, eigenständige Definitionskriterien für eine Eigenkapitalabgrenzung vorzugeben und Eigenkapital nicht mehr wie bisher als Residualgröße aus Vermögenswerten und Schulden zu definieren. Das IASB will den neuen Standard im Jahre 2011 final verabschieden. Das IASB stellt in dem Standardentwurf die drei – vom FASB im Rahmen des Konvergenzprojektes erarbeiteten – grundlegenden Modelle[418] in dem Papier zur

---

413 Vgl. Tz. 1194.
414 Gilt aktuell nur für die Aktiva.
415 Vgl. IFRS **9**.4.7.
416 Vgl. Tz. 1195.
417 Vgl. **RV** *IAS 32 (DP/2008/2)*.
418 Bei den drei Modellen handelt sich um den sog. Basic Ownership-Approach (BOA), den sog. Ownership Settlement-Approach (OSA) sowie den sog. Reassessed Expected Outcomes -Approach (REOA). Während sich die drei alternativen Ansätze beim klassischen gesellschaftsrechtlichen Kapital (*flat debt*) kaum unterscheiden, bestehen Unterschiede bei Finanzinstrumenten mit ewiger Laufzeit und bestimmten Derivaten auf Eigenkapitalinstrumente (OSA) sowie hybride Finanzinstrumente (REOA). Tendenziell kann gesagt werden, dass bei BOA weniger, bei OSA gleich viel und bei REOA mehr Finanzinstrumente als Eigenkapital nach IFRS ausgewiesen werden, als dies nach dem bisherigen IAS 32 der Fall ist. Vgl. *Schmidt (2008a)*, S. 242.

Diskussion. Da bisher allerdings noch keine Entscheidung seitens des IASB getroffen wurde, welches dieser drei Modelle umgesetzt werden soll, bleiben die Änderungsüberlegungen bezüglich der neuen Abgrenzung von Eigen- und Fremdkapital in der Synopse außen vor.[419]

2.5 Bewertung auf Einzelebene

2.5.1 Bewertungskategorien

2.5.1.1 Kategorisierung

82 Nach dem neuen Standard IFRS 9 gibt es grundsätzlich nur noch die zwei Kategorien „Fair Value" (FV) und „Amortised Cost" (AC). Zunächst gelten die veröffentlichten Kategorisierungs- und Bewertungsvorschriften des IFRS 9 allerdings nur für Aktiva.[420]

83 Eine Kategorisierung zu AC – und damit zu keiner Marktbewertung – erfolgt immer dann, wenn kumulativ beide der nachfolgenden Bedingungen erfüllt sind:[421]

- Geschäftsmodell

  Gegenstand des Geschäftsmodells (business model), für das ein Finanzinstrument erworben wird, ist eher die „Einsammlung" von vertraglichen Cashflows als die Realisierung durch Verkäufe. Handel bzw. Spekulation schließt ein solches Geschäftsmodell somit aus.[422]

- Cashflow-Charakteristika

  Die zukünftigen Cashflows des erworbenen Finanzinstrumentes haben die Charakteristika von vertraglich vereinbarten Zins- und Tilgungsleistungen (contractual cashflow characteristics).[423]

84 Soweit eine der beiden Bedingungen nicht erfüllt ist, ist das Finanzinstrument zum Fair Value zu bilanzieren.[424] Grundsätzlich erfolgt eine GuV-wirksame Fair Value-Bilanzierung (*fair value through profit or loss,* FVTPL). Für gehaltene Eigenkapitalpapiere besteht allerdings pro Finanzinstrument ein Wahlrecht zur GuV-neutralen Fair Value-Bilanzierung (*fair value through other comprehensive income,* FVTOCI).[425]

85 Ein Finanzinstrument, welches die Anforderungen für eine AC-Bewertung erfüllt, kann aber freiwillig einer GuV-wirksamen Fair Value-Bewertung unterzogen werden (Kategorie FVTPL), wenn dadurch ein bestehender *accounting mismatch* reduziert oder eliminiert wird (sog. Fair Value Option).[426]

---

419 Am 21.01.2010 entschied das IASB, keine der drei vorgeschlagenen Modelle umzusetzen, vgl. *IASB (2010),* S. 7.
420 Vgl. Tz. 1189.
421 Vgl. IFRS **9**.4.1.
422 (B) Die Liquiditätsreserve (Bankbuchbestände) dürften die Anforderungen an eine Amortised Cost-Bewertung erfüllen.
423 Die Grundidee des zweiten AC-Kriteriums, dass die zukünftigen Cashflows eines Finanzinstrumentes vertraglich vereinbarte Zins- und Tilgungsleistungen charakterisieren sollen, basierte auf der Definition des sog. Basis-Finanzinstrumentes gem. KMU-IFRS 11 (vgl. Kap. IV.4.5.2.1).
Unter Zinsen wird gem. IFRS 9 der Zeitwert des Geldes inklusive des verbundenen Kreditrisikos verstanden.
424 Vgl. IFRS **9**.4.4.
425 Vgl. IFRS **9**.5.4.4.
426 Vgl. IFRS **9**.4.5.

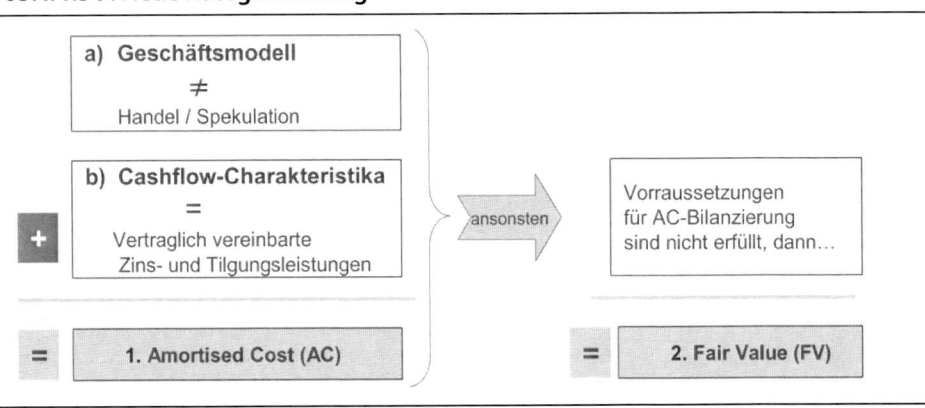

Abb. 103: IFRS 9: Neue Kategorisierung[427]

```
a) Geschäftsmodell
   ≠
   Handel / Spekulation

+

b) Cashflow-Charakteristika
   =
   Vertraglich vereinbarte
   Zins- und Tilgungsleistungen

= 1. Amortised Cost (AC)

ansonsten →

Voraussetzungen
für AC-Bilanzierung
sind nicht erfüllt, dann…

= 2. Fair Value (FV)
```

Plain vanilla Kredite, Bonds, Zero-Bonds, Floater sowie Instrumente mit Gläubiger- und Schuldnerkündigungsrechten, die nicht abhängig sind von künftigen Ereignissen und deren Zahlung bei Kündigung im Wesentlichen dem ausstehenden Kapital und Zins entspricht, dürfen – unter Voraussetzung eines nicht AC-schädlichen Geschäftsmodells – als Amortised Cost eingestuft werden. Die Tatsache, dass ein finanzieller Vermögenswert mit einem Abschlag erworben wurde, der eingetretene Kreditverluste widerspiegelt, ist für sich kein Grund, der gegen die Bewertung zu Amortised Cost spricht.

Vertragliche Vereinbarungen, die den zeitlichen Anfall und/oder den Betrag der Zahlungen (ausstehender Betrag, Zins) verändern, sind AC-schädlich und daher mit dem Fair Value zu bewerten, außer sie dienen zum Schutz des Gläubigers oder Schuldners. Stand alone-Optionen, Zinsswaps sowie Termingeschäfte sind Finanzinstrumente, die einen Leverage beinhalten und demnach zum Fair Value zu bewerten sind. Eine Fair Value-Kategorisierung trifft auch für inverse und CMS-Zinsstrukturen zu.

Gehaltene Eigenkapitalinstrumente sind grundsätzlich[428] mit dem Fair Value zu bilanzieren. Bei FV-TOCI-Eigenkapitalpapieren erfolgt – anders als bei AFS-Eigenkapitalpapieren unter IAS 39 – kein „recycling", d. h. Bewertungsänderungen verbleiben auch bei Impairment und Abgang im Eigenkapital (Neubewertungsrücklage, *OCI*). Lediglich Dividenden werden in der GuV erfasst.

Zur Kategorisierung von strukturierten Kreditprodukten (SCP-Positionen) zu fortgeführte Anschaffungskosten muss das Instrument selbst über vertragliche Cashflows verfügen, die Zins- und Rückzahlungen des ausstehenden Betrags darstellen. Zusätzlich ist auf den zugrunde liegenden Pool durchzuschauen.[429] Eine Kategorisierung zu fortgeführten Anschaffungskosten ist dann möglich, wenn 1) der Pool mindestens ein Instrument enthält, dessen vertraglichen Cashflows nur aus Zins- und Rückzahlungen besteht[430] und 2) das Kreditrisiko der Tranche kleiner gleich dem durchschnittlichen Kreditrisiko der Finanzinstrumente des zugrunde liegenden Pools ist. Beinhaltet der Pool Instrumente, die einen zusätzlichen Leverage kreieren oder nicht-finanzielle Posten, so erfolgt eine Bewertung zum Fair Value. Gleiches gilt, wenn das Durchschauprinzip nicht möglich ist.

---

427 IASB (2009).
428 Grundsätzlich geht der Standardsetter nun davon aus, dass die Fair Values verlässlich ermittelbar sind, so dass es weniger Ausnahmen als bisher geben wird. Allerdings sollte eine guidance von IASB herausgegeben werden, unter welchen Konstellationen davon ausgegangen werden kann, dass die Anschaffungskosten eine gute Approximation des Fair Values darstellen und daher die Anschaffungskosten als Fair Value verwendet werden können.
429 Den Emissionen des SPV (Passivaliste des SPV) steht ein entsprechender Pool an assets (Aktivaliste des SPV) gegenüber. Gegenstand des Pools können wiederum (gehaltene) Emissionen anderer SPV sein, denen ebenfalls ein entsprechender Pool an assets gegenüber steht. „Durchschauen" bedeutet, dass man die Aktivalisten der SPV soweit durchdringt, bis im Pool keine SPV-Emissionen mehr vorhanden sind.
430 Somit kann der Pool Instrumente enthalten, die die Cashflow-Variabilität verringern (Caps, Floor, kreditrisikoreduzierende Derivate), oder Instrumente, die sich an die Cashflows der Tranche angleichen.

Zusammenfassung und Ausblick

2.5.1.2 Umklassifizierungen

91 Umklassifizierungen[431] sind nur noch im Falle der Änderung des Geschäftsmodells möglich. Danach werden weniger Umklassifizierungen möglich sein und faktisch die im Rahmen der Kurzfristmaßnahme aufgrund der Finanzkrise gelockerten Umklassifizierungsregeln wieder zurückgenommen.

2.5.2 Bewertungsmethoden

92 Veränderungen sollen die Bewertungsmethoden zur Ermittlung der **Adressenausfallrisiken** (Wertberichtigung) erfahren. Die Lehren aus der Finanzkrise bezogen auf das aktuell in der Rechnungslegung verankerte Wertberichtigungsmodell der „eingetretenen Verluste" (*incurred loss model*) sind u. a., dass der in der GuV erfasste Zinsertrag vor Eintritt des Schadensfalls zu hoch war, tatsächlich eingetretene Verluste hinter den wahrscheinlich eintretenden Verlusten „herhinken" und dass Bonitätsveränderungen erst dann GuV-wirksam werden, wenn die Schwelle der sog. objektiven Hinweise auf einen Schadensfall überschritten ist. Dadurch bleiben z. B. Ratingveränderungen solange unberücksichtigt, wie keine Zahlungsausfälle erwartet werden.

93 Als Konsequenzen dieser Lehren aus der Finanzkrise für die Wertberichtigungsregeln soll gem. dem Standardentwurf vom November 2009 die Wertberichtigungsermittlungssystematik vom bisherigen sog. *incurred loss*-Modell auf das sog. *expected cashflow*-Modell umgestellt werden.[432] Hierbei wird der Zinsertrag auf der Basis erwarteter Zahlungen erfasst, welche die bei Erstansatz des Finanzinstruments erwarteten Verluste berücksichtigen.

94 Somit erfolgt ein Bruttoausweis in der GuV, d. h. vertraglicher Zins und Reduktion des vertraglichen Zinses um den erwarteten Kreditrisikoverlust. Der erwartete Kreditrisikoverlust dient zum Aufbau einer Risikovorsorge. Eine Wertminderung ergibt sich in der Folge nur dann, wenn die Ausfallerwartungen höher sind als ursprünglich angenommen.[433] Eine Wertaufholung ergibt sich nur dann, wenn die Ausfallerwartungen geringer sind als ursprünglich angenommen. Die Schätzung der ausstehenden Cashflows kann auf individueller, aber auch auf kollektiver Basis erfolgen.

95 Während beide Modelle – sowohl das bisherige incurred loss-Modell als auch das neue expected cashflow-Modell – zur Ermittlung der Wertminderungen auf die erwarteten Zahlungsströme aus dem Finanzinstrument abstellen, unterscheiden sich die beiden Vorgehensweisen vor allem dadurch, dass im expected cashflow-Modell die Prüfung auf Vorliegen eines objektiven Hinweises auf einen Schadensfall entfällt[434] und unterschiedliche Effektivzinssätze zu verwenden sind.

96 **KI:** Im Zusammenhang mit den Lehren aus der Finanzkrise und den Wertberichtigungen bei Banken wird neben der Diskussion zur Verbesserung der Wertberichtigungsmodelle vermehrt auch das Prinzip der „dynamischen Risikovorsorge" (*dynamic provisioning*) in die Fachdiskussion ein-

---

431 Vgl. IFRS **9**.4.9.
432 Vgl. Tz. 1190.
433 Beispiel dazu: Eine Bank vergibt einen 10 Jahre laufenden Kredit. Die Zinskonditionen von 5% p.a. beinhalten einen Anteil von 1% für erwartete Verluste. Die jährlich cashmäßig zugehenden 5% Zinsen werden zunächst als Zinsertrag in der GuV vereinnahmt. In einem zweiten Schritt werden gegen den Zinsertrag -1% als Reservebildung für künftige Ausfälle gebucht, die aktivisch von der Kreditforderung abgesetzt werden (per Zinsertrag an Forderungen aus Kredit 1%). Eine Wertberichtigung wird nur dann gebucht, wenn sich an der Einschätzung bezüglich des ursprünglich erwarteten Ausfalls in Höhe von 1% in der Folgezeit etwas ändert. Würde z. B. nach zwei Jahren der erwartete Verlust von 1% auf 2,5% steigen, so wäre im Jahresabschluss t_2 eine Wertberichtigung in Höhe von 1,5% (2,5% minus 1%) für die ausstehenden 8 Jahre Restlaufzeit erfolgswirksam gegen den Bestand einzubuchen. Der Gesamt-GuV-Effekt im Abschluss t2 würde sich vereinfacht auf -8% belaufen, der sich aus folgenden drei Teil-Sachverhalten zusammensetzt: a) 5% Zinsertrag, b) -1% Zinsertrag für Reservebildung in Höhe des ursprünglich erwarteten Verlusts, c) -12% Wertberichtigung aufgrund der geänderten Einschätzung des Ausfallrisikos (1,5% mal 8 Jahre; vereinfacht gerechnet ohne Diskontierungseffekte).
434 Vgl. *KMPG*, S. 3.

gebracht.[435] Die Überlegung hierbei ist, dass in Hochphasen eines ökonomischen Zyklus ein Teil der Zinserträge reserviert werden soll, um diese in Abschwungzeiten wieder auflösen zu können und so ein Beitrag zur Stabilität der Banken (als wichtiger Faktor des Finanzsystems) erfolgt. Dieses Prinzip der Risikovorsorge, das beispielsweise die spanischen Banken bereits seit mehreren Jahren anwenden,[436] wird von der EU favorisiert.[437] Das IASB lehnt hingegen eine dynamische Risikovorsorgebildung ab, da es der Meinung ist, dass die Risikovorsorge den tatsächlichen Geschäftsverlauf widerspiegeln solle und dass die Berichterstattung für die Anleger und die Aufsicht dabei nicht miteinander vermischt werden dürfe. Zudem ist fraglich, ob die dynamische Risikovorsorgebildung mit dem Schuldenbegriff des Rahmenkonzeptes vereinbar ist. Des Weiteren ist zu bedenken, dass der IAS 39 bzw. IFRS 9 keinen reinen Bankenstandard darstellt.[438]

2.5.3 Fair Value-Ermittlung

2.5.3.1 Leitlinien zur Bewertung zum beizulegenden Zeitwert

Ziel des vom IASB am 28. Mai 2009 vorgelegten Standardentwurfs „Leitlinien zur Bewertung zum beizulegenden Zeitwert"[439] ist es, die bisher auf eine Vielzahl von Einzelstandards verteilte Fair Value-Bestimmung, wie z. B. für Finanzinstrumente im IAS 39, durch eine einzige, einheitliche Definition des Fair Values in einem eigenen Standard zu ersetzen. Die Neuerung würde dann sowohl für Finanzinstrumente- als auch Nicht-Finanzinstrumente-Sachverhalte gelten. Der neue Standard gibt allerdings nur vor, „wie" und nicht „wann" ein Fair Value zu ermitteln ist. Ob ein Fair Value für bilanzielle Zwecke anzuwenden ist und wenn ja, wie daraus resultierende Wertschwankungen zu erfassen sind, wird weiterhin in den jeweiligen Einzelstandards geregelt (für Finanzinstrumente weiterhin im IAS 39 bzw. IFRS 9). Ausgangspunkt für die Entwicklung des Standardentwurfs war der US-amerikanische Standard SFAS 157 Fair Value Measurements in seiner überarbeiteten Fassung unter Berücksichtigung der im April 2009 vom FASB verabschiedeten Leitlinien (FAS 157-4). Der Standardentwurf sieht noch keinen definitiven Erstanwendungszeitpunkt vor.

Nach der vorgeschlagenen Definition repräsentiert der Fair Value den Preis, den ein Unternehmen am Bewertungsstichtag beim Verkauf eines Vermögenswerts erhält oder bei der Übertragung einer Verbindlichkeit zahlt (exit price).[440] Hierzu wird eine reguläre (orderly) Transaktion zwischen qualifizierten Marktteilnehmern unterstellt, die sachkundig, willens und fähig sind, die Transaktion einzugehen (sog. qualifizierte Marktteilnehmer). Diese Bewertung mit dem sog. Abgangspreis (exit price) basiert auf einer hypothetischen Transaktion; das Vorliegen einer tatsächlichen Absicht ist nicht relevant. Der Standardentwurf enthält des Weiteren Indikatoren für das Vorliegen eines inaktiven (illiquiden) Marktes als auch für nicht reguläre Transaktionen. In diesen Fällen besteht eine Pflicht zur Überprüfung der beobachteten Daten, schließt eine Verwendung dieser jedoch nicht zwingend aus.

Bei der Bestimmung des Fair Value soll auf den vorteilhaftesten Markt (most advantageous market) abgestellt werden, zu dem das Unternehmen Zugang hat. Bei der Bewertung von Vermögenswerten wird von der bestmöglichen Verwendung aus Sicht eines Marktteilnehmers ausgegangen. Hierbei

---

[435] Der Begriff der „dynamischen Risikovorsorge" (dynamic provisioning) ist in der aktuellen Fachdiskussion nicht eindeutig belegt, vgl. *ECG*.
[436] Bezüglich einer Darstellung des „spanischen Modells" vgl. *DSR (2009)*.
[437] Die EU-Kommission hat im Rahmen der Überarbeitung der Capital Requirements Directive (CRD) Regelungen hinsichtlich der Bildung von Wertberichtigungen bei Banken für die über einen gesamten Konjunkturzyklus erwarteten Verluste („dynamic provisioning") vorgeschlagen.
[438] Vgl. *Zimmermann/Schymczyk*, S. 10 f.
[439] Vgl. Tz. *1192*.
[440] Die nachfolgenden Absätze zu diesem Kapital basieren auf Ausführungen von *KMPG*, S. 1 f.

Zusammenfassung und Ausblick

wird unterschieden zwischen der Nutzung im Verbund mit anderen Vermögenswerten/Schulden (in-use-Prämisse) oder die Nutzung als separaten Vermögenswert, die einen Verkauf unterstellt (in-exchange-Prämisse). Finanzielle Vermögenswerte werden immer auf Basis der in-exchange-Prämisse bewertet. Für den Fall, dass im Zugangszeitpunkt der Erwerbspreis (*entry price*) nicht dem Veräußerungspreis (*exit price*) und damit nicht dem Fair Value entspricht, ist nach dem Standardentwurf die Differenz nach den jeweiligen Regelungen des betreffenden Standards zu behandeln.

Von den insgesamt drei im Standardentwurf vorgesehen Bewertungstechniken sind insbesondere der sog. Markt-Ansatz sowie der Ertrags-Ansatz für die Fair Value-Ermittlung von Finanzinstrumenten relevant.[441] Hiernach werden zunächst Preise und andere Informationen, die aus Transaktionen mit identischen bzw. vergleichbaren Vermögenswerten bzw. Schulden stammen, verwendet (Markt-Ansatz, *market approach*), oder es erfolgt eine Diskontierung zukünftiger Erträge/Aufwendungen oder Cash Flows – zum Beispiel mit Hilfe von Barwert- oder Optionspreismodellen (Ertrags-Ansatz, *income approach*). Die Annahmen und Bewertungsparameter, die Marktteilnehmer bei der Preisfindung verwenden (Inputs), lassen sich in beobachtbare Daten, die auf Basis verfügbarer Marktdaten entwickelt werden, und in nicht beobachtbare Daten, die auf den besten verfügbaren sonstigen Informationen basieren, einteilen.

Bei der Bewertung sollten soviel wie möglich am Markt beobachtbare Daten (Input-Faktoren) verwendet werden. Entsprechend der Höhe des Ermessensspielraum, bei den für die Fair Value-Ermittlung verwendeten Input-Faktoren erfolgt eine Zuordnung zu einer der – mit den entsprechenden US-GAAP-Bestimmungen vergleichbaren – Hierarchien der sog. Fair Value-Hierarchie (Level 1 bis Level 3). Level 1 sind notierte Preise in aktiven Märkten für identische Vermögenswerte oder Schulden, Level 2 sind andere Input-Faktoren, die nicht notierte Preise, aber am Markt beobachtbar sind, und Level 3 sind Input-Faktoren, die nicht auf beobachtbaren Marktdaten basieren.

Bezüglich der Fair Value-Bewertung sollen im Anhang Informationen zu verwendeten Methoden und Inputs sowie zu Auswirkungen auf die GuV bzw. das Eigenkapital dargestellt werden. Hierbei liegt der Fokus auf den Vermögenswerten und Schulden, bei deren Bewertung nicht ausschließlich am Markt beobachtbare Parameter verwendet wurden und daher der Ermessensspielraum des Bilanzierers entsprechend hoch ist (Level 3-Finanzinstrumente). Die Angaben sind nicht nur für Finanzinstrumente zu machen, die in der Bilanz mit dem Fair Value angesetzt sind, sondern auch für Finanzinstrumente, deren Fair Values ausschließlich im Anhang dargestellt werden.

2.5.3.2 Kreditrisiko bei der Bewertung von finanziellen Verbindlichkeiten

Mit dem vom IASB am 18. Juni 2009 veröffentlichten Diskussionspapier „Credit Risk in Liability Management"[442] reagiert das IASB auf die geäußerte Kritik an der Erfassung des eigenen Kreditrisikos in der GuV, die zu einem gewissen „Rechnungslegungsparadoxon" führt. Erfolgt z. B. aufgrund der schlechteren wirtschaftlichen Aussichten des Unternehmens durch gesunkene Gewinnerwartungen eine Herabstufung des Ratings (downgrading), so wird bilanziell im Rahmen der Fair Value-Bewertung der Passiva ein unrealisierter Gewinn ausgewiesen (obwohl die wirtschaftliche Lage des Unternehmen negativ beurteilt wird). Mit dem Diskussionspapier stellt das IASB verschiedene Möglichkeiten bezüglich der Berücksichtigung des eigenen Kreditrisikos und dessen Veränderungen bei der Bewertung von Verbindlichkeiten dar und bat die Marktteilnehmer um ihre Einschätzung.

---

441 Der Kosten-Ansatz (*cost approach*), bei dem die gegenwärtigen Wiederbeschaffungskosten unter Berücksichtigung technischer oder wirtschaftlicher Überholung ermittelt werden, ist insbesondere bei materiellen Vermögenswerten unter der in-use-Prämisse anzuwenden.
442 Vgl. Tz. 1193.

2. Ausblick

Das IASB hat sich grundsätzlich der breiten Meinung der Rückantworten zum Discussion Paper angeschlossen und ist der Meinung, dass eine erfolgswirksame Erfassung von Fair Value-Änderungen des eigenen Kreditrisikos keine entscheidungsnützlichen Informationen liefert. Im Dezember 2009 diskutierte die Financial Instruments Working Group (FIWG) im Rahmen des IAS 39-Überarbeitungsprojektes nachfolgend skizzierte Alternativen einer Fair Value-Bewertung von finanziellen Verbindlichkeiten.[443]

Alternative 1 sieht vor, dass alle Verbindlichkeiten, die zwar Gegenstand eines non-trading Geschäftsmodells sind, aber nicht die geforderten Cashflow-Charakteristika des IFRS 9 erfüllen, nach einem modifizierten Fair Value-Konzept zu bilanzieren sind. Die Folge-Bilanzierung erfolgt zum Fair Value. Allerdings ist nur die Fair Value-Veränderung, die nicht auf das eigene Kreditrisiko entfällt, erfolgswirksam zu erfassen. Die auf das eigene Kreditrisiko entfallende Fair Value-Veränderung soll hingegen separat im Eigenkapital (Neubewertungsrücklage, OCI) erfasst werden.

Alternative 2 sieht vor, dass der credit spread „eingefroren" wird. Die Kategorisierung erfolgt analog der Alternative 1. Bei der Folgebewertung wird allerdings nicht der Full-Fair Value herangezogen, sondern ein Fair Value, bei dem der credit spread vom Vergabezeitpunkt konstant gehalten wird.

Die Alternative 3 sieht vor, die Verbindlichkeit in einzelne Komponenten zu zerlegen, die dann jeweils separat kategorisiert und bewertet werden.

Gegenstand der Alternative 4 ist der Vorschlag, die Verbindlichkeiten zu amortised cost zu buchen, allerdings in einem Klammerzusatz in der Bilanz den dazugehörigen Fair Value anzugeben.

2.6 Bewertungseinheiten

Der Standardentwurf zu Sicherungsbeziehungen (*hedge accounting*) wird erst im ersten Quartal 2010 veröffentlicht. Nachfolgend werden die Aspekte diskutiert, die bereits im Vorfeld der Entwurfsveröffentlichung von IASB-Sitzungen zu diesem Thema bekannt wurden.[444] Die geplante Hauptänderung besteht darin, das Fair Value Hedge-Accounting durch eine Art Cashflow Hedge-Accounting zu ersetzen. Die Vereinfachung würde darin bestehen, dass die Ermittlung und Buchung des sog. Hedge Fair Values für das Grundgeschäft entfallen würde.

An dem Umfang der **sicherbaren Risiken** dürfte sich im Großen und Ganzen nichts ändern. Grundsätzlich sind auch weiterhin die ökonomischen Risiken der Wertveränderungen des beizulegenden Zeitwertes (Fair Value Hedge) sowie von Zahlungsstromänderungen (Cashflow Hedge) Gegenstand von bilanziellen Sicherungsstrategien. Nur deren bilanzielle Abbildung wird dann zukünftig noch in Form des Cashflow Hedge-Accountings erfolgen. Auch bezüglich der sicherbaren Risikoarten wird die Neuerung nichts ändern. Weiterhin ist auch nur ein bestimmter Prozentsatz des Finanzinstrumentes designierbar. Hingegen sollen nur Teile eines Grundgeschäftes (*portions*), wie einzelne Cashflows oder Teilrisiken, künftig nicht mehr designierbar sein. Ob dies auch für zeitanteilige Absicherungen (*partial hedges*) der Fall sein wird, ist noch offen.

Durch die vorläufige Boardentscheidung werden sich die anwendbaren **Arten von BWE** verändern, da das Fair Value Hedge-Accounting durch einen Ansatz ähnlich dem Cash Flow Hedge-Accounting ersetzt werden soll. Danach sollen auch die Wertveränderungen aus Sicherungsinstrumenten von ökonomischen FV-Hedges erfolgsneutral in der Neubewertungsrücklage ausgewiesen werden, und die Grundgeschäfte bleiben unbewertet und erzeugen keinen GuV- oder Eigenkapitaleffekt. Innerhalb des Cashflow Hedge-Accounting plant das Board weitere Vereinfachungen. Inwiefern der Fair Value Portfolio-Hedge auf Zinsänderungsrisiken (FVPH) von der Änderung betroffen sein wird, ist

---
443 Vgl. *FIWG*.
444 Vgl. Tz. 1191 und vgl. *DRSC (2009)*.

Zusammenfassung und Ausblick

noch offen. Über die Bilanzierung von Sicherungsbeziehungen einer Nettoinvestition in einen ausländischen Geschäftsbetrieb soll aufgrund der Beziehungen zu IAS 21 separat entschieden werden. Nach den neuen Vorschriften sollen auch weiterhin Mikro-, Portfolio- und Makro-BWE zulässig sein.

12 Designierbare **Grundgeschäfte** bleiben weiterhin originäre Finanzinstrumente, bilanzunwirksame feste Verpflichtungen oder mit hoher Wahrscheinlichkeit eintretende künftige Transaktionen. Aufgrund der Reduzierung der Bewertungskategorien nach IFRS 9 verbleiben als designierbare Grundgeschäfte bei den originären Finanzinstrumenten ausschließlich die der Kategorie AC. So können nun auch frühere HTM-Bestände, die nach der Neu-Kategorisierung gem. IFRS 9 der Kategorie AC zugeordnet sind, Gegenstand des Hedge Accountings von Zinsänderungsrisiken sein.

13 Ebenfalls soll sich der Umfang der designierbaren **Sicherungsinstrumente** durch die Neuerung im Wesentlichen nicht verändern.

14 Auch bei den **Anforderungen** an eine wirksame Hedge-Beziehung ändert sich durch die geplanten Neuerungen nichts Wesentliches. Bezüglich der Behandlung von Ineffektivitäten entfällt eventuell der „*lower of*"-Test, d. h. dass auch bei Underhedges die Differenz zum perfekten Hedge erfolgswirksam gebucht wird. Die konkrete Ausprägung des Verfahrens und die Regelmäßigkeit des Effektivitätsnachweises sind allerdings noch offen. Eine freiwillige Auflösung der Hedge-Beziehung soll allerdings nicht mehr zulässig sein.

15 Die Anwendung der Fair Value Option als **Alternative** zum Hedge Accounting soll weiterhin bestehen bleiben, sofern dadurch ein accounting mismatch vermieden werden kann.[445]

2.7 Ausweis in der GuV

16 Grundsätzlich ändert sich der GuV-Ausweis durch die im Abschnitt V dargestellten Neuerungen nicht wesentlich. Der Vollständigkeit halber sei auf folgende zwei Änderungen hingewiesen.

17 IFRS 9 sieht für gehaltene Aktien, deren Fair Value-Bewertung GuV-neutral im Eigenkapital ausgewiesen wird (Kategorie FVTOCI), kein Recycling mehr vor. D. h. Bewertungsänderungen verbleiben auch bei Impairment und Abgang im Eigenkapital (Neubewertungsrücklage, *OCI*). Lediglich Dividenden werden weiterhin in der GuV erfasst.[446]

18 Gemäß § 13 des Standardentwurfs „Fortgeführte Anschaffungskosten und Wertberichtigung"[447] sind in der Gesamtergebnisrechnung folgende Posten separat zu zeigen:

- ■   Zinserträge brutto[448]
- ■ -   anfangs erwartete Kreditverluste[449]
- ■ =   Netto-Zinsertrag
- ■ +/-   Gewinne/Verluste aus Schätzungsänderungen[450]
- ■ -   Zinsaufwendungen

---

445 Vgl. Tz. 1207.
446 Vgl. Tz. 1210 und Tz. 1215.
447 Vgl. Tz. 1190.
448 Vertragliche Zinsen bzw. auf Effektivzinsbasis ohne erwartetete Verluste.
449 Periodenanteilig, als Reduktion der Brutto-Zinserträge.
450 Gewinne bzw. Verluste aus Schätzungsänderungen veränderter Kreditausfallerwartungen.

2.8 Anhangsangaben

2.8.1 Überblick

Änderungen der Anhangsangaben ergeben sich aus dem Standardentwurf „Fortgeführte Anschaffungskosten und Wertberichtigung".[451] Gemäß der in dieser Arbeit getroffenen Clusterung von Anhangsangaben sind von den Änderungen „Angaben zur Bilanz" sowie „weitere Nicht-Risiko-Angaben" betroffen.

2.8.2 Angaben zu Bilanz

Die bisherigen Wertberichtigungsangaben im Kreditgeschäft sind um umfangreiche Angaben zum Wertberichtigungs- (Risikovorsorge-) Konto sowie zur Kreditqualität und „Jahrgangsinformationen" (*vintage information*) der finanziellen Vermögenswerte zu ergänzen.

Für zu fortgeführte Anschaffungskosten bilanzierte finanzielle Assets ist ein **Wertberichtigungskonto** für Kreditverluste zu führen. Für jede Klasse sind folgende Angaben erforderlich:

- a) Eine Überleitung der Änderungen innerhalb des Kontos während der Berichtsperiode und
- b) die (Voll-) Abschreibungsgrundsätze.

Die geforderte Überleitung der Anfangssalden zu den Endsalden des Berichtszeitraumes soll mindestens folgende Angaben umfassen:

- a) Zunahmen aus der Verteilung der anfangs erwarteten Kreditverluste,
- b) Zunahmen aus Schätzungsänderungen von erwarteten Kreditverlusten,
- c) Abnahmen aus Schätzungsänderungen von erwarteten Kreditverlusten und
- d) (Voll-)Abschreibungen. Innerhalb der Überleitung sollen alle Abschreibungen enthalten sein. D. h. für finanzielle Vermögenswerte, die im selben Berichtszeitraum eine Wertminderung erfahren haben und voll abgeschrieben werden, ist ein Bruttoausweis in der Überleitung erforderlich. Direkte Abschreibungen ohne Verwendung des Wertberichtigungskontos sind nicht zulässig.[452]

Für zu fortgeführten Anschaffungskosten bilanzierte finanzielle Assets sind folgende Informationen zur **Kreditqualität** für jede Klasse von finanziellen Assets offen zu legen:

- a) Eine Überleitung von Veränderungen der „Non-Performing" finanziellen Assets während der Periode sowie
- b) eine qualitative Analyse der Wechselwirkung der Änderung bei „Non-Performing" finanziellen Assets und Änderungen im Wertberichtigungskonto, falls diese Wechselwirkung signifikant ist.[453]

Für zu fortgeführten Anschaffungskosten bilanzierte finanzielle Assets sind für jede Klasse von finanziellen Assets wie folgt „**Jahrgangsinformationen**" offen zu legen:

- a) Jahr der Origination und
- b) Jahr der Fälligkeit. Diese Informationen sind auf Basis der Nominalwerte in Tabellenform zu erbringen.

---
451 Vgl. Tz. 1190.
452 Vgl. Standardentwurf Tz. 15.
453 Vgl. Standardentwurf Tz. 21.

2.8.3 Weitere Angaben

24 Analog der umfangreichen und erhöhten Offenlegungsanforderungen zur Ermittlung der Fair Values werden nun auch weitere Angaben zu Schätzungen und Schätzungsänderungen erwarteter Kreditverluste gefordert.[454]

25 Es sind Angaben zu den Schätzungen und Schätzungsänderungen zu erbringen, die zur Ermittlung der fortgeführten Anschaffungskosten erforderlich sind.

26 Dabei sollen die Parameter und Annahmen zur Bestimmung des erwarteten Kreditverlustes erklärt werden. Zu diesem Zweck sind folgende Angaben erforderlich:
- a) Basis der Inputparameter (z. B. interne historische Daten) und die verwendete Schätzmethode zur Bestimmung des initialen Kreditverlustes,
- b) Falls die Änderung eines oder mehrerer Parameter auf Basis einer plausiblen Annahme vernünftig erscheint und dies einen signifikanten Einfluss auf den initialen bzw. nachfolgenden Kreditverlust hat, so ist dieses Faktum, der Effekt hieraus und wie dieser bestimmt wurde, anzugeben,
- c) Für Änderungen von Schätzungen ist eine Erklärung hinsichtlich der Schätzungsänderungen, der Gründe hierfür sowie der neuen Inputfaktoren und Annahmen anzugeben.

27 Die Gewinne und Verluste von Schätzungsänderungen sind wie folgt offen zu legen:
- a) Disaggregation der Gewinne und Verluste in den Teil, der aus Änderungen von Schätzungen der Kreditverluste, und in den Teil, der auf anderen Faktoren beruht,
- b) Weitere quantitative und qualitative Analysen der Gewinne und Verluste, falls diese einen signifikanten Einfluss haben oder ein bestimmtes Portfolio, eine Periode oder eine geografische Region signifikant beeinflussen.

28 Für jede Klasse von finanziellen Assets ist
- a) ein Vergleich zwischen der Entwicklung des Wertberichtigungskontos über die Zeit und der kumulativen Abschreibungen zu erbringen und
- b) eine quantitative Analyse der Effekte von Änderungen in den Kreditverlustschätzungen dieses Vergleichs, falls der Effekt signifikant ist, zu erstellen.

29 Falls ein Unternehmen für interne Risikomanagementzwecke Stresstests durchführt, soll dies neben nachfolgenden Informationen offen gelegt werden:
- a) die Implikationen für die Finanzlage und die Performance des Unternehmens,
- b) die Möglichkeit des Unternehmens, diesen Stress-Szenarien standzuhalten,
- c) wie der Stresstest durchgeführt wird,
- d) eine Beschreibung der Stress-Szenarien sowie der verwendeten Annahmen und schließlich
- e) das Ergebnis des Stresstest einschließlich der Schlussfolgerungen.

---

[454] Vgl. Standardentwurf Tz. 16 ff.

VI. IFRS-Übungen, Lösungen und Anlagen

1. IFRS-Übungsaufgaben

1.1 Übung zu Finanzgarantie

a) Eine Bürgschaft in Höhe von 100 Mio. EUR wird zu marktgerechten Konditionen vergeben. Laufzeit zwei Jahre. Jährliche Prämienzahlung 1 % p. a. der Nominale. Bilanzstichtag: IAS 37 Wert = 10 (Alternativ: 0).
b) Wie a), allerdings nicht zu marktgerechten Konditionen vergeben. Der Fair Value des eingegangenen Risikos einer Inanspruchnahme („Adressenlegs") im Vergabezeitpunkt beträgt 2 Mio. EUR, allerdings wurde als Prämiensatz nur 0,5 % p. a. festgelegt.

Aufgabe:
Stellen Sie jeweils die Zugangsbuchung sowie die Buchungen am ersten Bilanzstichtag dar.

1.2 Übung zu Ausbuchungsvorschriften

Stellen Sie für die nachfolgend dargestellten Sachverhalte die Bilanzansätze bei Unternehmen A dar:

Unternehmen A verkauft Kredite mit einem Buchwert von 100 EUR zu 100 EUR cash.
a) Die Mehrheit der Chancen und Risiken ist übergangen. A führt auch in Zukunft die Abwicklung der Zahlungsströme weiterhin durch. Dieser Vermögenswert wird mit einem Barwert von 15 EUR beziffert.
b) Wie a), allerdings wird nun die Abwicklung der Zahlungsströme nicht mehr durch A durchgeführt.
c) Die Mehrheit der Chancen und Risiken ist weder mehrheitlich abgegangen noch zurückgeblieben. A hat weiter die Kontrolle über die Kredite und behält Restrisiken in Höhe von 20 EUR zurück.
d) Die Mehrheit der Chancen und Risiken ist nicht übergangen.

1.3 Übung zu Ausbuchungsvorschriften und SPV

Beispiel aus IAS 39.AG52.

Das Unternehmen A besitzt ein Kreditportfolio, welches mit einem Zinssatz (gleich Effektivzins) von 10 % ausgestattet ist. Der Nominalbetrag (gleich amortised cost) des Kreditportfolios beträgt 10.000 EUR. Die Kredite sind mit einem Schuldnerkündigungsrecht ausgestattet.

Unternehmen A überträgt im Rahmen eines Vertrages dem Übernehmenden 9.000 EUR an Nominale plus 9,5 % Zinsen darauf. Der Kaufpreis der Transaktion liegt bei 9.115 EUR. Vorzeitige Rückzahlungen werden im Verhältnis 9:1 auf die beiden Vertragsparteien aufgeteilt. Ausfälle in einer Höhe bis zu 1.000 EUR übernimmt Unternehmen A, die ihm von den Zinsen (in Höhe von 1.000 EUR) abgezogen werden.

Der Marktwert des Kreditportfolios zum Zeitpunkt der Transaktion beträgt 10.100 EUR und der geschätzte Marktwert des Zinsspreads von 0,5 % beträgt 40 EUR.

Aufgabe:
a) Beurteilen Sie die Transaktion Schritt für Schritt gemäß dem Prüfschema des IAS 39.AG36.
b) Ermitteln Sie die relevanten Buchungssätze zu der o. a. Transaktion für das Unternehmen A.

1.4 Übung zu strukturierten Finanzinstrumenten

1) Beurteilen Sie, ob die nachfolgenden Risiken nicht eng miteinander verbunden sind.
   a) Schuldinstrumente mit rohstoff- oder aktieninduzierten Zins- oder Kapitalzahlungen,
   b) bei einem Leasing-Vertrag sind die Leasing-Zahlungen an einen von der Inflation abhängigen Verbraucherindex geknüpft,
   c) eingebettete Zinsober- und -untergrenze auf Zinssätze, wobei Zinsobergrenze (bzw. Zinsuntergrenze) ≥ (bzw. ≤) herrschender Marktzins,
   d) begebene Wandelanleihen,
   e) ein in ein Schuldinstrument eingebettetes Kreditderivat, das dem Begünstigten die Möglichkeit einräumt, das Ausfallrisiko eines Vermögenswertes auf den Garantiegeber zu übertragen.
2) Welche bilanziellen Konsequenzen hat es, wenn die Risiken eines strukturierten Produktes nicht eng miteinander verbunden sind?

1.5 Übung zur bilanziellen Würdigung eines ABS-Geschäftes

Würdigen Sie den Sachverhalt gemäß der AABBAA-Vorgehensweise für jeweils beide der nachfolgenden Fallkonstellationen und beide Alternativen (insgesamt vier Antworten):
a) Sie haben die Erwartung, der Kurs des ABS wird kurzfristig steigen, und wollen ihn dann mit Gewinn verkaufen.
b) Sie erwerben den ABS, um ihn längerfristig zu halten.

Alternative 1:

In dieser Fallkonstellation hält die Zweckgesellschaft zur Unterlegung der von Ihnen erworbenen ABS-Anleihe ausschließlich Forderungen und/oder Wertpapiere in ihrem Bestand.

Alternative 2:

Um die Rendite für Sie zu erhöhen, investiert die Zweckgesellschaft einen Teil des Geldes in Credit Default Swaps.

Von einer möglichen Anwendung der Fair Value Option (FVBD) wird abgesehen.

1.6 Übung zu latenten Steuern

Abb. 104: Latente Steuern

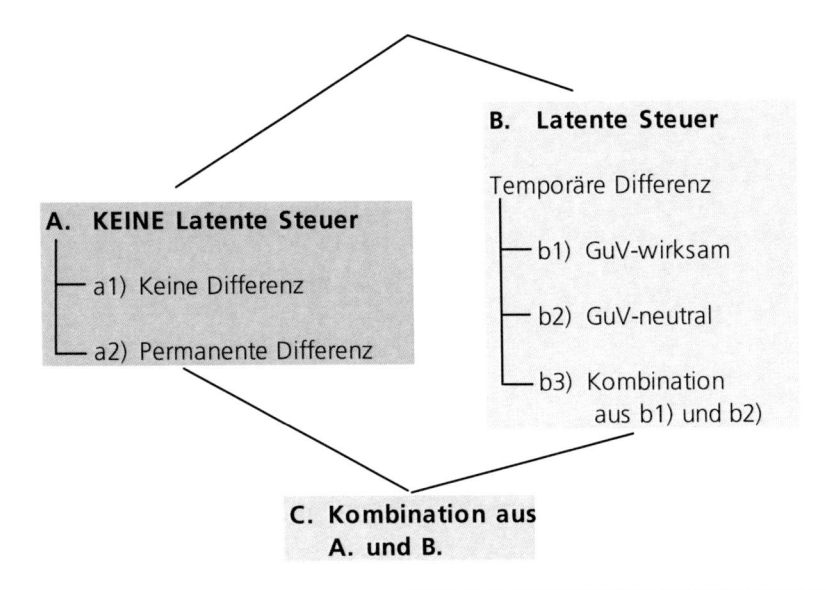

A. KEINE Latente Steuer
- a1) Keine Differenz
- a2) Permanente Differenz

B. Latente Steuer

Temporäre Differenz
- b1) GuV-wirksam
- b2) GuV-neutral
- b3) Kombination aus b1) und b2)

C. Kombination aus A. und B.

Der Anschaffungskurs sämtlicher nachfolgender Finanzinstrumente sei 100 EUR gewesen, der Marktwert zum Bilanzstichtag 110 EUR und die Konzernsteuerquote 30 %.

1) Ordnen Sie die nachfolgend genannten Finanzinstrumente den oben genannten Fällen zu:
   1) AFS-Bond
   2) LAR-Bond
   3) AFS-Bond gehedged durch einen Fair Value Hedge (40 % der gesamten Fair-Value-Veränderung sind gehedged)
   4) FVBD-Bond
   5) AFS-Aktie
2) Wie hoch ist die latente Steuer, und wie lautet der Buchungssatz?

1.7 Übung zu Finanzgarantien: Brutto- versus Nettoausweis

Eine Bürgschaft in Höhe von 100 Mio. EUR wird zu marktgerechten Konditionen vergeben. Laufzeit zwei Jahre, Bilanzstichtag: IAS 37, Wert = 10 (Alternativ: 0)

a) einmalige Prämienzahlung in t0 in Höhe von 2 Mio. EUR
b) jährliche Prämienzahlung 1 % p. a. der Nominale.

❓ Aufgabe:

Stellen Sie jeweils für a) und b) die Zugangsbuchung sowie die Buchungen am ersten Bilanzstichtag gemäß Netto- und Bruttomethode aus Sicht des Sicherungsgebers dar.

1.8 Übung zu Zins-Swap

Abb. 105: Zins-Swap (Aufgabe 1)

Zinsswaps - Buchungsbeispiel (1)

RECEIVER-ZINSSWAP

RECEIVER LEG		PAYER LEG	
Zinssatz fix	7,00%	Zinssatz variabel*	6,25%
Referenzzinssatz	keiner	Referenzzinssatz	6-Monats-EURIBOR
Laufzeitbeginn	12.08.00	Laufzeitbeginn	12.08.00
Laufzeitende	12.08.03	Laufzeitende	12.08.03
Nominalbetrag	1.000.000 EUR	Nominalbetrag	1.000.000 EUR
Zinsberechnungs-methode	30/360	Zinsberechnungs-methode	act/360
Zahlungszeitpunkte	jährlich	Zahlungszeitpunkte	halbjährlich
Anpassungstermine	keine	Anpassungstermine	halbjährlich
Amortisation	keine	Amortisation	keine
Zahlungsart	nachschüssig	Zahlungsart	nachschüssig

* Das Zinsfixing (= Festlegung des Referenzzinses) erfolgt üblicherweise zwei Tage vor Beginn der Zinsperiode

Fair Value = Present Value$_{\text{Receivable Leg}}$ - Present Value$_{\text{Payer Leg}}$

1. IFRS-Übungsaufgaben

Abb. 106: Zins-Swap (Aufgabe 2)

Zinsswaps - Buchungsbeispiel (2)

Zeitpunkte:	t_0	t_1	t_2	t_3	t_4
Ereignis:	Abschluß des Zinsswaps	Bilanzstichtag (31.12.00)	Variable Zinszahlung (12.02.01); Zinsfixing am 10.08.00: 6,25%	Feste und variable Zinszahlung (12.08.01); Zinsfixing am 10.02.01: 6%	• Fristablauf (12.08.03); Zinsfixing am 12.02.03: 6,5% • Buy-Out (31.03.01)
Marktwert$_{Dirty\ Price}$:	0 EUR	16.676 EUR			12.08.03: 0 EUR 12.08.01: 6.989 EUR 31.03.01: 53.196 EUR
Marktwert$_{Clean\ Price}$:	0 EUR	14.319 EUR			
Zinsab-grenzung$_{Receiver\ leg}$:		26.833 EUR			
Zinsab-grenzung$_{Payer\ leg}$:		24.476 EUR			
Zinszahlung$_{Receiver\ leg}$:				70.000 EUR	12.08.03: 70.000 EUR 31.03.01: 44.333 EUR[3]
Zinszahlung$_{Payer\ leg}$:			31.944 EUR	30.167 EUR	12.08.03: 32.681 EUR 31.03.01: 7.947 EUR[3]
Ausgleichszahlung:					31.03.01: 27.642 EUR

Aufgabe:

Unternehmen A erwirbt den in Abb. 105 und Abb. 106 dargestellten Receiver-Zins-Swap. Stellen Sie die relevanten Buchungen bei A zum Zugangszeitpunkt (t0), am Bilanzstichtag (t1), zu den Zinszahlungsstichtagen t2 und t3 sowie zum Ausbuchungszeitpunkt t4 auf T-Konten dar.

1.9 Übung zu Währungs-Swap

Abb. 107: Währungs-Swap (Aufgabe)

BEISPIEL: ECKDATEN EINES WÄHRUNGSSWAPS

Kassetausch:			
Kauf:	1.000.000,00 USD	Verkauf:	1.111.111,11 USD
Kurs EUR/USD:	0,9		

Termintausch:			
Verkauf:	1.000.000,00 USD	Kauf:	1.111.111,11 USD
Kurs EUR/USD:	0,9		

Marktzins USD:	5 %
Marktzins EURO:	4 %

Aufgabe:

Unternehmen A erwirbt den in Abb. 107 dargestellten Währungs-Swap. Stellen Sie die notwendigen Buchungssätze zum Zugangszeitpunkt und zum ersten Bilanzstichtag dar und buchen Sie diese auf T-Konten durch. Es wird davon ausgegangen, dass der USD-Marktzins auf 10% gestiegen ist und sich der EUR-Marktzins auf 8% erhöht hat. Der Kassakurs am Bilanzstichtag beträgt 1,0 EUR/USD.

1.10 Übung zu Forward Rate Agreement (FRA)

Abb. 108: Forward Rate Agreement FRA (Aufgabe 1)

BEISPIEL: ECKDATEN EINES FORWARD RATE AGREEMENTS (FRA)

Abschluss des Kontraktes:	15.10.2008
Beginn der gesicherten Periode:	15.01.2009
Laufzeit der gesicherten Periode:	15.01.2009 - 15.07.2009
Nominalbetrag:	10 Mio EURO
FRA Satz:	4 %
Referenzzinssatz:	6-Monats-EURIBOR
Position	FRA-Verkäufer

Gesamtlaufzeit

Vorlaufperiode	Gesicherte Periode
15.10.2008 15.01.2009	15.07.2009

Abb. 109: Forward Rate Agreement FRA (Aufgabe 2)

FRA: Wertentwicklung

Zeitpunkte:	t0 = 15.10.2008	t1 = 31.12.2008	t2 = 15.01.2009	t3 = 15.07.2009
Ereignis:	Verkauf eines FRA	Bilanzstichtag	Differenzbildung von FRA Rate (4%) und Referenzzinssatz (6%)	Kontrakt-laufzeitende
Marktwert:	0 €	- 96.899,35 €	- 97.128,59 €	0 €
Zinszahlung:	keine	keine	- 97.128,59 €	
Marktwertveränderungen	keiner	- 96.899,35 €	+ 229,24 €	

Aufgabe:

Unternehmen A verkauft den in Abbildung 108 dargestellten FRA. Stellen Sie die relevanten Buchungen zum Verkaufszeitpunkt (t0), am Bilanzstichtag (t1) und zum Ausgleichzahlungszeitpunkt (t2) auf T-Konten dar.

1.11 Übung zu Zins-Future

Abb. 110: Zins-Future (Aufgabe 1)

ECKDATEN EINES ZINSFUTURES

Zinsfutures

Kauf des Kontraktes:	15.10.2008
Kurs:	105,2 %
Liefermonat:	März 2009
Kontrahent:	Eurex
IAS 39 Kategorie:	Held-for-Trading (Handelsaktiva/Handelspassiva)
Position:	Future-Kauf

Abb. 111: Zins-Future (Aufgabe 2)

Zinsfutures - Wertentwicklung

Zeitpunkte:	t_0	t_1	t_2	t_3
Ereignis:	Kauf	Tägliche Wertveränderungen	Bilanzstichtag (31.12.)	a) Verfall b) Close Out c) Erfüllung durch Barausgleich d) Erfüllung durch effektive Lieferung
Tagesendwert	105,25%	104,96%	104,85%	105,40%
Variation Margin	+50 EUR	-290 EUR	-110 EUR	+550 EUR
Fair Value	+50 EUR	-240 EUR	-350 EUR	+200 EUR
Initial Margin	ja			teilweise
Gebühren EUREX:	ja			teilweise
Provision Broker:	ja			teilweise

Variation Margin = (Terminkurs$_{t-1}$ - Terminkurs$_t$)/0,01* 10 EUR

❓ Aufgabe:

Unternehmen A kauft den in

Abb. 110 und Abb. 111 dargestellten Zins-Future. Stellen Sie auf T-Konten die Buchungen für die Initial Margin in Höhe von 10 EUR (t0), der Variation Margin (t1), zum Bilanzstichtag (t2) sowie zum Ende (t3) für die Fälle a) Verfall, b) Close Out, c) Erfüllung durch Bausgleich bzw. durch effektive Lieferung (d) dar.

1. IFRS-Übungsaufgaben

1.12 Übung zu Aktien-Option

Abb. 112: Aktien-Option (Aufgabe 1)

ECKDATEN EINER OPTION

Long Call börsennotiert

Laufzeitbeginn:	1.10.2008
Laufzeitende:	Juni 2009
Prämie:	5,70 EUR
Gebühren:	0,07 EUR:
Strike Price:	42 EUR
Underlying:	Aktie des Unternehmens C

Abb. 113: Aktien-Option (Aufgabe 2)

Option - Wertentwicklung

Zeitpunkte:	t_0	t_1	t_2

Ereignis:	Kauf	Bilanzstichtag (31.12.)	• Verfall
			• Close Out
			• Erfüllung
			  (a) Barausgleich
			  (b) effektive Lieferung

Tagesendwert/ Fair Value:	5,75 EUR	5,90 EUR	Verfall: 0 EUR Close Out: 180 EUR Erfüllung: 200 EUR
Marktwertveränderungen	+0,05 EUR	+0,20 EUR	+0,25 EUR

❓ Aufgabe:

Unternehmen A erwirbt die in Abb. 112 dargestellte Kaufoption (Long-Call). Unterstellen Sie die in Abb. 113 vorgegebenen Werte zu den Bilanzstichtagen. Stellen Sie die relevanten Buchungen für A auf T-Konten zum Zugangszeitpunkt (t0), zum Bilanzstichtag (t1) und zum Ende (t2) für die Fälle a) Verfall, b) Close Out, c) Cash Settlement und d) physischere Lieferung dar.

1.13 Übung zur IAS 39-Kategorisierung

Bestimmen Sie für die unten aufgeführten Instrumente unter Zuhilfenahme der Checkliste im Kap. III.4.2.3 die relevante(n) IAS-39-Kategorie(n) (Mehrfachnennungen können möglich sein).
1) Sie investieren in eine Bundesanleihe. Welche Möglichkeiten der Kategorisierung gibt es?
2) Folgend genannte Finanzinstrumente halten Sie nach dem HGB im Anlagevermögen und möchten diese auch entsprechend nach IFRS kategorisieren:
   2a) Industrieanleihe
        2a1) mit Gläubigerkündigungsrecht
        2a2) mit Schuldnerkündigungsrecht
   2b) Aktien.
3) Sie investieren in eine Aktienanleihe.
4) Sie erwerben einen Zins-Swap (pay fixed, receive variabel).
     4a) Sie haben die Erwartung, dass die Zinsen steigen und so der Zins-Swap an Wert gewinnt:
           4a1) Der Fair Value zum Bilanzstichtag ist positiv.
           4a2) Der Fair Value zum Bilanzstichtag ist negativ.
     4b) Sie setzen den Zins-Swap als Sicherungsinstrument im Rahmen des Hedge Accountings ein:
     4b1) Der Fair Value zum Bilanzstichtag ist positiv.
     4b2) Der Fair Value zum Bilanzstichtag ist negativ.
5) Sie investieren in einen Asset Swap. Sie erwerben also eine Bundesanleihe und einen Zins-Swap (pay fixed, receive variabel) im Paket.

1.14 Übung zu IAS 39-Kategorien und Folgebewertung

Folgende Angaben zu einem Finanzinstrument sind bekannt:

Verzinsung (fix):	6 %
Anschaffungskosten:	100 TEUR
Marktzins zum Bilanzstichtag:	5 %
Kurs zum Bilanzstichtag:	105 TEUR

❓ Aufgabe:
Stellen Sie die Folgebewertung pro IAS-39-Kategorie dar (´TRD, FVBD, AFS, HTM, LAR, L).

1.15 Übung zu AFS und Bewertung

Folgende Angaben zu einem Finanzinstrument sind bekannt:

Nominalwert:	100
Restlaufzeit:	7 Jahre
Kaufpreis t=0:	93
Marktpreise t=1 bis t=7:	90 – 90 – 90 – 85 – 87 – 91 – 100
Amortisation:	linear
IAS-39-Kategorie:	AFS

1. IFRS-Übungsaufgaben

Aufgabe:
Ermitteln Sie die Zugangsbewertung sowie die Folgebewertung für jeden einzelnen Bilanzstichtag bis zur Endfälligkeit. Verwenden Sie dabei folgendes Muster:

Abb. 114: AFS & Bewertung (Aufgabe)

t	Available-for-Sale		GUV Zinsergebnis	Neubewertungsrücklage	
	Δ	Buchwert		Δ	Buchwert
0					
1					
2					
3					
4					
5					
6					
7					

1.16 Übung zum unterjährigen Aktien-Impairment

Ihr Unternehmen hat in ABC-Aktien investiert. Der Buchwert pro Aktie zum 31.12.2007 betrug 100 EUR, was auch dem Marktwert und den Anschaffungskosten entspricht. Zum 30.06.2008 fällt der Marktwert auf 60 EUR pro Aktie und zum Jahresende 31.12.2008 erholt sich die Aktie wieder auf 90 EUR pro Stück. Impairment sei gegeben, wenn der Marktwert um mehr als 15 % unter den Anschaffungskosten liegt.

Frage 1: Stellen Sie den Buchwert der Aktie sowie der Neubewertungsrücklage jeweils zum 30.06.2008 und 31.12.2008 für folgende Buchungsverfahren dar:
a) Unterjährige Impairment-Buchungen werden reversiert, und es wird nur am Jahresende „hart" durchgebucht.
b) Unterjährige Impairment-Buchungen werden bereits unterjährig „hart" durchgebucht. Eine Reversierung erfolgt daher nicht mehr.

Frage 2: Wodurch unterscheiden sich die Ergebnisse von a) und b)?

Frage 3: Welche der beiden Varianten a) und b) ist IAS 39-standardkonform?

1.17 Übung zu Fremdwährungsgeschäften

Der IAS 21 differenziert bei der Fremdwährungsbewertung folgende Cluster:
- a) monetäre Posten
- b) nicht monetäre Posten/Bewertung zu historischen Anschaffungskosten
- c) nicht monetäre Posten/GuV-wirksame Fair-Value-Bewertung
- d) nicht monetäre Posten/GuV-neutrale Fair-Value-Bewertung.

IFRS-Übungen, Lösungen und Anlagen

Frage 1: Ordnen Sie folgende Fremdwährungs-Assets den richtigen Clustern zu:
- 1) USD-Aktie der Kategorie AFS
- 2) USD-Bond TRD
- 3) USD-Bond HTM
- 4) USD-Beteiligung, deren Fair Value nicht verlässlich ermittelbar ist
- 5) USD-Anlagevermögen
- 6) USD-Aktie TRD.

Aufgabe 2: Mit welchem USD-Kurs sind Fremdwährungsaktiva/-passiva der oben genannten Klassen a) bis d) umzurechnen, und wo wird das Fremdwährungsergebnis ausgewiesen?

t0 = Tag des Geschäftsvorfalls → 1 EUR = 1 USD;
t1 = Bilanzstichtag = Tag der Ermittlung des Wertes
→ Stichtagskurs = 1 EUR = 2 USD

1.18 Übung zu Fair Value Hedge-Accounting (FVH)

Im Muster-Zahlenbeispiel (in der Anlage 3.4 dargestellt), ist eine FVH-Beziehung zwischen einem Schuldscheindarlehen SSD und einem Payer-Swap dargestellt, die zum 01.01.2008 erstmalig bilanziert wurde. Im Rahmen des Jahresabschlusses 2008 sollen Sie diese Hedge-Beziehung auf den 31.12.2008 berechnen und bilanzieren. Verwenden Sie hierfür die im Muster-Zahlenbeispiel angegebenen Informationen.

a) Folgende Berechnungen sind durchzuführen:

a1) Zum 01.01.2008
- 1. Ermittlung Effektivzins SSD
- 2. Ermittlung konstanter Spread-Darlehen für Hedge Accounting
- 3 .Ermittlung Fair Value Swap.

a2) Zum 31.12.2008
- 1: Dis-/Agio-Buchung
- 2: Ermittlung Hedge Fair Value für SSD für Hedge Accounting
- 3. Ermittlung Fair-Value-Veränderung SSD für Hedge Accounting
- 4. Ermittlung Fair Value Swap
- 5: Ermittlung Fair-Value-Veränderung Swap für Hedge Accounting
- 6: Ermittlung Ausgleich Neubewertungsrücklage.

b) Folgende Buchungen sind durchzuführen:

b1) Buchungen zum 31.12.2008
- 1. Buchung des Disagios
- 2. Buchung der zinsinduzierten Wertveränderung des Grundgeschäfts
- 2a. Buchung des Ausgleichs der Neubewertungsrücklage
- 3. Bewertung des Swaps mit dem Clean Price
- 4. Buchung Zinsertrag aus dem Grundgeschäft
- 5. Buchung Zinsertrag/-aufwendungen aus dem Swap
- 6. Ermittlung der Hedge-Effektivität (retrospektiver Effektivitätstest).

b2) Aufstellen einer Bilanz und einer Gewinn-und-Verlust-Rechnung (GuV)

- 1. auf den 01.01.2008 und
- 2. auf den 31.12.2008.

Beurteilung ausschließlich anhand des retrospektiven Effektivitätstestes.

1.19 Übung zu Fair Value Portfolio-Hedge auf Zinsänderungsrisiken (FVPH)

Das hier dargestellte Beispiel stammt aus dem IAS 39.IE.

Abb. 115: FVPH (Aufgabe 1)

Beispiel aus IAS 39.IE

Am 1.1.2008 bestimmt Unternehmen A ein Portfolio aus Aktiva und Passiva, dessen Zinsänderungsrisiko (LIBOR) es mit Zins-Swaps absichern möchte. Die Aktiva in dem Portfolio bestehen aus jederzeit zurückzahlbaren Krediten, und die Passiva setzen sich aus Sicht- und Spareinlagen zusammen.

Die Risikoabteilung steuert das Zinsänderungsrisiko über monatliche Zeitbänder für die nächsten 5 Jahre (insgesamt 60 Laufzeitbänder à 1 Monat). Die jederzeit zurückzahlbaren Kredite sowie die Sicht- und Spareinlagen ordnet das Unternehmen anhand ihrer erwarteten Rückzahlung (und nicht gemäß der vertraglich vereinbarten Laufzeit) den Laufzeitbändern zu. So hat Unternehmen A jedem der 60 Monatslaufzeitbändern ein bestimmtes Nominalvolumen an Aktiva und Passiva zugeordnet. Sicherungsstrategie ist, die jeweiligen Nettoüberhänge pro Laufzeitband komplett abzusichern.

Nachfolgend soll nun nur das Laufzeitband „3 Monate" über drei Perioden (also bis es „ausläuft") betrachtet werden. Nachfolgend einige weitere Angaben zum Laufzeitband „3 Monate":

Abb. 116: FVPH (Aufgabe 2)

Beispiel aus
IAS 39.IE

Unternehmen A designiert in das „Portfolio A" zum 1.1.2008 Aktiva = 100 Mio € und Passiva = 80 Mio €. Am 31.1.2008 stellt sich heraus, dass die Aktiva tatsächlich nur 96 Mio € betragen (da mehr Kredite vorzeitig zurückgezahlt wurden als angenommen). Zudem werden am 1.2.2008   8 1/3 % der Aktiva (= 8 Mio €) dieses Laufzeitbandes zum Marktwert von 8.018.400 € verkauft.

Aufgrund der Veränderung von LIBOR während des Betrachtungszeitraums von 3 Perioden verändert sich der Fair Value (des ursprünglichen Überhanges und des ursprünglichen Hedge-Derivats) wie folgt:

Produkt	Nominale	Fair Value (in)			
		01.01.2008	31.01.2008	28.02.2008	31.03.2008
		t0	t1 / t2	t3	t4
Kreditüberhang	20.000.000	20.000.000	20.047.408	20.023.795	20.000.000
Payer-Swap	20.000.000	0	-47.408	-23.795	0

Aufgabe:

Ermitteln Sie für das oben angegebene Beispiel die Bilanz- und GuV-Ansätze zu den drei Monatsabschlüssen Januar, Februar und März 2008 gemäß den Vorschriften des IAS 39 zum FVPH. Buchungen für Zinsabgrenzungen und –zahlungen brauchen nicht berücksichtigt werden.

(Annahme: Die Zahlungstermine als auch die Höhe der Zinskupons von assets und swaps sind identisch)

1.20 Übung zu Fair Value Hedge einer „festen Verpflichtung" (firm commitment)

Unternehmen A erwirbt zum 01.01.2008 (t0) eine Maschine für 98 USD. Die Lieferung erfolgt zum Zeitpunkt t2; Zahlungszeitpunkt der Maschine ist t3. Das Währungsrisiko wird durch den Abschluss eines USD-Terminkaufes (in t0 für t3) über 98 USD abgesichert (Termin- = Kassakurs). Die allgemeinen Voraussetzungen für die Anwendung von Hedge Accounting liegen vor. Unternehmen A bilanziert in der Währung Euro; die Entwicklung des Wechselkurses USD/EUR zu den einzelnen Zeitpunkten stellt sich wie folgt dar:

Zeitpunkt	t0	t1	t2	t3
Kurs EUR/USD	1 EUR = 2 USD	1 EUR = 2,5 USD	1 EUR = 1,8 USD	1 EUR = 1,6 USD

❓ Aufgabe:

Wie sehen die Bilanz- und GuV-Ansätze zu t0, t1, t2 und t3 in der Bilanz des Unternehmens A aus, wenn Sie die Absicherung des Währungsrisikos der festen Verpflichtung als Fair Value Hedge abbilden wollen?

2. IFRS-Lösungen

2.1 Lösung zu Finanzgarantie

Relevantes Kap.: III.1.1.2.3.2
Die Lösungen wurden nach der sog. Bruttomethode dargestellt.
Lösung zu a)

Abb. 117: Lösung zu Finanzgarantien (1)

Nr.	Sachverhalt	PER	AN	Betrag	Beispiel Mio €
1	Zugang	Sonstige Aktiva	Verbindlichkeiten Ki / Ku	Fair Value (Zugang)	2 (2*1%*100)
2	Prämienzahlung				
2.1.	Cashbuchung	Kasse	Sonstige Aktiva	Prämie	1
2.2.	GuV-Buchung	Verbindlichkeiten Ki / Ku	Zins- bzw. Provisionsertrag	½ vom Zugangswert	1 (1/2 * 2)
3	Bilanzstichtag: IAS 37 > FV (Zugang) ./. Prämie	Rückstellungsaufwand	Verbindlichkeiten Ki / Ku	IAS 37 Wert ./. (Fair Value Zugang ./. Prämie)	9 10 − (2-1)
3a	Alternativ: Bilanzstichtag: IAS 37 < FV (Zugang) ./. Prämie	n.r.	n.r.	n.r.	n.r.

Lösung zu b)

Abb. 118: Lösung Finanzgarantien (2)

Nr.	Sachverhalt	PER	Beispiel Mio €	AN	Beispiel Mio €
1	Zugang	Sonstige Aktiva	1	Verbindlichkeiten Ki / Ku	2
		Aufwand	1		
2	Prämienzahlung				
2.1.	Cashbuchung	Kasse	0,5	Sonstige Aktiva	0,5
2.2.	GuV-Buchung	Verbindlichkeiten Ki / Ku	1	Zins- bzw. Provisionsertrag	1
3	Bilanzstichtag: IAS 37 > FV (Zugang) ./. Prämie	„Rückstellungsaufwand"	9	Verbindlichkeiten Ki / Ku	9 10 – (2-1)
3a	Alternativ: Bilanzstichtag: IAS 37 < FV (Zugang) ./. Prämie	n.r.		n.r.	n.r.

2.2 Lösung zu Ausbuchungsvorschriften

Relevantes Kap.: III.2.4.

a) und b) Abgang

Rechtsgrundlage: IAS 39.20 a) i. V. m. IAS 39.24 ff.

Verbleibende Ansprüche oder Verpflichtungen aus dem Transfer sind getrennt als Vermögenswerte oder Schulden zu bilanzieren.

Abb. 119: Ausbuchungsvorschriften (Lösung 1)

a) Abgang; Servicing verbleibt

Aktiva			Passiva	
Kasse	1)	100	EK AB	100
WP	AB	100		
	1)	-100	2) VB	15
		0		
St. VG	2)	15		
Summe		115	Summe	115

b) Abgang inklusive Servicing

Aktiva			Passiva	
Kasse	1)	100	EK AB	100
WP	AB	100		
	1)	-100		
		0		
Summe		100	Summe	100

c) **Teilabgang** (*continuing involvement*)
   Rechtsgrundlage: - IAS 39.20 c) ii) i. V. m. IAS 39.30 ff.
                       - IAS 39.AG48

d) **Kein Abgang**
   Rechtsgrundlage: - IAS 39.20 b) i.V.m. IAS 39.29
                       - IAS 39.AG 47 Besicherte Leihe
                       (Collateralized Borrowing)

Abb. 120: Ausbuchungsvorschriften (Lösung 2)

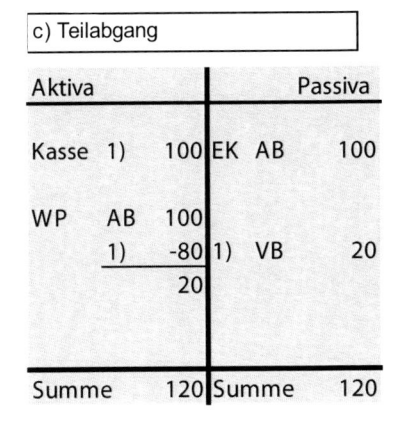

c) Teilabgang

Aktiva			Passiva	
Kasse	1)	100	EK AB	100
WP	AB	100		
	1)	-80	1) VB	20
		20		
Summe		120	Summe	120

d) Kein Abgang

Aktiva			Passiva	
Kasse	1)	100	EK AB	100
WP	AB	100		
		0	1) VB	100
		100		
Summe		200	Summe	200

2.3 Lösung zu Ausbuchungsvorschriften und SPV

Relevante Kap.: III.2.4, III.2.6.2

a) Beurteilung gemäß Prüfschema des IAS 39.AG36.

Abb. 121: Ausbuchungsvorschriften und SPV (Lösung 1)

Nr.	Stichwort	IAS	Beurteilung
1	Konsolidierung?	39.15	NEIN In dem Beispiel ist kein Hinweis darauf gegeben, dass das übernehmende Unternehmen ein „Special Purpose Verhicle" oder ein anderes Unternehmen ist, welches zu konsolidieren wäre.
2	Ganzer Vermögensgegenstand?	39.16	Gegenstand der Transaktion sind 9/10 (90%) des Gesamtportfolios.
3	Rechte an Cash-Flows erloschen („expired")?	39.17a	NEIN Die Kreditverträge sind noch nicht ausgelaufen.
4	Rechte an Cash-Flows übertragen ("transferred")?	39.18a)	JA Ein Teil des Kreditportfolios wurde durch Vertrag auf einen Dritten übertragen.
4a	Pass-through Arrangements (PTA)?	39.18 b) i.V.m. 39.19	n.r. Da 4) mit JA beantwortet.

Abb. 122: Ausbuchungsvorschriften und SPV (Lösung 2)

Nr.	Stichwort	IAS	Beurteilung
5, 5a	Wesentliche Chancen und Risiken übertragen?	39.20 a) + b)	NEIN Zum Teil wurden wesentlichen Chancen und Risiken übertragen (bezogen auf das vorzeitige Rückzahlungsrisiko), zum Teil verbleiben aber wesentliche Chancen und Risiken in den Büchern von A (bezogen auf das Ausfallrisiko).
6	Kontrolle zurückbehalten?	39.20 c)	JA. Die Verfügungsmacht über das Kreditportfolio verbleibt bei A.
7	Ermitteln des „continuing involvement"-Betrages		Ergebnis: Unternehmen A hat die Transaktion gemäß dem „continuing involvement"-Ansatz zu buchen.

b) Buchungssätze

Abb. 123: Ausbuchungsvorschriften und SPV (Lösung 3)

	1	2	3	4	5	6	7	8
		Anteil	Prozent	Nominale = Buchwert (€)	Fair Value (€)	Abgangs-Ertrag (€)	Kaufpreis €)	Rest-Wert (€)
A							1) C5 - C4	2) C7 - C6 - C4
C	Übertragen	9	90%	9.000	9.090	90	9.115	25
D	Zurückbehalten	1	10%	1.000	1.010	./.		
E	Summe	10	100%	10.000	10.100			

Buchungen

Aktiva					Passiva			
Kasse	2)	9.115			EK	AB	10.000	
	SB		9.115		* GuV	2)	90	10.090
Kreditportfolio	AB	10.000						
	1)	-9.000						
	SB		1.000					
Continuing Involvement					VB	4)	1000	
	1)	9.000				2)	25	
	2)	-9.000				3)	40	
	3)	40				SB		1.065
	4)	1.000						
	SB		1.040					
Summe Aktiva		**10.000**	**11.155**		**Summe Passiva**		**10.000**	**11.155**

2.4 Lösung zu strukturierte Finanzinstrumente

Relevantes Kap.: III.2.5.2

1) a) JA b) JA c) NEIN d) JA e) JA

2) Wenn die Risiken eines strukturierten Produktes <u>nicht</u> eng miteinander verbunden sind, dann ist das strukturierte Produkt in einen Grundvertrag und ein eingebettetes Derivat zu trennen (vorausgesetzt, die anderen beiden Voraussetzungen für eine Trennungspflicht gemäß IAS 39.11 liegen auch vor).

2.5 Lösung zur bilanziellen Würdigung eines ABS-Geschäftes

Relevante Kap.: III.2.2.4, III.2.5.2

Grundüberlegungen

a) Intention bei der Variante a) ist Handel, daher Kategorie TRD.

b) Intention dieser Variante ist eben nicht Handel. Ein aktiver Markt ist i. d. R. nicht gegeben. Wenn die Voraussetzungen für eine LAR-Kategorisierung gegeben sind, dann LAR, ansonsten AFS. Es könnte grundsätzlich auch die Fair-Value-Option (FVBD) zur Vermeidung von Split Accounting angewendet werden. Laut Aufgabenstellung wird dieses Wahlrecht aber nicht in Anspruch genommen.

Alternative 1: SPV hält auf seiner Aktivseite ausschließlich Cash-Produkte → sog. Cash-Struktur.

Alternative 2: SPV hält nicht nur Cash-Produkte, sondern auch Kreditderivate → sog. synthetische Struktur.

Damit liegen folgende Bilanzsachverhalte vor:

a1) TRD Cash ABS

a2) TRD synthetische ABS

b1) Cash ABS Nicht-TRD → LAR

b2) synthetische ABS Nicht-TRD → AFS.

1. Ansatz:

Ein ABS-Investment erfüllt die Kriterien eines finanziellen Vermögenswertes (financial assets) → Kap. III.1.2.

Bei Variante b2) ist ein Embedded Derivative abzuspalten → Kap. III.2.5.2. Somit sind hier zwei Geschäfte zu bilanzieren: Das Grundgeschäft (HC) und das eingebettete Derivat (ED).

2. Ausweis in der Bilanz:

2.1. Nicht-Kreditinstitute → Kap. III.3.3

AV – Finanzanlagen – andere Finanzinvestitionen

Bei Nicht-TRD-Beständen wird das gesamte strukturierte Produkt (bei Nichtanwendung des Split Accountings – b1) sowie der Grundvertrag (bei Anwendung des Split Accounting – b2) unter dieser Bilanzposition ausgewiesen, unabhängig davon, ob diese der Kategorie LAR oder AFS zugeordnet sind.

UV – Finanzinstrumente/kurzfristige Finanzschulden

Die abgespalteten Derivate der synthetischen ABS-Bestände werden wie stand alone-Derivate unter der Bilanzposition „UV – Finanzinstrumente" (bei positivem Marktwert) oder „kurzfristige Finanzschulden" (bei negativem Marktwert) ausgewiesen (b2). Die ABS-Bestände des Handels (a1 u. a2) werden ebenfalls unter der Bilanzposition „UV – Finanzinstrumente" ausgewiesen.

2.2. Kreditinstitute → Kap. III.3.4

Finanzanlagen

Bei Nicht-Handelsbeständen wird das gesamte strukturierte Produkt (bei Nichtanwendung des Split Accountings – b1) sowie der Grundvertrag (bei Anwendung des Split Accounting – b2) unter der Bilanzposition „Finanzanlagen" ausgewiesen, unabhängig davon, ob diese der Kategorie LAR oder AFS zugeordnet sind).

Handelsaktiva/-passiva

Die abgespalteten Derivate der synthetischen ABS-Bestände werden wie stand alone Derivate unter der Bilanzposition „Handelaktiva" (bei positivem Marktwert) oder aber „Handelspassiva" (bei negativem Marktwert) ausgewiesen (b2). Die ABS-Bestände des Handels (a1 u. a2) werden ebenfalls unter der Bilanzposition „Handelsaktiva" ausgewiesen.

3. Bewertung 1 (Einzelbewertung)

3.1 Zugangsbewertung → Kap. III.4.1

Zu Anschaffungskosten

Bei b2) sind diese auf HC und ED aufzuteilen.

3.2 Bewertung auf Einzelebene (Einzelbewertung)

3.2.1. Marktpreisinduzierte Bewertung → Kap. III.4.3.2

Die LAR-Bestände (b1)

werden in der Bilanz mit ihren fortgeführten Anschaffungskosten bilanziert.

Die AFS-Bestände (Grundvertrag b2)

werden in der Bilanz mit dem Full Fair Value angesetzt, der Ergebnisausweis erfolgt hier GuV-neutral in der Neubewertungsrücklage.

Die abgespalteten Embedded Derivatives (b2)

sowie die ABS des Handelsbestandes (a1 + a2)

werden Full Fair Value bewertet mit Ergebnisausweis im Handelsergebnis.

Zur Fair-Value-Ermittlung

Grundsätzlich erfolgt die Full Fair Value-Bewertung von ABS-Produkten über veröffentlichte Transaktions- oder Börsenkurse. Liegt kein Transaktions- oder Börsenkurs vor, werden sog. Arranger/Dealer Quotes (Indikationen) zur Bewertung herangezogen. In Marktphasen mit eingeschränkter Liquidität fehlen insbesondere für ABS in Teilen marktnahe Indikationen. In diesem Fall ist dann ein (spreadkurvenbasiertes) Bewertungsverfahren (z. B. gemäß IAS 39.48A) anzuwenden, bei dem im größtmöglichen Umfang Marktdaten verwendet werden.

3.2.2. Impairment → Kap. III.4.3.3

Impairment ist nur relevant für LAR- oder AFS-Bestände.

LAR (b1)

Die Differenz zwischen dem bisherigen Buchwert und dem dauerhaft erzielbaren Betrag (recoverable amount) ist als Impairment-Abschreibung in die GuV zu buchen.

AFS (b2)

Der negative Betrag aus der Neubewertungsrücklage ist GuV-wirksam auszubuchen. Somit wird der vollständige Rückgang auf den aktuellen Full Fair Value in der GuV gezeigt; der Recoverable Amount dient hier lediglich als Trigger.

Recoverable-Amount-Ermittlung

Die Impairment-Feststellung bei den ABS-Beständen erfolgt auf Basis der Analyse der erwarteten Cashflows anhand eines internen Bewertungsmodells.

3.2.3. Fremdwährungsumrechnung → Kap. III.4.3.4

In diesem Fall nicht relevant, da keine Fremdwährungsbestände.

4. Bewertungseinheiten (Hedge Accounting) → Kap. III.5

In diesem Fall nicht relevant, da keine Angaben über Hedge Accounting gemacht wurden.

5. Ausweis in der GuV:

5.1. Nicht Kreditinstitute → Kap. III.6.3

Sämtliche dargestellte ABS-Varianten sind nicht der betrieblichen Sphäre zuzuordnen, sondern stellen Finanzsachverhalte dar.

Die Fair-Value-Veränderung der Embedded Derivatives sowie der TRD-ABS-Bestände wird im „Finanzergebnis" gezeigt.

Die Fair-Value-Veränderung des Host Contract wird GuV-neutral in der „Neubewertungsrücklage" gezeigt.

Für die LAR-Bestände erfolgt keine Marktbewertung.

Impairment sowohl für die AFS- als auch LAR-Bestände wird im „Finanzergebnis" dargestellt.

5.2. Kreditinstitute → Kap. III.6.4

Die Zinsen werden im Zinsüberschuss gezeigt.

Die Fair-Value-Veränderung der Embedded Derivatives sowie der TRD-ABS-Bestände wird im „Handelsergebnis" gezeigt.

Die Fair-Value-Veränderung des Host Contract wird GuV-neutral in der „Neubewertungsrücklage" gezeigt.

Für die LAR-Bestände erfolgt keine Marktbewertung.

Impairment sowohl für die AFS- als auch und LAR-Bestände wird im „Finanzanlageergebnis" dargestellt.

6. Anhangsangaben → Kap. III.7

u. a.:

- Offenlegung der angewandten Bilanzierungsregeln
- Offenlegung der verwendeten Bewertungskurse/Bewertungsverfahren
- Angabe des Full Fair Values für die LAR-ABS-Bestände

2.6 Lösung zu latenten Steuern

Relevantes Kapitel: III.2.7

Vorüberlegung

Über das Maßgeblichkeitsprinzip ist der Buchwert in der Steuerbilanz 100 EUR (wegen dem Anschaffungskostenprinzip als Obergrenze). Je nach IFRS-Bilanzierung ergibt sich die nachfolgende Zuordnung:

1) Nachfolgend die Zuordnung der Finanzinstrumente zu den Latente-Steuer-Fällen:

2. IFRS-Lösungen

Abb. 124: Latente Steuer (Lösung)

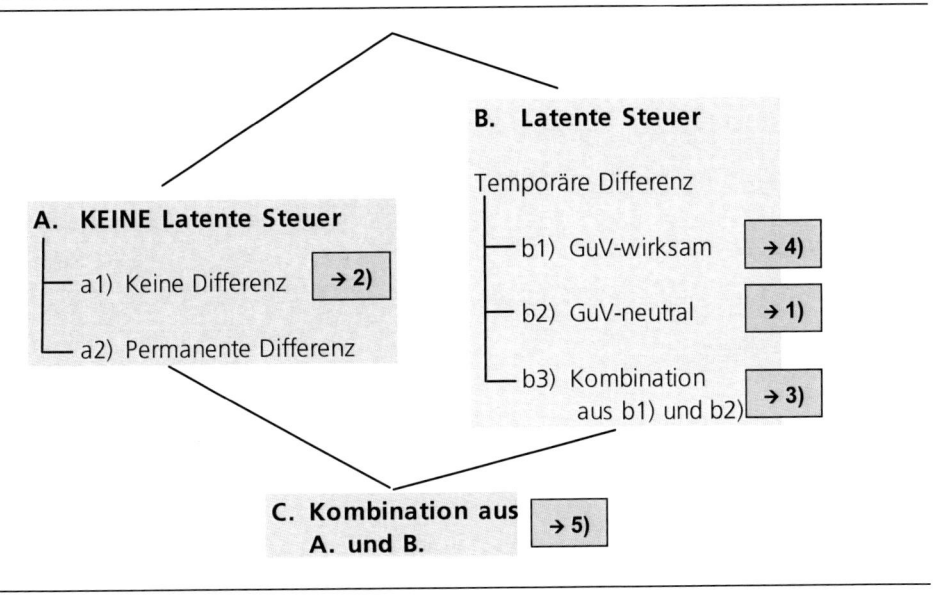

- **A. KEINE Latente Steuer**
  - a1) Keine Differenz → 2)
  - a2) Permanente Differenz
- **B. Latente Steuer**
  Temporäre Differenz
  - b1) GuV-wirksam → 4)
  - b2) GuV-neutral → 1)
  - b3) Kombination aus b1) und b2) → 3)
- **C. Kombination aus A. und B.** → 5)

2) Wie hoch ist die latente Steuer, und wie lautet der Buchungssatz?

Vorüberlegung:

Bei AFS und FVBD ist der IFRS-Buchwert 110 EUR, und somit beträgt die temporäre Differenz 10 EUR (110 EUR – 100 EUR). Wendet man den Konzernsteuersatz von 30 % auf diese temporäre Differenz an, so ergibt sich eine Steuerlatenz in Höhe von 3 EUR (10 EUR × 30 %). Die Steuerlatenz hat immer das entgegengesetzte Vorzeichen zu der temporären Differenz. Letztere stellt einen unrealisierten Ertrag (bzw. EK-Mehrung) dar und ist positiv (+10 EUR), daher ist die Steuerlatenz in diesem Fall negativ (-3 EUR) und stellt einen Aufwand dar.

1) AFS-Bond
   → IFRS-Buchwert 110 EUR, Steuerbilanz-Buchwert 100 EUR, Delta 10
   → **per** EK (Neubewertungsrücklage) **an** passive latente Steuer 3 EUR
2) LAR-Bond
   → IFRS-Buchwert 100 EUR, Steuerbilanz-Buchwert 100 EUR, Delta 0
   → keine Differenz, daher keine Buchung erforderlich
3) AFS-Bond gehedged durch einen Fair Value Hedge
   → Delta 10 EUR wie bei 1),
   allerdings 40 % GuV-wirksam und 60 % GuV-neutral
   → **per** EK (Neubewertungsrücklage) 1,2 EUR (40 % × 10 EUR × 30 %)
   per latenter Steueraufwand 1,8 EUR (60 % × 10 EUR × 30 %)
   an passive latente Steuer (Passiva) 3 EUR
4) FVBD-Bond
   → Delta 10 EUR wie bei 1), allerdings komplett GuV-wirksam
   → **per** latenter Steueraufwand **an** passive latente Steuer 3 EUR
5) AFS-Aktie

→ Gemäß § 8b KStG sind 95 % der Kursgewinne Aktien steuerbefreit. Somit stellen 95 % eine permanente Differenz dar und 5 % eine temporäre Differenz, die GuV-neutral zu erfassen ist.

→ **per** EK (Neubewertungsrücklage) **an** passive latente Steuer 0,15 EUR ((1 − 0,95) × 10 EUR × 30 %).

2.7 Lösung zu Finanzgarantien: Brutto- versus Nettoausweis

Relevantes Kap.: III.4.1.2.1

30 **Nettoausweis**

31 **Netto: Einmalzahlung der Prämie**

Folgende Annahmen werden getroffen:

- Bürgschaft in Höhe von 100 Mio. EUR zu marktgerechten Konditionen vergeben
- Laufzeit zwei Jahre
- einmalige Prämienzahlung i. H. v. 2 Mio. EUR.

32 **Netto Einmalzahlung: Zugangsbilanzierung**

Prämienzahlung

Zunächst ist die Prämienzahlung zu buchen.

Konto	EUR		Konto	EUR
Bank	2 Mio.	an	Sonstige Passiva	2 Mio.

33 **Netto Einmalzahlung: Bilanzierung am ersten Bilanzstichtag**

Folgebewertung

Bei der Folgebewertung ist zwischen einer wahrscheinlichen Inanspruchnahme und einer unwahrscheinlichen Inanspruchnahme zu unterscheiden. Ist Letzteres der Fall, hat eine lineare Auflösung der Verpflichtung zu erfolgen.

Konto	EUR		Konto	EUR
Sonstige Passiva	1 Mio.	an	Provisionsertrag	1 Mio.

Steigt die Wahrscheinlichkeit der Inanspruchnahme der Garantie über 50 %, so ist eine Rückstellung in Höhe der wahrscheinlichen Inanspruchnahme zu bilden. Dies sind laut Aufgabenstellung 10 Mio. EUR. Damit sind noch weitere 9 Mio. EUR als Verbindlichkeit einzustellen.

Konto	EUR		Konto	EUR
Risikovorsorge (GuV)	9 Mio.	an	Sonstige Passiva	9 Mio.

34 **Netto: Ratenweise Zahlung der Prämie**

Folgende Annahmen werden getroffen:

- Bürgschaft in Höhe von 100 Mio. EUR zu marktgerechten Konditionen vergeben
- Laufzeit zwei Jahre
- Prämienzahlung 1 % p. a.

Netto Raten: Zugangsbilanzierung

Der Barwert der vereinnahmten Prämie entspricht dem Leistungsbarwert. Der Fair Value ist somit Null, und es ist keine Buchung notwendig.

Netto Raten: Bilanzierung am ersten Bilanzstichtag

Prämienzahlung

Konto	EUR		Konto	EUR
Bank	1 Mio.	an	Zinsertrag/Provisionsertrag	1 Mio.

Folgebewertung

Wenn die Wahrscheinlichkeit der Inanspruchnahme der Garantie größer ist als 50 %, ist eine Rückstellung in Höhe der Inanspruchnahme zu bilden. Es wird davon ausgegangen, dass die Inanspruchnahme 10 Mio. EUR beträgt. Des Weiteren ist die Prämienzahlung zu buchen.

Konto	EUR		Konto	EUR
Bank	1 Mio.	an	Zinsertrag/Provisionsertrag	1 Mio.
Risikovorsorge (GuV)	10 Mio.	an	Rückstellung	10 Mio.

Bruttoausweis

Brutto: Einmalzahlung der Prämie

Folgende Annahmen werden getroffen:

- Bürgschaft in Höhe von 100 Mio. EUR zu marktgerechten Konditionen vergeben
- Laufzeit zwei Jahre
- einmalige Prämienzahlung i. H. v. 2 Mio. EUR.

Brutto Einmalzahlung: Zugangsbilanzierung

Bei Zugang ist die Prämie zu erfassen.

Konto	EUR		Konto	EUR
Bank	2 Mio.	an	Sonstige Passiva	2 Mio.

Brutto Einmalzahlung: Bilanzierung am ersten Bilanzstichtag

Bei der Folgebewertung ist zwischen einer wahrscheinlichen Inanspruchnahme und einer unwahrscheinlichen Inanspruchnahme zu unterscheiden. Ist Letzteres der Fall, hat eine lineare Auflösung der Verpflichtung zu erfolgen.

Konto	EUR		Konto	EUR
Sonstige Passiva	1 Mio.	an	Provisionsertrag	1 Mio.

Steigt die Wahrscheinlichkeit der Inanspruchnahme der Garantie über 50 %, so ist eine Rückstellung in Höhe der wahrscheinlichen Inanspruchnahme zu bilden. Es wird davon ausgegangen, dass die Inanspruchnahme 10 Mio. EUR beträgt.

Konto	EUR		Konto	EUR
Sonstige Passiva	1 Mio.	an	Sonstige Passiva	1 Mio.
Risikovorsorge (GuV)	9 Mio.	an	Sonstige Passiva	9 Mio.

41 Brutto: ratenweise Zahlung der Prämie

Folgende Annahmen werden getroffen:

- Bürgschaft in Höhe von 100 Mio. EUR zu marktgerechten Konditionen vergeben
- Laufzeit 2 Jahre
- Prämienzahlung 1 % p. a.

42 Brutto Raten: Zugangsbilanzierung

Die Zugangsbewertung erfolgt zum Fair Value. Dieser entspricht dem Barwert der Prämienzahlungen. Der Barwert oder Present Value wird folgendermaßen berechnet:

$$PV = \sum_{t=1}^{n} CF_t \times df_t = \frac{1}{(1+i_t)^t}$$

Dementsprechend ergibt sich ein Fair Value i. H. v. ≈ 2 Mio EUR.

Konto	EUR		Konto	EUR
Sonstige Aktiva/Forderungen KI/KU	2 Mio.	an	Sonstige Passiva	2 Mio.

43 Brutto Raten: Bilanzierung am ersten Bilanzstichtag

Prämienzahlung

Ggf. entsteht ein Zinsertrag. In diesem Falle ist die Forderung aufzuzinsen.

Konto	EUR		Konto	EUR
Sonstige Aktiva/Forderungen KI/KU	1 Mio.	an	Zinsertrag	1 Mio.

Bei Zahlungseingang ist die Prämie zu buchen.

Konto	EUR		Konto	EUR
Bank	1 Mio.	an	Sonstige Aktiva/Forderungen KI/KU	1 Mio.

Folgebewertung

Die Folgebewertung ist abhängig von der Wahrscheinlichkeit der Inanspruchnahme der Garantie.

Wahrscheinlichkeit der Inanspruchnahme ≤ 50 %

Ist die Wahrscheinlichkeit der Inanspruchnahme kleiner als 50 % bzw. der Wert der Finanzgarantie entsprechend IAS 37 geringer als der Fair Value abzüglich der kumulierten Amortisation, so ist der bisher passivierte Betrag anteilig aufzulösen.

Konto	EUR		Konto	EUR
Sonstige Passiva	1 Mio.	an	Provisionsertrag	1 Mio.

Wahrscheinlichkeit der Inanspruchnahme > 50 %

Ist die Wahrscheinlichkeit der Inanspruchnahme größer als 50 %, so ist eine Rückstellung zu bilden. Dementsprechend ist der Buchwert der sonstigen Passiva in die Rückstellungen umzubuchen. Des Weiteren ist die Differenz zwischen dem Rückstellungsbetrag und dem Buchwert der sonstigen Passiva erfolgswirksam zu erfassen. Es wird davon ausgegangen, dass die Inanspruchnahme 10 Mio. EUR beträgt.

Konto	EUR		Konto	EUR
Risikovorsorge (GuV)	8 Mio.	an	Sonstige Passiva	8 Mio.

2.8 Lösung zu Zins-Swap

Relevante Kap.: II.3.3.2.1, III.2.1.1, III.4.2.1.1.1

Abb. 125: Zins-Swap (Lösung 1)

Zinsswaps: Buchungssätze (1)

A. Buchungssätze (ohne Ausbuchung)

1. t0: Einbuchung des Zinsswaps mit dem Clean Price

2. t1: Bewertung des Zinsswaps mit dem Clean Price

2a. t1: Buchung der Zinsabgrenzung

3. t1 + 1Tag: Rückabgrenzung der Zinsabgrenzung

4. t2: Ausgang der variablen Zinszahlungen

5a. t3: Eingang der Festzinszahlung

5b. t3: Ausgang der variablen Zinszahlung

B. Buchungssätze Ausbuchung = Fristablauf

C. Buchungssätze Ausbuchung = Buy-Out

---

2. IFRS-Lösungen

Abb. 126: Zins-Swap (Lösung 2)

Zinsswaps: Buchungssätze (2)

A. Buchungssätze (ohne Ausbuchung)

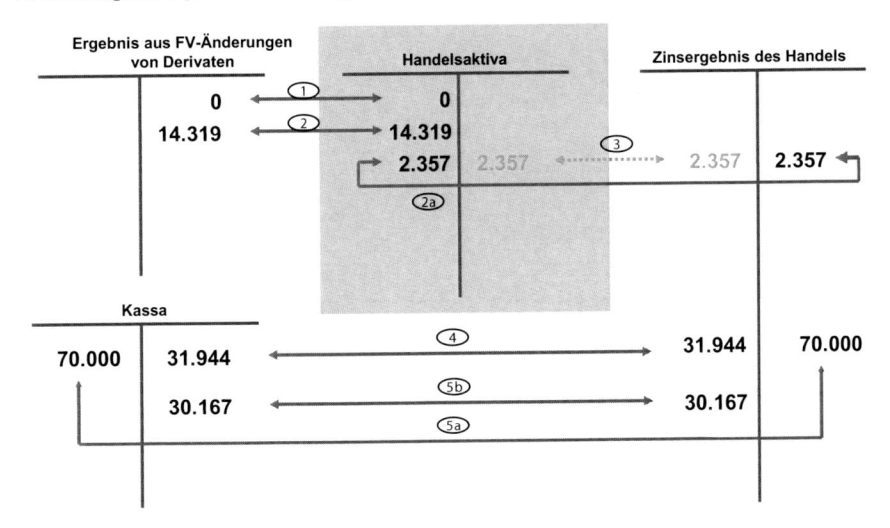

Ergebnis aus FV-Änderungen von Derivaten	Handelsaktiva	Zinsergebnis des Handels
0 ←① → 0		
14.319 ←② → 14.319		
	2.357 2.357 ←③→ 2.357	2.357
	②a	

Kassa		
70.000 31.944 ←④→ 31.944	70.000
30.167 ←⑤b→ 30.167
⑤a

Abb. 127: Zins-Swap (Lösung 3)

Zinsswaps: Buchungssätze (3)

B. Buchungssätze Ausbuchung = Fristablauf

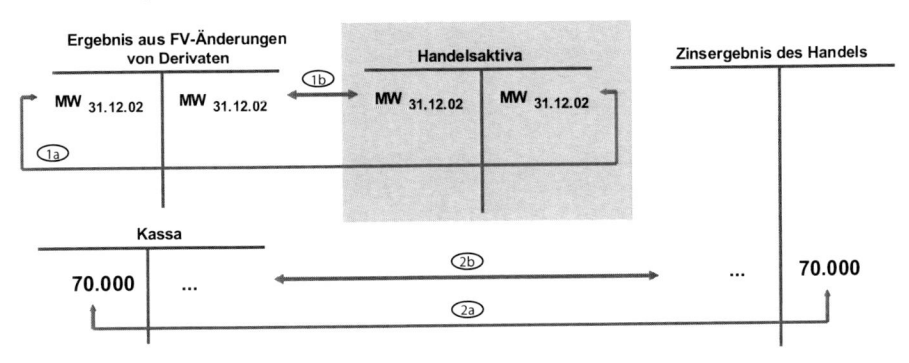

Ergebnis aus FV-Änderungen von Derivaten	Handelsaktiva	Zinsergebnis des Handels
MW $_{31.12.02}$ MW $_{31.12.02}$ ←①b→ MW $_{31.12.02}$ MW $_{31.12.02}$	
①a		

Kassa		
70.000 ... ←②b→ ...	70.000
②a

Buchungssätze (Fristablauf):

1a. 12.08.2003 - Ausbuchung des Zinsswaps (MW $_{31.12.02}$ > 0)

1b. 12.08.2003 - Ausbuchung des Zinsswaps (MW $_{31.12.02}$ < 0)

2a. 12.8.2003 - Eingang der Festzinszahlung

2b. 12.8.2003 - Ausgang der variablen Zinszahlung

Abb. 128: Zins-Swap (Lösung 4)

Zinsswaps: Buchungssätze (4)

C. Buchungssätze Ausbuchung = Buy-Out

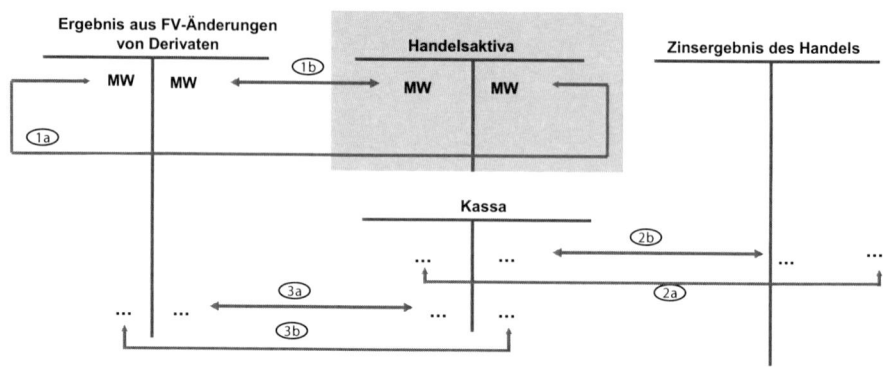

Buchungssätze (Buy-Out)

1a. Ausbuchung des Zinsswaps (MW >0)

1b. Ausbuchung des Zinsswaps (MW < 0)

2a. Eingang der Festzinszahlung

2b. Ausgang der variablen Festzinszahlung

3. Überweisung der Ausgleichszahlung

2.9 Lösung zu Währungs-Swap

Relevante Kap.: III.2.1.1 – III.4.2.1.1.1

Abb. 129: Währungs-Swap (Lösung 1)

Währungsswap: Buchungsansätze (1)

1a. t0: Einbuchung des Kasseteils: Kauf von USD in der Kasse

1b. t0: Einbuchung des Terminteils: Verkauf von USD in 12 Monaten gegen Euro

2. t1: Bewertung des Swaps am Bilanzstichtag (Terminteil)
   Es wird davon ausgegangen, dass der Marktzins USD auf 10% gestiegen ist und der Marktzins Euro auf 8%.
   Der Kassakurs beträgt 1,0 EUR/USD

3. t1: GuV- Umbuchung mit anschließender Bewertung der abgezinsten Terminposition (Kurs = 1)

4. t1: Bewertung der Kasseposition

2. IFRS-Lösungen

Abb. 130: Währungs-Swap (Lösung 2)

Währungsswap: Buchungsansätze (2)

Die Position in der Kasse im Zeitpunkt t_0 entspricht der abgezinsten Terminposition:

$FV\text{-}USD_{Termin}$ = 1.000.000/1,05 + 50.000/1,05 =
   952.380,95 + 47.619,05 = 1.000.000,00

$FV\text{-}EUR_{Termin}$ = 1.111.111,11/1,04 + 44.444,44/1,04 =
   1.068.376,07 + 42.735,04 = 1.111.111,11

Die Folgebewertung im Zeitpunkt t_0 stellt sich wie folgt dar:
- Wertminderung auf die USD-Verbindlichkeit: 50.000 USD
- Veränderung des Zinsoutrights: 8.000 USD
- Bewertung der abgezinsten Terminposition mit dem Kassakurs ⊠ Bewertungsergebnis in Höhe von 111.111,11 EUR.

Abb. 131: Währungs-Swap (Lösung 3)

Währungsswap: t0: Buchungsschema für den Kasseteil

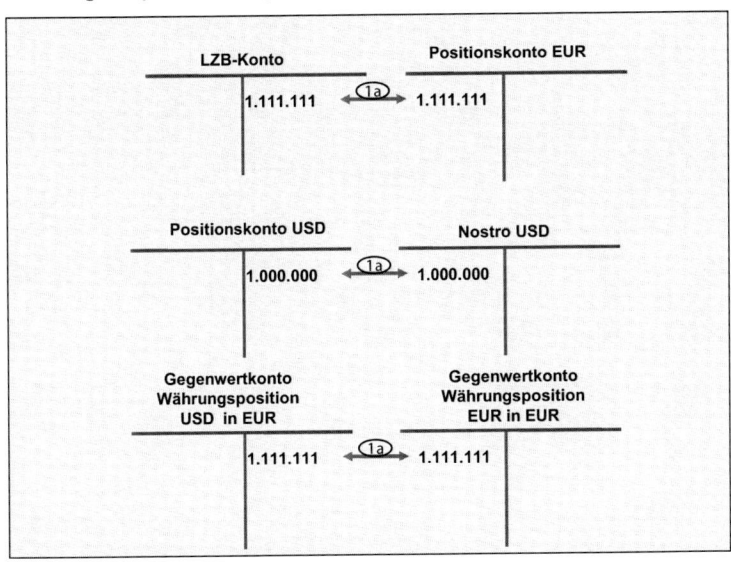

LZB-Konto	Positionskonto EUR
1.111.111 ←(1a)→	1.111.111

Positionskonto USD	Nostro USD
1.000.000 ←(1a)→	1.000.000

Gegenwertkonto Währungsposition USD in EUR	Gegenwertkonto Währungsposition EUR in EUR
1.111.111 ←(1a)→	1.111.111

Abb. 132: Währungs-Swap (Lösung 4)

Währungsswap: t0: Buchungsschema für den Terminteil

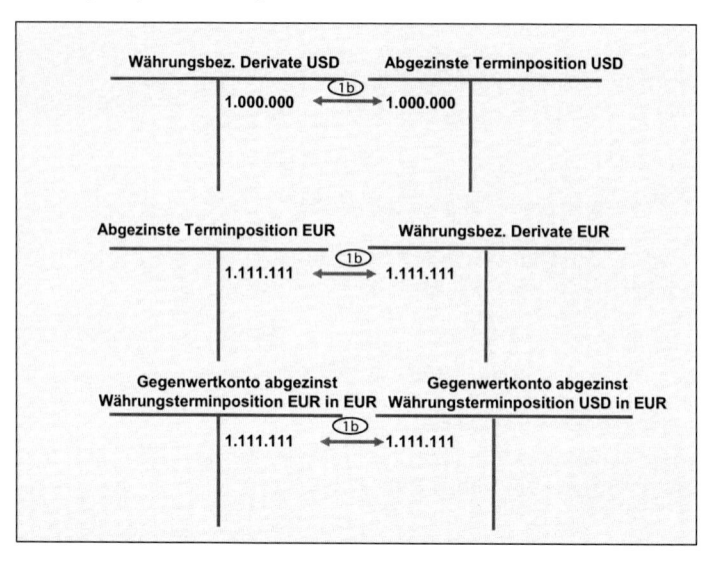

Währungsbez. Derivate USD	Abgezinste Terminposition USD
1.000.000 ←—(1b)— 1.000.000	

Abgezinste Terminposition EUR	Währungsbez. Derivate EUR
1.111.111 ←—(1b)— 1.111.111	

Gegenwertkonto abgezinst Währungsterminposition EUR in EUR	Gegenwertkonto abgezinst Währungsterminposition USD in EUR
1.111.111 ←—(1b)— 1.111.111	

Abb. 133: Währungs-Swap (Lösung 5)

Währungsswap: t1: Buchungsschema für die Folgebewertung des Terminteils

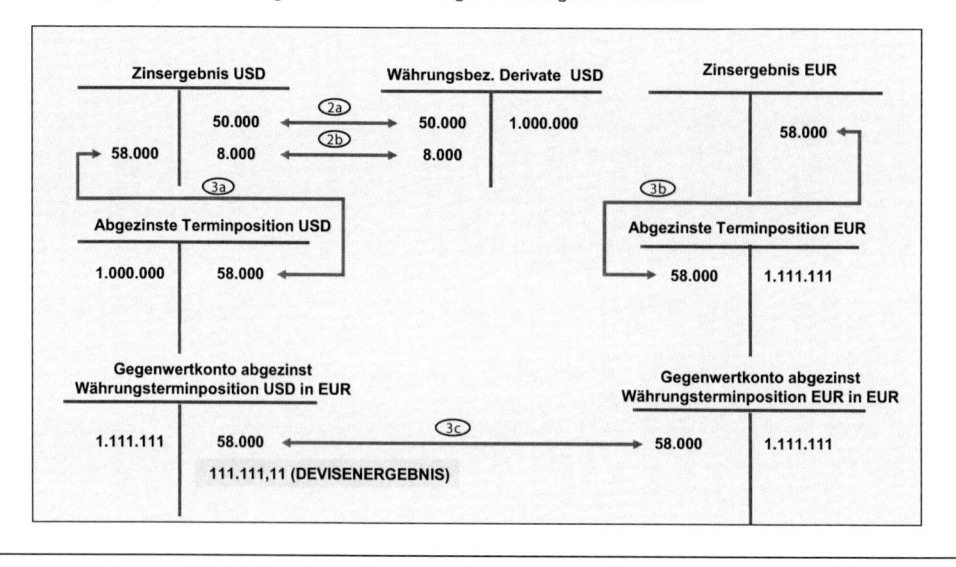

Zinsergebnis USD	Währungsbez. Derivate USD	Zinsergebnis EUR
50.000 ←—(2a)— 50.000 1.000.000		58.000
58.000 8.000 ←—(2b)— 8.000		

Abgezinste Terminposition USD	Abgezinste Terminposition EUR
1.000.000 58.000 ←—(3a)—	—(3b)→ 58.000 1.111.111

Gegenwertkonto abgezinst Währungsterminposition USD in EUR	Gegenwertkonto abgezinst Währungsterminposition EUR in EUR
1.111.111 58.000 ←——(3c)——	—→ 58.000 1.111.111
111.111,11 (DEVISENERGEBNIS)	

Abb. 134: Währungs-Swap (Lösung 6)

Währungsswap: t1: Bewertung der Kasseposition

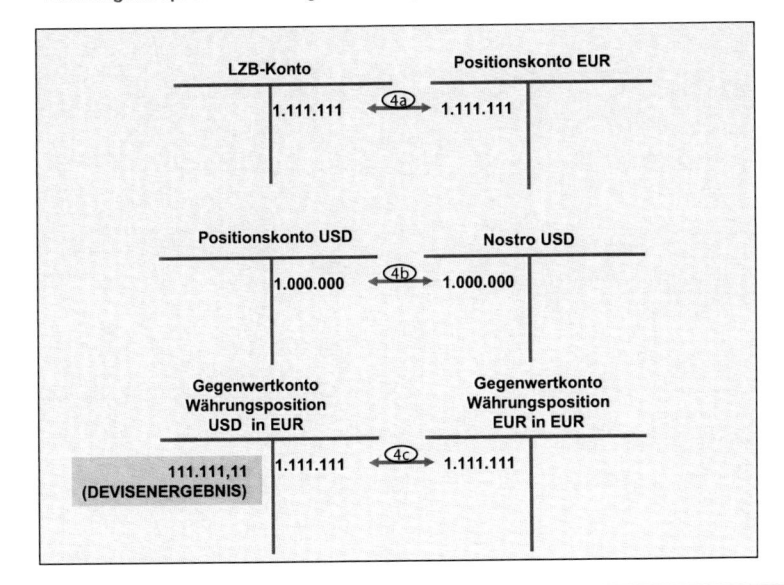

LZB-Konto		Positionskonto EUR
1.111.111	←(4a)→	1.111.111

Positionskonto USD		Nostro USD
1.000.000	←(4b)→	1.000.000

Gegenwertkonto Währungsposition USD in EUR		Gegenwertkonto Währungsposition EUR in EUR
111.111,11 (DEVISENERGEBNIS) 1.111.111	←(4c)→	1.111.111

2.10 Lösung zu Forward Rate Agreement (FRA)

Relevante Kap.: Tz. 229 – III.2.1.1 – III.4.2.1.1.1

Abb. 135: FRA (Lösung 1)

FRA: Buchungssätze (I)

1. t0: Verkauf eines FRA
2. t1: Bewertung des FRA am Bilanzstichtag
3. t2: Zahlung einer Ausgleichszahlung

Abb. 136: FRA (Lösung 2)

FRA: Buchungssätze (II)

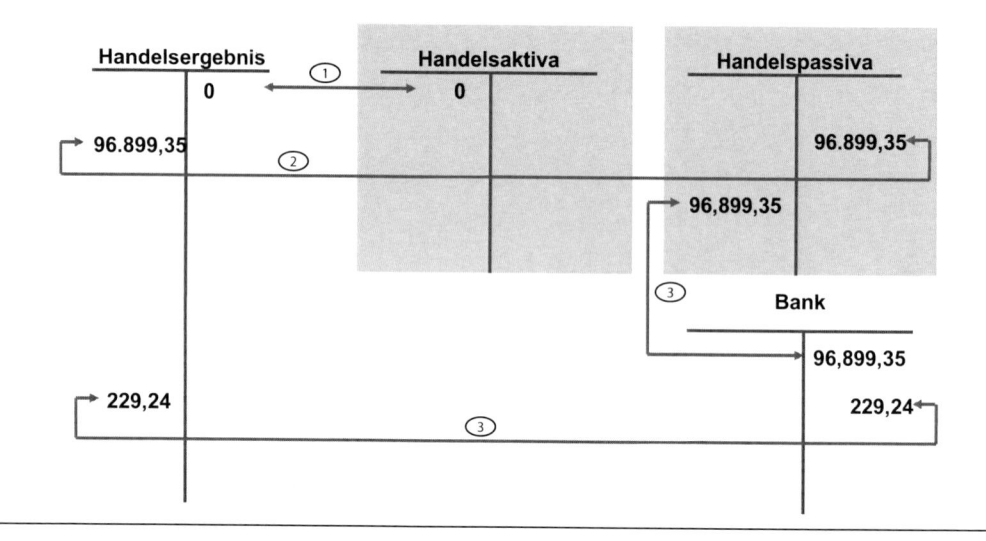

```
   Handelsergebnis         Handelsaktiva          Handelspassiva
         0          ←①           0
  → 96.899,35                                         96.899,35 ←┐
                 ②                                               │
                                            → 96,899,35          │
                                                                 │
                                             ③   Bank            │
                                                → 96,899,35      │
  → 229,24                                         229,24 ←┐
                        ③
```

2.11 Lösung zu Zins-Future

Relevante Kap.: II.3.3.2.3, III.2.1.1, III. 4.2.1.1.1

Abb. 137: Zins-Future (Lösung 1)

Zinsfutures: Buchungssätze

1. t0: Buchung der Initial Margin[1]

2. t0: Erhalt einer Variation Margin - Intraday Kursveränderung zwischen dem Zeitpunkt des Kaufs und dem Zeitpunkt der Kurswertfestlegung

3. t1: Zahlung einer Variation Margin - Kurswertveränderung

4. t2: Bewertung des Zins-Futures am Bilanzstichtag

5. t2 Ausgleich des Kontos Futures zur Vermeidung der künstlichen
5a. Bilanzverlängerung[2]

6. t3: Glattstellung
6a. Rückbuchung der Initial Margin (falls am Anfang als Cash gegeben)
6b. Ausgleich des Konto Sonstige Aktiva

---

[1] Entfällt, wenn Wertpapiere als Sicherheit bei EUREX hinterlegt werden.

[2] Ein doppelter Ausweis ist nicht sachgerecht, da ab Valutatag und geleisteter Zahlung kein weiterer Ausgleichsanspruch aus dem Future besteht, d.h. mit geleisteter Margin-Zahlung ist der Fair Value gleich Null.

Abb. 138: Zins-Future (Lösung 2)

Zinsfutures: Buchungssätze

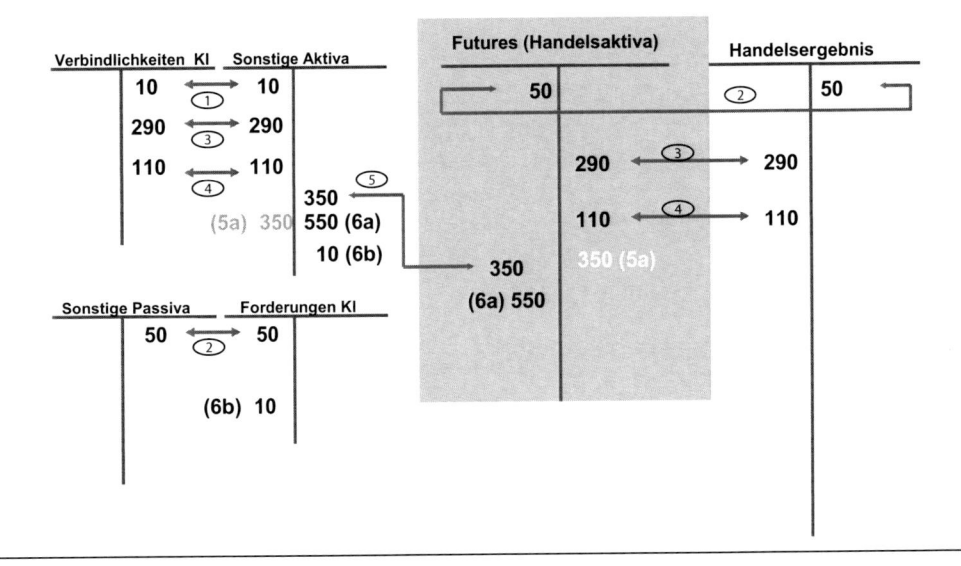

```
Verbindlichkeiten KI    Sonstige Aktiva          Futures (Handelsaktiva)      Handelsergebnis
     10    ⟷   ①    10                              50    ⟶                ②    50    ⟵
    290   ⟷   ③   290                                                           
    110   ⟷   ④   110                             290   ⟵   ③  ⟶  290
                          350  ⑤                   110   ⟵   ④  ⟶  110
              (5a) 350    550 (6a)                 
                           10 (6b)                  350         350 (5a)
                                              (6a) 550
 Sonstige Passiva      Forderungen KI
     50    ⟷   ②    50
              (6b)  10
```

2.12 Lösung zu Aktien-Option

Relevante Kap.: II.3.3.2.4, III.2.1.1, III.4.2.1.1.1

Abb. 139: Aktien-Option (Lösung 1)

Option: Buchungsansätze

1. t0: Zahlung der Optionsprämie

2. t0: Gebühren Börse

3. t1: Bewertung der Option am Bilanzstichtag

4a. t2: Verfall der Option

4b. t2: Close Out

4c. t2: Cash Settlement

4d. t2: Physische Lieferung - Aktueller Kurs des Underlyings = 44 EUR

Abb. 140: Aktien-Option (Lösung 2)

Option: Buchungssätze

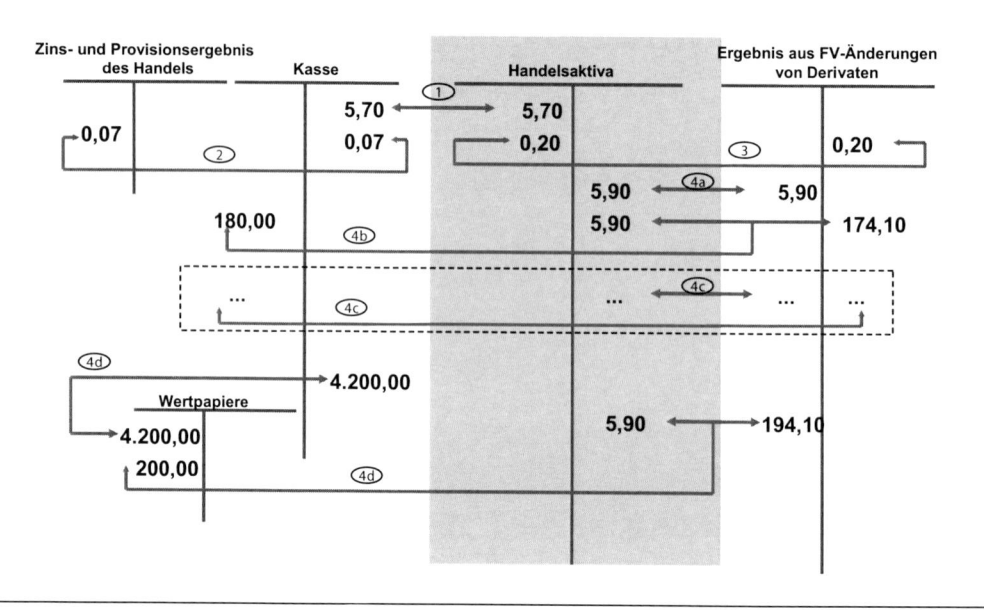

Zins- und Provisionsergebnis des Handels	Kasse	Handelsaktiva	Ergebnis aus FV-Änderungen von Derivaten
0,07	5,70 ← ① → 5,70		
	0,07 ②	0,20 ③	0,20
		5,90 ←④a→ 5,90	
	180,00 ④b	5,90	174,10
	... ④c	... ④c	...
④d			
Wertpapiere	4.200,00		
4.200,00		5,90 ← 194,10	
200,00	④d		

2.13 Lösung zur IAS 39-Kategorisierung

Relevantes Kap.: III.4.2

1) Je nach Erwerbsintention:
   - LAR →**NEIN**, da für Bundesanleihe aktiver Markt besteht.
   - TRD → **JA**, wenn zum Handeln erworben.
   - FVBD → **JA**, wenn kein Handel, aber dennoch eine GuV-wirksame Fair-Value-Bewertung gewünscht wird und die Voraussetzungen für die Anwendung der Fair-Value-Option gegeben ist.
   - HTM → **JA**, wenn Wille und Fähigkeit bestehen, bis zur Endfälligkeit durchzuhalten.
   - AFS → **JA**, wenn keine der anderen Kategorisierungen zutreffen.

2) Der Bewertung des HGB-Anlagevermögens kommt die Kategorie HTM am nächsten. Allerdings ist diese nicht offen für alle Arten von Finanzinstrumenten.

   2a) Industrieanleihe

   2a1) mit Gläubigerkündigungsrecht

   HTM, da feste Laufzeit und Gläubigerkündigungsrecht steht dem Willen und der Fähigkeit, bis zur Endfälligkeit durchzuhalten, nichts entgegen.

   2a2) mit Schuldnerkündigungsrecht

   AFS, zwar feste Laufzeit, aber Schuldnerkündigungsrecht steht dem Willen und der Fähigkeit, bis zur Endfälligkeit durchzuhalten, entgegen.

   2b) Aktien

   AFS, da keine feste Laufzeit (und daher z. B. HTM nicht möglich ist).

2. IFRS-Lösungen

3) Investition in Aktienanleihe:
   LAR → **NEIN**, da für Bundesanleihe aktiver Markt besteht.
   TRD → **JA**, wenn zum Handeln erworben.
   FVBD → **JA**, wenn kein Handel, aber dennoch eine GuV-wirksame Fair-Value-Bewertung gewünscht wird und die Voraussetzungen für die Anwendung der Fair-Value-Option gegeben sind,. hier z. B. zur Vermeidung der Abspaltung eines Embedded Derivatives.
   HTM, AFS → **JA**, beides grundsätzlich möglich, aber Split Accounting.
       TRD → Die eingebettete Aktienoption ist als abgespaltenes Derivat dieser Kategorie zuzuordnen.
       HTM, AFS → Der verbleibende Grundvertrag kann dann je nach Präferenz einer der beiden Kategorien zugeordnet werden.

4) Zinsswap (pay fixed, receive variable)
   4a) Sie haben die Erwartung, dass die Zinsen steigen und so der Zins-Swap an Wert gewinnt.
       TRD → Der Zins-Swap wird nicht zu Absicherungszwecken, sondern als Handelsbestand abgeschlossen.
       4a1) Der Fair Value zum Bilanzstichtag ist positiv.
           (Handels-)Aktiva → Derivate mit positivem Marktwert werden als (Handels-)Aktiva ausgewiesen.
       4a2) Der Fair Value zum Bilanzstichtag ist negativ.
           (Handels-)Passiva → Derivate mit negativem Marktwert werden als (Handels-)Passiva ausgewiesen.
   4b) Sie setzen den Zins-Swap als Sicherungsinstrument im Rahmen des Hedge Accountings ein.
       HEDGE → Als Sicherungsinstrument ist der Zins-Swap als Gegenstand einer Hedgebeziehung und damit keiner der offiziellen IAS 39-Kategorien zuzuordnen. Für das interne Datenmodell könnte man beispielsweise die Kategorie HEDGE vergeben.
       4b1) Der Fair Value zum Bilanzstichtag ist positiv.
           Kreditinstitute: → Hedging-Derivate Aktiva
           Nicht-Kreditinstitute: → Finanzinstrumente (UV)
       4b2) Der Fair Value zum Bilanzstichtag ist negativ.
           Kreditinstitute: → Hedging-Derivate Passiva
           Nicht-Kreditinstitute: → Finanzschulden (kurzfristigen L).

5) Asset Swap
       Zwei Geschäfte → Obwohl nur ein Trade, sind bilanziell sowohl das Kassageschäft (z. B. Bundesanleihe) als auch der Zins-Swap getrennt zu bilanzieren.
       TRD oder HEDGE → Der Zins-Swap ist als Derivat der Kategorie TRD zuzuordnen, außer der Asset Swap wird als ein Fair Value Hedge in der Buchhaltung implementiert, dann keine Zuordnung zu einen der „offiziellen" IAS-39-Kategorien.
       TRD, FVBD, HTM oder AFS → Je nach Intention kann das Kassageschäft einer dieser Kategorien zugeordnet werden.

2.14 Lösung zu IAS 39-Kategorien und Folgebewertung

Relevantes Kap.: III.4.3.1.

Abb. 141: IAS 39-Kategorien und Folgebewertung (Lösung)

Beispiel: Folgebewertung Finanzinstrumente

Anleihe:	Verzinsung (fix):	6 %
	Anschaffungskosten:	100 T€
	Marktzins zum Bilanzstichtag:	5 %
	Kurs zum Bilanzstichtag:	105 T€

Kategorie	Wertansatz (Bilanz)	Ergebnisauswirkung
TRD, FVbD	105 T€	+ 5 T€
AFS	105 T€	0 T€*
HTM, LAR, VB	100 T€	0 T€

* + 5 T€ in Neubewertungsrücklage

2.15 Lösung zu AFS und Bewertung

Relevante Textziffer: Tz. 535

Abb. 142: AFS und Bewertung (Lösung)

t	Available-for-Sale Δ	Available-for-Sale Buchwert	GUV Zinsergebnis	Neubewertungsrücklage Δ	Neubewertungsrücklage Buchwert
0	+93	93			
1	+1 - 4	90	+1	-4	-4
2	+1 - 1	90	+1	-1	-5
3	+1 - 1	90	+1	-1	-6
4	+1 - 6	85	+1	-6	-12
5	+1 + 1	87	+1	1	-11
6	+1 + 3	91	+1	3	-8
7	+1 + 8	100	+1	8	0

- Differenz zwischen Anschaffungskosten und Rückzahlungsbetrag (=Nominalbetrag) ergibt das Disagio in Höhe von 7 (100 - 93)
- Disagio-Aufteilung auf die Restlaufzeit (7 Jahre). Vereinfacht linear: 7 / 7 = 1 p.a.
- Letzter Buchwert plus Disagio-Zuschreibung abzüglich Marktpreis ergibt Zu-/Abschreibung der Neubewertungsrücklage

2.16 Lösung zu unterjährigen Aktien-Impairment

Relevante Textziffer: Tz.: 0.

Aufgabe 1: Stellen Sie den Buchwert der Aktie sowie der Neubewertungsrücklage jeweils zum 30.06.2008 und 31.12.2008 für folgende Buchungsverfahren dar:

a) Der Buchwert der Aktie (Neubewertungsrücklage) beträgt zum 30.06.2008 60 EUR (0 V) und zum 31.12.2008 90 EUR (-10 EUR).

b) Der Buchwert der Aktie (Neubewertungsrücklage) beträgt zum 30.06.2008 60 EUR (0 EUR) und zum 31.12.2008 90 EUR (+30 EUR).

Aufgabe 2: Wodurch unterscheiden sich die Ergebnisse von a) und b)?

Die Nettoveränderung aus GuV und Neubewertungsrücklage (NBRL) beträgt bei beiden Varianten im gesamten Geschäftsjahr (GJ) -10 EUR. Allerdings verteilen sich diese unterschiedliche auf die GuV und die NBRL. Bei Variante a) ist der GuV-Effekt im GJ 0 EUR und die NBRL beträgt -10 EUR. Bei Variante b) ist der GuV-Effekt -40 EUR und die NBRL +30 EUR.

Aufgabe 3: Welche der beiden Varianten a) und b) ist IAS 39-Standard-konform.

IFRIC 10 schreibt Variante b) verpflichtend vor.

Abb. 143: Unterjähriger Aktien-Impairment (Lösung)

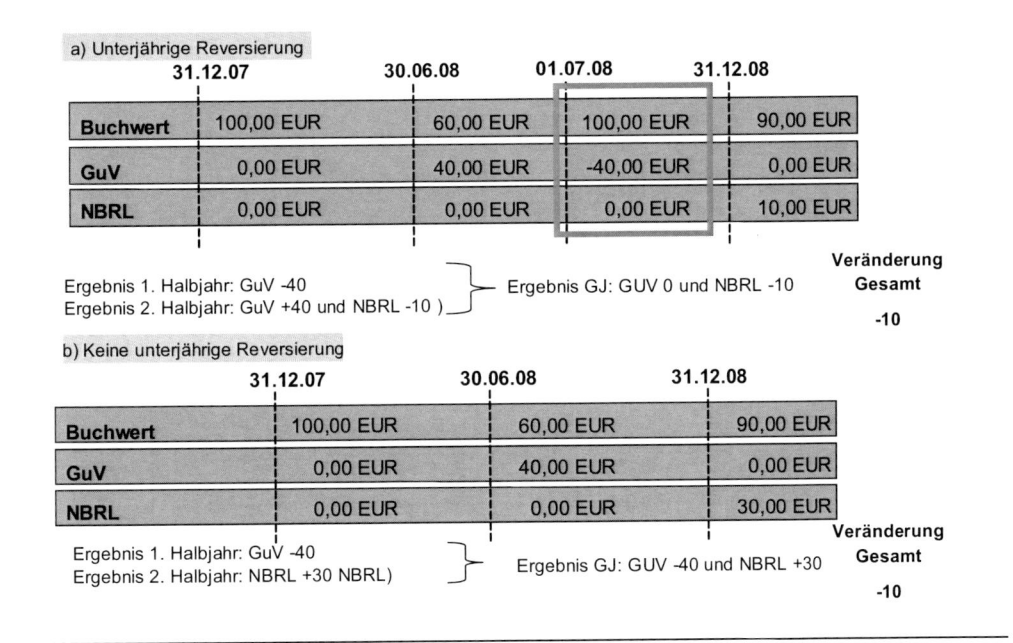

a) Unterjährige Reversierung

	31.12.07	30.06.08	01.07.08	31.12.08
Buchwert	100,00 EUR	60,00 EUR	100,00 EUR	90,00 EUR
GuV	0,00 EUR	40,00 EUR	-40,00 EUR	0,00 EUR
NBRL	0,00 EUR	0,00 EUR	0,00 EUR	10,00 EUR

Ergebnis 1. Halbjahr: GuV -40
Ergebnis 2. Halbjahr: GuV +40 und NBRL -10) — Ergebnis GJ: GUV 0 und NBRL -10

Veränderung Gesamt: -10

b) Keine unterjährige Reversierung

	31.12.07	30.06.08	31.12.08
Buchwert	100,00 EUR	60,00 EUR	90,00 EUR
GuV	0,00 EUR	40,00 EUR	0,00 EUR
NBRL	0,00 EUR	0,00 EUR	30,00 EUR

Ergebnis 1. Halbjahr: GuV -40
Ergebnis 2. Halbjahr: NBRL +30 NBRL) — Ergebnis GJ: GUV -40 und NBRL +30

Veränderung Gesamt: -10

2.17 Lösung zu Fremdwährungsgeschäften

Relevantes Kap.: III.4.3.4.1

Aufgabe 1: Ordnen Sie folgende Fremdwährungs-Assets der richtigen Kategorie zu:
a) monetäre Posten
- → 3) USD Bond HTM
- → 2) USD Bond TRD

b) nicht monetäre Posten/Bewertung zu historischen Anschaffungskosten
- → 4) USD Beteiligung, deren Fair Value nicht verlässlich ermittelbar ist
- → 5) USD Anlagevermögen

c) nicht monetäre Posten/GuV-wirksame Fair-Value-Bewertung
- → 6) USD Aktie TRD

d) nicht monetäre Posten/GuV-neutrale Fair-Value-Bewertung
- → 1) USD Aktie der Kategorie AFS.

Aufgabe 2: Mit welchem USD-Gegenwert sind Fremdwährungsaktiva/-passiva der Klassen a) bis d) umzurechnen, und wo wird das Fremdwährungsergebnis ausgewiesen?

T0 = Tag des Geschäftsvorfalls → 1 EUR = 1 USD;

t1 = Bilanzstichtag = Tag der Ermittlung des Wertes

→ Stichtagskurs = 1 EUR = 2 USD

a) monetäre Posten
- → Stichtagskurs → 0,5 EUR (1 EUR/2 USD) → GuV

b) nicht monetäre Posten/Bewertung zu historischen Anschaffungskosten
- → historischer Kurs → 1 EUR (1 EUR/1 USD)
  - → keine Fremdwährungsbewertung

c) nicht monetäre Posten/GuV-wirksame Fair-Value-Bewertung
- → Stichtagskurs → 0,5 EUR (1 EUR/2 USD) → GuV

d) nicht monetäre Posten/GuV-neutrale Fair-Value-Bewertung
- → Stichtagskurs → 0,5 EUR (1 EUR/2 USD)
  - → EK (Neubewertungsrücklage).

2. IFRS-Lösungen

2.18 Lösung zu Fair Value Hedge-Accounting (FVH)

Relevantes Kap.: III.5.3.2.2

Abb. 144: Fair Value Hedges FVH (Lösung 1)

a1)

Schritt 1: Ermittlung Effektivzins SSD per 01.01.2008

$$\text{Auszahlungsbetrag} = \sum_{x=1}^{n} \frac{CF_x}{(1+\text{Eff}_{Gg})^x} \qquad \text{Eff}_{Gg} = 5{,}572\%$$

$$98.000 = \frac{5.000}{(1+\text{Eff}_{Gg})^{\frac{360}{360}}} + \frac{5.000}{(1+\text{Eff}_{Gg})^{\frac{720}{360}}} + \frac{5.000}{(1+\text{Eff}_{Gg})^{\frac{1080}{360}}} + \frac{105.000}{(1+\text{Eff}_{Gg})^{\frac{1440}{360}}}$$

in EUR

Schritt 2: Ermittlung konstanter Spread Darlehen für Hedge Accounting per 01.01.2008

$$98.000 = \frac{5.000}{(1+3{,}5\%+KoSp)^{\frac{360}{360}}} + \frac{5.000}{(1+3{,}7\%+KoSp)^{\frac{720}{360}}} + \frac{5.000}{(1+4{,}1\%+KoSp)^{\frac{1080}{360}}} + \frac{105.000}{(1+4{,}6\%+KoSp)^{\frac{1440}{360}}}$$

$KoSp = 1{,}025\%$

Schritt 3: Ermittlung Fair Value Swap per 01.01.2008

Fixer Schenkel
$$100.000 = \frac{4.550}{(1+3{,}5\%)^{\frac{360}{360}}} + \frac{4.550}{(1+3{,}7\%)^{\frac{720}{360}}} + \frac{4.550}{(1+4{,}1\%)^{\frac{1080}{360}}} + \frac{104.550}{(1+4{,}6\%)^{\frac{1440}{360}}}$$

Variabler Schenkel
$$100.000 = \frac{101.700}{(1+3{,}4\%)^{\frac{180}{360}}} \qquad \text{Fair Value} = 0$$

Abb. 145: Fair Value Hedges FVH (Lösung 2)

a2)

Schritt 1: Disagio Buchung per 31.12.2008

$$\text{AmortisedCost} = \sum_{x=1}^{n} \frac{CF_x}{(1+\text{Eff}_{Gg})^x} \qquad \text{Eff}_{Gg} = 5{,}572\%$$

$$98.460 = \frac{5.000}{(1+5{,}572\%)^{\frac{360}{360}}} + \frac{5.000}{(1+5{,}572\%)^{\frac{720}{360}}} + \frac{105.000}{(1+5{,}572\%)^{\frac{1080}{360}}}$$

in EUR

Schritt 2: Ermittlung Hedge Fair Value für SSD für Hedge Accounting per 31.12.2008

$$\text{FairValue} = \sum_{x=1}^{n-t} \frac{CF_x}{(1+R_{t,x}+KoSp)^x} \qquad KoSp = 1{,}025\%$$

$$96.300 = \frac{5.000}{(1+4{,}5\%+1{,}025)^{\frac{360}{360}}} + \frac{5.000}{(1+4{,}9\%+1{,}025\%)^{\frac{720}{360}}} + \frac{105.000}{(1+5{,}4\%+1{,}025\%)^{\frac{1080}{360}}}$$

Schritt 3: Ermittlung Fair Value Veränderung SSD für Hedge Accounting per 31.12.2008

Fair Value Veränderung = HFV aktuell minus HFV alt minus Disagio

$$-2.160 = 96.300 - 98.000 - 460$$

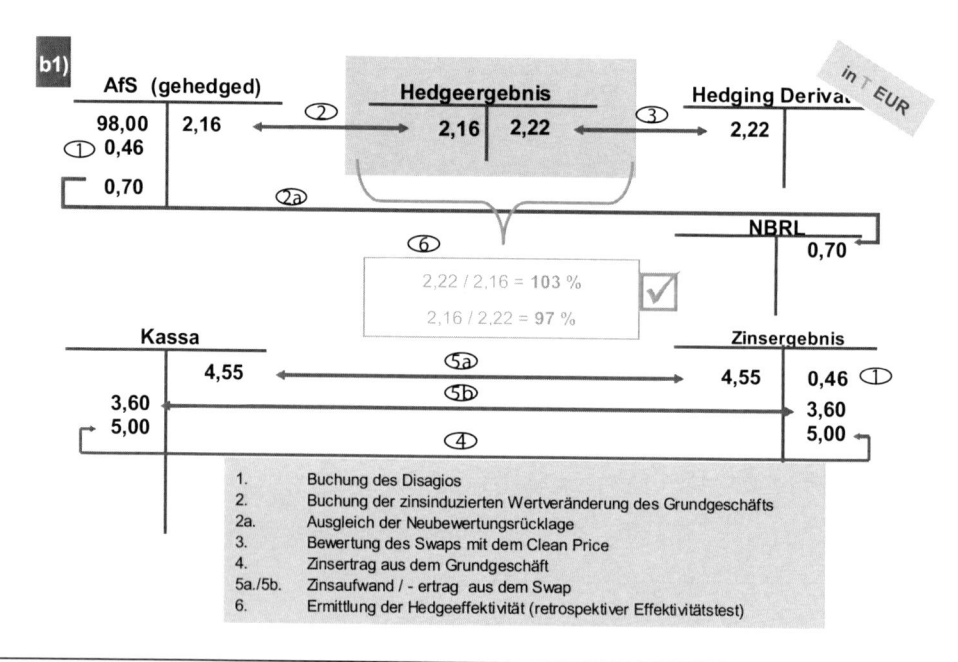

Abb. 146: Fair Value Hedges FVH (Lösung 3)

a2)

in EUR

Schritt 4: Ermittlung Fair Value Swap per 31.12.2008

Fixer Schenkel
$$97.780 = \frac{4.550}{(1+4,5\%)^{\frac{360}{360}}} + \frac{4.550}{(1+4,9\%)^{\frac{720}{360}}} + \frac{104.550}{(1+5,4\%)^{\frac{1080}{360}}}$$

Variabler Schenkel
$$100.000 = \frac{102.000}{(1+4\%)^{\frac{180}{360}}} \qquad \text{Fair Value = 2.220}$$

Schritt 5: Ermittlung Fair Value Veränderung Swap für Hedge Accounting per 31.12.2008

Fair Value Veränderung = Fair Value per 31.12.2008 minus Fair Value per 01.01.2008

$$2.220 = 2.220 - 0$$

Schritt 6: Ermittlung Ausgleich Neubewertungsrücklage per 31.12.2008

$FFV_{aktuell} - (FFV_{alt} + \text{Hedgeergebnis})$

$$700 = 97.000 - (98.000 - 2.160 + 460)$$

Abb. 147: Fair Value Hedges FVH (Lösung 4)

b1)

in T EUR

AfS (gehedged)	Hedgeergebnis	Hedging Derivat
98,00 | 2,16 ← ② →	2,16 | 2,22 ← ③ →	2,22
① 0,46		
0,70		

② a

⑥
2,22 / 2,16 = 103 %
2,16 / 2,22 = 97 % ✓

NBRL
0,70

Kassa		Zinsergebnis
4,55 ← ⑤a →		4,55 | 0,46 ①
3,60	⑤b	3,60
5,00	④	5,00

1. Buchung des Disagios
2. Buchung der zinsinduzierten Wertveränderung des Grundgeschäfts
2a. Ausgleich der Neubewertungsrücklage
3. Bewertung des Swaps mit dem Clean Price
4. Zinsertrag aus dem Grundgeschäft
5a./5b. Zinsaufwand / -ertrag aus dem Swap
6. Ermittlung der Hedgeeffektivität (retrospektiver Effektivitätstest)

2. IFRS-Lösungen

Abb. 148: Fair Value Hedges FVH (Lösung 5)

b2)

in TEUR

Bilanz zum 01.01.2008 in TEUR		GuV zum 01.01.2008 TEUR	
AFS-Darlehen **98,00**			
Swap **0,00**			

Bilanz zum 30.09.2008 in TEUR				GuV zum 30.09.2008 in TEUR			
Kasse	**4,05**			Zinsaufw. Swap **4,55**		Zinsertrag Swap	**3,60**
AFS-Darlehen	**97,00**	GuV	**4,57**			Zinsertrag Darlehen	**5,00**
Swap	**2,22**	NBRL	**0,70**			Disagio Darlehen	**0,46**
				Hedgeaufwand **2,16**		Hedgeertrag	**2,22**

2.19 Lösung zu Fair Value Portfolio-Hedge auf Zinsänderungsrisiken (FVPH)

Relevantes Kap.: III.5.3.2.3

🛈 Hinweis.

Die Lösung wurde am Bilanz- und GuV-Ausweis eines Kreditinstituts dargestellt. Bis auf die grundsätzlichen Ausweisunterschiede zwischen Kreditinstituten und Nicht-Kreditinstituten gilt das nachfolgend Dargelegte genauso auch für Nicht-Kreditinstitute.

Abb. 149: Fair Value Portfolio-Hedge FVPH (Vorüberlegung 1)

	Vorüberlegungen	
1	Portfoliozusammensetzung	• Das Portfolio umfasst assets (Kredite) als auch liabilities (Sicht- und Spareinlagen)
2	Laufzeitbänder	• Betrachtet wird das „3-Monatslaufzeitband" von t0.
3	Hedged item	t0 • Die Nettoposition des 3-Monatslaufzeitbandes beträgt 20 Mio EUR Aktivüberhang und setzt sich zusammen aus 100 Mio EUR assets (= Kredite) und -80 Mio EUR liabilities (Sicht- und Spareinlagen). • Da der komplette Überhang gehedged werden soll, entspricht das geplante hedged item somit einem Währungsbetrag in Höhe von 20 Mio EUR (100% * 20 Mio EUR) • Somit beträgt das geplante hedged item 20% der gesamten assets (20 Mio EUR / 100 Mio EUR) t1 • Aufgrund der vorzeitigen Rückzahlung von 4 Mio EUR an Krediten beträgt das tatsächliche hedged item 19,2 Mio EUR (96 Mio. EUR * 20%) t2 / t3: • Die neue Nettoposition beträgt 8 Mio EUR (88 neu Aktiva – 80 Passiva) • Somit beträgt das neue hedged item 9,09 % der gesamten assets (8 Mio EUR / 88 Mio EUR) t4: • Unverändert zu t2 / t3.
4	Abzusichernde Risiko	t0 / t1: Absicherung des 3-Monats-LIBOR-Zinsänderungsrisiko t2 / t3: Absicherung des 2-Monats-LIBOR-Zinsänderungsrisiko t4: Absicherung des 1-Monats-LIBOR-Zinsänderungsrisiko
5	Hedging Instrument	t0 / t1: • Als Sicherungsinstrumente wurden Payer-Swaps in Höhe von Nominal 20 Mio EUR designiert. t2 / t3: • Als Sicherungsinstrumente werden noch 40% der ursprünglichen Nominal 20 Mio EUR Mio Payer-Swaps designiert (= 8 Mio. EUR) t4: • Unverändert zu t2 / t3.

2. IFRS-Lösungen

Abb. 150: Fair Value Portfolio-Hedge FVPH (Vorüberlegung 2)

6	Effektivitätstest		Buchungssätze
6.1.	Prospektiver Effektivitätstest	t0: Die Absicherung eines aktivischen 3-Monats-Cashflow durch einen 3-Monats-Payer-Swap ist „highly effective"	
6.2.	Retrospektiver Effektivitätstest		
	Arten von Bestandsveränderungen	t1: Abgang w/ vorzeitigen Kreditzurückzahlungen von 4 Mio EUR	0)
		t2: Abgang w/ Verkauf von Krediten in Höhe von 8 Mio EUR	3)
		t3: Keine Bestandsveränderungen	
7	Bilanzielle Behandlung der Wertveränderung des hedged item	t1: • Einbuchen eines aktivischen Ausgleichsposten (A_AGP) in Höhe von 45.511 EUR 45.511 = 47.408 (20.047.408 – 20.000.000) * 96 % (19,2 Mio EUR/ 20 Mio EUR)	2)
		t2: • Durch den Verkauf von 8 1/3 % der Aktiva (8 Mio / 96 Mio) ist auch der A_AGP in der Höhe dieses Prozentsatzes (3.793 EUR) aufzulösen. • Der A_AGP ist in Höhe von 54,54% ((17,6 – 8)/ 17,6) umzubuchen und über die Restlaufzeit (2 Monate) gegen das Zinsergebnis aufzulösen. Dies entspricht einem Betrag von 22.755 (54,54% * 41.718); wobei 17,6 = 96 * 20% * (1- 81/3%) .	4)
		t3: • Von der gesamten Fair Value Veränderung Februar - der ursprünglichen Nettoposition von Nominal 20 Mio EUR - in Höhe von -23.613 EUR (20.023.795 – 20.047.408) sind noch 40% (1-((20-8)/20)) als Veränderung des A_AGP des in der Zwischenzeit 2. Monatslaufzeitband zu erfassen (9.445 EUR). • Der zu amortisierende AGP ist über die Restlaufzeit von nun noch 2 Monat aufzuteilen. Bei einer linearen Auflösung sind somit 50% (1/2) des bestehenden A_AGP (Amort.) aufzulösen (11.378 EUR).	8) 9)
		t4: • Von der gesamten Fair Value Veränderung März - der ursprünglichen Nettoposition von Nominal 20 Mio EUR - in Höhe von -23.795 EUR (20.023.795 – 20.000.000) sind noch 40% (1-((20-8)/20)) als Veränderung des A_AGP des in der Zwischenzeit 1. Monatslaufzeitband zu erfassen (9.518 EUR). • Der zu amortisierende AGP ist über die Restlaufzeit von nun noch 1 Monat aufzuteilen. Somit sind 100% (1/1) des bestehenden A_AGP (Amort.) aufzulösen (11.378 EUR). • Damit sind zum Auslaufzeitpunkt des ursprünglichen 3 Monatslaufzeitband die Buchwerte sowohl des A_AGP als auch A_AGP (Amort.) auf Null abgeschrieben.	11) 12)

Abb. 151: Fair Value Portfolio-Hedge FVPH (Vorüberlegung 3)

8	Bilanzielle Behandlung der Wertveränderung des hedging instrument	t1: • Die gesamte negative Wertentwicklung der Swaps in Höhe von -47.408 (0 – 47.408) ist in der GuV zu erfassen.	Buchungssätze 1)
		t2: • Die bisherigen Hedgingderivate sind zu 60% ((20 – 8)/ 20) auf Handelsderivate umzubuchen, was einen Betrag von 28.445 EUR (60% * 47.408) ausmacht.	5)
		t3: • Die gesamte Wertveränderung der Derivate des Monats Februars in Höhe von 23.613 EUR (-23.795 – (- 47.408)) teilt sich wie folgt auf: 　　　　- Hedgingderivate:　9.445 EUR (23.613 * 40%) 　　　　- Handelsderivate: 14.168 EUR (23.613 * 60%)	6) 7)
		t4: • Die gesamte Wertveränderung der Derivate des Monats März in Höhe von 23.795 EUR (0 – (-23.795)) teilt sich wie folgt auf: 　　　　- Hedgingderivate:　9.518 EUR (23.795 * 40%) 　　　　- Handelsderivate: 14.277 EUR (23.795 * 60%) • Damit sind ist zum Ende der Laufzeit der Derivate ihr Buchwert auch Null und können komplett ausgebucht werden.	10) 13)
9	Ineffektivität	t0 / t1: • Der Hedge liegt mit 95% (45.511 / 47.408) bzw. 104% (47.408 / 45.511) innerhalb der Range von 80 – 125 % und ist damit effektiv. • Da aber kein perfect hedge vorliegt, ist letztlich ein Aufwand von -1.897 EUR in der GuV auszuweisen. t2 / t3: • Der Hedge liegt mit 100% (9.445 / 9.445) innerhalb der Range von 80 – 125 % und ist damit effektiv. • In diesem Fall liegt ein perfect hedge vor, so dass in der GuV kein offener Betrag mehr hängen bleibt. t4: • Der Hedge liegt mit 100% (9.518 / 9.518) innerhalb der Range von 80 – 125 % und ist damit effektiv. • In diesem Fall liegt ein perfect hedge vor, so dass in der GuV kein offener Betrag mehr hängen bleibt.	

IFRS-Übungen, Lösungen und Anlagen

Abb. 152: FVPH (Lösung 1)

Buchungssätze FVPH

Nr.	Periode	Sachverhalt
0)	t1	Vorzeitige Rückzahlung von Krediten
1)	t1	FV-Veränderung Hedge-Drivat
2)	t1	Ausgleichsposten "Lfz-Band 3M" einbuchen
3)	t2	Verkauf von 8 Mio Bestand des Kreditportfolios
4)	t2	Umbuchen Teile des Ausgleichsposten, weil Volumen an hedged item reduziert wurde
5)	t2	Umbuchen von Hedge- auf Handelsderivat, da Hedgingvolumen reduziert wurde
6)	t3	FV-Veränderung Hedge-Derivat
7)	t3	FV-Veränderung Handels-Derivat
8)	t3	Ausgleichsposten "Lfz-Band 2 M" einbuchen gegen Hedgeergebnis
9)	t3	Ausgleichsposten "Lfz-Band 2 M" (Amort.) gegen Zinsergebnis zeitanteilig ausbuchen
10)	t4	FV-Veränderung Hedge-Derivat
11)	t4	Ausgleichsposten "Lfz-Band 1 M" einbuchen gegen Hedgeergebnis
12)	t4	Ausgleichsposten "Lfz-Band 1 M" (Amort.) gegen Zinsergebnis zeitanteilig ausbuchen
13)	t4	FV-Veränderung Handels-Derivat

Abb. 153: FVPH (Lösung 2)

Bilanz + GuV an t1 = 31.01.2008

Aktiva		Nr	AB	SB	Passiva		Nr	AB	SB	GuV		Nr		
A1	Barreserve	0)	4.000.000	4.000.000	P1	VB Ki				G 1	+ Zinsüberschuss			
					P2	VB Ku	AB	80.000.000	80.000.000	G1a	Hedgeergebnis	1)		-47.408
					P3	Verbriefte VB						2)		45.511
A2	Ford. Ki	AB	100.000.000		P3a	P_AGP								
A3	Ford.Ku	0)	-4.000.000	96.000.000	P4	Handelspassiva				G 2	./. Risikovorsorge im Kreditgeschäft			
A4	Risikovorsorge													
A5	Handelsaktiva													
A6	Hedging Derivate				P5	Hedging Derivate	AB	0		G 3	+ Prov.überschuss			
							1)	47.408	47.408					
A7	Finanzanlagen									G 4	+ Handelsergebnis			
A7a	A_AGP	2)	45.511	45.511	P6	Rückstellungen (Passive lat. Steuern)				G 5	+ Ergebnis aus Finanzanlagen			
					P10	Eigenkapital	AB	20.000.000	19.998.103					
A8	Sachanlagen									G 9	./. Ertragsteuern			
A9	Sonstige Aktiva (Aktive lat. Steuern)					GuV aktuell			-1.897		= Jahresüberschuss			-1.897
Summe Aktiva				100.045.511	**Summe Passiva**				100.045.511					

AB = Anfangsbestand
SB = Schlussbestand
A_AGP = Aktivischer Ausgleichsposten
P_AGP = Passivischer Ausgleichsposten

2. IFRS-Lösungen

Abb. 154: FVPH (Lösung 3)

Bilanz + GuV an t2 = 01.02.2008

Aktiva		Nr	AB	SB	Passiva		Nr	AB	SB	GuV		Nr	
A1	Barreserve	AB	4.000.000		P1	VB Ki				G 1	+ Zinsüberschuss		
		3)	8.018.400	12.018.400	P2	VB Ku	AB	80.000.000	80.000.000	G1a	Hedgeergebnis		
					P3	Verbriefte VB							
A2	Ford. Ki	AB	96.000.000		P3a	P_AGP							
A3	Ford.Ku	3)	-8.000.000	88.000.000	P4	Handelspassiva	5)	28.445	28.445	G 2	./. Risikovorsorge im		
A4	Risikovorsorge										Kreditgeschäft		
A5	Handelsaktiva												
A6	Hedging Derivate												
A7	Finanzanlagen				P5	Hedging Derivate	AB	47.408					
A7a	A_AGP	AB	45.511				5)	-28.445	18.963	G 3	+ Prov.überschuss		
		3)	-3.793							G 4	+ Handelsergebnis		
		ZW	41.718		P6	Rückstellungen							
		4)	-22.755	18.963		(Passive lat. Steuern)				G 5	+ Ergebnis aus	3)	18.400
A7b	A_AGP (Amort.)	4)	22.755	22.755	P10	Eigenkapital	AB	20.000.000	20.012.710		Finanzanlagen	3)	-3.793
A8	Sachanlagen									G 9	./. Ertragsteuern		
A9	Sonstige Aktiva					GuV 31.01.08		-1.897					
	(Aktive lat. Steuern)					GuV aktuell		14.607			= Jahresüberschuss		14.607
	Summe Aktiva			100.060.118		Summe Passiva			100.060.118				

Abb. 155: FVPH (Lösung 4)

Bilanz + GuV an t3 = 29.02.2008

Aktiva		Nr	AB	SB	Passiva		Nr	AB	SB	GuV		Nr	
A1	Barreserve	AB	12.018.400	12.018.400	P1	VB Ki				G 1	+ Zinsüberschuss	9)	-11.378
					P2	VB Ku	AB	80.000.000	80.000.000	G1a	Hedgeergebnis	6)	9.445
					P3	Verbriefte VB						8)	-9.445
A2	Ford. Ki	AB	88.000.000	88.000.000	P3a	P_AGP							
A3	Ford.Ku												
A4	Risikovorsorge				P4	Handelspassiva	AB	28.445		G 2	./. Risikovorsorge im		
A5	Handelsaktiva						7)	-14.168	14.277		Kreditgeschäft		
A6	Hedging Derivate												
A7	Finanzanlagen												
A7a	A_AGP	AB	18.963		P5	Hedging Derivate	AB	18.963		G 3	+ Prov.überschuss		
		8)	-9.445	9.518			6)	-9.445	9.518	G 4	+ Handelsergebnis	7)	14.168
					P6	Rückstellungen							
						(Passive lat. Steuern)				G 5	+ Ergebnis aus		
A7b	A_AGP (Amort.)	AB	22.755		P10	Eigenkapital	AB	20.000.000	20.015.500		Finanzanlagen		
		9)	-11.378	11.377									
A8	Sachanlagen					GuV 31.01.08		-1.897					
A9	Sonstige Aktiva					GuV 01.02.08		14.607		G 9	./. Ertragsteuern		
	(Aktive lat. Steuern)					GuV aktuell		2.790			= Jahresüberschuss		2.790
	Summe Aktiva		100.050.673	100.039.295		Summe Passiva			100.039.295				

IFRS-Übungen, Lösungen und Anlagen

Abb. 156: FVPH (Lösung 5)

Bilanz + GuV an t4 = 31.03.2008

Aktiva		Nr	AB	SB	Passiva		Nr	AB	SB	GuV		Nr	
A1	Barreserve	AB	12.018.400	12.018.400	P1	VB Ki				G 1	+ Zinsüberschuss	12)	-11.377
					P2	VB Ku	AB	80.000.000	80.000.000				
					P3	Verbriefte VB				G1a	Hedgeergebnis	10)	9.518
												11)	-9.518
A2	Ford. Ki	AB	88.000.000	88.000.000	P3a	P_AGP							
A3	Ford.Ku												
A4	Risikovorsorge				P4	Handelspassiva	AB	14.277		G 2	./. Risikovorsorge im		
A5	Handelsaktiva						13)	-14.277	0		Kreditgeschäft		
A6	Hedging Derivate												
A7	Finanzanlagen												
A7a	A_AGP	AB	9.518		P5	Hedging Derivate	AB	9.518		G 3	+ Prov.überschuss		
		11)	-9.518	0			10)	-9.518	0				
					P6	Rückstellungen				G 4	+ Handelsergebnis	13)	14.277
						(Passive lat. Steuern)				G 5	+ Ergebnis aus		
A7b	A_AGP (Amort.)	AB	11.377		P10	Eigenkapital	AB	20.000.000	20.018.400		Finanzanlagen		
		12)	-11.377	0		GuV 31.01.08			-1.897				
A8	Sachanlagen					GuV 01.02.08			14.607	G 9	./. Ertragsteuern		
A9	Sonstige Aktiva					GuV 29.02.08			2.790				
	(Aktive lat. Steuern)					GuV neu			2.900		= Jahresüberschuss		2.900
Summe Aktiva			100.039.295	100.018.400	Summe Passiva			100.036.505	100.018.400				

Abb. 157: FVPH (Lösung 5)

		Zinsentwicklung	-	↓↓	-	↑	↑	→	
		hedge item	20.000.000	19.200.000	8.000.000	8.000.000	8.000.000		
			t0	t1	t2	t3	t4		
			01.01.2008	31.01.2008	01.02.2008	29.02.2008	31.03.2008	Summe	
BILANZ	A1	Barreserve	0	4.000.000	12.018.400	12.018.400	12.018.400		
	A2	Ford. Ki	100.000.000	96.000.000	88.000.000	88.000.000	88.000.000		
	A7a	A_AGP	0	45.511	18.963	9.518	0		
	A7b	A_AGP (Amort.)	0		22.755	11.377	0		
	Summe Aktiva		**100.000.000**	**100.045.511**	**100.060.118**	**100.039.295**	**100.018.400**		
	P2	VB Ku	80.000.000	80.000.000	80.000.000	80.000.000	80.000.000		
	P3a	P_AGP							
	P4	Handelspassiva			28.445	14.277	0		
	P5	Hedging Derivate		47.408	18.963	9.518	0		
	P10	Eigenkapital	20.000.000	19.998.103	20.012.710	20.015.500	20.018.400		
	Summe Passiva		**100.000.000**	**100.045.511**	**100.060.118**	**100.039.295**	**100.018.400**		
GUV	G 1	Zinsüberschuss				-11.378	-11.377	-22.755	
				-47.408		9.445	9.518		
				45.511		-9.445	-9.518		
	G1a	Hedgeergebnis		-1.897		0	0	-1.897	
	G 4	Handelsergebnis				14.168	14.277	28.445	
	G 5	Ergebnis aus			18.400				
		Finanzanlagen			-3.793			14.607	
	=	**Jahresüberschuss**			14.607	2.790			
		mit FVPH		**-1.897**		**17.397**	**2.900**	**18.400**	
		ohne FVPH		-47.408		42.013	23.795	18.400	

GESAMTÜBERSICHT

2. IFRS-Lösungen

Zusammenfassung:

t1: Beim Abschluss der Hedge-Derivate am Anfang des Monats Januar wurde von 100 Mio. EUR Aktiva ausgegangen. Tatsächlich bilanziert waren den Monat über aber nur 96 Mio. EUR, so dass Unternehmen A mit dem am Anfang des Monats abgeschlossenen Hedge-Derivatevolumen im Nachhinein betrachtet overhedged war. 4 % der negativen Fair-Value-Wertveränderung der Hedging-Derivate aus dem Monat Januar (-47.408 EUR) können daher nicht aus dem Hegded Item kompensiert werden, so dass sich hieraus ein Aufwand in Höhe von -1.987 EUR ergibt. Dass ein Aufwand dargestellt wird, ist plausibel, da das Zinsniveau von t0 zu t1 gesunken ist und daher der Fair Value der Payer-Swaps gefallen ist.

t2: Durch den Verkauf von Krediten in Höhe von 8 Mio. EUR entsteht ein Verkaufserlös in Höhe von 18.400 EUR. Dem steht ein Aufwand in Höhe von -3.793 EUR aus der anteiligen Auflösung des aktiven Ausgleichspostens (A_AGP) gegenüber, so dass aus den Buchungen von t2 ein Gesamt-GuV-Effekt von 14.607 EUR resultiert. Durch den Verkauf von Krediten reduziert sich das Hedged Item von ursprüngliche 20 Mio. EUR (bzw. 19,2 Mio. EUR) auf 8 Mio. EUR. Entsprechend sind bisher erfasste Beträge im A_AGP als auch Hedging-Derivate umzubuchen in A_AGP (Amort.) bzw. Handelsderivate.

t3: Die Amortisation des Hedge Adjustment auf das aufgelöste Hedged Item wird in Höhe von -11.378 EUR im Zinsergebnis erfasst. Die Fair-Value-Veränderung des neuen Hedged Item und der neu designierten Hedging-Derivate gleichen sich in der GuV aus (+9.445 und -9.445). Aus den in der Zwischenzeit als Handelsderivate umgebuchten ursprünglichen Sicherungsderivate wird ein Handelsergebnis in Höhe von 14.168 EUR erzielt. Somit ergibt sich ein Gesamt-GuV-Effekt für den Zeitraum von t2 zu t3 in Höhe von 2.790 EUR.

t4: Die Amortisation des Hedge Adjustment auf das aufgelöste Hedged Item wird in Höhe von -11.377 EUR im Zinsergebnis erfasst. Die Fair-Value-Veränderung des neuen Hedged Item und der neu designierten Hedging-Derivate gleichen sich in der GuV aus (+9.581 und -9.581). Aus den in der Zwischenzeit als Handelsderivate umgebuchten ursprünglichen Sicherungsderivate wird ein Handelsergebnis in Höhe von 14.277 EUR erzielt. Somit ergibt sich ein Gesamt-GuV-Effekt für den Zeitraum von t2 zu t3 in Höhe von 2.900 EUR.

Fazit: Über die Gesamtperioden ist ein Zinsaufwand in Höhe von -22.755 EUR im Zinsüberschuss erfasst worden, der dem in t2 umgebuchten Hedge Adjustment auf den nicht mehr gehedgten Teil entspricht. Im Hedge-Ergebnis wird über die gesamten Perioden ein Aufwand von -1.897 EUR gezeigt, der sich aus dem nicht perfekten Hedge in t1 ergibt. Im Handelsergebnis wird ein Ertrag aus der Zuschreibung der in t2 umgebuchten ehemaligen Hedge-Derivate, die seitdem Handelsderivate sind, in Höhe von 28.445 EUR dargestellt. Dies entspricht dem damaligen Fair Value bei der Umbuchung. Im Finanzanlageergebnis werden der Buchgewinn aus dem Verkauf der nominal 8 Mio. EUR Kredite in Höhe von 18.400 EUR sowie der auf die vorzeitige Rückzahlung von nominal 4 Mio. EUR Kredite entfallende A_AGP in Höhe von -3.793 EUR gezeigt. Das Gesamtergebnis über alle Perioden weist einen Ertrag von 18.400 EUR auf, der genau dem Ertrag aus dem Verkauf der nominal 8 Mio. EUR aus t2 entspricht. Dieses Gesamtergebnis hätte man auch ohne Hedge Accounting ausgewiesen, allerdings wären die jeweiligen Jahresüberschüsse pro Periode erheblich volatiler gewesen (z. B. in Periode t0/t1 -47.408 EUR ohne Hedging anstatt -1.897 im Rahmen des FVPH).

2.20 Lösung zu Fair Value Hedge einer „festen Verpflichtung" (firm commitment)

Relevantes Kap.: III.5.4.2

Abb. 158: Fair Value Hedge – Firm Commitment (Lösung1)

Buchungssachverhalte
1) t0 Einbuchen des Derivats und des firm commitments (in die Memobuchhaltung)
2) t1 Bewertung des Grundgeschäfts (FC)
3) t1 Bewertung des Hedge-Derivats
4) t2 Bewertung des Grundgeschäfts (FC)
5) t2 Bewertung des Hedge-Derivats
6) t2 Einbuchen der Maschine gegen VB
7) t2 Ausbuchen des FC gegen Maschine
8) t3 Bewertung des Hedge-Derivats
9) t3 Bewertung des neuen Grundgeschäfts (VB)
10) t3 Ausbuchen des Derivats und der VB gegen Zahlung von 98 USD

Beachte
+ = SOLL-Saldo; - = HABEN-Saldo
= Hedge-Beziehung

Wertermittlung	t0	t1	t2	t3
1) firm commitment				
USD	-98,00	-98,00	-98,00	-98,00
EUR	-49,00	-39,20	-54,44	-61,25
Gewinn EUR		9,80	-15,24	-6,81
FV (EUR)	0,00	9,80	-5,44	-12,25
2) USD-Terminkauf				
USD	98,00	98,00	98,00	98,00
EUR	49,00	39,20	54,44	61,25
Gewinn EUR		-9,80	15,24	6,81
FV (EUR)	0,00	-9,80	5,44	12,25

Abb. 159: Fair Value Hedge – Firm Commitment (Lösung2)

Aktiva		USD	EUR Umsätze	EUR Saldo	Passiva		USD	EUR Umsätze	EUR Saldo
Kasse	AB		50,00	50,00	EK	AB		50,00	-50,00
EUR				50,00					-50,00
				50,00					-50,00
	10)		-49,00	1,00					-50,00
					* NBWR				
Kasse	10)	98,00			* GuV				
USD	10)	-98,00			+ Hedgeergebnis				
		0,00				2)		9,80	
						3)		-9,80	0,00
						4)		-15,24	
						5)		15,24	0,00
Derivat	1)	98,00	0,00	0,00		8)		6,81	
	3)		-9,80	-9,80		9)		-6,81	0,00
	5)		15,24	5,44					
	8)		6,81						
	10)	-98,00	-12,25	0,00	FC	1)	-98,00	0,00	0,00
						3)		9,80	9,80
						4)		-15,24	-5,44
						7)		98,00	5,44	0,00
Maschine	6)	98,00	54,44		VB	6)	-98,00	-54,44	-54,44
	7)		-5,44	49,00		9)		-6,81	
				49,00		10)	98,00	61,25	0,00
Summe Aktiva				50,00	Summe Passiva				-50,00
				40,20					-40,20
				104,45					-104,45
				50,00					-50,01
SOLL-Saldo –> +					HABEN-Saldo –> -				

3. Anlagen

3.1 Anlage 1: Muster eines Überblicks zu Rechnungslegungsvorschriften

Stand 31.12.2007

Vorschrift	Stand[1]	Englischer Titel	Deutscher Titel	Anzuwenden seit[2]	Übernommen durch EU-Verordnung[3]
1. International Financial Reporting Standards (IFRS)[4]					
1.1. International Accounting Standards (IAS)					
IAS 1	2005	Presentation of Financial Statements	Darstellung des Abschlusses	01.01.2007	108/2006 v. 11.01.2006
IAS 12	2000	Income Taxes	Ertragsteuern	01.01.1998	1725/2003 v. 29.09.2003
IAS 21	2005	The Effects of Changes in Foreign Exchange Rates	Auswirkungen von Änderungen der Wechselkurse	01.01.2006	708/2006 v. 8.05.2006
IAS 30	1991	Disclosures in the Financial Statements of Banks and Similar Financial Institutions	Angaben im Abschluss von Banken und ähnlichen Finanzinstitutionen	01.01.1991	1725/2003 v. 29.09.2003
IAS 30	existiert nicht mehr				
IAS 32	2003	Financial Instruments: Disclosure and Presentation	Finanzinstrumente: Angaben und Darstellung	01.01.2005	2237/2004 v.29.12.2004
IAS 34	1998	Interim Financial Reporting	Zwischenberichterstattung	01.01.1999	1725/2003 29.09.2003
IAS 39	2005	Financial Instruments: Recognition and Measurement	Finanzinstrumente: Ansatz und Bewertung	01.01.2006	108/2006 v. 11.01.2006
- „ -	am. 15.06.2005	Fair Value Option	Fair Value Option	01.01.2006	1864/2005 v. 15.11.2005
- „ -	am. 14.04.2005	Cashflow Hedge Accounting of Forecast Intragroup Transaction	Cashflow Hedge Accounting von hochwahrscheinlichen, konzerninternen Transaktionen	01.01.2006	2106/2005 v. 21.12.2005

3. Anlagen

- " -	am. 18.08.2005	Financial Guarantee Contracts	Finanzgarantien	01.01.2006	108/2006 v. 11.01.2006

1.2. International Financial Reporting Standards (IFRS)[4]

IFRS 7	2004	Financial Instruments: Disclosures	Finanzinstrumente: Angaben	01.01.2007	108/2006 v.11.01.2006

1.3. Standard Interpretation Committee (SIC)

SIC-12	2004	Consolidation-Special Purpose Entities	Konsolidierung – Zweckgesellschaften	01.01.2005	1751/2005 v. 25.10.2005

1.4. International Financial Reporting Interpretation Committee (IFRIC)

IFRIC 10	2006	Interim Financial Reporting and Impairment	Zwischenberichterstattung und Wertminderung	01.01.2007	610/2007 v. 01.06.2007

2. Deutsche Rechnungslegung
2.1. Handelsgesetzbuch (HGB)

§ 315a	2005	n.r.	Konzernabschluss nach internationalen Rechnungslegungsstandards	01.01.2005	n.r.

2.2. Deutscher Rechnungslegungs Standard (DRS)[5]

DRS 5-10	2005	n.r.	Risikoberichterstattung von Kredit- und Finanzdienstleistungsinstitutionen	01.01.2005	n.r.
DRS 15	2005	n.r.	Lageberichterstattung	01.01.2003/ 01.01.2004/ 01.01.2005	n.r.
DRS 16nfd	2007	n.r.	Zwischenberichterstattung (near final draft)	6)	n.r.

3. Kapitalmarktorientierte Vorschriften

WpHG	2007	n.r.	Wertpapierhandelsgesetz; insbesondere § 37v bis §§ 37z	01.01.2007	n.r.
DCGK i. V. m. §161 AktG	2007	n.r.	Deutscher Corporate Governance Kodex	31.12.2007	n.r.
FWBO	2007	n.r.	Frankfurter Wertpapierbörsenordnung	01.11.2007	n.r.

Legende:

1) Es werden nicht alle zum Stichtag 31.12.2007 existierenden Vorschriften aufgeführt, sondern nur diejenigen, die für ein deutsches kapitalmarktorientiertes Unternehmen bezüglich der Finanzberichterstattung von Financial Instruments von Relevanz sind.

2) Datum, ab dem die Vorschrift nach IFRS verpflichtend anzuwenden ist; eine freiwillige frühere Anwendung ist oft möglich. Wird eine Vorschrift freiwillig früher angewendet, so ist im Anhang explizit darauf hinzuweisen.

3) Kapitalmarktorientierte Unternehmen sind gemäß § 315a Abs. 1 HGB i. V. m. der sog. IAS-Verordnung (EU-Verordnung 1606/2002) verpflichtet, die von der EU übernommenen IFRS (Endorsement) anzuwenden. Das angegebene Datum entspricht der Freigabe durch die EU-Kommission (die Veröffentlichung im EU-Amtsblatt erfolgt kurz danach). Bezüglich des Zeitpunktes der Anwendung der in EU-Recht übernommenen IFRS-Standards gelten in der Regel die in den Standards geregelten Zeitpunkte (siehe Spalte „anzuwenden seit"). Wird ein IFRS erst nach dem Bilanzstichtag, aber vor dem „Tag des Unterzeichnens des Jahresabschlusses" von der EU übernommen, so kann diese Vorschrift noch im Jahresabschluss angewendet werden (Klarstellung der EU-Kommission in ARC-Sitzung vom 30.11.2005).

4) IFRS: Zum einen Oberbegriff aller vom International Accounting Standards Board (IASB) veröffentlichten Rechnungslegungsvorschriften. Zum anderen vom IASB seit 2003 neu verabschiedete Rechnungslegungsvorschriften. Die bis 2002 verabschiedeten Vorschriften werden weiterhin unter den Bezeichnungen International Accounting Standards (IAS) veröffentlicht. Nur bei grundlegenden Änderungen der Vorschriften bereits vorhandener Standards werden die IAS in IFRS umbenannt.

5) Die DRS werden insoweit angewendet, als sie Sachverhalte regeln, die gemäß § 315a HGB anzuwenden und nicht bereits in den IFRS selbst geregelt sind.

6) Diese DRS waren zwar zum 31.12.2007 noch nicht durch das Bundesministerium der Justiz gemäß § 342 Abs. 2 HGB bekannt gemacht worden, können aber (freiwillig) bereits zum Bilanzstichtag angewendet werden.

3.2 Anlage 2: Musterbankbilanz und -GuV nach FinRep

Am 16.12.2005 wurde von dem Committee of European Banking Supervisors (CEBS) erstmalig das Rahmenwerk zur Implementierung einer standardisierten Konzernfinanzberichterstattung (Standardised Financial Reporting Framework – FinRep) veröffentlicht.

Ziel des Konzepts ist es, ein einheitliches Reporting für alle europäischen, nach IAS/IFRS bilanzierenden Kreditinstitute, zu schaffen. Diese sind konsistent mit den Anforderungen der IAS/IFRS. Zusätzlich werden weitere Angaben zu unterschiedlichsten Bilanz- und GuV-Positionen gefordert. Zum Stand September 2009 hat die deutsche Aufsicht allerdings noch keine Meldungen nach FinRep von den deutschen Banken abgefordert.

Bei der Umsetzung wurde mit Blick auf Finanzinstrumente stringent der sog. Kategorie-Ansatz verfolgt, das heißt, dass auf oberster Bilanz und GuV-Ebene der Ausweis analog den IAS 39-Kategorien erfolgt.

Nachfolgend finden Sie den von CEBS überarbeiten FinRep-Stand[455] März 2009 mit Referenzierung auf die entsprechenden IFRS-Textziffern. Der maximal mögliche Meldeumfang umfasst 26 Tabellen. Die Minimalanforderung beinhaltet mit den Tabellen „Assets", „Liabilities", „Equity" und „Income Statement" derzeit vier Tabellen, welche nachfolgend im Einzelnen aufgeführt sind.

---

455 Vgl. **RV** *FinRep*.

3. Anlagen

1. Consolidated Balance Sheet Statement [Statement of Financial Position]

1.1 Assets	References	Break-down in table	Carrying amount
Cash	CP		
Financial assets held for trading	IFRS 7.8 (a)(ii); IAS 39.9	5	
Derivatives held for trading	IAS 39.9	3	
Equity instruments	IAS 32.11		
Debt securities	IAS 39.9		
Loans and advances	IAS 39.9		
Financial assets designated at fair value through profit or loss	IFRS 7.8 (a) (i); IAS 39.9	5	
Equity instruments	IAS 32.11		
Debt securities	IAS 39.9		
Loans and advances	IAS 39.9		
Available-for-sale financial assets	IFRS 7.8.(d); IAS 39.9	5	
Equity instruments	IAS 32.11		
Debt securities	IAS 39.9		
Loans and advances	IAS 39.9		
Loans and receivables	IFRS 7.8 (c); IAS 39.9,	5	
Debt securities	IAS 39.9		
Loans and advances	IAS 39.9		
Held-to-maturity investments	IFRS 7.8 (b); IAS 39.9,	5	
Debt securities	IAS 39.9		
Loans and advances	IAS 39.9		
Derivatives – Hedge accounting	IFRS 7.22 (b); IAS 39.9	8	
Fair value hedges	IFRS 7.22 (b) ;IAS 39.86 (a)		
Cash flow hedges	IFRS 7.22 (b); IAS 39.86 (b)		
Hedges of a net investment in a foreign operation	IFRS 7.22(b);IAS 39.86 (c)		
Fair value hedge of interest rate risk	IAS 39.89A; IAS 39 IE 1-31		
Cash flow hedge interest rate risk	IAS 39 IG F6 1-3		
Fair value changes of the hedged items in portfolio hedge of interest rate	IAS 39.89A (a)		
Tangible assets	CP	9	
Property, Plant and Equipment	IAS 1.54 (a)		
Investment property	IAS 1.54 (b)		
Intangible assets	IAS 1.54 (c)	9	
Goodwill	IFRS 3.B67 (d)		
Other intangible assets	IAS 38.118		
Investments in entities accounted for using the equity method	IAS 1.54 (e)		
Tax assets	IAS 1.54 (n-o)		
Current tax assets	IAS 1.54 (n)		
Deferred tax assets	IAS 1.54 (o)		
Other assets	IAS 1.IG 6		
Non-current assets and disposal groups classified as held for sale	IAS 1.54 (j); IFRS 5.38		
Total assets	IAS 1.IG 6		

1. Consolidated Balance Sheet Statement [Statement of Financial Position]

1.2 Liabilities	References	Break-down in table	Carrying amount
Financial liabilities held for trading	IFRS 7.8 (e) (ii); IAS 39.9 AG 14-15	10	
Derivatives held for trading	IAS 39 AG 15 (a)	3	
Short positions	IAS 39 AG 15 (b)		
Deposits	IFRS 7.B12, IG 31		
Debt certificates	IAS 39 AG 15 (c)		
Other financial liabilities	IAS 1.55; CP		
Financial liabilities designated at fair value through profit or loss	IFRS 7.8 (e) (i); IAS 39.9	10	
Deposits	IFRS 7.B12, IG 31		
Debt certificates	IAS 39 AG 15 (c)		
Other financial liabilities	IAS 1.55; CP		
Financial liabilities measured at amortised cost	IFRS 7.8 (f)	10	
Deposits	IFRS 7.B12, IG 31		
Debt certificates	IAS 39 AG 15 (c)		
Other financial liabilities	IAS 1.55; CP		
Derivatives – Hedge accounting	IFRS 7.22 (b); IAS 39.9	8	
Fair value hedges	IFRS 7.22 (b); IAS 39.86 (a)		
Cash flow hedges	IFRS 7.22 (b); IAS 39.86 (b)		
Hedges of a net investment in a foreign operation	IFRS 7.22 (b); IAS 39.86 (c)		
Fair value hedge of interest rate risk	IAS 39.89A; IAS 39 IE 1-31		
Cash flow hedge interest rate risk	IAS 39 IG F6 1-3		
Fair value changes of the hedged items in portfolio hedge of interest rate risk	IAS 39.89A (b)		
Provisions	IAS 1.54 (l)	12	
Restructuring	IAS 37.71, 84 (a)		
Pending legal issues and tax litigation	IAS 37.Appendix C.Examples 6 and 10		
Pensions and other post retirement benefit obligations	IAS 1.78 (d)		
Loan commitments and guarantees	IAS 37.Appendix C.9		
Other provisions	IAS 37.84 (a), 87; CP		
Tax liabilities	IAS 1.54 (n-o)		
Current tax liabilities	IAS 1.54 (n)		
Deferred tax liabilities	IAS 1.54 (o)		
Other liabilities	IAS 1.55; CP		
Share capital repayable on demand [e.g. cooperative shares]	IAS 32 IE 33; IFRIC 2		
Liabilities included in disposal groups classified as held for sale	IAS 1.54 (p); IFRS 5.38		
Total liabilities	IAS 1.IG 6		

3. Anlagen

1. Consolidated Balance Sheet Statement [Statement of Financial Position]

1.3 Equity	References	Break-down in table	Carrying amount
Issued capital	IAS 1.54 (r)		
Paid in capital	IAS 1.78 (e)		
Unpaid capital which has been called up	IAS 1.78 (e)		
Share premium	IAS 1.78 (e)		
Other Equity	IAS 1.55; CP		
Equity component of compound financial instruments	IAS 32.28; IFRS 7.17; IAS 32.AG27 (a)		
Other equity instruments	IFRS 2.10, IAS 32.22		
Revaluation reserves and other valuation differences	IAS 1.55; CP		
Tangible assets	IAS 16.39-40		
Intangible assets	IAS 38.85-86		
Hedge of net investments in foreign operations [effective portion]	IAS 39.102 (a)		
Foreign currency translation	IAS 21.52 (b); IAS 21.32, 38-49		
Cash flow hedges [effective portion]	IFRS 7.23(c); IAS 39.95-101		
Available-for-sale financial assets	IFRS 7.20.(a).(ii); IAS 39.55 (b)		
Non-current assets and disposal groups held for sale	IFRS 5.5, 18-19, 38		
Share of other recognised income and expense of investments in entities accounted for using the equity method	IAS 1.82. (h); IAS 28.11		
Other items	CP		
Reserves	IAS 1.54 (r); IAS 1.IG 6		
Reserves (Accumulated losses) of investments in entities accounted for using the equity method	IAS 28.11		
Other reserves	CP		
(Treasury shares)	IAS 32.34; IAS 32.33		
Profit (loss) attributable to equity holders of the parent IAS 1.75 (e)	IAS 1.55; IAS 27.28; IAS 1.83 (a) (ii)		
(Interim dividends)	IAS 1.55; IAS 32.35		
Minority interests [Non-controlling interests]	IAS 27.4; IAS 1.54.(q); IAS 27.27		
Revaluation reserves and other valuation differences	IAS 27.27-28	13	
Other items	IAS 27.27-28		
Total equity	IAS 1.9 (c), IG 6		
Total equity and total liabilities	IAS 1.55; IAS 1.IG6		

2. Consolidated Income Statement

	References	Breakdown in table	Carrying amount
CONTINUING OPERATIONS			
Interest income	IAS 18.35 (b) (iii)		
Financial assets held for trading [if accounted for separately]	IFRS 7.20 (a) (i), B5 (e); IAS 39.9		
Financial assets designated at fair value through profit or loss [if	IFRS 7.20 (a) (i), B5 (e); IAS 39.9		
Available-for-sale financial assets	IFRS 7.20(b); IAS 39.55(b); IAS		
Loans and receivables	IFRS 7.20 (b); IAS 39.9		
Held-to-maturity investments	IFRS 7.20 (b); IAS 39.9		
Derivatives - Hedge accounting, interest rate risk	IFRS 7.20 (b) IAS 39.9		
Other assets	IAS 1.85		
(Interest expenses)	IAS 1.97		
(Financial liabilities held for trading [if accounted for separately])	IFRS 7.20 (a) (i), B5 (e); IAS 39.9		
(Financial liabilities designated at fair value through profit or loss [if	IFRS 7.20 (a) (i), B5 (e); IAS 39.9		
(Financial liabilities measured at amortised cost)	IFRS 7.20 (b); IAS 39.9		
(Derivatives - Hedge accounting, interest rate risk)	IFRS 7.20 (b); IAS 39.9		
(Other liabilities)	IAS 1.85		
(Expenses on share capital repayable on demand)	IFRIC 2.11		
Dividend income	IAS 18.35 (b) (v)		
Financial assets held for trading [if accounted for separately]	IFRS 7 B5 (e); IAS 39.9		
Financial assets designated at fair value through profit or loss [if	IFRS 7 B5 (e); IAS 39.9		
Available-for-sale financial assets	IAS 1.85; IAS 39.55 (b); IAS 39.9		
Fee and commission income	IFRS 7.20 (c)	14	
(Fee and commission expenses)	IFRS 7.20 (c)	14	
Realised gains (losses) on financial assets & liabilities not measured at fair	IFRS 7.20 (a) (ii-v)	15	
Available-for-sale financial assets	IFRS 7.20 (a) (ii)		
Loans and receivables	IFRS 7.20(a) (iv)		
Held-to-maturity investments	IFRS 7.20(a) (iii)		
Financial liabilities measured at amortised cost	IFRS 7.20(a) (v)		
Other	IAS 1.85		
Gains (losses) on financial assets and liabilities held for trading, net	IFRS 7.20 (a) (i); IAS 39.55(a)		
Equity instruments and related derivatives	IAS 1.85, CP		
Interest rate instruments and related derivatives	IAS 1.85, CP		
Foreign exchange trading	IAS 1.85, CP		
Credit risk instruments and related derivatives	IAS 1.85, CP		
Commodities and related derivatives	IAS 1.85, CP		
Other [including hybrid derivatives]	IAS 1.85, CP		
Gains (losses) on financial assets and liabilities designated at fair value	IFRS 7.20 (a) (i); IAS 39.55 (a)	15	
Gains (losses) from hedge accounting, net	IFRS 7.24	15	
Exchange differences [gain (loss)], net	IAS 21.28, 52 (a)		
Gains (losses) on derecognition of assets other than held for sale, net	IAS 1.34	15	
Other operating income	IAS 1.85; BC 55-56	15	
(Other operating expenses)	IAS 1.85; BC 55-56	15	
(Administration costs)	IAS 1.85		
(Staff expenses)	IAS 1.102, IG 6		
(General and administrative expenses)	IAS 1.103, IG 6		
(Depreciation)	IAS 1.102, 104		
(Property, Plant and Equipment)	IAS 1.104; IAS 16.73		
(Investment Properties)	IAS 1.104; IAS 40.79 (d) (iv)		
(Intangible assets [other than goodwill])	IAS 1.104; IAS 38.118 (e) (vi)		
(Provisions) reversal of provisions	IAS 37.84	12	
(Impairment on financial assets not measured at fair value through profit	IFRS 7.20 (e)	16	
(Financial assets measured at cost [unquoted equity and related	IFRS 7.20 (e); IAS 39.66		
(Available- for-sale financial assets)	IFRS 7.20 (e); IAS 39.67		
(Loans and receivables)	IFRS 7.20 (e); IAS 39.63		
(Held to maturity investments)	IFRS 7.20 (e); IAS 39.63		
(Impairment on non-financial assets)	IAS 36.126	16	
(Property, plant and equipment)	IAS 16.73 (e) (v-vi)		
(Investment properties)	IAS 40.79 (d) (v)		

(Goodwill)	IFRS 3.Appendix B67 (d) (v)	
(Intangible assets [other than goodwill])	IAS 38.118 (e) (iv) (v)	
(Investments in entities accounted for using the equity method)	IAS 28.31	
(Other)	IAS 36.126	
Negative goodwill immediately recognised in profit or loss	IFRS 3.Appendix B64 (n) (i)	
Share of the profit (loss) of investments in entities accounted for using the equity method	IAS 1.82 (c)	
Profit (loss) from non-current assets and disposal groups classified as	IFRS 5.37	
Profit (loss) before tax from continuing operations	IAS 1.102	
(Tax expense) income related to profit or loss from continuing operations	IAS 1.82 (d); IAS 12.77	
Profit (loss) after tax from continuing operations	IAS 1.85, IG 6	
Profit (loss) after tax from discontinued operations	IAS 1.82 (e) (i)	
Profit (loss) for the year	IAS 1.85, 97	
Attributable to minority interest [non-controlling interests]	IAS 1.83 (a) (i)	
Attributable to equity holders of the parent	IAS 1.83 (a) (ii)	

3.3 Anlage 3: Zuordnung von IFRS-Themen/-Übungsaufgaben zu den Treasury-Funktionsbereichen

Nachfolgend erfolgt eine Zuordnung von IFRS-Themen und/oder -Übungsaufgaben zu den Treasury-Funktionsbereichen.

1. Cash Management

Gegenstand des Cash Management ist

- Tagesdisposition der Bankkonten
- kurzfristige Geldanlage/-aufnahme
- Zahlungsverkehr
- Bargeldver- und –entsorgung.

Im Rahmen des Cash Managements abgeschlossene **Geldmarkt-Kassageschäfte** werden auf der Aktivseite i. d. R. der Kategorie LAR zugeordnet und auf der Passivseite der Kategorie L. Somit werden beide Seiten mit Amortised Cost bewertet, und es gibt kein Accounting Mismatch.

Kommen **Geldmarktderivate** zum Einsatz, so sind diese als stand alone-Derivat der IAS-Kategorie TRD zuzuordnen. Wird das Geldmarktderivat als Sicherungsinstrument eingesetzt, so kann es theoretisch Gegenstand eines Fair Value oder Cashflow Hedges sein. Die praktische Bedeutung von Hedge Accounting beim Cash Management dürfte aber gering sein.

Relevante Beispiele:

→ Bezüglich IAS 39-Kategorisierung siehe Übung 1.13

→ Fremdwährungsgeschäfte siehe Übung 1.17

→ Hedge Accounting siehe Übungen 1.18, 1.19, 1.20.

2. Finanzielles Risikomanagement

a) Zinsänderungsrisiken

In diesem Zusammenhang können folgende Rechnungslegungsschlagwörter/ Übungsaufgaben von Interesse sein:

→ Finanzgarantie siehe Übung 1.1

→ Bilanzierung eines Zins-Swaps siehe Übung 1.8

IFRS-Übungen, Lösungen und Anlagen

- → Bilanzierung eines FRA siehe Übung 1.10
- → Bilanzierung eines Zins-Futures siehe Übung 1.11
- → IAS 39 Kategorisierung siehe Übung 1.13
- → IAS 39 Kategorisierung und Folgebewertung siehe Übung 1.14
- → AFS und Bewertung siehe Übung 1.15
- → Mikro-Hedging mit Zins-Swap siehe Übung 1.18
- → Makro Fair Value Portfolio Hedge siehe Übung 1.19.

b) Währungsrisiken

Beim Management von Währungsrisiken geht es konkret um die Steuerung des Transaktions- sowie der Translationsexposures. Die Fremdwährungsbewertung ist nach IFRS in einem eigenen Standard IAS 21 geregelt. Im Zusammenhang mit dem Transaktionsexposure steht hier die Einordnung der Fremdwährungsgeschäfte in sog. monetäre Posten oder aber sog. nicht monetäre Posten. Im Bereich des Translationsexposures steht die Umrechnung ausländischer Geschäftsbetriebe im Fokus. In diesem Zusammenhang spielt die Festlegung der sog. funktionalen Währung eine entscheidende Rolle, sodass sich dann zwei Fallkonstellationen nach IFRS ergeben. Wenn die funktionale Währung der Darstellungswährung entspricht, dann erfolgt eine Umrechnung auf Einzelgeschäftsbasis. Weicht dahingegen die funktionale Währung des ausländischen Geschäftsbetriebes ab von der Darstellungswährung der Muttergesellschaft, dann stellt die Fremdwährungsumrechnung einen Transformationsvorgang von Fremdwährungsbilanz und -GuV in eine Eurobilanz und -GuV dar. Dieser Transformationsvorgang erfolgt dann gemäß IAS 21 nach der sog. qualifizierten Durchschnittsmethode.

- → Fremdwährungsgeschäfte siehe Übung 1.17
- → Hedging von Fremdwährungsrisiken siehe Übung 1.20.

c) Kontrahentenrisiko

Die bilanzielle Bewertung des Kontrahentenrisikos fällt nach IAS 39 unter „Impairment". Anhand des Impairment-Tests wird ermittelt, ob eine dauerhafte Wertminderung vorliegt. Ein solcher Wertminderungstest entfällt, wenn das Finanzinstrument bereits GuV-wirksam Fair Value bewertet wird. Ob Letzteres der Fall ist, hängt von der Kategorisierung ab.

In diesem Zusammenhang können folgende Rechnungslegungsschlagwörter/Übungsaufgaben von Interesse sein:

- → Impairment siehe Kap. III.4.3.3
- → strukturierte Finanzinstrumente siehe Übung 1.4
- → Ausbuchungsvorschriften und SPV siehe Übung 1.3
- → ABS-Transaktionen siehe Übung 1.5.

d) Rohstoffrisiken

Da Rohstoffe, Maschinen etc. kein Finanzinstrument im Sinne des IAS 32 darstellen, fällt die Bilanzierung dieser **Kassageschäfte** nicht in den Gegenstand des IAS 39. Der erfolgte bzw. geplante Kauf/Verkauf von Commodities auf Termin (sog. firm commitments bzw. planed futures transactions) sind grundsätzlich nicht Gegenstand des IAS 39, außer sie sehen ein Net Cash Settlement vor bzw. sind nicht für den eigenen Gebrauch (sog. Own-Use-Kontrakte) vorgesehen. Dann stellen sie ein Derivat dar und sind der Kategorie TRD zuzuordnen.

In diesem Zusammenhang können folgende Rechnungslegungsschlagwörter/Übungsaufgaben von Interesse sein:

3. Anlagen

→ IAS 39-Kategorisierung siehe Übung 1.13

→ Hedge Accounting siehe Kap. III.5.

3. Finanzierung

a) Kapitalstrukturpolitik

Gegenstand der Kapitalstrukturpolitik können u. a. folgende Transaktionen sein: Hedging, ABS, Leasingstellung, Securitization, Zweckgesellschaften (Special Purpose Vehicle).
In diesem Zusammenhang können folgende Rechnungslegungsschlagwörter/Übungsaufgaben von Interesse sein:

- → Bilanzierung von ABS siehe Übung 1.5
- → Hedge Accounting siehe Kap. III.5
- → Ausbuchungsvorschriften siehe Übung 1.2
- → Ausbuchungsvorschriften & SPV siehe Übung 1.3.

b) Kapitalbeschaffung

Gegenstand der Kapitalbeschaffung sind u. a.: Aktienemissionen, Fremdkapitalemissionen, Haftungsverhältnisse (Garantien, Bürgschaften) oder ähnliche Verpflichtungen (z. B. Patronatserklärungen).
In diesem Zusammenhang können folgende Rechnungslegungsschlagwörter/Übungsaufgaben von Interesse sein:

→ Finanzgarantie siehe Übung 1.1
→ Hedge Accounting siehe Kap. III.5
→ Fremdwährungsgeschäfte siehe Kap. 4.3.4
→ strukturierte Produkte siehe Übung 1.4.

4. Bankenpolitik

Gegenstand der Bankenpolitik ist die Auswahl von leistungsfähigen Kreditinstituten und die Pflege der Beziehungen zu den präferierten Kreditinstituten. Hier stehen eher qualitative Aspekte im Vordergrund und weniger der konkrete Abschluss von bestimmten Finanzinstrumenten. Insofern resultieren aus diesem Funktionsbereich nicht unmittelbar Bilanzierungsfragen.

3.4 Anlage 4: Muster-Zahlenbeispiel

Abb. 160: Muster-Zahlenbeispiel (1)

in EUR

GATTUNGSDATEN

Hedged Item: Schuldscheindahrlehen SSD- AFS

Laufzeitbeginn:	01.01.2008	Nominalzins:	5 %
Laufzeitende:	31.12.2011	Zinsberechnungsmethode:	30 / 360
Währung	EUR	Zinsbelastungsabstand:	jährlich
Ausgabebetrag:	98.000	Nominalbetrag:	100.000
FV 31.12.2008	97.000		

Hedging Instrument: Payer Swap

Laufzeitbeginn:	01.01.2008
Laufzeitende:	31.12.2011
Währung	EUR
Nominalbetrag:	100.000

Fixer Schenkel

Nominalzins:	4,55 %
Zinsberechnungsmethode:	30 / 360
Zinsbelastungsabstand:	jährlich

Variabler Schenkel

Zinsreferenz:	6M-EURIBOR
Zinsberechnungsmethode:	30 / 360
Zinsbelastungsabstand:	halbjährlich

Abb. 161: Muster-Zahlenbeispiel (2)

in T EUR

t0 = 01.01.2008

RLFZ	0,5	1	2	3	4
%	3,40%	3,50%	3,70%	4,10%	4,60%

t1 = 31.12.2008

RLFZ	0,5	1	2	3 ⇑
%	4,00%	4,50%	4,90%	5,40%

SSD

Grundwerte
- Anschaffungskosten (AK): 98
- Full-FV: 98
- Hedge-FV: 98
- Fortgeführte Anschaffungskosten (AC): 98

Buchwert (BW): 98

AK	98,00	
Full-FV	97,00	Delta Full-FV −1,00
Hedge-FV	96,30	Delta Hedge-FV −1,70
FAK	98,46	

Full-FV alt Buchwert alt (BW alt)	98,00	
Disagio-Zuschr.	0,46	
AC BW alt + Disagio neu	98,46	BW AC-Kategorien
abgesichertes Risiko	−2,16	1)
Hedge-FV BW alt + Hedgeergebnis	96,30	BW AC-Kategorien gehedged
Delta Bonität	0,7	2)
Full-FV neu Buchwert neu	97,00	BW FV-Kategorien

Payer-Swap: 0

BW (alt)	0
FV-Veränderung Swap	2,22
BW (neu)	2,22

3. Anlagen

Das Musterbeispiel besteht aus zwei Geschäften und geht über zwei Zeitpunkte:
- Erwerb eines Schuldscheindarlehens und Abschluss eines Payer-Swaps (pay fix, receive variabel);
- t0 = Zugangszeitpunkt, t1=Bilanzstichtag;
- Die Zinsen sind von t0 nach t1 gestiegen.
- Die Bonität des SSD-Emittenten sei ebenfalls gestiegen.
- Beim Payer-Swap wird vereinfachend ohne Credit-Spread-Aufschlag gerechnet.

Schuldscheindarlehen

t0: Zum Full Fair Value von 98 TEUR erworben, Rückzahlungsbetrag (= Nominale) entspricht 100 EUR, Disagio in Höhe von 2 TEUR, Restlaufzeit 4 Jahre;

t1: Full Fair Value fällt auf 97 TEUR. Die Gesamt-Fair-Value-Veränderung von 1 TEUR entfällt auf -2,16 TEUR zinsinduzierte Fair-Value-Veränderung (aufgrund des gestiegenen Zinsniveaus) sowie +0,7 TEUR aufgrund der gestiegenen Bonität. Die Disagiozuschreibung beträgt +0,46 TEUR.

t1: Ausgehend von den Anschaffungskosten von 98 TEUR aus t0 wird in t1 die Disagio-Zuschreibung in Höhe von +0,46 TEUR gebucht, sodass die AC von t1 98,46 TEUR betragen. Die reine zinsinduzierte FV-Veränderung beträgt -2,16 TEUR, sodass der Hedge Fair Value für das Zinsänderungsrisiko bei 96,30 TEUR liegt. Erfasst man hierauf die rein bonitätsinduzierte Veränderung des SSD, so kommt man auf den Full Fair Value von 97 TEUR.

Payer-Swap

t0: Der Payer-Swap stellt keinen Kupon-Swap dar, das bedeutet, es wird nicht genau der gleiche Festzins, wie das SSD erhält, im Payer-Swap durchgereicht. Der Fair Value des Swaps im Abschlusszeitpunkt (t0) sei Null. Aus Vereinfachungsgründen wird der credit spread für den Bankenswap auf Null gesetzt.

t1: Der Swap hat nun einen positiven Barwert in Höhe von +2,16 TEUR. Dieser entspricht ungefähr der zinsinduzierten Wertveränderung aus dem SSD, nur mit umgekehrtem Vorzeichen.

3.5 Anlage 5: Muster einer Dokumentation zur Fair Value Option (FVO)

Abb. 162: Muster einer Dokumentation (1)

A	B	C	D	E	F	G	H
Organisations-einheit	l.f. Nr.	Kurz-Bezeichnung	Die Steuerung welcher Risikoart steht im Vordergrund?	Risikoreduzierung?	Zugelassene Produkte	Max. Volumen in € der Grundgeschäfte	Welcher Anwendungsfall der FVO liegt vor
ABC-Bank AG, FFM	1	FVO_Kredit_Pswaps	a)	b)	Kredite, Payer-Swaps	100 Mio €	I.

a) ZinsR b) AktienR c) BonitätsR d) andere Risikoart e) mehrere

a) 80 - 100%
b) 50 - 79 %
c) weniger 50%
d) risikoerhöhend

Fall I: Reduzierung von Accounting-Mismatch
Fall II: Portfolien, die auf FV-Ebene gesteuert werden
Fall III: Vermeidung von Split Accounting

I	J	K
Strategie	Benennung der alten und neuen Portfolien in den Frontoffice-Systemen	Fair Value (i.S.v. IAS 39) verlässlich ermittelbar
Bankbuch-Payer-Swaps (bisher der Kategorie "Trading" zugeordnet) sowie Kredite (bisher der Kategorie "LaR") werden nun gemeinsam zum FV mit Ausweis in der GuV bewertet. Ein bisher vorhandener AC-Mismatch - bezogen auf das abgesicherte Risiko (Zins) - wird dadurch verringert. Bezüglich neuer GuV-Volatilitäten w/ der credit-spread-Bewertung siehe Spalte M u. N	Neue gemeinsame Portfoliobezeichnung "FVO_Fall I_1". Kredite waren bisher im Portfolio „Kredite LAR" und Payer-Swaps im Folder „Derivate TRD"	Neuer Prozess Fair Value Ermittlung für Kredite wurde im Risikocontrolling etabliert.

Abb. 163: FVO: Muster einer Dokumentation (2)

L	M	N	O
leer	GuV-Vola erhöht sich?	Vola in € bei worst case	Auswirkungen auf das AR-Eigenkapital sind geklärt?
	Über Gesamt-GuV nimmt Vola ab, bezogen auf GuV-Position "Zinsüberschuss" nimmt sie zu. (a) Handelsergebnis: GuV-Vola nimmt ab, da die Bankbuchderivate hier nun nicht mehr ausgewiesen werden b) Zinsüberschuss; Ergebnis aus Sicherungsbeziehungen aus Anwendung FVO I. Fall: Vola nimmt zu, da "Hedge" nur zwischen 50 - 79% "effektiv" und zudem nun der Fair Value der credit-spread-Bewertung der Kredite neu in die GuV kommt.	Unter der Annahme des worst case szenarios, dass die Zinsstrukturkurve einen parallelen shift in Höhe von 100 BP nach oben bzw. unten macht und / oder das creditrating sich um 150 BP nach unten / oben bewegt, hätte dies eine Gesamt-GuV-Auswirkung von - 3 Mio € / + 5 Mio € zur Folge, die sich wie folgt verteilt: Handelsergebnis: keine Vola mehr; Zinsüberschuss: - 3 € / + 5 Mio €	Ja

Glossar[456]

Abgesichertes Risiko – Im Rahmen von Hedge Accounting kann grundsätzlich jede Risikoart, für die ein wirksames **Sicherungsinstrument** gehandelt wird, Gegenstand einer **Sicherungsbeziehung** sein. So z. B. (1) **Marktpreisrisiko** (z. B. Festzins, Aktien), (2) **Fremdwährungsrisiken** (FX), (3) **Adressenausfallrisiko** (Bonität). Es können einzelne oder mehrere Risiken des **Grundgeschäft** vollumfänglich oder teilweise abgesichert werden, z. B. 50 % des Nominalvolumens eines Bonds oder aber nur bestimmte Zinszahlungen eines Bonds

Absicherung einer Nettoinvestition in einen ausländischen Geschäftsbetrieb → Cashflow Hedge (CFH) auf eine Nettoinvestition in einen ausländischen Geschäftsbetrieb.

Absicherung von Zahlungsströmen → Cashflow Hedge (CFH)

Absicherung des beizulegenden Zeitwertes → Fair Value Hedge (FVH).

Adressenausfallrisiko → **Bewertungsmethoden**. Eine von drei Hauptrisikoarten, die Gegenstand der Bewertung von Finanzinstrumenten in der Rechnungslegung sind.

AFS-Impairment – Als Impairment-Betrag (Verlustbetrag) ist gemäß IAS 39.67 der direkt im Eigenkapital angesetzte kumulierte Verlust aus dem Eigenkapital zu entfernen. Die Höhe des Impairment-Betrages entspricht somit der Differenz zwischen den **Fortgeführte Anschaffungskosten (FAK)** bzw. **Anschaffungskosten** und dem aktuellen **Fair Value (FV)** (z. B. Börsenkurs), abzüglich etwaiger bereits früher ergebniswirksam erfasster Wertberichtigungen dieses finanziellen Vermögenswertes (IAS 39.69). Der Impairment-Betrag ist ergebniswirksam zu erfassen.

Agio (Aufgeld) – Der Unterschiedsbetrag zwischen den Anschaffungskosten und dem Nominalwert wird als Agio bzw. Disagio bezeichnet. Ein Agio (Disagio) liegt vor, wenn die Anschaffungskosten über (unter) dem Nominalwert liegen. Im Rahmen der Ermittlung der **Fortgeführte Anschaffungskosten (FAK)** sind Agien / Disagien nach IAS 39 und IAS 18 unter Anwendung der **Effektivzins**-Methode über die Restlaufzeit GuV-wirksam aufzulösen (und nicht en bloc bei Vertragsabschluss oder am Ende der Laufzeit).

Aktiver Markt – Dem Begriff des aktiven Marktes kommt bei dem **Fair Value (FV)**-Konzept des IAS 39 eine zentrale Bedeutung zu. Zum einen beeinflusst er, auf welcher Stufe der **Fair Value Hierarchie** ein **Finanzinstrument** zu bewerten ist.

Zum anderen hat er Einfluss auf die **IAS 39 Bewertungskategorien**, da der Kategorie **Loans and Receivables (LAR)** lediglich Fremdkapitalpapiere zugeordnet werden können, die nicht auf einem aktiven Markt notiert werden. Nicht immer ist ganz klar, ob es für ein Finanzinstrument einen aktiven Markt gibt oder nicht. Hier ist es hilfreich, sich die relevanten Teilmärkte anzuschauen und zu beurteilen, für welche es einen aktiven Markt gibt und für welche nicht. Eine Orientierung gibt hier auch die IDW-Stellungnahme IDW RS HFA 9 v. 12.04.2007.[457]

Aktien → **Finanzinstrument**.

Amortised Cost → **Fortgeführte Anschaffungskosten (FAK)**.

Anhangangaben (Disclosures, Notes) → IFRS 7 und **Finanzkrise**.

Anschaffungskosten – Im Rahmen der Zugangsbewertung werden die **Finanzinstrument**

---

456 Vgl. auch: *Henkel/Eller (2009a), Henkel/Eller (2009b)* und *Henkel/Eller (2009c).*

457 **RV** *IDW RS HFA 9*, S. 83 ff.

mit ihren Anschaffungskosten bilanziert. Als Anschaffungskosten ist der **Fair Value (FV)** anzusetzen (IAS 39.43). Normalerweise stellt der Kaufpreis die beste Approximation des Fair Value zum Zugangszeitpunkt dar (IAS 39.AG64 S. 1).

Im Rahmen der Zugangsbewertung kann es bei bestimmten Eigenkapitalpapieren der Kategorie **Available for Sale (AFS)** sein, dass ein Fair Value nicht (bzw. noch nicht oder nicht mehr) verlässlich ermittelbar ist. Dann sind solche Finanzinstrumente weiterhin mit ihren Anschaffungskosten anzusetzen, ohne eine Marktbewertung durchzuführen (IAS 39.46c). In der Praxis kann dies z. B. bei kleineren Beteiligungen an Personengesellschaften oder nicht notierten Kapitalgesellschaften der Fall sein.

Antizipativer Hedge – Eine Erwerbsvorbereitung stellt wirtschaftlich einen antizipativen Hedge dar. Beispiel: Umsetzung eines Kauf-Beschlusses durch Erwerbsvorbereitung eines Kassatitels durch einen Long Call (Kauf einer Kaufoption). Nach HGB wird ein solcher antizipativer Hedge – anders als nach IFRS – nicht als Bewertungseinheit anerkannt. Nach IFRS würde dieser Sachverhalt als **Planed Future Transaction** im Rahmen eines **Cashflow Hedge (CFH)** abgebildet.

Asset Backed Securities (ABS) → **Structured Credit Products (SCP)**.

At Cost → **Anschaffungskosten**.

Aufgelaufene Zinsen → **Clean Price**.

Ausbuchungsvorschriften – Die Ausbuchungsvorschriften (Abgangsvorschriften) stellen im IAS 39 einen der umfangreichsten und komplexesten Bereiche dar. Insbesondere kommen sie bei der bilanziellen Beurteilung von **Verbriefungstransaktionen** zur Anwendung. Die Grafik im IAS 39.AG36 gibt einen guten Überblick über die insgesamt neun Prüfungsschritte.

Available for Sale (AFS) – Eine von mehreren IAS 39 **Bewertungskategorien**. Nach IAS 39.9 wird ein **Finanzieller Vermögenswert** der Kategorie Available for Sale (AFS) zugeordnet, wenn er weder der Kategorie **Loans and Receivables (LAR)**, **Held to Maturity (HTM)** oder **Fair Value through Profit and Loss (FVTPL)** zugeordnet wird.stellt somit eine Residualgröße dar.

Finanzinstrumente der Kategoriesind mit dem **Fair Value (FV)** zu bilanzieren, wobei die Fair Value Veränderung GuV-neutral im Eigenkapital (**Neubewertungsrücklage**) auszuweisen ist.

Bei AFS-Fremdkapitalpapieren sind zunächst die **Fortgeführte Anschaffungskosten (FAK)** zu ermitteln und dann die Differenz zwischen den fortgeführten Anschaffungskosten und dem Fair Value in die Neubewertungsrücklage zu buchen.

Eigenkapitalpapiere, für die der Fair Value nicht verlässlich ermittelbar ist, sind innerhalb der Kategoriezu **Anschaffungskosten** zu bilanzieren.

Basis Adjustment → auch **Cashflow Hedge (CFH)**.

Verrechnung der am Ende der Hedge-Beziehung aufgelaufenen (positiven oder negativen) **Fair Value (FV)**-Veränderungen des Hedging Derivats mit den **Anschaffungskosten** des zu bilanzierenden Grundgeschäfts.

Barwert → **Dirty Price**.

Beizulegender Wert – (HGB) Vermögensgegenstände des Anlagevermögen (Umlaufvermögen) können (müssen) gem. § 253 Abs. 2 S. 3 HGB (§ 253 Abs. 3 S. 2 HGB) auf den niedrigeren sog. beizulegenden Wert abgeschrieben werden (bei dauerhaften Wertminderungen besteht allerdings auch im Anlagevermögen eine Abschreibungspflicht). Es gibt keine Legaldefinition des Begriffes „beizulegender Wert". Er ist anhand der GoB zu ermitteln, wobei dem Grundsatz vorsichtiger Bewertung eine besondere Bedeutung zukommt. Der beizulegende Wert ist nicht zu verwechseln mit dem **Beizulegender Zeitwert** (**Fair Value (FV)**), auch wenn diese beiden Wertansätze oft identisch sind.

382

Abb. 164: Grundprinzipien der Bewertung (HGB)

Grundprinzip	HGB-Paragraph	Erläuterung
Einzelbewertung	§ 252 Abs. 1 Nr. 3	Grundsätzlich keine Portfoliobewertung i.S.d. Treasury, sondern jeder Vermögensgegenstand aus einem Portfolio ist losgelöst von den anderen zu behandeln (Ausnahme: Bewertungseinheiten).
Realisationsprinzip	§ 252 Abs. 1 Nr. 4 letzter Teilsatz	Gewinne dürfen nur dann berücksichtigt werden, wenn sie realisiert wurden (also Verbot der Vereinnahmung von unrealisierten Gewinnen).
Imparitätsprinzip	§ 252 Abs. 1 Nr.4	Anders als bei den Gewinnen sind unrealisierte Verluste in der Bilanz und GuV zu berücksichtigen. Insofern besteht aufgrund des Vorsichtsprinzips handelsrechtlich eine unterschiedliche Behandlung von unrealisierten Gewinnen und Verlusten. Realisierte Gewinne und Verluste werden dahingegen gleich behandelt und müssen beide berücksichtigt werden (Realisationsprinzip).
Periodenabgrenzungsprinzip	§ 252 Abs. 1 Nr. 5	Erträge und Aufwendungen sind unabhängig vom Zeitpunkt der Zahlung wirtschaftlich gerecht zu berücksichtigen. Daher ist z.B. eine Zinsabgrenzung zu berücksichtigen.
Anschaffungskosten als Wertobergrenze	§ 253 Abs. 1 S.1	Keine „fair value"-Bewertung über Anschaffungskosten hinaus möglich.

Beizulegender Zeitwert – (HGB) → **Fair Value (FV)**.

Bewertung (HGB)

a) **Grundprinzipien:** Die für die HGB-Bilanzierung /-Bewertung wichtigsten Grundprinzipien sind Gegenstand der **Abbildung 164**.

b) **Zugangsbewertung:** Finanzinstrumente stellen im HGB-Sprachgebrauch Vermögensgegenstände (Aktiva) oder Verbindlichkeiten bzw. Rückstellungen (Passiva) dar. Vermögensgegenstände sind grundsätzlich mit ihren Anschaffungskosten (inklusive Anschaffungsnebenkosten) zu aktivieren (§ 253 Abs. 1 HGB i.V.m. § 255 Abs. 1 HGB). Verbindlichkeiten sind mit ihrem Rückzahlungsbetrag zu passivieren (§ 253 Abs. 1 Satz 2 HGB). Rückstellungen werden mit dem Betrag passiviert, der nach vernünftiger kaufmännischer Beurteilung notwendig ist (§ 253 Abs. 1 Satz 2 HGB). Kreditinstitute können abweichend vom Anschaffungskostenprinzip bei den Vermögensgegenständen die Buchforderungen gemäß § 340e Abs. HGB mit ihrem Nominalwert (=Rückzahlungsbetrag) bilanzieren, wenn die Bestände grundsätzlich bis zur Endfälligkeit gehalten werden sollen (sog. Nominalwertbilanzierung). Der Unterschiedsbetrag zwischen Anschaffungskosten und Nominalwert hat dann Zinscharakter und wird als aktiver Rechnungsabgrenzungsposten RAP (über-pari-Erwerb) bzw. als passiver RAP (unter-pari-Erwerb) bilanziert. Die Auflösung erfolgt dann pro rata temporis in das Zinsergebnis.

c) **Folgebewertung:** Gemäß dem Einzelbewertungsgrundsatz (§ 252 Abs. 1 Nr. 3 HGB) ist grundsätzlich jeder Vermögensgegenstand einzeln zu bewerten (Ausnahme: **Bewertungseinheiten (BWE)**). Die Folgebewertung betrifft (in der Praxis) insbesondere die Vermögensgegenstände. Die HGB-Bewertungsmethoden ergeben sich anhand der HGB-Bewertungskategorien. **Abbildung 165** enthält eine Zuordnung von Bewertungskategorien zu den Bewertungsmethoden. Für die Kategorisierung nach HGB sind Finanzinstrumente einerseits nach Wertpapieren und Forderungen und zum anderen nach Anlagevermögen und Umlaufvermögen zu differenzieren. Unter den Wertpapieren sind Orderpapiere (z. B. Namensaktien) und Inhaberpapiere (z. B. Inhaberschuldverschreibungen) auszuweisen; Wertpapiere besitzen in der Regel eine ISIN und sind meistens börsengängig bzw. -fähig. Finanzielle Vermögensgegenstände, die keine

Wertpapiere sind, werden als Forderungen (Ausleihungen) bezeichnet. Jedes Finanzinstrument muss bei Zugang, abhängig von seiner Zweckbestimmung, dem Umlauf- oder Anlagevermögen zugeordnet werden. Im Anlagevermögen sind die Finanzinstrumente auszuweisen, die bestimmt sind, dauernd dem Geschäftsbetrieb zu dienen (§ 247 Abs. 2 HGB). Diese Bestimmung ist durch Geschäftsleiterbeschluss zu dokumentieren. Bei Kreditinstituten geht der Gesetzgeber in § 340e Abs. 1 Satz 2 HGB davon aus, dass Forderungen und Wertpapiere in einer Bankbilanz Gegenstand des Umlaufvermögens sind.

Das Thema der Umklassifizierung, also der Wechsel der Kategorien während der Laufzeit, war einer von mehreren Diskussionspunkten im Rahmen von Rechnungslegungsthemen zur **Finanzkrise (HGB)**.

Neuerungen: Bezüglich Neuerungen in der HGB-Bilanzierung → **Abbildung 169**.

Bewertung – Gegenstand des finanziellen Risikomanagements ist die Steuerung der Marktpreisrisiken (insbesondere Zinsänderungsrisiken, Rohstoffrisiken, Aktienkursrisiken), Fremdwährungsrisiken und Adressenausfallrisiken. Genau diese Risiken sind auch Gegenstand der bilanziellen Bewertung, jedoch sind hierfür die bilanziellen Fachbegriffe andere sind. Bilanziell ist zwischen der Einzelbewertung (Normalfall) und dem **Hedge Accounting**, also der zusammengefassten Bewertung von Grund- und Sicherungsgeschäft, zu unterscheiden.

Der **Zugang** erfolgt stets mit dem **Fair Value (FV)** (→ **Anschaffungskosten**).

Die Folgebewertung basiert grundsätzlich auf dem Prinzip der Einzelbewertung, das heißt jeder Vertrag ist einzeln zu bilanzieren und zu bewerten. Im Rahmen der Einzelbewertung ist zunächst die so genannte **Bewertungskategorien** gem. IAS 39 zu ermitteln. Ihr kommt eine zentrale Bedeutung für die Bewertung zu, da sie die marktpreisinduzierte (ohne **FX**) **Bewertungsmethoden** bestimmt. Das Fremdwährungsrisiko wird in IFRS durch einen eigenständigen Standard geregelt (**IAS 21**). Die Abbildung des Adressenausfallrisikos in der IFRS-Rechnungslegung wird als **Impairment** bezeichnet.

Unter bestimmten Voraussetzungen können nach IAS 39 allerdings **Grundgeschäft** und **Sicherungsinstrument** – abweichend von der

Abb. 165: Bewertungskategorien und Bewertungsmethoden (HGB)

Bewertungskategorien	Bewertungsmethoden
1. Anlagevermögen (AV)	**gemildertes** Niederstwertprinzip (§ 253 Abs. 2 S. 3 HGB)
1.1. Forderungen	Keine marktzinsinduzierte Bewertung. Ggf ist eine Einzel- oder Pauschalwertberichtigung einzustellen.
1.2. Wertpapiere (AV)	Wenn Marktkurs bzw. beizulegender Wert dauerhaft niedriger als der Buchwert, Pflicht zur Abschreibung. Ansonsten Wahlrecht, ob bei vorübergehender Wertminderung abgeschrieben werden soll oder nicht.
2. Umlaufvermögen (UV)	**strenges** Niederstwertprinzip (§ 253 Abs. 3 S. 1 HGB)
2.1. Forderungen	Keine marktzinsinduzierte Bewertung. Ggf ist eine Einzel- oder Pauschalwertberichtigung einzustellen.
2.2. Wertpapiere des / der....	Sobald Marktkurs bzw. beizulegender niedriger als Buchwert, Pflicht zur Abschreibung.
Nicht-Banken: ...Umlaufvermögen (UV) / Banken: ...Liquiditätsreserve (LR)	s.o.
Banken: ...Handelsbestand (HB)	s.o.

Glossar

Abb. 166: Arten von Risiko (R) in der Bilanzierung

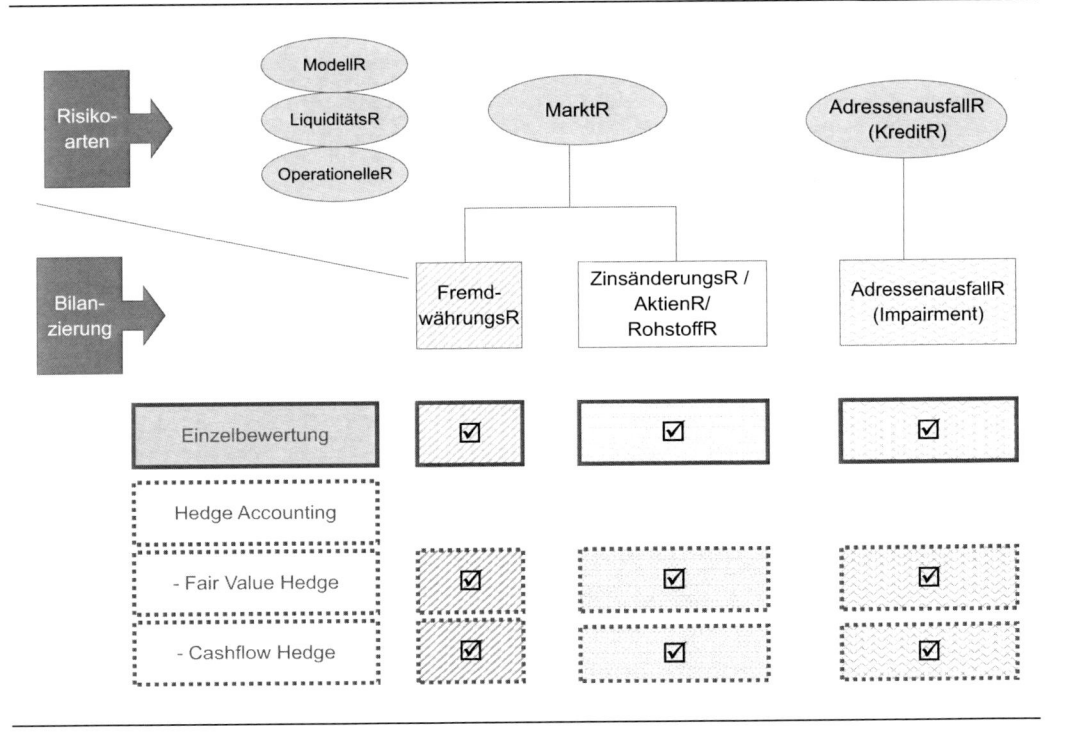

	FremdwährungsR	ZinsänderungsR / AktienR / RohstoffR	AdressenausfallR (Impairment)
Einzelbewertung	☑	☑	☑
Hedge Accounting			
- Fair Value Hedge	☑	☑	☑
- Cashflow Hedge	☑	☑	☑

Risikoarten: ModellR, LiquiditätsR, OperationelleR, MarktR, AdressenausfallR (KreditR)

Einzelbewertung – zusammen bewertet werden. Hier spricht man dann vom sog. **Hedge Accounting**. IAS 39 kennt zwei Hedge-Arten: den sog. **Fair Value Hedge** und den **Cashflow Hedge (CFH)**. Beide können jeweils zur Absicherung von Marktpreisrisiken (ohne FX), Adressenausfallrisiken und/oder Fremdwährungsrisiken eingesetzt werden.

Bewertungseinheiten (BWE) – (HGB) Die Bewertungseinheiten (BWE) stellen im **Handelsgesetzbuch (HGB)** das Pendant zum **Hedge Accounting** in der IFRS-Rechnungslegung dar. Ziel bei der Bildung von Bewertungseinheiten ist es, das Auseinanderlaufen des handelsrechtlichen und betriebswirtschaftlichen Ergebnisses zu reduzieren. Bei anerkannten Bewertungseinheiten können z. B. unrealisierte Gewinne des **Derivat** mit unrealisierten Verlusten eines Wertpapiers maximal bis zur Höhe des unrealisierten Verlustes miteinander verrechnet werden. Es wird unterschieden zwischen **Mikro-BWE**, **Makro-BWE** und **Portfolio-BWE**. Im Fokus von HGB-Hedges steht die Absicherung gegen Marktwertschwankungen. **Antizipativer Hedges** gibt es nach HGB nicht.

Bewertungskategorien – Der Standard definiert im IAS 39.9 vier Kategorien von **Finanzinstrument**, wovon eine aus zwei Unterkategorien besteht. Datenmodelltechnisch sind daher fünf Ausprägungen vorzuhalten. Die Kategorie **Fair Value through Profit and Loss (FVTPL)** mit den beiden Unterkategorien **Trading (TRD)** und **Fair Value by Designation (FVBD)**. Desweiteren die Kategorien **Held to Maturity**, **Loans and Receivables (LAR)** und **Available for Sale (AFS)**. Einige Kategorien gelten nur für die Aktiva (HTM, LAR und AFS), andere dahingegen für Aktiva und Passiva (TRD, FVBD). **Abbildung 166** gibt einen Überblick über die „Grund-Bewertungskategorien".

Für die Passiva gibt es zwei weitere Kategorien, die im Standard zwar nicht explizit als solche

Abb. 167: Überblick über die IAS-39-Bewertungskategorien[458]

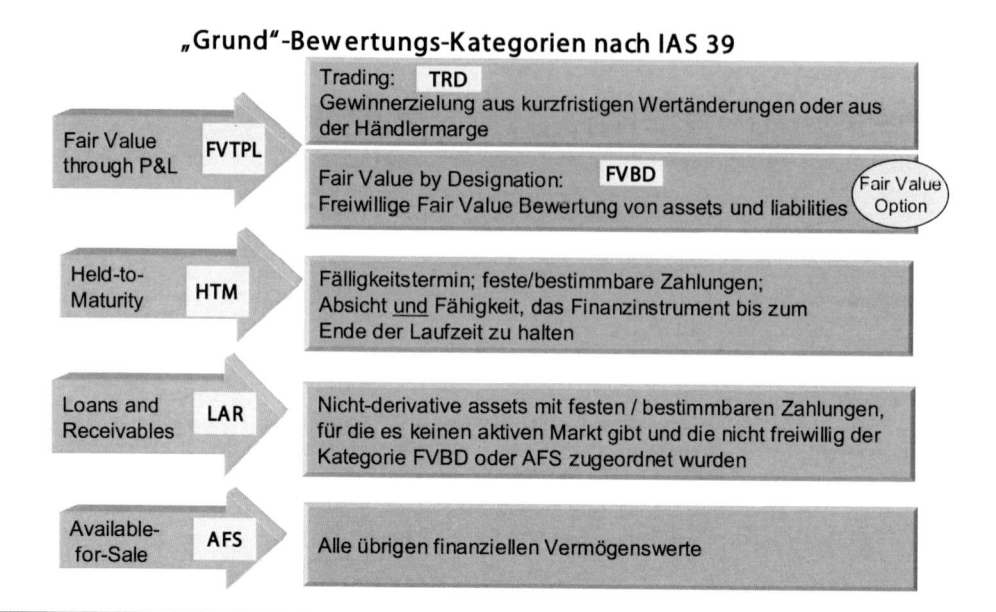

„Grund"-Bewertungs-Kategorien nach IAS 39

- **Fair Value through P&L** — **FVTPL**
  - Trading: **TRD** — Gewinnerzielung aus kurzfristigen Wertänderungen oder aus der Händlermarge
  - Fair Value by Designation: **FVBD** — Freiwillige Fair Value Bewertung von assets und liabilities (Fair Value Option)
- **Held-to-Maturity** — **HTM** — Fälligkeitstermin; feste/bestimmbare Zahlungen; Absicht und Fähigkeit, das Finanzinstrument bis zum Ende der Laufzeit zu halten
- **Loans and Receivables** — **LAR** — Nicht-derivative assets mit festen / bestimmbaren Zahlungen, für die es keinen aktiven Markt gibt und die nicht freiwillig der Kategorie FVBD oder AFS zugeordnet wurden
- **Available-for-Sale** — **AFS** — Alle übrigen finanziellen Vermögenswerte

---

genannt sind, aber für eine Abbildung der Geschäfte in den Büchern und DV-Systemen benötigt werden. Dies sind die **Sonstige Verbindlichkeiten (L)** und **Finanzgarantien, gegebene (FG)**. Zudem ist zu beachten, dass diese IAS-39-Kategorien keine Hedgingsachverhalte beinhalten. Einige dieser IAS-39-Kategorien können auch im Zusammenhang mit **Hedge-Arten** auftreten, sodass hier noch entsprechend mehr Ausprägungen möglich sind.

Bewertungsmethoden → auch **Bewertung**.

Bezüglich der bilanziellen Berücksichtigung des Marktpreisrisikos (ohne FX) gibt es nach IAS 39 grundsätzlich zwei unterschiedliche Bewertungsmethoden. Entweder eine Bewertung zum **Fair Value (FV)** oder keine marktpreisinduzierte Bewertung, d.h. eine Bilanzierung zu den **Fortgeführte Anschaffungskosten (FAK)** (amortised cost AC). Welche von den beiden Bewertungsmethoden anzuwenden ist, hängt von den IAS 39 **Bewertungskategorien** ab. Aufgrund der unterschiedlichen Bewertungsmethoden wird auch vom sogenannten „Mixed Model" gesprochen.

Das Adressenausfallrisiko wird nach IAS 39 im Rahmen eines gesonderten Werthaltigkeitstests (Impairment-Test) berücksichtigt. Bei den **Fremdwährungsrisiken (FX)** werden die Transaktions-Exposures grundsätzlich mit dem Stichtagskurs umgerechnet und bewertet. Das FX-Bewertungsergebnis wird – bis auf eine Ausnahme (AFS-Fremdwährungs-Aktien) – in der GuV gezeigt wird.

Abb. 168 stellt die vier (aktivischen) Grund-Bewertungskategorien dar, wobei die Kategorie **FVTPL** sowohl aktivisch als auch passivisch vorkommen kann. Bei den **sonstigen Verbindlichkeiten (L)** entspricht die marktpreisinduzierte Bewertungsmethode der bei HTM und LAR. Bezüglich der Bewertungsmethode bei **gegebenen Finanzgarantien (FG)** → separates Schlagwort.

Bilanzrechtsmodernisierungsgesetz (BilMoG) – (HGB) Mit dem Bilanzrechtsmodernisierungsgesetz (BilMoG) vom 03.04.2009[459] soll das HGB u. a. für IFRS „fit gemacht" werden.

---

[458] Allgemeiner Hinweis: Die in der Literatur und der Praxis verwendeten Abkürzungen sind nicht standardisiert, so dass auch andere als die hier verwendeten Abkürzungen vorzufinden sind.

[459] BR-Drucks. 270/09 vom 27.03.2009.

Glossar

Abb. 168: Überblick Bewertungsmethoden[460]

IAS 39 Kategorie	FVTPL	AFS	HTM	LAR	Risiko-art
		ohne Hedging			
Bewertungs-maßstab	(Full) Fair Value	(Full) Fair Value	Amortised Cost	Amortised Cost	Markt-preis-risiko
Diff. Nominal-wert zu AK		Verteilung[1]	Verteilung[1]	Verteilung[1]	
Behandlung Wert-änderung	Erfolgs-wirksam	Erfolgs-neutral	./.	./.	
Impairment Test	Nein (implizit durch FV)	Ja (ausbuchen aus dem Eigenkapital)	Ja	Ja	Adressen-ausfall-risiko
Fremd-währungs-bewertung	Fair Value" (Stichtagskurse) – Erfolgswirksam-[2]				Fremd-währungs-risiko

[1] Die Verteilung erfolgt stets erfolgswirksam (i.d.R. Zinsergebnis).
[2] AFS FW-Aktien: Erfolgsneutral

Die Änderungen betreffen auch die Rechnungslegung von Finanzinstrumenten. Die verpflichtend erstmalige Anwendung soll ab 01.01.2010 erfolgen.

Mit den für Finanzinstrumente relevanten Vorschriften zur „Fair Value Bewertung von Handelsbeständen bei Kreditinstituten", „Bildung von Bewertungseinheiten" und „Fremdwährungsumrechung" erhalten die bisher bereits als GoB in der Praxis angewendeten Regelungen nun Gesetzescharakter, so dass sich an der bisherigen Bilanzierungspraxis jedoch materiell kaum etwas ändert.

Die Neuerung zur Fair Value Bewertung gem. § 340e Abs. 3 HGB n.F. sieht vor, dass Kreditinstitute ihre Handelsbestände zum beizulegenden Zeitwert (Fair Value)[461] – und damit auch über

die Anschaffungskosten hinaus – zu bewerten haben. Ursprünglich war die Bewertung zum beizulegenden Zeitwert auch für Nicht-Kreditinstitute vorgesehen, wurde im Rahmen der Gesetzesberatungen u.a. aufgrund der Erfahrungen aus der **Finanzkrise (HGB)** wieder fallen gelassen. Die Vorschriften zur Währungsumrechnung befinden sich nun im § 256a HGB n.F. und die zur Bildung von Bewertungseinheiten in § 254 HGB.

Abb. 169 gibt einen Überblick über die anzuwendenden Bewertungsmethoden für Finanzinstrumente nach den neuen Vorschriften. Sowohl bei Derivaten als auch originären Finanzinstrumenten ist zu nächst zu differenzieren, ob diese Gegenstand einer Bewertungseinheit sind. Stand alone-Derivate sind bei Kreditinstituten Gegenstand des Handelsbestandes und unterliegen damit der neu eingeführten Fair Value-Bewertung des § 340e Abs. 3 HGB n.F. Bei Nicht-Kreditinstituten werden stand alone-Derivate – wie bisher – imparitätisch bewertet. Sind die Derivate Gegenstand einer Bewertungseinheit, so können – wie bisher im Rahmen von Mikro-, Ma-

---

[460] Eigene Darstellung in Anlehnung an PWC (2002), S. 158.
[461] Gemäß § 340e Abs. 3 HGB n.F. ist von dem Fair Value ein Value at Risk (VaR) – Abschlag abzuziehen. Zusätzlich ist vom „Nettoertrag aus Finanzgeschäften" mindestens 10 % in einen Sonderposten innerhalb des Fonds für allgemeine Bankrisiken (340g-Reserven) zuzuführen (§ 340e Abs. 4 HGB n.F.).

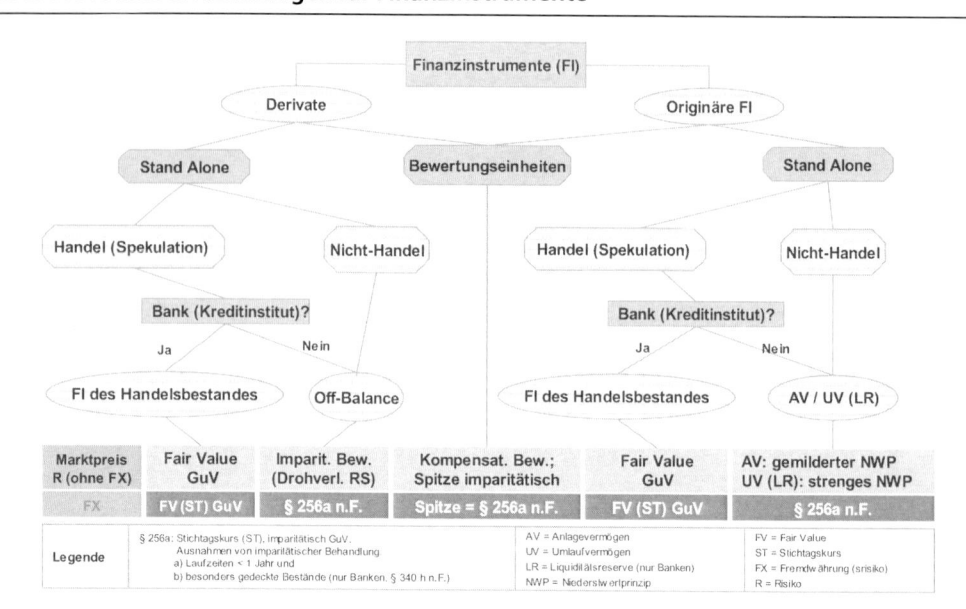

Abb. 169: BilMoG: Neuerungen für Finanzinstrumente

```
                        Finanzinstrumente (FI)
                       /                      \
                  Derivate                  Originäre FI
                  /   |    \                 /         \
         Stand Alone  Bewertungseinheiten   Stand Alone
           /    \                            /       \
  Handel     Nicht-Handel           Handel        Nicht-Handel
(Spekulation)                     (Spekulation)
    |                                  |
Bank (Kreditinstitut)?          Bank (Kreditinstitut)?
  Ja      Nein                    Ja          Nein
   |        |                      |            |
FI des   Off-Balance          FI des         AV / UV (LR)
Handels-                      Handels-
bestandes                     bestandes
```

Marktpreis R (ohne FX)	Fair Value GuV	Imparit. Bew. (Drohverl. RS)	Kompensat. Bew.; Spitze imparitätisch	Fair Value GuV	AV: gemilderter NWP UV (LR): strenges NWP	
FX	FV (ST) GuV	§ 256a n.F.	Spitze = § 256a n.F.	FV (ST) GuV	§ 256a n.F.	

Legende: § 256a: Stichtagskurs (ST), imparitätisch GuV. Ausnahmen von imparitätischer Behandlung: a) Laufzeiten < 1 Jahr und b) besonders gedeckte Bestände (nur Banken, § 340 h n.F.)

AV = Anlagevermögen; UV = Umlaufvermögen; LR = Liquiditätsreserve (nur Banken); NWP = Niederstwertprinzip; FV = Fair Value; ST = Stichtagskurs; FX = Fremdwährung (srisiko); R = Risiko

---

kro oder Portfolio-BWE schon praktiziert – die unrealisierten Gewinne und Verluste gem. § 254 HGB n.F. innerhalb der Bewertungseinheit verrechnet werden und lediglich der Saldo ist imparitätisch zu behandeln. Bei den originären Finanzinstrumenten, die nicht Gegenstand einer Bewertungseinheit sind, ist zunächst zu unterscheiden, ob sie zu Handelszwecken erworben wurden oder nicht (non-trading). Bei Kreditinstituten sind die zu Handelszwecken erworbenen Finanzinstrumente nach der neu eingeführten Fair Value Methode zu bewerten (§ 340e Abs. 3 HGB n.F.). Dies war ursprünglich auch für Handelsbestände von Nicht-Kreditinstituten, die auf einem aktiven Markt gehandelt werden, vorgesehen. Diese Absicht wurde dann aber doch nicht umgesetzt. Somit werden die zu Handelszwecken erworbenen Finanzinstrumente von Nicht-Kreditinstituten genauso wie die non-trading-Bestände gemäß den für das Anlagevermögen bzw. Umlaufvermögen geltenden Bewertungsmethoden bewertet.

Im Rahmen der Fremdwährungsbewertung von Finanzinstrumenten sind diese gem. § 256a HGB n.F. grundsätzlich mit dem Stichtagskurs imparitätisch zu bewerten, d.h. unrealisierte Verluste aus der Fremdwährungsbewertung sind zu berücksichtigen, wohingegen unrealisierte Gewinne aus der Fremdwährungsbewertung nicht berücksichtigt werden dürfen. Bei Fremdwährungsbewertungseinheiten werden unrealisierte Gewinne und Verluste aus der Fremdwährungsbewertung miteinander verrechnet (kompensatorische Bewertung). Lediglich die verbleibende „Spitze" ist imparitätisch zu behandeln. Ausnahmen von der imparitätischen Behandlung stellen Fremdwährungsbestände mit einer Restlaufzeit von unter einem Jahr sowie „besonders gedeckte" Fremdwährungsbestände (nur Kreditinstitute) dar. Hier werden auch die unrealisierten Fremdwährungsgewinne vereinnahmt.

Bei Kreditinstituten sind zu Handelszwecken gehaltene Finanzinstrumente mit dem Fair Value zu bilanzieren. Dieses gilt auch bezogen auf das Fremdwährungsrisiko. Somit sind sowohl unrealisierte Verluste als auch unrealisierte Gewinne GuV-wirksam zu erfassen.

Bilanzrichtlinie, EG, 4. und 7. – (HGB) Mit dem am 26.02.2009 von der EU-Kommission vorgelegtem „Consultation paper on review of the accounting directives" haben auf europä-

Glossar

Abb. 170: Buchungskonventionen (I)

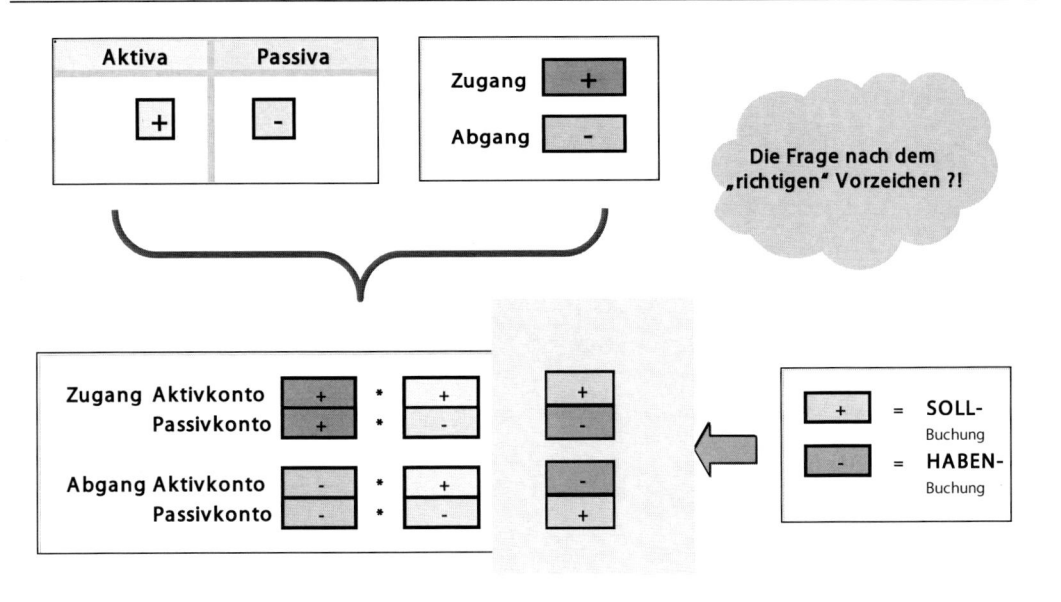

	Aktiva	Passiva
	+	−

Zugang	+
Abgang	−

Die Frage nach dem „richtigen" Vorzeichen ?!

Zugang Aktivkonto	+ * +	+	
Passivkonto	+ * −	−	
Abgang Aktivkonto	− * +	−	
Passivkonto	− * −	+	

+	= SOLL-Buchung
−	= HABEN-Buchung

---

ischer Ebene Beratungen zur Vereinfachung der 4. EG-Bilanzrichtlinien (Einzelabschluss) und 7. EG-Bilanzrichtlinien (Konzernabschluss) für **kleine und mittelgroße Unternehmen (KMU)** begonnen. Zeitgleich hat die Kommission vorgeschlagen, Mitgliedstaaten ein Wahlrecht einzuräumen, Kleinstunternehmen (Mikro-Unternehmen) aus der 4. Richtlinie ganz herauszunehmen.

Bis zur Endfälligkeit gehaltene Finanzinvestitionen → Held to Maturity (HTM).

Bonds → Finanzinstrument.

Buchungskonventionen – Egal ob nach der HGB-, IFRS oder IPSAS-Rechnungslegung bilanziert wird, Rechnungslegungssachverhalte münden letztendlich immer in Buchungssätze, die aus Soll- und Haben-Buchungen bestehen. Nachfolgend werden die Buchungskonventionen zur Bildung dieser Buchungssätze dargestellt. Da „Soll" (per) und „Haben" (an) in den Buchhaltungssystemen mit Plus bzw. Minus abgebildet werden, geht es nachfolgend letztendlich um die Frage nach dem „richtigen" Vorzeichen beim Buchen.

Ausgangslage sind die Bilanz-Konten, auf denen gebucht wird. Hier unterscheidet man zwischen Aktiv-Konten und Passiv-Konten. Die Aktiv-Konten sind die Bestandskonten, die sich in der Bilanz auf der Aktivseite (Mittelverwendung) befinden. Entsprechend sind die Passiv-Konten die Bestandskonten, die sich in der Bilanz auf der Passivseite (Mittelherkunft) befinden. Diese Konten erfahren durch Buchungen einen Zugang (Mehrung) oder aber einen Abgang (Minderung).

Aus der Multiplikation (des Vorzeichens) des Bilanzkontos mit (dem Vorzeichen) der Bewegungsart ergibt sich als Ergebnis (das Vorzeichen) des Buchungsschlüssels. Hierbei sind Aktiv-Konten mit einem „+" und Passiv-Konten mit einem „−", ein Zugang mit einem „+" und ein Abgang mit einem „−" sowie eine Sollbuchung mit einem „+" und eine Haben-Buchung mit einem „−" zu versehen (→ Abb. 170).

Zu berücksichtigen ist, dass GuV-Konten Unterkonten des Passivkontos Eigenkapital sind, und daher immer mit „−" multipliziert werden

389

Glossar

Abb. 171: Buchungskonventionen (II)

Besonderheit: GuV-Konten
1) GuV-Konten sind Unterkonten des Passivkontos "Eigenkapital"
2) In der Regel werden die GuV-Konten nur einseitig gebucht
3) Alle Abgänge des Eigenkapitals werden auf den Aufwandskonten gebucht
4) Alle Zugänge des Eigenkapitals werden auf den Ertragskonten gebucht

ERTRAGS-Konto
Zugang   Passivkonto   [+] * [-] = [-]
         "Eigenkapital"

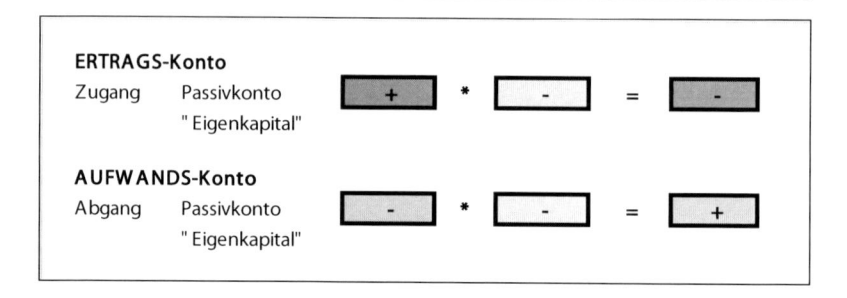

AUFWANDS-Konto
Abgang   Passivkonto   [-] * [-] = [+]
         "Eigenkapital"

(→ Abb. 171). Dies erklärt auch das „Phänomen", warum bei GuV-Zahlen die Vorzeichen bei Auswertungen aus den Buchungssystemen immer genau umgekehrt zu der ökonomischen Sicht sind. Ökonomisch reduzieren Aufwendungen den Ertrag und werden daher mit einem „-" versehen. Buchhalterisch sind Aufwendungen mit einem „+" versehen, da sie Abgänge (-) auf einem Unterkonto des Passivkontos Eigenkapital (-) darstellen, und Minus mal Minus plus ergibt.

Verprobung: Bei jedem Buchungssatz muss die Summe der Soll-Buchungen gleich der Summe der Haben-Buchungen sein.

Beispiel: In der Buchhaltung gehen 100 EUR an Zinsen für eine Ausleihung ein. Dieser Sachverhalt stellt zum einen Zugang (+) auf den Aktiv-Konto „Kasse" (+) dar, und damit die Soll-Buchung (+ * + = +). Zudem findet ein Zugang (+) auf den Ertragskonto „Zinsertrag" statt, welches wie alle GuV-Konten ein Unterkonto des Passiv-Kontos „Eigenkapital" geführt wird. Dies bildet die Haben-Buchung (+ * - = -). Dementsprechend lautet der Buchungssatz:

Per (+) „Kasse" 100 EUR an „Zinsertrag" 100 EUR

Buchwert – Der Buchwert eines Finanzinstrumentes ist der Wert, mit dem das Finanzinstrument gebucht und entsprechend in der Bilanz ausgewiesen wird. Der Buchwert ergibt sich zunächst aus dem im Rahmen der **Zugangsbewertung** ermittelten Wert (**Fair Value (FV)**). Dieser wird fortgeschrieben um die im Rahmen der Folgewertung zum jeweiligen Bilanzstichtag durchzuführende bilanzielle Bewertung des **Marktpreisrisikos** (ohne Fremdwährungsrisiko), **Adressenausfallrisikos** und **Fremdwährungsrisikos**. Die Höhe des Fortschreibungsbetrages hängt von den anzuwendenden Bewertungsmethoden ab (→ hierzu **Bewertungsmethoden**).

Cashflow Hedge (CFH) – Der Cashflow Hedge (IAS 39.86b) stellt eine von zwei **Hedge-Arten** des **Hedge Accounting** dar und dient dazu, **Grundgeschäfte** gegen zukünftige Schwankungen der Zahlungsströme abzusichern. Bei einem CFH werden die Fair Value-Veränderungen des Sicherungsinstruments nicht in der GuV sondern unmittelbar im Eigenkapital erfasst. Bezüglich eines Zahlenbeispieles → **Hedge Accounting**. Das **Handelsgesetzbuch (HGB)** kennt diese Art der Absicherung grundsätzlich nicht.

Beim CFH auf **Firm Commitment** bzw. **Planned Future Transaction** gibt es grundsätzlich zwei Möglichkeiten, wie mit dem am Ende der

Abb. 172: Beispiel zu Clean Price und Dirty Price

Beispiel:
Kauf einer Anleihe zum 1.11.2009 (Nominal 100 €). Der Kupontermin sei jeweils am 30.06. eines Jahres. Der Kaufkurs (Clean Price) am 1.10.2009 sei 101% und am 31.12.2009 103%. Der Jahreskupon mache 10 € (10%) p.a. aus. Wie hoch ist der Dirty Price jeweils zum 1.11.2009 (Kauftag) und am 31.12.2009 (Bilanzstichtag)?

1.11.2009
Clean Price (1.11.)   101,00 € (Kursnotierung)
(gezahlte) Stückzinsen (1.11.) +   3,33 € (=10%*4 Monate / 12 Monate)
Zinsabgrenzung (1.11.)   +   n.r.
Dirty Price (1.11.)   = 104,5 €   = 104,33 €

31.12.2009
Clean Price (31.12.)   103,00 € (Kursnotierung)
(gezahlte) Stückzinsen (1.11.) +   3,33 €
Zinsabgrenzung (31.12.)   +   1,66 € (=10% *2 Monate / 12 Monate)
Dirty Price (31.12.)   = 108,00€

Hedge-Beziehung aufgelaufenen (positiven oder negativen) Fair Value des **Hedging Instrument** umgegangen wird: (1) Verrechnung mit den Anschaffungskosten (Buchwert) des Vermögenswertes oder der Verbindlichkeit. Diese Art der Verrechnung wird auch als Basis Adjustment bezeichnet. (2) Ausweis in der Neubewertungsrücklage und sukzessive Verrechnung mit der GuV, wenn Gewinne oder Verluste aus dem eingebuchten Vermögenswert oder Verbindlichkeit die GuV beeinflussen.

Cashflow Hedge (CFH) auf eine Nettoinvestition in einen ausländischen Geschäftsbetrieb – Die Fremdwährungsabsicherung einer Nettoinvestition in einen ausländischen Geschäftsbetrieb stellt einen Sondersachverhalt des **Cashflow Hedge (CFH)** dar. Fremdwährungseffekte aus einer Nettoinvestition in einen ausländischen Geschäftsbetrieb sind im Eigenkapital auszuweisen; entsprechende Fremdwährungsabsicherungsgeschäfte dahingegen als i.d.R. **Monetäre Posten (monetary items)** GuV-wirksam mit dem Stichtagskurs. Daraus resultierende Verwerfungen in der GuV können durch die Bildung eines CFH vermieden werden.

Cash-Strukturen → **Structured Credit Products (SCP)**.

Clean Price – Subtrahiert man von dem **Dirty Price** die Stückzinsen und die Zinsabgrenzung, so erhält man den Clean Price (→ **Abb. 57**). **Stückzinsen** sind aufgelaufene Zinsansprüche, die vom Käufer einer kupontragenden Anleihe an den Verkäufer gezahlt werden müssen. Beim Kauf einer Anleihe ist dem Vorbesitzer also nicht nur der Kurs, sondern auch sein noch ausstehender Anteil am Kupon zu bezahlen. Als **Zinsabgrenzung** werden in diesem Buch am Bilanzstichtag noch ausstehende Zinszahlungen verstanden, die wirtschaftlich der Berichtsperiode zuzuordnen sind, aber cash-mäßig noch nicht geflossen sind, da der Kupontermin noch aussteht. Anders als Stückzinsen, sind die Zinsabgrenzungen GuV-wirksam zu erfassen.

Hinweis: In der Praxis werden unter Zinsabgrenzung auch Stückzinsen (so wie oben definiert) subsumiert und vice versa, d. h. unter Stückzinsen auch Zinsabgrenzungen (wie oben definiert). Als Synonym für Stückzinsen und/oder Zinsabgrenzung (wie oben definiert) wird manchmal auch der Begriff der „aufgelaufenen Zinsen" verwandt. Im Rahmen der Fair Value-Bewertung eines Finanzinstrumentes für Rechnungslegungszwecke ist der Clean Price heranzuziehen. Der gesamte Buchwert des Finanzinstrumentes zum Bilanzstichtag ergibt sich

Glossar

Abb. 173: Barwert, Dirty Price, Clean Price, Fair Value

Barwert = Dirty Price
= Clean Price + Zinsabgrenzung (ZABGR) + Stückzinsen (STKZ)

Fair Value = Clean Price
= Full Fair Value = beizulegender Zeitwert = Marktwert
= Kursnotierung bei Anleihen

Beispiel:
* Kauf einer festverzinslichen Anleihe zum 1.11. zum Kurs von 101%
* Nominal 100, Zinssatz 10%
* Kupontermin 30.06. rückwirkend für die letzten 12 Monate
* Zum Bilanzstichtag ist der Kurs der Anleihe auf 103% gestiegen

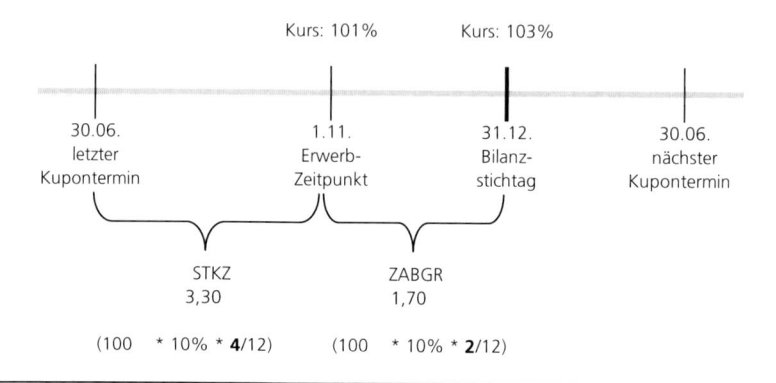

```
                    Kurs: 101%           Kurs: 103%
    |                   |                   |                   |
  30.06.              1.11.              31.12.              30.06.
  letzter            Erwerb-             Bilanz-            nächster
Kupontermin         Zeitpunkt           stichtag         Kupontermin
    _____/   _____/
          STKZ                ZABGR
          3,30                 1,70
     (100 * 10% * 4/12)   (100 * 10% * 2/12)
```

aus dem Clean Price plus der Zinsabgrenzung und plus Stückzinsen. Somit entspricht der gesamte Buchwert dem Dirty Price (Barwert).

In der Praxis als auch im vorliegenden Buch werden die Begriffe Fair Value, Full Fair Value, beizulegender Zeitwert und Markwert abwechselnd und synonym verwandt. Sie entsprechen alle dem Clean Price.

Collateralized Debt Obligation (CDO) → Structured Credit Products (SCP).

Collateralized Loan Obligation (CLO) → Structured Credit Products (SCP).

Commercial Mortgage Backed Securities (CMBS) → Structured Credit Products (SCP).

Day one profit or loss – Bei der **Zugangsbewertung** ist der **Fair Value (FV)** anzusetzen. Normalerweise stellt der Kaufpreis die beste Approximation des Fair Value zum Zugangszeitpunkt dar (IAS 39.AG64 Satz 1).

Bei Finanzinstrumenten, für die kein **Aktiver Markt** existiert, ist im Rahmen der Folgebewertung der Fair Value gemäß der **Fair Value Hierarchie** mit einem Bewertungsverfahren zu ermitteln (Level 2 oder 3). In diesem Zusammenhang stellt sich die Frage, ob bereits am Ende des ersten Handelstages (Erwerbszeitpunkt) ein Gewinn (Verlust) aus dem **Finanzinstrument** entstehen kann, weil aufgrund der Verwendung von zwei unterschiedlichen Fair-Value-Werten ein (rechnerischer) Gewinn (Verlust) entsteht. Ein solcher Gewinn (Verlust) wird „day one profit (loss)" genannt.

Der Bewertungsunterschied ist nur dann als Gewinn (Verlust) zu erfassen, wenn die bei dem Bewertungsverfahren verwendeten Input-Parameter ausschließlich am Markt beobachtbar sind (IAS 39.AG78). Ansonsten ist der Unterschiedsbetrag im Zugangszeitpunkt GuV-neutral in

Glossar

Abb. 174: DCF – Bewertungsparameter

FFV (Marktpreis)	Falls vorhanden und valide ermittelbar, ist der Marktpreis der FV-Bewertung zugrunde zu legen.	
FFV (Kapitalmarktgeschäft)	$FVV(K) = \sum_{t=0}^{T} \dfrac{CF_t}{(1+i_t+cs_t)^t} - ZABGR - STKZ$	
FFV (Retailgeschäft)	$FVV(R) = \sum_{t=0}^{T} \dfrac{CF_t}{(1+i_t+cs_t+ks_{const.})^t} - ZABGR - STKZ$	
HFV (Kapitalmarktgeschäft)	$FVH(K) = \sum_{t=0}^{T} \dfrac{CF_t}{(1+i_t+cs_{const.})^t} - ZABGR - STKZ$	
HFV (Retailgeschäft)	$FVH(R) = \sum_{t=0}^{T} \dfrac{CF_t}{(1+i_t+cs_{const.}+ks_{const.})^t} - ZABGR - STKZ$	

Legende:
- CF_t: Cash Flow zum Zeitpunkt t
- i_t: Zins der Zinsstrukturkurve t für Laufzeit i
- cs_t: Credit Spread zum Zeitpunkt t für Laufzeit i gemäß Rating-Tabelle
- ks: Kundenkonditionsbeitrag
- const.: Spread vom Tag des Geschäftsabschlußes t_0 wird konstant gehalten
- FFV Full Fair Value
- HFV Hedge Fair Value
- ZABGR Zinsabgrenzung
- STKZ Stückzinsen (für die Cash, geflossen ist)

der Bilanz zu erfassen und über die Laufzeit zu amortisieren.

Derecognition → **Ausbuchungsvorschriften**.

Derivat – Nach IFRS liegt ein Derivat vor, wenn alle drei nachfolgend genannten Merkmale des IAS 39.9 erfüllt sind:

a) der Wert des Derivats ändert sich infolge einer Änderung eines genannten Zinssatzes, Wertpapierkurses, Rohstoffpreises, Wechselkurses, Preis- oder Zinsindexes, Bonitätsratings oder Kreditindexes oder einer anderen Variablen,

(b) es erfordert keine Anschaffungsauszahlung oder eine, die im Vergleich zu anderen Vertragsformen, von denen zu erwarten ist, dass sie in ähnlicher Weise auf Änderungen der Marktbedingungen reagieren, geringer ist und

(c) es wird zu einem späteren Zeitpunkt beglichen.

Ein Derivat ist gemäß IAS 39.9 immer der Bewertungskategorie **Trading (TRD)** zuzuordnen. Die klassischen Derivatearten – wie Forward Rate Agreement (FRA), Futures, Optionen und Swaps – sind Derivate i.S.d. IAS 39.9. Bezüglich **Warentermingeschäfte** → separates Schlagwort.

Dirty Price – Der Dirty Price (Barwert) entspricht den auf den heutigen Tag abgezinsten (diskontierten) Wert zukünftiger Zahlungsströme (**Discounted Cash Flow Method, DCF**). Beeinflusst wird der Barwert durch Anzahl, Höhe und Zeitpunkt der zukünftigen Zahlungen und durch den Diskontierungszinssatz, also dem Zins für die entsprechende Laufzeit des Zahlungsstromes.[462]

→ Clean Price.

Disagio (Abgeld) → **Agio (Aufgeld)**.

Discounted Cashflow Methode (DCF) – Gemäß der **Fair Value Hierarchie** hat unter bestimmten Voraussetzungen die Fair Value-Ermittlung anhand der Discounted Cashflow Methode (DCF) zu erfolgen. Bei Fremdkapitalpapieren ist hierbei zwischen Kapitalmarkt- und Retail-Geschäften zu differenzieren. Bei Kapitalmarktgeschäften werden die ausstehenden Cas-

[462] Vgl. Kühne (2008a), S. 24.

hflows (CFt) mit den jeweiligen Zinssätzen der (risikolosen) Zinsstrukturkurve und den jeweiligen credit spreads (cs) diskontiert. Beim Retail-Geschäft (Kundengeschäft) ist darüber hinaus noch der Kundenkonditionsbeitrags-Spread (ks) vom Tage des Geschäftsabschlusses zu berücksichtigen. Dieser wird in der Folge konstant gehalten. Welche Parameter beim Diskontieren im Einzelnen zu berücksichtigen sind, ist im IAS 39.AG76A bzw. IAS 39.AG82 geregelt.

Zum Folgebilanzstichtag werden bei der Ermittlung des **Full Fair Value (FFV)** dann die noch ausstehenden Cashflows mit den neuen, aktuellen Zinssätzen und Credit Spreads (plus ggf. konstanten Kundenkonditionsbeitrag-Spread) diskontiert. Anders als der FFV beinhaltet der Hedge Fair Value (HFV) nicht alle Risiken, sondern nur die Wertveränderung bezogen auf das im Rahmen des **Hedge Accounting** abgesicherte Risiko. Bei der Ermittlung des **Hedge Fair Value (HFV)** werden alle Diskontierungsfaktoren bis auf den das abgesicherte Risiko widerspiegelnden Faktor konstant gehalten. Bei der Absicherung gegen das Zinsänderungsrisiko z. B. werden bis auf den Zins (it) alle anderen Faktoren konstant gehalten (→ **Abb. 174**).

Dollar-Offset-Methode → Effektivitätstest.

Effektivitätstest − Grundvoraussetzung für **Hedge Accounting** ist, dass die Hedgebeziehung effektiv ist. Zentrale Bedeutung kommt dabei dem prospektiven und retrospektiven Effektivitätstest zu.

Für den gemäß IAS 39.AG105 erforderlichen prospektiven Effektivitätstest (PET) ist einmalig am Abschlussstichtag nachzuweisen, dass sich die Änderungen der Fair Value bzw. Cashflows aus **Grundgeschäft** und **Sicherungsinstrument** in der Zukunft kompensieren werden. Prospektive Effektivität liegt vor, wenn sich die Fair Value-Veränderung des Grundgeschäftes im Verhältnis zur Fair Value-Veränderung des Sicherungsinstrumentes (oder vice versa) in einer Bandbreite von 90% bis 110% bewegt. Hierzu werden in der Praxis entweder ein historischer Abgleich oder Sensitivitätsanalysen angewendet.

Zu jedem Bilanzstichtag ist zu dem im Rahmen des retrospektiven Effektivitätstest die Effektivität ex post nachzuweisen. Die retrospektive Effektivität ist innerhalb der Range von 80% bis 125% gegeben. Hierzu werden in der Praxis entweder die Dollar-Offset-Methode oder aber Regressionsanalysen eingesetzt. Unter bestimmten Voraussetzungen, kann auch das **vereinfachte Verfahren** Anwendung finden.

Effektivzins − Bei der Ermittlung der **Fortgeführte Anschaffungskosten (FAK)** ist das **Agio (Aufgeld) / Disagio (Abgeld)** unter Verwendung des effektiven Zinssatzes zu verteilen. Als effektiver Zinssatz gilt der Kalkulationszinssatz, mit dem der erwartete künftige Zahlungsmittelfluss bis zum Endfälligkeitstermin oder zum nächsten Zinsanpassungstermin auf den gegenwärtigen **Buchwert** des finanziellen Vermögenswerts oder einer finanziellen Verbindlichkeit abgezinst wird.

Eigenkapital-Papiere → Finanzinstrument.

Eingebettete Derivate → Embedded Derivatives (ED).

Einzelabschluss − (HGB / IFRS) Nach den **Rechnungslegung**svorschriften unterliegen Unternehmen einer Rechnungspflicht, nach der sie verpflichtend einen Einzelabschluss aufzustellen haben, und zwar nach den Vorschriften des **Handelsgesetzbuch (HGB)**. Dieser HGB-Einzelabschluss dient grundsätzlich allen drei Funktionen eines Abschlusses: der Information, der Kapitalerhaltung (Ausschüttungsbemessung) sowie der Grundlage für die Steuerbilanz (Maßgeblichkeitsprinzip). Für Informationszwecke kann der Bilanzierende freiwillig zusätzlich einen IFRS-Einzelabschluss erstellen (§ 325 Abs. 2a HGB).

Einzelbewertung − Grundsätzlich gilt in der Rechnungslegung der Grundsatz der Einzelbewertung, das heißt jedes Finanzinstrument (jeder Vertrag) ist einzeln zu bilanzieren und zu bewerten.

Abb. 175: Aufspaltungsvoraussetzungen für Embedded Derivatives

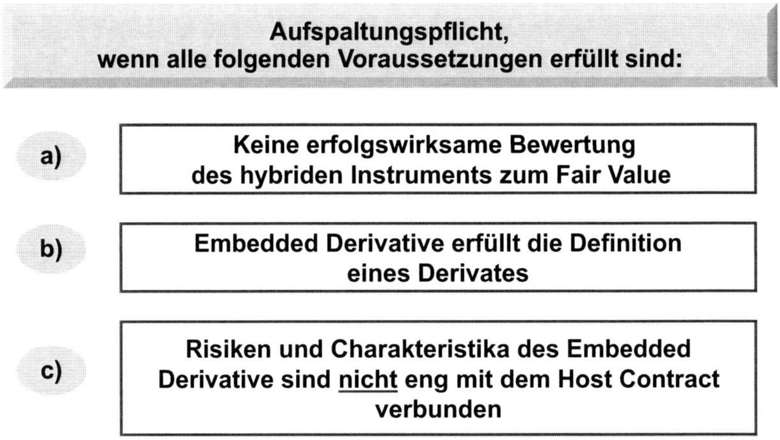

Aufspaltungspflicht, wenn alle folgenden Voraussetzungen erfüllt sind:

a) Keine erfolgswirksame Bewertung des hybriden Instruments zum Fair Value

b) Embedded Derivative erfüllt die Definition eines Derivates

c) Risiken und Charakteristika des Embedded Derivative sind <u>nicht</u> eng mit dem Host Contract verbunden

→ **Bewertung**.

Einzel-Impairment → **LAR- und HTM-Impairment**.

Embedded Derivatives (ED) – Nach IAS 39 sind alle **Derivate** GuV-wirksam mit dem Marktwert zu bilanzieren, da sie der Bewertungskategorie **Trading (TRD)** zuzuordnen sind (→ Abbildung 167). Was ist aber, wenn ein Derivat in einem **Strukturiertes Finanzinstrument** eingebettet ist, welches nicht zum Marktwert bewertet wird? Dann ist dieses unter bestimmten Voraussetzungen abzutrennen, um so eine Gleichbilanzierung von stand alone-Derivat und eingebettetem Derivat sicherzustellen. Ein eingebettetes Derivat i. S. d. IAS 39.10 ff. – mit der Konsequenz seiner Abspaltung vom Grundvertrag – liegt aber nur dann vor, wenn die in IAS 39.11 genannten drei Voraussetzungen a) bis c) kumulativ erfüllt sind (→ Abb. 175). Alternativ kann von dem Wahlrecht der sog. **Fair Value Option** – zur Vermeidung einer Trennungspflicht von eingebetteten Derivaten – gemäß IAS 39.11A Gebrauch gemacht werden. Während die Prüfung von a) und b) in der Regel eindeutig ist, stellt die Prüfung von c) in der Praxis die eigentliche Herausforderung dar. Hilfreich können in diesem Zusammenhang die im IAS 39.AG30 genannten Beispiele für „<u>nicht</u> eng verbunden" bzw. die IAS 39.AG33 genannten Beispiele für „<u>eng</u> verbunden" sein.

Endorsement – Für Bilanzierer in der EU sind die **International Financial Reporting Standards (IFRS)** anzuwenden, die offiziell in EU-Recht übernommen wurden. Dieser Übernahmeprozess der IFRS in europäisches Recht wird als Endorsement bezeichnet.

Erfolgswirksam zum beizulegenden Zeitwert bewertet → **Fair Value through Profit and Loss (FVTPL)**.

Erwerbsvorbereitung → **Antizipativer Hedge**.

Fair Value (FV) – Fair Value (beizulegender Zeitwert) ist der Betrag, zu dem ein Vermögenswert zwischen vertragswilligen und voneinander unabhängigen Geschäftspartnern gehandelt werden würde. Bezüglich der möglichen Ausprägungen des Fair Values → **Fair Value Hierarchie**. Der Fair Value entspricht dem Full Fair Value (FFV), d. h. er berücksichtigt – anders als der **Hedge Fair Value (HFV)** – alle Risikoarten. Die **Zugangsbewertung** erfolgt bei allen **Finanzinstrument** zum Fair Value. Im Rahmen der Folgebewertung werden nur die Finanzinstrumente der Kategorien **Available for Sale (AFS)** und

Glossar

Abb. 176: Fair Value Hierarchie[463]

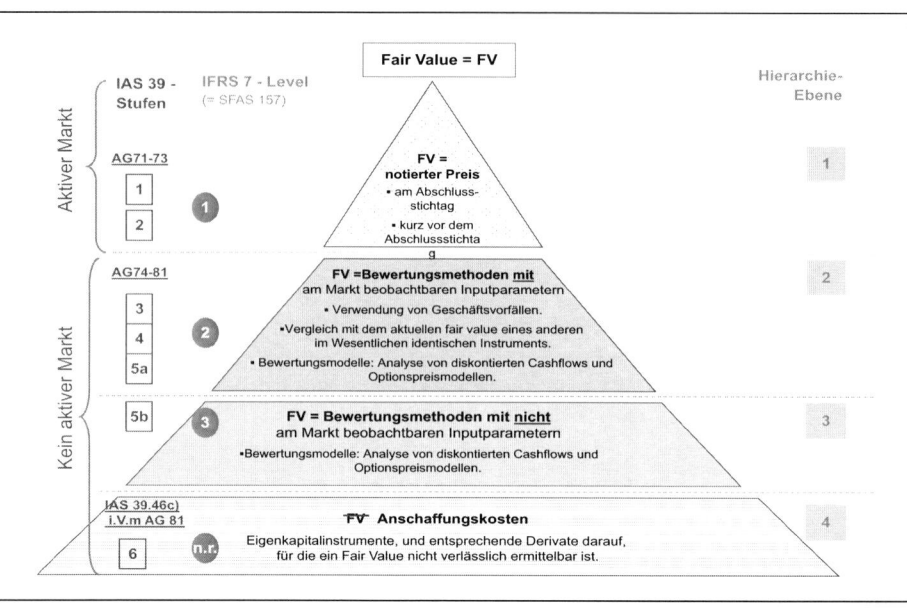

```
                              Fair Value = FV

        IAS 39 -    IFRS 7 - Level                                    Hierarchie-
        Stufen      (= SFAS 157)                                      Ebene

        AG71-73              FV =
                          notierter Preis
           1                • am Abschluss-                              1
                              stichtag
           2                • kurz vor dem
                              Abschlussstichtag

        AG74-81          FV = Bewertungsmethoden mit
                       am Markt beobachtbaren Inputparametern
           3              • Verwendung von Geschäftsvorfällen.          2
           4              • Vergleich mit dem aktuellen fair value eines anderen
                            im Wesentlichen identischen Instruments.
          5a              • Bewertungsmodelle: Analyse von diskontierten Cashflows und
                            Optionspreismodellen.

          5b              FV = Bewertungsmethoden mit nicht
                        am Markt beobachtbaren Inputparametern          3
                          • Bewertungsmodelle: Analyse von diskontierten Cashflows und
                            Optionspreismodellen.

        IAS 39.46c)
        i.V.m AG 81         FV Anschaffungskosten                       4
                        Eigenkapitalinstrumente, und entsprechende Derivate darauf,
           6            für die ein Fair Value nicht verlässlich ermittelbar ist.
```
(Links außen: Aktiver Markt / Kein aktiver Markt)

Fair Value through Profit and Loss (FVTPL) mit dem Fair Value bilanziert.

→ auch Clean Price.

Fair Value by Designation (FVBD) – Im allgemeinen Sprachgebrauch oft auch als sog. Fair Value Option (FVO) bezeichnet. Eine von mehreren IAS 39 **Bewertungskategorien**. Neben **Finanzinstrument** der Unterkategorie **Trading (TRD)**, die zwingend der Unterkategorie TRD und damit der Kategorie **Fair Value through Profit and Loss (FVTPL)** zuzuordnen sind, können nach IAS 39.9 auch grundsätzlich alle anderen **Finanzieller Vermögenswert** und **Finanzielle Verbindlichkeit** bei ihrer erstmaligen Erfassung der Kategorie „freiwillig erfolgswirksam zum Fair Value bewertet" zugeordnet werden (also so wie Trading-Bestände, nur dass die Trading-Absicht nicht gegeben ist). Dies ist allerdings nur möglich, wenn durch die Anwendung der Fair-Value-Option die Relevanz der veröffentlichten Abschlussinformationen erhöht wird. Dies ist dann der Fall, wenn durch Anwendung der Fair Value Option Ansatz- oder Bewertungsinkongruenzen vermieden bzw. signifi-

kant reduziert werden oder aber eines ansonsten notwendigen Split Accounting (Abspaltung) im Rahmen von **Embedded Derivatives (ED)** vermieden werden kann.

Fair Value Hedge (FVH) – Der Fair Value Hedge stellt eine von zwei **Hedge-Arten** dar. In der Regel werden im Rahmen eines FVH festverzinsliche Bilanzpositionen durch ein **Derivat** gegen das Marktpreisrisiko abgesichert. Der Fair Value Hedge entspricht grundsätzlich der **Mikro-BWE** nach HGB.

Fair Value Hierarchie – Wie ein Fair Value für Zwecke der IAS 39-Bilanzierung zu ermitteln ist, ist dem Abschnitt „Überlegungen zur Bewertung zum beizulegenden Zeitwert" des Standards zu entnehmen (IAS 39.48 ff. sowie IAS 39.AG69 ff.).

Der beizulegende Zeitwert wird durch einen zwischen einem vertragswilligen Käufer und einem vertragswilligen Verkäufer in einer Transaktion zu marktüblichen Bedingungen vereinbarten Preis bestimmt (IAS 39.AG71). Der Definition des beizulegenden Zeitwertes liegt die Prämisse der Unternehmensfortführung zugrunde, der zufolge weder die Absicht noch die

---
[463] Eigene Darstellung in Anlehnung an Eckes/Flick, S. 465.

Notwendigkeit zur Liquidation, zur wesentlichen Einschränkung des Geschäftsbetriebs oder zum Eingehen von Geschäften zu ungünstigen Bedingungen besteht (IAS 39.AG69).

Der IAS 39 differenziert zwischen einer aktiven Markt- und einer nicht aktiven Marktbewertung und konkretisiert diese durch insgesamt sechs Einzelstufen. In der Praxis werden die Bewertungshierarchien allerdings auch häufig in Anlehnung an die nach US-GAAP übliche dreiteilige Level-Einordnung bezeichnet

Die nachfolgende Abbildung gibt einen Überblick über die jeweiligen Hierarchiestufen und darüber, wie diese im Verhältnis zueinander stehen.

Abb. 176 gibt einen Überblick über die jeweiligen Hierarchiestufen und darüber, wie diese im Verhältnis zueinander stehen.

- **Hierarchie-Ebene 1** = Level 1 (*mark to market*)

  Das Vorhandensein öffentlich notierter Marktpreise auf einem aktiven Markt ist der bestmögliche objektive Hinweis für den beizulegenden Zeitwert und wird (falls existent) für die Bewertung des finanziellen Vermögenswertes oder der finanziellen Verbindlichkeit verwendet (Stufe 1).[464] Wenn das Unternehmen nachweisen kann, dass der letzte Transaktionspreis nicht dem beizulegenden Zeitwert entspricht oder am Abschlussstichtag keine Transaktion vorlag, wird ein adäquater Kurs basierend auf getätigten Transaktionen kurz vor dem Abschlussstichtag genommen (Stufe 2).

- **Hierarchie-Ebene 2** = Level 2 (*mark to model*)

  Wenn kein aktiver Markt für ein Finanzinstrument besteht, bestimmt ein Unternehmen den beizulegenden Zeitwert mithilfe einer Bewertungsmethode. Zu den Bewertungsmethoden gehören die Verwendung der jüngsten Geschäftsvorfälle zwischen sachverständigen, vertragswilligen und unabhängigen Geschäftspartnern (Stufe 3), der Vergleich mit dem aktuellen beizulegenden Zeitwert eines anderen, im Wesentlichen identischen Finanzinstruments (Stufe 4), die Analyse von diskontierten Cashflows sowie Optionspreismodelle (Stufe 5a). Der beizulegende Zeitwert wird auf Grundlage der Ergebnisse einer Bewertungsmethode geschätzt, die im größtmöglichen Umfang Daten aus dem Markt verwendet und sich so wenig wie möglich auf unternehmensspezifische Daten verlässt.[465]

- **Hierarchie-Ebene 3** = Level 3 (*mark to model*)

  Werden hingegen bei der Bewertung nicht am Markt beobachtbare Inputparameter verwendet, so liegt eine Level 3-Bewertung vor (Stufe 5b).[466]

- **Hierarchie-Ebene 4** = kein Level

  Grundsätzlich geht der Standardsetter davon aus, dass für ein Finanzinstrument auf einer der vorgenannten drei Hierarchie-Ebenen ein Fair Value verlässlich ermittelbar ist. Eine Ausnahme besteht für nicht notierte Eigenkapitalpapiere sowie Derivate auf solche nicht notierten Eigenkapitalpapiere. Ist deren Fair Value nicht verlässlich ermittelbar, so sind diese mit den Anschaffungskosten zu bewerten (Stufe 6).[467]

---

[464] Öffentlich notierte Marktpreise (z. B. Händler, Broker, Bloomberg, Markit), die tatsächliche und regelmäßige Transaktionen repräsentieren. Bei Aktien (z. B. DAX oder andere Indizes), Fonds und börsennotierte Derivate (z. B. EUREX) können daher grundsätzlich (widerlegbar) Level 1 zugeordnet werden. – Der Nachweis der Transaktionen kann durch Hilfsparameter ersetzt werden, sofern Umsatz- oder Transaktionsdaten nicht verfügbar sind (z. B. Geld-Brief-Spanne/Anzahl der Broker).

[465] Unter die Level 2-Bewertung fallen die Finanzinstrumente, deren Inputfaktoren direkt oder indirekt am Markt beobachtbar sind. Hierzu zählen z. B. 1) die Bewertung mit einem marktüblichen Bewertungsmodell (z. B. OTC-Derivate) und beobachtbaren Inputfaktoren (z. B. Swapkurve), 2) Preisstellungen von Market Makern, zu denen keine Umsätze beobachtet werden können, dies beinhaltet Quotes (Bloomberg/Reuters), sofern der Quotesteller zu diesem Kurs handeln würde, 3) Quotes (Bloomberg/Reuters), zu denen keine Umsätze beobachtet werden können, sofern mehrere quotierende Stellen vorliegen (anerkannte Marktteilnehmer) und die Abstände gering sind (zudem nur angemessene Volatilität), 4) Fonds ohne Umsatz, die zum angegebenen Kurs zurückgegeben werden können.

[466] Unter nicht am Markt beobachtbaren Inputfaktoren fallen z. B. 1) Modelle mit geschätzten Parametern, 2) Quotes/Indikationen ohne Umsätze (nur ein Preissteller / keine weitere Validierung möglich), 3) (geschlossene) Fonds ohne Rückgabemöglichkeit. Ausschlaggebend für die Einstufung zu Level 2 oder Level 3 ist die Einstufung des (der) signifikanten Inputfaktors.

[467] Vgl. IAS 39.46 (c) i.V.m. IAS 39.AG 80-81.

Abb. 177: Finanzkrise: Lehren und Konsequenzen für die Rechnungslegung

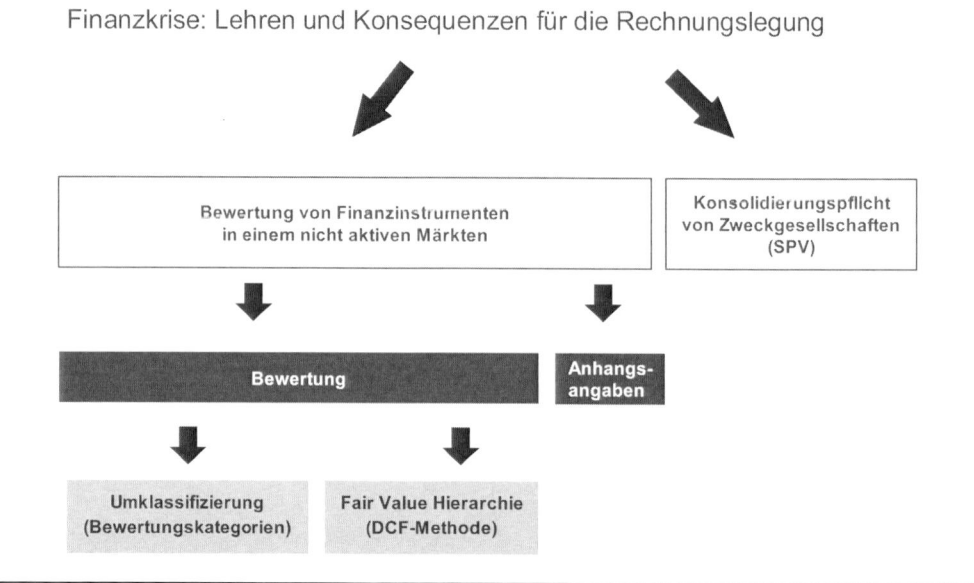

Finanzkrise: Lehren und Konsequenzen für die Rechnungslegung
- Bewertung von Finanzinstrumenten in einem nicht aktiven Märkten
  - Bewertung
    - Umklassifizierung (Bewertungskategorien)
    - Fair Value Hierarchie (DCF-Methode)
- Konsolidierungspflicht von Zweckgesellschaften (SPV)
  - Anhangsangaben

Fair Value Option → Bewertungskategorien gem. IAS 39 **Fair Value by Designation (FVBD)**.

Fair Value Portfolio Hedge auf Zinsänderungsrisiken (FVPH) – Grundsätzlich schreibt IAS 39 vor, dass ausschließlich Mikro-Hedges (**Mikro-BWE**) im **Hedge Accounting** berücksichtigt werden dürfen. Eine Ausnahme von der Beschränkung auf Mikro-Hedges bildet die Möglichkeit der Absicherung von Zinsrisiken auf Portfoliobasis im Rahmen eines **Fair Value Hedge (FVH)** (IAS 39.81A, IAS 39.AG114), die einer **Makro-BWE** im HGB-Sprachgebrauch entspricht. Ziel bei der Etablierung des FVPH war es, die Rechnungslegung für die moderne Risikosteuerungspraxis (bei Kreditinstituten) von Zinsänderungsrisiken (insbesondere GAP-Steuerung) – unter Beibehaltung der Grundprinzipien des Hedge Accounting (wie z. B. Effektivitätsmessung) – zu ermöglichen.

Fair Value through Profit and Loss (FVTPL) – Eine von mehreren IAS 39 **Bewertungskategorien**. Ein **Finanzieller Vermögenswert** bzw. eine **Finanzielle Verbindlichkeit** ist gemäß IAS 39.9 der Bewertungskategorie „erfolgswirksam zum beizulegenden Zeitwert bewertet" (fair value through profit and loss FVTPL) zuzuordnen, wenn eine der folgenden Bedingungen erfüllt sind: (a) „zu Handelszwecken" **Trading (TRD)** gehalten eingestuft oder (b) beim erstmaligen Ansatz vom Unternehmen als erfolgswirksam zum beizulegenden Zeitwert zu bewerten eingestuft (**Fair Value by Designation (FVBD)**) eingestuft. Die Kategorie FVTPL stellt somit eine Oberkategorie dar.

Finanzinstrumente der Kategorie FVTPL sind mit dem Fair Value zu bilanzieren, wobei die gesamte Fair Value-Veränderung im Vergleich zum letzten Bilanzstichtag in der GuV auszuweisen ist.

Feste Verpflichtung → Firm Commitment.

Festverzinsliche Wertpapiere → Finanzinstrument.

Financial Asset → Finanzinstrument.

Financial Instrument → Finanzinstrument.

Financial Liability → Finanzinstrument.

Finanzgarantie – Gemäß IAS 39.9 ist eine Finanzgarantie ein Vertrag, bei dem der Garantiegeber zur Leistung bestimmter Zahlungen verpflichtet ist, die den Garantienehmer für einen Verlust entschädigen, der entsteht, weil ein bestimmter Schuldner seinen Zahlungsverpflichtungen gemäß den ursprünglichen oder geänderten Bedingungen eines Schuldinstruments nicht fristgemäß nachkommt. Der Finanzgarantiegeber hat die Finanzgarantie nach IAS 39 zu passivieren (→ Bewertungskategorie **Finanzgarantien, gegebene (FG)**).

Finanzgarantien, gegebene (FG) – Eine von mehreren IAS 39 **Bewertungskategorien**. Im IAS 39 werden die gegebenen Finanzgarantien (financial guarantee contracts, FG) nicht explizit als eigene Kategorie geführt. Allerdings sind sie zu passivieren und unterliegen auch einer gesonderten Bewertung. Daher sind sie im Datenmodell der Bilanzierung als eigene Kategorie mit zu berücksichtigen. Erhaltene FG sind nach IAS 39 nicht zu bilanzieren.

Gemäß IAS 39.47 c) und d) ist bei der Bewertung von gegebenen FG der höhere der beiden folgenden Beträge zugrunde zu legen: (i) den gemäß IAS 37 (Rückstellungen, Eventualschulden und Eventualforderungen) bestimmten Betrag und (ii) den ursprünglich erfassten Betrag abzüglich, soweit zutreffend, der gemäß IAS 18 (Erträge) erfassten kumulierten Amortisationen.

Finanzielle Verbindlichkeit → **Finanzinstrument**.

Finanzieller Vermögenswert → **Finanzinstrument**.

Finanzinstrument – Gemäß **IAS 32**.11 ist ein Finanzinstrument (financial instrument) ein Vertrag, der gleichzeitig bei dem einen Unternehmen zu einem finanziellen Vermögenswert (financial asset) und bei dem Anderen zu einer finanziellen Verbindlichkeit (financial liability) oder einem Eigenkapitalinstrument führt.

Finanzinstrumente in diesem Sinne umfassen grundsätzlich die gesamte Palette an Geld-, Kredit- und Kapitalmarktgeschäften. Hierunter fallen sowohl originäre Finanzinstrumente (Kassageschäfte), wie z. B. festverzinsliche Wertpapiere (Bonds) und Aktien, als auch derivative Finanzinstrumente (**Derivate**), wie z. B. Zins-Swaps, Aktienoptionen. Sie können sowohl **plain vanilla** Fremdkapitalpapiere (z. B. Festverzinsliche Wertpapiere, Schuldscheindarlehen) und plain-vanilla Eigenkapitalpapiere (Aktien, Fondsanteile) umfassen als auch sog. Mezzanine-Kapital (z. B. Wandelanleihen, Genussrechte, Nachrangverbindlichkeiten). Sie können auf die Berichtswährung (z. B. Euro) als auch auf Fremdwährung (z. B. USD) lauten und können die Aktivseite der Bilanz (Investorsicht, long positions) genauso betreffen wie die Passivseite (Emissionssicht, short positions). Alle diese genannten Geschäfte mit ihrer Vielzahl von konkreten Ausprägungen fallen grundsätzlich unter den Begriff des Finanzinstrumentes i. S. d. IAS 32.

Finanzkrise
a) Überblick

Die im Jahre 2007 in den USA ausgelöste Subprime-Krise führte in den Jahren 2008 / 2009 zu einer weltweiten Finanzkrise. Die Finanzkrise hat gezeigt, dass auch im Bereich der Rechnungslegung eine Reihe von Defiziten zu verzeichnen ist. Insbesondere im Laufe des Jahres 2008 haben in diesem Zusammenhang eine Vielzahl von inter- und nationalen Institutionen zu diesem Themenkomplex Berichte mit Empfehlungscharakter veröffentlicht, die zum Teil in die – aus der Finanzkrise resultierenden – Gesetzesänderungen bzw. -vorhaben eingegangen sind. Die Rechnungslegungsänderungen betreffen die beiden Themenkomplexe „**Zweckgesellschaften**" sowie „**Fair Value (FV)**-Bilanzierung von **Finanzinstrumenten** in einem nicht **Aktiver Markt**" (→ **Abb. 177**).

Unter dem Themenkomplex „Zweckgesellschaften" fallen zwei IASB-Vorhaben, die bereits vor der Finanzkrise begonnen und aufgrund der Finanzkrise hoch priorisiert wurden. Zum einen betrifft dies den Standardentwurf ED 10 „Consolidated Financial Instruments"[468] und zum anderen das IASB Agenda Projekt „Derecogniti-

---
[468] Vgl. **RV** *IAS 27 (ED 10)*.

Abb. 178: Umklassifizierungen IFRS neu

von \ nach	FAIR VALUE (FV)			AMORTISED COST (AC)	
	1 FVTPL-TRD	2 FVTPL-FVBD	3 AFS	4 HTM	5 LAR
FV 1 FVTPL-TRD			☑ 1)	☑ 1)	☑ 2)
FV 2 FVTPL-FVBD					
FV 3 AFS				▨ 3) / ☑ 4)	☑ 2)
AC 4 HTM			▨ 5) / ☑ 6)		
AC 5 LAR					

Legende
☑ neu (ab Oktober 2008)
▨ bis dato bereits zulässig
☐ Fallkonstellation nicht möglich

1) IAS 39.50c)
* Änderung der Halteabsicht.
* Wahlrecht; kann pro Geschäft nur 1x in Anspruch genommen werden.
* Umgliederung darf nur unter außergewöhnlichen Umständen erfolgen (z.B. Finanzkrise).

2) IAS 39.50e)
Absicht und Fähigkeit, das Finanzinstrument auf absehbare Zeit oder bis zur Endfälligkeit zu halten.
3) IAS 39.54 Änderung der Halteabsicht / -fähigkeit.
4) IAS 39.54 Tainting beendet.
5) IAS 39.52 Änderung der Halteabsicht / -fähigkeit.
6) AS 39.52 Tainting.

---

on" (Ausbuchung).[469] Bei dem Themenkomplex „Fair Value-Bilanzierung von Finanzinstrumenten in einem nicht aktiven Markt" ist zu differenzieren zwischen Änderungen bei der „**Bewertung**" (IAS 39) und bei den „**Anhangsangaben (Disclosures, Notes)**" (**IFRS 7**). Im Fokus der Rechnungslegungsänderung der „Bewertung" stehen zum einen die „Umklassifizierungen (Kategorisierung)" und zum anderen die „Fair Value Hierarchie (DCF-Verfahren)".

b) Umklassifizierung (neu)
Die Hauptänderung bei den **Umklassifizierung** ergibt sich aus der IAS 39 / IFRS 7-Änderung „Reclassification of Financial Assets" vom Oktober/November 2008, mit der neue Umklassifizierungen zugelassen werden. gibt einen Überblick über die bisherigen und die neu hinzugekommenen Umklassifizierungsmöglich-

keiten nach IFRS (bezüglich HGB-Umklassifizierungen → **Finanzkrise (HGB)**). Ausgelöst durch die Umklassifizierungsneuerungen im IAS 39 hat das IDW am 5.12.2008 den Entwurf der Stellungnahme IDW ERS HFA 26 veröffentlicht.[470] Zudem geht das IASB mit der Änderung zum IAS 39 / IFRIC 9 vom März 2009[471] auf die Auswirkungen der neuen Umklassifizierungsvorschriften bei „Embedded Derivatives" ein und stellt klar, dass bei einer Umklassifizierung aus der **Bewertungskategorie Trading (TRD)** der bisher nicht durchzuführende Test auf eine mögliche Abspaltung eines **Embedded Derivatives (ED)** nachzuholen ist. Bei dieser Prüfung sind allerdings die Verhältnisse zum Zugangszeitpunkt (und nicht zum Umklassifizierungszeitpunkt) relevant.

---
469 Vgl. **RV** *IAS 39 (ED/2009/3)*.
470 Im September 2009 wurde die finale Stellungnahme veröffentlicht; vgl. **RV** *IDW ERS HFA 26*.
471 Vgl. **RV** *IAS 39 (am. 03/2009)*.

Abb. 179: Umklassifizierungen HGB

von \ nach		Umlaufvermögen (UV) 1)			Anlagevermögen (AV) 2)	
		1 Forderungen	2 Wertpapiere		3 Forderungen	4 Wertpapiere
			Handelsbestand	Liquiditätsreserve		
UV 1)	1 Forderungen				☑ 3)	
	2 Wertpapiere Handelsbestand			☑		☑ 3)
	2 Wertpapiere Liquiditätsreserve		☑			☑ 3)
AV 2)	3 Forderungen	☑ 3)				
	4 Wertpapiere		☑ 3)	☑ 3)		

Legende:
1) strenges Niederstwertprinzip
2) gemildertes Niederstwertprinzip
3) Schriftliche Dokumentation, dass Finanzinstrument nun dauernd dem Geschäftsbetrieb dienen soll
   Fallkonstellation nicht möglich
☑ Zulässige Umklassifzierung

c) Fair Value Hierarchie

Bei dem IAS 39-Bewertungsthema „Fair Value Hierarchie (DCF-Verfahren)" geht es zum einen um die Fragestellung, unter welchen Voraussetzungen ein Markt inaktiv ist, also um die Eingangsvoraussetzungen für einen inaktiven Markt. Zum anderen geht es um die Frage, wenn ein Markt inaktiv ist und daher der Fair Value mit dem DCF-Verfahren ermittelt wird, mit welchen Diskontierungsparametern die ausstehenden Cashflows zu diskontieren sind (Diskontierungsfaktoren).

Mit dem FASB Mitarbeiter Positionspapiers „FSP 157-3"[472] wurden erstmals Eingangskriterien für einen inaktiven Markt konkretisiert. Das IASB-Expertengremium (IASB EAP) hat im Rahmen seiner Veröffentlichung vom Oktober 2008[473] die grundsätzliche Konformität der IFRS-Bewertungsvorschriften mit denen der US-GAAP bestätigt und stellt eine Vielzahl von Beispielen zum Thema Bewertung und Anhangsangaben in inaktiven Märkten dar. Der Thematik der zu verwendenden „Diskontierungsfaktoren" hat sich erstmalig das IDW in seinen Schreiben an das IFRIC im Oktober und Dezember 2008[474] angenommen.

d) Anhangsangaben

Bei der Inanspruchnahme der neuen Umklassifizierungen sind zu diesen Beständen gemäß der IFRS 7-Änderungen[475] vom Oktober/November 2008 Zusatzangaben im Anhang anzugeben. Mit der im März 2009 veröffentlichten Änderung des IFRS 7[476] sind zudem Anhangsangaben zum **Fair Value (FV)** gemäß der neu eingeführten dreistufigen **Fair Value Hierarchie** zu veröffentlichen. Die Fair Value Hierarchie nach IFRS 7 entspricht nun der US-amerikanischen Rege-

---

472 Vgl. **RV** FASB.
473 Vgl. **RV** IAS 39/IFRS 7 (EAP).
474 Vgl. **RV** IDW (DCF_1) und **RV** IDW (DCF_2).
475 Vgl. **RV** IAS 39/IFRS 7 (am. 10/2008) und **RV** IAS 39/IFRS 7 (am. 11/2008).
476 Vgl. **RV** IFRS 7 (am. 03/2009).

lung im SFAS 157. So sind nun die in der Bilanz zum Fair Value bewerteten Finanzinstrumenten eine der drei Fair Value-Level zuzuordnen. Für die Level 3-Finanzinstrumente ist die Entwicklung des Buchwertes im laufenden Geschäftsjahr detailliert aufzureißen.

Finanzkrise (HGB)
a) Überblick
Die im Rahmen der **Finanzkrise** diskutierten Fragestellungen zur IFRS-Rechnungslegung haben auch eine gewisse Auswirkung auf die HGB-Bilanzierung. So hat das IDW im Januar 2009 einen Rechnungslegungshinweis zur „Umwidmung und Bewertung von Forderungen und Wertpapieren nach HGB" (IDW RH HFA 1.014)[477] veröffentlicht.

b) Umklassifizierung
Anders als nach IFRS wurden die Umklassifizierungen im HGB nicht geändert, der Rechnungslegungshinweis stellt allerdings noch einmal klar, wie die im IFRS-Umfeld diskutierte Thematik zur Umklassifizierung nach dem geltenden HGB geregelt ist (→ Abb. 179). Das IDW weist in dem Rechnungslegungshinweis daraufhin, dass bei einer Umklassifizierung aus dem Umlaufvermögen in das Anlagevermögen auf einen Gleichlauf in den HGB- und IFRS-Rechenwerken zu achten ist, da der verfolgte Geschäftszweck unabhängig von der Rechnungslegungssystematik sei (Tz. 24 des IDW RH). So zieht eine Umklassifizierung von der Bewertungskategorie **Trading (TRD)** nach **Held to Maturity (HTM)** nach IFRS eine korrespondierende Umklassifizierung im HGB-Abschluss nach sich. Vice versa muss dies allerdings nicht so sein, da – anders als nach HGB – die Umklassifizierung nach IFRS eine Wahlrecht darstellt. Auch nach dem Bilanzrechtsmodernisierungsgesetz (BilMoG) bleiben die bisherigen Umklassifizierungsmöglichkeiten bestehen. Bei Kreditinstituten wurde im § 340e Abs. 3 Satz 4 HGB n.F. klar gestellt, dass Stand Alone-Derivate in eine Bewertungseinheit (BWE) umklassifiziert werden können und vice versa. Zudem können Finanzinstrumente des Handelsbestands umklassifiziert werden, wenn durch außergewöhnliche Umstände die ursprüngliche Handelsabsicht der Bank aufgegeben wird.

c) Fair Value Hierarchie
Unter dem Punkt 4 der Stellungnahme IDW RH HFA 1.1014 nimmt das IDW auch Stellung zur Bewertung in illiquiden Märkten. Die Erfahrungen aus der Finanzkrise haben dazu geführt, dass die im Rahmen des **BilMoG** für Kreditinstitute eingeführte Fair Value Bewertung für Nicht-Kreditinstitute – anders als ursprünglich geplant – nicht umgesetzt wurde.

Finanzkrise und IPSAS – Die International Public Sector Accounting Standards (IPSAS) waren hinsichtlich der Rechnungslegung von Finanzinstrumenten nicht besonders gut aufgestellt, da der einzige Finanzinstrumente-Standard IPSAS 15 veraltet war (2001) und ein Standard für die Bilanzierung und Bewertung auf Basis von IAS 39 ganz fehlt. Deshalb und auch in Anbetracht der globalen **Finanzkrise** hat das IPSAS-Board auf dem Meeting vom Oktober 2008 beschlossen, das bereits seit Frühjahr 2008 laufende Projekt „Finanzinstrumente" zu priorisieren.[478] und fehlende IPSAS-Finanzinstrumentestandards zu implementieren. In enger Anlehnung an den IAS 32, IAS 39 und IFRS 7 wurden am 23. April 2009 die drei Standardentwürfe ED 37 (Finanzinstrumente: Darstellung) ED 38 (Finanzinstrumente: Ansatz und Bewertung) und ED 39 (Finanzinstrumente: Angaben) veröffentlicht,[479] [480] im Januar 2010 als IPSAS-Standards (IPSAS 28, IPSAS 29, IPSAS 30) übernommen wurden.[481] Diese enthalten allerdings zusätzliche Anwendungsleitlinien zu zwei Schlüsselthemen für den öffentlichen Sektor: Finanzgarantien und Kredite mit Sonderkonditionen unterhalb der Marktkonditionen.

Firm Commitment – Firm Commitments (Feste Verpflichtungen) sind nach IFRS nicht zu bilanzieren. Z. B. der Terminkauf (eines Euro-Bilanzierers) von Öl in USD in einem Jahr zum heutigen Terminkurs für die Nutzung für die

---

477 Vgl. **RV** *IDW RH HFA 1014.*
478 Vgl. *Bergmann.*
479 Vgl. *IPSASB (2009a).*
480 Vgl. **RV** *IPSAS ED 37,* **RV** *IPSAS ED 38,* **RV** *IPSAS ED 39.*
481 Vgl. **RV** *IPSAS 28, IPSAS 29* und *IPSAS 30.*

Abb. 180: Beispiel zum Hedge Accounting (I)

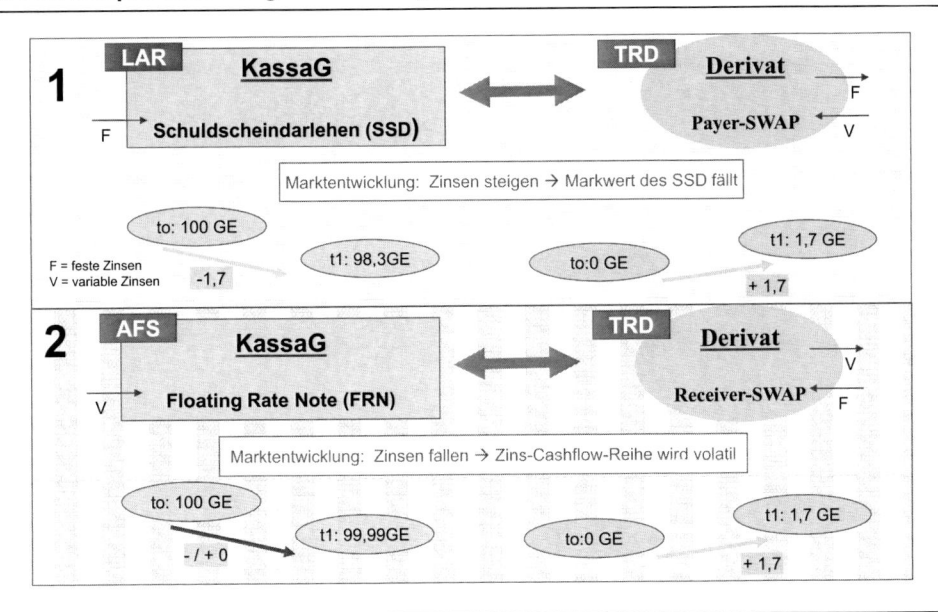

1 LAR **KassaG** Schuldscheindarlehen (SSD) ↔ TRD **Derivat** Payer-SWAP

Marktentwicklung: Zinsen steigen → Markwert des SSD fällt

- t0: 100 GE
- t1: 98,3 GE
- F = feste Zinsen
- V = variable Zinsen
- −1,7
- t0: 0 GE
- t1: 1,7 GE
- +1,7

2 AFS **KassaG** Floating Rate Note (FRN) ↔ TRD **Derivat** Receiver-SWAP

Marktentwicklung: Zinsen fallen → Zins-Cashflow-Reihe wird volatil

- t0: 100 GE
- t1: 99,99 GE
- −/+0
- t0: 0 GE
- t1: 1,7 GE
- +1,7

---

eigene Produktion (sog. **Own-Use-Kontrakte**) wird während der Einjahreslaufzeit nicht als Vermögenswert bilanziert. Der Ansatz eines Vermögenswertes erfolgt erst in einem Jahr, wenn das Öl geliefert wird.

Eine Feste Verpflichtung kann aber Gegenstand eines **Fair Value Hedge** sein. Dann ist der auf die feste Verpflichtung entfallende **Hedge Fair Value (HFV)** sehr wohl zu aktivieren oder zu passivieren. Z. B. zur Absicherung des Fremdwährungsrisikos aus dem in einem Jahr in USD zu zahlenden Ölpreises (Fortsetzung des Beispiels oben) schließt das Unternehmen ein Devisentermingeschäft ab, welches es als **Hedging Instrument** im Rahmen eines Fair Value Hedges der festen Verpflichtung zuordnet. Die feste Verpflichtung selber, also der Terminkauf des Öls, ist weiterhin nicht zu bilanzieren, sehr wohl aber der auf die feste Verpflichtung entfallende Hedge Fair Value, der die Fair-Value-Veränderung der Wechselkursentwicklung USD zu EUR widerspiegelt.

Die Absicherung eines Firm Commitments gegen Währungsrisiken kann alternativ auch im Rahmen eines **Cashflow Hedge** erfolgen (IAS 39.97).

Fondsanteile → Finanzinstrument.

Fortgeführte Anschaffungskosten (FAK) – Fremdkapital-Finanzinstrumente der Kategorien **Loans and Receivables (LAR)**, **Held to Maturity (HTM)** und **sonstige Verbindlichkeiten (L)** werden im Rahmen der Folgebewertung mit den fortgeführten Anschaffungskosten bewertet. Dies ist der Betrag, mit dem ein finanzieller Vermögenswert oder eine finanzielle Schuld bei der erstmaligen Erfassung (**Zugangsbewertung**) bewertet wurde, abzüglich Tilgungen, abzüglich (zuzüglich) der Auflösung von **Agio (Aufgeld) / Disagio (Abgeld)** gemäß der **Effektivzins**-Methode sowie abzüglich etwaiger außerplanmäßiger Abschreibungen.

Bezüglich Eigenkapital-Finanzinstrumente → **At Cost**.

Framework → Rahmenkonzept.

Fremdkapital-Papiere → Finanzinstrument.

Fremdwährungsrisiken (FX) – Eine von drei Hauptrisikoarten, die Gegenstand der Bewertung von Finanzinstrumenten in der Rech-

Glossar

Abb. 181: Beispiel zum Hedge Accounting (II)

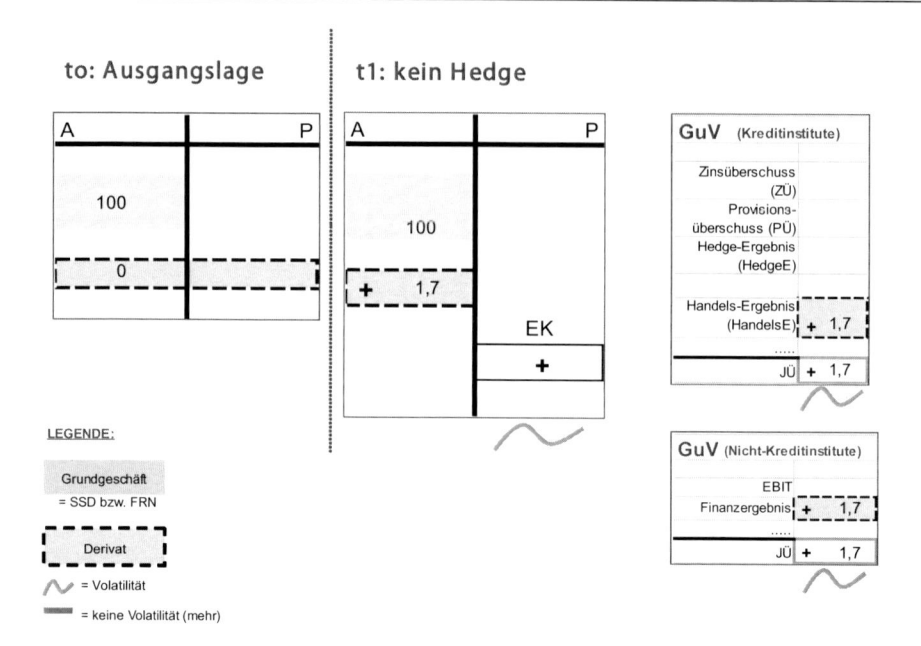

Abb. 182: Beispiel zum Hedge Accounting (III)

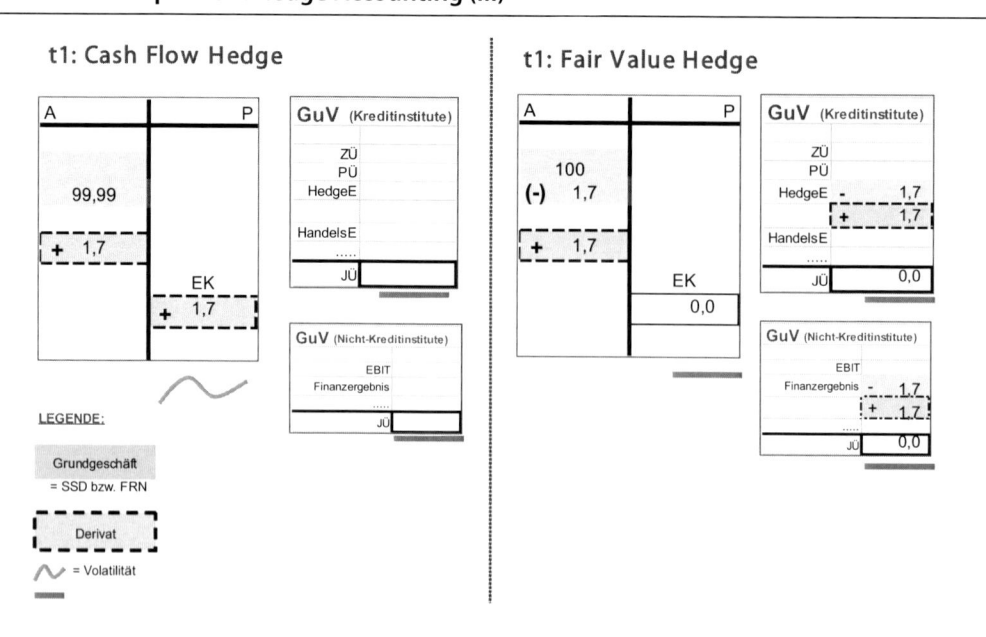

Abb. 183: Hedge-Arten/-Techniken

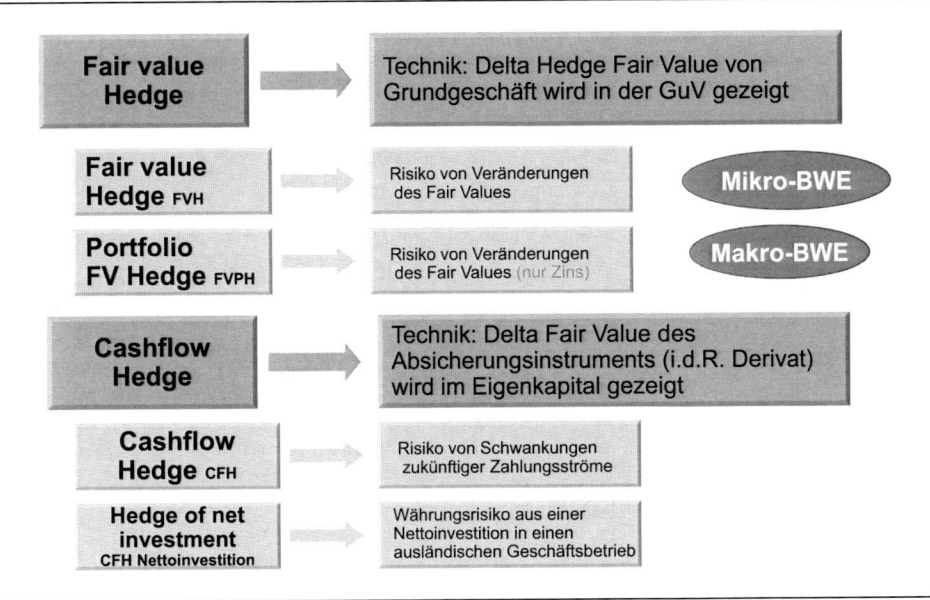

- **Fair value Hedge** → Technik: Delta Hedge Fair Value von Grundgeschäft wird in der GuV gezeigt
  - **Fair value Hedge FVH** → Risiko von Veränderungen des Fair Values — Mikro-BWE
  - **Portfolio FV Hedge FVPH** → Risiko von Veränderungen des Fair Values (nur Zins) — Makro-BWE
- **Cashflow Hedge** → Technik: Delta Fair Value des Absicherungsinstruments (i.d.R. Derivat) wird im Eigenkapital gezeigt
  - **Cashflow Hedge CFH** → Risiko von Schwankungen zukünftiger Zahlungsströme
  - **Hedge of net investment CFH Nettoinvestition** → Währungsrisiko aus einer Nettoinvestition in einen ausländischen Geschäftsbetrieb

nungslegung sind. Die bilanzielle Abbildung des Fremdwährungsrisikos regelt **IAS 21**.

Full Fair Value (FFV) → Fair Value (FV).

FX – Abkürzung **Fremdwährungsrisiken (FX)**.

Geplanter und höchst wahrscheinlicher Geschäftvorfall → Planed Future Transaction.

Grundgeschäft – Grundgeschäfte (hedged item), die im Rahmen des **Hedge Accounting** abgesichert werden können, sind:

(1) ein bilanzierter Vermögenswert oder eine bilanzierte Verbindlichkeit (also originäre Finanzinstrumente der Kategorien **LAR, HTM, AFS, L**), (2) eine bilanzunwirksame feste Verpflichtung (**Firm Commitment**), (3) ein geplanter und höchst wahrscheinlicher Geschäftvorfall (**Planed Future Transaction**) oder (4) eine Nettoinvestition in einen ausländischen Geschäftsbetrieb.

Haben-Buchung → Buchungskonventionen.

Handelsgesetzbuch (HGB) – (HGB) Das HGB kodifiziert die deutsche Rechnungslegung. Für Finanzinstrumente gibt es keine speziellen Vorschriften, so wie dies nach den **International Financial Reporting Standards (IFRS)** der Fall ist. Nach HGB gelten für Finanzinstrumente die allgemeinen Bilanzierungs- und Bewertungsvorschriften. (1) Vorschriften für alle Kaufleute (§ 238 ff. HGB) und (2) Ergänzende Vorschriften für Kapitalgesellschaften (§ 264 ff. HGB). U. a. für **Kreditinstitute** sind darüber hinaus die branchenspezifischen Vorschriften der §§ 340 ff HGB zu beachten sowie die Rechnungslegungsverordnung für Kreditinstitute (RechKredV).

Hedge Accounting – Unter bestimmten Voraussetzungen können nach IAS 39 Grundgeschäftgeschäft (hedged item)- und Sicherungsgeschäft (hedging instrument / hedging derivat) abweichend von dem Prinzip der **Einzelbewertung** zusammen bewertet werden. Hier spricht man dann vom sog. Hedge Accounting.

Bis auf eine Ausnahme (Absicherung von Fremdwährungsrisiken) benötigt man für Hedge Accounting **ein Derivat** (als Sicherungsinstrument). Ohne Derivate stellt sich daher grundsätzlich die Frage nach Hedge Accounting nicht. Die Notwendigkeit zum Hedge Accounting ergibt sich aus der unterschiedlichen bilanziellen Behandlung in den verschiedenen **Kategorien** von Finanzinstrumenten nach IAS 39 (**Mixed Model**).

Die folgenden Beispiele beziehen sich auf die Abb. 180 bis Abb. 182.

Beispiel (1): Kauf eines Schuldscheindarlehen (SSD), der mit einem Payer Swap gegen steigende Zinsen abgesichert wird. Beispiel (2): Kauf einer Floating Rate Note (FRN). Da in der Zukunft aber ein fester Zinszahlungsstrom benötigt wird, werden die aus der FRN erhaltenen variablen Zinsen im Rahmen eines Receiver-Swaps -durchgereicht und dafür Festzins erhalten.

Würde man jeweils die beiden Finanzinstrumente streng einzeln bewerten, hätte man eine volatile GuV und dadurch ein volatiles Eigenkapital, obwohl ökonomisch eine geschlossene Position vorliegt.

In t0 würde das Kassageschäft mit den **Anschaffungskosten** von 100 EUR aktiviert. Der Swap wäre zwar in der Buchhaltung zu erfassen, aber mit einem Netto-Fair-Value von 0 EUR nicht in der Bilanz sichtbar. In t1 hätte man in beiden Fällen einen Ertrag in Höhe von 1,7 EUR aus der Fair-Value-Bewertung des Zins-Swaps. Aus den Kassageschäften sind allerdings keine gegenläufige Effekte zu erfassen, da im Fall 1 das Schuldscheindarlehen der Kategorie **Loans and Receivables (LAR)** zugeordnet ist und daher keine Marktbewertung erfolgt und im Fall 2 die FRN zwar mit dem Marktwert zu bilanzieren ist, dieser bei dem Floater aber annähernd bei 100 % ist.

Im Beispiel 2 könnte das Derivat im Rahmen eines sog. **Cashflow Hedge (CFH)** gem. IAS 39.95 ff. als **Sicherungsinstrument** designiert werden. Als bilanzielle Konsequenz erfolgt ein Ausweis der Fair-Value-Veränderung des Derivats nicht mehr in der GuV, sondern direkt im Eigenkapital in der Cash-Flow-Hedge-Rücklage. Somit wäre die Volatilität aus der GuV eliminiert, die im Eigenkapital würde aber bleiben.

Im Beispiel 1 könnte das Derivat im Rahmen eines sog. **Fair Value Hedge (FVH)** gem. IAS 39.89 ff. als Sicherungsinstrument designiert werden. In diesem Fall bleibt die Bilanzierung des Derivates im Grunde unverändert, aber die Bilanzierung des Grundgeschäftes würde sich jedoch ändern. Anstatt der **Fortgeführte Anschaffungskosten (FAK)** würde nun hier der **Hedge Fair Value (HFV)** bilanziert, also die zinsinduzierte Fair-Value-Veränderung würde auf die FAK gebucht werden. Dies sind im vorliegenden Fall -1,7 EUR. Diese werden in die GuV gebucht und ergeben dort mit den +1,7 EUR aus dem Derivat ein ausgeglichenes GuV-Ergebnis. Beim Fair Value Hedge wird die Volatilität in der GuV und im Eigenkapital reduziert oder – wie im vorliegenden Beispiel 2 – eliminiert.

Hedge Adjustment – Das Hedge Adjustment stellt den Betrag dar, um den der **Buchwert** (ohne **Hedge Accounting**) angepasst werden muss, um den **Hedge Fair Value (HFV)** als Buchwert abzubilden.

Hedge Fair Value (HFV) – Anders als der **Full Fair Value (FFV)** beinhaltet der Hedge Fair Value (HFV) nicht alle Risiken, sondern nur die Wertveränderung bezogen auf das im Rahmen einer Hedge Beziehung **Abgesichertes Risiko**. Zur Ermittlung → **Discounted Cashflow Methode (DCF)**.

Hedge-Arten – Durch **Hedge Accounting** kann eine ansonsten verzerrende IFRS-Bilanzierung reduziert oder eliminiert werden. Buchungstechnisch erfolgt dies bei einen **Fair Value Hedge (FVH)** dadurch, dass sich das Grundgeschäft der Bilanzierung des Derivats anpasst und somit die – auf das abgesicherte Risiko entfallende – **Fair Value (FV)**-Veränderung aus dem Grundgeschäft ebenfalls in die GuV gebucht wird und dort auf die gegenläufige Wertentwicklung des **Derivat** trifft. Bei einem **Cashflow Hedge (CFH)** hingegen dadurch, dass die Gegenbuchung zur Fair-Value-Erfassung des Derivates in der Bilanz nicht gegen die GuV, sondern gegen das Eigenkapital ausgesteuert wird.

Diese beiden Techniken des Hedge Accounting können nun in verschiedenen Konstellationen vorkommen. **Abb. 183** gibt einen Überblick über die Hedge-Arten und ordnet ihnen auch die in der HGB-Welt gebräuchlichen Begriffe von **Bewertungseinheiten (BWE)** zu.

Somit kennt der IAS 39 mit dem Fair Value Hedge Accounting und dem Cashflow Hedge Accounting zwei Haupt-Hedge-Arten, bei denen es jeweils neben der eigentliche Hedge-Art noch eine besondere Ausprägung gibt, sodass es insgesamt vier Hedge-Arten (-Ausprägungen) gibt (**FVH, FVPH, CFH und CFH einer Nettoinvestition**). Im IAS 39 selbst wird rein formal nur von drei Hedge-Arten gesprochen, da der FVPH dort nicht als eigene Hedge-Art aufgeführt ist.

Hedged item – Das hedged item ist das **Grundgeschäft** einer Sicherungsbeziehung. → **Hedge Accounting**.

Hedging Instrument → **Sicherungsinstrument**.

Held to Maturity (HTM) – Eine von mehreren IAS 39 **Bewertungskategorien**. Bis zur Endfälligkeit gehaltene Finanzinvestitionen (held-to-maturity investments) sind gem. IAS 39.9 wie folgt definiert. (1) nicht derivative finanzielle Vermögenswerte (2) mit festen oder bestimmbaren Zahlungen sowie einer festen Laufzeit, (3) die das Unternehmen bis zur Endfälligkeit halten will und kann, mit (4) Ausnahme von denjenigen, die das Unternehmen beim erstmaligen Ansatz der Kategorie **Fair Value by Designation (FVBD), Available for Sale (AFS)** oder **Loans and Receivables (LAR)** zuordnet und (5) kein sog. **Tainting** vorliegt.

IAS 1 – IAS 1 „Darstellung des Abschlusses" enthält Mindestangaben zum Bilanz- und GuV-Ausweis, die auch Finanzinstrumente betreffen.[482]

IAS 12 – IAS 12 „Ertragsteuern" beschäftigt sich u. a. mit den sog. Latenten Steuern.[483] Da die IFRS- und Steuerbilanzierung temporär auseinander laufen können und dadurch in der IFRS-Bilanz – wirtschaftlich gesehen – temporär zu viel oder zu wenig ausgewiesen werden kann, wird in der IFRS-Bilanz so getan, als ob die Besteuerung so wie in der IFRS-Bilanz dargestellt erfolgen würde. Die anhand dieser Simulation ermittelten „Korrekturbeträge" werden in der Bilanz und der GuV unter latenten Steuern gebucht. Auch bzw. gerade bei Finanzinstrumenten treten solche temporären Differenzen auf, die dann Gegenstand von latenten Steuern sind. Zum Beispiel dürfen unrealisierte Gewinne aus einer Marktbewertung eines Zins-Swaps in der IFRS-Bilanz wegen des Realisationsprinzips nicht in der Steuerbilanz gezeigt werden. Gegen diesen unrealisierten Ertrag von z. B. 100 GE in der IFRS-GuV ist dann ein Aufwand aus latenten Steuern in Höhe von -30 GE (bei angenommener Konzernsteuerquote von 30 %) gebucht, sodass mit netto 70 GE genau der Betrag ausgewiesen wird, der dann bei einer Realisierung c.p. tatsächlich so auch endgültig in die Bücher gehen würde

IAS 21 – IAS 21 „Auswirkungen von Änderungen der Wechselkurse behandelt die Fremdwährungsumrechnung und -bewertung und ist insofern hinzuziehen, wenn es um die Bilanzierung von Fremdwährungs-Exposure (sowohl Transaktions- als auch Translations-Exposure) geht.[484]

Die Bilanzierung von Fremdwährungsgeschäften (**Transaktions-Exposure**) hängt davon ab, ob sie als sog. monetäre oder nicht monetäre Posten einzustufen sind. Gemäß IAS 21.23 sind Fremdwährungsgeschäfte wie folgt zu bewerten: (1) **Monetäre Posten (monetary items)** in einer Fremdwährung sind unter Verwendung des Stichtagskurses umzurechnen; (2) **Nicht-monetäre Posten (non monetary items)**, die zu historischen Anschaffungs- oder Herstellungskosten in einer Fremdwährung bewertet werden, sind mit dem Kurs am Tag des Geschäftsvorfalles umzurechnen und (3) nicht monetäre Posten, die mit ihrem beizulegenden Zeitwert in einer Fremdwährung bewertet werden, sind mit dem Kurs umzurechnen, der am Tag der Ermittlung des Wertes gültig war. Beispiel dazu: (1) Sämtliche Fremdkapitalpapiere (Forderungen, Verbindlichkeiten, Bonds, Schuldscheindarlehen etc.) unabhängig von der IAS-39-Kategorie. (2) Beteiligungen, die zu **Anschaffungskosten** bewertet werden. (3) Aktien der Kategorien **Avai-**

---

[482] Vgl. **RV** *EU (2008)*, S. 5-21.
[483] Vgl. **RV** *EU (2008)*, S. 53-71.
[484] Vgl. **RV** *EU (2008)*, S. 134-141.

Abb. 184: Für Finanzinstrumente relevante Standards

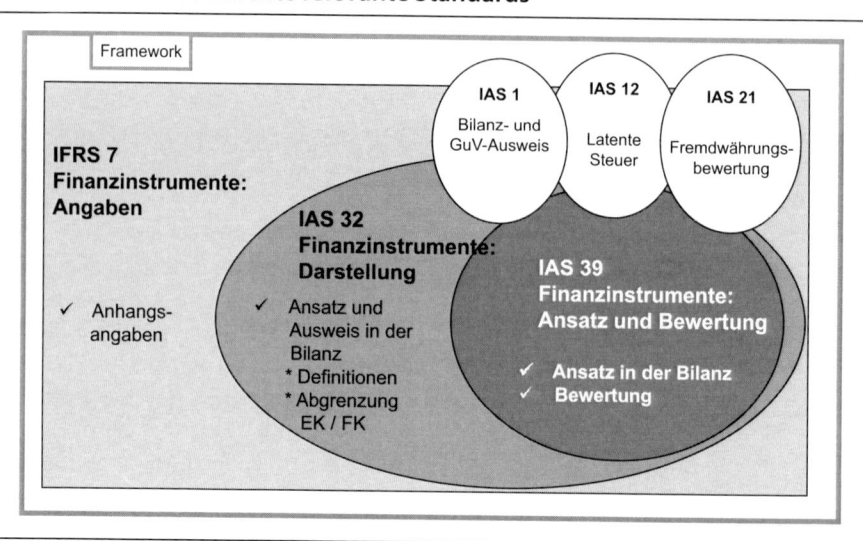

- Framework
- IFRS 7 Finanzinstrumente: Angaben
  - ✓ Anhangsangaben
- IAS 1 – Bilanz- und GuV-Ausweis
- IAS 12 – Latente Steuer
- IAS 21 – Fremdwährungsbewertung
- IAS 32 Finanzinstrumente: Darstellung
  - ✓ Ansatz und Ausweis in der Bilanz
  - * Definitionen
  - * Abgrenzung EK / FK
- IAS 39 Finanzinstrumente: Ansatz und Bewertung
  - ✓ Ansatz in der Bilanz
  - ✓ Bewertung

lable for Sale (AFS), Trading (TRD) und Fair Value by Designation (FVBD).

Die Währungsumrechnung eines (selbstständigen) ausländischen Tochterunternehmens stellt sich in der Regel als Transformationsvorgang von der Fremdwährungsbilanz in die Euro-Bilanz der Mutter dar (**Translations-Exposure**). Gemäß IAS 21.39 erfolgt diese Transformation nach der sog. **Qualifizierte Durchschnittsmethode**.

IAS 30 – IAS 30 „Angaben im Abschluss von Banken und ähnlichen Finanzinstitutionen" war der einzige branchenspezifische IFRS-Standard im Umfeld der Rechnungslegung von Finanzinstrumenten. Der IAS 30 wurde durch Inkrafttreten des IFRS 7 abgelöst (2007).

IAS 32 – Der IAS 32 „Finanzinstrumente: Darstellung" enthält eine Vielzahl von Definitionen zu dem Themenkomplex Finanzinstrumente und regelt die Abgrenzung von Eigenkapital und Fremdkapital auf der Passivseite.[485]

IAS 39 – IAS 39 „Finanzinstrumente: Ansatz und Bewertung" stellt das „Herz" der Bilanzierungsvorschriften für Finanzinstrumente dar, da er die materiell wichtigen Vorschriften zum Ansatz und insbesondere zur Bewertung (**Mixed Model, Hedge Accounting**) beinhaltet.[486]

IFRS 7 – Der IFRS 7 „Finanzinstrumente: Angaben" gibt vor, welche Anhangsangaben zu Finanzinstrumenten zu machen sind. Dies betrifft Zusatzangaben zur Bilanz, GuV und Marktwerten genauso wie eine Vielzahl von Risikoangaben.[487]

IFRS for Small and Medium Sized Entities (SME) – Die aktuellen IFRS berücksichtigen zurzeit nicht die Besonderheiten von mittelständischen Unternehmen (klein und mittelgroße Unternehmen KMU). Daher hat das IASB für diese Unternehmensgruppe einen eigenen Standard[488] veröffentlicht, der zwar grundsätzlich auf den allgemeinen IFRS-Standards aufbaut, aber für bestimmte Bereiche teilweise erhebliche Vereinfachungen im Vergleich zum vollständigen IFRS-Regelwerk vorsieht. Der Standard firmierte zwischenzeitlich unter „IFRS for Non-publicly Accountable Entities" (NPAEs), nachdem er zunächst „IFRS for small and medium sized entities" (SME) und dann „IFRS for private entities" hieß, um nun endgültig doch wieder

---

485 Vgl. **RV** *EU (2008)*, S. 179-194.
486 Vgl. **RV** *EU (2008)*, S. 270-322.
487 Vgl. **RV** *EU (2008)*, S. 417-432.
488 Vgl. **RV** *IFRS für KMU* (2009).

unter SME zu firmieren. Die Vereinfachungen betreffen auch den Bereich der Finanzinstrumente. Der für Finanzinstrumente relevante Teil in dem IFRS for SME stellen der Abschnitt 11 „Basis-Finanzinstrumente" und der Abschnitt 12 „Weitere Finanzinstrumente-Sachverhalte" dar. Gegenstand von Abschnitt 11 sind einfache Fremdkapitalpapiere, wohingegen Abschnitt 12 sich mit komplexeren Instrumenten und einfachen Hedging-Strukturen beschäftigt. Da die IFRS for SMEs u. a. in Deutschland sehr kontrovers diskutiert werden, soll das durch **BilMoG** modernisierte HGB hierzu eine Alternative darstellen. Bezüglich der Modernisierungsüberlegungen auf EU-Ebene → **Bilanzrichtlinie, EG, 4. und 7.**

IFRS-Standards; Überblick – Die für die Bilanzierung von **Finanzinstrument** relevanten IFRS-Vorschriften verteilen sich über mehre Einzelstandards. Die Hauptstandards sind der **IAS 32**, **IAS 39** und **IFRS 7**. Das „Herz" der Bilanzierungsvorschriften für Finanzinstrumente ist der IAS 39; er regelt u. a. die Bewertung.

Vier weitere IFRS-Vorschriften – **IAS 12**, **IAS 21**, **IAS 1**, **Rahmenkonzept** – regeln nicht explizit nur Sachverhalte zu Finanzinstrumenten, beeinflussen aber auch deren Bilanzierung.

Impairment – Anders als bei der **Fair Value (FV)**-Bewertung geht es beim Impairment-Test um die Ermittlung einer gegebenenfalls vorhandenen dauerhaften Wertminderung von Finanzinstrumenten. Gemäß IAS 39.58 Satz 1 ist an jedem Bilanzstichtag zu ermitteln, ob **Objektive Hinweise** auf eine dauerhafte Wertminderung schließen lassen. Liegen objektive Hinweise für ein Impairment vor, so ist der Impairmentbetrag als Aufwand in der GuV zu erfassen.

Bei Finanzinstrumenten der Kategorie **Fair Value through Profit and Loss (FVTPL)** wird über die GuV-wirksame Erfassung der Fair Value-Veränderung indirekt auch bereits eine mögliche dauerhafte Wertminderung in der GuV erfasst, so dass für Finanzinstrumente dieser Kategorie ein separater Impairmenttest nicht erforderlich ist. Bei Finanzinstrumenten der Kategorien **Loans and Receivables (LAR)** und **Held to Maturity (HTM)** ergibt sich der Impairmentbetrag aus der Differenz der **Fortgeführte Anschaffungskosten (FAK)** und dem niedrigeren sogenannten **Recoverable Amount**. Bei Finanzinstrumenten der Kategorie **Available for Sale (AFS)** ergibt sich der Impairmentbetrag aus der Differenz der fortgeführten Anschaffungskosten und dem Fair Value. Der Impairmentbetrag ist ergebniswirksam zu erfassen.

Inter-company Geschäfte → **Interne Geschäfte**.

International Financial Reporting Standards (IFRS) – Zum einen stellen die IFRS den Oberbegriff für alle vom International Accounting Standards Board (IASB) veröffentlichten Rechnungslegungsvorschriften dar. Beispiel: In Deutschland existiert neben der nationalen Rechnungslegung HGB die internationale IFRS-Rechnungslegung. Zum anderen wird der Begriff IFRS für alle vom IASB seit 2003 neu verabschiedeten Rechnungslegungsvorschriften verwendet. Die bis 2002 verabschiedeten Vorschriften werden weiterhin unter den Bezeichnungen International Accounting Standards (IAS) veröffentlicht Beispiel: Der IFRS 1 beschäftigt sich mit der „erstmaligen Anwendung der IFRS", der IAS 1 dahingegen mit der „Darstellung des Abschlusses".

International Public Sector Accounting Standards (IPSAS) – IPSAS stellt den internationalen Rechnungslegungsstandard für die öffentliche Verwaltung dar, der sich an den **International Financial Reporting Standards (IFRS)** orientiert. Ein weiterer Schritt für die öffentliche Verwaltung nach der Umstellung auf nationaler Ebene von der Kameralistik auf die (HGB-) Doppik (→ **Neue Kommunale Finanzmanagement (NKF)**) könnte die Umstellung auf die internationalen Rechnungslegungsvorschriften für die öffentliche Verwaltung IPSAS sein. Auf Deutschland bezogen könnten die Gebietskörperschaften wie Bund, Länder und **Kommunen** IPSAS anwenden. Bei den IPSAS handelt es sich derzeit lediglich um Empfehlungen. Rechtsverbindlich würden diese Empfehlungen erst, wenn sie in nationales Recht umgesetzt werden. Dies ist in Deutschland bislang nicht der Fall und daher finden die IPSAS zurzeit in Deutschland keine und in der EU erst in wenigen Staaten Anwendung. Anders dahingegen in der Schweiz sowie der EU-Kommission,[489] OECD und NATO, die bereits IPSAS anwenden. Von den zurzeit 26 IPSAS-Standards regelt lediglich der IPSAS 15 ("Darstellung und Angaben von Informationen über alle Arten von Finanzinstrumenten") als Pendant zum IAS 32 Sachverhalte zu Finanzinstrumente. Für die nicht von IPSAS abgedeckten Sachverhalte, werden alternativ nationale Vorschriften oder aber die IFRS herangezogen. Im Januar 2010 wurden die auf den IAS 32, IAS 39 und IFRS 7 basierenden IPSAS-Finanzinstrumente-Standards IPSAS 28, IPSAS 29 und IPSAS 30 veröffentlicht. → auch **Finanzkrise und IPSAS**.

Interne Geschäfte – IFRS verbietet explizit (anders als HGB) die Bilanzierung von internen Geschäften (IAS 39.73, IAS 39.IG F1.4). Unter internen Geschäften werden in diesem Zusammenhang in der Regel Geschäfte zwischen Organisationseinheiten ein und derselben Unternehmung (Rechtsform) verstanden (sog. intra-office Geschäfte). Sie betreffen somit die (Meldedaten) des Einzelabschlusses. Interne Geschäfte nach IFRS können nicht Gegenstand einer Sicherungsbeziehung sein; diese müssen nach IFRS generell extern am Markt abgeschlossen werden. Gleiches gilt für konzerninterne Geschäfte (sog. inter-company Geschäfte) auf Ebene des Konzernabschlusses (sog. Konzernhedges).

Intra-Office Geschäfte → Interne Geschäfte.

Kassageschäfte → Finanzinstrument.

Kategorien → Bewertungskategorien.

Kleine und mittelgroße Unternehmen (KMU) → **IFRS for Small and Medium Sized Entities (SME)**.

---
[489] Vgl. *EU-KOM (2007).*

Kommunen – Die Rechnungslegungspflichten von (Teilbereichen der) Kommunen hängen davon ab, wie diese organisiert sind; z. B. ob die Teilbereiche verselbständigt sind oder nicht. Als ein Beispiel für die Rechnungslegungspflichten eines verselbständigten Teilbereichs → die Ausführungen zu **Stadtwerke**. Der nicht verselbständigte Teil der Kommunen stellt die – in der Regel durch Beamte geleitete – Kernverwaltung (Regiebetriebe) dar. Aktuell erfolgt in vielen Kernverwaltungen eine Umstellung von der – zurzeit noch dominierenden – Kameralistik auf die kaufmännische Buchführung. Da die Rechnungslegung der öffentlichen Verwaltung in Deutschland den Bundesländern obliegt, gibt es hier allerdings nicht eine einheitliche Rechnungslegung für gesamt Deutschland (so wie dies z. B. beim HGB der Fall ist). Nordrhein Westfalen ist das erste Bundesland, welches ab 2009 für seine kommunalen Verwaltungen die Aufstellung eines Jahresabschlusses nach der kaufmännischen Buchführung fordert (**Neue Kommunale Finanzmanagement (NKF)**). Die NKF-Rechnungslegungsvorschriften basieren im Wesentlichen auf den Bilanzierungsvorschriften des **Handelsgesetzbuch (HGB)** für große Kapitalgesellschaften. Insofern sind die im vorliegenden Glossar dargestellten HGB-Regelungen auch für bilanzierende Kommunen relevant. Weitere Informationen zur Rechnungslegung in der öffentlichen Verwaltung enthält die IDW-Stellungnahme ERS ÖFA 1 von 30.10.2001 zur „Rechnungslegung der öffentlichen Verwaltung nach den Grundsätzen der doppelten Buchführung".[490] Bezüglich der internationalen Rechnungslegung der öffentlichen Verwaltung → **International Public Sector Accounting Standards (IPSAS)**.

Komplexitätsreduktion – Aufgrund der Komplexität der IFRS-Bilanzierung von Finanzinstrumenten plant das IASB im Rahmen eines Konvergenzprojekts mit dem US-amerikanischen Standardsetzer (FASB) eine komplette Neustrukturierung der Bilanzierung von Finanzinstrumenten. Dazu hat das IASB im März 2008 das Diskussionspapier „Reduzierung der

---
[490] Vgl. **RV** *IDW ERS ÖFA 2001.*

Glossar

Abb. 185: Überblick über Einzel- und Portfolio-Impairment[492]

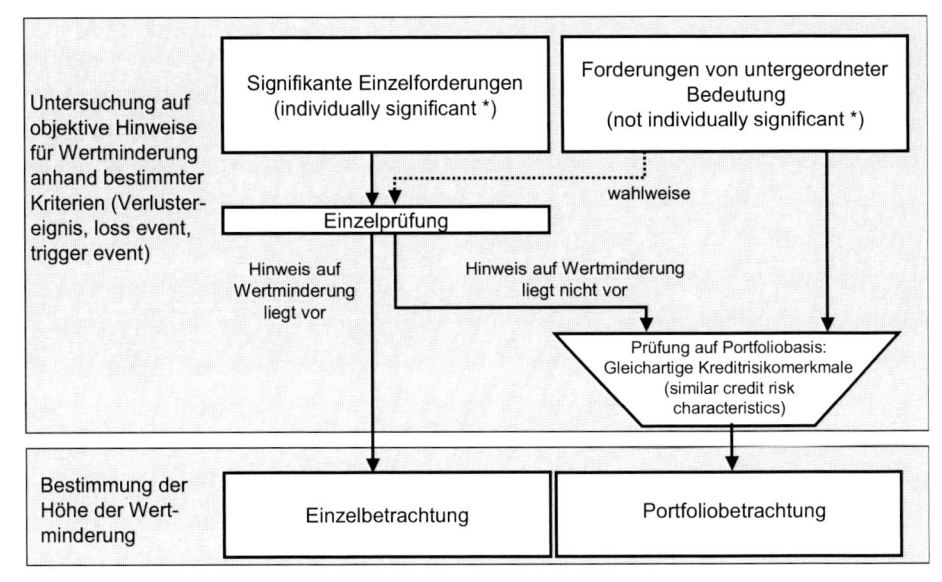

Untersuchung auf objektive Hinweise für Wertminderung anhand bestimmter Kriterien (Verlusterereignis, loss event, trigger event)	Signifikante Einzelforderungen (individually significant *) → Einzelprüfung → Hinweis auf Wertminderung liegt vor / Hinweis auf Wertminderung liegt nicht vor	Forderungen von untergeordneter Bedeutung (not individually significant *) — wahlweise — Prüfung auf Portfoliobasis: Gleichartige Kreditrisikomerkmale (similar credit risk characteristics)
Bestimmung der Höhe der Wertminderung	Einzelbetrachtung	Portfoliobetrachtung

* Umfasst auch bereits wertberichtigte Forderungen

Komplexität der Berichterstattung über Finanzinstrumente" (reducing complexity in reporting financial instruments)[491] vorgelegt. Das IASB strebt danach als langfristiges Ziel eine einheitliche Bewertung aller Finanzinstrumente zum Fair Value an. Als Übergangslösung hin zu diesem langfristigen Ziel stellt der Standardsetzer folgende mögliche Zwischenlösungen dar: 1) Veränderung der aktuellen Bewertungsregelungen z. B. durch Reduzierung der Anzahl von **Bewertungskategorien**, 2) Veränderung der aktuellen Bewertungsregelungen durch prinzipienbasierte Fair-Value-Bewertungsregelung bzw. 3) Vereinfachung des **Hedge Accounting**. Im Rahmen der Diskussionen über die **Finanzkrise** beschloss das IASB im November 2008 dieses Projekt zur umfassenden Überprüfung der Bilanzierung von Finanzinstrumenten auf die aktive Agenda des IASB zu nehmen (Financial Instruments – Comprehensive Project).

Konzernabschluss – (HGB / IFRS) Besitzt ein Unternehmen Beteiligungen, so ist zu prüfen, ob es – zusätzlich zu dem verpflichtend aufzustellenden **Einzelabschluss** – einen Konzernabschluss aufzustellen hat. Dies ist immer dann der Fall, wenn das Mutterunternehmen entweder rechtlich[493] oder aber wirtschaftlich[494] das andere Unternehmen beherrscht. Beispiel: Rechtliche Kontrolle besteht z. B. bei Mehrheit der Stimmrechte der Gesellschafter oder bei Vorliegen eines Beherrschungsvertrages. Wirtschaftliche Kontrolle besteht, wenn neben dem Beteiligungsverhältnis das Mutterunternehmen originäre Leitungsaufgaben für den gesamten Konzern übernimmt und damit eine einheitliche Leitung tatsächlich ausübt. Bezüglich der Frage, ob ein Konzernabschluss nach HGB oder IFRS zu erstellen ist, → **Rechnungslegung**.

Kredite und Forderungen → **Loans and Receivables (LAR)**.

Kreditinstitute – Für Zwecke der **Rechnungslegung** sind Unternehmen nach Nicht-Kreditinstituten und Kreditinstituten (Banken) zu differenzieren. Grundsätzlich gelten die IFRS

---

491 Vgl. **RV** IAS 39 (DP_2008/3).
492 **RV** IDW RS HFA 9, S. 20.
493 Control-Konzept gem. § 290 Abs. 2 HGB.
494 Konzept der einheitlichen Leitung gem. § 290 Abs. 1 HGB.

branchenunabhängig für alle Unternehmenstypen. Allerdings differenziert IAS 1 bei den Gliederungsvorschriften zwischen Kreditinstituten und Nicht-Kreditinstituten. Die HGB-Bilanzierung kennt dahingegen explizit branchenspezifische Vorschriften, so u. a. für Kreditinstitute. Die Abgrenzung zwischen Bank und Nicht-Bank ergibt sich aus § 1 des Kreditwesengesetz (KWG).

LAR- und HTM-Impairment – Bei der Impairment-Ermittlung ist ein zweistufiger Impairment-Prozess zu durchlaufen. Die nachfolgende Grafik gibt einen Überblick über diesen Prozess. Gemäß IAS 39.64 S.1 ist zunächst für signifikante (Pflicht) und nicht signifikante (Wahl) finanzielle Vermögenswerte festzustellen, ob auf individueller Basis ein objektiver Hinweis auf Wertminderung vorliegt (Einzel-Impairment). Finanzielle Vermögenswerte, bei denen im Rahmen eines durchgeführten Einzel-Impairments kein objektiver Hinweis auf eine Wertminderung besteht, sowie nicht signifikante finanzielle Vermögenswerte, für die kein Einzel-Impairment durchgeführt wurde, sind in Gruppen finanzieller Vermögenswerte (Portfolien) mit vergleichbaren Ausfallrisikoprofilen aufzunehmen und dann gemeinsam auf objektive Hinweise bezüglich einer Wertminderung (bezogen auf das jeweilige Portfolio) zu untersuchen (Portfolio-Impairment).

Latente Steuer → IAS 12.

Level 1 bis 3 → **Fair Value Hierarchie**.

Loans and Receivables (LAR) – Eine von mehreren IAS 39 **Bewertungskategorien**. „Kredite und Forderungen" (Loans and Receivables) sind gemäß IAS 39.9 (1) nicht derivative finanzielle Vermögenswerte, (2) mit festen oder bestimmbaren Zahlungen, (3) die nicht in einem **Aktiver Markt** notiert sind, mit Ausnahme von denjenigen, die das Unternehmen der Kategorie (4a) **Trading (TRD)** bzw. **Fair Value by Designation (FVBD)** oder (4b) **Available for Sale (AFS)** zuordnet oder (4c) diejenigen, für die der Inhaber seine ursprüngliche Investition infolge anderer als einer Bonitätsverschlechterung nicht mehr nahezu vollständig wiedererlangen könnte und die dann alseinzustufen sind. Gegenstand von LAR können nur Kassageschäfte (→ 1) und Fremdkapitalpapiere (also keine Aktien, → 2) sein, deren Nominale (außer bei einer Bonitätsverschlechterung) wieder zurückgezahlt werden (4c). Diese Fremdkapitalpapiere dürfen nicht auf einem sog. aktiven Markt notiert sein (3). Der Definition des aktiven Marktes kommt an dieser Stelle große Bedeutung zu.

Makro-BWE – (HGB) Eine Makro-BWE stellt eine von drei Arten von **Bewertungseinheiten (BWE)** dar, die meistens bei Kreditinstituten Anwendung findet. Im Rahmen von Makro-Hedges werden Derivate eingesetzt, die zur Absicherung des Zinsänderungsrisikos des gesamten Bankbuches abgeschlossen werden, z. B. Zins-Swaps, die bestimmte Aktiv-/Passivüberhänge bestimmter Laufzeitbänder absichern. In der IFRS-Welt entspricht der **Fair Value Portfolio Hedge auf Zinsänderungsrisiken (FVPH)** dem Grundgedanken der Makro-BWE.

Mark to Market → **Fair Value Hierarchie**.

Mark to Model → **Fair Value Hierarchie**.

Marktpreisrisiko – Eine von drei Hauptrisikoarten, die Gegenstand der Bewertung von Finanzinstrumenten in der Rechnungslegung sind.

Bezüglich der bilanziellen Berücksichtigung des Marktpreisrisikos (ohne FX) gibt es nach IAS 39 grundsätzlich zwei unterschiedliche Bewertungsmethoden. Entweder eine Bewertung zum **Fair Value (FV)** oder keine marktpreisinduzierte Bewertung, sondern eine Bilanzierung zu den **Fortgeführte Anschaffungskosten (FAK)**. Welche von den beiden Bewertungsmethoden anzuwenden ist, hängt von der IAS-39 **Bewertungskategorien** ab.

Bezüglich der bilanziellen Abbildung von FX-Risiken → **Fremdwährungsrisiken (FX)**.

Marktwert → **Fair Value Hierarchie** und **Clean Price**.

Glossar

Mikro-BWE – (HGB) Eine Mikro-BWE stellt eine von drei Arten von **Bewertungseinheiten (BWE)** dar. Unter Mikro-BWE i. e. S. wird eine 1:1-Beziehung von Grund- und Sicherungsgeschäft verstanden (z. B. 1 Bond long gegen 1 Payer-Swap). Unter Mikro-Hedges i. w. S. wird eine 1:n- oder n:1- oder aber auch n:m-Beziehung zwischen Grund- und Sicherungsgeschäft verstanden (z. B. 1 Bond long gegen mehrere Payer-Swaps ähnlicher Ausprägung bzw. mehrere Bonds ähnlicher Ausprägung long gegen 1 Payer-Swap). Bei Kreditinstituten können Mikros sowohl im Bankbuch als auch im Handelsbestand vorkommen. Das Pendant zur Mikro-BWE stellt der **Fair Value Hedge (FVH)** bei den IFRS dar.

Mittelstand → **IFRS for Small and Medium Sized Entities (SME)**.

Mixed Model – Unter Mixed Model versteht man eine Bewertungssystematik, die ein Nebeneinander unterschiedlicher **Bewertungsmethoden** vorsieht. Das Mixed Model des **IAS 39** sieht z. B. bei der Bewertung des **Marktpreisrisikos** (ohne FX) entweder eine Bewertung zu **fortgeführten Anschaffungskosten** oder aber zum **Fair Value** vor.

Monetäre Posten (monetary items) – Die Bilanzierung von Fremdwährungsgeschäften gemäß **IAS 21** hängt davon ab, ob sie als sog. monetäre oder nicht monetäre Posten einzustufen sind. Monetäre Posten sind gem. IAS 21.8 i. V. m. IAS 21.10 im Besitz befindliche Währungseinheiten sowie Vermögenswerte und Schulden, für die das Unternehmen ein feste oder bestimmbare Anzahl von Währungseinheiten erhält oder bezahlen muss. Mit Blick auf **Finanzinstrument** kann man stark vereinfacht sagen, dass alle Fremdkapitalpapiere (z. B. Bonds) monetäre Posten i. S. d. IAS 21 darstellen und (gehaltene) Eigenkapitalpapiere (z. B. Investments in Aktien) nicht monetäre Posten.

Neubewertungsrücklage – **Fair Value (FV)**-Veränderungen von **Finanzinstrumenten** der Kategorie **Available for Sale (AFS)** werden GuV-neutral direkt im bilanziellen Eigenkapital erfasst, in der sogenannten Neubewertungsrücklage.

Neue Kommunale Finanzmanagement (NKF) – Zurzeit vollzieht sich in der deutschen öffentlichen Verwaltung ein Paradigmenwechsel von der Kameralistik zur Doppik. Sukzessive stellen in der nächsten Zeit diverse Gebietskörperschaften ihre Buchhaltung von der zahlungsorientierten einfachen Rechnungslegung (Kameralistik) auf die ressourcenverbrauchsorientierte doppelte Rechnungslegung (Doppik) um. Da die Rechnungslegung der öffentlichen Verwaltung in Deutschland den Bundesländern obliegt, gibt es hier allerdings keine einheitliche Rechnungslegung für gesamt Deutschland (so wie dies z. B. beim **Handelsgesetzbuch (HGB)** der Fall ist). Das Land Nordrhein-Westfalen ist das erste Bundesland, welches ab 2009 für seine **Kommunen** – im Rahmen des sogenannten „Neue Kommunale Finanzmanagement" (NKF[495]) – die Aufstellung eines Jahresabschlusses nach der Doppik fordert.

Nicht-Kreditinstitute → **Kreditinstitute**.

Nicht-monetäre Posten (non monetary items) → **Monetäre Posten (monetary items)**.

Objektive Hinweise – Liegen objektive Hinweise vor, die darauf schließen lassen, dass eine dauerhafte Wertminderung gegeben ist, so ist ein **Impairment** zu buchen. IAS 39.59 nennt einige Beispiele für das Vorliegen eines objektiven Hinweises, wie z. B. erhebliche finanzielle Schwierigkeiten des Emittenten oder des Schuldners oder aber ein Vertragsbruch (z. B. Ausfall oder Verzug von Zins- oder Tilgungszahlungen). Objektive Hinweise bei Eigenkapitalinstrumenten (z. B. Aktien) sind u. a. signifikante oder länger anhaltende („prolonged") Abnahme des beizulegenden Zeitwertes unter die Anschaffungskosten. Größenordnungen für „signifikant" können 20% und für „länger anhaltend" 6 Monate sein.

---

[495] www.neues-kommunales-finanzmanagement.de.

Optionspreismodelle → **Fair Value Hierarchie**.

Originäre Finanzinstrumente → **Finanzinstrument**.

Other Comprehensive Income (OCI) – Ist nach US-GAAP das Pendant zu der IFRS-**Neubewertungsrücklage**.

Own-Use-Kontrakte → **Warentermingeschäfte**.

Plain Vanilla-Finanzinstrument – Standard Finanzinstrument ohne irgendwelche Besonderheiten.

Planed Future Transaction – Planed Future Transaction (geplante und höchst wahrscheinliche Geschäftsvorfälle) sind nicht zu bilanzieren. Beispiel: Gleiches Beispiel wie bei **Firm Commitment**, nur dass nun keine feste Verpflichtung, sondern ein geplanter und höchst wahrscheinlicher Geschäftsvorfall vorliegt. Bezogen auf das beim Firm Commitment genannte Beispiel mit der Öl-Lieferung ist in diesem Fall kein Kaufvertrag für die Lieferung von Öl auf Termin (so wie beim Firm Commitment) unterschrieben worden, sondern es ist geplant, in einem Jahr – mit einer sehr hohen Wahrscheinlichkeit – das Öl zu erwerben.

Planed Future Transaction können im Rahmen eines **Cashflow Hedge (CFH)** abgesichert werden.

Portfolio-BWE – (HGB) Eine Portfolio-BWE stellt eine von drei Arten von **Bewertungseinheiten (BWE)** dar. Bei Portfolio-BWE nach HGB werden bestimmte Handelsbestände zusammengefasst und als Einheit bewertet. Entweder werden gleiche Produkte gleicher Risikoart (z. B. Zinsswapbuch) oder unterschiedliche Produkte gleicher Risikoart (z. B. öffentliche Anleihen plus Schuldscheindarlehen plus Zins-Futures) zusammen bewertet. Einen solchen Portfolio-Hedge bedarf es nach IFRS nicht, da sämtliche Handelsbestände der Kategorie **Trading (TRD)** zuzuordnen sind und daher schon per se einheitlich bewertet werden. Der Begriff des Portfolio-Hedges nach IFRS wird eher im Sinne einer **Mikro-BWE** i.w.S. verstanden.

Portfolio-Impairment → **LAR- und HTM-Impairment**.

Prospektiver Effektivitätstest (PET) → **Effektivitätstest**.

Qualifizierte Durchschnittsmethode – Die Währungsumrechnung eines (selbstständigen) ausländischen Tochterunternehmens stellt sich in der Regel als Transformationsvorgang von der Fremdwährungsbilanz in die Euro-Bilanz der Mutter dar (**Translations-Exposure**). Gemäß **IAS 21** erfolgt diese Transformation nach der sog. qualifizierten Durchschnittsmethode (IAS 21.39): (1) Vermögenswerte und Schulden sind zum Stichtagskurs, 2) Eigenkapital zum historischer Kurs und 3) GuV-Positionen zum Periodendurchschnittskurs umzurechen. Die sich aus dieser Umrechnung ergebende Differenz ist GuV-neutral im Eigenkapital auszuweisen (Unterschiedsbetrag aus Währungsumrechnungen). Eine Realisierung der im Eigenkapital „geparkten" Währungsumrechnungsgewinne oder -verluste erfolgt erst bei Verkauf oder Liquidation des ausländischen Tochterunternehmens und erhöht oder verringert entsprechend das Verkaufsergebnis.

Rahmenkonzept – Über allen Standards steht das sog. Rahmenkonzept (Framework), welches die Grundsätze ordnungsmäßiger Buchführung (GoB) der IFRS darstellt und alle wesentlichen Grundprinzipien der internationalen Rechnungslegung regelt. Kommt man bei der bilanziellen Beurteilung einer konkreten Transaktion mit den gegebenen Standards nicht weiter, so kann das Rahmenkonzept hier gegebenenfalls weiterhelfen.

Rechnungslegung – (HGB / IFRS) **Kreditinstitute** und **Nicht-Kreditinstitute** des Privat-rechts haben verpflichtend einen HGB-Abschluss aufzustellen. Zusätzlich kann ein IFRS-Einzelabschluss erstellt werden (§ 325 Abs. 2a HGB). Ob neben dem HGB-Einzelabschluss noch ein **Konzernabschluss** zu erstellen ist,

Glossar

Abb. 186: Rechnungslegungspflichten[496]

Unternehmenstyp	Rechnungslegung	A. Steuerbilanz[1]	B. Einzelabschluss[2]			C. Konzernabschluss[3]	
		A. Pflicht	B1. Pflicht	B2. Zusätzlich mit zum Teil befreiender Wirkung[2a]	B3. Zusätzlich ohne befreiende Wirkung	C1. Pflicht	C2. Zusätzlich ohne befreiende Wirkung
Öffentliche Rechenschaftspflicht							
a) Kreditinstitute[4]		JA	HGB[5),6)]	IFRS	n.r.	HGB[6)] oder IFRS[7),8)]	n.r.
b) Kapitalmarktorientierte Unternehmen		JA	HGB[6),6a)]	IFRS	n.r.	IFRS[6a)]	n.r.
Keine öffentliche Rechenschaftspflicht							
c) Große mittelständische Unternehmen		JA	HGB[9)]	IFRS	KMU-IFRS	HGB[9)] oder IFRS[8)]	KMU-IFRS
d) Mittlere mittelständische Unternehmen		JA	HGB[12)]	IFRS	KMU-IFRS	HGB oder IFRS[8)]	KMU-IFRS
e) Kleine mittelständische Unternehmen		JA	HGB[10)]	IFRS	KMU-IFRS	HGB oder IFRS[8)]	KMU-IFRS
Keine Rechenschaftspflicht							
f) Mikro-Unternehmen		JA[11)]	NEIN[12)]	IFRS	KMU-IFRS	HGB oder IFRS[8)]	KMU-IFRS

---

496 1) Unter „Steuerbilanz" wird ein Betriebsvermögensvergleich i.S.v. § 4 Abs. 1 EStG verstanden, für den der HGB-Einzelabschluss grundsätzlich maßgeblich ist (Maßgeblichkeitsgrundsatz gem. § 5 Abs. 1 S.1 EStG i.V.m. § 242 HGB). Einen Betriebsvermögensvergleich haben all diejenigen Steuerpflichtigen durchzuführen, die aufgrund gesetzlicher Vorschriften verpflichtet sind, Bücher zu führen und Abschlüsse zu erstellen. Buchführungspflichtig sind alle Kaufleute (§ 1 bis 7 HGB i.V.m. § 242 HGB), Körperschaften (§ 8 Abs. 1 S. 1 KStG) und sonstige Steuerpflichtige, die die Grenzen des § 141 AO überschreiten. Alternativ zu einer Steuerbilanz kann gem. § 60 Abs. 2 EStDV auch das vereinfachte Verfahren einer Mehr- oder Wenigerrechnung durchgeführt werden.
2) Auch als „Jahresabschluss" bezeichnet.
2a) Gem. § 325 Abs. 2a HGB kann (nur) für die Offenlegung ein befreiender IFRS Einzelabschluss erstellt werden.
3) Soweit Konzernbilanzierungspflichtig gem. § 290 ff. HGB.
4) „Kreditinstitute" stellvertretend für alle Unternehmen, die treuhänderisch Vermögen für Ausstehende i.S.d. IFRS-KMU 1.3 verwalten.
5) Bankspezifische Regelungen des § 340 HGB sind anzuwenden.
6) Wenn das Kreditinstitut kapitalmarktorientiert ist, dann fällt es zugleich unter 1.2.
6a) (Konzern-) Lagebericht: Zusätzliche Angabepflichten für kapitalmarktorientierte KapGes gem § 289 Abs. 5 (§ 315 Abs. 2 Nr. 5) HGB n.F sowie zusätzlich für AG und KGaA, die den Kapitalmarkt durch Aktienemissionen in Anspruch nehmen, gem. § 289 Abs. 4 (§ 315 Abs. 4) HGB.
7) Wenn das Kreditinstitut gleichzeitig ein kapitalmarktorientiertes Unternehmen ist, so besteht eine Pflicht zur Konzernbilanzierung nach den IFRS (vgl. 1.2).
8) Wenn das Wahlrecht nach § 315 a Abs. 3 HGB zur IFRS-Konzernbilanzierung in Anspruch genommen wird, so kann mit befreiender Wirkung ein.
IFRS Konzernabschluss anstatt eines HGB-Konzernabschlusses erstellt werden.
9) Große KapGes haben im Lagebericht Zusatzangaben gem. § 289 Abs. 3 HGB zu tätigen. auch nichtfinanzielle Leistungsindikatoren in die Analyse des Geschäftsverlaufs einzubeziehen (289 Abs. 3 HGB).
10) Für kleine und mittlere KapGes bestehen – im Vergleich zu großen KapGes – größenabhängige Erleichterungen bei den Anhangangaben (§ 288 HGB n.F.).
11) Anstatt einer Steuerbilanz kann eine Überschussrechnung gem. § 4 Abs. 3 EStG erstellt werden.
12) Gilt aktuell nur für Einzelkaufleute mit nicht mehr als 500.000 EUR Umsatzerlöse p.a. und 50.000 EUR Jahresüberschuss (§ 241 a HGB n.F.). Für handelsrechtliche Zwecke können die Mikro-Unternehmen die für steuerliche Zecke zu erstellende Überschussrechnung verwenden; vgl. 11).

hängt davon ab, ob ein Mutterunternehmen i.S.d. § 290 HGB vorliegt. Nimmt ein solches Mutterunternehmen den Kapitalmarkt (durch Aktien- und/oder Fremdkapitalemissionen) in Anspruch, so ist der Konzernabschuss nach IFRS zu aufzustellen (§ 315a Abs. 1 HGB). Relevant sind allerdings die IFRS, die im Rahmen des sog. **Endorsement**-Verfahrens in EU-Recht übernommen wurden. Nimmt das Mutterunternehmen nicht den Kapitalmarkt in Anspruch, ist grundsätzlich ein HGB-Konzernabschluss gemäß den Vorschriften der §§ 297 HGB ff. zu erstellen. Anstatt eines HGB-Konzernabschlusses kann der Bilanzierende allerdings auch freiwillig eine IFRS-Konzernabschluss erstellen (§ 315a Abs. 3 HGB). Abb. 186: gibt einen Überblick über die Rechnungslegungspflichten pro Unternehmenstyp gem. Kap. 1.

Gemäß der o.g. Abbildung hat z.B. ein **großes mittelständisches** Unternehmen (Nr. 2.1.) zwingend einen HGB-**Einzelabschluss** sowie eine Steuerbilanz zu erstellen. Freiwillig könnte zusätzlich zum HGB-Einzelabschluss noch ein IFRS-Einzelabschluss veröffentlicht werden. Eine Veröffentlichung des HGB-Einzelabschlusse kann dann entfallen. Das Unternehmen könnte auch freiwillig zusätzlich einen KMU-IFRS-Einzelabschluss erstellen. In diesem Fall wäre der HGB-Einzelabschluss aber auch weiterhin zu veröffentlichen. Hat das große mittelständische Unternehmen gemäß den Vorschriften der § 290 ff. HGB einen **Konzernabschluss** zu erstellen, so ist dieser zunächst verpflichtend nach HGB zu erstellen. Allerdings kann das Unternehmen das Wahlrecht von § 315a Abs. 3 HGB ausüben und einen IFRS-Konzernabschluss erstellen. Dieser IFRS-Konzernabschluss würde dann zu einer Befreiung von der eigentlichen HGB-Konzernerstellungspflicht führen. Ein HGB-Konzernabschluss braucht in diesen Fällen nicht mehr erstellt zu werden. Grundsätzlich besteht auch die Möglichkeit, freiwillig einen KMU-IFRS-Konzernabschluss zusätzlich ohne irgendwelche Befreiungen zu erstellen.

Reclassification → **Umklassifizierung**.

Recoverable Amount – Im Rahmen des **Impairment** für Finanzinstrumente der Kategorien **Loans and Receivables (LAR)** und **Held to Maturity (HTM)** ist der Barwert der erwarteten künftigen Cashflows (Recoverable Amount) zu ermitteln. Hierfür sind die erwarteten ausstehenden Cashflows mit dem **Effektivzins** vom Zeitpunkt des Geschäftsabschluss abzuzinsen (historischer Effektivzins).

Reducing Complexity – Bezüglich des IASB-Diskussionspapiers "reducing complexity in reporting financial instruments" → **Komplexitätsreduktion**.

Regressionsanalyse → **Effektivitätstest**.

Residential Mortgage Backed Securities (RMBS) → **Structured Credit Products (SCP)**.

Retrospektiver Effektivitätstest (RET) → **Effektivitätstest**.

Securitization → **Verbriefungstransaktionen**.

Sensitivitätsanalyse → **Effektivitätstest**.

Short Cut Methode → **Vereinfachtes Verfahren**.

SIC 12 → **Zweckgesellschaften**.

Sicherungsbeziehung → **Hedge Accounting**.

Sicherungsinstrument – Im Rahmen von **Hedge Accounting** sind als Sicherungsinstrument (Hedging Instrument) im Sinne des IAS 39 grundsätzlich nur **Derivate** zulässig. Lediglich bei der Absicherung von **Fremdwährungsrisiken (FX)** können auch nicht-derivative Finanzinstrumente als Sicherungsgeschäfte eingesetzt werden (z.B. FX-Kredit).

Soll-Buchung → **Buchungskonventionen**.

Sonstige Verbindlichkeiten (L) – Eine von mehreren IAS 39 **Bewertungskategorien**. Verpflichtungen werden der Kategorie „sonstige Verbindlichkeiten" (other liability L) zugeordnet, wenn sie nicht Gegenstand der Kategorie **Fair Value through Profit and Loss (FVTPL**

oder **Finanzgarantien, gegebene (FG)** sind. Die Kategorie L ist nicht explizit im IAS 39.9 als solche definiert, ergibt sich aber im Umkehrschluss zu den explizit im Standard definierten Kategorien und ist im Datenmodell der Bilanzierung als eigene Kategorie mit zu berücksichtigen.

Special Purpose Vehicles (Entities) SPV (SPE) → **Zweckgesellschaften**.

Stadtwerke – Stadtwerke befinden sich in der Regel im Eigentum der **Kommunen**. Sind die Stadtwerke als Unternehmen des Privatrechts organisiert (z. B. GmbH, AG), dann gelten für sie die ganz normalen Vorschriften zur **Rechnungslegung** wie für alle Unternehmen des Privatrechts. Alternativ können Stadtwerke als ein verselbständigter Teil der kommunalen Verwaltung ohne eigene Rechtspersönlichkeit als sog. Eigenbetrieb organisiert sein. Die Rechtsgrundlage für Eigenbetriebe stellt die Eigenbetriebsverordnung von 1938 dar. Die darin enthaltenen Rechnungslegungsvorschriften basieren weitgehend auf den Regelungen des **Handelsgesetzbuch (HGB)** für große Kapitalgesellschaften.

Structured Credit Products (SCP) – SCP sind ein **Strukturiertes Finanzinstrument** und als solche auf eine Abspaltungspflicht des **Eingebettete Derivate** hin zu untersuchen. Beispiele für konkrete SCP-Produktarten sind: Asset Backed Securities (ABS), Collateralized Debt Obligation (CDO), Collateralized Loan Obligation (CLO), Residential Mortgage Backed Securities (RMBS) und Commercial Mortgage Backed Securities (CMBS).

Für die bilanzielle Behandlung der SCP-Bestände ist entscheidend, ob diese als sogenannte „Cash Strukturen" oder aber als „Synthetische Strukturen" einzustufen sind. Bei Cash-Strukturen findet keine Abspaltung des eingebetteten Derivates statt, bei synthetischen Strukturen dahingegen findet eine Abspaltung statt. Bei Cash-Strukturen („true sale") befinden sich zur Unterlegung der von den **Zweckgesellschaften** emittierten Anleihen Forderungen und/oder Wertpapiere im Bestand der Zweckgesellschaft. Bei synthetischen Strukturen dahingegen wird das Kreditrisiko des Portfolios von finanziellen Vermögenswerten synthetisch – üblicherweise mit einem Credit Default Swap (CDS) – übertragen. Kombinationen aus Cash- und Synthetischen Strukturen werden bilanziell wie synthetische Strukturen behandelt. Diese Abgrenzung zwischen Cash- und synthetischen Strukturen basiert auf dem Positionspapier „Bilanzierungs- und Bewertungsfragen im Zusammenhang mit der Subprime-Krise" des Instituts der Wirtschaftsprüfer (IDW) vom 10.12.2007.

Strukturiertes Finanzinstrument – Im allgemeinen Sprachgebrauch ist der Begriff „strukturierte Finanzinstrumente" nicht fest definiert und es gibt eine Vielzahl von anderen Begriffen, die Verwendung finden: Produkte mit komplexen Strukturen, Compound Instruments, zusammengesetzte Instrumente, strukturierte Produkte, hybride Finanzinstrumente, hybrid instruments, combined instruments etc. Gemäß IAS 39 sind strukturierte Finanzinstrumente auf sog. **Eingebettete Derivate** hin zu untersuchen.

Stückzinsen – Stückzinsen sind aufgelaufene Zinsansprüche, die vom Käufer einer kupontragenden Anleihe an den Verkäufer gezahlt werden müssen. Beim Kauf einer Anleihe ist dem Vorbesitzer also nicht nur der Kurs, sondern auch sein noch ausstehender Anteil am Kupon zu bezahlen.

→ auch Clean Price.

Synthetische Strukturen → **Structured Credit Products (SCP)**.

Tainting – Tainting ist eine Art „Strafvorschrift" für den Fall, dass man einen Teil der **Held to Maturity (HTM)**-Bestände, anders als dokumentiert, doch nicht bis zur Endfälligkeit gehalten hat, sondern verkauft oder aber umklassifiziert hat. In diesem Fall sind alle restlichen HTM-Bestände gezwungenermaßen in **Available for Sale (AFS)** umzuklassifizieren. Ein Unternehmen darf dann keine **Finanzieller Vermögenswert** mehr für das laufende Geschäftsjahr sowie die zwei dann noch folgenden Geschäftsjahre zur Kategorie HTM zuordnen. Ist diese Sperrfrist abgelaufen, so ist eine Zuordnung zu HTM wieder möglich. Zu beachten ist, dass IFRS eine Konzernbilanzierungsvorschrift ist und daher Tainting z. B. in einer kleinen Konzerngesellschaft Zwangsumgliederungen im gesamten Teil- oder sogar Gesamtkonzern nach sich ziehen kann. Daher ist die Verwendung der Kategorie HTM mit äußerster Sorgfalt nachzuhalten.

Trading (TRD) – Eine von mehreren IAS 39 **Bewertungskategorien**. Gemäß IAS 39.9 ist ein **Finanzieller Vermögenswert** oder eine **Finanzielle Verbindlichkeit** als zu Handelszwecken gehalten einzustufen, wenn er/sie (i) hauptsächlich mit der Absicht erworben oder eingegangen wurde, das Finanzinstrument kurzfristig zu verkaufen oder zurückzukaufen; (ii) Teil eines Portfolios eindeutig identifizierter und gemeinsam gemanagter Finanzinstrumente ist, für das in der jüngeren Vergangenheit Hinweise auf kurzfristige Gewinnmitnahmen bestehen; oder (iii) ein **Derivat** ist.

Transaktions-Exposure → IAS 21.

Translations-Exposure → IAS 21.

Treasury-Produkte – In der Rechnungslegung fallen Treasury-Produkte unter den Begriff der **Finanzinstrumente** (**Financial Instruments**).

Umgliederung → Umklassifizierung.

Umklassifizierung – Unter Umklassifizierungen versteht man die Möglichkeit, die beim Zugang erfolgte IAS 39-**Kategorie** nachträglich für die Zukunft zu ändern. Die Umklassifizierungen sind in den Textziffern IAS 39.50 bis IAS 39.54 geregelt. Eine Umklassifizierung war unter bestimmten Voraussetzungen nur zwischen den Kategorien **Available for Sale (AFS)** und **Held to Maturity (HTM)** (bzw. vice versa) möglich. Für alle anderen IAS 39-Kategorien ist somit eine nachträgliche Änderung der Kategorie nicht mehr möglich. Im Rahmen der **Finanzkrise** wurden die Umklassifizierungsmöglichkeiten nach IFRS erweitert.

Umwidmung → Umklassifizierung.

Unwinding – Erfolgswirksame Vereinnahmung der sich im Zeitablauf ergebenden Barwertveränderung der erwarteten zukünftigen Cashflows (**Recoverable Amount, Impairment**) wertberichtigter Finanzinstrumente. Das Unwinding stellt somit ein Surrogat für die eingestellte Zinszahlungsbuchung wertberichtigter Finanzinstrumente dar.

Verbriefungstransaktionen – Bei Verbriefungstransaktionen (securitization) werden Portfolien vorhandener Kredite verkauft (oft an sog. **Zweckgesellschaften**), bei denen oft ein Teil der zukünftigen Ausfälle des verkauften Kreditportfolios noch von dem Verkäufer zu tragen ist.

Vereinfachtes Verfahren – **Effektivitätstest**: Stimmen alle entscheidenden Parameter bei **Grundgeschäft** und **Sicherungsinstrument** überein (wie Laufzeit, Fälligkeitsdatum, Zahlungsströme, Nominalwert, Referenzzinssätze), so lässt der IAS 39.AG108 vermuten, dass in diesem Fall eine vereinfachte Bilanzierung von Sicherungszusammenhängen möglich ist und z. B. auf ein Backtesting des **Retrospektiver Effektivitätstest (RET)** verzichtet werden kann. Der Standard stellt allerdings auch klar, dass ein Effektivitätstest aber nicht ganz entfallen kann. Ein „short cut" im Sinne von US-GAAP ist daher nach IFRS nicht möglich.

Verwaltung, öffentliche → Kommunen.

Warentermingeschäfte – Anders als Finanz-Derivat sehen Warentermingeschäfte (Verträge, die auf Termin nicht finanzielle Vermögenswerte kaufen oder verkaufen) i. d. R. keinen Barausgleich vor, sondern die physische Lieferung zum Erfüllungszeitpunkt. Ob Warentermingeschäfte nach IFRS daher als (zu bilanzierendes) **Finanzinstrument** einzustufen sind, hängt letztendlich von der voraussichtlichen Vertragserfüllung ab. Nur wenn die Abwicklung am Ende der Laufzeit durch ein sog. Net Settlement erfolgt, fallen Warentermingeschäfte gemäß IAS 39.5 in den Anwendungsfall des IAS 39 und sind als Derivat zu bilanzieren. Unter Net Settlement wird in diesem Zusammenhang die Erfüllung in bar oder aber einem anderen Finanzinstrument anstatt der eigentlichen Ware verstanden. Anders dahingegen Verträge die „zum Zweck des Empfangs oder der Lieferung von nicht finanziellen Posten gemäß dem erwarteten Einkaufs-, Verkaufs- oder Nutzungsbedarf des Unternehmens abgeschlossen wurden und in diesem Sinne weiter behandelt werden" (sog. Own-Use-Kontrakte oder Normal-Purchase-or-Sale-Kontrakte).

Wertberichtigung → **Impairment**.

Zinsabgrenzung – Ausstehende Zinszahlungen, die wirtschaftlich der Berichtsperiode zuzuordnen sind, die aber noch nicht cash-mäßig geflossen sind, da der Zinszahlungstermin noch aussteht. Der gesamte **Buchwert** zum Bilanzstichtag ergibt sich aus dem **Clean Price** plus der Zinsabgrenzung und gezahlter **Stückzinsen**.

Zu Handelszwecken → **Trading (TRD)**.

Zugang – Ein Finanzinstrument kann bei einem Unternehmen nur dann zugehen, wenn es die **Ausbuchungsvorschriften** bei dem anderen Unternehmen erfüllt hat (IAS 39.AG 34).

Zugangsbewertung → **Anschaffungskosten**.

Zur Veräußerung verfügbar → **Available for Sale (AFS)**.

Zweckgesellschaften – Unternehmen gründen für ganz bestimmte Zwecke – wie z. B. für ABS-**Verbriefungstransaktionen**, Leasing, F&E-Aktivitäten, Spezialfonds – sog. Zweckgesellschaften, auch als Special Purpose Vehicles (Entities) SPV (SPE) bezeichnet. Die Beurteilung der Konsolidierungspflicht dieser Zweckgesellschaften ist in der Praxis oft schwer, schon alleine aus dem Grund, dass die Zweckgesellschaften keine Stimmrechte im eigentlichen Sinne ausgeben und daher eine Zuordnung anhand der Stimmrechte – wie sonst bei „normalen" Tochtergesellschaften gemäß IAS 27 üblich – nicht möglich ist. SIC 12 (Konsolidierung von Zweckgesellschaften) schließt diese Lücke und nennt vier für Zweckgesellschaft typische Charakteristika, die alle einzeln zu einer Konsolidierungspflicht führen (SIC 12.10).

Literaturverzeichnis

Adler/Düring/Schmaltz, Rechnungslegung und Prüfung der Unternehmen, Teilband 1, 6. Auflage, Stuttgart 1995.

Alvarez, Manuel, IASB-Diskussionspapier zur Vereinfachung der Berichterstattung über Finanzinstrumente, Betriebs-Berater (2008, Nr. 34), S. 1834-1838.

Bacher, David F, Die Leistungsfähigkeit des handelsrechtlichen Jahresabschlusses deutscher Erstversicherungsunternehmen: eine kritische Analyse aus der Sicht von Eigentümern und Versicherungsunternehmen Hohenheim 2006, erhältlich im Internet: <http://search.dissonline.de> (abgerufen am 08.09.2008).

Baetge, Jörg/Brembt, Tobia,/Brüggemann, Peter, Die Mark-to-Model-Bewertung des IAS 39 in der Subprime-Krise, WPg (2008, Nr. 21), S. 1001-1010.

Bartetzky, Peter, Aktiv-Passiv-Steuerung in einer Retailbank am Beispiel der Hamburger Sparkasse, in: Eller, Roland/Gruber, Walter/Reif, Marcus (Hrsg.), Risikomanagement und Risikocontrolling im modernen Treasury-Management, Stuttgart 2002, S. 132-152.

BDI/BdB/EY, Bundesverband der Deutschen Industrie e.V. (BDI) – Bundesverband deutscher Banken (BdB) – Ernst & Young (EY) (Hrsg.), IFRS auch für den Mittelstand – Umstellung der Rechnungslegung auf IFRS bei mittelständischen Unternehmen – Durchführung – Erfahrungen – Auswirkungen, Berlin April 2008.

Beiersdorf, Kati/Eierle, Brigitte/Haller, Axel, International Financial Reporting Stand for Small and Medium-sized Entities (IFRS for SMEs): Überblick über den finalen Standard des IASB, Der Betrieb (2009, Nr. 30), S. 1548-1557.

Beiersdorf, Kati/Morich, Sven, IFRS für kleine und mittelgroße Unternehmen – Aktuelle Entwicklungen vor dem Hintergrund der Ergebnisse der weltweiten Probeabschlüsse –,KoR (2009, Nr. 1), S. 1-13.

Bergmann, Andreas, IPSAS-Newsletter, Oktober 2008, erhältlich im Internet: <http://www.ipsas.ch/> → newsletter (abgerufen am 02.09.2009).

Bernhard, Michael, Es gibt viel zu tun – Dran bleiben!, 6. IFRS-Kongress von Ernest & Young, Accounting (2007, Nr. 9), S. 9.

Bertsch, Andreas, Bilanzierung von Treasury-Produkten nach Handels- und Steuerrecht sowie IFRS, in: Euroforum Verlag GmbH (Hrsg.), Schriftlicher Managementlehrgang "Treasury Management in Banken und Sparkassen", Düsseldorf 2007, Lektion 13.

Beyer, Stephanie, IFRS: Finanzinstrumente – Bilanzierung, Darstellung, Ausweis, IFRS Best Practice, Band 5, Müller, Stefan (Hrsg.), Berlin 2008.

Bieg, Hartmut/Bofinger, Peter/Küting, Karlhein/Kußmaul, Heinz/Waschbusch, Gerd/Weber, Claus-Peter, Die Saarbrücker Initiative gegen den Fair Value, Der Betrieb (2008, 47), S. 2549-2552.

Birck, Heinrich/Meyer, Heinrich, Die Bankbilanz – Handkommentar zum Jahresabschluß der Kreditinstitute, Teillieferung 5, 3. Auflage, Wiesbaden 1989.

Literaturverzeichnis

BIS Basel, Bank for International Settlements (BIS) – Basel Committe of Banking Supervision, Guiding principles for the replacement of IAS 39, 27.08.2009, erhältlich im Internet: <http://www.bis.org/publ/bcbs161.pdf> (abgerufen am 09.09.2009).

Bischoff, Jan/Kraft, Gerhard, Latente Steuern nach IFRS bei Portfoliohedges von Zinsrisiken deutscher Kreditinstitute, ZfgK (2007, Nr. 14), S. 41-44.

BMJ, Bundesministerium der Justiz (Hrsg), Zypries begrüßt Vorschlag der EU-Kommission zu Bilanzerleichterungen für kleine Unternehmen, erhältlich im Internet: <http://www.bmj.bund.de/enid/Pressestelle/Pressemitteilungen_58.html> (abgerufen am 24.03.2009)

Bömelburg, Peter/Landgraf, Christian, Änderung der Eigenkapitalabgrenzung – IAS 32 (rev. 2008), Accounting (2008, Nr. 3), S. 13-15.

Boulkab, Rachid/Marxfeld, Jan/Wagner, Claus-Peter, Asset Backed Commercial Paper Conduits – Struktur, Risiken und Bilanzierung, IRZ (2008, Nr. 11), S. 497-504.

Braun, Christoph, Energiepreisabsicherung mit Derivaten, in: Eller, Roland/Heinrich, Markus/Perrot, René/Reif, Markus (Hrsg.), Management von Rohstoffrisiken: Strategien, Märkte und Produkte, Wiesbaden 2009, S. 181-196.

Brinkmann, Ralph/Leibfried, Peter/Zimmermann, Marc, Die Subprime-Kreditkrise im Spiegel der Rechnungslegung, IRZ (2008, Nr. 7/8), S. 333-340.

Cassel, Jochen, Bildung von Bewertungseinheiten (§ 254 HGB-E), in: Kessler, Harald/Leinen, Markus/Strickmann, Michael (Hrsg.), BilMoG – RegE – Die neue Handelsbilanz, Freiburg 2008, S. 189-??.

Deloitte (2008), Aktuelle Änderungen in der Rechnungslegung: Der Entwurf des Bilanzrechtsmodernisierungsgesetzes (BilMoG), Praxis-Forum Alert!, 04.08.2008, erhältlich im Internet: <http://www.deloitte.com/dtt/cda/doc/content/praxis-forum_alert_2_2008_BilMoG.pdf> (abgerufen am 05.10.2009).

Deloitte (2009a), Response to DG Internal Market and Services working document: consultation on the review of the Accounting Directives v. 30.04.2009, erhältlich im Internet: <http://www.iasplus.com/europe/0905responsetoec.pdf> (abgerufen am 08.05.2009).

Deloitte (2009b), Südafrika übernimmt den IFRS für KMU – als erstes Land, das dies tut, 14.08.2009, erhältlich im Internet <http://www.iasplus.de> (abgerufen am 29.0.2009).

Deloitte (2009c), Zusammenfassung der IFRS für KMU, erhältlich im Internet <http://www.iasplus.de/standards/ifrsforsmes.php> (abgerufen am 12.0.2009).

DGRV, Deutscher Genossenschafts- und Raiffeisenverband e.V. (Hrsg., Grundsätze Ordnungsmäßiger Bilanzierung, Kapitel A.V. Jahresabschluss der Kreditgenossenschaft, 4. Auflage, 3. Erg.-Lfg. Dezember 1998.

DPWN (2007), Deutsche Post AG (Hrsg.), Deutsche Post World Net (Konzern-) Geschäftsbericht 2007, Bonn März 2008

DRSC (2008), Report on the field test in germany regarding the ED-IFRS for SMEs, April 2008, erhältlich im Internet: <http://www.standardsetter.de/drsc/docs/press_releases/6March08_ReportonGermanFieldTests.pdf> (abgerufen am 13.09.2009).

DRSC (2008b), Schreiben an das Bundesministerium der Justiz vom 10. November 2008 bezüglich des Regierungsentwurfes zum BilMoG, erhältlich im Internet: <http://www.standardsetter.de/drsc/docs/press_releases/ 081110_SN_BilMoG-RegE-FI.pdf> (abgerufen am 26.04.2009).

DRSC (2008c), Bewertung von Finanzinstrumente – Questions and Answers (Q&A) – zur Vorgehensweise nach IAS 39 angesichts der sog. "Subprime-Krise" unter besonderer Berücksichtigung der Kriterien für das Vorliegen eines "aktiven Marktes", 2008, erhältlich im Internet: <http://www.standardsetter.de/drsc/docs/press_releases/071210_RIC_QA_Impairment%20FI_FV.pdf> (abgerufen am 10.10.2009).

DRSC (2008a), Pressemitteilung vom 15.07.2009: Field Tests zum ED-IFRS for SMEs – Diskussion der Ergebnisse und mögliche Implikationen für die Zukunft, erhältlich im Internet: <http://www.standardsetter.de/drsc/docs/press_releases/080711_FieldTestEvent.pdf> (abgerufen am 28.08.2009).

DSR, Auswirkungen der Finanzmarktkrise – Konzept des Dynamic Provisioning, öffentliche Sitzungsunterlage, 10.03.2009, erhältlich im Internet: <http://www.standardsetter.de/v4/docs/sitzungen/dsr/129/129_09c_UebersichtDynamicProvisioning.pdf > (abgerufen am 21.09.2009).

Ebeling, Ralf Michael, Gesellschaftsrechtliche Gestaltungsalternativen zur Finanzierung personenbezogener Unternehmungen mit börsengehandeltem Beteiligungskapital, Aachen 1987.

ECG, European Contact Group (europäische Kontaktgruppe der sechs größten internationalen Prüfungsnetzwerke), Dynamic Provisioning, Schreiben an den EU-Binnenmarktkommissar vom 31.03.2009, erhältlich im Internet: <http://www.iasplus.com/europe/0903ecg.pdf> (abgerufen am 25.09.2009).

Eckes, Burkhard/Flick, Caroline, Fair value gleich fair value? Gegenüberstellung der Vorschriften unter US-GAAP und IFRS, KoR (2008, Nr. 7-8), S. 456-466.

Eckes, Burkhard/Weigel, Wolfgang, Zusätzliche Möglichkeiten der Umkategorisierung von finanziellen Vermögenswerten – Bilanzierungsfragen und Umfang der Anwendung – Umsetzung bei Kreditinstituten, IRZ (2009, Nr. 9), S. 373-380.

Eller, Roland/Deutsch, Hans-Peter, Derivate und Interne Modelle – Modernes Risikomanagement, Stuttgart 1998.

Eller, Roland/Heinrich, Markus/Perrot, René/Reif, Markus (Hrsg.), Management von Rohstoffrisiken: Strategien, Märkte und Produkte, Wiesbaden 2009.

Eller, Roland/Kühne, Jan/Merk, Michael, Effizientes Schuldenmanagement – Was ist beim Einsatz von Derivaten in Kommunen zu beachten?, Kommunalwirtschaft – Zeitschrift für das gesamte Verwaltungswesen die sozialen und wirtschaftlichen Aufgaben der Städte, Landkreise und Landgemeinde (ZfdgV, 2005, Nr. 5), S. 677-683.

Engelbrechts-Müller, Christian/Fuchs, Harald, Energie- und Rohstoffverträge nach IFRS – Besonderheiten beachte!, Accounting (2008/2009, Nr. 12/01), S. 23-27.

Ernst, Christoph/Seidler, Holger, Kernpunkte des Referentenentwurfs eines Bilanzrechtsmodernisierungsgesetzes, Betriebs-Berater (2007, Nr. 47), S. 2557-2566.

Ernst, Christoph, Internationale Rechnungslegung für den Mittelstand aus Sicht des Gesetzgebers, 19.02.2007, erhältlich im Internet: <http://www.iasplus.de/documents/SME/HAM/4_ernst.pdf> (abgerufen am 26.09.2009).

EU-KOM (2007), EU-Kommission (Hrsg.), Annual Accounts of the European Communities, Volume I Consolidated Statements and Consolidated Reports on Implementation of the Budget, erhältlich im Internet: <ec.europa.eu/budget/library/publications/fin_manag_account/fin_annual_acc_2007_en.pdf> (abgerufen am 02.09.2009).

EU-KOM (2009); EU-Kommission (Hrsg.), Update on the review of the fourth and seventh company law directives, 29.07.2009, erhältlich im Internet: <http://ec.europa.eu/internal_market/accounting/docs/20090723_update_accounting_review_en.pdf> (abgerufen am 30.08.2009).

FAZ (2009), Frankfurter Allgemeine Zeitung (Hrsg.), Ackermann: Diese Bank bestimmt ihr Schicksal selbst, 6.2.2009, S. 11.

Finance Trainer, Devisenoptionen und Risikofaktoren, 07.03.2007, erhältlich im Internet: <http://www.financetrainer.com/Portals/2/Formel-Service/aci_1.3.pdf> (abgerufen am 30.08.2009).

Fladt, Guido/Vielmeyer, Uwe, IDW ERS HFA 25: Einzelfragen zur Bilanzierung von Verträgen über den Kauf oder Verkauf von nicht-finanziellen Posten nach IAS 39, WPg (2008, Nr. 22), S. 1070-1076.

FRC, Financial Reporting Council (UK), Louder than WordS. Principles and actions for making corporate reports less complex and more relevant, erhältlich im Internet: <http://www.frc.org.uk/images/uploaded/documents/FRC DiscussionPaper louder than words.pdf> (abgerufen am 25.09.2009).

FSF, Financial Stability Forum, Report of the Financial Stability Forum on Enhancing Market and Institutional Resilience, 07.04.2008, erhältlich im Internet: <http://www.financialstabilityboard.org/publications/r_0804.pdf?noframes=1> (abgerufen am 04.09.2009).

Fudalla, Mark/Tölle, Martin/Wöste, Christian/zur Mühlen, Manfred, KPMG (Hrsg.), Bilanzierung und Jahresabschluss in der Kommunalverwaltung – Grundsätze für das "Neue Kommunale Finanzmanagement" (NKF), Berlin 2007.

G-20, Meeting of Finance Ministers and Central Bank Governors, Declaration on further steps to strengthen the financial system, London, 04.-05.09.2009, erhältlich im Internet: <http://www.g20.org/Documents/FM__CBG_Declaration_-_Final.pdf> (abgerufen am 09.09.2009).

Gaber, Christian/Gorny, Joachim, Bilanzierung strukturierter Zinsprodukte mit multiplen eingebetteten Derivaten nach IAS 39, KoR (2007, Nr. 6), S. 323-331.

Gaber, Christian/Kandel, Andreas, Bilanzierung von Financial Covenants und weiteren Nebenabreden im Kreditgeschäft nach IAS 39, KoR (2008, Nr. 1), S. 9-16.

Gaber, Christian, Annäherung der handelsrechtlichen Bilanzierung strukturierter Produkte an die IFRS? – Eine Analyse des Entwurfs ERS HFA 22 unter Berücksichtigung des Gesetzesentwurfs des Bilanzrechtsmodernisierungsgesetzes, Der Betrieb (2008, Nr. 23), S. 1221-1226.

Gassen, Joachim/Schwedler, Kristina, Attidudes towards Fair Value and Other Measurement Concepts: An Evaluation on their Decision-usefulness, DRSC – Humboldt-Universität zu Berlin – EFFAS (The European Federation of Financial Analysts Societies) (Hrsg.), Berlin April 2008.

Gilgenberg, Bernhard/Weiss, Jochen, Die "Zweitwerfalle" – Bilanzierung von Finanzinstrumenten im Spannungsfeld der gegenwärtigen Finanzmarktkrise (2009, Nr. 3), S. 182-186.

Glaum, Martin/Klöcker, André, Hedge Accounting nach IAS 39 in der Praxis, KoR (2008, Nr. 6), S. 329-340.

Glöckner, Andreas, Die Anwendung internationaler Rechungslegungsstandards (IPSAS/IFRS) auf ausgewählte Bilanzierungsprobleme der doppischen kommunalen Rechnungslegung, Mannheim 2007.

Goldschmidt, Peter/Weigel, Wolfgang, Die Bewertung von Finanzinstrumenten bei Kreditinstituten in illiquiden Märkten nach IAS 39 und HGB, WPg (2009, Nr. 4), S. 192 – 204.

Große, Jan-Velten, Die Problematik des Hedge Accounting nach IAS 39, Lohmar – Köln 2007.

Haller, Axel/Ernstberger, Jürgen/Froschhammer, Matthias, Die Auswirkungen der verpflichtenden Umstellung der Rechnungslegung von HGB auf IFRS – Eine empirische Analyse, KoR (2009, Nr. 5), S. 267-278.

Haller, Axel, Rechnungslegung für den Mittelstand – BilMoG versus Exposure Draft "IFRS für Small and Medium-sized Entities", in: Freidank, Carl-Christian/Altes, Peter (Hrsg.), Das Gesetz zur Modernisierung des Bilanzrechts (BilMoG), Berlin 2009, S. 223-248.

Hartmann-Wendels, Thomas/Pfingsten, Andreas/Weber, Martin, Bankbetriebslehre, 3. überarbeitete Auflage, Berlin Heidelberg 2004.

Häuselmann, Holger, Bewertungsalternativen für Wertpapiere in Folge der Finanzmarktkrise?, Betriebs-Berater (2008, Nr. 48), S. 2617-2621.

Hayn, Sven/Graf Waldersee, Georg, IFRS/HGB/HGB-BilMoG im Vergleich – Synoptische Darstellung mit Bilanzrechtsmodernisierungsgesetz, Stuttgart 2008.

Hayn, Sven/Löw, Edgar, Abweichungen zwischen der Rechnungslegung nach HGB und IFRS, Accounting (2007, Nr. 7), S. 6-13.

Heinrich (2008), Markus, Revenue Einführungs- und Umsetzungsleitfaden: Professionelles Fremdwährungsmanagement, Roland Eller Consulting GmbH, Großburgwedel 2008 [exklusiv für Deutsche Bank].

Heinrich (2008a), Markus, Revenue Einführungs- und Umsetzungsleitfaden: Professionelles Anlagemanagement, Roland Eller Consulting GmbH, Großburgwedel 2008 [exklusiv für Deutsche Bank].

Heinrich (2009), Markus, Reflection – Basiswissen easy treasury: Anlagemanagement, Roland Eller Consulting GmbH, Großburgwedel 2009 [exklusiv für Deutsche Bank].

Heinrich (2009a), Markus, Reflection – Basiswissen easy treasury: Aufbau eines Treasury-Managements – Organisatorische Grundlagen, Roland Eller Consulting GmbH, Großburgwedel 2009 [exklusiv für Deutsche Bank].

Heinrich (2009b), Markus, Reflection – Basiswissen easy treasury: Währungsmanagement, Roland Eller Consulting GmbH, Großburgwedel 2009 [exklusiv für Deutsche Bank].

Helke, Iris/Wiechens, Gero/Klaus, Andreas, Zur Umsetzung der HGB-Modernisierung durch das BilMoG: Die Bilanzierung von Finanzinstrumenten, Der Betrieb (2009, Beilage zu Nr. 23), S. 30-37.

Henkel, Jan/von Gladiß, Helena, Bankenmanagement im Industriekonzern, in: Euroforum Verlag GmbH (Hrsg.), Schriftlicher Managementlehrgang "Corporate Treasury", Düsseldorf 2008, Lektion 7.

Henkel, Knut (2008a), Rechnungslegung (Teil 1): Bilanzierung von Finanzinstrumenten nach IFRS und HGB, in: Euroforum Verlag GmbH (Hrsg.), Schriftlicher Managementlehrgang "Corporate Treasury", Düsseldorf 2008, Lektion 8.

Henkel, Knut (2008b), Rechnungslegung (Teil 2): Bewertung von Finanzinstrumenten nach IFRS, in: Euroforum Verlag GmbH (Hrsg.), Schriftlicher Managementlehrgang "Corporate Treasury", Düsseldorf 2008, Lektion 8.

Henkel, Knut (2009), Accounting Financial Instruments/Rechnungslegung von Finanzinstrumenten IFRS/ HGB – bilinguale Ausgabe englisch/deutsch, Norderstedt 2009.

Henkel, Knut/Eller, Roland (2009a), Glossar zur Rechnungslegung von Finanzinstrumenten nach IFRS (und HGB) – Teil 1 Buchstaben A bis F –,KoR (2009, Nr. 5), S. 279-294.

Henkel, Knut/Eller, Roland (2009b), Glossar zur Rechnungslegung von Finanzinstrumenten nach IFRS (und HGB) – Teil 2 Buchstaben G bis Z –, KoR (2009, Nr. 6), S. 340-352.

Henkel, Knut/Eller, Roland (2009c), Rechnungslegung von Treasury-Instrumenten nach IFRS/IAS und HGB, in: Eller, Roland/Heinrich, Markus/Perrot, René/Reif, Markus (Hrsg.), Kompaktwissen Risikomanagement, Wiesbaden 2010.

Henkel, Knut/Schmidt, Katja/Ott, Daniela (2008a), Änderungen in der Zwischenberichterstattung kapitalmarktorientierter Unternehmen: Die TUG-Umsetzung in der Praxis, KoR (2008, Nr. 1), S. 36-45.

Henkel, Knut/Schmidt, Katja/Ott, Daniela (2008b), Änderungen in der Zwischenberichterstattung (Teil 2), in: KoR (2008, Nr. 2), S. 110-119.

Herzig, Norbert, Steuerliche Konsequenzen des Regierungsentwurfs zum BilMoG, Der Betrieb (2008, Nr. 25), S. 1339-1345.

Heß, Marc, Ermittlung bilanzieller Fair Values anhand der Discounted Cash-Flow-Methode, ZfgK (2008, Nr. 22), S. 10-11.

Hoffmann, Wolf-Dieter/Lüdenbach, Norbert, Inhaltliche Schwerpunkte des BilMoG-Regierungsentwurfs, DStR (2008, Nr. 30), Beihefter.

Hommel, Michael/Laas, Stefan, Währungsumrechnung im Einzelabschluss – die Vorschläge des BilMoG-RegE, Betriebs-Berater (2008, Nr. 31), S. 1666-1670.

Hütten, Christoph/Lorson, Peter, Internationale Rechnungslegung in Deutschland, Teil 2: Möglichkeiten der Internationalisierung in Deutschland, Betrieb und Wirtschaft 2000, S. 609-619.

IASB (2009), IASB Work Plan – Projected timetable as at 1 August 2009, erhältlich im Internet: <http://www.iasb.org/NR/rdonlyres/A5BDD75C-0ACA-4303-A849-D3CB0551D4A3/0/Work_planAug_1_2009.pdf> (abgerufen am 02.09.2009).

IASB (2009a), IASB update September 2009, Financial instruments: Replacement of IAS 39 – Phase 3 Hedge Accounting, erhältlich im Internet: <http://www.iasb.org/NR/rdonlyres/2C66EAD5-C204-45D9-A05B-428782F472A4/0/IASBUpdateSeptember.pdf> (abgerufen am 25.09.2009).

IASB FCAG, Report of the Financial Crisis Advisory Group (FCAG), 29.07.2009, erhältlich im Internet: <http://www.iasb.org/NR/rdonlyres/5EB35F78-33FC-4C34-9C97-53DB4543038D/0/FCAGReport29July_LD.pdf> (abgerufen am 09.09.2009).

IASC FoundationEducation (Hrsg.), A Guide through International Reporting Standards (IFRSs), London 2007

IDW (2008), International Financial Reporting Standards IFRS, 4. aktualisierte Auflage, Düsseldorf Januar 2008.

IDW (2009), Rechnungslegung und Politik – Erfahrungen aus der Krise, Presseinformation 7/2009, 03.09.2009, erhältlich im Internet: <http://www.idw.de/idw/portal/d591844> (abgerufen am 08.09.2009).

Literaturverzeichnis

IDW (2009a), Erkenntnisse aus der Finanzmarktkrise, 12.02.2009, erhältlich im Internet: <http://www.idw.de/idw/portal/d587764/index.jsp> (abgerufen am 10.09.2009).

IDW (2009b), Evaluierung des Neuen Kommunalen Finanzmanagements (NKF), IDW-Schreiben an das Innenministerium von NRW, 29.05.2009, erhältlich im Internet: <http://www.idw.de/idw/search/verlautbarung.do;jsessionid=83583E44758293B6E1A7695C18313C21> (abgerufen am 21.09.2009).

IFD, Initiative Finanzstandort Deutschland (Hrsg.), Risikomanagement-Know-how im Mittelstand, April 2009, erhältlich im Internet: <http://www.finanzstandort.de/BaseCMP/documents/5000/090609IFDPocket_GuideRisikomanagementFINAL.pdf> (abgerufen am 30.08.2009).

Innenministerium NRW (Hrsg.), Neues Kommunales Finanzmanagement in Nordrhein-Westfalen – Handreichung für Kommunen – 3. Auflag, erhältlich im Internet: <http://www.im.nrw.de/bue/doks/nkf_handreichung2008.pdf> (abgerufen am 23.03.2009).

Janssen, Jan, Rechnungslegung im Mittelstand – Eignung der nationalen und internationalen Rechnungslegungsvorschriften unter Berücksichtigung der Veränderungen durch den IFRS for Private Entities und das Bilanzrechtsmodernisierungsgesetz, Wiesbaden 2009.

Kehm, Patrick/Lüdenbach, Norbert, § 28 Finanzinstrumente, in: Lüdenbach, Norbert/Hoffmann, Wolf-Dieter (Hrsg.), IFRS Praxis-Kommentar, 4. Auflage, Freiburg i. Br. 2006, S. 1197-1335.

Keitz, Isabel von/Pooten, Holger (2004), Bericht über eine Umfrage zum Thema "Rechnungslegung nach IAS/IFRS – ein Thema für den Mittelstand?", Fachhochschule Münster, Januar 2004.

Keller, Bernd, Bilanzrechtsmodernisierungsgesetz – Reform ohne Mut – Das Vorsichtsprinzip bleibt Eckpfeiler der deutschen Bilanzierung, IRZ (2009, Nr. 6), S. 229-230.

Kerkhoff, Guido/Stauber, Jürgen, IFRS 7 – Financial Instruments: Disclosures in: Vater, Hendrik/Ernst, Edgar/Hayn, Sven/Knorr, Liesel/Mißler, Peter (Hrsg.), IFRS Änderungskommentar 2007, Weinheim 2007, S. 1-27.

Kessler, Harald/Strickmann, Michael/Cassel, Jochen, Die wichtigsten Änderungen durch das BilMoG, Accounting (2008, Nr. 9-10), S. 3- 25.

Kessler, Harald/Veldkamp, Dirk, Umrechnung von Fremdwährungsgeschäften, KoR (2009, Nr. 4), S. 245-250.

Kirchhoff, Ulrich/Henning, Heiko, Beiträge – Derivative Finanzinstrumente für Kommunen, Sparkasse 11/ 98. S. 505 -514.

Kirsch (2008), Hanno, Jahresabschluss nach HGB-BilMoG versus IFRS? – Fallstudie zum Wahlrecht des § 264 e HGB-E aus bilanzpolitischer Perspektive, IRZ (2008, Nr. 5), S. 219-226.

Kirsch (2008a), Hanno, Geplante Übergangsvorschriften zum Jahresabschluss nach dem Regierungsentwurf des BilMoG, DStR (2008, Nr. 25), S. 1202-1208.

KPMG, Accounting News August/September 2009, erhältlich im Internet: <http://www.kpmg.de/docs/20090801_Accounting_News_Aug_Sep_2009.pdf> (abgerufen am 08.09.2009).

Kraft, Gerhard/Bischoff, Jan, Zur Problematik von Bewertungseinheiten in der Steuerbilanz, in: Schmiel, Ute/Breithecker, Volker (Hrsg.), Steuerliche Gewinnermittlung nach dem Bilanzrechtsmodernisierungsgesetz, Berlin 2008, S. 173-200.

Krüger, Kai, Eigenkapital und Gewinn nach deutschem HGB, IAS/IFRS und US-GAAP – Eine empirische Untersuchung börsennotierter deutscher Unternehmen, Online-Dissertation der Rheinisch-Westfälischen Technischen Hochschule Aachen, Wirtschafts- und Verhaltenswissenschaftliche Fakultät, 16.05.2006, erhältlich im Internet: <http://search.dissonline.de> (abgerufen am 10.09.2008).

Krumnow, Jürgen/Sprißler, Wolfgang/Bellavite-Hövermann, Yvette et al. (Hrsg.), Rechnungslegung der Kreditinstitute, 2. Auflage, Stuttgart 2005.

Kühne (2008), Jan, Resume Kompaktlexikon: Treasury Knowhow leicht verständlich für Stadtwerke, Roland Eller Consulting GmbH, Großburgwedel 2008 [exklusiv für Deutsche Bank].

Kühne (2008a), Jan, Resume Kompaktlexikon: Treasury Knowhow leicht verständlich für Unternehmen, Roland Eller Consulting GmbH, Großburgwedel 2008 [exklusiv für Deutsche Bank].

Kühne (2008b), Jan, Resume Kompaktlexikon: Treasury Knowhow leicht verständlich für Kommunen, Roland Eller Consulting GmbH, Großburgwedel 2008 [exklusiv für Deutsche Bank].

Kühne (2008c), Jan, Revenue Einführungs- und Umsetzungsleitfaden: Professionelles Rohstoffmanagement, Roland Eller Consulting GmbH, Großburgwedel 2008 [exklusiv für Deutsche Bank].

Kühne (2008d), Jan, Revenue Einführungs- und Umsetzungsleitfaden: Professionelles Schuldenmanagement, Roland Eller Consulting GmbH, Großburgwedel 2008 [exklusiv für Deutsche Bank].

Kühne (2008e), Jan, Revenue Einführungs- und Umsetzungsleitfaden: Professionelles Risikomanagement und Risikocontrolling, Roland Eller Consulting GmbH, Großburgwedel 2008 [exklusiv für Deutsche Bank].

Kühne (2009), Jan, Reflection – Basiswissen easy treasury: Zins- und Schuldenmanagement, Roland Eller Consulting GmbH, Großburgwedel 2009 [exklusiv für Deutsche Bank].

Küting, Karlheinz/Cassel, Jochen, Bilanzierung von Bewertungseinheiten nach dem Entwurf des BilMoG – Eine Fallstudie zur Anwendung von § 254 HGB-E, KoR (2008, Nr. 12), S. 769-781.

Küting, Karlheinz/Dürr, Ulrike, "Genüsse" in der Rechnungslegung nach HGB und IFRS sowie Implikationen im Kontext von Basel II, DStR (2005, Nr. 21/22), S. 938-944.

Küting, Karlheinz/Erdmann, Mark-Ken/Dürr, Ulrike L. (2008), Ausprägungsformen von Mezzanine-Kapital in der Rechnungslegung nach IFRS (Teil I) Der Betrieb (2008, Nr. 18), S. 941-948.

Küting, Karlheinz/Erdmann, Mark-Ken/Dürr, Ulrike L. (2008a), Ausprägungsformen von Mezzanine-Kapital in der Rechnungslegung nach IFRS (Teil II) Der Betrieb (2008, Nr. 19), S. 997-1002.

Küting, Karlheinz/Mojadadr, Mana, Währungsumrechnung im Einzel- und Konzernabschluss nach dem RegE zum BilMoG, Der Betrieb (2008, Nr. 35), S. 1869-1876.

Langholz, ?, Das Kommunale Rechnungswesen: Von der Kameralistik zum Neuen Kommunalen Finanzmanagement, in: Eller Consulting (Hrsg.), Kom Risk Studienbrief, 2009, S. X-Y.

Lorenz, Inga-Ulrike, Mezzanine-Finanzinstrumente – Darstellung und Bilanzierung nach handelsrechtlichen und internationalen Rechnungslegungsvorschriften im Vergleich, Marburg 2007.

Lorenz, Karsten/Wiechens, Gero (2008), Die Bilanzierung strukturierter Finanzinstrumente nach HGB und IFRS im Vergleich, IRZ (2008, Nr. 11), S. 505-511.

Lorenz, Karsten/Wiechens, Gero (2008a), Strukturierte Finanzinstrumente nach HGB – Künftig Analyse der Risiken erforderlich, Accounting (2008/2009, Nr. 12/01), S. 14-16.

Löw, Edgar/Antonakopoulos, Nadine, Die Bilanzierung ausgewählter Gesellschaftsanteile nach IFRS unter Berücksichtigung der Neuregelungen nach IAS 32 (rev. 2008), KoR (2008, Nr. 4), S. 261-271.

Löw, Edgar/Scharpf, Paul/Weigel, Wolfgang, Auswirkungen des Regierungsentwurfs zur Modernisierung des Bilanzrechts auf die Bilanzierung von Finanzinstrumenten, WPg (2008, Nr. 21), S. 1011-1020.

Löw, Edgar/Torabian, Farhood, Auswirkungen des Entwurfs des BilMoG auf die Bilanzierung von Finanzinstrumenten, ZfgK (2008, Nr. 13), S. 30-36.

Löw, Edgar, Ausweisfragen in Bilanz und Gewinn-und-Verlust-Rechnung bei Financial Instruments, KoR (2006, Nr. 3), Beilage 1.

Lüdenbach, Norbert/Freiberg, Jens, Verdeckte Einlagen im Einzelabschluss nach IFRS, Betriebs-Berater (2007, Nr. 28/29), S. 1545-1550.

Lüdenbach, Norbert, Der Ratgeber zur erfolgreichen Anwendung von IFRS, Freiburg i. Br. 2008.

Lühn, Michael, Bilanzierung derivativer Finanzinstrumente nach IFRS und HGB, PiR (2009, Nr. 4), S. 103-108.

Maulshagen, Olaf/Trepte, Folker/Walterscheidt, Sven, Derivate Finanzinstrumente in Industrieunternehmen, Frankfurt am Main 2008.

Maulshagen, Olaf/Walterscheidt, Sven, Bilanzierung von Derivaten des Rohstoffmanagements, in: Eller, Roland/Heinrich, Markus/Perrot, René/Reif, Markus (Hrsg.), Management von Rohstoffrisiken: Strategien, Märkte und Produkte, Wiesbaden 2009, S. 345-370.

Metzing, Stefan, Die kommunale Bilanz – Bedeutung, Funktion und Besonderheiten im Vergleich zu HGB/IFRS, Saarbrücken 2008.

Müller, Stefan/Papenfuß, Ulf/Schaefer, Christina, Rechnungslegung und Controlling in Kommunen – Status quo und Reformansätze, Berlin 2009.

Nguyen, Tristan, Offene Fragen zur Bilanzierung von Finanzinstrumente nach BilMoG, ZfgK (2009, Nr. 5), S. 230-235.

NKF-Netzwerk NRW, Kontierungshandbuch für die NKF-Hotline 30.09.2008, erhältlich im Internet: <http://www.neues-kommunales-finanzmanagement.de/html/img/pool/2_2008-03-15_Kontierungshandbuch_NKF.pdf> (abgerufen am 28.05.2009).

Pacter, Paul, An IFRS for private entities, International Journal of Disclosure and Governance (2009, Nr. 6), S. 4-20.

Patek (2007), Guido, Rechungslegung bei Absicherung von Zahlungsstromänderungsrisiken aus geplanten Transaktionen nach HGB und IAS/IFRS – Teil 1: Darstellung, WPg (2007; Nr. 10), S. 423-428.

Patek (2008a), Guido, Bewertungseinheiten nach dem Regierungsentwurf des Bilanzrechtsmodernisierungsgesetzes – Kritische Würdigung der Änderungen gegenüber dem Referentenentwurf, KoR (2008, Nr. 9), S. 524-531.

Patek, Guido (2008), Bewertungseinheiten nach dem Referentenentwurf des Bilanzrechtsmodernisierungsgesetzes – Darstellung und kritische Analyse der geplanten handelsrechtlichen Normierung, KoR (2008, Nr. 6), S. 364-372.

PB (2007), Deutsche Postbank AG (Hrsg.), Postbank Konzern Geschäftsbericht 2007, Bonn März 2008.

Petersen, Karl/Zwirner, Christian (2008), IAS 32 (rev. 2008) – Endlich (mehr) Eigenkapital nach IFRS?, DStR (2008, Nr. 21-22); S. 1060-1066.

Petersen, Karl/Zwirner, Christian (2008a), Konzernrechnungspflicht natürlicher Personen, Betriebs-Berater (2008, Nr. 33), S. 1777-1781.

Petersen, Karl/Zwirner, Christian (2009), Rechnungslegung und Prüfung im Umbruch: Überblick über das neue deutsche Bilanzrecht – Veränderte Rahmenbedingungen durch das verabschiedete Bilanzrechtsmodernisierungsgesetz (BilMoG), KoR (2009, Nr. 5), Beihefter 1.

Petersen, Karl/Zwirner, Christian/Künkele, Kai Peter, Umstellung auf das neue deutsche Bilanzrecht: Fallstudie zu den Auswirkungen des Übergangs auf die Rechnungslegungsvorschriften nach dem BilMoG, KoR (2009, Nr. 9) Beilage Nr. 1.

Pfitzer, Norbert/Scharpf, Paul/Schaber (2007), Mathias, Voraussetzungen für die Bildung von Bewertungseinheiten und Plädoyer für die Anerkennung antizipativer Hedges (Teil 1), WPg (2007, Nr. 16), S. 675-684.

Pfitzer, Norbert/Scharpf, Paul/Schaber, Mathias (2007a), Voraussetzungen für die Bildung von Bewertungseinheiten und Plädoyer für die Anerkennung antizipativer Hedges (Teil 2), WPg (2007, Nr. 17), S. 721-729.

Pöller (2008), Ralf, Währungsumrechnung im Einzelabschluss nach BilMoG: Empfehlungen für die Bilanzierungspraxis, Bilanzbuchhalter und Controller (2008, Nr. 8), S. 193-224.

Pöller, Ralf (2008a), Bilanzierung von Finanzinstrumenten im Mittelstand – Tabellarische Übersicht zu bei typischen mittelständischen Unternehmen bilanzierten originären Finanzinstrumenten nach IAS 32, IAS 39 und IFRS 7, IRZ (2008, Nr. 3), S. 131-138.

Prinz, Ulrich, Steuerlatenzen im Mittelstand – ein attraktives neues Beratungs- und Gestaltungsfeld, Der Betrieb (2009, Nr. 35), 28.08.2009, Gastkommentar.

Prokop, Jörg, Die Einstufung von Warentermingeschäften als Finanzinstrumente nach IFRS, WPg (2007, Nr. 8), S. 336-341.

PWC (2002), PricewaterhouseCoopers (Hrsg.), IFRS für Banken, 2. Auflage, Frankfurt am Main 2002.

PWC (2005), PricewaterhouseCoopers (Hrsg.), IAS 39 – Achieving hedge accounting in practice, Dezember 2005, erhältlich im Internet: <http://www.pwc.com/en_GX/gx/ifrs-reporting/pdf/ias39hedging.pdf> (abgerufen am 08.10.2009).

PWC (2007), PricewaterhouseCoopers (Hrsg.), Anhangserstellung nach den International Financial Reporting Standards – Eine Organisatorische Herausforderung, Dezember 2007, erhältlich im Internet: <http://www.pwc.de/portal/pub/!ut/p/kcxml/04_Sj9SPykssy0xPLMnMz0vM0Y_Qjz-KLd4p3dgoFSYGYLm4W-pEQhgtEzCDeESESpO-t7-uRn5uqH6BfkBsaUe7oqAgAqOmMDA!!?siteArea=49c4e38420924a4b&content=e5e43f4c56d990f&topNavNode=49c4e38420924a4b> (abgerufen am 08.10.2009).

PWC (2008a), PriccwaterhouseCoopers (Hrsg.), IFRS für Banken, 4. Auflage, Frankfurt am Main 2008.

PWC (2008b), PricewaterhouseCoopers (Hrsg.) Auswirkungen des BilMoG auf Eigenbetriebe, erhältlich im Internet: <http://www.pwclegal.de/6_5_22.html> (abgerufen am 23.08.2009).

Rossmanith, Jonas/Funk, Wilfried /Eha, Carmen, ED-IFRS for NPAEs – Kritsche Analyse und Gestaltungsvorschläge zur Bilanzierung von Forschungs- und Entwicklungskosten, KoR (2009, Nr. 4), S. 159-165.

Rückle, Dieter, Das Eigenkapital der Personengesellschaften – Aktuelle Bilanzierungsprobleme nach IFRS und Ausblick, IRZ, Heft 5, Mai 2008, 227-233.

Ruckriegel, Karlheinz/Storch, Daniel, Reflection – Basiswissen easy treasury: Volkswirtschaftslehre, Roland Eller Consulting GmbH, Großburgwedel 2009 [exklusiv für Deutsche Bank].

Schaber, Mathias/Isert, Dietmar, Bilanzierung von Hybridanleihen und Genussrechten nach IFRS, Betriebs-Berater (2006, Nr. 44), 2401-2407.

Schaber, Mathias/Rehm, Kati/Märk, Helmut, Handbuch strukturierter Finanzinstrumente, Düsseldorf 2008.

Schäfer, Henry/Kuhnle, Oliver, Die Bilanzierung originärer Finanzinstrumente im Jahresabschluss nach HGB und IFRS, Hans-Böckler-Stiftung (Hrsg.), Düsseldorf April 2007.

Scharpf, Paul/Schaber, Mathias, Handbuch Bankbilanz, 3. Auflage, Düsseldorf 2009.

Scharpf, Paul, Finanzinstrumente, in: Küting, Karlheinz/Pfitzer, Norbert/Weber, Claus-Peter (Hrsg.), Das neue deutsche Bilanzrecht – Handbuch für den Übergang auf die Rechnungslegung nach dem Bilanzrechtsmodernisierungsgesetz (BilMoG), Stuttgart 2008, S. 185-241.

Schellhorn, Mathias, Offenlegungsfragen des Konzernabschlusses der Personenhandelsgesellschaft nach dem Publizitätsgesetz, Der Betrieb (2008, Nr. 32), S. 1700-1703.

Schmeisser, Wilhelm/Clausen, Lydia, Mezzanines Kapital für den Mittelstand zur Verbesserung des Ratings, DStR (2008, 14), S. 688-695.

Schmidt, Hans-Jürgen (2001), Betriebswirtschaftslehre und Verwaltungsmanagement, 5. Auflage, Heidelberg 2001.

Schmidt, Martin (2005), Rechnungslegung von Finanzinstrumenten – Abbildungskonzeption aus Sicht der Bilanztheorie, der empirischen Kapitalmarktforschung und der Abschlussprüfung, Wiesbaden 2005.

Schmidt, Martin (2008), IAS 32 (rev. 2008): Ergebnis- statt Prinzipienorientierung, BB (2008, Nr. 9), S. 434-439.

Schmidt, Martin (2008a), Die drei Ansätze des FASB zur Abgrenzung zwischen Eigen- und Fremdkapitalinstrumenten, IRZ (2008, Nr. 5), S. 235-243.

Schmidt, Martin (2008b), Die BilMoG-Vorschläge zur Bilanzierung von Finanzinstrumenten – Eine Revolution, die das Bilanzrecht aus den Fugen hebt?, KoR (2008, Nr. 1), S. 1-8.

Schmidt, Martin (2008c), Das IASB-Diskussionspapier „Reducing Complexity in Reporting Financial Instruments", WPg (2008, Nr. 14), S. 643-650.

Schmidt, Martin (2009), Bewertungseinheiten nach BilMoG, Betriebs-Berater, (2009, Nr. 17), S. 882-886.

Schön, Stephan/Cortez, Benjamin, Finanzmarktkrise als Vertrauenskrise – Special Purpose Entities und Ratingagenturen als Ursache für Informationsasymmetrien an den globalen Finanzmärkten, IRZ (2009, Nr. 1), S. 11-17.

Schräder, Thomas, Treasury-Organisation, in: Euroforum Verlag GmbH (Hrsg.), Schriftlicher Managementlehrgang „Corporate Treasury", Düsseldorf 2008, Lektion 1.

Schulte, Christoph, Eigenkapitalausstattung und Finanzierungsverhalten großer mittelständischer Unternehmen in Deutschland – Theoretische Aspekte und empirische Analyse, Dissertation der Heinrich-Heine-Universität Düsseldorf, Düsseldorf 2005, erhältlich im Internet: <http://search.dissonline.de > (abgerufen am 28. 04.2009).

Schuster, Falko, Neues Kommunales Finanzmanagement und Rechnungswesen – Basiswissen NKF und NKR, München 2008.

Sentker, Bodo, Management von Finanzmarktrisiken, in: Euroforum Verlag GmbH (Hrsg.), Schriftlicher Managementlehrgang „Corporate Treasury", Düsseldorf 2008, Lektion 6.

Siedler, Nina-Luisa/Heinsius, Martin, Finanzierungsarten und ihre steuerliche Behandlung, in: Euroforum Verlag GmbH (Hrsg.), Schriftlicher Managementlehrgang „Corporate Treasury", Düsseldorf 2008, Lektion 3.

Stauber, Jürgen, Finanzinstrumente im IFRS-Abschluss von Nicht-Banken – ein konkreter Leitfaden zur Bilanzierung und Offenlegung, Wiesbaden 2009.

Stein, Bärbel, Bilanzzweck der öffentlichen Verwaltung im Kontext zu HGB, ISAS und IPSAS, Hochschule Amberg-Weiden (Hrsg.), Weidener Diskussionspapier No. 6, März 2008.

Steuer, Arne, Das Gesetz zur Modernisierung des Haushaltsgrundsätzegesetzes (Haushaltsgrundsätzemodernisierungsgesetz – HgrGMoG), Bundeswehrverwaltung BWV (2009, Nr. 5), S. 104-111.

UK ASB, UK Accounting Standard Board, Policy proposal: the future of UK GAAP, August 2009, erhältlich im Internet: <http://www.frc.org.uk/images/uploaded/documents/ASB seeks views on proposals for the future reporting requirements for UK and Irish entities.pdf> (abgerufen am 28.08.2009).

Vater, Hendrik, ED IFRS 7: Zusätzliche Angabepflichten für Fremdkapitalinstrumente – Aufgeschoben, aber nicht aufgehoben!, Der Betrieb (2009, Nr. 10), S. 470-472.

Verband Deutscher Treasurer e.V. (Hrsg.), Governance in der Unternehmens-Treasury, Frankfurt a.M. 2008.

Waitz (2009), Daniela, Reflection – Basiswissen easy treasury: MaRisk – Mindestanforderungen an das Risikomanagement, Roland Eller Consulting GmbH, Großburgwedel 2009 [exklusiv für Deutsche Bank].

Waitz (2009)a, Daniela, Reflection – Basiswissen easy treasury: Finanzmathematik und Statistik leicht gemacht, Roland Eller Consulting GmbH, Großburgwedel 2009 [exklusiv für Deutsche Bank].

Watrin, Christoph/Struffert, Ralf, Probleme der Ausbuchungsregeln in IAS 39 – Anmerkungen zum Entwurf einer Fortsetzung von IDW RS HFA 9, WPg (2007, Nr. 6), S. 237-245.

Weidenhammer, Simon, Zur Eigenkapitalsituation von Personenhandelsgesellschaften in der IFRS-Rechnungslegung, Online-Dissertation der Albert-Ludwigs-Universität Freiburg i.Br., Wirtschafts- und Verhaltenswissenschaftliche Fakultät, 11.07.2007, erhältlich im Internet: <http://search.dissonline.de> (abgerufen am 10.09.2008).

Wiechens, Gero/Helke, Iris, Die Bilanzierung von Finanzinstrumenten nach dem Regierungsentwurf des BilMoG, Der Betrieb, (2008, Nr. 25), S. 1333-1338.

Wilo (2008), Wilo SE (Hrsg.), Konzern Geschäftsbericht 2008, Dortmund, März 2009, erhältlich im Internet: <http://www.wilo.de/cps/rde/xchg/de-de/layout.xsl/252.htm> (abgerufen am 02.09.2009).

Winkeljohann, Norbert, Hybride Finanzinstrumente – Eigenkapital mit Pfiff, Handelsblatt, 30.09.2006, S. 1 ff.

Withus, Karl-Heinz, Neue Anforderungen nach BilMoG zur Beschreibung der wesentlichen Merkmale des Internen Kontroll- und Risikomanagementsystems im Lagebericht kapitalmarktorientierter Unternehmen, KoR (2009, Nr. 7-8), S. 440-451.

Wöhe, Günther, Einführung in die Allgemeine Betriebswirtschaftslehre, 16. Aufl., München 1986.

Wollenberg, René, Erleichterung der Finanzierung von kleinen und mittelständischen Unternehmen durch softwaregestützte Planungs- und Controllingsysteme, Dissertation der Brandenburgischen Technischen Universität Cottbus, Cottbus 2008, erhältlich im Internet: <http://search.dissonline.de/> (abgerufen am 26.04.2009).

Zimmermann, Jochen/Schymczyk, Johannes, Economic cycle reserving in den Stricken der IFRS-Rechnungslegung. KoR (2009, Nr. 9), S. 506-511.

ZKA, Zentraler Kreditausschuss, Schreiben an das Bundesministerium der Justiz zum Entwurf eines Gesetzes zur Modernisierung des Bilanzrechts (Bilanzrechtsmodernisierungsgesetz – BilMoG), 18.01.2008.

*Zülch, Henning/Hoffmann, Seba*stian, Die Modernisierung des deutschen Handelsbilanzrechts durch BilMoG: Wesentliche Alt- und Neuregelungen im Überblick, Der Betrieb (2009, Nr. 15), S. 745-752.

Zülch, Henning/Nellessen, Thomas, Geplante Änderungen zur Reduzierung der Komplexität bei der Bilanzierung von Finanzinstrumenten nach IFRS, PiR (2008, Nr. 6, S. 204- 206.

Rechtsvorschriftenverzeichnis (RV)

Der Begriff der Rechtsvorschriften ist in der vorliegenden Arbeit weit gefasst und deckt alle verbindlichen anzuwendenden bzw. präjudizierenden Vorschriften/Stellungnahmen (zur Rechnungslegung) ab, unabhängig davon, ob sie von einer staatlichen Stelle (z. B. EU, Bund, Land, BaFin) oder aber einer privatrechtlichen Organisation (z. B. DRSC, IDW, IASB) veröffentlicht wurden.

*Bil*MoG (2008), Entwurf eines Gesetz zur Modernisierung des Bilanzrechts (Bilanzrechtsmodernisierungsgesetz – BilMoG), Gesetzesentwurf der Bundesregierung, 30.07.2008, Drucksache 16/10067, erhältlich im Internet: <http://www.bmj.bund.de/files/-/3152/RegE%20BilMoG.pdf> (abgerufen am 04.09.2009).

BilMoG (2009), Gesetz zur Modernisierung des Bilanzrechts (Bilanzrechtsmodernisierungsgesetz – BilMoG), BGBL. Teil I Nr. 27 2009, S. 1102-1137, 25.05.2009, erhältlich im Internet: <http://www.bgbl.de/Xaver/start.xav?startbk=Bundesanzeiger_BGBl> (abgerufen am 04.09.2009).

BilMoG (2009a), Beschlussempfehlung und Bericht des Rechtsausschusses (6. Ausschuss) zu dem Gesetzentwurf der Bundesregierung – Drucksache 16/10067 – Entwurf eines Gesetzes zur Modernisierung des Bilanzrechts (Bilanzrechtsmodernisierungsgesetz – BilMoG), Drucksache 16/12407, 24.03.2009, erhältlich im Internet: <http://www.bmj.bund.de/files/-/3541/Beschlussempfehlung_Bericht_Rechtsausschuss_bilmog.pdf> (abgerufen am 16.09.2009).

DRS 15, Lageberichterstattung, wurde am 07.12.2004 vom DSR verabschiedet und am 26.02.2005 vom BMJ im Bundesanzeiger (40 Beilage) als „DRS 15 – Lageberichterstattung" bekannt gemacht.

DRS 5, Risikoberichterstattung, am 03.04.2001 vom DSR verabschiedet und am 29.05.2001 vom BMJ im Bundesanzeiger (98a) als „DRS 5 – Risikoberichterstattung" bekannt gemacht. Änderungen an diesem Standard erfolgten durch den DRÄS 1 (bekannt gemacht im Bundesanzeiger vom 02.07.2004, 121a) sowie den DRÄS 3 (bekannt gemacht im Bundesanzeiger vom 31.08.2005, 164).

DRS 5-10, Risikoberichterstattung von Kredit- und Finanzdienstleistungsinstituten, wurde am 29.08.2000 vom DSR verabschiedet und am 30.12.2000 vom BMJ im Bundesanzeiger (245a) als „DRS 5-10 – Risikoberichterstattung von Kreditinstituten" bekannt gemacht. Änderungen an diesem Standard erfolgten durch den DRÄS 1 (bekannt gemacht im Bundesanzeiger vom 02.07.2004, 121a) sowie den DRÄS 3 (bekannt gemacht im Bundesanzeiger vom 31.08.2005, 164).

E-DRÄS 5, Entwurf Deutscher Rechnungslegungs-Änderungsstandard Nr. 5, Änderungen an DRS 5 Risikoberichterstattung, DRS 5-10 Risikoberichterstattung von Kredit- und Finanzdienstleistungsinstituten, DRS 5-20 Risikoberichterstattung von Versicherungsunternehmen, DRS 15 Lageberichterstattung und DRS 15a Übernahmerechtliche Angaben und Erläuterungen im Konzernlagebericht, 11. September 2009, erhältlich im Internet. <http://www.standardsetter.de/drsc/docs/press_releases/090911_E-DRAES_5.pdf> (abgerufen am 24.09.2009).

EStG, Deutscher Bundestag, Gesetzentwurf des Bundesrates, Entwurf eines Gesetzes zur Verringerung steuerlicher Missbräuche und Umgehungen, Drucksache 16/520, 02.02.2006, erhältlich im Internet: <http://dip21.bundestag.de/dip21/btd/16/005/1600520.pdf> (abgerufen am 27.09.2009).

EU (2008), Verordnung (EG) Nr. 1126/2008 der Kommission, zur Übernahme bestimmter internationaler Rechnungslegungsstandards gemäß der Verordnung (EG) Nr. 1606/2002 des Europäischen Parlaments und des Rates, 03.11.2008, erhältlich im Internet: <http://eur-lex.europa.eu/LexUriServ/LexUriServ.do?uri=OJ:L:2008:320:0001:0481:DE:PDF> (abgerufen am 04.09.2009).

EU (2008a), Verordnung (EG) Nr. 1004/2008 der Kommission, zur Änderung der Verordnung (EG) Nr. 1725/2003 betreffend die Übernahme bestimmter internationaler Rechnungslegungsstandards in Übereinstimmung mit der Verordnung (EG) Nr. 1606/2002 des Europäischen Parlaments und des Rates im Hinblick auf International Accounting Standard (IAS) 39 und International Financial Reporting Standard (IFRS) 7, 15.10.2008, erhältlich im Internet: <http://eur-lex.europa.eu/LexUriServ/LexUriServ.do?uri=OJ:L:2008:275:0037:0041:DE:PDF> (abgerufen am 04.09.2009).

EU (2009), Informationen der Mitgliedstaaten 2009/C 158/03, mit Anmerkungen versehene Übersicht über die geregelten Märkte und einzelstaatliche Rechtsvorschriften zur Umsetzung der entsprechenden Anforderungen der Wertpapierdienstleistungsrichtlinie (Richtlinie 2004/39/EG des Europäischen Parlaments und des Rates), 11.07.2009, erhältlich im Internet: <http://eur-lex.europa.eu/LexUriServ/LexUriServ.do?uri=OJ:C:2009:158:0003:0008:DE:PDF> (abgerufen am 04.09.2009).

EU (2009a), EU-Kommission, Vorschlag für eine Richtlinie zur Änderung der Richtlinie 78/660/EWG des Rates über den Jahresabschluss von Gesellschaften bestimmter Rechtsformen in Hinblick auf Kleinstunternehmen, KOM(2009) 83 endgültig 2009/0035 (COD), 26.02.2009, erhältlich im Internet: <http://ec.europa.eu/internal_market/accounting/docs/news/legal_proposal_de.pdf> (abgerufen am 29.08.2009).

EU (2009b), Working Document of the Commission Services (DG Internal Market), Consultation Paper on Review of the Accounting Directives, Cutting Accounting Burden for Small Business/Review of the Accounting Directives, 26.02.2009, im Internet erhältlich: <http://ec.europa.eu/internal_market/consultations/docs/2009/accounting/20090226_consultation_en.doc> (abgerufen am 04.09.2009).

EU (2009c), Verordnung (EG) Nr. 53/2009 der Kommission, zur Änderung der Verordnung (EG) Nr. 1126/2008 betreffend die Übernahme bestimmter internationaler Rechnungslegungsstandards in Übereinstimmung mit der Verordnung (EG) Nr. 1606/2002 des Europäischen Parlaments und des Rates im Hinblick auf International Accounting Standard (IAS) 32 und IAS 1, 21.01.2009, erhältlich im Internet: <http://eur-lex.europa.eu/LexUriServ/LexUriServ.do?uri=OJ:L:2009:017:0023:0036:DE:PDF> (abgerufen am 06.09.2009).

EU (2009d), Verordnung (EG) Nr. 839/2009 der Kommission, zur Änderung der Verordnung (EG) Nr. 1126/2008 zur Übernahme bestimmter internationaler Rechnungslegungsstandards gemäß der Verordnung (EG) Nr. 1606/2002 des Europäischen Parlaments und des Rates im Hinblick auf International Accounting Standard (IAS) 39, 15.09.2009, erhältlich im Internet: <http://eur-lex.europa.eu/LexUriServ/LexUriServ.do?uri=OJ:L:2009:244:0006:0009:DE:PDF> (abgerufen am 16.09.2009).

FASB, FASB Staff Position, FSP 157-3: Determining the Fair Value of Financial Asset when the Market for that Asset is not active, 10.10.2008, erhältlich im Internet: <http://www.fasb.org/pdf/fsp_fas157-3.pdf> (abgerufen am 04.09.2008).

FinRep, CEBS-Konsultationspapier CP 06 Revised 2, 10.03.2009, erhältlich im Internet: <http://www.c-ebs.org/getdoc/d9416a3a-a224-4d6d-b1ec-08aa63913280/CP06-Revised2.aspx> (abgerufen am 02.10.2009).

HGB (2008), Handelsgesetzbuch, vom 10. Mai 1897, zuletzt geändert vom 17.12.2008.

IAS 27 (ED 10), IASB, Exposure Draft, Consolidated Financial Statements, erhältlich im Internet: <http://www.iasb.org/NR/rdonlyres/DAEA5425-4ABE-4217-8429-DB395333E8CC/0/ED10_STANDARD_1208.pdf> (abgerufen am 02.09.2009).

IAS 32 (DP_2008/2), IASB Discussion Paper (DP), Financial Instruments with Characteristics of Equity, 02/2008, erhältlich im Internet: <http://www.iasb.org/NR/rdonlyres/AE2FC463-BB40-4835-8805-13E44BBFE96F/0/dp_financial_instrumentsfeb2008_186.pdf> (abgerufen am 07.09.2009).

IAS 39 (am. 03/2009), IASB, Embedded Derivatives – Amendments to IFRIC 9 and IAS 39, London März 2009.

IAS 39 (DP/2009/2), IASB, Discussion Paper, Credit Risk in Liability Measurement, Juni 2009, erhältlich im Internet: <http://www.iasb.org/NR/rdonlyres/9F2A5CC2-71F8-43FF-A2F9-7947B3A61662/0/DDCreditRisk.pdf> (abgerufen am 02.09.2009).

IAS 39 (DP_2008/3), IASB, Discussion Paper, Reducing Complexity in Reporting Financial Instruments, März 2008, erhältlich im Internet: <http://www.iasb.org/NR/rdonlyres/A2534626-8D62-4B42-BE12-E3D14C15AD29/0/DPReducingComplexity_ReportingFinancialInstruments.pdf> (abgerufen am 02.09.2009).

IAS 39 (ED/2009/7), IASB, Exposure Draft, Financial Instruments: Classification and Measurement, Juli 2009, erhältlich im Internet: <http://www.iasb.org/NR/rdonlyres/D1598224-3609-4F0A-82D0-6DC598C3249B/0/EDFinancialInstrumentsClassificationandMeasurement.pdf> (abgerufen am 02.09.2009).

IAS 39 (RfI 06/2009), IASB, Request for Information, Impairment of Financial Assets: Expected Cash Flow Approach, Juni 2009, erhältlich im Internet: <http://www.iasb.org/NR/rdonlyres/CA916D12-9B8E-4889-B75D-D305DD413974/0/RequestforInformation.pdf> (abgerufen am 02.09.2009).

IAS 39/IFRS 7 (ED/2009/3), IASB, Exposure Draft, Derecognition – Proposed amendments to IAS 39 and IFRS 7, März 2009, im Internet verfügbar: <http://www.iasb.org/NR/rdonlyres/74354283-FBBE-4B0D-9D45-FFB88BFE313B/0/EDDerecognition.pdf> (abgerufen am 02.09.2009).

IAS 39/IFRS 7 (am. 10/2008), Reclassification of Financial Assets, IASB London Oktober 2008.

IAS 39/IFRS 7 (am. 11/2008), Reclassification of Financial Assets, IASB London November 2008.

IAS 39/IFRS 7 (EAP), IASB Expert Advisory Panel (EAP), Measuring and disclosing the fair value of financial instruments in markets that are no longer active, 31.10.2008, erhältlich im Internet: <http://www.iasb.org/NR/rdonlyres/0E37D59C-1C74-4D61-A984-8FAC61915010/0/IASB_Expert_Advisory_Panel_October_2008.pdf> (abgerufen am 02.09.2009).

IDW (DCF_1), Schreiben an das IFRIC, Bewertung von Finanzinstrumenten auf inaktiven Märkten zum beizulegenden Zeitwert: Ermittlung des Abzinsungssatzes für die Barwertberechnung (IAS 39), 27.10.2008, erhältlich im Internet: <http://www.idw.de/idw/portal/d585756/index.jsp> (abgerufen am 08.09.2009).

IDW (DCF_2), Schreiben an das IFRIC, Determining the Discount Rate for Present Value Computations (IAS 39), Fair Value Measurement of Financial Instruments in Inactive Markets: Determining the Discount Rate for Present Value Computations (IAS 39); Stand 23.12.2008, FN-IDW 2009, S. 3., erhältlich im Internet: <http://www.idw.de/idw/portal/d586838/index.jsp> (abgerufen am 08.09.2009).

IDW BFA 1/1990, Zur Bildung von Pauschalwertberichtigungen für das latente Kreditrisiko im Jahresabschluss von Kreditinstituten, IDW Düsseldorf 1990.

IDW BFA 2/1993, Bilanzierung und Prüfung von Financial Futures und Forward Rate Agreements, IDW Düsseldorf 1993.

IDW BFA 2/1995, Bilanzierung von Optionsgeschäften, IDW Düsseldorf 1995.

IDW BFA 3/1995, Währungsumrechnung bei Kreditinstituten, IDW Düsseldorf 1995

IDW ERS BFA 2, Bilanzierung von Finanzinstrumenten des Handelsbestands bei Kreditinstituten, 02.09.2009, erhältlich im Internet: <http://www.idw.de/idw/portal/d302224/index.jsp> (abgerufen am 26.09.2009).

IDW ERS HFA 13 n.F., Einzelfragen zum Übergang von wirtschaftlichem Eigentum und zur Gewinnrealisierung nach HGB, Stand 19.11.2006, WPg Supplement (2007, Nr. 1), S. 69 ff. erhältlich im Internet: <http://www.idw.de/idw/portal/n281334/n281114/n281116/index.jsp> (abgerufen am 05.09.2009).

IDW ERS HFA 24 n.F., Einzelfragen zu den Angabepflichten des IFRS 7 zu Finanzinstrumenten, Stand 29.05.2009, FN-IDW (2009, Nr. 8), S. 381 ff., erhältlich im Internet: <http://www.idw.de/idw/portal/n281334/n281114/n281116/index.jsp> (abgerufen am 05.09.2009).

IDW ERS HFA 27, Einzelfragen zur Bilanzierung latenter Steuern nach den Vorschriften des HGB in der Fassung des Bilanzrechtsmodernisierungsgesetzes, Stand 29.05.2009, FN-IDW (2009, Nr. 7), S. 337 ff., erhältlich im Internet: <http://www.idw.de/idw/portal/n281334/n281114/n281116/index.jsp> (abgerufen am 05.09.2009).

IDW ERS HFA 28, Übergangsregelungen des Bilanzrechtsmodernisierungsgesetzes, Stand 29.05.2009, FN-IDW (2009, Nr. 7), S. 344 ff., erhältlich im Internet: <http://www.idw.de/idw/portal/n281334/n281114/n281116/index.jsp> (abgerufen am 05.09.2009).

IDW ERS HFA 32, Anhangangaben nach §§ 285 Nr. 3, 314 Abs. 1 Nr. 2 HGB zu nicht in der Bilanz enthaltenen Geschäften, Dezember 2009, erhältlich im Internet: <http://www.idw.de/idw/download/IDW__ERS__HFA__32.pdf?id=593862&property=Inhalt> (abgerufen am 10.12.2009).

IDW ERS ÖFA 1, Rechnungslegung der öffentlichen Verwaltung nach den Grundsätzen der doppelten Buchführung, Stand 30.10.2001, WPg (2001, Nr. 23), S. 1405 ff., erhältlich im Internet: <http://www.idw.de/idw/portal/n281334/n281114/n281116/index.jsp> (abgerufen am 05.09.2009).

IDW HFA 1/1994, Zur Behandlung von Genussrechten im Jahresabschluss von Kapitalgesellschaften (Ergänzung 1998), erhältlich im Internet: <http://www.idw.de/idw/portal/d395746/index.jsp> (abgerufen 11.10.2009).

IDW RH HFA 1.014, Umwidmung und Bewertung von Forderungen und Wertpapieren nach HGB, Stand 09.01.2009, WPg Supplement (2009, Nr. 1), S. 56 ff.

IDW RH HFA 2.001, Ausweis- und Angabepflichten für Zinsswaps in IFRS-Abschlüssen, Stand 19.09.2007, WPg Supplement (2007, Nr.), S. 60 ff.

IDW RS BFA 1, Bilanzierung von Kreditderivaten, Stand 04.12.2001, WPg (2002, Nr. 4), S. 195 ff.

IDW RS HFA 8, Zweifelsfragen der Bilanzierung von asset backed securities-Gestaltungen oder ähnlichen securitisation-Transaktionen, Stand 09.12.2003, WPg (2002, Nr. 21), S. 1151 ff., WPg (2004, Nr. 4), S. 138.

IDW RS HFA 9, Einzelfragen zur Bilanzierung von Finanzinstrumenten nach IFRS, Stand 12.04.2007, WPg Supplement (2007, Nr. 2), S. 83 ff.

IDW RS HFA 22, vormals IDW RH BFA 1.003, Zur einheitlichen oder getrennten handelsrechtlichen Bilanzierung strukturierter Finanzinstrumente, Stand 02.09.2008, WPg Supplement (2008, Nr. 4), S. 41 ff.

IDW RS HFA 25, Einzelfragen zur Bilanzierung von Verträgen über den Kauf oder Verkauf von nicht-finanziellen Posten nach IAS 39, Stand 06.03.2009, WPg Supplement (2009, Nr. 2), S. 117 ff.

IDW RS HFA 26, Einzelfragen zur Umkategorisierung finanzieller Vermögenswerte gemäß den Änderungen von IAS 39 und IFRIC 9 – Amendments von Oktober/November 2008 und März 2009, Stand 09.09.2009, WPg Supplement (2009, Nr. 4), S. 117 ff.

IFRS (ED/2009/5), IASB, Exposure Draft, Fair Value Measurement, Mai 2009, erhältlich im Internet: <http://www.iasb.org/NR/rdonlyres/C4096A25-F830-401D-8E2E-9286B194798E/0/EDFairValueMeasurement_website.pdf> (abgerufen am 02.09.2009).

IFRS 7 (am. 03/2009), Improving Disclosures about Financial Instruments, IASB London März 2009.

IFRS 7 (ED 10/2008), IASB, Exposure Draft, Investments in Debt Instruments – Proposed amendments to IFRS 7, Oktober 2008, erhältlich im Internet: <http://www.iasb.org/NR/rdonlyres/43D44A92-5BB8-411B-8684-81E38C0CE9F0/0/ED_AmdmentsIFRS7DebtInstruments0812.pdf> (abgerufen am 02.09.2009).

IFRS für KMU (2007), Entwurf IFRS für kleine und mittelgroße Unternehmen, Deutsche Übersetzung des Standardentwurfes 02/2007 in Zusammenarbeit mit Deloitte, erhältlich im Internet <http://www.iasb.org/NR/rdonlyres/8A74E2FE-4EE7-4EBA-9770-ED045FFC7511/0/DE_ED_SMEs_Final_Standard_final.pdf> (abgerufen am 13.09.2009).

IFRS für KMU (2007a), Grundlagen für Schlussfolgerungen zum Entwurf IFRS für kleine und mittelgroße Unternehmen, Deutsche Übersetzung des Standardentwurfes 02/2007 in Zusammenarbeit mit Deloitte, erhältlich im Internet: <http://www.iasb.org/NR/rdonlyres/A737677F-270A-44F2-92DF-A74EBD4B5297/0/DE_ED_SME_BFC.pdf> (abgerufen am 13.09.2009).

IFRS für KMU (2007b), Musterabschluss und Angabecheckliste – Umsetzungsleitlinien zum Entwurf IFRS für kleine und mittelgroße Unternehmen, Deutsche Übersetzung des Standardentwurfes 02/2007 in Zusammenarbeit mit Deloitte, erhältlich im Internet <http://www.iasb.org/NR/rdonlyres/101B6D1C-4679-4299-9D53-120A6000013D/0/DE_ED_SME_IG.pdf> (abgerufen am 13.09.2009).

IFRS für KMU (2009), IFRS for Small and Medium-sized Entities (SMEs), 09.07.2009, erhältlich im Internet: <http://www.iasb.org/IFRS+for+SMEs/IFRS+for+SMEs+and+related+material/IFRS+for+SMEs+and+related+material.htm> (abgerufen am 02.09.2009).

IFRS für KMU (2009a), IFRS for SMEs – Basis for Conclusions, 9. Juli 2009, <http://www.iasb.org/IFRS+for+SMEs/IFRS+for+SMEs+and+related+material/IFRS+for+SMEs+and+related+material.htm> (abgerufen am 02.09.2009).

IFRS für KMU (2009b), IFRS for SMEs – Illustrative Financial Statements Presentation and Disclosure Checklist, 09.07.2009, erhältlich im Internet: <http://www.iasb.org/IFRS+for+SMEs/IFRS+for+SMEs+and+related+material/IFRS+for+SMEs+and+related+material.htm> (abgerufen am 02.09.2009).

IPSAS 28, Financial Instruments: Presentation, Januar 2010, erhältlich im Internet: <http://web.ifac.org/publications/international-public-sector-accounting-standards-board> (abgerufen am 31.01.2010).

IPSAS 29, Financial Instruments: Recognition and Measurement, Januar 2010, erhältlich im Internet: <http://web.ifac.org/publications/international-public-sector-accounting-standards-board> (abgerufen am 31.01.2010).

IPSAS 30, Financial Instruments: Disclosures, Januar 2010, erhältlich im Internet: <http://web.ifac.org/publications/international-public-sector-accounting-standards-board> (abgerufen am 31.01.2010).

NRW, Nordrhein-Westfalen (NRW) Innenministerium, Kredite und kreditähnliche Rechtsbegriffe der Gemeinden (GV), RdErld. D. Innenministeriums vom 9.10.2006 – 34-48-05.01/01 – MBl. NRW. 2006 S. 505, erhältlich im Internet: <http://www.im.nrw.de/bue/doks/krediterlass.pdf> (abgerufen am 02.09.2009).

RIC (2007), RIC-Positionspapier: Definition eines Eigenkapitalinstrumentes gem. IAS 39, 18.12.2007, erhältlich im Internet: <http://www.standardsetter.de/drsc/docs/press_releases/ 080109_EKnachIAS39.pdf> (abgerufen am 01.05.2009).

RIC (2008), Rechnungslegungs Interpretation Nr. 3, RIC 3 (near final draft), Auslegungsfragen zu den Amendments to IAS 32 Financial Instruments: Presentation and IAS 1 Presentation of Financial Statements, Puttable Financial Instruments and Obligations Arising on Liquidations, 31.12.2008, erhältlich im Internet: <http://www.standardsetter.de/drsc/docs/press_releases/081221_RIC3%20_nearfinal.pdf> (abgerufen am 15.09.2009).

Internet-Links

Stich-wort	Institution	Internetadresse	Bemerkung
BaFin	Bundesanstalt für Finanzdienst-leistungsaufsicht	http://www.bafin.de	*Unter* → *Unternehmen* → *börsennotierte Unternehmen interessante Informationen für börsennotierte Unternehmen (u. a. Q&A) zur Finanzberichterstattung und Bilanzkontrolle*
Bundes-gesetzblatt		http://frei.bundesgesetz-blatt.de/index.php	*Kostenloses Herunterladen von allen im Bundesgesetzblatt veröffentlichten Vorschriften (allerdings nur Leseversion) unter Eingabe von Jahr sowie Nr. des BGBl, dann suchen nach Seitenzahl.*
CEBS	Committee of European Banking Regulators	http://www.c-ebs.org	*Europäische Bankenaufsicht; für Banken von Interesse; so z. B. Infos zu „FinRep" und „Prudential Filters".*
CESR	Committee of European Securities Regulators	http://www.cesr-eu.org	*Europäische Wertpapieraufsicht.*
DPR	Deutsche Prüfstelle für Rechnungs-legung	http://www.frep.info/	*Homepage der „Bilanzpolizei". Hier werden u. a. auch die jeweiligen Prüfungsschwerpunkte veröffentlicht.*
DRSC	Deutsches Rech-nungslegungs Standards Committee e. V.	http://www.drsc.de	*Infos über sämtliche Neuerungen zur Rechnungslegung auf deutscher, europäischer und internationaler Ebene. Man kann hier auch kostenlos den DRSC-Newsletter beantragen, der Sie dann regelmäßig per E-Mail über Neuigkeiten auf der DRSC-Website informiert.*
DTT	Deloitte Touche Tohmatsu	http://www.iasplus.de	*Diese Homepage bringt zeitnah und kompakt alle Informationen rund um die internationale Rechnungslegung. Sie können sich hier auch kostenlos Lernmodule zu den einzelnen Standards herunterladen.*

Internet-Links

Stichwort	Institution	Internetadresse	Bemerkung
EU	EU-Kommission	http://ec.europa.eu/internal_market/accounting/ias/index_de.htm	*Hier können Sie sich einen Überblick über den aktuellen Stand bezüglich der Übernahme von IFRS in EU-Recht verschaffen. (Endorsement-Prozess).*
EUR-Lex	Rechtsvorschriften-Datenbank der EU	http://eur-lex.europa.eu/de/index.htm	*Hier können Sie kostenlos alle EU-Rechtsvorschriften herunterladen. Unter „Amtsblatt" Eingabe von: Jahr, L oder C, Nummer und Seitenzahl.*
FASB	Financial Accounting Standard Board	http://www.fasb.org	*Homepage des US-amerikanischen Standardsetters.*
FIAC	Financial Instruments Accounting	http://www.knuthenkel.de	*Hier finden Sie Veröffentlichungen sowie Seminare & Vorträge Rund um das Thema „Rechnungslegung von Finanzinstrumenten nach IFRS und HGB".*
FSF/FSB	Financial Stability Forum (Board)	http://www.financialstabilityboard.org /	*Ziel des FSF sind die Entwicklung und Implementierung von Regularien zur Stärkung der Finanzstabilität. Das FSF setzt sich u. a. zusammen aus Vertretern der jeweiligen nationalen Notenbanken und Regulierern, internationaler Finanzinstitutionen und Standardsettern. Deutschland ist vertreten durch die Deutsche Bundesbank, die BaFin sowie das BMF.*
IASB	International Accounting Standards Board	http://www.iasb.org.uk	*Homepage des internationalen StandardsetterS. Als Abonnent („subscriber") kann man elektronisch auf die neuen Standards zugreifen und bekommt automatisch die gebundenen Fassungen zugeschickt.*
IDW	Institut der Wirtschaftsprüfer in Deutschland	http://www.idw.de	*Unter „Verlautbarungen" werden alle IDW-Verlautbarungen mit Fundstelle aufgeführt, wobei die Entwurf-Standards kostenlos heruntergeladen werden können.*
IFAC / IPSAS	International Federation of Accountants	http://www.ifac.org/PublicSector/	*Der internationale Fachverband der Wirtschaftsprüfer (IFAC) gibt die IPSAS heraus.*

Internet-Links

Stichwort	Institution	Internetadresse	Bemerkung
IPSAS	International Public Sector Accounting Standards	http://www.ipsas.org http://www.ipsas.de	*Deutschsprachige Internetseite zu den IFRS in der öffentlichen Verwaltung (IPSAS).*
LEO	Technische Universität München	http://www.leo.org	*Kostenlose Internetseite zum Übersetzen Deutsch/Englisch und vice versa.*
NKF	Neues kommunales Finanzmanagement	http://www.neues-kommunales-finanzmanagement.de	*Informationsportal Rund um das Thema neues kommunales Finanzmanagement (in NRW).*
Treasury	Roland Eller Consulting GmbH	http://www.treasuryworld.de	*Das Internetportal Treasuryworld ist ein Wissensportal rund um das Thema Treasury-Management.*
Unternehmensregister		http://www.unternehmensregister.de	*Unter „Rechnungslegung/Finanzberichte" können Sie nach Unternehmensnamen die seit 2007 zu veröffentlichenden Finanzberichte einsehen.*

Stichwortverzeichnis

AABBAA 47, 71 ff., 234, 247, 275, 302, 303, 318
Abgang 70, 72, 84, 112, 114, 172, 191, 215, 235, 250, 276, 302, 306, 309, 314, 332, 333, 389
Abgangspreis 311
Abgeld 393, 394, 403
Abgesichertes Risiko 381, 406
ABS 73, 83, 84, 120 ff., 242, 318, 335 ff., 376, 377, 382, 417, 419
Abschlusserstellungstechniken 56
Absicherung des beizulegenden Zeitwertes 186, 188, 197, 289, 381
Absicherung einer Nettoinvestition in einen ausländischen Geschäftsbetrieb 193, 244
Absicherung von Zahlungsströmen 192, 266, 291, 302, 381
AC 63, 106, 153ff., 168, 182, 234, 238, 239, 243, 244, 307 ff., 314, 379, 386
Accounting Mismatch 375
Adressenausfallrisiko 154, 183, 381, 386
Adressenausfallrisikos 72, 97, 302, 384, 390
AFS 106, 123, 132 ff., 142, 148 ff., 163, 165 ff., 180, 186, 187, 191, 194, 207, 217, 225, 309, 319, 326, 327, 328, 335 ff., 352, 353, 354, 356, 376, 381 ff., 395, 405 ff., 412, 413, 417 ff.
Agio 106, 155, 156, 187, 206, 328, 381, 393, 394, 403
Aktien 49, 55, 65, 66, 74, 77, 80 ff., 87, 93, 101, 107, 117, 118, 129, 136, 145 ff., 157, 170 ff., 228, 235, 239, 252, 254, 262, 284, 285, 314, 325, 326, 327, 340, 351 ff., 381, 386, 397, 399, 407, 412 ff.
Aktiengesellschaft 49, 77, 82
Aktienindex 94, 228
Aktien-Option 325, 351, 352
aktiver Markt 149, 175, 176, 283, 284, 335, 352, 353, 397
Aktiv-Passiv-Steuerung 89
Aktivtausch 84

Akzeptkredite 88
Allgemeine Angaben 208, 209
amerikanische Option 94, 95
Amortised Cost 156, 159, 194, 195, 308, 309, 375, 381
Anforderungen an das Hedge Accounting 197, 198, 246
Angaben zu Bilanz, GuV 209
Angaben zum Kapitalmanagement 226
Angaben zum Zahlungsverzug und zu Vertragsverletzungen 216
Angaben zu Risiken aus Finanzinstrumenten 208, 225
Anlagemanagement 86
Anlagevermögen 123, 132, 138, 205, 252, 255, 256, 260, 261, 273, 296, 300, 326, 328, 356, 382, 383, 384, 388, 402
Anleihen 74, 78, 82, 83, 84, 87, 93, 120, 228, 265, 273, 414, 417
Ansatz 49, 59, 61, 63, 71, 100, 106 ff., 124, 141, 143, 145 ff., 162, 179, 180, 189, 191, 195 ff., 209, 228, 234, 235, 239, 242, 249, 251, 257, 265, 276, 277, 278, 299, 302, 306, 312, 313, 336, 368, 370, 396, 398, 402 ff.
Anschaffungskosten 61, 63, 121, 123, 143, 144, 153 ff., 162 ff., 180, 181, 186, 196, 197, 210, 211, 215, 218, 238, 239, 243, 244, 254, 257, 258, 259, 261, 278 ff., 284, 287, 302, 304, 309, 314 ff., 326, 327, 337, 356, 379, 381 ff., 391, 394, 397, 403, 406 ff., 419
Anschaffungsnebenkosten 141, 254, 255, 278, 279, 383
antizipativer Hedge 382
Anwendungsbereich 42, 49, 53, 100 ff., 129, 132, 133, 208, 210, 228, 235, 242, 247, 275
AO 57, 276, 415
Arbitrage 75, 90, 91
Asset Backed Securities 83, 120, 382, 417
Asset Management 86, 90
asymmetrisch 92
asymmetrischen 111

443

Stichwortverzeichnis

at cost 123, 157, 171, 220, 239
ATM 96
at the money 96
atypisch stille Gesellschaft 81
Aufgelaufene Zinsen 382
Aufgeld 381, 393, 394, 403
Ausbuchung 101, 105, 112 ff., 144, 215, 235, 306, 307, 400
Ausbuchungsvorschriften 45, 102, 110, 113, 250, 276, 305, 306, 307, 317, 332, 333, 334, 335, 376, 377, 382, 393, 419
Ausfall 97, 98, 104, 162, 163, 169, 216, 227, 413
Außenfinanzierungsarten 42, 75
außergewöhnlicher Umstande 231
außerplanmäßige Wertminderungen 155
Ausübungspreis 94, 95, 96
Ausweis in der Bilanz 39, 71, 72, 125, 202, 236, 242, 252, 278, 307, 336
Ausweis in der GuV 72, 202, 239, 269, 296, 314, 338
available for sale 106, 142
Avale 106, 142

Bankbuch 88, 89, 126, 250, 265, 266, 280, 291, 294, 413
Bankbuch-Derivate 265, 266, 280, 294
Bankenmanagement 265, 266, 280, 294
Bankkredit 265, 266, 280, 294
Barausgleich 265, 266, 280, 294
Barrier Optionen 96, 97
Barwert 163, 166, 176 ff., 312, 317, 341, 342, 379, 382, 392, 393, 416
Basel II 163, 169
Basis Adjustment 196, 197, 382, 391
Basispreis 94, 95
Bear-Spread 96
Befreiender Abschluss 56
Beibehaltungswahlrecht 258
beizulegender Wert 260, 261, 382
beizulegender Zeitwert 43, 166, 177, 260, 283, 297, 392, 395
Beratung 91
besondere Deckung 259
Beteiligungen 54, 81, 101, 106, 121 ff., 132 ff., 157, 166, 168, 170, 171, 204, 236, 302, 382, 407, 411

Bewertung 7, 39, 44, 45, 59, 61, 72, 106, 122, 130, 137 ff., 147, 150, 153, 159, 160, 161, 170 ff., 180 ff., 215, 221, 229, 232 ff., 238, 242, 247, 254 ff., 261 ff., 272 ff., 279, 280 ff., 290 ff., 299, 300 ff., 326 ff., 337, 352, 353 ff., 368, 376, 381 ff., 390 ff., 400 ff.
Bewertungseinheiten 44, 72, 180, 184, 239, 243, 250, 261 ff., 271, 272, 274, 280 ff., 290 ff., 302, 304, 313, 337, 383, 385, 387, 406, 412 ff.
Bewertungskategorien 41, 126, 140, 144, 238, 242, 253, 255, 256, 270, 279, 302, 308, 314, 381 ff., 396 ff., 407, 410 ff.
Bewertungsmethoden 140, 147, 152 ff., 175, 180, 209, 239, 243, 257, 261, 280 ff., 298, 300, 310, 381 ff., 390, 397, 412, 413
Bewertungsverfahren 45, 178, 179, 219, 337, 338, 392
Bezugsrechte 82, 238
Bilanzierungstag 110, 250
Bilanz Kreditinstitute 135, 252
Bilanz Nicht-Kreditinstitute 130, 236, 252
Bilanzrechtsmodernisierungsgesetz 7, 43, 44, 273, 274, 386, 402
Bilanzrichtlinie 50, 388, 409
BilMoG 7, 9, 11, 39, 42 ff., 53 ff., 64, 69, 234, 262, 265, 273 ff., 280 ff., 290 ff., 300, 301, 386, 388, 402, 409
bis zur Endfälligkeit gehaltene Finanzinvestitionen 148, 211
Bonds 78, 82, 86, 107, 119, 133, 136, 145, 169, 171, 183, 238, 265, 309, 381, 389, 399, 407, 413
Börsenpreis 261
Broker 174, 283, 397
Bruttoausweis 142, 143, 160, 310, 315, 341
Bruttomethode 160, 320, 331
Buchforderung 84, 136, 253, 255
Buchungskonventionen 69, 70, 71, 389, 390, 405, 416
Buchwert 84, 157, 159, 163 ff., 170, 177, 186, 187, 191, 194 ff., 215, 218, 220, 254, 264, 271, 297, 317, 327, 337, 338, 339, 343, 355, 390 ff., 394, 406, 419
Bull-Spread 96
Bürgschaften 89, 103, 108, 250, 377
Buy/Sell-Backs 90

C

callable 148
Callable-Anleihen 84
Capital Requirements Directive 311
Capped-Floater 84
Cashflow-Charakteristika 308, 313
Cashflow Hedge 72, 109, 140, 183 ff., 192 ff., 202, 243, 244, 262, 266, 285, 289, 291, 302, 304, 313, 368, 381 ff., 390, 391, 403, 406, 407, 414
Cashflow Hedge (CFH) auf eine Nettoinvestition in einen ausländischen Geschäftsbetrieb 381, 391
Cashflow-Hedge-Rücklage 137, 193
Cash Management 75, 85, 375
Cash Settlement 94, 325, 376
Cash Strukturen 417
Cash-Strukturen 120, 121, 391, 417
CDS 120, 417
CFH 185, 192, 194, 201, 244, 245, 291, 381, 382, 385, 390, 391, 406, 407, 414
Checkliste 106, 150 ff., 189, 190, 326
Clean Price 43, 176 ff., 328, 382, 391, 392 ff., 412, 417, 419
CLO 83, 120, 392, 417
CMBS 83, 120, 392, 417
CMS-Floater 84
Collateralized Loan Obligation 83, 120, 392, 417
Commercial Banking 87, 88, 91
Commercial Mortgage Backed Securities 83, 120, 392, 417
Commercial Papers 83, 86, 87, 238
Commodity-Risiken 98
Compound Instrument 82, 117, 128
Continuing-Involvement-Konzept 113
Control-Konzept 113, 411
Convertible Bonds 82
core deposits 189
Corporates 78
Corporate Treasury 74, 85 ff.
CRD 311
Credit Default Swap 103, 120, 417
credit enhancements 83
Credit Risk in Liability Management 312
credit spread 313, 379
critical term match 186, 199, 200, 264, 288
cross-hedges 286

D

Darlehen mit Rangrücktritt 128
dauerhafte Wertminderung 170, 258, 281, 376, 409, 413
DAX-Unternehmen 75
Day one profit or loss 179, 392
day two profit or loss 284
DCF 232, 273, 393, 400, 401, 406
Debt Mezzanine 79, 82
deffered-Methode 251
Deport 94
Depotgeschäft 89
derecognition 41, 102, 105, 110, 112, 302, 305
Derivat 72, 92, 96
Derivate 74, 85, 87, 90 ff., 101, 104 ff., 117, 121, 133 ff., 146, 157, 174, 175, 180, 194, 195, 197, 216, 242, 245 ff., 262, 265, 266, 271, 273, 276, 280, 288, 293, 294, 299, 300, 309, 336, 353, 365, 387, 393, 394, 395, 397, 399, 402, 405, 412, 416, 417
derivative Finanzinstrumente 74, 82, 91, 107, 110, 197, 260, 280, 293, 399, 416
Designation 102, 148, 187, 189, 193, 194, 199, 200, 280, 292, 385, 396, 398, 407, 408, 412
Devisentermingeschäfte 151
Dirty Price 176 ff., 382, 391 ff.
Disagio 106, 155 ff., 187, 206, 379, 381, 393, 394, 403
Disclosures 368, 369, 381, 400
Discounted Cashflow Methode 393, 406
Diskontierungsfaktoren 178, 232, 394, 401
Dokumentation 148, 194, 197 ff., 201, 246, 267, 294 ff., 302, 380
Dollar-Offset-Methode 199, 200, 394
Drohverlustrückstellung 258, 263, 265, 272, 280
Dualer Abschluss 56
Durchbuchungsmethode 185, 244, 263, 287 ff., 292 ff.
dynamic provisioning 310, 311
dynamische Risikovorsorgebildung 311

E

EAP 232, 233, 304, 401
Effektivität 185 ff., 191, 193, 197 ff., 200, 201, 246, 263 ff., 295, 328, 394
Effektivitätstest 191, 197, 199, 200, 201, 246, 294, 295, 302, 328, 394, 414 ff.

Effektivzins 155 ff., 164, 317, 328, 381, 394, 403, 416
Eigenbetriebsverordnung 52, 54, 68, 69, 417
Eigene Anteile 252, 278
Eigengeschäft 90
Eigenhandel 87, 90, 91
Eigenkapital 54, 61, 70 ff., 82, 107, 116, 123, 128, 129, 134, 137, 165, 168, 170, 173, 181 ff., 192 ff., 202, 217 ff., 227, 237, 238, 244, 251, 252, 259, 278, 293, 302, 307, 309, 312 ff., 381, 382, 389, 390 ff., 403, 406 ff.
Eigenkapitalähnliches Mezzanine-Kapital 80
Eigenkapitalquote 79, 287
Eigenkapitalspiegel 107, 129
EigVO NRW 54, 68, 69
eingebettete Derivate 121, 216
eingetretene Verluste 310
Einheitsbilanz 56
Einlagen 89, 128, 129
Einlagengeschäft 87, 89
Einnahmenüberschussrechnung 275
Einnahmen-Überschuss-Rechnung 65
Einzelabschluss 39, 42, 50, 54 ff., 132, 172, 247, 251, 260, 272 ff., 389, 394, 411 ff.
Einzelbewertung 72, 139, 140, 182, 249, 261, 266, 294, 337, 384, 385, 394, 405
Einzel-Impairment 165, 169, 395, 412
Einzelunternehmung 47, 77
Einzelveräußerungspreis 260
Einzelwertberichtigung 169, 258
Embedded Derivatives 105, 117, 121, 143, 147, 201, 232, 235 ff., 353, 394, 395, 396, 400
Emittentensicht 101, 116, 117
endorsement 189
eng miteinander verbunden 118, 119, 318, 335
entry price 312
Equity Mezzanine 79, 80, 81
Equity Tranche 83
erfolgswirksam zum beizulegenden Zeitwert bewertet 141, 398
Erfüllungsgeschäfte 92
Erfüllungstag 93, 110
Ergebnisabhängige Verzinsung 79
Ertrags-Ansatz 312
Erwerbspreis 312
Erwerbsvorbereitung 382, 395
Erwerb über Optionen 144, 254
EStG 57, 65, 264, 271 ff., 299, 415

EU 7, 11, 39, 48, 50 ff., 60 ff., 97, 100, 129, 183, 189, 207, 230, 311, 368, 370, 388, 395, 407 ff.
Euribor 78, 94
europäische Option 94 f.
Eventual-Termingeschäft 97
EWB 169, 258
exit price 311, 312
Exotische Optionen 96
expected cashflow-Modell 310
expert advisory panel 304

Factoring 83, 84, 85, 105, 138
Fair Value 43 ff., 72, 102, 103, 120 ff., 134 ff., 140 ff., 150 ff., 161, 173 ff., 180 ff., 191 ff., 200, 201, 206, 210 ff., 220 ff., 231 ff., 243, 244, 248, 258, 260 ff., 271 ff., 280 ff., 298, 300, 302 ff., 311 ff., 326 ff., 330, 337, 339, 341 ff., 353 ff., 360 ff., 375 ff., 380 ff., 390 ff., 400 ff., 411 ff.
Fair Value by Designation 385, 396, 398, 407, 408, 412
Fair Value Hedge-Accounting 328
Fair Value Hedge (FVH) 186, 381, 396, 398, 406, 413
Fair Value Hedge Hedge-Accounting 357
Fair Value Hierarchie 229, 232, 233, 273, 381, 392 ff., 400 ff., 412, 414
Fair-Value-Hierarchie 173, 174
fair value measurement guidance 305
Fair Value Option 102, 121, 146, 201, 214, 239, 308, 314, 318, 368, 380, 395 ff.
Fair Value-Option 202
Fair-Value-Option 117, 121, 133, 134, 147, 148, 201, 202, 212, 215, 251, 335, 352, 353, 396
Fair Value Portfolio Hedge auf Zinsänderungsrisiken 398, 412
Fair-Value-Portfolio-Hedge auf Zinsänderungsrisiken (FVPH) 188, 192
Fair Value through Profit and Loss 382, 385, 395, 396, 398, 409, 416
FAK 235, 258, 381 ff., 394, 403, 406, 409, 412
Festbewertung 264, 265, 287 ff.
Feste Verpflichtung 245, 398, 403
feste Verpflichtungen 110, 111, 243, 314
Festgeld 88
Festpreis-Lieferkontrakt 93
Festverzinsliche Wertpapiere 398, 399

FFV 153 ff., 164, 178, 394, 395, 405, 406
FG 150, 160, 386, 399, 417
Financial Asset 398
Financial Instrument 305, 398
Financial Liability 398
Finanzanlageergebnis 207, 338, 365
Finanzanlagen 127, 132 ff., 205, 207, 260, 271, 336
Finanzergebnis 205, 206, 338
Finanzgarantie 89, 101 ff., 141, 142, 150, 160, 161, 317, 331, 343, 375, 377, 399
Finanzieller Vermögenswert 382, 396, 398, 399, 417, 418
Finanzielle Verbindlichkeit 396, 398, 399, 418
Finanzinstrumente 7, 11, 39, 40 ff., 54, 59, 60 ff., 71 ff., 82 ff., 90 ff., 100 ff., 110 ff., 120 ff., 130 ff., 143 ff., 154, 157, 161, 167, 168, 171 ff., 180 ff., 194 ff., 202, 205 ff., 210 ff., 224 ff., 231 ff., 242 ff., 251 ff., 260, 269, 271 ff., 280 ff., 291 ff., 300, ff., 311 ff., 326, 335 ff., 353, 368, 369, 370, 376, 382 ff., 395 ff., 402 ff., 410 ff.
Finanzinstrumente der Unternehmensfinanzierung 75
Finanzintermediäre 78, 87
Finanzkommissionsgeschäft 89
Finanzkrise 7, 11, 43, 44, 45, 64, 86, 124, 153, 176, 215, 221, 229, 230, 231 ff., 272, 273, 280, 302 ff., 310, 381, 384, 387, 398, 399, 400, 402, 410, 411, 418
FinRep 126, 370
firm commitment 194, 196, 330, 366
Fixed-Bond 78
Floating Rate Note 78, 406
Fondsanteile 399, 403
Fonds für allgemeine Bankrisiken 279, 281, 300, 387
Forfaitierung 85
Fortgeführte Anschaffungskosten 154, 302, 304, 314, 315, 381, 382, 386, 394, 403, 406, 409, 412
Forward Rate Agreement 93, 323, 349, 393
Forwards 92, 93
framework 62
Fremdkapital 61, 75 ff., 82 ff., 116, 126, 128, 129, 237, 244, 252, 305, 307, 308, 403, 408
Fremdkapitalähnliche Mezzanine-Kapital 82
Fremdkapital-Papiere 403

Fremdwährungsanleihe 286
Fremdwährungsrisiken 106, 139, 140, 171, 180, 195, 239, 244, 258, 282, 293, 376, 381 ff., 403 ff.
FRN 78, 86, 180, 181, 244, 406
Full Fair Value 120, 147, 153 ff., 177, 178, 187, 194, 262, 286, 337, 379, 392 ff., 405, 406
Full-IFRS 43, 49, 54 ff., 61, 62, 235, 236, 239, 241 ff.
Fungibilität 129
Future 92, 94, 146, 249, 261, 262, 324, 350, 351, 382, 390, 405, 414
FV 63, 143, 157, 158, 233, 308, 313, 379, 381 ff., 390 ff., 399, 401 ff., 412, 413
FVBD 132 ff., 141 ff., 150, 157, 159, 161, 171, 217, 225, 318, 319, 326, 335, 339, 352, 353, 385, 396, 398, 407 ff.
FVH 185, 186, 191, 194, 201, 202, 244, 245, 291, 328, 357 ff., 381, 396, 398, 406 ff.
FVPH 185, 188, 189, 190 ff., 313, 329, 330, 360, 361 ff., 398, 407, 412
FVTPL 102, 141, 145, 147, 150, 154, 157, 158, 161, 179, 194, 217, 231 ff., 242, 243, 308, 382 ff., 395 ff., 409, 416
FW 154, 171, 172, 239, 243, 257, 258, 280, 282
FX 197, 381, 384 ff., 403, 405, 412 ff.

Garantien 89, 103, 104, 160, 377
Geld-/Briefkurse 261
Gelddarlehen 88
Geldmarkt 248, 375
gemildertes Niederstwertprinzip 260
Genossenschaften 128, 239, 302
Genussrechte 81, 107, 399
Genussschein 80
Geplanter und höchst wahrscheinlicher Geschäftvorfall 405
Geplante zukünftige Geschäftvorfälle 111, 196
Geschäftsmodell 256, 308
Geschäftsvorfälle in Fremdwährungen 97, 171, 258, 282
Gesellschafter-Darlehen 82
Gewinn-Verlust-Profil 96
Girogeschäft 89
Gläubigerkündigungsrecht 326, 352
Gläubigerschutzgedanke 247
GmbH 49, 50, 51, 53, 77, 101, 417

Stichwortverzeichnis

GoB 55, 62, 63, 250, 251, 260 ff., 272, 274, 285, 382, 387, 414
große mittelständische Unternehmen 49, 50, 51, 53, 58, 416
Grundgeschäfte 189, 191, 192, 194, 218, 245, 264, 266, 290, 291, 292, 293, 313, 314, 390, 405
Grundsatz der verlustfreien Bewertung 294
Grundsätze ordnungsmäßiger Buchführung 55, 276, 414
GuV in Staffelform 270
GuV-Komponenten 202, 203, 206

Handel 39, 87, 90, 91, 125, 126, 280, 300, 308, 335, 352, 353
Handelsbestand 129, 257, 265, 279, 280, 294, 297, 353, 413
Handelsbuch 90, 280
Handelsergebnis 125, 126, 144, 194, 206, 207, 262, 281, 297, 337, 338, 365
Handelsgesetzbuch 54, 65, 369, 385, 390, 394, 405, 410, 413, 417
Handelskredit 78
Handelstag 103, 110
hedge accounting 106, 304, 313
hedge adjustment 185, 186, 187, 244
Hedge-Arten 184, 185, 244, 264, 289, 290, 385, 386, 390, 396, 405, 406, 407
Hedged Item 191, 194, 245, 365
Hedge-Ergebnis 187, 194, 195, 206, 218, 219, 365
Hedge Fair Value 159, 178, 182 ff., 195, 200, 244, 286, 287, 328, 379, 394, 395, 403, 406
Hedge-Kennzeichen 198
Hedging 42, 44, 45, 91, 136, 137, 145, 195, 196, 234, 353, 365, 376, 377, 382, 391, 403, 407 ff.
Hedging Derivate 136, 137
Hedging Instrument 391, 403, 407, 416
Held to Maturity 150, 180, 194, 382, 385, 389, 402, ff., 416 ff.
HFV 159, 178, 394, 395, 403, 406
HGB 7 ff., 39 ff., 50 ff., 61 ff., 81, 108 ff., 123, 126, 128, 135, 144, 160, 161, 172, 184, 185, 193, 202 ff., 225 ff., 234, 247 ff., 250 ff., 260 ff., 270 ff., 280 ff., 290 ff., 299, 300, 302, 307, 326, 352, 369, 370, 382 ff., 390, 394, 396, 398, 400 ff., 410, ff.

HTM 123, 133, 148, 149, 150 ff., 163, 166, 169, 170, 180, 186, 194, 239, 273, 314, 326, 328, 352 ff., 382, 385, 386, 389, 395, 402 ff., 412 ff.

IAS 1 126, 127, 202 ff., 407 ff.
IAS 12 125, 221 ff., 236, 407, 409, 412
IAS 21 239, 302, 314, 384, 405 ff., 413 ff.
IAS 30 408
IAS 32 64, 75, 126, 128, 129, 234, 237, 238, 302, 305, 399, 402 ff.
IAS 39 7, 11, 41 ff., 64, 89, 90, 101 ff., 112 ff., 121, 126, 129, 130 ff., 140 ff., 150 ff., 169, 173, 175, 180, 185, 186, 193, 197, 199, 202, 206, 208 ff., 215 ff., 220, 229, 230 ff., 271, 284, 285, 293, 295 ff., 304, 305, 313, 326, 327, 332, 333, 352, 353 ff., 370, 375 ff., 381 ff., 390 ff., 400 ff., 410 ff.
IASB expert advisory panel 7, 43 ff., 58, 59, 60, 62, 129, 194, 228, 232 ff., 241, 304 ff., 311 ff., 370, 399, 400, 401, 408 ff.
IFRS 7 45, 64, 97, 100, 126, 207 ff., 210 ff., 220, 226 ff., 230 ff., 297, 302, 381, 400 ff.
IFRS 9 236, 304, 307, 310 ff.
IFRS for Small and Medium Sized Entities 408, 410, 413
IFRS für den Mittelstand 7, 43, 44, 58, 62
IFRS für die öffentliche Verwaltung 64
IFRS für KMU 11, 39, 43, 44, 234, 240, 241, 408
Impairment 45, 101, 103, 123, 154, 160 ff., 170, 171, 206, 207, 218, 233, 239, 302, 304, 309, 314, 327, 337, 338, 355, 369, 376, 381, 384, 386, 395, 409, 412 ff.
Impairment-Abschreibung 163, 337
Impairment-Bereiche in der Praxis 168
In-Arrears-Floatern 84
income approach 312
incurred loss-Modell 310
Industrieobligationen 78
Inhaberkündigungsrecht 129
Inhaberschuldverschreibungen 76, 383
initial margin 94
Innenfinanzierung 75
innere Wert 95, 96, 184, 197
Inputparameter 175, 261, 316, 397
Insolvenzfall 81
Inter-company Geschäfte 409
internationale Rechnungslegung 54, 61

interne Geschäfte 108, 202, 245, 294
Interne Verwaltungskosten 141
in the money 96
intra-office Geschäfte 410
intrinsic value 95
in-use-Prämisse 312
Investmentbanking 90, 91
Investmentvermögen 297
Investorensicht 101, 107
IPSAS 7, 58, 64, 69, 233, 234, 389, 402, 409, 410
ISIN 76, 78, 80, 134, 136, 137, 253, 255, 257, 383
ITM 96

J

Jahrgangsinformationen 315
juristischen Eigentum 250

K

Kapitalbeschaffung 75, 377
Kapitalmarkt 48, 49, 55, 57, 65, 74, 76, 77, 78, 79, 80, 81, 82, 83, 84, 86, 87, 89, 178, 228, 393, 415, 416
Kapitalmarktfloater 84
kapitalmarktorientierte Unternehmen 7, 39, 47, 48, 49
Kapitalstrukturpolitik 75, 377
Kassageschäfte 61, 107, 110, 111, 133, 136, 148, 149, 191, 259, 375, 376, 399, 410, 412
Kassamarkt 95, 96
Kategorien 103, 106, 118, 130 ff., 142 ff., 150 ff., 171, 180, 185, 191, 202, 210 ff., 217, 241, 308, 326, 353, 354, 370, 384 ff., 395, 403 ff., 410, 416 ff.
Kategorisierung Aktiva 145
Kategorisierung Passiva 150
Kaufoption 95, 325, 382
KG 53, 65, 128
Klassen von Finanzinstrumenten 210
Kleine mittelständische Unternehmen 53
kleine und mittelgroße Unternehmen 44, 58, 234, 389

KMU 11, 39, 43 ff., 57, 58, 61 ff., 69, 234 ff., 240 ff., 308, 389, 408, 410, 415, 416
KMU-IFRS 43, 47 ff., 58, 61 ff., 69, 234 ff., 240 ff., 308, 416
Knock-in Option 97
Knock-out Option 97
Kommanditgesellschaft auf Aktien 49, 65
Kommunalanleihen 78

kommunale Eigenbetriebe 48, 52, 54, 69
kommunale Verwaltung 52, 54, 64, 69
Kommune 51, 52
Kompensatorische Bewertung 263, 287, 288, 291, 292, 293, 294
komplexe Finanzinstrumente 60, 71
Komplexitätsreduktion 7, 304, 410, 416
Konsolidierung 59, 108, 114, 124, 236, 307, 369, 419
Kontenplan 126, 138, 139
Konzernabschluss 40, 54 ff., 123, 138, 223, 307, 369, 389, 411, 414 ff.
Konzernabschluss von Unternehmen unterschiedlicher Branchen 138
Konzerneinheitliche Bewertungskurse 180
konzerninterne Finanzierungen 79
Kredite und Forderungen 149, 150, 194, 211, 214, 411, 412
Kreditgeschäft 87, 88, 207, 216, 315
Kreditinstitute 7, 9, 39, 40 ff., 51 ff., 60, 61, 66, 69, 71 ff., 83, 85 ff., 91, 100, 103, 108, 109, 125 ff., 130, 135 ff., 146, 147, 163, 168, 169, 188, 195, 199, 202 ff., 216, 231 ff., 239, 247, 248, 250 ff., 264, 269, 270, 274, 280 ff., 289, 290 ff., 300, 302, 336, 338, 353, 360, 370, 377, 383 ff., 398, 402, 411 ff.
Kreditqualität 315
Kreditwesengesetz 48, 74, 87, 412
Kreditzusagen 100, 102, 108, 150, 153, 160, 208, 235, 238, 250, 271
Kundengeschäft 88, 178, 394
Kundenkonditionsbeitrag 88, 394
Kundenkredit 79
Kupfer 93, 96, 98
Kupon 83, 84, 154, 156, 176, 379, 391, 417
kurzfristig 90, 126, 127, 145, 149, 285, 318, 418
KWG 48, 74, 87, 88, 89, 136, 248, 276, 280, 298, 412

langfristig 126, 127
langfristige 126, 127
LAR 133, 134, 142, 148, 149, 150, 154, 159, 163, 166, 169, 170, 175, 180, 181, 186, 191, 194, 225, 231, 239, 319, 326, 335 ff., 352, 353, 375, 381, 382, 385, 386, 395, 403 ff., 411 ff.

Stichwortverzeichnis

Latente Steuern 124, 221, 223, 224, 225, 236, 271, 274, 277, 299, 319
LC 150, 160
Leasing 75, 83, 84, 101, 124, 138, 242, 318, 419
Leerverkaufes 146
Leitlinien zur Bewertung zum beizulegenden Zeitwert 305, 311
Letter of Credit 83
Level 174, 175, 179, 233, 312, 392, 397, 402, 412
lex generalis 66, 101
lex specialis 66, 101
liability-Methode 125, 277
Libor 94
Lieferantenkredit 79
Liquiditätslinien 83
Liquiditätsmanagement 85
Liquiditätsreserve 253, 257, 270, 308
Liquiditätsspread 232, 233, 273
Liquidity Spread 232
LME 93
loans and receivables 142, 211
Long 82, 83, 92, 94 ff., 119, 145, 150, 325, 382
Long Call 82, 83, 95, 150, 382
Long Put 95, 150

magische Fünfeck 79
MaH 111, 250
Makro-BWE 250, 263 ff., 266, 288, 294, 314, 385, 398, 412
MaRisk 91, 111, 250, 266
market approach 312
Markt-Ansatz 312
mark to market 174, 397
mark to model 175, 397
Marktpreis 97, 195, 257, 261, 283, 284
Marktpreisrisiko 97, 227, 239, 243, 381, 396, 412
Marktwert 61, 75, 95 ff., 107, 111, 117, 118, 153, 169, 181, 318, 319, 327, 336, 353, 395, 406, 412
MASP 93
Maßgeblichkeit 39, 42, 251, 277, 299
Memo-Buchhaltung 108, 280, 287, 288
Mezzanine-Kapital 77, 79, 80, 81, 82, 107, 252, 399
Mezzanine Tranche 83
Mikro-BWE 263 ff., 288, 290, 385, 396, 398, 413, 414

Mikro-Unternehmen 50, 53, 57, 65, 247, 275, 389, 415
Mindestumfang 126, 202, 278
mit hoher Wahrscheinlichkeit erwartete Transaktionen 285, 291
Mittelstand 7, 43, 44, 49, 58, 62, 64, 80, 105, 274, 413
Mittlere mittelständische Unternehmen 53
Mixed Model 41, 302, 386, 406, 408, 413
Mixed Modell 72
monetäre Posten 171, 172, 327, 356, 376, 407, 413
monetary items 171, 391, 407, 413

Nachrangdarlehen 82, 83
Nachrangigkeit 79, 252
Namensaktien 76, 383
Natur des Finanzinstrumentes 255
net risk exposure 265
net settlement 293
Nettoausweis 141, 142, 160, 161, 320, 340
Nettogewinne/-verluste 216
Nettomethode 142, 160
Nettoposition 188, 191
Nettorisikopositionen 265
Neubewertungsrücklage 123, 134, 137, 153, 157 ff., 166, 170, 172, 182, 187, 193, 194, 196, 207, 244, 309, 313, 314, 327, 328, 337, 338, 339, 340, 355, 356, 382, 391, 413, 414
Neue Kommunale Finanzmanagement (NKF) 409, 410, 413
Neues kommunales Finanzmanagement 67
neues kommunales Rechnungswesen 67
Nichtabzugsfähigkeit 225
Nicht-Kreditinstitute 7, 39, 47, 48, 61, 72, 78, 86, 87, 91, 126, 127, 130, 138, 202, 203, 204, 232, 236, 239, 247, 252, 269, 274, 280, 336, 353, 360, 387, 402, 413, 414
Nicht-monetäre Posten 407, 413
NKF 7, 54, 64, 67, 69, 409, 410, 413
NKR 64, 67, 69
Nominalwertbilanzierung 254, 383
non monetary items 407, 413
Notes 72, 137, 207, 381, 400
Nutzungsmöglichkeiten 40

Stichwortverzeichnis

objektive Hinweise 161, 162, 165, 409, 412, 413
Obligationen 78
OCI 157, 158, 202, 233, 244, 309, 313, 314, 414
off-balance 88, 91, 249, 280
OHG 51, 65, 128
on-balance 88
Optionen 74, 82, 92, 94 ff., 114, 144, 146, 150, 197, 238, 242, 245, 254, 309, 393
Optionsanleihen 82, 83
Optionsberechtigter 94
Optionspreismodelle 175, 178, 397, 414
Optionsstrategien 96
Orderly transaction 311
Orderpapiere 76, 383
Orderschuldverschreibungen 89
originäre Finanzinstrumente 74, 85, 86, 91, 93, 110, 111, 194, 202, 293, 314, 399, 405
OTC 92, 93, 175, 397
other comprehensive income 157, 158, 202, 308
OTM 96
out of the money 96
Own-Use-Kontrakte 105, 376, 403, 414, 419

Paketzu- oder -abschläge 284
Paralleler Abschluss 56
partial hedges 313
Pass through Arrangements 114
pauschalierte Einzelwertberichtigung 169
Pauschalwertberichtigung 169, 256, 258
pay 93, 326, 353, 379
Payer-Swap 93, 265, 365, 379, 413
Payer-Swaps 93, 265, 365, 379, 413
Pensionsgeschäfte 250
Pensionsverpflichtungen 101
percentage approach 188, 189
perfect hedge 185, 263, 264
Personengesellschaft 47, 65, 77
Personengesellschaften 53, 65, 128, 129, 136, 157, 238, 302, 382
pEWB 169, 258
Pfandbriefgeschäft 89
plain vanilla 44, 63, 76, 234, 235, 399
planed future transaction 194
Portfoliobasis 189, 398

Portfolio-BWE 263, 264, 265, 290, 300, 385, 388, 414
Portfolio-Impairment 163, 165, 169, 412, 414
Prämie 95, 96, 141, 143, 340, 341, 342
Preisservice-Agenturen 233
Present Value 178, 342
Private Equity 77
prospektiver Effektivitätstest 199
Provisionsgeschäfte 89
prozessorientiert 71
Public Equity 77
Publikumfonds 86, 136, 157, 170
Publizitätsgesetz 277
puttable 129, 148, 239
puttable instruments 129
PWB 169, 258

Qualifizierte Durchschnittsmethode 408, 414
qualifizierte Marktteilnehmer 311
quasipermanenten Differenzen 125, 251, 278

Rahmenkonzept 62, 403, 409, 414
RAP 248, 249, 252, 254, 383
Receive 92
Receiver-Swap 93
RechKredV 66, 126, 135, 247, 250, 252, 270, 274, 279, 297, 298, 405
Rechnungsabgrenzungsposten 277, 383
Rechnungslegungspflichten pro Unternehmenstyp 57, 416
Rechnungslegungsverordnung für Kreditinstitute 252, 405
Reclassification 230, 400, 416
Recoverable Amount 164, 167, 169, 337, 409, 416, 418
recycling 309
reducing complexity 304, 411, 416
Refinanzierung der Handelsbestände 297
Regressionsanalyse 200, 416
reguläre Transaktionen 311
Renten 78
Repo 41, 90, 242, 306
Report 94
repurchase agreement 41
Residential Mortgage Backed Securities 83, 120, 416, 417
Residualanspruch 107, 128
Residualgröße 150, 237, 307, 382

451

Restlaufzeit 74, 95, 134, 154, 254, 273, 282, 310, 326, 379, 381, 388
Retail-Geschäften 178, 393
Retrospektiver Effektivitätstest 200, 416, 418
return on assets 287
revaluation reserve 157, 158
Reverse-Convertible 82, 117
Reverse-Impairment 166
Risikoabschlag 84, 265, 279, 281, 297, 300
Risikoarten 72, 74, 97, 98, 154, 227, 313, 395
Risikomanagement 85, 91, 147, 189, 226, 250, 375
Risk-and-Reward-Konzept 113
RMBS 83, 120, 416, 417
ROA 287
Rohstoff 93, 244
Rohstoffpreis 97
Rohstoffpreisrisiken 98
Roll-Over 187
Rückzahlungsbetrag 78, 154, 187, 254, 379, 383

Sachanlagen 127, 253
Saldierung 127, 219, 278
Schuldnerkündigungsrecht 317, 326, 352
Schuldscheindarlehen 78, 84, 87, 93, 107, 114, 136, 145, 159, 171, 180, 181, 265, 328, 379, 399, 406, 407, 414
Schuldverschreibungen 78, 80, 129, 251
schwebende Geschäfte 262, 266, 285, 289, 291, 292, 298
SCP 83, 120, 121, 309, 382, 391, 392, 416, 417
Securitization 377, 416
Selbstfinanzierung 75
Sell-and-Buy-Back 90
Senior Tranche 83
Sensitivitätsanalyse 416
settlement date 110, 202
SFAS 157 233, 311, 402
short 107, 111, 119, 399, 418
Short-Bestände 145
Short Call 82, 95, 151
shortcut-Methode 186, 201, 246, 264, 288
Short Cut Methode 416
Short Put 95, 144, 151
SIC 12 114, 124, 236, 307, 416, 419
Sicherbare Risiken 183, 243, 262, 285
Sicherheiten 94, 216, 241
Sicherungsbeziehung 183 ff., 191, 197 ff., 200 ff., 245, 246, 264 ff., 287, 290, 295, 296, 381, 407, 410, 416
Sicherungsbeziehungen 198, 199, 200, 202, 218, 243, 244, 266, 272, 280, 286, 290, 313, 314
Sicherungsinstrument 153, 182, 183, 186, 187, 192, 193, 199, 200, 244, 245, 294, 326, 353, 375, 381, 384, 394, 405, 406, 407, 416, 418
SME 7, 39, 44, 49, 234, 408, 409, 410, 413
Sonderposten eigener Art 275
Sonstige Preisrisiken 85
Sonstige Verbindlichkeiten 195, 386, 416
spanische Banken 311
SPE 83, 417, 419
Special 83, 120, 369, 377, 417, 419
Special Purpose Vehicles (Entities) 417, 419
Spekulation 75, 90, 91, 147, 308
Sperrfrist 149, 417
Spezialfonds 83, 86, 90, 124, 271, 298, 419
Split Accounting 115, 146, 147, 251, 307, 335, 336, 353, 396
SPV 45, 83, 120, 124, 317, 334, 335, 336, 376, 377, 417, 419
Staatsanleihen 78
Stadtwerke 9, 39, 48, 52, 74, 86, 410, 417
Stammaktien 235
stand alone-Derivat 375, 395
stand alone-Derivaten 271, 280, 299
Steuerbilanz 39, 42, 54, 57, 58, 125, 277, 278, 299, 338, 339, 394, 407, 415, 416
Steuerrechtliche Abzugsfähigkeit 79
Steuerung des allgemeinen Zinsrisikos 265, 280, 294
Stichtagskurs 154, 173, 259, 282, 328, 356, 386, 388, 391, 414
Straddle 96
Strangle 96
strenge Niederstwertprinzip 257
Strike Price 94, 95, 96, 144
Structured Credit Products 83, 120, 382, 391, 392, 416, 417
Strukturierte Derivate 97
strukturierte Finanzinstrumente 82, 83, 116, 335, 376, 417
strukturierte Kreditprodukte 83
Stückzinsen 143, 176, 177, 206, 391, 392, 417, 419

Subprime-Krise 39, 44, 120, 173, 232, 399, 417
Swapkurve 175, 178, 397
Swaps 41, 74, 92, 93, 107, 111, 125, 146, 180, 181, 187, 242, 265, 286, 318, 328, 365, 375, 379, 393, 399, 406, 407, 412, 413
symmetrisch 92
synthetische Strukturen 120, 121, 417

Tainting 148, 149, 152, 153, 407, 417, 418
Teilausbuchung 115
temporäre Differenzen 225, 271, 299
temporary-Konzept 125, 236, 277
Termingeld 88
time value 95
timing-Konzept 251, 277
trade date 110, 202
Trading 103, 118, 126, 133, 136, 146, 147, 180, 201, 385, 393, 395 ff., 400, 402, 408, 412, 414, 418, 419
Transaktionsexposure 171, 258, 282, 376
Transaktions-Exposure 97, 171, 407, 418
Transaktionskosten 141, 154
Transaktionspreis 144, 174, 179, 397
Translationsexposure 172, 259, 282
Translations-Exposure 97, 137, 171, 207, 302, 407, 408, 414, 418
TRD 103, 123, 126, 127, 136, 137, 141, 145 ff., 157, 159, 161, 171, 187, 206, 207, 217, 231, 232, 265, 273, 328, 335, 336, 338, 352, 353, 356, 375, 376, 385, 393, 395, 396, 398, 400, 402, 408 ff.
Treasury 9, 41, 42, 43, 74, 85 ff., 90, 109, 110, 168, 188, 191, 201, 208, 250, 269, 375, 418
treasury shares 129
Trennungspflicht 116 ff., 121, 251, 335, 395
Trigger Optionen 97
typisch stille Gesellschafter 81

umgekehrte Maßgeblichkeit 251, 277
Umgliederung 256, 279, 280, 418
Umklassifizierungen 45, 145, 152, 153, 215, 229, 230 ff., 256, 257, 273, 280, 298, 310, 400 ff., 418
Umlaufvermögen 133, 138, 205, 252, 255 ff., 261, 273, 296, 300, 382, 383, 388, 402
Umrechnung der Abschlüsse ausländischer Geschäftsbetriebe 172, 259, 282
Umrechnungsdifferenzen 172

Umwidmung 215, 256, 272, 280, 402, 418
unbedingte Forderungen und Verbindlichkeiten 110, 111
Unternehmen mit öffentlicher Rechenschaftspflicht 47
Unternehmen ohne öffentliche Rechenschaftspflicht 49, 62
Unternehmen ohne Rechenschaftspflicht 53
Unternehmensfinanzierun gen 76
Unternehmenstypen 46, 47, 51, 126, 302, 412
Unter-Strich-Positionen 108, 249, 250
Unwinding 167, 169, 218, 418

Value at Risk 146, 265, 387
Valutatag 110, 111, 250
VaR 265, 279, 281, 387
variation margins 94
Veräußerungspreis 312
Verbriefungstransaktionen 83, 112, 306, 382, 416, 418, 419
Verbundenes Unternehmen 122
Vereinfachtes Verfahren 186, 200, 416, 418
Verkaufsoption 95
verlässlich ermittelbar 123, 143, 157, 166, 175, 284, 309, 328, 356, 382, 397
Verleihers 90
Verlustvorträge 125, 277, 278, 299
Vermögensgegenstand 114, 123, 235, 248, 254, 255, 261, 276, 292, 296, 383
Vermögensgegenstandes 114, 162, 165, 248, 276, 292, 296
Vermögensgegenstände und Schulden 122, 259, 266, 291
Vermögensumschichtung 75
Vermögenswert 106, 107, 110 ff., 118, 121, 122, 125, 141, 145, 150, 162, 165, 186, 192 ff., 245, 288, 294, 306, 309, 312, 317, 382, 391, 395 ff., 403, 405, 417, 418
Vermögenswerte 83, 104 ff., 110, 116, 120, 122, 127, 133, 146 ff., 150, 165, 171, 173, 188, 189, 194, 205, 211, 215 ff., 231, 237, 243, 255, 312, 315, 332, 407, 412 ff.
Verpflichtungsgeschäft 92, 110
Verpflichtungsrückstellungen 252
Versicherungsverträge 101, 242
Verwaltung 7, 48, 51 ff., 64 ff., 74, 86 ff., 91, 409, ff.
Verzug 162, 169, 241, 413

VÖB-Schema 270
Vollumfängliche IFRS 59
Vorlaufperiode 94
Vorsichtsprinzip 265, 278, 286
Vorsichtsprinzips 261, 296
Vorsorgereserve 300
Vorsorge-) Reserve 258, 271
vorteilhafteste Markt 311
Vorzugsaktien 128, 235, 242

Währungsrisiken 85, 193, 197, 228, 262, 285, 376, 403
Währungs-Swap 245, 322, 346, 347, 348, 349
Wandelanleihe 82
Wandelanleihen 82, 107, 318, 399
Waren-Swap 97
Warentermingeschäfte 104, 105, 266, 393, 414, 418
Wechsel 85, 153, 238, 384
Wertaufholung 166, 310
Wertberichtigung 105, 166, 169, 216, 281, 302, 304, 310, 314, 315, 419
Werthaltigkeitstest 123
Wertpapierkennnummer 76, 253
Wertpapierleihe 90, 115
Wertpapierpensionsgeschäfte 115
Wertpapier-Pensionsgeschäfte 90
wesentlichen Chancen und Risiken 114, 115, 119, 276
wirtschaftlicher Eigentümer 276

Zahlungsverkehr 85, 87, 375
Zeitwert 43, 95, 97, 102, 118, 121, 141, 143, 145, 146, 148, 149, 157, 165, 166, 171, 173 ff., 184, 186, 197, 234, 239, 257, 258, 260, 261, 271, 273, 279, 280 ff., 290, 297, 299, 305 ff., 382, 383, 387, 392, 395 ff., 407
Zielgruppe 40
Zielsetzung 39, 45, 75, 198, 302, 304
Zinsabgrenzung 176, 177, 206, 391, 392, 419
Zinsablaufbilanz 266
Zinsbindungsbilanz 266
Zins-Forward 93
Zins-Future 146, 324, 350, 351
zinsinduzierte 182, 379, 406
Zinsobergrenze 84, 318
Zinsrisiken 85, 194, 262, 285, 398
Zinsstrukturkurve 178, 187, 394
Zins-Swap 93, 187, 245, 249, 263, 285, 320, 321, 326, 344, 345, 346, 353, 376
Zinsüberschuss 206, 338, 365
Zugang 48, 70, 71, 76 ff., 80 ff., 112, 142, 143, 152, 201, 235, 250, 254, 256, 276, 306, 311, 341, 384, 389, 390, 418, 419
Zugangsbewertung 72, 117, 120, 140, 141, 238, 254, 255, 261, 279, 284, 327, 337, 342, 381 ff., 390 ff., 403, 419
zu Handelszwecken 145, 149, 150, 212, 282, 300, 388, 398, 418
zur Veräußerung verfügbar 148, 149, 150
zusammengesetzte Finanzinstrumente 82, 83, 116
Zweckgesellschaften 45, 59, 83, 90, 112, 114, 120, 124, 236, 302, 305, 307, 369, 377, 399, 416, 417, 418, 419
Zwischenberichterstattung 42, 208, 228, 229, 368, 369

Der Autor

Dipl.-Kfm. Knut Henkel

Knut Henkel ist seit 1994 im Rechnungswesen der Konzernzentrale der Deutsche Postbank AG tätig und seit 2009 Lehrbeauftragter der Hochschule Bonn-Rhein-Sieg. Nach Tätigkeiten als Referent und als Leiter „Rechnungswesen Treasury" ist er als Spezialist für Bilanzierungsgrundsätze in der Rechnungswesen-Grundsatzabteilung tätig.

In dieser Funktion ist Herr Henkel u. a. für die Beobachtung der IFRS-Neuerungen und deren fachspezifische Umsetzung zuständig, ist Ansprechpartner für die Accounting Principles und die Konzernbilanzrichtlinie, führt interne und externe Seminare durch, hat diverse Fachartikel veröffentlicht und ist Mitglied in entsprechenden Fachgremien.

Zuvor studierte Herr Henkel – nach Abschluss einer kaufmännischen Ausbildung – Volks- bzw. Betriebswirtschaftslehre in Bonn und Siegen und war anschließend zunächst als freiberuflicher Dozent bei einem großen Bildungsträger und dann als wissenschaftliche Hilfskraft an der Universität Frankfurt/M. tätig.

Der Autor gibt in diesem Buch seine persönliche Meinung wieder.

Die Herausgeber

Diplom Betriebswirt (FH) **Roland Eller** ist Trainer, Managementberater und freier Publizist. Er ist unabhängiger RiskConsultant bei Banken, Sparkassen, Kommunen, Stadtwerken, Unternehmen und Kapitalanlagegesellschaften sowie Seminartrainer zu Techniken und Methoden der Analyse, Bewertung und dem Risikomanagement von Zinsinstrumenten, Aktien, Währungen, Rohstoffen und Derivaten.

Diplom-Wirtschaftsmathematiker **Markus Heinrich** trainiert Banken, Sparkassen, Unternehmen und Versicherungen in den Bereichen derivative Finanzinstrumente sowie Risikosteuerung und -management. Er berät Kreditinstitute bei der Implementierung der quantitativen Institutssteuerung und des Markt- und Kreditrisikocontrolling wie auch in der Umsetzung der MaRisk.

Dipl. Kaufmann **René Perrot** ist Trainer und Berater von Banken, Sparkassen, Fondsgesellschaften und Versicherungen und deckt für Roland Eller den Bereich Anleihe- und Aktienmanagement, Aufbau und Prüfung des Investmentprozesses, Überwachung der Performance von Anlagestrategien, Entwicklung von strukturierten Anlagestrategien sowie Tradingmethodik ab.

Dipl. Betriebswirt **Markus Reif** ist Trainer und Berater von Banken, Sparkassen, Fondsgesellschaften und Versicherungen in den Bereichen derivative Finanzinstrumente, Risiko- und Bilanzstrukturmanagement. Darüber hinaus ist er Autor zahlreicher Fachartikel und Herausgeber mehreren Standardwerke. Zuvor war er bei M.M. Warburg & CO in Hamburg als Leiter des Bereiches Fixed Income tätig. Davor bei Sal. Oppenheim jr. & Cie. in Frankfurt verantwortlich für die Konstruktion und das Risikomanagement strukturierter Kapitalmarktprodukte.

TREASURYWORLD
Das Wissensportal für Treasurymanagement

Treasury Know-how auf den Punkt gebracht

„Reinklicken, entdecken, verstehen und erfolgreich umsetzen", so lautet die Mission von **TREASURYWORLD**, dem Onlineportal der Roland Eller Consulting GmbH. **TREASURYWORLD** ist die Tür zur faszinierenden Welt eines modernen Treasury. Es ist verständlich, praxisorientiert und umsetzungsorientiert. **TREASURY**WORLD wurde für Einsteiger und Professionals als Navigator für das immer komplexer werdende Umfeld einer modernen Treasury konzipiert.

TREASURYWORLD dient als Plattform für den Erfahrungsaustausch zwischen Treasury-Interessierten. **TREASURY**WORLD sammelt Informationen, schreibt eigene Artikel und Zusammenfassungen, wertet andere Internetseiten aus und stellt diese in einer umfangreichen Wissensdatenbank allen Interessenten zur Verfügung. Hierbei werden primär folgende Wissensbereiche unterschieden:

- Gesetze und Standards (z. B. KWG, MaRisk, HGB, IFRS/IAS)
- Professionelles Risikomanagement von Finanzrisiken (z.B. Marktpreisrisiken)
- Cash- und Liquiditätsmanagement
- Finanzierungs- und Anlagemanagement
- Bilanzierung und Steuern
- Finanzmärkte und Produkte
- Derivate – Grundlagen und Analyse
- Volkswirtschaftliche Rahmenbedingungen

TREASURYWORLD steht für das Gesamtkonzept, die Philosophie bzw. die Vision der Roland Eller Gruppe. Im Fokus steht ein **ganzheitliches** Treasury-Management, das alle Risiken, also beispielsweise Marktpreis-, Adress- und Liquiditätsrisiken, aber auch operationelle Risiken und Absatzrisiken gleichwertig berücksichtigt. **TREASURY**WORLD will allen Treasury-Interessierten auf die aktuellen Herausforderungen und Fragen auch **Antworten** nach der Philosophie „aus der Praxis für die Praxis" geben: Ein Navigator oder Kompass, der Marktteilnehmer durch die spannende und aufregende Welt der Treasury-Produkte und Treasury-Märkte führt.

Treasury Know-how auf den Punkt gebracht bedeutet für **TREASURY**WORLD die wichtigsten Trends, Entwicklungen, News, aber auch Basis- und Expertenwissen zielgruppengerecht zusammenzufassen, treffend zu formulieren und auf **TREASURY**WORLD zu präsentieren. Genauso wie Roland Eller und sein Team dies bereits seit über 20 Jahren in den zahlreichen Trainings und Publikationen bereits praktizieren. Die auf **TREASURY**WORLD verfügbaren Informationen sollen dem Treasury-Interessierten helfen, seine tägliche Arbeit besser durchführen zu können.

www.treasuryworld.de

Rechnungswesen / Controlling

Gottfried Bähr / Wolf F. Fischer-Winkelmann / Stephan List
Buchführung und Jahresabschluss
9., überarb. Aufl. 2006. XXXII, 622 S.
Br. EUR 44,95
ISBN 978-3-8349-0335-8

Walther Busse von Colbe / Dieter Ordelheide / Günther Gebhardt / Bernhard Pellens
Konzernabschlüsse
Rechnungslegung nach betriebswirtschaftlichen Grundsätzen sowie nach Vorschriften des HGB und der IAS/IFRS
9., vollst. überarb. Aufl. 2010. XXXII, 747 S. mit 20 Abb. und 75 Tab. Geb. EUR 79,90
ISBN 978-3-8349-1819-2

Walther Busse von Colbe / Dieter Ordelheide
Konzernabschlüsse
Übungsaufgaben zur Bilanzierung nach IAS/IFRS und HGB
Unter Mitarbeit von Günther Gebhardt / Bernhard Pellens | Carsten Theile
10., vollst. überarb. Aufl. 2005.
VIII, 275 S. Br. EUR 39,95
ISBN 978-3-409-36757-8

Werner H. Engelhardt / Hans Raffée / Barbara Wischermann
Grundzüge der doppelten Buchhaltung
Mit Aufgaben und Lösungen
8., vollst. überarb. Aufl. 2010. XVI, 288 S.
Br. EUR 29,95
ISBN 978-3-8349-1760-7

Carl-Christian Freidank / Stefan Müller / Inge Wulf (Hrsg.)
Controlling und Rechnungslegung
Aktuelle Entwicklungen in Wissenschaft und Praxis
2008. XVIII, 530 S. Mit 58 Abb. u. 10 Tab.
Geb. EUR 59,90
ISBN 978-3-8349-0424-9

Wilfried Funk / Jonas Rossmanith (Hrsg.)
Internationale Rechnungslegung und Internationales Controlling
Herausforderungen - Handlungsfelder - Erfolgspotenziale
2008. VIII, 555 S. Mit 85 Abb. u. 16 Tab.
Geb. EUR 48,90
ISBN 978-3-8349-0251-1

Werner Gladen
Performance Measurement
Controlling mit Kennzahlen
4., überarb. Aufl. 2008.
XVI, 500 S.
Br. EUR 34,90
ISBN 978-3-8349-0827-8

Klaus Homann
Kommunales Rechnungswesen
Buchführung, Kostenrechnung und Wirtschaftlichkeitsrechnung
6., überarb. Aufl. 2005. XIV, 372 S.
Br. EUR 34,95
ISBN 978-3-8349-0019-7

Klaus Homann
Verwaltungscontrolling
Grundlagen - Konzept - Anwendung
2005. XIV, 225 S.
Br. EUR 29,95
ISBN 978-3-409-14274-8

Änderungen vorbehalten. Stand: Februar 2010.
Erhältlich im Buchhandel oder beim Verlag
Gabler Verlag . Abraham-Lincoln-Str. 46 . 65189 Wiesbaden . www.gabler.de

GABLER

Rechnungswesen / Controlling

Thomas Joos-Sachse
Controlling, Kostenrechnung und Kostenmanagement
Grundlagen – Instrumente – Neue Ansätze
4., überarb. Aufl. 2006. XXIV, 404 S.
Br. EUR 39,95
ISBN 978-3-8349-0311-2

Friedrich Keun / Roswitha Prott
Einführung in die Krankenhaus-Kostenrechnung
Anpassung an neue Rahmenbedingungen
7., überarb. Aufl. 2008. XXIV, 295 S.
Br. EUR 34,90
ISBN 978-3-8349-0746-2

Laurenz Lachnit / Stefan Müller
Unternehmenscontrolling
Managementunterstützung bei Erfolgs-, Finanz-, Risiko- und Erfolgspotenzialsteuerung
2006. X, 340 S.
Geb. EUR 39,95
ISBN 978-3-8349-0137-8

Jörn Littkemann / Michael Holtrup / Klaus Schulte
Buchführung
Grundlagen - Übungen – Klausurvorbereitung
Mit Excel-Übungen zur Buchhaltung online
4., überarb. Aufl. 2010. XV, 342 S. mit 36 Abb. und Online-Service. Br. EUR 29,95
ISBN 978-3-8349-1914-4

Jürgen Stauber
Finanzinstrumente im IFRS-Abschluss von Nicht-Banken
Ein konkreter Leitfaden zur Bilanzierung und Offenlegung
2009. XXX, 578 S. Mit 33 Abb. u. 161 Tab.
Br. EUR 46,90
ISBN 978-3-8349-0767-7

Wolfgang G. Walter / Isabella Wünsche
Einführung in die moderne Kostenrechnung
Grundlagen – Methoden – Neue Ansätze.
Mit Aufgaben und Lösungen
3., überarb. Aufl. 2005. XXX, 437 S.
Br. EUR 34,95
ISBN 978-3-409-32246-1

Jürgen Weber / Urs Bramsemann / Carsten Heineke / Bernhard Hirsch
Wertorientierte Unternehmenssteuerung
Konzepte – Implementierung – Praxisstatements
2004. XVI, 391 S. mit 83 Abb.
Geb. EUR 49,95
ISBN 978-3-409-12433-1

Klaus Wolf / Bodo Runzheimer
Risikomanagement und KonTraG
Konzeption und Implementierung
5., vollst. überarb. Aufl. 2009.
289 S. mit 109 Abb.
Br. EUR 39,90
ISBN 978-3-8349-1503-0

Michael Zell
Kosten- und Performance Management
Grundlagen - Instrumente - Fallstudie
2008. VIII, 233 S. Mit 53 Abb. u. 76 Tab.
Geb. Br. 24,90
ISBN 978-3-8349-0690-8

Änderungen vorbehalten. Stand: Februar 2010.
Erhältlich im Buchhandel oder beim Verlag
Gabler Verlag . Abraham-Lincoln-Str. 46 . 65189 Wiesbaden . www.gabler.de

GABLER

Printed by Books on Demand, Germany